王世民
——
编著

中國考古學編年史

顧廷龍

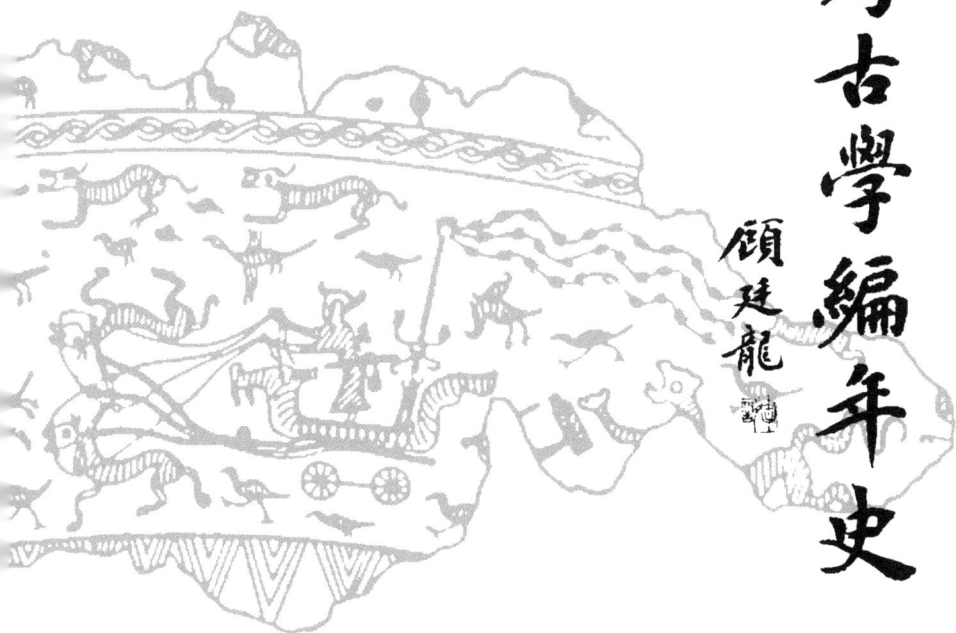

中華書局

图书在版编目（CIP）数据

中国考古学编年史/王世民编著. —北京:中华书局,2024.4
ISBN 978-7-101-16284-4

Ⅰ.中… Ⅱ.王… Ⅲ.考古学史-编年史-中国
Ⅳ.K87-09

中国国家版本馆 CIP 数据核字（2023）第 126188 号

书 名	中国考古学编年史
编 著	王世民
责任编辑	李碧玉
责任印制	管 斌
出版发行	中华书局
	（北京市丰台区太平桥西里 38 号 100073）
	http://www.zhbc.com.cn
	E-mail:zhbc@zhbc.com.cn
印 刷	河北新华第一印刷有限责任公司
版 次	2024 年 4 月第 1 版
	2024 年 4 月第 1 次印刷
规 格	开本/920×1250 毫米 1/32
	印张 24⅞ 插页 2 字数 600 千字
印 数	1-5000 册
国际书号	ISBN 978-7-101-16284-4
定 价	118.00 元

目　录

导言：中国考古学的发展历程概述 *

目　次

壹　中国考古学的前身——金石学 ①

中国考古学的前身——金石学，近似于欧洲的铭刻学。它是

---

* 本文曾全文刊载于拙著《考古学史与商周铜器研究》（社会科学文献出版
社，2017 年）一书，原是在不同时间陆续写成的，写作过程已详该书中的
题解，因其贯穿本人对中国考古学发展与分期的基本看法，即节取其上篇
作为本书的导言，进行全面概述，仅作个别简单的修改，主要是补充 2000
年以后的情况；至于下篇的分段成就概述，则舍弃未收。

① 参看张政烺：《中国考古学史讲义》，见《张政烺文集·古史讲义》，中华书
局，2012 年。

在尚未进行科学发掘的情况下，以零星出土的古代铜器和石刻为主要研究对象，尤其偏重于著录和考证文字资料，希图达到证经补史的目的。这种学问形成于北宋时期，曾巩的《金石录》（其书不传）最早将"金石"一词用作这类著作的名称，清代阮元、王鸣盛、王昶等人正式提出"金石之学"的命名①。宋代以来的金石学著作，保存了许多有价值的古代铭刻资料。有的著作还曾描绘器物的图像，判明它们的名称和用途，并且部分地记录出土地，有其可贵的贡献。它们的不足之处是，不曾注意形制、花纹的排比，也没有进行断代研究，因而未能形成完整的体系。

一、宋代以前的古文物研究

早在宋代以前很久，已有不少学者搜集、考订古代文物，访查古代遗迹。随着古文经书在西汉初期的重新出现，便有若干擅长辨识"古文"的学者，从事这种古文经书的专门研究。西汉宣帝时期，"好古文字"的张敞，考释过美阳（今陕西武功）出土的"尸臣鼎"。东汉许慎撰《说文解字》，注意收录郡国山川所出鼎彝等"前代之古文"。

晋太康二年（281年）汲郡人不准盗发魏国古冢，出土大批竹简，经荀勖、束晳等人整理，编次为《纪年》《周书》和《穆天子传》等十几种佚书②。荀勖还曾根据文物资料考订古代的尺度。

更难能可贵的是，北魏郦道元的《水经注》一书，述及各地

---

① 参看夏超雄：《关于考古学命名问题的讨论》，《考古与文物》1984年第1期。
② 朱希祖：《汲冢书考》，中华书局，1960年；陈梦家：《汲冢竹书考》，见《西周年代考·六国纪年》，中华书局，2005年。

古代城址、陵墓、寺庙、碑碣及其他史迹的具体情况^①，至今仍对考古调查有相当重要的参考价值。

唐代初期，著名的"石鼓"在陕西凤翔出土，当时学者和书家多有称述^②。

但是，宋代以前从事这方面研究的学者尚少，基本上没有专门著作问世。

二、宋代的金石学^③

金石学在北宋时代兴起，并不是偶然的。当时正值唐末和五代的割据之后，宋朝统治者鉴于君臣之纲被破坏的历史教训，为了巩固政权，需要建立严格的纲常伦理关系，极端奖励经学，立意恢复礼制。在这种形势下，朝廷和士大夫热衷于古代礼乐器物的搜集，精心地整理研究，企图"探其制作之原，以补经传之阙亡，正诸儒之谬误"（吕大临语），更好地制礼作乐。当时历史学、古文字学和书学的进步，在一定程度上刺激了对出土资料的进一步追求；而唐代以来拓墨术和印刷术的发达，为金石文字的流传提供很大的方便，也促进金石学的形成和发展，使得金石学相当兴盛，取得了许多值得珍视的成绩。

据记载，宋代金石学家中年代最早、有开创之功的，应推宋仁宗时的刘敞。他率先编撰古器物图录，将家藏十一件铜器，使工模其铭文，绘其图像，刻之于石，命名为《先秦古器图碑》（已

---

① 参看陈桥驿：《水经注研究》，天津古籍出版社，1985年。

② 参看张勋燎：《唐五代时期的金石学》，《华西考古研究》第1辑。

③ 参看王国维：《宋代之金石学》，见《王国维遗书·静庵文集续编》，上海古籍书店，1983年；夏超雄：《宋代金石学的主要贡献及其兴起的原因》，《北京大学学报》1982年第1期。

佚）；又在《先秦古器记》中提出一套研究方法，即"礼家明其制度，小学正其文字，谱牒次其世谥"。

现存年代最早又较有系统的古器物图录，是成书于元祐七年（1092年）的吕大临撰《考古图》（十卷）。该书及其后二十余年成书的《宣和博古图》（三十卷），充分反映宋代古器物研究达到的水平。两书分别著录古代铜器二百余件和八百余件，不仅比较准确地摹录所收器物的图像和铭文，记录它们的尺寸、容量和重量，进行一定的考证，而且尽可能注明器物的收藏地和出土地。《宣和博古图》还在图旁标注"依元样制"或"减小样制"，即图像的大概比例，对铜器的分类和定名也有不少贡献。后来的薛尚功《历代钟鼎彝器款识法帖》（二十卷）、王厚之《钟鼎款识》（一卷）、王俅《啸堂集古录》（二卷）等书，仅摹写铭文和释文，或略加考证，则属铭刻集录性质。

至于石刻方面的著作，欧阳修《集古录》（十卷）、赵明诚《金石录》（三十卷）二书系年，王象之《舆地碑目》（四卷）、陈思《宝刻丛编》（二十卷）二书系地，《宝刻类编》按人物分类，内容大都限于目录和跋尾两项。洪适《隶释》（二十七卷）、《隶续》（二十一卷）二书，则俱录石刻全文。

其他除钱币尚有洪遵《泉志》（十五卷）等书传世，玺印也有若干谱录留存外，铜镜、玉器、画像石和砖瓦等物仅个别著录，为数极少，在当时的研究中不占显著位置。

三、元明两代的金石学

元明两代，整个学术研究呈现衰落局面，金石学方面少有突出成就。值得一提的是元初入仕中原王朝的色目人葛逻禄迺贤。他曾在黄河中下游的一些地方访古，注意考察古代的城郭、宫苑、寺观、陵墓等遗迹，多方搜求古刻名碑，后根据自己实地考察所作记录，参验文献记载加以考订，撰写《河朔访古记》(十六卷)。虽然该书未能完整流传下来，仅见乾隆年间四库馆臣从《永乐大典》中辑出一百三十多条，但它在研究方法上，突破了一般金石学家闭门考证铭刻的学风，接近于现代的文物调查工作。

元朱德润《古玉图》(二卷)，是现存年代最早著录玉器的一部专书。明曹昭《格古要论》(三卷)，是有关文物鉴赏的早期著作。

金文方面没有什么新的专著。但在版刻技艺发达的情况下，曾将《考古图》《博古图录》和《古玉图》合刻为"三古图"，是现存刊刻较早的善本。

关于石刻，元代有潘昂霄《金石例》(十卷)，开碑志义例研究的先河；明代有陶宗仪《古刻丛钞》(一卷)、都穆《金薤琳琅》(二十卷)等俱录全文，赵崡《石墨镌华》(八卷)存目并附跋尾。

四、清代以来的金石学

清代是金石学的鼎盛时期，但乾隆以前尚不发达，所作研究偏重于石刻，有顾炎武《金石文字记》(六卷)、《石经考》(一卷)，以及朱彝尊、万斯同等人著述。乾隆年间"御纂"的《西清古鉴》(四十卷)、《宁寿鉴古》(十六卷)、《西清续鉴甲编》和《西清续鉴乙编》(各二十卷)四书，模仿《宣和博古图》的体例，收录清宫所藏铜器总计达四千余件，对古器物研究的复兴起了重要的推进作用。随后，由于乾嘉学派的进一步影响，同经史之学和小学都有密切关系的金石学大为发展。

清代金石学家的特点是精于鉴别，详于考订，不断扩大自己的研究范围，并且做过一些集成性和综合性的工作。他们收集了更加丰富的铜器铭文、碑刻，以及钱币、玺印等铭刻资料，考释文字的水平也有显著提高。过去重视不够或置之不顾的玉器、镜鉴、兵符、砖瓦、封泥等物，也有人编撰专书。清末民初，更有学者注意到甲骨、简牍和明器。仅据容媛编撰《金石书录目》（商务印书馆，1936年）统计，现存金石学著作中，北宋至乾隆以前七百年间仅有六十七种（其中宋人著作二十二种），而乾隆以后二百年间却有九百零六种之多，相差十余倍，可见其发展之盛。

铜器和金文研究方面，钱坫最早将其在关中为官多年搜集的商周秦汉铜器，摹绘图像、铭文，并加考释，编撰为《十六长乐堂古器款识考》（四卷）。又有程瑶田从出土实物出发，对照《考工记》等有关记载，探讨古代车制和钟磬、戈戟等制度，著成《考工创物小记》。当时注意搜集铜器和器铭拓本的学者颇多，而以阮元收藏最富，由朱为弼协助编撰为《积古斋钟鼎彝器款识》（十卷），书中仅收录铜器铭文的摹本、释文及考证，体例与薛尚功《历代钟鼎彝器款识法帖》相仿。此后，这方面著录之书即有两类：一类附有图像，如曹载奎《怀米山房吉金图》（二卷）、刘喜海《长安获古编》（二卷）、吴云《两罍轩彝器图释》（十二卷）、潘祖荫《攀古楼彝器款识》（二卷）、吴大澂《恒轩所见所藏吉金录》（一卷）、端方《陶斋吉金录》（八卷）及《续录》（二卷）；一类仅收铭文，如刘喜海《清爱堂家藏钟鼎彝器款识法帖》（一卷）、吴荣光《筠清馆金文》（五卷）、徐同柏《从古堂款识学》（十六卷），而以吴式芬《攈古录金文》（三卷九册）、吴大澂《愙斋集古录》（二十六册）、方濬益《缀遗斋彝器款识考释》（三十卷）三书最为赅备，收器都在千件以上，内容丰富，摹写精善。依据金文或兼及其他铭刻资料的古文字著作，则有：吴大澂《说文古籀补》（十四卷）和《字说》（一卷），孙诒让《古籀拾遗》（三卷）、《古籀余论》（三卷）和《名原》（二卷）等书。

　　关于石刻的著作为数甚多。金石文字目录和跋尾之书，往往以石刻为主，兼及少量金文，开始有钱大昕《潜研堂金石文字目录》（八卷）及《跋尾》（六卷）、武亿《授堂金石跋》（二十四卷）、严可均《铁桥金石跋》（四卷）等，考订均较精审；后孙星衍、邢澍合撰《寰宇访碑录》（十二卷），按地区详举历代石刻的目录，总计八千余种；清末有吴式芬《攈古录》（二十卷）、缪荃孙《艺风堂金石文字目》（十八卷）、端方《陶斋藏石记》（四十四卷），著录所藏金石拓本均多达一两万种。王昶《金石萃编》（一百六十卷）和陆增祥《八琼室金石补正》（一百三十卷），则为集成性资料汇编，所收资料均以碑刻为主，仅有少量铜器和其他铭刻，除照录全文外，又注明尺寸、藏地，并附各家题跋和著者按语。断代和分地的石刻著作，较重要的有：翁方纲《两汉金石记》（二十二卷）和《粤东金石略》（十卷），毕沅《中州金石记》（五卷）和《关中金石记》（八卷），阮元《两浙金石志》（十八卷），以及毕、阮二人合撰《山左金石志》（二十四卷）等。至于专注于某一名碑者，更不胜枚举。墓志、造像、题名和画像石，已有专书问世。有人还注意到海外的石刻资料，例如刘喜海《海东金石苑》（八卷）、傅云龙《日本金石志》（五卷）。另外，还有叶昌炽著《语石》（十卷）一书，对历代石刻进行分门别类的综合研究，是极为难得的通论性著作。

　　其他方面的重要著作，钱币有李佐贤撰《古泉汇》（六十四卷）和《续泉汇》，著录历代钱币六千枚；玺印有陈介祺撰《十钟山房印举》（十二册），著录历代玺印上万方；玉器有吴大澂撰《古玉图考》，根据有关文献的记载，对古玉的名称和用途进行考订。

　　综合性著作，属古器物图录的有冯云鹏、冯云鹓同辑《金石索》（十二卷），内容包括铜器、钱币、玺印、镜鉴、石刻和砖瓦等方面，正反映了清代金石学研究范围较广的情况。吴大澂撰《权衡度量实验考》一书，根据古代玉器、钱币、度量衡器和计量铜器的实测，推算古代尺度和衡制的量值，具有相当重要的学术价值。

金石学发展到清末民初，研究范围更为扩大，不仅包括新发现的甲骨、简牍，而且及于明器和各种"杂器"，注意力不再限于文字，罗振玉编撰《殷墟书契》和《殷虚古器物图录》等多种甲骨文、青铜器著作，又与王国维合著《流沙坠简》。罗振玉著《古器物学研究议》和马衡著《中国金石学概要》，更对金石学作了比较全面的总结。而尤其具有重大意义的是，王国维在随后的1917年发表《殷卜辞中所见先公先王考》，通过卜辞考订证实了《史记·殷本纪》中商王世系的可靠性。1925年讲演《古史新证》，提出古文字古器物之学应与经史之学相表里的二重证据法。郭沫若称颂："王国维的业绩是新史学的开山。"

现代考古学在中国诞生以后，仍有许多学者对于并非科学发掘所得的大量铭刻资料，专心致志地进行整理研究，作出可贵的学术贡献。但是，这种研究已逐渐演化成为中国考古学分支的一部分，因而金石学作为独立的学问不复存在。

贰　中国考古学的孕育和诞生
（1900—1928 年）

以科学发掘为基础的现代考古学在我国兴起较晚，它和其他许多现代科学一样，来源于西方发达国家。考古学在中国诞生和发展起来，完全是二十世纪的事情，前后不过一百二十年的时间。大体说来：世纪之初，现代考古学思潮开始传入中国；二十年代，中国考古学宣告诞生；后经三十年代和四十年代的初步发展，五十年代以来的全面发展和继续发展，形成日益壮大的规模。

一、现代考古学思潮的传入（1900—1920 年）

十九世纪末，欧洲的考古学已经从开始形成，到采用科学的发掘方法，进行类型学研究，而兴盛和成熟起来。当时旅居日本的中国学者，对西方学者的业绩十分注意，曾在自己的著作中加以介绍。例如：1900 年章太炎在《中国通史略例》中介绍西洋史学思想时，提及"今日治史，不专赖域中典籍，凡皇古异闻、种界实迹，见于洪积石层，足以补旧史所不逮者"。1901 年梁启超在《中国史叙论》中更讲到，十九世纪中叶以来，欧洲考古学家将史前时期划分为石器时代、铜器时代、铁器时代三期，并将中国古史传说与之比附①。正是这个时候，1899 年安阳小屯村发现有字甲骨，1900 年敦煌石窟发现储存大量古代写本文书和其他文物的藏经洞，此外，新疆若干遗址出土汉晋简牍，引起国内外有关学者的关注。近代学术史上的这三项惊人发现，成为中国考古学诞生的前兆。由于当时的中国正处在行将崩溃的晚清政府统治之下，古代遗迹得不到妥善的保护，虽有学者初步了解考古学的重要意义，却没有条件进行考古发掘，以致中国的考古学研究暂时仍未兴起。

随着帝国主义对我国侵略的逐步深入，各国列强在强占沿海要地、划分势力范围的同时，处心积虑地觊觎广阔的西部和北部边疆。为此，一些国家纷纷派遣考察队潜入我国新疆、西藏、内

---

① 参看俞旦初：《二十世纪初年西方近代考古学思想在中国的介绍和影响》，《考古与文物》1983 年第 4 期。

蒙古及东北等地区活动。他们以考古研究为名，有的旨在掠夺珍贵文物，有的测绘地图、刺探情报，为帝国主义侵略服务。而其所作调查发掘，又往往采取并非科学的方法，使许多古代遗迹遭到破坏，造成我国文化遗产的极大损失。最早来中国进行考古活动的是日本人和俄国人。中日甲午战争刚刚结束，鸟居龙藏就到被日军强占的旅大地区调查古代遗址，不久又去台湾活动。俄国学士院的克里门兹（D. Klementz），则于 1898 年率领考察队，在新疆吐鲁番地区发掘。1900 年以后，一些外国考察队更加频繁地在我国西北和东北地区活动，珍贵文物被劫往海外的现象非常严重。此后十余年间，仅在新疆及邻近地区作过多次考察的就有：英国的斯坦因（Stein, Aurel），瑞典的斯文·赫定（Sven Hedin），德国的格伦威德尔（Grünwedel, A.）、勒柯克（Le Coq, A. Von），日本的大谷光瑞、橘瑞超，法国的伯希和（Pelliot, Paul），俄国的科兹洛夫（Kozlov, P. K.）、奥登堡（Oldenburg, S. F.），等等。先后被发掘的地点主要有：民丰尼雅遗址，罗布淖尔楼兰遗址，吐鲁番的高昌故城、交河故城和阿斯塔那墓地，吉木萨尔的北庭都护府遗址，敦煌、酒泉和额济纳河流域的汉代烽燧遗址，以及西夏到元代的黑城遗址。他们不仅窃取从这些遗址中采集的汉晋简牍、高昌文书、汉唐丝织品和其他珍贵文物，而且劫运了克孜尔、柏孜克里克、库木吐拉等石窟的精美壁画。斯坦因、伯希和、橘瑞超、奥登堡等，还从敦煌石窟骗购学术价值很高的大量写本文书。与此同时，鸟居龙藏在日俄战争之后，将其调查足迹从旅大和辽东半岛，逐渐扩展到东北南部和内蒙古东部的大部分地区。滨田耕作也曾在这个时候发掘旅顺刁家屯的汉墓。另外，日本的伊东忠太、关野贞，法国的沙畹（Chavannes, E.）、色伽蓝（Segalen, V., 或译"谢阁兰"）等人，又在我国内地一些省份，进行古代建筑、石窟寺和陵墓的考察。法国神父桑志华（Licent, P. E.）在天津建立的北疆博物院，开展过黄河流域及白河沿岸的考古调查，曾在河套地区发现萨拉乌苏河遗址和水洞沟遗址。又有安竹思（Andrews, R. C.）率领的美国自然历史博物馆中亚探险队队员纳尔逊（Nelson, N. C.）去内蒙古及三峡地区，调查新石器时代遗址[①]。

与此同时，由于几条穿越我国古代文明发达地区的铁路干线在二十世纪初相继筑成通车，一方面筑路工程使各地埋藏的古代文物大量出土，另一方面交通便利使新出土的文物迅速转移，导致古董市场空前兴旺，许多文物精品随即流失海外。罗振玉等金石学家，广泛收集具有重要历史价值的新近出土文物，以及已被外国考察家劫取的西域简牍、敦煌遗书、高昌壁画等照片资料，将其分门别类汇编成书，采用当时最优良的珂罗版工艺印刷出版，为保存和传播珍贵的学术资料作出了重要贡献。其难能可贵之处还在于，将金石学的研究范围扩大到历史时期的各类器物，并提出"古器物学"这一新的概念。罗振玉堪称近代金石学的集大成者[②]。这一阶段所作研究与清代的金石学相比已有很大的进步，但与考古学研究尚有明显的距离。

二、中国考古学的诞生（1921—1928 年）

中国考古学的真正诞生，是在"五四"新文化运动举起"民主""科学"两面大旗以后。二十世纪二十年代现代科学在我国蓬

---

① 参看［日］水野清一：《东亚考古学の发达》，京都大八洲出版株式会社，1948 年。

② 《中国大百科全书》第一版《考古学》卷"罗振玉"条。 参看罗振玉《雪堂校刊群书叙录》，1918 年。

勃兴起,当时最先兴起的是地质科学,中国的田野考古正是由地质学家首开其端。整个二十世纪二十年代,无疑是中国现代考古学的诞生年代。

民国初年,北洋政府为勘查铁矿和煤矿,聘请国际闻名的瑞典地质学家安特生(Andersson, J. G.)来我国,以北洋政府农商部矿政顾问的身份协助工作。这便与某些外国考察家潜入我国边境地区的盗掘性活动性质不同。后来在地质调查所的安排下,安特生与中国的地质学家一道,进行古生物化石的采集工作。其间,曾在华北的一些省份采集较多的古代石器;进而于1921年发现北京周口店遗址和河南渑池仰韶村遗址,并随即进行首次发掘。这两处遗址在中国考古学史上都有特殊重要的意义,是中国考古学诞生的首要标志。周口店是中国第一个人类化石产地,因其发现北京猿人化石及丰富的文化遗存而著称于世;仰韶村是中国发现的第一处史前遗址,由此确认中国第一个考古学文化——仰韶文化。它们的发现与发掘揭开了中国考古学研究的序幕。安特生进行仰韶村遗址的发掘,以及随后去甘青地区调查半山、马厂、齐家等史前遗址,都有中国地质学家袁复礼和助手白万玉等参与。安特生著有《中华远古之文化》(1923年)、《甘肃考古记》(1925年)等。

中国第一位从事田野发掘的考古学者是李济。他在美国哈佛大学留学时,虽然并非攻读考古学专业,但在学习人类学专业期间接触过考古发掘。1923年返国后,先任南开大学教授,再任清华学校国学研究院特约讲师。所以,当1926年清华国学研究院与美国弗利尔美术馆合作,由美方提供活动经费,进行山西汾河流域调查和夏县西阴村遗址发掘时,便确定由李济主持工作,袁复礼参与其事。这是第一次由中国学者主持的考古发掘,是中国考古学诞生的第二个标志。

　　1928 年，国民政府建立国家科学研究的中心机构——中央研究院。所属历史语言研究所（以下简称"史语所"），于同年 10 月派遣董作宾会同河南省政府人员郭宝钧等，对连年出土有字甲骨的安阳小屯村进行调查和试掘，为大规模地开展工作进行准备。当时选定殷墟发掘为考古工作的重点，不是偶然的。这是因为"五四"以后古史辨派的"疑古运动"，已经将传统的古史体系摧毁，学者迫切要求通过考古发掘寻找可靠的古史研究新材料，于是便对因出土大批殷代王室刻辞甲骨而判定的殷墟给予高度重视，希望以这一有历史根据的地方为起点取得突破。1929 年，史语所设立考古组，李济作为当时中国唯一粗具现代考古学知识的学者，被聘任为考古组主任。同年，中国地质调查所设立新生代研究室，北平研究院设立内含考古组的史学研究会（1936 年始成立史学研究所）。中国从此有了本国学术机关独立的考古研究工作。这是中国考古学诞生的第三个标志。

　　史语所成立以前，北京大学于 1922 年在研究所国学门设立考古学研究室，聘请马衡任研究室主任兼导师。由于马衡是一位金石学家，并不熟悉科学的田野考古方法，仅于 1923 年前往孟津、新郑出土铜器的地点及洛阳汉魏故城太学遗址进行察看，未曾从事考古发掘，因此，虽然命名为"考古学研究室"，它并不是中国考古学诞生的一个标志。1924 年，北京大学考古学研究室设立考古学会，意欲有所作为。1927 年，日本东亚考古学会由滨田耕作、原田淑人等出面，约请北大考古学会马衡、沈兼士等在东京联合组成东方考古学会，同年在旅大地区共同发掘貔子窝（今大连市普兰店皮口镇）附近的单砣子等遗址。不久，中国学者陆续退出这一活动。

叁　中国考古学的初步发展
（1929—1948 年）

　　中国考古学在 1929—1948 年间，前十年工作发展较快，通过一系列调查发掘获得许多重要的科学资料，也造就了中国第一代田野工作水平较好的考古学家，为中国考古学的发展打下初步基础；后十年由于抗日战争和解放战争的关系，考古工作未能继续取得显著的进展。从学术体系上回顾这二十年间，旧石器时代考古主要在北京周口店遗址进行，新石器时代方面主要在黄河流域和长江下游进行，作过发掘的典型遗址很少；历史时期考古方面，对商代晚期的殷墟作过较多发掘，此外发掘过东周、两汉等时代的个别墓葬，还对若干都城遗址作了短时间的地面考察。简单地说来，这一时期的考古工作存在严重的时代缺环和地域空白，并未形成完整的体系。

　　一、新生代研究室进行的周口店发掘[①]

　　抗日战争以前的考古工作成就，首先是新生代研究室发掘周口店遗址，进行旧石器时代研究。周口店的发掘工作开始于 1927年，由中国地质调查所与美国主办的北京协和医学院合作进行。丁文江为名誉主持人的新生代研究室成立后，于 1929 年在裴文中的主持下发现北京猿人的第一个头盖骨化石。随后，发现大批石制品和人类用火痕迹，使北京猿人的文化遗存得到确认。1933 年由裴文中和贾兰坡发掘山顶洞人及其文化。但周口店的人类化石

———————
① 贾兰坡、黄慰文：《周口店发掘记》，天津科学技术出版社，1984 年。

研究，是在美国洛克菲勒基金会的资助下，与北京协和医学院解剖科合作进行的，人类化石标本由该院的美国学者负责保管，而第二次世界大战期间，这些标本在他们手中被弄得下落不明。

二、历史语言研究所进行的殷墟等项发掘 [①]

这段时间进行考古工作最多的，还是李济主持的历史语言研究所考古组（以下简称"史语所考古组"），仅殷墟一地就在1928—1937年间进行了十五次发掘，累计发掘面积达四万六千多平方米。开始发掘小屯遗址的时候，缺乏明确的工作计划和分辨复杂遗迹的能力，主要目标是寻找甲骨文。1930年，在国外专攻考古学专业的梁思永学成归来，进入史语所工作，不久参与为探寻殷墟文化来源而进行的山东历城县城子崖遗址（1928年吴金鼎发现）的发掘，辨识了仰韶文化以外的又一种新石器时代遗存，命名为"龙山文化"。后又进行安阳后冈遗址的发掘，从地层上解决仰韶文化、龙山文化和殷代文化的相对年代问题，极大地推进了中国考古学研究。

殷墟遗址的发掘，通过实践经验的总结，在发掘方法上也有明显的改进，中国考古从此走上科学的轨道，取得较大的收获。史语所考古组在小屯村一带，先后揭露五十多座夯土建筑基址，获得两万二千多片有字甲骨和其他珍贵文物；又在侯家庄西北冈商殷王陵区，发掘十座规模特大的殷代大墓，以及上千座"人牲"祭祀坑，从而为中国考古学和中国上古史的研究积累了极为宝贵的科学资料。历年参加殷墟发掘的人员，除李济、董作宾、郭宝

① 石璋如:《"中研院"历史语言研究所考古年表》，1952年；参看陈洪波：《中国科学考古学的兴起：1928—1949年历史语言研究所考古史》，广西师范大学出版社，2011年。

钧、梁思永外，主要有王湘、吴金鼎、石璋如、刘燿、李景聃、祁延霈、胡厚宣、高去寻、尹焕章，以及出国留学前进行田野考古实习的夏鼐等。与此同时，史语所考古组与山东、河南两省合作，分别成立山东古迹研究会和河南古迹研究会，由梁思永、祁延霈、刘燿等发掘日照两城镇的龙山文化遗址，由郭宝钧等发掘浚县辛村的西周卫国墓地、汲县山彪镇和辉县琉璃阁的战国时期大墓。另外还在许多地方作过调查工作。

三、北平研究院和其他单位的考古工作 ①

北平研究院（以下简称"北研"）史学研究会考古组进行的田野考古工作虽然不多，却也相当重要。他们除于 1930 年与北京大学考古学会等单位合作，在马衡的主持下对燕下都遗址进行考察外，主要是 1934—1937 年在陕西发掘宝鸡斗鸡台遗址。北平研究院原本缺乏田野考古人员，从事科学考古发掘的时间稍迟，得到史语所考古组董作宾的帮助。1934 年 3 月徐炳昶（旭生）开始进行斗鸡台发掘前，特地亲自前往安阳小屯村，参观董作宾主持的殷墟第九次发掘，并且在董作宾的推荐下雇用两名安阳小屯的得力技工。1934、1935 和 1937 年北研先后在斗鸡台戴家沟一带进行了三次发掘，第一、二次发掘沟东区和沟西区，第三次发掘废堡区（未完），曾发现仰韶文化遗址、周秦时期和汉代的墓葬。开始参与斗鸡台发掘的主干人员，除早年跟随安特生采集考古

---

① 罗宏才:《陕西考古会史》卷首 "陕西考古会主要人物传略" 中白万玉、何士骥、罗懋德、孙文青、苏秉琦各条，及第四章 "斗鸡台发掘始末及意义"，陕西师范大学出版总社，2017 年。 关于从安阳小屯雇用技工，见该书第 30—31 页；又见石璋如:《殷墟发掘员工传》第 12 页，台北史语所，2017 年。

标本的技工白万玉等人外，毕业于清华国学研究院的何士骥（字乐夫）始终其事，但他并不熟悉考古发掘；留学美国攻读古希腊文学的罗懋德，曾在去希腊学习期间接触过田野考古（后专治希腊文学，以字"念生"闻名于世），因斗鸡台第二次发掘期间发生塌方事故即行离去；孙文青和苏秉琦参加第二、三次发掘，其中孙文青曾于1936年春去安阳见习殷墟第十三次发掘。后来，苏秉琦在抗日战争期间，将沟东区的82座周秦和汉代墓葬资料进行整理和分期研究，著为《斗鸡台沟东区墓葬》一书（1948年出版，其《图说》印成的散叶，迟至1954年始装订问世）；特别是对瓦鬲的发展变化进行类型学研究，实际上提出了探索周文化渊源的线索问题。北研还曾于1935年对河北邯郸附近的南北响堂寺石窟，作过比较详细的勘查，除由何士骥等编印《南北响堂寺及其附近石刻目录》（1936年）外，未能正式发表收集的石刻拓片等资料。

另外，西湖博物馆施昕更于1933—1936年在浙江的一些地方进行新石器时代遗址调查，发现并发掘良渚遗址。林惠祥等学者在东南沿海和台湾、香港地区，华西大学的美国学者在四川广汉和西康道孚附近，先后进行考古调查。还有学者进行六朝陵墓和古代窑址的考察。

四、中瑞中国西北科学考察团的活动 ①

前一个历史时期之末，瑞典探险家斯文·赫定再次来到中国，希图继续前往新疆考察。经过北京大学沈兼士、马衡、刘半农为首的学术界人士奋力斗争，于1927年4月达成以中国学术团体协会名义，与斯文·赫定平等合组中瑞中国西北科学考察团，由北

---

① 罗桂环：《中国西北科学考查团综论》，中国科学技术出版社，2009年。

京大学教务长徐炳昶任中国团长，外国团长斯文·赫定提供活动
经费。合作办法中规定：各项工作或"由中国团长主持办理"，或
"由外国团长商同中国团长"办理；特别是考古学标本，"统须交
与中国团长或其所委托之中国团员运归本会保存"。1927 年 5 月，
考察团从北京出发，经过内蒙古前往新疆进行多学科的科学考察，
考察工作进行到 1933 年 ①。

　　当时，黄文弼代表北京大学考古学会参与考察活动，所作田
野考古工作，主要是 1928 年 1 月到达新疆后，在吐鲁番附近调查
发掘高昌故城、交河故城及麹氏高昌墓地，在塔里木盆地周围调
查汉唐时代的城堡、寺庙、沟渠和屯戍遗址，在罗布淖尔附近调
查发掘史前遗址和汉代烽燧遗址。袁复礼在吉木萨尔勘察并实测
唐北庭都护府遗址。

　　而最大的一项收获是，考察团 1927 年秋季途经甘肃西部额济
纳河流域时，瑞典学者贝格曼（Bergman, F.）等调查发掘分布很广
的汉代烽燧遗址，获得汉代简牍一万余支。贝格曼还在内蒙古和
新疆发现一批以细石器为主要特征的新石器时代遗存。

　　五、日本学者在东北、华北的调查发掘 ②

　　日本东亚考古学会滨田耕作、原田淑人等发起组织的考古活
动，并未因北京大学考古学会的退出而中止，他们继续单独进行
调查发掘。"九一八"事变前，该会主要在旅大地区活动，发掘了
牧羊城遗址及南山里、营城子的汉墓等。"九一八"事变后，该会
的活动扩大到东北其他地方，发掘了赤峰红山后遗址、渤海上京

---

① 张九辰、徐凤先、李新伟等：《中国西北科学考查团专论》第三章，中国科
　　学技术出版社，2009 年。
② 参看［日］水野清一：《东亚考古学の发达》。

龙泉府遗址，以及辽上京、辽中京、金上京、元上都等城址；同时，还以伪满机构委托的名义，发掘顾乡屯遗址、通沟高句丽壁画墓，调查辽代的祖陵、庆陵和缸瓦窑遗址，参与者有鸟居龙藏、驹井和爱、三宅俊成、藤田亮策、江上波夫、黑田源次、小林行雄等。华北沦陷以后，原田淑人等又以该会或东亚文化协会的名义，发掘邯郸赵王城和曲阜鲁灵光殿遗址。再有长广敏雄、水野清一等，曾于1936年对邯郸响堂山石窟、洛阳龙门石窟进行考察；更于1937—1944年间，八次前往山西大同，对云冈石窟进行详细的调查和实测，并在附近作过一些发掘。

另外，还有侨居哈尔滨的包诺索夫等俄国学者，在黑龙江地区从事考古活动①。

六、抗日战争和解放战争时期的情况

抗日战争期间，迁往内地的学术机关在十分困难的条件下，采取互相合作的方式进行田野考古工作，也有相当重要的收获。例如，史语所考古组、中央博物院筹备处两单位合作（吴金鼎、曾昭燏等参加），于1939—1940年在云南大理附近，发掘史前时代和南诏时期的几处遗址；两单位又与中国营造学社合作（吴金鼎、高去寻、夏鼐、曾昭燏等参加），发掘四川彭山的汉代崖墓；与四川省立博物馆合作（吴金鼎、王振铎、冯汉骥等参加），发掘成都附近的前蜀皇帝王建墓。还与北京大学文科研究所合作，两次在河西走廊等地进行考古调查。其中，夏鼐于1944年在甘肃宁定县阳洼湾发掘的齐家文化墓葬，第一次发现齐家文化晚

---

① B. B. 包诺索夫：《北满考古学史》，见《黑龙江考古民族资料译文集》第1辑，北方文物杂志社，1991年。

于仰韶文化的地层证据，更加有力地否定安特生 1925 年在甘肃远古文化分期问题上的错误论断，是一项具有重要意义的研究成果。刘燿奔赴陕北参加革命活动前（后化名"尹达"），曾于 1937 年根据器物形制的分析，撰写《龙山文化与仰韶文化之分析》一文（《中国考古学报》第二册，1947 年），并曾对安特生当面提出质疑。

解放战争时期，田野考古工作陷于停顿状态。在东北和华北解放区，民主政府重视文物保护工作，对吉林西团山石棺和邯郸附近的汉墓作过清理发掘，又曾收集景县封氏墓群出土的文物。国民党统治地区，仅裴文中等于 1947—1948 年前往甘肃、青海，进行史前时代遗址的调查 ①。

值得特别提出的是，老一辈考古学家从三十年代开始，运用类型学方法进行考古资料的整理研究。从梁思永的西阴村、后冈史前陶器研究，郭沫若《两周金文辞大系》一书所作彝铭形象学试探，到李济的殷墟陶器和铜器研究、苏秉琦的斗鸡台瓦鬲研究。还有容庚、陈梦家的殷周铜器研究，裴文中的陶鬲和陶鼎研究。随着时间的推移，逐步取得类型学研究的经验，不断深入，日益提高，臻于成熟。

这段时间出版的考古学著作，有李济著《西阴村史前的遗存》（1927 年）、裴文中著《中国原人史要》（合著，1933 年）和《周口店洞穴层采掘记》（1934 年）、梁思永等著《城子崖》（1934 年）、施昕更著《良渚》（1938 年）、苏秉琦著《斗鸡台沟东区墓葬》（1948 年）与《图说》（1954 年）、黄文弼著《罗布淖尔考古记》（1948 年）等书，以及《安阳发掘报告》和《中国考古学报》。尹达在延安

---

① 见《裴文中史前考古学论文集》第 208—273 页，文物出版社，1987 年。

期间，试图用马克思主义观点分析考古资料，撰写了《中国原始社会》（1943年）。这段时间，有些学者对甲骨、金文、简牍、墓志等铭刻资料进行研究，取得新的成就。其中，董作宾的《甲骨文断代研究例》（1933年），对甲骨学研究有较大的推进。又曾将殷墟发掘出土的甲骨文，汇编为《小屯·殷虚文字甲编》（1948年）和《乙编》（1948—1953年）。郭沫若旅居日本期间所著《卜辞通纂》（1933年）、《殷契粹编》（1937年）、《两周金文辞大系图录》（1934年）和《考释》（1935年）等书，对甲骨文和金文研究作出了划时代意义的卓越贡献。容庚著《商周彝器通考》（1941年），陈梦家用英文著成《美国所藏中国铜器集录》和《中国铜器综述》（1947年），则是前所未有的通论性商周青铜器专著。

总而言之，中国考古学作为一门新兴学科，从诞生到初步发展历时二十余年，已经形成一定的规模。当时所作田野考古工作，主要集中在周口店、殷墟和斗鸡台等地点，以及黄河流域和长江下游的若干史前遗址，其他地区和历史时期的调查发掘开展较少，存在许多地域空白和年代缺环。正因为如此，三四十年代的中国古代史专著和中国历史教科书，虽然已开始引用考古研究成果，但因中国考古学初创时期的历史局限，其表述不可避免地存在瑕疵。这个时期，已经出版的考古学专著和刊物都少得可怜。积累最多的周口店、殷墟等遗址，发掘资料尚未详细公布。即便如此，还是造就了中国第一代学术水平较高的考古学家，建立了中国考古学这门新兴的独立学科。

需要在此述及的还有，三十年代史语所持续发掘安阳殷墟所获丰富资料，在1949年初该所迁往台北以后，经过几位老一辈考古学家长时间悉心的整理研究，已陆续详细出版。其中，李济著《小屯·殷虚器物甲编·陶器》上辑（1956年），又与万家保合作进行殷墟出土青铜器的研究，出版《古器物研究专刊》五大本（包括殷墟出土青铜觚形器、爵形器、斝形器、鼎形器、五十三件青铜容器之研究，1964—1972 年）。石璋如数十年如一日，坚持进行小屯遗址繁杂发掘资料的研究，陆续出版《小屯·遗址的发现与发掘》的乙编（殷虚建筑遗存）、丙编（北组、中组、乙区和丙区墓葬）、丁编（甲骨坑层）共八大本（1959—1992 年）。侯家庄西北冈殷代陵墓区的发掘资料，则由高去寻在梁思永遗稿的基础上辑补成书，先后出版《侯家庄》第二至九本（1962—1996 年），内容包括 1001、1002、1003、1004、1217、1500、1550 及 1129、1400、1443 十座大墓；再有石璋如撰著的第十本（2001 年），内容为"小墓分述之一"。石璋如又著有《莫高窟形》（1996 年），为其 1942 年前往敦煌石窟考察的研究成果。另外，还有张秉权编《小屯·殷虚文字丙编》（1957—1972 年），劳榦编《居延汉简·图版之部》（1957年）等①。

肆　中国考古学的全面发展
（1949—1978 年）

中华人民共和国成立后，迅速颁布保护管理文物的法令，在中央文化部设立文物局，在中国科学院建立考古研究所，中国的考古学研究得到前所未有的全面发展，但也经历了一定的曲折。五十年代和六十年代前期，田野考古工作在全国范围由点到面逐步展开，取得了显著的学术成果。但因"左"倾思潮的影响，对考古研究方向的认识曾存在偏颇，考古研究工作的正常发展受到

---

① 据《历史语言研究所出版品目录》，2008 年修订第 4 版。

过一些干扰。1966 年以后，田野考古和室内研究更被迫中断。

中国掌握田野考古方法的专门人才原本很少，其中部分人员又在 1949 年初随国民党政府官方研究机构（中研院史语所）迁往台湾，留在大陆的考古学家屈指可数。梁思永和夏鼐，是当时中国大陆仅有的两位既在国外经受科班训练、又有丰富实践经验、贡献卓著的田野考古学家。1950 年中国科学院筹备成立各研究所时，周恩来总理根据郭沫若院长的提名，任命梁思永和夏鼐为考古所副所长，可谓众望所归；所长则由文化部文物局局长郑振铎兼任。郑振铎主要忙于文物工作，而梁思永卧病已久，只能在病榻上运筹帷幄，唯有夏鼐能够亲临田野考古第一线，主持考古所的各项业务工作，培养承先启后的第一批业务骨干，从而被公认为新中国考古工作的主要指导者和奠基人。

面对方兴未艾的国家建设高潮，急需培养田野考古人员，以期有重点地配合基本建设工程，进行合乎科学要求的清理发掘。为此，中央文化部、中国科学院与北京大学合作，一面共同举办全国考古工作人员训练班，由时任文物局博物馆处处长的裴文中教授担任班主任，对各地文物单位的在职人员进行考古知识和田野技能的短期培训，以适应配合基建工程的急需；一面共同在北京大学创办中国高等学校第一个考古学专业，由考古所派遣苏秉琦副研究员兼任考古教研室主任，更有系统地培养考古研究专门人才。当时，裴文中、贾兰坡、郭宝钧、夏鼐、苏秉琦等老一辈考古学家，为北京大学考古专业和全国考古训练班讲授基础课程。尤其是夏鼐，连年亲自讲授考古学通论和田野考古方法。田野考古方法的内容包括：考古调查，遗址和墓葬发掘中对各种遗存的详细观察、认真处理与忠实记录，以及整理材料和编写报告的具体要求。其中，夏鼐特别强调考古发掘和整理材料中的地层学研究，指出只有正确地观察地层、记录地层和解释地层，弄清楚遗存的自身情况及其在地层中的关系，才能确定遗存的性质和年代。他在当时和日后反复指出："田野考古工作水平的高低，并不是以出土物的美恶或好坏为标准的，而是以工作方法的合于科学与否为标准的。"① 这些看法，在全国考古工作者中产生了深远的影响，使田野考古成为考古工作的主流，坚持发掘质量成为广大考古工作者的共识。

二十世纪五十年代和六十年代初期，工作量较大的考古发掘，主要集中在黄河中上游和长江中游地区，往往由文物局调集人员协力工作，例如河南白沙水库区、黄河三门峡和刘家峡水库区，湖北丹江口水库区。而西安、洛阳、郑州、长沙、广州、鞍山等大城市周围，成为有数的考古发掘基地。重点遗址的发掘，基本上都由科学院考古所为主负责进行。一般地方单位所作发掘，多为配合基建清理历代墓葬，少有史前时期的遗址和历代都城遗址。通过这段时间的实际工作，培养了一批田野考古技术较强的业务骨干，获得了一系列具有典型意义的发掘资料，初步建立了若干重点地区考古标本的断代标尺，也积累了一整套在中国地理条件下处理各种复杂遗迹的田野考古经验。西安半坡、陕县庙底沟等遗址的大面积揭露，提供了原始聚落遗址的发掘经验：正确区分文化层，弄清楚居住建筑、防卫壕沟、烧陶窑址和公共墓地的横向关系（这比弄清楚纵向关系更为困难，也更重要），齐全地采集各类出土遗物，注意收集反映经济生活和生态环境的动植物标本，及土壤、孢粉等资料，以期更好地复原当时社会生活的

---

① 夏鼐：《考古学方法论》《田野考古序论》《田野考古方法》《〈实践论〉与考古工作》以及两份《考古学通论讲义》，均见《夏鼐文集》第一册，社会科学文献出版社，2017 年。

全貌。关于历代都城遗址，持续进行了郑州商城和安阳殷墟的发掘，以及为探寻西周丰镐和东周王城的发掘；对汉长安城、汉魏洛阳城的勘察，着眼于它们的整体规划，先判明城垣范围和城门位置，再以城门为基点，探寻主干大道和宫殿、衙署等重要建筑遗址；对隋唐两京及元大都等古今重合的城址，则利用文献资料、航测照片的线索，根据地面现存的个别古代遗迹和可以判定的旧街道，结合以重点钻探和发掘，进行古城布局情况的复原。至于中国考古学家对具体遗迹的细致清理，在国际上早有肯定性评价。1951 年夏鼐在辉县琉璃阁的发掘中，第一次成功地剔剥出完整的古代木质马车，曾被西方著名考古学家誉为战后考古发掘方法新进步的一项范例。1958 年北京明十三陵中定陵的发掘，又提供清理大型陵墓墓室，尤其是妥善处理丝织冠冕、珠玉佩饰等易损文物的经验。

　　新中国成立后的一段时间，举国上下都在热情学习马克思主义基本理论的同时，积极学习苏联的"先进"经验，考古学界同样如此。1950 年春季苏联著名考古学家吉谢列夫（Киселёв, C. B.）来中国讲学，《苏联大百科全书》的《考古学》条被译成中文发表，都曾产生较大的影响。当时，苏联学者关于考古学定义等问题的表述，被部分青年考古学者奉若经典，作为考虑中国考古学发展方向的重要依据。例如：考古学是历史科学的有机构成部分，它的任务是根据实物资料，恢复人类社会过往的历史，为历史科学服务；而资产阶级考古学却人为地与历史分离，见物不见人，见树木不见森林。因此，要使中国考古学摆脱资产阶级学术思想和封建主义传统的影响，就要从"为考古而考古"转变到"为历史而考古"，妥善解决考古与历史挂钩问题。苏联考古研究中马克思主义庸俗化的倾向曾颇为严重，片面强调通过实物史料论证古代社会经济形态的发展，忽视考古资料的基础性研究，对类型学研究方法持基本否定的态度。我们在国内原本存在"左"倾思潮影响的情况下，对苏联考古学的了解又是如此有限，必然会反映到实际工作中来，特别是尚未参加田野考古实践的在校学生，很容易简单化地从社会发展史角度要求一般考古研究。

1958 年春季，尹达作为当时我国考古学界的主要领导人，在考古研究所和北京大学考古专业的两次报告会上，提出"建立马克思主义中国考古学体系"这一鼓舞人心的奋斗目标。怎样落实到具体工作尚待认真讨论，社会上掀起"跃进"和"批判"的浪潮。北京大学考古专业师生，一面集体编写《中国考古学》教材，一面批判"资产阶段学术思想"。关于编写教材，前此为适应考古教学的迫切需要，老一辈考古学家学习运用历史唯物主义的社会发展观点，将不同时期的考古资料系统化，取得了一定的成绩。后又有邹衡、俞伟超、严文明等青年教师集思广益，重新编写，当然会有新的进步。但是，由于那时有计划发掘的典型遗址尚少，包括半坡、庙底沟在内的有数几项重要发掘刚着手整理资料，尚未出版考古发掘报告，更没有展开专题研究和综合研究，教材中必然会存在着"标签加例证"的偏向。至于所谓批判，首当其冲的是新中国成立后出版的第一本大型考古报告——夏鼐主编的《辉县发掘报告》(1956 年)，再是苏秉琦的旧著《斗鸡台沟东区墓葬》(1948 年)。还批判李济的"反动思想"，实际涉及田野考古中室内整理和报告编写的全部工作，器物形制排比等基础性研究被一股脑斥为"形式主义、繁琐主义的资产阶级研究方法"，是所谓"庸俗的文化进化史观"[1]。此外，某负责人士赞许个别单位发掘中

---

[1]《考古通讯》1958 年第 11 期、第 12 期，《考古》1959 年第 1 期。

的"挑灯夜战"和"流水作业"做法，斥责考古标本线图是"令人生厌的阴阳脸"。这便搞得大家思想混乱、困惑不安，不知道考古研究的出路何在。

1959年初，尹达在为总结新中国成立十年来考古收获而召开的座谈会上，针对"大破大立"批判运动中出现的偏向，提出反潮流的"立中有破，边立边破"方针，重申"建立马克思主义中国考古学体系"口号。号召："全国的考古工作者通力合作，在三五年的时间内，在全国范围内，把我国各个阶段的各种文化遗存搞出一个科学的完整的系统。"他又表明对类型学方法的态度，批评一提"瓦罐排队"就全然否定的错误倾向，指出："陶器是数量最大、变化较多的文化遗存。在没有文字记载的历史中，经过对它们的认真研究，就可以找到各种文化遗存的时间序列和地区的分布。只此一点，对古代社会历史的研究就有十分重要的意义。所以陶器的科学研究是不应当过分忽视的。"[1]

这次会议之后，夏鼐应与会人员的要求，发表《关于考古学上文化的定名问题》一文[2]，对这一考古研究中至关重要的也是基本的理论问题，及时作出科学的明确回答。当时，由于田野考古在全国范围的展开，原有考古学文化的名称已经不能适应形势，其间又有学者将历史上的族名直接与考古遗存挂钩，更有个别人主张用社会发展史概念取代考古学文化概念，因而能否正确对待考古学上的文化命名问题，成为考古研究进一步发展的关键。夏鼐主张，在以第一次发现典型考古遗迹的小地名命名的前

---

[1] 尹达：《组织起来，大家动手，编写"十年考古"》，《考古》1959年第3期第122页。
[2] 原载《考古》1959年第4期，见《夏鼐文集》第二册。

提下，采取从实际出发、严肃认真的科学态度，既不要条件具备时迟疑不决，使不同类型的文化遗存长期混淆，从而延缓研究工作的进度，也不要看到片面的个别现象就给它新的名称，造成不应有的混乱和纠纷。至于历史上的族名，他认为只适用于年代较晚的一些文化，并且必须是考据无疑的，否则最好仍以小地名命名而另行交代可能属历史上的某个民族，以免因乱扣帽子引起历史研究的混乱。他还预见到，区分考古学文化时，对"哪些可以算是两个不同的文化，哪些只是由于地区或时代关系而形成的一个文化的两个分支"，即在考古研究中如何界定文化、类型和分期问题，学者之间会有不同看法，启发大家更加深入地思考问题。

尹达和夏鼐的这些意见，对于克服当时存在的错误倾向，推进考古研究的健康发展，起了重要的作用。

正是因为有了这样的思想基础，当六十年代初期整个学术界呈现活跃气氛的时候，中国考古学领域也曾出现转机。北京大学考古专业的《中国考古学》，经过较大程度的修改和重写，于1960年7月铅印成册，在全国考古单位中广泛征求意见。考古研究所多人执笔编写的《新中国的考古收获》一书，则于1961年底公开出版（后书的部分章节，对前书有所参考）。两书对于截至五十年代的考古工作成果，进行初步的综合和一定程度的理论分析，虽然存在不足之处，对考古研究的转变仍有积极意义。

随后，夏鼐于1962年7月在《红旗》杂志发表《新中国的考古学》一文 [1]，通过总结已有的考古研究成果，从理论的高度将中

---

[1] 原载《红旗》1962年第17期，《考古》1962年第9期转载，见《夏鼐文集》第一册。

国考古学研究归纳为六个基本课题，即：人类起源和人类在我国境内开始居住时间问题，生产技术发展和人类经济生活问题，古代社会结构和社会关系问题，国家起源和夏文化问题及城市发展问题，精神文化（艺术、宗教、文字等）方面问题，汉民族和中华民族共同体的形成过程问题。他还提到，要不断改进考古研究方法，"除了运用考古学本身的各种研究方法（如地层学方法、类型学方法等）和运用文字资料和民族学资料之外，我们还要运用自然科学的方法"，以期取得更重要的新成果。这对于推进考古研究水平的提高，有重要的意义。

　　尹达根据他本人为组织编写《中国史稿》原始社会部分而亲自研讨考古新资料的深切感受，从理论上对考古研究中的一系列问题进行探讨，于 1963 年 8 月写成长篇论文《新石器时代研究的回顾与展望》①。该文讲到，要在考古研究中注意区分不同的工作阶段：（1）科学的考古发掘和发掘报告的整理出版。全面而系统地科学反映某一遗址的现象，是它的首要责任。（2）比较研究和综合研究。根据科学发掘的资料，从考古学理论的高度，深入分析其中反映的复杂现象，解决某些学术性、理论性的问题。（3）在前两个阶段的基础上进行社会历史的研究。强调："如果不弄清楚每个阶段应有的主要任务，从而混同起来，纠缠在一起，就会影响科学工作的进程。"尹达特别指出，必须认真开展马克思主义理论指导下的综合研究，透过一系列的科学探索，"把长时期内各种不同文化在不同地区的发展过程弄清楚"。强调

————————

①该文系尹达在中央党校的讲稿，曾印发考古所和北京大学的有关学者征求意见，后将其第二部分"现状和展望"在《新建设》1963 年第 10 期和《考古》1963 年第 11 期发表，全文见所著《新石器时代》，生活·读书·新知三联书店，1979 年。

这种文化发展系统的探讨，是考古研究中必不可少的重要环节，"忽视这一环节，就会造成学术上的损失"。他还再次阐述陶器在新石器时代研究中的作用，提出对新石器时代的大量陶片作目的性明确的全面而系统的研究。

这段时间，黄河流域、长江流域和其他局部地区，已经积累相当一批典型遗址和墓地的发掘资料。历经几年整理出版的十多种考古报告中，既有西安半坡、陕县庙底沟、京山屈家岭、长安客省庄、郑州二里冈、长安张家坡等典型遗址的资料，又有经类型学分析排比成年代序列的洛阳东周墓和汉墓、长安西周墓和隋唐墓等资料。其他正在整理的若干史前遗址发掘资料，有的根据器物排队进行分期和有关问题研究取得突破性进展。面对这些资料显示的文化面貌复杂情况，考古刊物开展热烈的学术讨论，研讨一些地区考古学文化的类型、分布和分期，埋葬制度反映的社会性质，尤其是仰韶文化有关问题。

这些情况说明，通过 1958 年到六十年代初的实践，从领导到群众对考古研究的方向有了比较明确的认识，正在为提高田野考古的科学水平，加强资料整理和综合研究而积极努力。

在这样的历史背景之下，苏秉琦于 1965 年夏发表《关于仰韶文化的若干问题》①。该文根据北京大学考古专业师生几次实习发掘的收获，运用类型学方法进行仰韶文化发展谱系的研究，指出在考古学文化发展过程中形成的阶段性和差异性，即时间和空间是两类不同性质的问题，因而应将文化类型和年代分期的研究区别开来。具体做法是：先划分仰韶文化的外围范围和中心范围，

---

① 原载《考古学报》1965 年第 1 期，又见《苏秉琦考古学论述选集》，文物出版社，1984 年。

以及中心范围的文化类型，再按类型分析发展序列，追寻来龙去脉，进而探讨不同发展阶段的社会关系变化。这些，对于考古类型学的应用和考古学文化的研究，在理论上和方法上都有明显的提高。

但是，由于当时已经处于"文化大革命"的前夜，错误的批判开始由文艺界扩大到学术领域，众多考古工作者去农村参加"四清"，考古研究中出现的新苗头未能进一步生长。随后，正常的田野考古一度全部中断。不少考古学者更加冷静地思考，中国考古学的发展方向究竟如何？非常难得的是1960年代后期，由于周恩来总理的关怀和支持，得以在"武斗"频仍的地区，发掘了规模宏大的满城汉墓，第一次成功地启取和复原"金缕玉衣"；紧张的北京地铁工程中，对元大都和义门瓮城城门进行了抢救性清理。1972年起，又在全国范围逐步恢复田野考古工作，《考古学报》《考古》和《文物》杂志获准复刊。考古工作者热情投入新的发掘，被迫停顿数年的考古工作迅速取得一系列重要收获。轰动一时的马王堆汉墓发掘，突出地表现我国田野考古微观方面的技术进步情况。考古工作者以高度的责任感和精湛的技艺，成功地揭取丝织衣物、帛画、帛书等糟朽文物；又与多种学科人员密切协作，充分利用现代化的测试手段，进行出土女尸、纺织品和动植物标本的科学考察。田野考古的宏观方面，史前时期研究取得明显的进展，不仅有计划的重点发掘从中原地区扩展到包括西藏在内的多数省份，并且在黄河中下游等地区先后发现年代较早的新石器时代遗存。1965年建成的碳十四年代测定工作，开始在史前文化研究中发挥重要作用。商周汉唐等时期都城遗址的勘察，重要遗址和墓葬的发掘，取得的成绩也很显著。但是，"文化大革命"结束以前，错误的批判仍波及考古学领域，干扰正常的考古发掘和室内整理。考古工作者心有余悸，新的发掘资料多未详细发表，深入的专题研究和综合研究难以广泛展开，种种情况有待于根本改变。

伍　中国考古学的继续发展（1979—2000 年）和新的发展（2001 年以来）

　　党的十一届三中全会以后不久，夏鼐担任第一任理事长的中国考古学会于 1979 年 4 月宣告成立，是中国考古学研究走向繁荣的重要标志。中国考古学会这个党领导下的群众性学术团体酝酿于 1959 年初，直到二十年后整个国家实现具有深远历史意义伟大转折的时刻，才终于成为现实。与会考古学家，对新中国成立以来考古工作的巨大成就作了回顾，肯定经过广大考古工作者三十年的艰苦努力，已经初步建立自己的考古学体系。同时又着重指出，在极"左"思潮泛滥的年代，否定基本的学术概念和正常的工作秩序，对考古地层学和考古类型学横加批判，使考古研究遭受极大的损失。因此，必须彻底批判极"左"思潮的流毒，才能解放思想、明确方向，切实搞好田野发掘和室内整理，提高考古工作的科学水平；也才能在马克思列宁主义、毛泽东思想的正确指导下，积极开展各种学术问题的认真讨论，推进中国考古学研究的健康发展[1]。

　　1980 年代初期，在夏鼐的主持下集体编写《新中国的考古发现和研究》（1984 年出版）、《中国大百科全书·考古学》（1986 年

---

[1]《我国考古学界一次空前的盛会——中国考古学会在西安成立》,《考古》1979 年第 4 期。

出版）二书，以断代和专题为纲，对中国考古学的已有研究成果，特别最近三十多年考古工作的重要收获，进行不同形式的全面总结。这是中国考古学初步建立学科体系、走向成熟的重要标志，在中国考古学发展史上具有里程碑的意义，对国内外学术界产生较大的影响。前书由考古研究所的二十多位中年学者执笔。后书由考古研究所和其他考古单位的一百二十多位学者执笔。夏鼐为前书所写前言强调：新中国考古学的发展，是以马克思主义理论为指导，根据考古学特有的研究对象来发展它特有的理论和具体研究方法，还在理论和方法上与社会科学的许多学科渗透，并利用自然科学的一些新方法。同时又讲到中国考古学发展在世界文明史研究中的意义。夏鼐在王仲殊的协助下为《中国大百科全书·考古学》卷首撰写的概观性特长条，对考古学的定义和最终目标、考古学的简史，以及考古学的方法论、考古学的分支及其与其他学科的关系，作了经典性的全面阐述，对于进一步明确考古研究的方向和当前任务有重要的帮助。

这个时候，苏秉琦将其运用类型学方法坚持进行考古学文化谱系研究的心得，在1970年代中期以后几次讲演的基础上，由殷玮璋协助整理成文，以《关于考古学文化的区系类型问题》为题联名发表[1]。众所周知，弄清楚某地区考古学文化的基本特征及其时间和空间的关系，即考古学文化谱系的研究，原属考古研究的基本课题，前述夏鼐1959年关于考古学文化命名的文章、尹达1963年对新石器研究回顾与展望的文章，都曾明确提出这方面的学术任务。那时以来，已有若干中青年学者撰文探讨史前文

---

[1] 原载《文物》1981年第5期，又见《苏秉琦考古学论述选集》。

化的类型和谱系问题①。但是，这种谱系研究，只有系统的科学
资料积累到相当程度，才能真正提到议事日程，成为广大考古工
作者的共同行动。苏秉琦在研究条件基本成熟的时候将其向前推
进，从学科发展的实际出发，适时地提出"区系类型"学说，后
来产生较大影响。他所谓的"区""系""类型"，是指较大地理
范围的历史文化区，不同文化的发展系列，以及同一文化的不同
类型。简而言之，"区是块块，系是条条，类型是分支"。该文提
出："要选择若干处典型遗址行科学的发掘，以获取可资分析的典
型资料。然后，在准确划分文化类型的基础上，在较大的区域内
以其文化内涵的异同归纳为若干文化系统。"苏秉琦划分的区域有
六：陕豫晋邻境地区，山东及邻省一部分地区，湖北和邻近地区，
长江下游地区，以鄱阳湖—珠江三角洲为中轴的南方地区，以长
城地带为重心的北方地区。《新中国的考古发现和研究》和《中
国大百科全书·考古学》，则划分为黄河流域（包括中游、下游与
上游）、长江流域（包括长江中游和汉水流域、鄱阳湖和赣江流域、南京
及其相邻地区、太湖平原和杭州湾地区）、东南沿海和西南地区、北方
地区。两种划分，大同小异。后来，苏秉琦又将区系类型学说发
展为通过考察我国考古学文化的谱系，对中华民族多元一体格局
和中国以汉族为主体统一多民族国家的形成过程的研究，以及对
这一总过程中各考古学文化的相互关系及其发展的不平衡性的研

---

① 较早探讨中国新石器文化谱系的文章有：佟柱臣《黄河长江中下游新石器
文化的分布与分期》（《考古学报》1957年第2期）、杨建芳《略论仰韶文
化和马家窑文化的分期》（《考古学报》1962年第1期）、严文明《论庙底
沟仰韶文化的分期》（《考古学报》1965年第2期）等；后来有：安志敏
《略论三十年来我国的新石器时代考古》（《考古》1979年第5期）、石兴邦
《中国新石器时代考古文化体系及其有关问题》（《亚洲文明论丛》第1集，
四川人民出版社，1986年）等。

究①。实践证明，区分文化类型而进行文化谱系的深入研究，对于中国考古研究的发展，特别是史前文化基础性研究的进一步开展，具有重要的推进意义。

苏秉琦还发表《地层学与器物形态学》《考古类型学的新课题》等文章②，又通过在考古学年会和若干座谈会上的讲话，引导大家注重考古学方法论的研究。其中讲到，地层学上文化层的叠压，虽然提供了判断它们之间相对年代的依据，但在考察两种文化之间是否存在继承和发展关系时，则主要应借助于器物形态学，从文化内涵方面去分析。又讲到，运用器物类型学进行分期断代，必须以地层叠压关系或遗迹打破关系为依据，从那些数量众多、经常出现的代表性器物中寻求变化规律；至于区分不同的类型并探讨其间的关系，则既要着眼于常见器物群的特征，又要注意虽不常见却别具特色的器物。他还强调："不应停留在找出典型器物的局部发展序列，而应该进一步找出它们的全部发生发展的过程（源和流）；不应停留在对个别遗址多种典型器物组合关系的分析，而应该进一步对多处同类遗址典型器物组合关系做出综合比较分析。"那段时间及以后，就考古地层学或考古类型学问题进行论述的，还有石兴邦、俞伟超、严文明、张忠培等③。苏秉琦和其他几

---

① 苏秉琦《迎接中国考古学的新世纪》，见《华人·龙的传人·中国人——考古寻根记》，辽宁大学出版社，1994年。

② 均见《苏秉琦考古学论述选集》。

③ 石兴邦《简谈田野考古工作的理论与实践》（《考古与文物》1981年第3期）；俞伟超《关于"考古地层学"问题》（《考古学文化论集》一，文物出版社，1987年）；俞伟超《关于"考古类型学"的问题》（《考古类型学的理论与实践》，文物出版社，1989年）；严文明《考古资料整理中的标型学研究》（《考古与文物》1985年第4期）；张忠培《地层学与类型学的若干问题》（《文物》1983年第5期）。

位考古学者的论述，来源于考古工作的丰富实践。考古学方法论问题受到较多考古学家的关注，是中国考古工作水平提高的表现，又促进考古工作水平的进一步提高。

　　1970 年代以后考古研究水平显著提高的重要原因是，各地考古队伍的业务素质有了较大改善。1966 年以前，各地田野考古工作的主力是 1952—1955 年经全国考古工作人员训练班培训的 300 多位文物干部。北京大学和西北大学的考古专业，截至 1965 年毕业的 200 余名本科生中，当时参加工作五年以上的还不到一半。21 世纪初全国所有考古工作人员中，经高等院校正规培养的拥有中级以上业务职称的人员，总计大约 1500 人以上。截至 1970 年代末，除北京大学和西北大学外，又有吉林大学、南京大学、山东大学、四川大学、中山大学、厦门大学、武汉大学、郑州大学、山西大学等校建立考古专业，后来大多独立为考古学系（2000 年以后设立考古专业的又有中国人民大学、中央民族大学等校）。据不完全统计，各校考古专业仅 2001—2018 年毕业的本科生总数即达 3000 人以上，硕士生上千人，博士生相当人数。新培养的青年考古人员，大都在基础知识、专业知识、基本技能和外语方面受过较好的训练，特别是通过田野考古实习和撰写学位论文，对考古地层学和考古类型学都有相当程度的掌握，他们当中的许多人成为活跃在考古工作第一线的业务骨干，迅速取得可喜的成绩。

　　随着考古队伍业务素质的改善，各地纷纷在原有文博单位考古队的基础上建立文物考古研究机构，主持业务人员的面貌也有了很大改变，能够从学科发展的需要出发，明确本地区考古工作的学术目的性，有计划地开展重点发掘，因而学术水平明显提高。

　　过去许多地区考古工作几乎限于清理历史时期的墓葬、对史前时期文化遗存所知甚少的状况，已经有了彻底的变化。从1970年代后期到21世纪初期的三十多年，重要时期重要考古发现迭出，学术质量远远超过以前的三十多年。由于各地普遍加强了史前遗址的考古发掘，注意搞清楚本地区考古学文化的基本面貌和发展序列，极大地消除地域空白和年代缺环，先后大面积揭露临潼姜寨、郑州大河村、秦安大地湾、乐都柳湾、余姚河姆渡等保存较完整的聚落遗址或重要墓地，从宏观上获得更加丰富的实物资料；更发现年代属新石器时代中期的磁山、裴李岗遗址，乃至若干与农业起源有关的早期遗址，如仙人洞与吊桶环等。为探索夏文化，发掘了偃师二里头、襄汾陶寺等遗址。商周时期最具突破性的发现有偃师商城、郑州小双桥、安阳洹北商城、敖汉大甸子、广汉三星堆、新干大洋洲等，震撼的发现还有殷墟妇好墓、周原庄白村、董家村等西周铜器窖藏、曲沃天马—曲村西周晋侯墓、平山中山王墓、淅川下寺楚墓、随县曾侯乙墓、凤翔秦公大墓等。历史时期考古方面，秦代咸阳宫、汉唐两京等都城遗址的勘察发掘更加深入，又开展曹魏—北齐邺城、隋唐扬州和南宋临安等城址的发掘。秦始皇陵兵马俑坑的发掘与陵园布局的勘察，汉宣帝杜陵陵园遗址的发掘，西汉南越王墓和其他诸侯王陵墓的发掘，以及汉代以后诸多大墓的发掘，取得的多方面收获更是光彩夺目。历代手工业方面，不仅发现与发掘矿冶、铸造、瓷窑遗址，而且及于煮盐、酿酒和造纸遗址等。面临与日俱增的考古发掘，《考古学报》《考古》和《文物》三种杂志外，新增许多考古文物期刊，主要有：《考古与文物》（1980年）、《江汉考古》（1980年）、《北方文物》（1981年）、《中原文物》（1981年）、《东南文化》（1985年）、《华夏考古》（1987年）、（山西）《文物季刊》（1989年）、

（河北）《文物春秋》（1989 年）、《南方文物》（1992 年改名），还有不定期出版的《考古学集刊》、（安徽）《文物研究》、《海岱考古》、《湖南考古辑刊》、《浙江省文物考古研究所学刊》等等。田野考古专刊也极大地超过以往。考古学文献多得令人目不暇接。

　　进入 21 世纪特别是十八大以后，随着国家经济日益发展，各项考古工作经费充足，设备渐趋改善，现代化技术含量增多。这些条件是五六十年代无法想象的。田野考古工作中应用遥感勘测、无人机摄影、计算机处理等技术相当普遍。从复杂细致的现场清理，改变为整体搬迁室内的实验室考古，成为重点发掘中的常态。而现代科技方法的进一步应用，使考古研究获得更多可靠的信息。早在五十年代半坡遗址发掘即已着手的生态环境考察，受到有关专家更多的关注，关中、华北、长江三角洲等地区的环境考古都已取得一定的成绩，灰像法、水选法的试用，为获取农业考古资料开辟新的可靠途径。断代技术方面，除社科院考古所外，又有北京大学考古系、科学院古脊椎动物与古人类所、国家文物局文物保护科学技术所、南京博物院，以及科学院贵州地球化学所、国家地质局地质所等许多单位，陆续建立 ^{14}C 实验室，其中北京大学还建立了更先进的加速器质谱仪实验室。^{14}C 测年数据的积累日益增多，仅《中国考古学中碳十四年代数据集 1965—1991》（文物出版社，1991 年）一书收录的即达 2100 多个，并且依据 1988 年国际 ^{14}C 会议确认的高精度树轮校正年代表逐一进行了校正。此后二十多年 ^{14}C 数据又有很大的增加，为中国史前和夏商周考古研究提供了重要的年代依据。热释光和其他测定方法也有相当的成绩。古物成分与结构的多种分析，尤其是青铜器所含铅同位素比值分析、瓷器所含微量元素分析，以及穆斯堡尔谱分析等项的初见成效，为考古研究提供诸多新的信息。再如，水下考古、碳十三食谱测定等项工作，也都先后起步，不断取得显著的成果 ①。

随着中国考古学界研究水平普遍提高，在持续开展探索中国文明起源等重大课题探讨的情况下，苏秉琦又重新强调从李济到夏鼐早就一贯主张的重建中国史前史、重建中国古代史和从世界的角度认识中国的考古研究任务。这表明几代中国考古学家梦寐以求、为之奋斗多年的夙愿，正在成为广大考古学者的实际行动。大家要求在逐步建立和充实各地考古学文化谱系的同时，注意吸收国外同行一切有益的东西，不仅引进新的技术，而且引进新的方法。

最近二十多年来，众多考古学者先后参与 1996 年启动的"夏商周断代工程"，2004 年正式启动的"中华文明起源与早期发展综合研究"（简称"中华文明探源工程"），积极作出自己的贡献。前者是"九五"期间人文社会科学与自然科学相结合的国家重点科技攻关项目，进行历史学、考古学、古文字学、天文学和测年技术等多学科交叉研究，以期制定有科学依据的夏商周时期年代学年表。涉及的田野考古工作有偃师二里头、偃师商城、郑州商城、郑州小双桥、殷墟、洹北商城、周原、丰镐、北京琉璃河、天马—曲村，以及商州东龙山、新密新砦、邢台东先贤等遗址或墓地的发掘 ②。后者是"十五"期间科技攻关项目，系以考古调查发掘为主要手段，现代科学技术为支撑，采取多学科交叉研究的方式，揭示中华民族五千多年文明起源与早期发展。所做田野考古

① 仇士华、蔡莲珍：《科技方法在考古学上的应用》，见《^{14}C 测年及科技考古论集》，文物出版社，2009 年。
② 夏商周断代工程专家组编著：《夏商周断代工程报告》，科学出版社，2022 年。

工作，涉及地域从中原地区延伸到整个黄河流域、长江中下游及西辽河流域，涉及的典型遗址除前已持续发掘的凌源牛河梁、襄汾陶寺、登封王城岗、偃师二里头、郑州大师姑等遗址外，还有新近发掘的灵宝西坡、新密新砦、巩义双槐树、张家港东山村、含山凌家滩，以及余杭良渚古城、天门石家河古城、神木石峁古城等处。"中华文明探源工程"的研究成果，实证了五千多年来中华文明起源与早期发展的多元一体过程，对于认识祖国悠久的文明历史有深远的意义[①]。而历史时期考古，除早就关注的历代中原王朝都城遗址外，近年对过去未能顾及的辽上京、元上都等都城遗址，汉唐陵墓的陵园布局，也都开展了全面勘察。许多重要的古代遗址和墓地，在考古发掘以后建设成考古遗址公园向公众开放，既妥善地保护了古代遗存，又为公众提供了爱国主义和历史文化教育的基地。

改革开放形势下与日俱增的对外学术交流活动，使我国考古学界长期基本封闭的状态得到改变。某些年青的考古学者，热情介绍西方国家的当代考古学流派（其中包括美国的"新考古学派"），选译其中部分有代表性的论著，从而引起大家对考古学理论与方法的关注和讨论。虽然由于种种原因，有关学者在认识上存在着分歧，但讨论有利于开阔思路，其积极作用自不待言。特别是1991 年国家文物局下达《中华人民共和国考古涉外工作管理办法》以后，我国考古学界的国际合作因为有了明确的方针而逐步开展起来。

首开其端的是社科院考古所与美国哈佛大学皮保德博物馆酝

---

① 《"第六届中国社会科学院考古学论坛"纪要》的第二部分"中华文明探源工程（第一阶段）成果报告会"，《考古》2007 年第 7 期。

酿已久的合作项目——"中国商丘地区早商文明探索"。该项目于
1993 年开始实施，坚持数年取得了重要收获①。随后，社科院考
古所、若干省级考古单位及高等学校，分别与日本、美国、德国、
英国、法国、加拿大等国考古机构合作，进行以考古调查发掘为
主的研究项目，涉及的地区、时代和内容都很广泛，从史前时期
和夏商周时期的聚落分布的调查，到原始稻作农业的起源的探索，
以至汉唐都城宫殿、园苑和手工业遗址的发掘。随着我国经济实
力的进一步增强，2000 年以后更发展到中国派遣考古队出国进行
合作发掘，曾先后派人或派队前往德国、俄罗斯、乌孜别克斯坦、
哈萨克斯坦、塔吉克斯坦、洪都拉斯、蒙古、越南、老挝、印度、
孟加拉国、斯里兰卡、伊朗、肯尼亚、埃及等国开展工作。特别
是 2013、2015 等年份，中国社会科学院和上海市人民政府曾在
上海联合主办"世界考古论坛"，数十位世界著名考古学家组成评
审委员会，最能体现中国考古学国际地位的提高②。

　　总结以上概述获知，中国作为历史悠久的文明古国，很早
就有学者珍视和研究古代遗迹和遗物，北宋时代形成专门的学
问——金石学。现代化的考古学的出现，虽然迟于西方资本主义
国家，距今也有百年的历史。特别是中华人民共和国成立七十余
年来，在中国共产党的领导下，经过几代考古工作者的努力奋斗，
中国考古学正在历经黄金时代，逐步建立和完善了学科体系，跻
身世界学术之林，不断取得闪耀的成就。

---

① 中国社会科学院考古研究所、美国哈佛大学皮保德博物馆编著：《豫东考古
　报告——"中国商丘地区早商文明探索"野外勘察与发掘》，科学出版社，
　2017 年。
② 参看王巍《中国考古学国际化的历程与展望》，《考古》2017 年第 9 期。

2020 年 9 月 28 日，中共中央政治局就我国考古最新发现及其意义为题举行第二十三次集体学习，习近平总书记在主持学习时强调，考古工作是一项重要文化事业，也是一项具有重大社会政治意义的工作。考古工作是展示和构建中华民族历史、中华文明瑰宝的重要工作。要高度重视考古工作，努力建设中国特色、中国风格、中国气派的考古学，更好认识源远流长、博大精深的中华文明，为弘扬中华优秀文化、增强文化自信提供坚强支撑。习近平总书记的重要指示，使广大考古工作者深受鼓舞，更加明确中国考古学的发展方向，未来的中国考古学必将更好地向前发展。

凡　例

一、本书所列考古发现的遗迹地名及有关事项，均将文字进行加粗处理，以期便于识别。这些地名，通过卷末按照中国考古学体系编列的"考古发现地名一览"，可以进行检索。

二、各条注明的资料来源，尽可能采用最后的正式发掘报告，前此发表的发掘简报一般不提。其中，原繁体中文书名、含汉字的日文书名，一律改用中文简化字。

三、书名中原附注的丛刊性编号，如中国（社会）科学院考古研究所的"考古学专刊 × 种第 × 号"，日文书中的"东方考古学丛刊 × 种第 × 号"，一律省略不注。

四、考古报告和考古简报的作者单位，凡与工作单位相同者，引用时一律将其署名省去。

五、资料来源中书名第一次出现时，注明其出版信息（包括出版社和出版年份），再次出现该书即省却出版信息。见于卷末"主要参考文献"的，正文中一律省却出版信息不注。

六、本书所述史事虽按时间编排，但重要发掘和许多事项往往跨年度进行，因此采取"纪事本末"方式，在起始年讲清楚，不再逐年重述。

七、本书正文部分提及的田野工作参与者、论著撰作者，以及其他重要人物，均可通过卷末的人名索引进行检索。有一个历史时期，考古简报不署参与考古发掘和编写报告的人名，只得付之缺如。

八、碳十四测年数据，按照国际惯例，系依 ^{14}C 半衰期（国际通用 5568 年，国内一向采用 5730 年）计年，距今以 1950 年为起点，这里包含统计误差，年代整数一律化为五年或十年，并且需要经过树轮校正年代。本书所引碳十四测年数据，尽可能根据经过校核的《中国考古学·新石器时代卷》有关章节，及其附录中"中国新石器时代主要考古文化年代测定数据"；参看中国社会科学院考古研究所编《中国考古学中碳十四年代数据集（1965—1991）》（文物出版社，1992 年）。

壹 中国考古学的前身——金石学形成和发展时期（1900年以前）

宋代以前

[**西周时期**] "昔武王克商，成王定之……分鲁公以大路、大旂、夏后氏之璜、封父之繁弱……；分康叔以大路、少帛、綪茷、旃旌、大吕……；分唐叔以大路、密须之鼓、阙巩、沽洗……"（《左传·定公四年》）

[**春秋战国**]

前5世纪初 孔子在陈，辨识肃慎氏楛矢、石砮。（《国语·鲁语下》）

前3世纪 韩非子记述"尧有天下，饭于土簋，饮于土铏"等情况。（《韩非子·十过》）

[**汉代**]

前2世纪末 司马迁游历各地，寻访古代史迹。（《史记·太史公自序》及有关列传）

前134年稍后 "（李）少君见上，上有故铜器，问少君。少君曰：'此器齐桓公十年陈于柏寝。'已而按其刻，果齐桓公器。"（《汉书·郊祀志》上）

前100年前后 "武帝末，鲁共王坏孔子宅，欲以广其宫，而得古文《尚书》及《礼记》《论语》《孝经》凡数十篇，皆古字也。……孔安国者，孔子后也，悉得其书，以考二十九篇，得多十六篇。安国献之。"（《汉书·艺文志》）

前58年　汉宣帝神爵四年，"美阳得鼎，献之。……张敞好古文字，按鼎铭勒而上议曰：'……郑梁丰镐之间周旧居也，固宜有宗庙坛场祭祀之臧。今鼎出于郑东，中有刻书曰："王命尸臣：'官此枸邑，赐尔旂鸾黼黻彤珧戈。'尸臣拜手稽首曰："敢对扬天子丕显休命。'"……此鼎殆周之所以褒赐大臣，大臣子孙刻铭其先功，臧之于宫庙也。'"（《汉书·郊祀志》下）

52年　汉光武帝建武二十八年，袁康、吴平著《越绝书》，述及吴、越两国的城郭、宫苑、陵墓。

100年　汉和帝永元十二年，许慎著《说文解字》成书，书中载有丰富的古文字资料。

［魏晋南北朝］

约241年　魏齐王曹芳正始年间，用古文、篆书、隶书三种字体，将《尚书》《春秋》刻石，立于洛阳太学。后世称之为"三体石经"或"正始石经"。其中的古文，对古文字研究有重要价值。（参看马衡：《魏石经概述》，见所著《凡将斋金石丛稿》，中华书局，1977年）

274年　晋武帝泰始十年，荀勖根据古器校正尺度。所据古器有：姑洗玉律、小吕玉律、西京铜望臬、金错望臬、铜斛、古钱、建武铜尺。（《晋书·律历志》）

281年　晋武帝太康二年，**汲郡**人不准盗发魏襄王冢（或言魏安釐王冢），得竹书数十车，束晳、荀勖等整理、编次，内容有《纪年》《易经》《国语》《穆天子传》等。（《晋书·束晳传》《荀勖传》）

5 世纪前期　南齐时，襄阳有盗发楚王冢，所获竹简经王僧虔辨识，内容为《考工记》。(《南齐书·文惠太子传》)

6 世纪前期　北魏郦道元著《水经注》40 卷，书中对各地的古城、古冢、碑刻等遗迹多有较为详细的记述。(参看陈桥驿:《水经注研究》，天津古籍出版社，1985 年)

6 世纪前期　梁顾烜著《钱谱》一卷，这是见于著录年代最早的古钱学著作。(该书已佚，见《隋书·经籍志》)

［**隋唐五代**］

7 世纪前期　唐太宗贞观年间，吏部侍郎苏勖在石鼓文打本卷首留下题记。这是石鼓文发现后的最早记载。(《元和郡县图志》卷二)

653 年　敦煌石窟发现唐太宗李世民撰书《温泉铭》拓本，剪装为卷，卷末有"永徽四年"题款。这是现存年代最早的石刻拓本。(据张政烺:《中国考古学史讲义》，见《张政烺文集·古史讲义》第 341 页，中华书局，2012 年)

670 年　唐高宗总章三年，碧落碑立于绛州(今山西新绛)，碑中文字保留较多古文字形体。(参看于省吾:《碧落碑跋》，《考古社刊》第 5 期)

8 世纪后期　封演著《封氏闻见记》10 卷，多条述及古代文物。又著有《续钱谱》6 卷。(见《新唐志·艺文志》)

10 世纪中期　五代后周世宗时，参知政事王溥荐向拱镇守长安故地，着向拱为其搜集碑刻拓本，得 3000 余种，编撰为《琬琰集》100 卷。(胡仔:《苕溪渔隐丛话·后集》卷二十二《韩持国》条)

宋　代

1051 年　宋仁宗"皇祐三年，诏出秘阁及太常所藏三代钟鼎器，付修太乐所参较齐量。又诏墨器款以赐宰执，丞相平阳公命承奉郎知国子监书学杨元明南仲释其文……一以隶写之"。于是成《皇祐三馆古器图》，所图"三代"铜器共计十余件。（翟耆年：《籀史》）

1052 年　皇祐四年，向传师在凤翔民间访得五代时遗失的一件石鼓。（据郭沫若：《石鼓文研究》引《古文苑·石鼓文》后所录王厚之跋）

1063 年　宋仁宗嘉祐八年，欧阳修将十余年间收集的上千种历代石刻拓本，交其子欧阳棐编撰为《集古录目》。所作四百余篇跋尾则汇录为《集古录跋尾》10 卷。这是现存年代最早的金石跋尾著作。（据张政烺：《中国考古学史讲义》，见《张政烺文集·古史讲义》第 355 页）

1063 年　刘敞以翰林院侍读学士任职永兴军路安抚使兼知永兴军府事（治所在今西安）期间，"尝得先秦彝鼎数十，铭识奇奥，皆案而读之，因以考知三代制度"。于嘉祐八年作《先秦古器图碑》，收器 11 件。又作《先秦古器记》，提出"礼家明其制度，小学正其文字，谱牒次其世谥"的研究方法。（据张政烺：《中国考古学史讲义》，见《张政烺文集·古史讲义》第 344 页）

11 世纪末　王安石变法时期官至翰林学士、权三司使的沈括，所著《梦溪笔谈》一书，有二十多条涉及考古学，内容包括石斧、青铜器、玉器、钱币、玺印、画像石等，以科学的态度进行古代器物制法、用途等方面的研究。（参看夏鼐：《沈括和考古学》，见《夏鼐文集》第三册，社会科学文献出版社，2017 年）

1090 年　宋哲宗元祐五年，龙图阁学士漕运使吕大忠将散存各处的《开成石经》《石台孝经》以及颜真卿、褚遂良、欧阳询、徐浩、柳公权所书碑石，移置长安府学北墉。这是西安碑林创建之始。（黎持：《新移石经记》，见王昶：《金石萃编》卷一○九；参看张政烺：《中国考古学史讲义》，见《张政烺文集·古史讲义》第 359 页）

1092 年 元祐七年，吕大临撰《考古图》10 卷成书，著录当时宫廷和私家收藏的古代青铜器和玉器 200 余件。这是现存年代最早又较系统的古器物图集。（《中国大百科全书》第一版《考古学》卷"《考古图》"条；参看张政烺：《中国考古学史讲义》，见《张政烺文集·古史讲义》第 345—346 页）

1104 年 宋徽宗"崇宁三年甲申岁孟冬月，应天府（今河南商丘）崇福院掘地得古钟六枚，以宋公钟又获于宋地，宜为朝廷符瑞"。翌年，以此为式，制作大晟乐。（《续考古图》卷四，《博古图录》卷二十二）

1107 年 宋徽宗大观初年设置礼制局，考定古器，新造礼器。又在礼制局主持下，编成"宣和殿古器图"。（《宋史·徽宗纪》；蔡絛：《铁围山丛谈》卷四《古器说》。参看陈梦家遗稿：《〈博古图〉考述》，见《陈梦家学术论文集》，中华书局，2016 年）

1118 年 宋徽宗重和戊戌岁，安州孝感县民耕地得"安州六器"，计有方鼎三、圆鼎二、甗一。这是宋代出土年代最早的长铭文西周铜器，具有重要的历史价值。（赵明诚：《金石录》）

1123 年后 宋徽宗宣和五年后，《重修博古图录》30 卷成书，著录当时皇室在宣和殿庋藏的商周至唐代铜器 839 件，集宋代青铜器收藏之大成。该书将铜器分为 20 类 57 种，每器有图形和铭文拓片，并注明图形比例（"依元样制"或"减小样制"），又记尺寸、容量、重量与考证；每类还有总说，论述各类器物的名称、形制及用途等。著录方法科学，影响深远。（《中国大百科全书》第一版《考古学》卷"《宣和博古图》"条；参看陈梦家遗稿：《〈博古图〉考述》，见《陈梦家学术论文集》）

1132 年　宋高宗绍兴二年，赵明诚所著《金石录》30 卷由其妻李清照整理完成。该书前十卷为商周器铭和 1900 余种历代石刻文字的目录，按照时代顺序编号排列；后二十卷为跋尾 502 篇，亦依年代编次。这是现存年代最早的碑刻目录和论著。（《中国大百科全书》第一版《考古学》卷"《金石录》"条；参看张政烺：《中国考古学史讲义》，见《张政烺文集·古史讲义》第 355—356 页）

1144 年　绍兴十四年，薛尚功撰《历代钟鼎彝器款识法帖》20 卷在江州（今江西九江）上石刻成，著录商周秦汉铜器及石刻文字 511 件。这是宋代收录资料最多又较有条理的古文字集录。（现存宋刻石本原拓第七至二十卷，已由中华书局影印为《宋刻宋拓〈历代钟鼎彝器款识法帖〉辑存》一书，2021 年出版）另有王俅著《啸堂集古录》2 卷，成书时间相近，摹写铭文较精，收录铜器铭文 345 种。（《中国大百科全书》第一版《考古学》卷"《历代钟鼎彝器款识法帖》"条、"《啸堂集古录》"条；参看张政烺：《中国考古学史讲义》，见《张政烺文集·古史讲义》第 350 页）

1149 年　绍兴十九年，洪遵著《泉志》15 卷成书。这是现存年代最早的中国古钱学著作。（参看张政烺：《中国考古学史讲义》，见《张政烺文集·古史讲义》第 352 页）

1166 年　宋孝宗乾道二年，洪适（音 kuò）著《隶释》27 卷成书，收录汉碑碑文 258 种、魏晋碑文 17 种，每种之后附以论考。书中又有碑图，兼及画像石。这是现存年代最早的一部集录和考释汉魏晋石刻文字的著作。洪氏又著有《隶缵》《隶韵》《隶图》《隶续》，除《隶续》尚有残本外，其余三书均已不存。（《中国大百科全书》第一版《考古学》卷"《隶释》"条；参看张政烺：《中国考古学史讲义》，见《张政烺文集·古史讲义》第 357 页）

1221 年　宋宁宗嘉定十四年，王象之著《舆地纪胜》200 卷成书，有"金石"一门，其中著录南宋各地碑刻，依州县编列，分别注明其所在地、年月、撰书人及简要内容。又有成书年代稍晚的陈思撰《宝刻丛编》20卷，体例与此一致，著录碑刻及于北方。这是现存年代最早的全国性碑刻总目。（《中国大百科全书》第一版《考古学》卷"《宝刻丛编》"条；参看张政烺：《中国考古学史讲义》，见《张政烺文集·古史讲义》第356—357页）

元明时代

1329—1330 年 元明宗天历间，梁有奉敕历山东、河南、河北，拓石刻3万余通汇进，类其副本为200卷，题曰《文海英澜》。（参看张政烺：《中国考古学史讲义》，见《张政烺文集·古史讲义》第367页）

1341 年 元顺帝至正元年，朱德润著《古玉图》成书。这是现存年代最早的中国古代玉器图集。（《中国大百科全书》第一版《考古学》卷"《古玉图》"条；参看张政烺：《中国考古学史讲义》，见《张政烺文集·古史讲义》第372页）

1345 年 至正五年，定居于浙江鄞县曾任东湖书院山长的色目人葛逻禄迺贤，访古于黄河流域及北方各地，着重对古代城郭、宫苑、寺观、陵墓等遗迹进行考察，并注意访求古刻名碑。这是接近现代考古调查的一种考察，实属难能可贵。至正二十三年（1363年），著成《河朔访古记》16卷。原书不存，清四库馆臣从《永乐大典》辑得134条。（《中国大百科全书》第一版《考古学》卷"《河朔访古记》"条；参看张政烺：《中国考古学史讲义》，见《张政烺文集·古史讲义》第367—369页）

1388 年 明太祖洪武二十一年，曹昭著《格古要论》3卷成书。这是现存年代最早的文物鉴定专书。（《中国大百科全书》第一版

《考古学》卷"《格古要论》"条）

1588 年　明神宗万历十六年，采取徽州版刻技术刻印的泊如斋本《三古图》刊成，内容包括《考古图》《博古图》和《古玉图》，图形和纹饰都印制精良。（参看张政烺：《中国考古学史讲义》，见《张政烺文集·古史讲义》第 371 页）

1618 年　万历四十六年，赵崡著《石墨镌华》8 卷成书。其最大贡献是，开始重视古代少数民族死文字碑刻，书中著录有《金都统经略郎君行记》和《元蒙古字碑》。（参看张政烺：《中国考古学史讲义》，见《张政烺文集·古史讲义》第 369—370 页）

清　代

17 世纪后期　清初，顾炎武著《金石文字记》6 卷、《石经考》1 卷，朱彝尊著《曝书亭金石文字跋尾》6 卷，更加注重金石文字的经史考证，对清代金石文字的兴盛有开拓之功。

1670 年　康熙九年，马骕撰《绎史》160 卷成书。该书卷 159《名物训诂·器用》类，收录商周铜器铭文 53 件，又有《礼器图》收录铜器图形 48 件，均取自宋人著作《考古图》和《博古图》。

1741 年　乾隆六年，毕沅著《关中金石记》8 卷、《中州金石记》5 卷成书。嘉庆二年（1797 年）毕沅又与阮元合著《山左金石志》24 卷。

1749 年　乾隆十四年，梁诗正等奉敕编撰《西清古鉴》，十六年（1751 年）编定，二十年（1755 年）由内府刊成，计 40 卷，著录商周至唐代铜器 1529 件。后又有王杰等编撰《西清续鉴甲编》20 卷，著录铜器（包括玺印）975 件；《西清续鉴乙编》20 卷，著录铜器 900 件。另有《宁寿鉴古》16 卷，著录铜器 701 件。四书合计著录铜器（包括玺印）4105 件，虽体例和鉴定不精，但对清代金石学的发展有推进作用。(《中国大百科全书》第一版《考古学》卷"《西清古鉴》"条；参看张政烺：《中国考古学史讲义》，见《张政烺文集·古史讲义》第374页)

1789年　乾隆五十四年，翁方纲著《两汉金石记》成书。

1796年　嘉庆元年，钱坫著《十六长乐堂古器款识考》4卷成书，收录商周至唐青铜器49件。这是现存最早著录一家藏器之书。(参看张政烺：《中国考古学史讲义》，见《张政烺文集·古史讲义》第374页)

18世纪后期　程瑶田著《考工创物小记》。该书根据实物资料，结合《考工记》等有关文献，考证古代车舆、钟磬、戈戟等制度。(参看张政烺：《中国考古学史讲义》，见《张政烺文集·古史讲义》第382页)

1802年　嘉庆七年，孙星衍、邢澍合撰《寰宇访碑录》12卷成书。该书著录周秦至元代碑刻8000余种，按年代顺序编排，每种注明书体、立石年月和所在地。这是清代最详备的历代石刻目录。(《中国大百科全书》第一版《考古学》卷"《寰宇访碑录》"条)

1804年　嘉庆九年，阮元撰《积古斋钟鼎彝器款识》10卷成书。该书由其幕友朱为弼助编而成，收录商周至汉晋铜器铭文550件，附释文和考证，另附通论性文字《商周铜器说》《商周兵器说》。这是清代金文集录中成书最早的一部。(《中国大百科全书》第一版《考古学》卷"《积古斋钟鼎彝器款识》"条；参看张政烺：《中国考古学史讲义》，见《张政烺文集·古史讲义》第375页)

1805年　嘉庆十年，钱大昕著《潜研堂金石文字目录》8卷(收2000种)、《潜研堂金石文跋尾》6卷(收800余条)成书，所收资料中宋辽金元占半数以上，为前所未有，考证史籍又极精审，被当时学者誉为"古今金石学之冠"(王鸣盛语)。(参看方诗铭等：

《钱大昕》第146—171页，上海人民出版社，1986年）

1805年　嘉庆十年，王昶撰《金石萃编》160卷成书。该书收录上古至宋辽金碑刻1500余种，每种注明尺寸、所在地，并摹写碑文，附载题跋和按语。收集资料丰富，远及云南和西北。这是清代石刻文字汇编中成书最早、影响最大的一部。（《中国大百科全书》第一版《考古学》卷"《金石萃编》"条；参看张政烺：《中国考古学史讲义》，见《张政烺文集·古史讲义》第378页）

1810年　嘉庆十五年，徐松著《唐两京城坊考》书稿5卷初步完成（1848年刊行）。该书根据丰富的文献资料，考证复原唐代两京城坊的平面位置，并绘制多幅平面示意图，对唐代两京的考古研究有重要价值。作者又曾在《西域水道记》中记载敦煌莫高窟、吉木萨尔唐北庭都护府址等情况。（《唐两京城坊考》点校本，中华书局，1985年）

1821年或稍晚　道光初年（？）陕西眉县礼村出土西周早期铜器大盂鼎，通高102.1厘米，重153.5公斤，有铭文291字。这是西周时期铜器中著名的重器，现藏中国国家博物馆。（陈梦家：《西周铜器断代》第101页引吴大澂语，中华书局，2004年）

1824年　道光四年，李遇孙撰成《金石学录》4卷，这是第一部金石学家传记著作。

约1844年　道光末年，大丰簋出土于陕西扶风县某地，连同方座高33.7厘米，有铭文78字。这是传世西周铜器中的武王时器，现藏中国国家博物馆。（陈梦家：《西周铜器断代》第3页引陈介祺题记）

19世纪前期　吴式芬撰《攈古录》20卷，为所藏商周至元代金石文字18000余种的目录。又撰有《攈古录金文》3卷9册，集录商周金文拓本1334器，编排上以类相从，每类按字数多少为序，并附释文和诸家之说。吴氏于 1856 年去世，《攈古录金文》由其子孙整理出版。(《中国大百科全书》第一版《考古学》卷"《捃古录金文》"条)

约 1850 年　道光末年，陕西**岐山县**某地出土西周晚期铜器毛公鼎，通高 53.8 厘米，重 34.7 公斤，有铭文 497 字。这是现存西周铜器中铭文字数最多的重器，现藏台北故宫博物院。(陈梦家：《西周铜器断代》第 292 页引陈介祺题记)

1864 年　同治三年，李佐贤撰《古泉汇》64 卷、续 14 卷、补遗 2 卷刊行，后又与鲍康合撰《续泉汇》14 卷、补遗 2 卷。二书共收录钱币 6000 枚。这是金石学著作中收录古钱资料最丰富的书。(《中国大百科全书》第一版《考古学》卷"《古泉汇》"条)

1864 年　俄国人 Л. A. 克鲁波特金公爵来到黑龙江的**呼伦贝尔**地区，调查根河左岸的"成吉思汗边墙"(实为辽代边墙)，又发掘根河河口的"成吉思汗古城"——"杭库拉特浩特"(即"弘吉拉城")。(B. B. 包诺索夫：《北满考古学史》，见《黑龙江考古民族资料译文集》第 1 辑第 182 页)

1873 年　7 月，英属印度政府旁遮普邦文职人员和中亚问题专家道格拉斯·福赛思(Forsyth, Douglas)率领使团来新疆喀什噶尔等地访问时，顺便了解塔克拉玛干沙漠中的城址状况，并派人在**和田**附近盗掘，曾带回佛像、金指环和东罗马金币等。这是新疆古代文物的第一次被劫运出境。(参看〔英〕彼得·霍普科克：《丝绸路上的外国魔鬼》第 33—34 页)

1876—1877 年　俄国探险家普尔热瓦尔斯基(Prejeyalsky, C. N.)来新疆**罗布淖尔**一带考察时，曾考察多处长期废弃或被沙漠掩没的遗址。(参看〔英〕彼得·霍普科克：《丝绸路上的外国魔鬼》第 35 页)

1879 年　匈牙利地质调查所所长洛克齐（Lóczy, L.）参加考察队至甘肃进行地质考察期间，曾到**敦煌千佛洞**参观。返回欧洲后，与斯坦因（Stein, M. A.）等述及敦煌石窟所见精美壁画和塑像情况，引起他们的极大兴趣。（参看向达译：《斯坦因西域考古记》第 137 页，中华书局，1936 年）

19 世纪后期　陆增祥（卒于 1882 年）以毕生精力编撰《八琼室金石补正》130 卷，所收历代石刻和其他器物铭文多达 3500 余种，年代下限截至辽金。内容比《金石萃编》更加丰富和精确。（《中国大百科全书》第一版《考古学》卷"《八琼室金石补正》"条）

1882 年　光绪八年，杨守敬编撰的《寰宇贞石图》6 卷出版。这是第一部用石印方法印制的石刻著作。

1884 年　金石学家陈介祺在山东潍县逝世。陈介祺毕生致力于金石资料的收藏与研究，精于鉴别，所藏铜器以西周铜器大丰簋、毛公鼎最为著名。所著《十钟山房印举》一书，著录玺印达万方以上。（《中国大百科全书》第一版《考古学》卷"陈介祺"条）

1886 年　光绪十二年，徐同柏著《从古堂款识学》16 卷，由上海同文书局出版。这是第一部用石印方法印制的金文著作。

1890 年　英印政府军官鲍尔（Bower, H.）在新疆**库车**附近窃取一座佛寺遗址出土的贝叶形桦皮写本残片，经任职于加尔各答政府的英国学者霍纳（Hoernle, R.）考释，判定为年代约当四、五世纪的梵文写本，其中有《孔雀王经》等。其后，法国人格林勒（Grenard, M.）、德莱因斯（Dutreuil de Rhins, J.-L.）在**和田**获得年代约当二世纪的佉卢文《法句譬喻经》残片。又有俄国驻喀什领事彼得夫斯基（Petrovski, N. F.）等作过类似搜集。英印政府更依霍纳的提议，命其驻克什米尔、拉达克和喀什等地的官员广事收罗，所获混入不少赝品。霍纳氏对其所获，有所著述。（参看贺昌群：《近

年西北考古的成绩》，见《贺昌群史学论著选》第104—106页）

1893年　10月，瑞典地理学家斯文·赫定（Hedin, Sven）由斯德哥尔摩出发，取道俄国，来我国西北进行长时间的综合考察。其间，于1894年初到达喀什，考察帕米尔地区；1896年初穿越塔克拉玛干沙漠，直达罗布淖尔；后又到西藏、青海、甘肃、内蒙古等地，1897年5月返回。考察收获出版为 Through Asia（《亚洲腹地》，1898年）。考察中测绘的550多幅地图，为此后斯坦因等人的考察提供了方便。

1894年　方濬益以三十年之功编撰《缀遗斋彝器款识考释》30卷，于本年编录清稿，并未完成，后由其孙整理出版。书中收录商周金文、陶文拓本1382器，考证翔实，是清代晚期金文方面的重要著作。北京大学图书馆藏有其书草稿本，经容庚等人整理校订，收录拓本增益351器。（《中国大百科全书》第一版《考古学》卷"《缀遗斋彝器款识考释》"条）

1895年　8—12月，日本东京人类学会派遣鸟居龙藏来到日本侵略军占领下的辽东半岛，进行人类学和考古学的调查。调查路线是：从大连柳树屯登陆，在金州进行准备后，经旅顺乘船到山东刘公岛；复经旅顺、大连回金州；再去普兰店、复州、熊岳城、盖平、大石桥、海城等地。并以海城为中心，对岫岩、析木城进行调查。又沿大洋河上溯，经龙王庙到凤凰城，再到鸭绿江畔的九连城。又经安东、凤凰城、大孤山、貔子窝，最后回到金州。沿途采集许多史前时代和历史时代的遗物。后出版调查报告《满蒙其他の思ひ出》。（见《鸟居龙藏全集》第12卷，朝日新闻社，1975年）

1896年　1—2月，斯文·赫定由新疆喀什到和田后，沿克里雅河穿越塔克拉玛干沙漠。调查丹丹乌里克遗址，采集包括写本文书在内的大批古代文物。又调查喀拉当格遗址，测量了被流沙掩埋的房屋和其他建筑。（斯文·赫定:《我的探险生涯》，兰州古籍书店影印中译本，1990年）

1896年　日本侵略者占领我国台湾省后，日人栗野传之丞在台北市北郊芝山岩采集石器。这是台湾地区考古的开端。（据张光直:《台湾省浊水溪与大肚溪流域考古调查报告》第1—2页，台北史语所，1977年）

1897年　日本东京大学人类学教授坪井正五郎偕鸟居龙藏前往被日本侵略者占领的我国台湾省，进行人类学和考古学调查，在东海岸发现古代石器。又曾调查早些时候其他日本学者在台北发现的圆山贝丘遗址，采集到石斧、石环、陶器和纺轮等。后鸟居龙藏发表《关于台湾有史以前的遗迹》和《关于圆山贝冢的通信》。（见《鸟居龙藏全集》第11卷）

1898年　俄国圣彼得堡皇家科学院派遣克里门兹（Klementz, D.）率领考察队潜入新疆吐鲁番一带活动，曾对高昌古城的佛寺遗址进行盗掘，窃取为数颇多的汉文、梵文和其他文字的古代写本，以及佛教壁画等。这是第一个以考古为目的在我国西北地区活动的外国考察队。翌年出版《圣彼得堡皇家科学院关于1898年吐鲁番考察的报告》，其中第一章为《吐鲁番及其古物》。正是这批古物，在当年召开的第十二届国际东方学大会上，引起西方学者对吐鲁番的广泛关注。后于1903年召开的第十三届国际东方学大会成立"中亚远东历史学、考古学、语言学、民族学国际学会"（总部设彼得堡）。（参看贺昌群:《近年西北考古的成绩》，见《贺昌群史学论著选》第106页）

1899年　6月，斯文·赫定由斯德哥尔摩出发，再次来我国西北进行综合考察，于8月中旬到达新疆喀什，沿塔里木河东进。

1900—1901 年在**罗布淖尔**西岸北部地区，调查一处面积较大的古代遗址（后斯坦因将其编号为 LA），攫取许多文书资料和古钱。残纸上的纪年，最早属东汉，最晚属东晋初。后来从文书材料中发现有"楼兰"字样，于是判定该遗址为**古楼兰城址**。1902 年 6 月斯文·赫定回到斯德哥尔摩。考察收获出版为 *Scientific Results of a Journey in Central-Asia, 1899–1902*（《1899—1902 年中亚考察科学成果》）。（参看杨建新、马曼丽：《外国考察家在我国西北》第 17—21、23—26 页）

1899 年　　**安阳殷墟**出土的甲骨文，引起京津一带金石学家王懿荣、王襄的注意，开始被收藏研究。这是中国近代学术史上的一件大事，也是中国考古学诞生的前兆。（参看陈梦家：《殷虚卜辞综述》第 2—3 页，中华书局，2004 年）

1900 年

5 月　　执教于印度加尔各答的匈牙利犹太血统学者斯坦因（Stein, M. A.，1904 年加入英国籍），根据英国殖民政府批准的中亚考察计划，由克什米尔出发，越过帕米尔，于 12 月来到新疆**喀什**，开始其第一次考察活动。翌年 5 月结束考察，返回喀什。考察收获出版为 *Ancient Khotan*（《古代和田》）二卷（1907 年）。

6 月　　**22 日**（阴历五月廿六日），居住在**敦煌莫高窟**的道士王圆箓，清理第 16 号窟中堆积的流沙时发现一处被封堵的洞窟，其中堆满经卷、文书、织绣、画像等珍贵文物。这处洞窟，一般称之为"藏经洞"。随后，敦煌知县汪宗瀚曾索取一些遗书，任职甘肃学台的金石学家叶昌炽也获得多件。叶昌炽曾建议将这批文物全部运到省城兰州保存，甘肃当局未能采纳，但于 1904 年下令敦煌县衙清点，责成王道士就地封存。（参看刘诗平、孟宪实：《敦煌百年：

一个民族的心灵历程》第6—22页，广东教育出版社，2000年）

12月 斯坦因在和田县西的**约特干遗址**作短时间考察之后，进入塔克拉玛干沙漠，发掘**丹丹乌里克佛寺遗址**。两周之内，清理十多座建筑基址，考察其布局情况。重要发现有用婆罗谜字母书写的古和阗语佛经、有关蚕种西传传说等内容的木板画，又有汉文文书、梵文佛经和开元天宝铜钱等。遗址的年代被判定为公元3—8世纪。随后，又到**安得悦遗址**考察，发掘一座城堡中的佛寺，发现唐开元七年（719年）汉文碑刻及藏文佛经等。（参看向达译：《斯坦因西域考古记》第39—50、75页）

本年 章太炎在手校《訄书》新增篇章《哀清史》附载的《中国通史略例》中讲到："今日治史，不专赖域中典籍，凡皇古异闻，种界实迹，见于洪积石层，足以补旧史所不逮者。"这是中国学者第一次论及西方考古学思想，强调"远古洪积石层"考古发现与历史研究的密切关系。（参看俞旦初：《二十世纪初年西方近代考古学思想在中国的介绍和影响》，《考古与文物》1983年第4期）

贰　中国考古学的孕育时期
（1901—1920 年）

1901 年

1 月　18 日，斯坦因前往尼雅以北 100 多公里尼雅河北端，对沙漠中的**尼雅遗址**进行调查发掘，2 月 13 日结束工作。遗址范围大、保存好，有宏伟、华丽的房屋，整齐、宽阔的街道，又有花园、果园和桥梁。发掘出土有丝织品、毛织物、桌椅、兵器、文具和其他用具。并首次成批发现数百支佉卢文木简，又出土数十支汉文木简及希腊风格印章等。后在汉文木简中发现晋武帝泰始五年（269 年）的纪年，为遗址断代提供重要依据。（参看向达译：《斯坦因西域考古记》第 51—67 页）

本年　梁启超在《中国史叙论》一文中，介绍西方考古学思想。该文用进化论的观点，将中国历史分成上世（黄帝至秦）、中世（秦汉至清乾隆）、近世（乾隆以后）三个历史发展阶段。关于"上世"，列有"史以前之时代"，专门介绍西方考古学家的"三期说"，并且将中国古史传说资料与之比附。（参看俞旦初：《二十世纪初年西方近代考古学思想在中国的介绍和影响》，《考古与文物》1983 年第 4 期）

本年　光绪二十七年，叶昌炽著《语石》10 卷完成初稿，后又有所增益，至宣统元年（1909年）定稿刊行。这是关于中国古代石刻的第一部通论性著作。（《中国大百科全书》第一版《考古学》卷"《语石》"条）

1902 年

3月 6日（阴历正月二十七日），金石学家吴大澂在江苏苏州逝世，终年67岁。

吴大澂，原名大淳，避同治帝讳改，字止敬，又字清卿，号恒轩，又号愙斋。江苏吴县人，生于清道光十五年五月十一日（1835年6月6日），同治十年（1871年）进士，曾任陕甘学政、吉林防务督办、广东巡抚、湖南巡抚等职。中日甲午战争中，率湘军出征，兵败革职。精于金石文字之学，著有《愙斋集古录》《说文古籀补》《古玉图考》《权衡度量实验考》等书，对古文字学和古器物学研究卓有贡献。（《中国大百科全书》第一版《考古学》卷"吴大澂"条）

8月 日本京都西本愿寺第22代长老大谷光瑞，由于留学英国期间受斯坦因中亚考察满载而归的影响，在由伦敦启程回国途中来我国新疆活动。同行者有本多惠隆、井上弘圆、渡边哲信、崛贤雄等。9月下旬到达喀什后，分成两队活动。一队为大谷、本多、井上三人，经叶尔羌、塔什库尔干，去克什米尔和印度，1903年1月大谷回国。另一队为渡边、崛贤二人，先是调查和田地区，横穿塔克拉玛干沙漠到阿克苏，于1903年4月对库车附近的**克孜尔、库木吐喇等石窟**进行粗略的考察，窃取了部分壁画、佛像和汉文写经；又曾发掘谷口西岸的**夏合吐尔遗址**，并推测其为唐代阿奢理贰寺。后经库尔勒、焉耆、吐鲁番、乌鲁木齐、哈密等地，于1904年回国。（参看贺昌群：《近年西北考古的成绩》，见

《贺昌群史学论著选》第112页；梅邨：《日本大谷考察队在新疆的考察活动》，《文物天地》1988年第4期）

8月 德国派遣由柏林民族学博物馆印度部负责人格伦威德尔（Grünwedel, A.）率领的考察队，来新疆吐鲁番地区活动。此行得到西门子公司和军火大王克虏伯的资助。他们绘制多处石窟的实测图，进行一些发掘，攫取壁画、佛像和经卷等文物。1903年4月返程途中，又曾在库车附近的**库木吐喇石窟**作短暂停留，并割取壁画。此次考察共窃取文物46箱。考察情况出版为 *Bericht über archäologische Arbeiten in Idikutschari und Umgebung im Winter 1902-1903*（《1902—1903年在高昌故城及其邻近地区进行考古发掘的报告》）。（参看贺昌群：《近年西北考古的成绩》，见《贺昌群史学论著选》第107—108页；梅邨：《勒柯克在吐鲁番和龟兹等地的三次考察》，《文物天地》1988年第2期）

本年 留日学生汪荣宝用笔名"衮甫"发表《史学概论》，进一步介绍西方考古学思想。该文指出："一般所谓考古学者，常分为书契以前与书契以后之两部。"将考古学与语言学、古文书学、地理学、年代学等并列，作为历史学的辅助学科，并且提到考古学的界说、目的和范围等等。这是第一次将"考古学"的学科名称引进中国。（参看俞旦初：《二十世纪初年西方近代考古学思想在中国的介绍和影响》，《考古与文物》1983年第4期）

1903年

2月 日本学者鸟居龙藏来我国西南地区进行民族调查期间，在长江上游的**岷江、嘉陵江沿岸**，考察当地广泛分布于山崖间人工凿成的"蛮子洞"，根据种种迹象判定其为汉代墓葬。本年发表《清国四川省的蛮子洞》一文，后又在《人类学上见到的西南支那》（1926 年）一书中提及。（均见《鸟居龙藏全集》第 10 卷）四川地区的汉代崖墓，由此引起考古学者的注意。

本年　刘鹗（字铁云）在罗振玉的怂恿和协助下，将其所藏甲骨选拓 1051 片，编次为《铁云藏龟》。这是第一部甲骨著录书。该书引起经学大师孙诒让的极大兴趣，孙氏随即于翌年撰写《契文举例》2 卷（1917 年由罗振玉刊印）。这是第一部甲骨文考释书。作为中国考古学分支的甲骨学由此发端。（陈梦家：《殷虚卜辞综述》第 50 页）

本年　长期居住在台湾的日本学者森丑之助，将其截至 1902 年 10 月底以前在台湾地区，特别是在山麓地带高山族居住区的 93 个地点进行调查所获的标本进行整理，撰写为《台湾に於ける石器时代の遗迹に就て》，在东京《人类学会杂志》第 18 卷 201 号发表。后又于 1911 年在《台湾时报》第 19、20、21 号发表，列举地点 169 处。

本年　德国古生物学家舒罗塞（Schlosser, M.）记述，德国医生哈白勒（Haberer, K.）在从北京中药铺买到的龙骨中发现一枚完全石化的可能属于人的左上第三臼齿。（据张森水：《中国旧石器文化》第 7 页，天津科学技术出版社，1987 年）

1904 年

9 月　德国第二次派遣考察队，由勒柯克（von Le Coq, A.）率领，在德皇和克虏伯的支持下，启程来到新疆吐鲁番地区活动，于 11 月到达哈拉和卓。他们在**高昌故城**内发现北凉沮渠安周造佛寺碑，发掘摩尼教寺院及城外的景教寺院。1905 年初，转至**柏孜克里克千佛洞**，大肆切取整窟的精美壁画。后又在**吐峪沟**、**吐鲁番北**和哈密地区进行发掘，获得许多文物。1905 年 10 月回到

喀什。运回柏林的文物，多达 200 多箱。此次考察的情况出版为
Auf Hellas Spuren in Ostturkistan（Leipzig, 1926）（《中亚古希腊佛教艺
术》，莱比锡，1926 年）。（参看贺昌群：《近年西北考古的成绩》，见《贺昌
群史学论著选》第 107—108 页；梅邨：《勒柯克在吐鲁番和龟兹等地的三次
考察》，《文物天地》1988 年第 2 期）

1905 年

9 月　日本东京大学派遣鸟居龙藏，再次对辽东半岛进行广
泛而深入的考古调查。调查对象主要是"南满铁路"沿线石器时
代至汉魏时期的遗迹，例如**旅大**地区的贝丘、**老铁山**一带的石冢
和贝墓、**辽阳**太子河畔的石棺墓、**熊岳城**附近的汉墓等。同时，
还调查了鸭绿江上游**辑安**县境的高句丽城址、陵墓，及好大王碑。
后连同 1895、1909 年两次调查的情况，撰写为《南满洲调查报
告》（1910 年）。（见《鸟居龙藏全集》第 10 卷）

12 月　德国第三次派遣考察队，由格伦威德尔率领，在喀
什与勒柯克率领的第二次考察队会合，然后去**库车**、**焉耆**、**吐鲁**
番、**哈密**等地活动。在库车，主要考察**图木舒克**和**克孜尔**地区的
千佛洞，继续大肆切取壁画运往德国。勒柯克于 1906 年 4 月先期
回国。格伦威德尔则于 1907 年 6 月结束考察回国。此次考察的
情况，见勒柯克所著《新疆的地下宝藏》（1926 年），格伦威德尔
著《新疆的古代佛教遗迹》（*Alt-Buddhistische Kultstätten in Chinesisch-
Turkistan*, 1912）。（参看贺昌群：《近年西北考古的成绩》，见《贺昌群史学
论著选》第 107—108 页；梅邨：《勒柯克在吐鲁番和龟兹等地的三次考察》，
《文物天地》1988 年第 2 期）

1906 年

4 月　印度考古局调查员斯坦因（1904 年开始任职），由克什米尔出发，第二次来我国西北地区考察。1908 年 11 月结束考察返回。考察收获出版为 *Serindia:* Detailed report of explorations in Central Asia and Westernmost China（《塞林提亚：中亚和中国西域考察的详细报告》）5 卷（1921 年）。（参看贺昌群：《近年西北考古的成绩》，见《贺昌群史学论著选》第 108 页）

6 月　法国金石铭刻与文艺学院、法国中亚考察委员会派遣伯希和（Pelliot, P.）率领考察队来新疆活动。8 月末到达喀什，在其附近进行调查。继而对巴楚东北图木舒克附近的**脱库孜沙来遗址**进行发掘，发现许多塑像和壁画的残块，以及汉文和婆罗谜文书等文物，将遗址的年代分为公元 3 世纪、6—7 世纪和 8 世纪三个阶段。翌年初，考察**克孜尔**和**库木吐喇**的千佛洞，拍摄大批壁画照片。又到库车附近，发掘**阿库尔**和**苏巴什**的两处佛寺遗址，除发现塑像和壁画的残块外，也有汉文和婆罗谜文书。伯希和在库车发现的婆罗谜文书，后经研究被判定为乙种吐火罗语，即古龟兹语。（参看贺昌群：《近年西北考古的成绩》，见《贺昌群史学论著选》第 109—111 页）

10 月　斯坦因再次来到**尼雅遗址**考察，清理发掘若干不同规格的房屋建筑，继续发现较多的佉卢文木简和一些汉文木简。随后，又在**安得悦遗址**发现佉卢文木简和其他文物。（向达译：《斯坦因西域考古记》第 68—76 页）

12 月　下旬，斯坦因对**楼兰 LA 遗址及其周围地区**进行广泛的详细考察。在弄清楚城堡形制与结构的同时，发掘了城堡西南部出土过大量汉文文书的官署遗址和出土过较多佉卢文文书的房址，并继续有所发现。所获其他各类文物也很丰富。后又在 LA 遗址以西 10 多公里，发掘包括佛寺和住宅的 LB 遗址群，建筑风格和遗物样式都明显受外来影响。（向达译：《斯坦因西域考古记》第 91—102 页）

1907 年

2 月　斯坦因对若羌东北 80 公里的**米兰遗址**进行考察。在城堡内外，发现多处佛寺遗址，所出高大的泥塑佛像和大量的彩绘壁画，都具有希腊—犍陀罗风格。发掘出土的上千件藏文木简和残纸，表明其为 8 世纪后吐蕃统治时期的遗存，是年代最早的藏文资料。还出土一批 3 世纪的佉卢文文书。（向达译：《斯坦因西域考古记》第 77—90 页）

3 月　上旬，斯坦因结束米兰遗址的发掘后，经罗布淖尔来到敦煌，对千佛洞作短时间的初步调查。随后在**疏勒河流域**，即汉代敦煌郡的玉门、中部、宜禾三都尉统辖地区，进行边塞障燧遗址的调查发掘。其中，玉门都尉辖地发现烽燧 31 座、城障和仓储遗址各 1 座；中部都尉辖地发现烽燧 34 座、城障 1 座；宜禾都尉辖地发现烽燧 38 座。获得汉文简牍及文书残纸近千件，又发现少量粟特文、佉卢文、婆罗谜文的木简和残纸。（向达译：《斯坦因西域考古记》第 116—136 页；参看林梅村、李均明：《疏勒河流域汉代边塞遗址概述》，见《疏勒河流域出土汉简》第 8—32 页，文物出版社，1984 年）

5 月　中旬，斯坦因进行疏勒河流域汉代边塞遗址的调查发掘之后，重又来到**敦煌莫高窟**。通过对王道士反复游说，并以较少银两买通，斯坦因骗取了藏经洞中的第一批精华，装运的写本多达 24 箱，其中包括完整的卷子 3000 件、残篇 6000 件，另有绘画和绣品 5 箱近 500 件。6 月中旬，又去**安西榆林窟**考察，在肃州（酒泉）和甘州（张掖）之间测量，并调查**马蹄寺石窟**。10 月，由敦煌动身，经哈密、吐鲁番、库车、和田等地出境。他所骗取的大批敦煌遗书，于一年多以后被运至伦敦不列颠博物院。（向达译：《斯坦因西域考古记》第 139 页）

本年　日本学者伊能嘉矩在东京《人类学会杂志》第 22 卷第 259 号报道，台湾**澎湖列岛**的更新世地层出土两件打制石器。这是我国领土发现旧石器时代遗物的最早记录。

1908 年

1 月　日本学者鸟居龙藏夫妇在**内蒙古东部地区**，开始进行为期近一年的人类学、考古学调查。他们由喀喇沁旗出发，经**赤峰、翁牛特旗、巴林右旗、阿鲁科尔沁旗、白城**，进入大兴安岭，再到**西乌珠穆沁旗**，并一度进入外蒙古。继而由**东乌珠穆沁旗、达里诺尔、多伦诺尔**到张家口。还曾去**经棚、奈曼旗、敖汉旗、朝阳、锦州**等地。涉足的古代遗迹包括众多史前遗址，及**辽中京、辽上京、元上都**等城址。调查情况撰写为《蒙古旅行记》（日文，1911 年）和《蒙古东部的古人类》（法文，1914 年），提出东蒙新石器时代文化属蒙古种东胡民族遗存，而与通古斯种肃慎民族的满洲新石器文化相似，即所谓"满蒙文化特殊论"。（分别见《鸟居龙藏全集》第 9 卷和第 5 卷）

2 月末　伯希和率领法国考察队到达敦煌。从 3 月初开始，伯希和花费一个月时间，将斯坦因劫余的**敦煌莫高窟**遗物察看一过，挑选骗购约 5000 余件，装载 24 箱而去。其中半数为汉文文献，其余为藏文、粟特文、回鹘文和于阗文文书。10 月，伯希和曾携带一箱到北京，向诸多中国学者展示。（参看桑兵：《国学与汉

学——近代中外学界交往录》第四章"伯希和与中国学术界"，浙江人民出版社，1999 年）

3 月　俄国皇家地理学会派遣的第五次中亚考察队，在科兹洛夫（Козлов, П. К.）的率领下到额济纳河一带活动，对**黑城遗址**进行数日发掘。发现一些佛寺遗迹，攫取塑像和壁画的残块，以及汉文、西夏文和其他文字的文书。（参看贺昌群：《近年西北考古的成绩》，见《贺昌群史学论著选》第 111 页）

6 月　古文献学与古文字学家孙诒让在浙江温州逝世，终年 61 岁。

孙诒让，字仲容，号籀庼。浙江瑞安人。生于道光二十八年八月十四日（1848 年 9 月 11 日）。早年官刑部主事，后任温州府中学堂和师范学堂的总理。精研经史诸子之学，旁及古文字，著有《周礼正义》《墨子闲诂》《古籀拾遗》《古籀余论》《契文举例》《名原》等书。（《中国大百科全书》第一版《考古学》卷"孙诒让"条）

6 月　日本大谷光瑞考察队派橘瑞超、野村荣三郎再次来新疆活动。取道北京，经外蒙古、阿尔泰山等地，于 10 月初到达奇台。再由乌鲁木齐南下，调查**吐鲁番**地区和**楼兰**、**尼雅**一带的遗址，获得大批魏晋时期的汉文和佉卢文文书资料，其中包括楼兰遗址出土的前凉西域长史李柏文书。1909 年 4—5 月，野村到**克孜尔石窟**考察，进一步窃取那里的文物。11 月结束考察去克什米尔。（参看贺昌群：《近年西北考古的成绩》，见《贺昌群史学论著选》第 112 页；梅郇：《日本大谷考察队在新疆的考察活动》，《文物天地》1988 年第 4 期）

本年　俄国人在哈尔滨设立"俄罗斯皇家东方学会哈尔滨分会"，倡议进行包括考古学在内的考察活动。该会代表人物 A. M. 巴拉诺夫，后来被沙俄分子吹捧为"北满考古学的奠基人"。此后，有俄国人调查吉林洮南县的**通肯浩特遗址**、**依兰附近**的古城，均见该会出版物。该会后于 1927 年与东省文物研究会合并。（B. B. 包诺索夫：《北满考古学史》，见《黑龙江考古民族资料译文集》第 1 辑第 183 页）

本年 英国传教士陶然士（Torrance, T.）在四川**岷江流域**的叙府（今宜宾）、内江、资州（今资中）、嘉定、彭山、新津、威州等地调查多处崖洞。这些崖洞规模大小不一，所出遗物丰富，被断定为汉代墓葬。调查结果撰成专题论文《四川的墓葬》，刊载于《亚洲文会会志》（*Journal of the North China Branch of the Royal Asiatic Society*）第 41 卷（1910 年）。（参看郑德坤：《四川古代文化史》第 138 页，华西大学博物馆本，1946 年）

1909 年

3 月 日本东京大学派遣鸟居龙藏又一次来到辽东半岛，对**旅顺**的老铁山石冢、熊岳城和辽阳的古代遗迹，以及其他史前时代和汉魏时期遗迹作进一步调查。后连同 1895、1905 年两次调查的情况，合写为《南满洲调查报告》（1910 年）。（见《鸟居龙藏全集》第 10 卷）

5 月 科兹洛夫率领的俄国第五次中亚考察队，再次到**黑城遗址**进行为期一个月的考察。主要在城址外的一座塔中，攫取各种文字的文书 2000 卷以上，各种绘画 300 余幅。所出西夏文文献中，有《番汉合时掌中珠》等多种字书，关于西夏社会诸方面的大量文书，以及识读西夏文字和研究西夏历史的其他重要资料。黑城遗址还出土大量元代文书。此后，科兹洛夫又于 1923—1926 年前往蒙古考察时，第三次来**黑城遗址**进行发掘。三次共计攫取西夏文刊本和写本多达 8000 号（其中 80% 是佛经），此外还有许多汉文和其他民族文字的文献，其他文物更是不计其数。（参看黄振华：《评苏联近三十年的西夏学研究》，《社会科学战线》1978 年第 2 期）

6 月 俄罗斯科学院院士奥登堡（Ol'denburg, S. F.）由彼得堡启程来新疆活动，于 8 月中旬到达喀什附近考察后，沿丝绸之路北线考察库车、吐鲁番和罗布淖尔等地。重点是吐鲁番的**高昌故城**和**柏孜克里克千佛洞**。先后勘测近百座石窟和城址，拍摄近 8000 张照片，攫取大批汉文和粟特文文书，以及古钱、壁画和雕刻品。1910 年 3 月回到彼得堡。（参看梅邨：《奥登堡——俄国中亚科学考察的组织者和领导者》，《文物天地》1987 年第 6 期）

本年 日本历史学家白鸟库吉借采访"满洲史料"之便，考察黑龙江宁安县境的**渤海上京龙泉府遗址**和阿城县境的**金上京会宁府遗址**。（日本《史学杂志》第 20 卷第 9、10 期及第 21 卷第 1 期。《北方文物》1988 年第 2 期赵虹光《渤海上京龙泉府城址调查发掘工作的回顾》一文作"1910 年"）

1910 年

8 月 日本大谷考察队的橘瑞超等由伦敦启程，取道俄国，第三次来新疆活动。在吐鲁番地区的**阿斯塔那墓地**进行发掘，获得一批文书资料和丝织品。再对罗布淖尔地区的**楼兰遗址**进行调查发掘。1911 年初横穿塔克拉玛干沙漠，并曾到库车、于田等地。（参看贺昌群：《近年西北考古的成绩》，见《贺昌群史学论著选》第 112 页；梅邨：《日本大谷考察队在新疆的考察活动》，《文物天地》1988 年第 4 期）

本年 罗振玉著《殷商贞卜文字考》出版。该书判定甲骨出土地"在安阳县西五里之小屯"，"卜辞者实为殷室王朝之遗物"，肯定了安阳小屯为殷墟的性质。所作研究比孙诒让仅就单字进行

考证有明显的进步。（陈梦家:《殷虚卜辞综述》第 30 页）

本年　日本京都大学的滨田耕作来我国东北进行考古调查。调查的地点有: 旅顺的**刁家屯汉墓**、**牧羊城汉代城址**、**老铁山石冢**、**卢家屯贝墓**, 以及**辽阳石棺墓**和**抚顺陶窑址**等。随后, 又于 1912 年发掘刁家屯的东汉砖室墓, 发现随葬品中有 "位至三公" 镜、五铢钱、石砚、陶质明器等。调查发掘资料撰为《旅顺刁家屯古坟》和《南满洲考古学研究》, 均见所著《东亚考古学研究》（日文, 冈学院, 1930 年）。

本年　清朝政府下令将**敦煌石窟**劫余的遗书全部运往北京保存, 其间又被割裂窃取一部分, 王道士即私自藏匿数百卷。实际入藏京师图书馆的有 8600 余卷。（陈垣:《敦煌劫余录》, 中研院史语所专刊之四, 1931 年）

1911 年

本年　罗振玉将所藏甲骨的拓片汇编为《殷虚书契》20 卷, 在其创办的《国学丛刊》分期发表前 3 卷。1912 年以一岁之力重编为 8 卷, 于 1913 年在日本用珂罗版影印出版。后又陆续出版《殷虚书契菁华》（1914 年）、《殷虚书契后编》（1916 年）、《殷虚书契续编》（1933 年）。四书著录甲骨共计 5400 余片。这是殷墟正式发掘开始前最重要的甲骨资料汇编。

1912 年

1 月　日本大谷考察队的橘瑞超与该队后至的吉川小一郎在敦煌会合, 除对**敦煌莫高窟**进行考察外, 还从许多僧人手中收集散存的经卷。随后, 他们又去新疆, 在哈密、吐鲁番等地进行长时间的调查发掘。吉川小一郎又于 1913 年 4—5 月, 在**克孜尔石**

窟考察，进行盗窃活动。1914 年初结束考察（橘瑞超于 1912 年冬先行回国）。大谷考察队三次考察所获文物资料，出版为《西域考古图谱》（1915 年）和《新西域记》（1937 年）。（参看贺昌群：《近年西北考古的成绩》，见《贺昌群史学论著选》第 112 页；梅邨：《日本大谷考察队在新疆的考察活动》，《文物天地》1988 年第 4 期）

1913 年

1 月　德国第四次派遣考察队来新疆活动，由勒柯克率领。此行主要在库车考察图木舒克和克孜尔的千佛洞，发掘苏巴什佛寺遗址，除继续窃取壁画外，还窃取了大批佉卢文书资料。又曾在吐鲁番地区窃取壁画和文书资料。1906 年和本年，该考察队仅在克孜尔石窟一地即窃取壁画达 328.07 平方米。1914 年 2 月结束考察回国。考察情况出版为 *Von Land und Leuten in Ost-turkistan*（《新疆的风土人情》，1928 年）。（参看梅邨：《勒柯克在吐鲁番和龟兹等地的三次考察》，《文物天地》1988 年 2 期）

7 月　斯坦因第三次由克什米尔来我国西北活动。此次考察，以地理学方面为主要内容，着重于古代交通路线，并测绘地图。在前两次考察的基础上，测绘了 47 幅 1:50 万的地形图，包括范围经度不下 28 度、纬度不下 8 度，大都是过去未曾测绘的地区。同时，又在一些地方进行考古调查，继续窃取大批的珍贵文物。1915 年 7 月离境去伊朗。1916 年 2 月返回克什米尔。窃取的古代文物多达 182 箱，收藏在印度新德里新建的博物馆，部分标本送至伦敦不列颠博物馆。考察收获出版为 *Innermost Asia: Detailed report of explorations in Central Asia, Kan-su and Eastern Iran*（《亚洲腹地：中亚、甘肃和伊朗东部考察的详细报告》）4 卷（1928 年）。

12 月　斯坦因在和田附近的古城和其他遗址采集零星文物之后，对**尼雅遗址**再次进行调查，获得一批佉卢文木简和其他文物。（向达译：《斯坦因西域考古记》第 243 页）

本年　美国传教士叶长青（Edgar, J. H.）在四川境内的**长江流域**、**岷江流域**及川西高原采集较多打制石器，其中有些标本具旧石器形态。标本入藏华西大学博物馆（四川大学博物馆前身）。考察报告刊载于《亚洲文会会志》和《华西边疆研究学会会志》（*Journal of the West China Border Research Society*, Vo1.6, 1933–1934）。这是最早见于记载的对我国史前文化的考察活动。

1914 年

1—2 月　斯坦因到达罗布淖尔附近，在**婼羌**和米兰进行小规模发掘，又对**楼兰城堡遗址**和一处墓地进行发掘，获得汉代织锦和希腊风格地毯的残片，以及汉文、佉卢文和粟特文文书等。（向达译：《斯坦因西域考古记》第 90、103—115、243 页）

2—4 月　法国学者色伽兰（Segalen, V., 或译"谢阁兰"）、法占（Gilbert de Voisins, A.）、拉狄格（Latirgue, J.）一行三人，由北京出发，经西安，沿渭河西行，调查周、秦、汉、唐帝王陵墓；然后进入四川，调查**嘉陵江流域**和**岷江流域**的汉代崖墓、石阙、碑刻，以及**广元皇泽寺**、**巴州千佛崖**等佛教石刻。其中对崖墓考察尤详。后冯承钧于 1930 年据其初步报告译述为《中国西部考古记》（中华书局 1955 年重印）。关于四川的汉代崖墓，色伽兰著有《汉代墓葬艺术》（1935 年）。（参看郑德坤：《四川古代文化史》第 139—140 页）

3 月　斯坦因第二次到达**敦煌莫高窟**，骗取王道士私自藏匿的一批经卷，计有 5 大箱 600 多卷。随后，他考察了**额济纳河流域的汉代边塞遗址**，获得汉文木简和其他文物；又考察了西夏和元代的**黑城遗址**，获得一批文书资料，以及塑像、壁画等。（向达译：《斯坦因西域考古记》第174—177、245、254—275页）

5月　俄国科学院院士奥登堡来**敦煌**活动。先后对443座石窟进行测绘，拍摄照片2000多张，窃取了大批绘画、雕刻和文书资料。1915年初回国。（参看梅郅：《奥登堡——俄国中亚科学考察的组织者和领导者》，《文物天地》1987年第6期）

5月　16日，中国北洋政府聘请的矿政顾问、瑞典著名地质学家安特生（Andersson, J. G.），来北平中国农商部（后改称农矿部、实业部、经济部）就任。他在进行煤田和其他矿产调查的同时，十分注意各地发现的化石产地线索，曾派遣技工前往山西、河南、甘肃等地采集动物化石，并将所获化石标本运往瑞典乌普萨拉（Upsala），交给维曼（Wiman, C.）领导的古生物研究室进行研究。（贾兰坡、黄慰文：《周口店发掘记》第8页）

10月　斯坦因由甘肃西北部的毛目出发，来到新疆的巴里坤和奇台，再到吉木萨尔，对其附近的**唐代北庭都护府遗址**进行考察和测量。（向达译：《斯坦因西域考古记》第177—180页）

11—12月　斯坦因到达吐鲁番盆地，对哈拉和卓的**高昌故城**进行考察。他选择俄、日、德考察队未曾发掘的若干地点进行发掘，其中有城内南部的寺院遗址、外城东北部的居住遗址和寺院遗址，发现许多佛教、摩尼教、景教遗物，包括壁画、画幅、塑像、经典等。在**柏孜克里克石窟**割取壁画多达100多箱。（向达译：《斯坦因西域考古记》第181—187页；参看陈国灿：《斯坦因所获吐鲁番文书研究》第3—7页，武汉大学出版社，1995年）

年末　罗振玉以四旬之功著成《殷虚书契考释》6万余言，交王国维抄清影印。该书分为都邑、帝王、人名、地名、文字、卜辞、礼制、卜法8章，将零碎而杂乱的卜辞梳理成有条理的可用史料；并且提出"由许书以上溯古金文，由古金文以上窥卜辞"的研究方法，主张考释文字应注意卜辞词句的通读和分类，对甲骨学研究有重要的推进。（参看陈梦家：《殷虚卜辞综述》第 56—58 页；又王世民：《〈殷虚书契考释〉的罗氏原稿与王氏校写》，见所著《考古学史与商周铜器研究》第 99—108 页，社会科学文献出版社，2017 年）

1915 年

1—3 月　斯坦因在吐鲁番的**阿斯塔那墓地**发掘 34 座唐代高昌墓葬，其中 21 座出土文字资料（汉文墓志和文书），又发现丝织品包裹的干尸、彩绘泥俑、绢画、面制食品、陶器等。其间，还对雅尔湖的**交河故城**进行考察和测量。（向达译：《斯坦因西域考古记》第 187—191 页；参看陈国灿：《斯坦因所获吐鲁番文书研究》第 8—14 页）

1916 年

本年　广州市**东山龟岗**兴建民居时，发现一座西汉时期南越国木椁墓，因椁板上刻有"甫一""甫廿"等数字符号而名噪一时，并被误认为南越二主文王赵胡的墓。（王国维：《南越黄肠木刻字跋》，《观堂集林》卷 18；马小进：《西汉黄肠木刻考》，《广东文物》卷 10，1941 年）

1917 年

2 月　王国维写作《殷卜辞中所见先公先王考》，证实了《史记·殷本纪》中商王世系的可靠性。后又写作《殷卜辞中所见先公先王续考》（4 月）和《殷周制度论》（9 月）等，进一步重构商代的历史。这便使零散的卜辞进一步成为有系统的古史资料，对

甲骨学的发展和古代历史研究作出开拓性的重要贡献。郭沫若在
《古代研究的自我批判》一文中称颂:"王国维的业绩是新史学的
开山。"(参看陈梦家:《殷虚卜辞综述》第51页)

1918年

3月 22日,安特生前往北平城区西南50公里周口店附近的
鸡骨山化石地点(后编号为周口店第6地点),进行实地考察和为期
两天的小规模发掘。这次考察的收获虽然不大,尚未发现人类化
石和文化遗物,只找到大量的野兔和狐狸化石,却引起安特生对
周口店地区作进一步考察的兴趣,从而揭开了中国旧石器时代考
古研究的序幕。(贾兰坡、黄慰文:《周口店发掘记》第9、11页)

5月 日本侵略者建立的"旅顺都督府博物馆"派遣考古学
者八木奘三郎,在**辽阳太子河畔**的迎水寺附近,发掘一座东汉时
期的壁画墓。墓室用石板构筑,椁室中央并列四具连成一体的石
棺,周围绕以回廊,后部又有一间小室。壁画内容为墓主人生活。
(八木奘三郎:《辽阳发见的壁画石坟》,见所著《满洲考古学》第287—326
页,荻原星文馆,1945年)

本年 北京大学校长蔡元培邀请罗振玉来北大讲授考古学,
并询问其治学方法。罗氏复信辞谢,但就金石学的源流、范围、
方法和目的,提出详细的看法,主张扩大研究范围,定名为"古
器物学"。此信内容曾于本年9—10月以《古器物学研究议》为题
在《北京大学日刊》连载。(甘孺:《永丰乡人行年录:罗振玉年谱》,江
苏人民出版社,1980年版;《北京大学日刊》1918年9月28日第2、3版,
9月30日第3、4版,10月2日第4版)

1920 年

夏季　天津北疆博物院的法国古生物学家、天主教神父桑志华（Licent, E.），6 月初在甘肃庆阳县城以北 50 多公里的**辛家沟**，发掘至更新世晚期的黄土堆积，发现两件有打击痕迹的石英岩石核。8 月初又在**赵家岔**发现两件石英岩石片，以及共生的哺乳动物化石。这是中国大陆第一次发现旧石器文化遗存。（参看谢骏义、许俊臣:《我国发现的第一块旧石器的产地在哪里？》,《化石》1978 年第 2 期；黄为龙:《我国最初发现的旧石器地点究竟在哪里？》,《化石》1979 年第 3 期）

7 月　安特生根据其本人和地质调查所同事在河北、山东、辽宁、内蒙古、山西、河南、陕西等地采集石器的成果，发表《中国新石器类型的石器》一文（"Stone Implements of Neolithic Type in China", *China Medical Journal*, July 1920）。

本年　法国天主教神父闵宣化（Mullie, Jos.）调查**内蒙古东部和热河地区**的辽代城址与陵墓。（闵宣化著、冯承钧译:《东蒙古辽代旧城探考记》,中华书局，1956 年）

叁 中国考古学的诞生时期
（1921—1928 年）

1921 年

4 月 地质调查所顾问安特生，根据采集员刘长山 1920 年末在河南**渑池县仰韶村**附近收集的 600 余件石器，判断仰韶村一带应有面积较大的史前时期遗址，遂亲自前往进行实地调查，确认当地是一处埋藏丰富的史前遗址，有详细考察的必要。

6 月 安特生及采集员白万玉等在奉天锦西县境（现属辽宁）进行煤田调查时，**发现沙锅屯洞穴遗址**。随即约请北京协和医学院解剖科教授步达生（Black, D.）共同发掘，7 月中旬结束工作。该石灰岩洞穴，进深 4.9—6 米，宽 2.2—2.5 米。出土黑彩细泥红陶和篦纹夹砂褐陶的器物残片，以及石斧、石镞、石环和骨针、骨锥等。又发现分属 42 具不同年龄性别个体的残乱骨骸。安特生在发掘仰韶村之后，曾将其归入仰韶文化范畴。实际包含红山文化、夏家店下层文化等不同时期的遗存。这是中国大陆的第一次考古发掘。（安特生著、袁复礼译：《奉天锦西县沙锅屯洞穴层》，《中国古生物志》丁种第 1 号第 1 册，1923 年）

7 月 北平国立历史博物馆裘善元等前往**河北巨鹿**，调查发掘被大观二年（1108）洪水淹没的**宋代故城**。在两处保存较好的居址中，发现坍塌的砖瓦、倾倒的门窗，出土木质家具、陶瓷器皿，以及铁鼎、铜釜、算盘珠、围棋子、"崇宁重宝"铜钱等。所出瓷碗底部，多分别有墨书的"董""王"二字，表明居址原系董、王二姓住宅。(《巨鹿宋代故城发掘记略》，《国立历史博物馆丛刊》第1年第1册，1926年)

夏季　奥地利古生物学家师丹斯基(Zdansky, O.)来到中国，根据安特生的安排去周口店鸡骨山发掘。当安特生偕同美国古生物学家葛兰阶(Granger, W.)于8月间前往鸡骨山视察时，从当地工人口中获悉，与此相距不远的龙骨山是一处更有希望的化石地点。于是随即转往该地发掘，在一个洞穴的堆积中发现大量哺乳动物化石，最初编为**第53号野外地点**，1929年编为周口店第1地点，新中国成立后命名为"中国猿人遗址"，俗称"北京人之家"。师丹斯基曾在此发现一颗可疑的臼齿，当时误认为类人猿的。安特生在视察中注意到龙骨山堆积物中包含有白色的石英片，预言"这里有古人类，现在我们必须全力以赴地去寻找它"。(贾兰坡、黄慰文:《周口店发掘记》第12、15、50页)

10月　27日，安特生报请中国政府批准，偕同奥地利古生物学家师丹斯基、中国地质学家袁复礼及地质调查所人员，对**仰韶村遗址**和新发现的**不召寨遗址**进行小规模发掘。参加工作的中国助手，又在渑池县境发现**杨河村**、**西庄村**二遗址，在河阴县境(现属荥阳)发现**秦王寨**、**牛口峪**、**池沟寨**遗址。12月初，安特生本人返回北平。他将这次调查发掘的收获，写成考古简报《中华远古之文化》在《地质汇报》第5号(1923年)发表。该文断定仰韶村等遗址的发现，属新石器时代末期或稍晚，"实为未有文字记载以前汉族文化所遗留也"，并且将其命名为"仰韶文化"。这是中国考古学诞生的第一个标志，证实中国远古时代有自己的史前文化。但因历史的局限，安特生所谓的"仰韶文化"包含龙山文化遗存。当时，他又曾将仰韶文化彩陶纹饰与中亚的安诺、特里波列文化彩陶对比，提出彩陶由西而东的假说。

本年前后 成都西北郊白马寺附近，出土大批曾被金石学家误认属于夏代、具有明显特点的青铜兵器，总数近千件，随即流散海内外。后卫聚贤于 1941 年撰写《巴蜀文化》一文，介绍其收集的这类兵器。(卫聚贤:《巴蜀文化》,《说文月刊》第 3 卷第 7 期 "巴蜀文化专号", 1942 年)

1922 年

1 月 北京大学研究所国学门成立，沈兼士任主任，内设编辑室、考古学研究室、歌谣研究会、明清档案整理会四部门。其中，考古学研究室由马衡任主任兼导师。2 月，蔡元培校长聘请罗振玉、王国维为考古学通信导师; 12 月，聘请伯希和为考古学通信导师。实际上，马衡等人进行的仍属金石学研究，尚未从事田野考古工作。(《北京大学考古学系五十年 (1952—2002)》第 30—31 页，该系自印, 2002 年)

8 月 桑志华根据一位名叫旺楚克 (旧译 "王斯究克"，汉名 "石王顺") 的蒙古族老乡提供的线索，在内蒙古鄂尔多斯高原东南部发现**萨拉乌苏小桥畔遗址** (现属伊克昭盟乌审旗)。1923 年又与巴黎国立博物馆派遣的古生物学家德日进 (Teilhard de Chardin, P.) 合组法国古生物考察团，对该遗址作进一步的调查发掘。除发现丰富的更新世晚期动物化石外，还发现一批打制石器和一颗人类幼儿的左上外侧门齿化石。这是中国大陆首次发现的晚期智人化石，被命名为**"河套人"**。后据放射性碳素测定，该遗址的年代为距今 35000 年左右。(贾兰坡、黄慰文:《周口店发掘记》第 20—21 页)

9月　俄国人在哈尔滨设立"东省文物研究会",有组织地开展考古活动,活动经费主要由东省铁路管理局资助。A. M. 巴拉诺夫任该会历史—人类学部主席。B. Я. 托尔马乔夫任该会考古分部主席,参加工作的有 B. B. 包诺索夫等人。截至1928年底该会被当地中国驻军下令停办前,主要在哈尔滨周围地区,以及中东铁路的滨洲、滨绥和哈尔滨至陶赖昭沿线一带进行考古调查,调查对象有**扎赉诺尔、海拉尔**等地的史前遗址,**阿城县白城子的金上京城址**等。(B. B. 包诺索夫:《北满考古学史》,《黑龙江考古民族资料译文集》第1辑183—184页;谭英杰:《解放前俄国人在黑龙江的学术团体及其考古活动简述》,《北方文物》1986年第2期)

本年　任职于"满铁调查部"的日本考古学者八木奘三郎,在我国东北地区的南部各地进行考古调查。随后,著成《满洲旧迹志》(1924—1926年出版),详细记述当地史前时代和历史时代的遗址遗物以及城址、寺庙等。

1923 年

1月　马衡在北京大学《国学季刊》第1卷第1期发表《石鼓为秦刻石考》一文,重新考订石鼓这一重要石刻的年代,断定为东周时期的秦国刻石(献公前,襄公后)。此后,学者对石鼓属于何世虽有分歧,为秦刻石则成定论。(马衡:《凡将斋金石丛稿》第165—175页)

5月　24日,北京大学研究所国学门考古学研究室成立调查机构——古迹古物调查会(1924年5月更名"考古学会"),参加者有叶瀚、李宗侗、陈万里、沈兼士、容庚、马衡、徐炳昶(字旭生,后以字行)、陈垣、李煜瀛等,马衡任主席。该会自称宗旨是"用考古学的方法调查研究中国过去人类之物质的遗迹及遗物"。议决

"先自调查入手，一俟经费稍有宽裕，再行组织发掘团"。(《北京大学考古学系五十年（1952—2002）》第31页）

8月　25日，河南**新郑**县城东南隅（**李家楼**宅旁园圃）因凿井出土若干铜器。当地驻军肆意挖掘，获列鼎、编钟、编镈等成套礼乐器，以及兵器、车马器，共计百余件。后经学术界呼吁，交开封博物馆保存。（蒋鸿元：《新郑出土古器图志》，1923年；关百益：《新郑古器图录》，1929年）

9月　20日，北京大学古迹古物调查会主席马衡前往**新郑李家楼**铜器出土地调查，详细了解出土器物的种类和数量，绘制出土情况示意图，推断该地为东周时期郑伯之墓。（马衡：《新郑古物出土调查记》，见《凡将斋金石丛稿》第303—309页）

10月　执教于南开大学的李济应丁文江的约请，再去**新郑李家楼**铜器出土地调查，检获与铜器同时出土的人骨，进一步认定出土地确为墓葬。（李济：《新郑的骨》，见《李济文集》卷一第24—32页，上海人民出版社，2006年）

本年　法国古生物考察团德日进、桑志华在现属宁夏回族自治区的**灵武县水洞沟**、陕西北部榆林地区的**横山县油坊头**，发现几处旧石器地点，经发掘获得大量打制石器和少量破碎的动物化石。这里的发现，曾与萨拉乌苏河的发现一起，被统称为"河套文化"，被认为属旧石器时代中期。后经反复研究，判定水洞沟文化属旧石器时代晚期，是与萨拉乌苏河不同的文化遗存。（贾兰坡、黄慰文：《周口店发掘记》第21页）

本年　安特生为探讨河南新发现仰韶文化彩陶的渊源关系，经中国政府批准，并由瑞典科学研究会资助，偕同几位中国助手前往甘青地区，进行史前文化遗存的考察。途经西安时，在东郊**十里铺**发现一处仰韶文化遗址。6月下旬由兰州前往西宁，在城东十里堡及**青海湖北岸**，发现包含石器、彩陶的史前文化遗存。8、9 月间，在贵德县发现并发掘**罗汉堂**遗址，在西宁城西发现并**发掘朱家寨遗址**和**卡约遗址**。本年冬季，安特生还在兰州收购了近 200 件洮河流域出土的彩陶器物。（安特生著、刘竞文译：《西宁朱家寨遗址》，青海人民出版社，1992 年）

1924 年

4 月　安特生偕同几位中国助手，继续在甘肃和青海地区进行史前文化遗存的考察。4 月下旬至 7 月上旬，调查了甘肃的洮河流域，在今临洮县境发现并发掘**马家窑**、**辛店**、**灰嘴**、**寺洼山**等遗址及**半山**墓地，在今和政县境发现并发掘**齐家坪**遗址。随后，在兰州附近、西汉水流域和渭河流域进行调查，在今青海民和县发现并发掘**马厂塬**遗址。8、9 月间，前往河西走廊调查，又在甘肃民勤县发现并发掘**沙井**墓地。安特生将 1923、1924 两年在这一地区考察的收获，著为《甘肃考古记》一书（《地质专报》甲种 5 号，1925 年），提出甘肃史前文化的分期，即齐家、仰韶、马厂、辛店、寺洼、沙井六期（前三期属新石器时代和铜石并用时代，后三期属早期青铜器时代），并试图推定各期的绝对年代。

春季　北平国立历史博物馆派员前往河南**信阳**县城西北的游河镇附近进行考古调查发掘。在**王坟洼**清理一座汉代砖室墓，出土"大泉五十"铜钱和若干陶器。在**擂鼓台**清理汉墓二座，出土铜器、陶器、铁器和五铢钱。擂鼓台墓地还曾发现早期的石刀、石斧等物。（《信阳汉冢发掘记》，《国立历史博物馆丛刊》第 1 年第 2 册，1926 年）

本年　法国古生物考察团德日进、桑志华在内蒙古**赤峰**、**林西**一带进行考古调查，发现若干新石器时代遗址。（《天津北疆博物

院の古生物学的并に考古学的事业》，见日本东亚考古学会《考古学论丛》
第 2 辑，1930 年）

本年 马衡在北京大学史学系讲授中国金石学的讲义，由北
京大学石印散发（不全）。该讲义对宋代以来金石学的成就作了总
结。（马衡:《中国金石学概要》，《凡将斋金石丛稿》第 1—14 页）

1925 年

4 月 王国维接受清华学校国学研究院的聘请，出任该院导
师。暑期，为留校学生讲演《最近二三十年中中国新发见之学
问》，提出"古来新学问起，大都由于新发见"的观点，所举最近
二三十年新发现之材料，首推殷墟甲骨、西域简牍和敦煌遗书。9
月，在研究院讲演《古史新证》，首倡纸上材料与地下材料相互
印证的"二重证据法"，对古史研究领域产生重要的影响。（参看
齐家莹编撰:《清华人文学科年谱》第 6、11、15、21 页，清华大学出版社，
1999 年）

夏季 安特生与北京协和医学院解剖科主任步达生洽商，积
极筹备一项以新疆为目的地的中亚考察项目，计划用不少于两年
的时间，在新疆进行内容包括考古学、地质学和人类学三个方面
的科学考察，探寻人类及其祖先的发祥地。该考察项目在 1926 年
获得瑞典科学研究委员会和美国洛克菲勒基金会的支持，后因周
口店发现人类牙齿化石而改变计划。（贾兰坡、黄慰文:《周口店发掘
记》第 21 页）

本年 在俄人东省文物研究会的赞助下，B. Я. 托尔马乔夫对
黑龙江阿城县白城子的金上京会宁府遗址进行考察。初步了解城
址的城垣、城门、壕沟，以及该城分为北城和南城，城内残存许
多石柱础、砖瓦等建筑材料情况。（托尔马乔夫:《白城出土的建筑材

料、建筑物装饰及其它文物（1925—1926 年）》《满洲历史遗迹——白城》，均见《黑龙江考古民族资料译文集》第 1 辑第 94—99 页）

　　本年　日本学者鸟居龙藏在所著《史前日本》一书中，综合圆山贝丘的发掘收获和中国台湾的发现情况，撰写了《史前台湾》一章。但他考察的贝丘，并不是台北圆山公园这一处，而是基隆河北岸的几处。

　　本年　美国自然博物馆安竹思（Andrews, R. C.）组织的中亚考察团进行蒙古高原科学考察，由考古学家纳尔逊（Nelson, N. C.）在多个地点采集细石器等文化遗物，并将其发现划分为旧石器时代、新石器时代、原蒙古时代、蒙古时代四个阶段。这是对蒙古高原史前考古的最早分期，但因缺乏地层根据，年代多不可靠。（C. P. Berkey and N. C. Nelson, "Geology and Prehistoric Archaeology of Gobi Desert", *American Museum Novitates*, 222, 1929, pp.1-16.）

　　本年　美国中亚考察队成员纳尔逊在长江三峡地区**万县至宜昌段**进行考古调查，发现若干新石器时代遗址和石器地点，调查进行至 1926 年。后又与葛兰阶（Granger, W.）一道，于 1927—1928 年去云南北部调查，在**龙街**发现一处新石器时代遗址。（N. C. Nelson, *Archaeological Reconnaissance in the Yangtze River Gorges, The New Conquest of Central Asia*, New York, 1932, pp.542-549, W. A. Granger, *Reconnaissance in Yunnan, 1926-1927, The New Conquest of Central Asia*, pp.529-541.）

1926 年

　　2 月　15 日，清华学校研究院应美国弗利尔美术馆的约请，由清华研究院人类学专任讲师李济负责，会同中国地质调查所袁复礼等，前往山西南部进行**汾河流域考古调查**。截至 3 月 26 日，先后调查了介休、临汾、浮山、翼城、曲沃、安邑、运城、夏县等地的古建筑、古遗址和古墓葬。最重要的收获是在临汾交头河、夏县西阴村发现仰韶文化遗存。(李济:《山西南部汾河流域考古调查》,《考古》1983 年第 8 期)

夏季　师丹斯基在瑞典乌普萨拉古生物研究室整理周口店化石材料时,辨认出 1923 年发掘出土的一颗人类前臼齿,将其鉴定为"真人"(为慎重起见,他在 1927 年发表的研究报告中写作"真人?")。10 月 22 日,瑞典科学研究委员会会长、王太子古斯塔夫六世·阿尔道夫(H. R. H. Crown Prince Gustaf Adolf)来中国访问时,由安特生在北京学术团体联合举行的欢迎会上宣布这项重要考古发现,引起国际学术界的广泛重视。(贾兰坡、黄慰文:《周口店发掘记》第 15—16 页)

10 月　清华学校研究院与美国弗利尔美术馆商定合作进行考古发掘办法,双方协议:考古团由清华研究院组织,大部分经费由弗利尔美术馆承担,发掘报告由清华和弗利尔分别出版中、英两种文本,所获古物暂存清华,日后归中国的国立博物馆永久保存。于是由李济主持、袁复礼参加,于本月 15 日开始至 12 月初,**发掘山西夏县西阴村史前遗址**。共计开掘 8 个长宽均为 2 米的探方,肯定其为内涵较为单纯的仰韶文化遗址。这是第一次中国学者主持进行的考古发掘,是中国考古学诞生的第二个标志。其发掘成果后出版为第一本中国考古报告《西阴村史前的遗存》(北京清华学校研究院, 1927 年)。

10 月　《国立历史博物馆丛刊》第 1 年第 1 册译载日本考古学家滨田耕作著《考古学通论》(连载至 1927 年 2 月第 3 册止)。这是中国学术刊物第一次系统介绍近代考古学的基础知识。

本年　日本学者鸟居龙藏在日本《民族》第 1 卷第 3 号发表

《台南の古代石造遗物》一文，以森丑之助来信的形式，首次向学术界报道台湾的巨石文化。（见《鸟居龙藏全集》第 11 卷）

本年 日本学者鸟居龙藏到山东进行考察。考察对象有：**临淄齐国故城**及其附近的冢墓，**云门山、驼山和千佛山**的北魏石窟等。（鸟居龙藏:《ある老学徒の手记》第 209—211 页）

本年 日本学者鸟山喜一调查黑龙江宁安县境的**东京城遗址**，采集到饰有宝相花纹的砖瓦和泥塑佛像残件，确认其为深受唐代文化影响的渤海上京龙泉府遗址。后撰写《渤海上京龙泉府》（1928 年）一书。

1927 年

2 月 14 日，经中国地质调查所所长翁文灏与北京协和医学院解剖科主任步达生反复洽商，双方制订《中国地质调查所与北京协和医学院关于合作研究华北第三纪和第四纪堆积物的协议》，即系统发掘周口店的协议。协议既保证合作发掘的实现，又维护国家的主权。研究经费主要由美国洛克菲勒基金会资助，两年合计 25000 美元。野外工作由步达生负责，双方委派若干专家协助进行。地质调查所聘请两三位古生物学家，承担古生物化石等方面的研究工作。协议还明确规定："一切采集到的标本归中国地质调查所所有，但人类学材料在不运出中国的前提下，由北京协和医学院保管以供研究之用。"又规定："一切研究成果均在《中国古生物志》或中国地质调查所的其它刊物上以及在中国地质学会的出版物上发表。"（贾兰坡、黄慰文:《周口店发掘记》第 28—29 页）

3 月初 瑞典探险家斯文·赫定率领考察团于 1926 年末来到我国，准备第四次进行中国西北地区的科学考察，得到北洋政府张作霖等的支持，后与中国地质调查所所长丁文江洽商，双方达成一项协议。该协议中竟然规定："只容中国二人参加与中国官厅接洽之义务,限期一年即需东还";"将来采集历史之文物,先运瑞典研究,俟中国有相当机关,再为送还。"这种丧权辱国的不平等条文,激起我国学术界的强烈反对。(参看罗桂环著:《中国西北科学考查团综论》第一章"中国西北科学考查团的组建",中国科学技术出版社,2009年)

3月 5日,北京大学考古学会联络历史博物馆、古物陈列所、故宫博物院、清华学校研究院、中华图书馆协会、中央观象台、京师图书馆等北京学术团体举行联席会议,反对瑞典考察团再次来我国掠夺"特种学术材料",决定成立中国学术团体联合会,致函斯文·赫定进行交涉,表达了我国学术界赤诚的爱国热情。(参看罗桂环著:《中国西北科学考查团综论》第一章"中国西北科学考查团的组建")

3月 27日,中国地质调查所与北京协和医学院合作进行周口店系统发掘的研究计划,正式付诸实施。丁文江为名誉主持人,具体事务由翁文灏与步达生商定。本年度,中国地质调查所的地质学家李捷作为中方代表担任周口店野外工作事务主任,瑞典古生物学家步林(Bohlin, B.)担任周口店野外工作顾问。发掘工作由4月16日进行至10月18日,在主堆积西侧开掘17×14平方米,获得化石材料500箱;并且在1921年师丹斯基发现第一颗人类臼齿处附近,又找到一颗保存完好的成年人左下臼齿。经步达生研究,二者性质一致,具有明显的原始性,步达生提议建立一个人科的新属新种,即"Sinanthropus pekinensis Black and Zdansky",中文直译名为"中国猿人北京种",或称"北京中国猿人",俗名"北京人"(随着古人类学的发展,现已将北京人的学名调整为"Homo erectus pekinensis",中文可译为"北京直立人")。(贾兰坡、黄慰文:《周口

店发掘记》第 31—35 页）

3 月　马衡在日本东京帝国大学讲演《中国之铜器时代》，根据金石学资料，第一次论证中国铜器时代问题。认为："商之末季已完全入于铜器时代"，"然则始入铜器时代之时，至迟亦当在商初"；"言中国之铜器时代，必数商周二代……秦汉以后，铜器渐微，而铁器代兴矣。"（马衡：《凡将斋金石丛稿》第 115—120 页）

4 月　日本东亚考古学会滨田耕作（京都大学）、原田淑人（东京大学）等出面，约请北京大学考古学会马衡、沈兼士等，在东京联合组成东方考古学会。原企图共同发掘安阳殷墟而未果，改在旅大地区复县的貔子窝（今名皮口镇）附近，发掘**单砣子**等遗址。发掘工作由滨田耕作主持，中方参加者有马衡、陈垣（北京大学）、罗庸、董光忠（北平历史博物馆）等，日方参加者有原田淑人、田泽金吾、驹井和爱（东京大学）、小牧实繁、岛田贞彦等。在单砣子发现彩绘陶器、磨光黑陶器、磨制石器等新石器时代遗存。在高丽寨发现陶鬲、明刀钱等历史时期遗存。后出版考古报告《貔子窝——南满洲碧流河畔的先史时代遗迹》（1929 年）。

4 月　法国古生物学家德日进、桑志华到内蒙古东部**赤峰**一带考察，又发掘**围场县东家营子石棺墓**。（日本东亚考古学会：《考古学论丛》第 2 辑，1930 年）

4 月　20 日，中国学术团体协会召开第 9 次会议，推定当日主席古物陈列所所长周肇祥为代表，与斯文·赫定逐条研究《中国学术团体协会为组织西北科学考查团事与瑞典国斯文·赫定博士订定合作办法》（19 条）。26 日，在北京大学研究所国学门举行双方签字仪式。合作办法规定：考察时间为两年，经费由斯文·赫定负责；中国学术团体协会特成立西北科学考察团理事会，负责监察并指挥该团工作。并且强调："凡直接或间接对于中国国防国权上有关系之事物，一概不得考查，如有违反者，应责成中国团长随时制止"；"不得有任何借口，致毁损关于历史、美术等之建筑物"，"不得以私人名义购买古物等"；考古学标本，"统须交与中国团长或其所委托之中国团员运归本会保存"，等等。这是第一次以我国为主导的、外国科学家平等参加的大规模科学考察团，是我国学术界捍卫国家主权斗争的一大胜利。（参看罗桂环著：《中国西北科学考查团综论》第一章"中国西北科学考查团的组建"、第十章"中国西北科学考查团相关资料汇考"）

5 月 9 日，中国西北科学考察团中国团长徐炳昶（北京大学教务长）暨中方团员黄文弼（北京大学考古学会人员）、丁道衡（北京大学地质学助教）等 8 人，外国团长斯文·赫定，以及中方采集员白万玉、靳士贵等，一行 14 人由北京西直门京绥车站出发（另有中方团员袁复礼迟三日出发）。10 日到达包头与外方团员会合后，全团于 26 日在百灵庙附近聚齐，计有 60 余人（中外团员 28 人，采集员 3 人，蒙、汉工人 30 余人）、骆驼 292 匹。这支规模前所未有的多学科综合考察队，以乌鲁木齐为目的地浩浩荡荡进发。（参看罗桂环著：《中国西北科学考查团综论》第 39—40 页；王忱编：《高尚者的墓志铭——首批中国科学家大西北考察实录（1927—1935）》第 14 页，中国文联出版社，2005 年）

6 月 2 日，历史学家和金石学家王国维在北京逝世，终年50 岁。

王国维，字静安，号观堂，浙江海宁人，生于清光绪三年十月二十九日（1877 年 12 月 2 日）。出身海宁州学，又到罗振玉在上海创设的东文学社半工半读，后由罗资助到日本短期留学。辛亥革命后，一度随罗振玉旅居日本，并在其影响下致力于经史金石之学。1922 年受聘为北京大学研究所国学门通信导师。1923 年任清华学校国学研究院导师，讲授《古史新证》及《尚书》《仪礼》《说文》等课程。治学的突出特点是注重新发现，采取新方法。创立和提倡著名的"二重证据法"，强调地下新材料与文献材料并重。他在考古学方面，对甲骨文、金文、简牍和度量衡研究有重要贡献。早年论著多收入自编的《观堂集林》。逝世后出版有《海宁王静安先生遗书》。（《中国大百科全书》第一版《考古学》卷"王国维"条）

8月　日本学者鸟居龙藏再作"满蒙考察"。并于1928年5—6月又进行一次。考察的范围甚为广泛，其中包括宁安附近的**渤海上京龙泉府城址**、巴林左旗**辽上京临潢府城址**、阿什河**金上京会宁府城址**，并对**鞍山附近的汉墓和辽墓**进行了发掘。（鸟居龙藏：《满蒙の探查》，1928年，见《鸟居龙藏全集》第8卷）

9—10月　中国西北科学考察团中国团长徐炳昶、外国团长斯文·赫定共同率领的大队，及瑞典团员贝格曼（Bergman, F.）率领的北分队，到达内蒙古西北部的额济纳地区，先后调查西夏和元代的**黑城遗址**、居延海和额济纳河沿岸的**汉代烽燧遗址**。大队中方团员黄文弼在天仓北的一座古堡首次发现汉代木简。（《黄文弼蒙新考察日记（1927—1930）》第83—113页，文物出版社，1990年）

本年　日本学者鹿野忠雄执教台北高等学校，致力于台湾山地的考古调查，发现较多古代遗存。后于1930年发表"台湾石器时代遗物发见地名表"。（日本《史前学杂志》1卷第5号，1929年；2卷第2号，1930年）

本年　俄国人巴甫洛夫在黑龙江**扎赉诺尔**煤矿的永久冻土层中，发现两块有明显加工痕迹的鹿角，其中一件被认为用作"锤子"。（B. B. 包诺索夫：《满洲旧石器文化的初次发现》《对在北满发现的一件史前遗物的新观点》，均见《黑龙江考古民族资料译文集》第1辑第18—

20 页）

本年　侨居哈尔滨的俄国学者巴娄夫斯基在**扎赉诺尔煤矿深
8.5—13.5 米的地层中**，发现有孔骨斧和加工鹿角。随后，卢卡
什金、包诺索夫等俄国学者对此十分关切。1930 年，天津北疆博
物院的法国学者德日进前来调查，又发现雕刻牛肋骨和石器，肯
定其为石器时代遗址。(B. B. 包诺索夫:《北满更新期动物及古石器时代
遗物之观察》,《满洲史学》2 卷 1 号; Teilhard de Chardin, P., *Early Man in
China*, Inst. Geo-Biol., 7, 1941, p.79)

1928 年

春季　清华学校国学研究院导师李济指导的人类学研究生吴
金鼎，于 3 月 24 日和 4 月 4 日两次前往山东历城县龙山镇，调查
城子崖新石器时代遗址及平陵古城；1929 年 7—10 月，又曾四次
前往调查。(吴金鼎:《平陵访古记》,《历史语言研究所集刊》第 1 本第 4
分册)

4 月　国民政府在广州设立国立中央研究院，并筹建历史语
言研究所 (以下简称 "史语所")。随后，史语所负责人傅斯年发表
《历史语言研究所工作之旨趣》，力主工作重心应为搜求新材料，
提出 "上穷碧落下黄泉，动手动脚找东西" 的名言。主张考古工
作的步骤，"第一步想沿京汉路，安阳至易州"，"第二步是洛阳一
带，将来一步一步的西去，到中央亚细亚各地"。(《历史语言研究所
集刊》第 1 本第 1 分册)

4 月　周口店的发掘工作，改由留学德国慕尼黑大学古生物
专业获哲学博士学位归来的杨钟健负责，瑞典古生物学家步林和
北京大学地质系毕业生裴文中参加。本年度的发掘从 4 月下旬进
行至 11 月下旬，获得化石材料 575 箱，除采集大量的哺乳动物

化石外，最重要的收获是发现一件少年女性右下颌骨，一件保存有三颗完整臼齿的成年人右下颌骨，使刚建立的"中国猿人"这个新属获得更加充分的证据。但在发掘工作中，未能注意堆积物中存在的大量石器和用火遗迹。（贾兰坡、黄慰文：《周口店发掘记》第36页）

4月　中国西北科学考察团在新疆活动。黄文弼于4月中旬由乌鲁木齐出发，在吐鲁番及附近开展考古工作。先去吐鲁番，调查**高昌、交河两古城**，及**胜金口、柏孜克里克两石窟**。6月到达焉耆，发掘**明屋佛寺遗址**；8月经轮台至库车，沿途在沙漠中踏查10多处古代遗址。随后，调查**库木吐喇、克孜尔等石窟**，龟兹古城及"刘平国治关城诵"刻石等；年底到达阿克苏。7月，袁复礼曾在吉木萨尔附近，发掘**唐北庭都护府遗址**，并实测平面图。（黄文弼著：《吐鲁番考古记》，中国科学院，1954年）

秋季　史语所筹备处派遣董作宾于8月前往安阳，调查殷墟出土甲骨情况。10月该所正式成立后，于10月13日至30日，由董作宾主持进行**殷墟第一次发掘**，参与者有河南省政府代表郭宝钧和临时工作人员王湘等。由于不熟悉考古发掘规程，目标限于寻找甲骨埋藏，便"利用村人的经验"，在洹河南岸至**小屯村**中的三个地点，开掘40个坑，共计280余平方米。发现灰坑一座，获有字甲骨854片，以及陶、骨、蚌、石等质器物，初步了解殷墟地下的埋藏情况，错误地提出"殷墟漂没"说。这是中国国家学术机构进行的首次考古发掘，是中国考古学诞生的第三个标志。（董作宾：《中华民国十七年十月试掘安阳小屯报告书》《新获卜辞写本》及《后记》，《安阳发掘报告》第1期，1929年；参看胡厚宣：《殷墟发掘》第51—52页，学习生活出版社，1955年）

9月　中东铁路的俄国员工在**昂昂溪**以西6公里的沙丘，发现新石器时代文化遗存。在第 1 地点采集大量压制细石器（有石镞、尖状器、刮削器、石叶等），以及少量打制石器、磨制石器和陶片等。1929 年 6 月，又发掘第 2 地点，并进行三处小规模发掘，因为都曾发现人类骨骸，所以将其认定为墓地。1932 年又调查并继续发现新的地点。(A. C. 卢卡什金：《昂昂溪车站附近新石器时代遗址调查》，《东省杂志》1934 年第 3 期；又 A. C. 卢卡什金：《北满新石器时代文化的新资料——中东铁路齐齐哈尔车站附近、嫩江河谷考古发掘工作报告》，见《黑龙江考古民族资料译文集》第 1 辑第 24—34 页)

秋季 日本东亚考古学会在旅顺老铁山下的**牧羊城汉代城址附近**，发掘汉代和汉代以前墓葬。发掘工作由原田淑人主持，参加工作的有滨田耕作、田泽金吾、岛田贞彦、八幡一郎、驹井和爱、水野清一等。北京大学的庄尚严曾前往支持工作（后因社会舆论反对，中国学者不再与日本方面合作进行考古发掘）。后出版考古发掘报告《牧羊城——南满洲老铁山麓汉及汉以前遗址》(1931 年)。

本年 国民政府设立文物管理机构中央古物保管委员会，隶属于大学院。1929 年 3 月大学院制取消后，隶属于教育部。1935 年 11 月改属内政部。(《中国大百科全书》第一版《文物、博物馆》卷"中央古物保管委员会"条)

本年 《中国地质学会志》第 7 卷刊载韩雷（Heanley, C. M.）《香港石器》、袁复礼《香港新石器之研究》二文。韩文首次报道**香港出土石器**。袁文则对香港石器进行初步研究，判定其为新石器时代遗物，与云南、广西和广东雷州半岛的发现相似，并指出其中的有肩石斧在东南亚有广泛分布。这被认为是香港考古的开端。

本年 俄国学者 E. И. 齐托夫和 B. Я. 托尔马乔夫等人在**海拉尔以西和西南的沙丘地带**，即伊敏河与额尔古纳河交汇处的古阶地上，进行考古调查。在 8 个地点采集到较多的细石器，有的地点并出有陶片。（E. И. 齐托夫、B. Я. 托尔马乔夫：《海拉尔附近新石器文化遗物》，见《黑龙江考古民族资料译文集》第 1 辑第 45—49 页）

本年　中央古物保管委员会代表马衡，与美国自然博物馆中亚考察团代表安竹思在北平达成合作考察的协议。协议规定：调查发掘须由美国自然博物馆与中国国立学术机关共同参加，并需征得中国政府同意方可进行。又规定："历史学及考古材料全部留在中国。"（《古物保管委员会工作汇报》第 11—20 页，北平大学出版社，1935 年）

本年　洛阳汉魏故城北郊偏西的**金村一带**，暴露积石积炭的木椁大墓，所出文物陆续流入古董市场。至 1930—1931 年，所出 14 件䣆氏编钟引起学者的关注。加拿大传教士怀履光（White, W. C.）根据实地考察，著为《洛阳故城古墓考》（*Tombs of Old Loyang*, 1934）一书。据云，共发现 8 座单墓道的甲字形大墓、若干"马坑"。流失海外的传闻出自金村的文物，均甚精美。䣆氏编钟铭文述及公元前 404 年周威烈王命韩、赵、魏协同伐齐事。洛阳金村应是东周时期周王室墓地的所在地。

肆 中国考古学的初步发展时期
（1929—1948 年）

1929 年

春季 史语所考古组由李济主持，于 3 月 7 日至 5 月 10 日进行**殷墟第二次发掘**。工作人员有董作宾、董光忠、王湘等，又有裴文中参加。发掘地点在**小屯村北、村中和村南**，发掘面积共计约 280 平方米。这次发掘在工作方法上稍有改进，开掘探沟，注意到坑层的划分和对灰坑、墓葬等遗迹的观察。发现 740 片有字甲骨，大量的陶器、兽骨、陶范和石器。（李济:《小屯地面下情形分析初步》《殷商陶器初论》,《安阳发掘报告》第 1 期, 1929 年; 参看胡厚宣:《殷墟发掘》第 53—54 页）

3 月 西北科学考察团黄文弼由沙雅塔里木河畔出发，以一个月零六天的时间，横穿塔克拉玛干大沙漠到达于田。5 月在于**田附近考查**, 6—7 月西进，经和田、叶城、莎车至喀什，9—10 月复经巴楚、阿克苏、库车、焉耆，返回乌鲁木齐。此行在**塔里木盆地**周围调查许多汉唐时代的城堡、寺庙、沟渠和屯戍遗址。（黄文弼:《塔里木盆地考古记》,科学出版社, 1958 年）

4 月 19 日，中国政府农矿部正式批准翁文灏和步达生共同起草的《中国地质调查所新生代研究室组织章程》，中国第一个从事新生代地质学、古生物学和古人类学的专门机构宣告诞生。文件规定"丁文江博士为中国新生代研究室的名誉主持人","步达生博士为研究室名誉主任","杨钟健博士（或另一名中国古生物学家）为研究室副主任"。重申："一切采集的材料包括人类学标本在内，全部归中国地质调查所所有，但人类学标本将暂时委托北京协和医学院保管便于研究。""一切标本均不得运出中国。"另有《与北京协和医学院和步达生博士的详细协议》补充规定，地质调查所在认为需要的时候，可以随意将保存在北京协和医学院的材料的一部或全部搬到自己的办公楼去。（贾兰坡、黄慰文:《周口店发掘记》第 40、42 页）

6 月　史语所由广州迁至北平，确定所内设史学、语言学、考古及人类学三组（所址设北海静心斋和蚕坛）。1923 年获得美国哈佛大学人类学专业博士学位的李济，作为当时中国唯一略知田野考古的学者，被聘任为第三组主任，直至 1967 年。该所为及时公布殷墟发掘所获资料，创办《安阳发掘报告》。

6—9 月　德日进、杨钟健前往山西西部、陕西北部两省分界的黄河河谷地带进行考察，在**府谷**、**神木**、**榆林**、**吴堡**等县，发现多处旧石器时代中晚期地点，采集到许多打制石器。（德日进、杨钟健:《山西西部陕西北部蓬蒂纪后黄土期前之地层观察》,《地质专报》甲种第 8 号，1930 年）

8 月　郭沫若撰写《甲骨文字研究》和《卜辞中的古代社会》。11 月，撰写《周金中的社会史观》（后改题《周代彝铭中的社会史观》）。后又编撰《两周金文辞大系》（1932 年）、《卜辞通纂》（1933 年）等书。开辟了用马克思主义观点考释甲骨文、金文资料，进行中国古代社会研究的新途径。

10 月　南京古物保存所卫聚贤等在**南京**明故宫外五龙桥东南

的**侯家塘**进行发掘，发现一处重要的明代建筑基址，下层由密集的木桩和"三合土"构成，上铺三层厚木板，再设砖台及柱础，又有成排的木柱等。出土遗物有琉璃砖瓦和脊兽，粗细瓷器、铁质工具和铜钱等。还发现两件正面刻"工部"等字样的木质符牌。（卫聚贤：《中国考古小史》第 81—83 页，商务印书馆，1947 年）

秋季　史语所考古组由李济主持，于 10 月 7 日至 21 日、11 月 15 日至 12 月 12 日，进行**殷墟第三次发掘**，工作人员有董作宾、董光忠、王湘等。这次发掘采取开纵横探沟的方法，以了解地层情况。在**小屯村北**发掘 836 平方米，发现灰坑 11 座、墓葬 24 座，获有字甲骨 3012 片，其中包括著名的"大龟四版"、牛头刻辞和鹿头刻辞；又获许多铜、石、骨、陶器物。根据地下堆积情况，认识到"殷墟的范围，实超出小屯村境界以外"。另外，又在村西发现墓葬 6 座和殷代文化层。此间，由于地方当局的争执，另行派遣河南民族博物院人员于本年 10 月至 12 月和翌年 2 月至 4 月，两次在**小屯村**发掘，获甲骨文 3656 片及其他古物，史语所在殷墟的发掘被迫停顿一年。（傅斯年：《本所发掘安阳殷墟之经过》，《安阳发掘报告》第 2 期，1930 年；李济：《民国十八年秋季发掘殷墟之经过及其重要发现》，《安阳发掘报告》第 2 期，1930 年；董作宾：《大龟四版考释》，《安阳发掘报告》第 3 期，1931 年；参看胡厚宣：《殷墟发掘》第 54—56 页）

11 月　北平研究院成立史学研究会，内设考古组，徐炳昶任考古组主任。1936 年，该会改名史学研究所，仍由徐炳昶任所长。

本年　本年度周口店的发掘工作开始由裴文中主持，在前两年发掘的地点往下深挖，陆续发现一些人类化石。最重要的发现是当发掘即将结束时，于 12 月 2 日下午 4 时，由裴文中亲自挖出

第一个完整的北京人头盖骨化石。这是人类化石发现与研究史上划时代的重大事件，迅速震动国内外学术界。本年的发掘中，还曾发现一件有打击痕迹的石英块，一些有明显火烧痕迹和部分炭化的兽骨。这类有关中国猿人文化的遗物，当时并未引起其他学者的重视。（贾兰坡、黄慰文：《周口店发掘记》第44—50页）

本年　德日进、杨钟健合撰关于1927年系统发掘周口店以来地质学、古生物学研究的初步报告《周口店洞穴层》，在《中国地质学会志》第8卷第3期发表。报告简要地介绍中国猿人遗址的发现经过，周口店地区的地质、地貌概况，中国猿人遗址的发掘经过，含化石堆积的地层划分、堆积时代，以及各化石地点的时代序列等。该研究报告，为后来的周口店研究乃至华北地区第四纪地质研究，打下良好的基础。（贾兰坡、黄慰文：《周口店发掘记》第42—43页）

本年　俄国人在哈尔滨成立"基督教青年会自然科学与地理学俱乐部"和"布尔热瓦尔斯基研究会"。前者主要举办包括考古学在内的多学科专题报告会，截至1940年代初期，曾举办数十次考古学科的报告会。后者则有 B. B. 包诺索夫等人在**哈尔滨附近和中东铁路沿线**进行过规模不大的田野考古工作。（B. B. 包诺索夫：《北满考古学史》，见《黑龙江考古民族资料译文集》第1辑，第184—186页）

本年　成都华西大学博物馆馆长、美国学者葛维汉（Graham, D. C.）前往四川西北部的**理番、威州、汶川一带**，搜集以双耳罐为特色的灰色陶器，所获不下百余件，但出土情况不详，因其形制与甘肃地区的齐家文化陶器有类似之处，暂定年代相当于商周时期。（郑德坤：《四川古代文化史》第53页）

本年　日本侵略者建立的"台北帝国大学"（台湾大学前身）设置"土俗人种学教室"，准备在台湾进行有计划的考古发掘。（见日本《南方土俗》第1卷第3号，1931年；又见国分直一、金关丈夫著，谭继山译：《台湾考古志》第41页，台北武陵出版有限公司，1990年）

本年　日本东亚考古学会在旅顺的**南山里附近**发掘7座汉代砖室墓。发掘工作由滨田耕作、清野谦次主持，田泽金吾、岛田贞彦、矢岛恭介、金高勘次等参加。后出版考古报告《南山里——南满洲旅顺老铁山麓的汉代砖墓》（1933年）。

1930年

2月　中国西北科学考察团黄文弼由乌鲁木齐出发，前往吐鲁番、罗布淖尔两地区进行考古工作。在**吐鲁番附近**，勘察**高昌古城、交河古城**，发掘交河城郊的**麴氏高昌墓地**。又在高昌古城附近试掘**阿斯塔那墓地**。在**罗布淖尔附近**，则发现石器时代遗存，发掘**汉代烽燧遗址**及年代相当的若干古冢。后黄文弼将其考古收获编撰为《高昌砖集》（1931年）、《高昌陶集》（1933年）、《罗布淖尔考古记》（1948年）和《吐鲁番考古记》（1954年）。

3月　南京古物保存所所长卫聚贤及张凤、王庸等，在**南京栖霞山附近**的甘夏镇、张家库、刘家库三地，各发掘一座六朝时期的砖室墓，出土青瓷器皿等遗物。又在甘夏镇附近的岗头上、土地庙等地，采集到石刀、石斧、石锛及几何印纹陶片。（卫聚贤：《中国考古小史》第55—57，78—79页）

4月　北平研究院史学研究会、中央古物保管委员会、北京大学考古学会合组燕下都考古团，北京大学教授兼古物保管会北平分会主任马衡任团长，于23日由北海团城（古物保管会北平分会所在地）出发。27日至5月底，**在易县燕下都**东城北垣的一处大型夯土基址（俗称"老姥台"）进行小规模发掘。参加工作的有常惠（北研）、傅振伦（北大）等。这是我国考古学家首次进行古代城址的勘察发掘，当时曾测绘燕下都的第一幅平面图，获较多战国至汉代的建筑材料和陶器标本。（常惠：《易县燕下都考古团发掘报告》，《北平研究院院务汇报》第 1 卷第 3 期，1930 年；傅振伦：《燕下都发掘报告》，《国学季刊》第 3 卷第 1 期，1932 年）

春季　日本考古学会原田淑人、驹井和爱、江上波夫等参观北京大学易县燕下都的发掘，并调查河北**张家口元宝山**、内蒙古**多伦淖尔**的新石器时代遗址，山东**黄县龙口**的新石器时代贝丘，**福山三十里堡**的汉代城址，以及**旅顺双砣子**新石器时代遗址。（日本《人类学杂志》第 46 卷第 8 期、第 9 期，第 49 卷第 1 期；《东方学报》东京第 1 册；又见《牧羊城》附录）

4 月　中国西北科学考察团瑞典团员贝格曼偕中方采集员靳士贵，继上年年末再次前往**额济纳河沿岸**进行考古调查之后，本月下旬至翌年 1 月，先后在几十个地点进行试掘，其中破城子、地湾、大湾、金关、博罗松治、瓦因托尼等 29 个地点出土的汉代木简总计 1 万余支。1956—1958 年在瑞典出版《内蒙古额济纳河流域考古报告》（*Archaeological Researches in the Edsen-gol Region, Inner Mongolia*）。汉简部分出版有：劳榦《居延汉简考释》（1944 年，1949 年）、《居延汉简图版之部》（1957 年），社科院考古所《居延汉简甲乙编》（1980 年），以及史语所简牍整理小组《居延汉简补编》（1998 年）。

4 月　22 日，时任辽宁省政府秘书长的历史学家金毓黻获知，**沈阳大东边门**居民铲土暴露一座辽墓。该墓为穹窿顶砖室，左室发现的石棺一角刻"辽开泰七年岁次戊午承奉郎守贵德州观察判官大理司直赐绯鱼袋孙允中"等字；右室则出土高 25.2 厘米的黑花青釉瓶器一件。这是关于辽墓和辽瓷发现的最早明确记录。（金毓黻：《静晤室日记》第四册第 2432 页，辽沈书社，1993 年）

5月 英国学者斯坦因到达南京，企图第四次去新疆考察。各方面有关人士闻知此事奋起反对，中央大学学生向教育部请愿阻止，中央研究院致函外交部阻发护照。国民政府行政院于本年底致电新疆省府："勒令即日出境，切勿放任，致贻隐患。"斯坦因迟至1931年5月30日由新疆蒲犁边卡出境，未能再次劫掠我国古物。（卫聚贤：《中国考古小史》第94—95页）

6月 2日，国民政府颁布《古物保存法》。其中考古发掘方面条文有："埋藏地下及由地下暴露地面之古物，概归国有。"（第七条）"采掘古物，应由中央或地方政府直辖之学术机关为之。""前项学术机关采掘古物，应呈请中央古物保管委员会审核，转请教育、内政两部会同发给采掘执照。""无前项执照而采掘古物者，以窃盗论。"（第八条）"采掘古物，应由中央古物保管委员会派员监察。"（第十一条）为贯彻执行该文物保存法，又于1931年7月公布《古物保存法施行细则》，对学术机关发掘古物的呈请与监察等项，作出更加具体的规定；1935年3月又制订《采掘古物规则》《外国学术团体或私人参加采掘古物规则》和《古物出国护照规则》。（卫聚贤：《中国考古小史》第99—107页）

夏秋之际 日本东亚考古学会水野清一、江上波夫等前往**内蒙古长城沿线**，收集鄂尔多斯式青铜器和黝色绳席纹陶器。并于冬季到达**锡林郭勒地区**，采集细石器和零星陶片。后出版考古报告《内蒙古长城地带》（1935年）。

秋季 梁思永毕业于美国哈佛大学人类学系的考古学专业，成为中国第一位科班学成的考古学家。归国后，参加史语所考古组工作，于9月30日至10月3日前往黑龙江哈尔滨附近，发掘**昂昂溪史前遗址**。在两个沙丘上各开8个探坑，发现一座墓葬，随葬手制球形陶罐，以及刀梗、鱼镖、锥等骨器。又采集到大量

的细石器和骨器。(梁思永:《昂昂溪史前遗址》,见《梁思永考古论文集》第58—90页,科学出版社,1959年)

10月　史语所考古组梁思永结束在昂昂溪遗址的发掘后,经通辽**去热河进行考古调查**,先后在翁木伦河流域的查不干庙,西拉木伦河流域的林西、双井和陈家营子,以及老哈河流域的赤峰,采集新石器时代陶片与石器。历时38天,行程1000里以上。其中林西、赤峰二处,前曾有鸟居龙藏、桑志华前往调查,其余三处则为第一次发现。(梁思永:《热河查不干庙林西双井赤峰等处采集之新石器时代石器与陶片》,见《梁思永考古论文集》第107—144页)

秋季　南京古物保存所所长卫聚贤出面,与美国弗利尔美术馆毕士博(Bishop, C. W.)及其随员董光忠在北平洽商,订立中美合作进行山西考古发掘的协议。协议规定:考古团由山西公立图书馆负责组织,发掘所获古物归其永远保存;发掘经费和报告印刷费,则由弗利尔美术馆承担。10月30日至11月8日,合作发掘在万泉县南70公里被认定为**"汉汾阴后土祠遗址"**的西杜村阎子疙瘩进行,参加工作的有卫聚贤、董光忠、张蔚然等。开掘8个长10米、宽1米的连贯探沟和另外一些探沟,出土汉代的砖瓦、陶器残片及铁器、五铢钱等。其中带字瓦当有"长乐未央""长生无极""宫宜子孙"等。(《山西万泉县阎子疙瘩之发掘》,山西公立图书馆,1932年)

秋季　日本东方文化学院东京研究所研究员鸟居龙藏对内蒙古巴林右旗**瓦尔曼哈的辽庆陵**,即辽圣宗、兴宗、道宗的陵墓进行考察。三座辽陵已被盗掘,圆形墓室的周壁绘有四季山水图,大型契丹文墓志已被移走,墓内尚存木棺、木俑和明器等。(鸟居龙藏:《满蒙な再び探る》,1932年;《辽代陵墓内の壁画に就て》,1934年,分别见《鸟居龙藏全集》第9卷和第6卷)

冬季　德日进携带周口店上年发现的用火遗迹材料，与欧洲众多史前遗址发现的用火遗迹材料进行比较研究。经巴黎矿物研究室的戈贝尔（Gaubert）化验分析，判明周口店出土的黑色物质和骨片均含有游离碳，是燃烧形成的结果，从而确认中国猿人已经懂得用火。（裴文中、张森水：《中国猿人石器研究》第 4—15、第 21 页，科学出版社，1985 年）

本年　史语所考古组李济、吴金鼎等于 6 月和 10 月前往山东济南转赴历城县龙山镇及临淄，勘查城子崖遗址和齐国故城是否值得发掘。11 月 4 日，中央研究院与山东省政府合组的山东古迹研究会在济南成立，由傅斯年任委员长、李济任田野工作主任，王献唐任秘书，杨振声、董作宾、郭宝钧等为委员，决定暂以龙山镇及临淄为试办区。随即于 11 月 7 日至 12 月 7 日，由李济主持进行**龙山镇城子崖遗址的发掘**，揭露面积 440 平方米，对该遗址以磨光黑陶为显著特征的新石器时代遗存有了初步的认识，并发现一座"黑陶期文化"城址。（石璋如：《"中研院"历史语言研究所考古年表》[以下简称《考古年表》]第 99—100 页，台北史语所，1952 年；《城子崖》，中研院史语所，1934 年）

本年　任教于广州中山大学的德国学者阿诺尔德·海姆（Heim, Arnold），在原西康省**道孚附近**的黄土堆积中发现两件刮削器，据说带有欧洲莫斯特文化的特征。（Arnold Heim, *Minya Gongkar*, Berlin, 1933, pp.175-176；据童恩正：《中国西南民族考古论文集》第 21 页，文物出版社，1990 年）

本年　台湾南部恒春附近**垦丁地区**发现**石棺**遗迹，移川子之藏、宫原敦和宫本延人等前后三次进行发掘，清理石棺 25 具，这是台湾地区正式考古发掘之始。（臧振华：《台湾考古研究概述》，《文博》1998 年第 4 期）

1931 年

春季　史语所考古组由李济主持进行殷墟第四次发掘，3 月 21 日至 5 月 12 日在**小屯村北**发掘 1470 平方米。当时将小屯遗址划分为 A、B、C、D、E 五区，着手发掘的 A、B、C 三区分别由梁思永、郭宝钧、董作宾负责，工作人员有吴金鼎、王湘、李光宇等，参加工作的还有河南大学实习生刘燿（后更名"尹达"）、石璋如等。梁思永的参加，使发掘方法有较大改进，尤其是开始辨识夯土建筑基址，纠正了前此提出的"殷墟漂没说"。这是殷墟发掘的重要转折。4 月 16 日至 30 日，吴金鼎、李光宇在**四盘磨**发掘 100 平方米，发现灰坑、墓葬等殷代遗迹。4 月 16 日至 5 月 12 日，梁思永、吴金鼎在**后冈**发掘 216 平方米（刘燿参加），首次发现殷代、龙山、仰韶三种文化叠压的地层关系，判定三者之间的相对年代；又第一次在小屯以外发现殷代的甲骨文，并第一次发现龙山文化的白灰面房子。（李济：《安阳最近发掘报告及六次工作之总估计》，郭宝钧：《B 区发掘记之一》，吴金鼎：《摘记小屯迤西之三处小发掘》，均见《安阳发掘报告》第 4 期，1933 年；梁思永：《后冈发掘小记》，《梁思永考古论文集》第 99—106 页；参看胡厚宣：《殷墟发掘》第 57—60 页）

春季　俄国学者 B. B. 包诺索夫、A. C. 卢卡什金和中国学者殷宝兴主持在哈尔滨附近发掘**顾乡屯遗址**。尹赞勋曾参加工作。所获古人类学资料中，有经人类加工的兽骨和一件石英石器。（B. B. 包诺索夫：《哈尔滨附近史前人类的遗迹》《北满考古学史》，《黑龙江考古民族资料译文集》第 1 辑 4—8 页、185 页）

4 月　北平女子师范学院、山西公立图书馆与美国弗里尔美术馆合作，由卫聚贤、董光忠分别代表中美双方，共同发掘**万泉县荆村**新石器时代遗址。发掘面积 7 亩。发现的遗迹有 20 多座灰坑和 3 座陶窑，有的灰坑埋葬 10 多具以至 20 多具人骨，往往身首异处，或与鸟兽骨杂陈。文化遗存包括仰韶文化和龙山文化各类陶器、石器和骨器颇多。所出遗物中最著名的是 5 件陶埙，有一孔、二孔、三孔之别。（卫聚贤：《山西万泉新石器时代遗址发现的经过和见解》，《东方杂志》第 26 卷第 4 期，1929 年；董光忠：《山西万泉石器时代遗址发掘之经过》，《师大月刊》第 3 期，1933 年）

5 月　俞剑华将日本考古学家滨田耕作著《考古学通论》一书全部译成中文，由商务印书馆出版。

5 月　德日进、杨钟健参加中法西北科学考察团，由天津经内蒙古前往新疆，进行为期一年的考察。除在沿途的河套地区、宁夏中卫和甘肃酒泉以北发现多处细石器地点外，更在新疆阿克苏、哈密附近的三道岭子、七角井子等处，发现细石器遗存。（德日进、杨钟健：《中国西部及蒙古、新疆几个新石器（或旧石器）之发见》，《中国地质学会志》第 12 卷第 1 期，1932 年）

5 月　日本东亚考古学会森修、内藤宽等在旅顺前牧城驿附近的营城子发掘两座汉代壁画墓。后出版日文考古报告《营城子——前牧城驿附近的汉代壁画砖墓》（1934 年）。

7 月　本年周口店的发掘仍由裴文中主持，卞美年、贾兰坡参加工作。本月在"鸽子堂洞"底部，发现大量的石英石器和其他石器，以及烧骨、烧石、灰烬、紫荆木炭等丰富的用火遗迹。随后，为鉴定中国猿人石器材料，特邀请法国史前学会会长、旧石器考古学权威步日耶（Breuil, H.）来我国访问。步日耶亲往周口店观察发掘出土的石器材料，确认包括石器和用火痕迹在内的北京人文化，并在《中国地质学会志》第 11 卷发表关于中国猿人石器的第一篇研究报告。步日耶还把对骨角器的研究写成专刊发表。但是，裴文中直到 60 年代仍对此持否定态度，认为这种碎骨有

许多是因敲骨吸髓而打碎的，并非原始人类制作的骨器。（贾兰坡、黄慰文：《周口店发掘记》第51—53页）

8月　史语所考古组石璋如在安阳参加殷墟第四次发掘之后，借回家乡偃师探亲之便，进行以**探寻汤都西亳**为目标的考古调查。在偃师县西二华里高庄村的咕噜台，发现一处堆积丰富的龙山文化遗址。（石璋如：《考古年表》第2页）

夏季　日本东亚考古学会派遣江上波夫等人组成的内蒙古调查组，对察哈尔包括**锡林郭勒等地区**的**细石器遗存**进行考察，顺便还调查了巴林右旗**瓦尔曼哈附近**的**辽代庆陵**。（江上波夫：《石器时代的东南蒙古》，日本《考古学杂志》第22卷第4、5号）

10月　9日，史语所考古组以山东古迹研究会名义，由梁思永主持进行**城子崖遗址的第二次发掘**，参加工作的有吴金鼎、刘屿霞等。发掘进行至10月底，揭露面积15200余平方米，除进一步弄清楚夯土围墙和深窖的情况外，还发现了墓葬。本年和上年的收获，由梁思永主持编著为《城子崖》（1934年）一书。这是中国第一部大型田野考古报告。当时便将我国学者首次发现的这种新石器时代遗存，命名为"龙山文化"。1990年山东省文物考古研究所重新发掘，判明城子崖遗址包含岳石文化地层，过去发现的"黑陶期文化"城址属于岳石文化。另在下层发现龙山文化城址。（参看张学海：《纪念城子崖遗址发掘60周年国际学术讨论会文集》前言，齐鲁书社，1993年）

秋季　史语所考古组由董作宾主持进行殷墟第五次发掘。11月7日至12月19日在**小屯村**发掘818平方米，郭宝钧、石璋如负责B、E二区，董作宾负责增开的F区。通过本次发掘，彻底否定第一至三次发掘提出的殷墟漂流淹没说，并从地层上判定夯土基址属殷代较晚时期的遗迹。11月10日至12月4日在**后冈**发掘 385 平方米，梁思永负责，刘燿参加工作，除发现龙山文化的白灰面房子外，还发现一条夯土墙。（李济：《安阳最近发掘报告及六次工作之总估计》，郭宝钧：《B 区发掘记之二》，均见《安阳发掘报告》第 4 期，1933 年；梁思永：《后冈发掘小记》，见《梁思永考古论文集》第 99—106 页；参看胡厚宣：《殷墟发掘》第 61—62 页）

12 月　广东黄花考古学院胡肇椿等在**广州西郊大刀山**发掘一座东晋时代的砖室墓，墓砖有"大宁二年甲申八月一日造"等字样。随葬品除青瓷器物外，发现带铹、弩机、铜镜和五铢钱等。（胡肇椿：《广州市西郊大刀山晋冢发掘报告》，《考古学杂志》（广东）创刊号，1932 年）

本年　美国哈佛燕京学社的包罗士（Bowles, G. T.）与叶长青在四川进行**甘孜地区**考古调查，采集较多的打制石器，但其时代难以最后确定。（Bowles, G. T., "A Preliminary Report of Archaeological Investigations on the Sino-Tibetan Border of Szechwan", *Bulletin of the Geological Society of China*, vol.13, pp.119–141. 据童恩正：《中国西南民族考古论文集》第 21 页）

1932 年

年初　上年成立的"东省特区文化发展研究所"组织一支大型的综合考察队，到**黑龙江东部地区**进行考察。考察队的古人类分队由俄国学者 B. B. 包诺索夫主持，我国地质学者尹赞勋参加，进行综合考察和部分考古工作。主要调查牡丹江中游、海浪河下游和穆棱河流域的一些地点，其中包括：宁安东京城的**渤海上京遗址**和其他几处渤海城址，东京城附近的**三灵屯渤海墓地**，牡丹江北面的所谓"东边墙"，萨尔浒和南湖头的金代城址，以及八处史前遗址。当时，曾对渤海上京城址，三灵屯、牛场、南湖头三处史前遗址，进行一定规模的发掘。(B. B. 包诺索夫:《北满考古学史》,《黑龙江考古民族资料译文集》第1辑第185页)

春季　周口店遗址发掘转至东坡进行，并在发掘方法上试作改革，由不规则的漫掘变为探沟与探方结合方式。先开四五段宽1.5、长3米、深5米的探沟，了解地层堆积情况。然后将发掘区划分成若干长宽均为3米的探方，每个探方同样掘至5米，出土物分别放置以便记录。(贾兰坡、黄慰文:《周口店发掘记》第57—58页)

春季　中央研究院与河南省政府合组的河南古迹研究会于2月8日在开封成立，由李济任工作主任。决定暂以浚县为试办区。4月16日至5月26日，由郭宝钧主持进行浚县辛村发掘。后又于本年秋季(10月11日至12月6日)、翌年春秋两季(4月1日至5月24日，10月20日至12月12日)继续发掘。参加工作的有刘燿、王湘、赵青芳等。除在当地发现龙山文化遗存外，主要是发掘西周时期的卫国墓地。先后发掘8座有两条或一条墓道的大型墓、6座中型墓、42座小型墓，以及2座车马坑和12座马坑，由于墓地早年遭到严重盗掘，所获遗物主要是相当数量的青铜兵器、工具和车马器，以及原始瓷器、陶器和玉石器，青铜礼器残存较少。这是第一次进行西周墓葬的考古发掘。(石璋如:《考古年表》第100—101页;郭宝钧:《浚县辛村》,科学出版社,1964年)

春季　史语所考古组由李济主持进行殷墟第六次发掘。4月1日至5月31日在小屯村发掘900平方米，董作宾、吴金鼎、石璋如、王湘、李光宇等参加工作，发现一座30×10平方米的宫殿基址，有排列整齐的柱础。4月8日至16日，吴金鼎、王湘在高井台子发掘300余平方米，再次发现殷代、龙山、仰韶三种文化叠压的地层关系。4月14日至5月10口，李济、吴金鼎在王裕口北地发掘 116 平方米，发现殷代墓葬和灰坑。（李济：《安阳最近发掘报告及六次工作之总估计》，吴金鼎：《摘记小屯迤西之三处小发掘》，均见《安阳发掘报告》第 4 期，1933 年；参看胡厚宣：《殷墟发掘》第 62—64 页）

春季 中国营造学社梁思成等调查河北蓟县独乐寺观音阁和山门、宝坻广济寺三大士殿等辽代木构建筑，由此开启该学社在各地的古代建筑广泛调查和深入研究。（梁思成：《蓟县独乐寺观音阁山门考》，《中国营造学社汇刊》第 3 卷第 2 期，1932 年；梁思成：《宝坻县广济寺三大士殿》，同上第 3 卷第 4 期，1932 年）

5 月 5 日至 22 日，史语所考古组刘燿在河南浚县发掘大赉店史前遗址，吴金鼎、王湘一度参加，发掘面积 230 平方米。发现仰韶文化和龙山文化叠压的地层关系，完整遗迹有龙山文化的白灰面房子和窖穴。（刘燿：《河南浚县大赉店史前遗址》，《田野考古报告》第 1 册，1936 年）

秋季 史语所考古组由董作宾主持进行殷墟第七次发掘。10 月 19 日至 12 月 15 日，在小屯村北遗址的 A、B、C、E 四区共发掘 1600 余平方米，工作人员有石璋如、李光宇等。这次发现更多夯土建筑基址，有矩形、凹形和条形的，一般长 20 多米，最长达 60 米，有排列整齐的柱础，推断其为殷代宗庙宫室遗迹。基址附近发现较多的灰坑和窖穴，其中 E181 出土各类器物达 5801 件。（石璋如：《第七次殷虚发掘：E 区工作报告》，《安阳发掘报告》第 4 期，1933 年；参看胡厚宣：《殷墟发掘》第 68—69 页）

10 月 日本考古学者三宅俊成、三上次男等在辽宁省金州附近，发掘董家沟汉代墓葬。三宅又在新金县境普兰店附近正明寺村，发掘大岭屯汉代城址。城址的规模大于旅顺牧羊城遗址，被认为可能是辽东郡属下的沓氏县旧址。（三上次男：《关东州董家沟的汉式墓葬》，日本《人类学杂志》第 48 卷第 11 号；三宅俊成：《大岭屯城址：

关东州正明寺会大岭屯汉及汉以前之遗迹》，"大连满洲文化协会"，1933 年）

本年 德日进和裴文中从周口店以往发掘的堆积物中回收一部分石器，对当时积累的石器资料首次进行系统研究。除探讨中国猿人石器的一般性质外，又注意其从下到上地层的发展趋势，提出将不同层位的石器划分成甲、乙、丙文化带的看法。（Teihard de Chardin, P. and Pei, W. C., "The Lithic Industry of the Sinanthropus Deposits in Choukoutien", *Bulletin of the Geological Society of China*, Vol.11, pp.317-358.）

本年 日本考古学者三宅俊成于本年 6—10 月和 1933 年 7—8 月，在辽宁省**长山列岛**中广鹿岛、小长山岛、大长山岛、獐子岛、海洋岛等地，进行广泛的调查发掘，发现多处贝丘遗址，采集了彩绘陶器、篦纹陶器和刻纹陶器等遗物，对这一地区的史前遗存获得初步的了解。（三宅俊成:《长山列岛先史时代的小调查》，日本《满洲学报》第 4 期）

本年 美国中亚考察队成员葛兰阶（Granger, W.）根据该队在**四川万县附近盐井沟**采集动物化石时所获磨孔石盘、有砍砸痕迹鹿角，推测当地在地质年代更新世时期即有早期人类活动。（Granger, W., "Palaeontological Exploration in Eastern Szechwan", *Natural History of Central Asia*, vol.1, pp.501-528, 1932. 据童恩正:《中国西南民族考古论文集》第 21 页）

本年 英籍天主教神父芬戴礼（Finn, D. J.）在**香港舶辽洲**西海岸的大湾一带进行考古调查。翌年，又在港英政府的资助下进行发掘。调查发掘中采集到有肩石斧、印纹陶片和铜镞等遗物，许多器物的年代较晚。（Finn, D. J., "Archaeological finds on Lamma Island near Hong Kong", *Hongkong Naturalist*, vol.Ⅲ, No.3-4（1932）; vol.Ⅳ, No.1-2（1933）; vol.V, No.1-4（1934）; vol.Ⅵ, No.1-3（1935）; vol.Ⅶ,

No.1-3（1936）. 黄素封译：《香港舶辽洲史前遗物发现记》，见《说文月刊》
第 1 卷第 4—6、8 期，1939 年）

1933 年

春季　史语所考古组石璋如、王湘于 3 月 29 日至 4 月 21 日
和 5 月 15 日至 20 日在河南浚县发掘**刘庄遗址**。开掘 45 个探坑，
发现仰韶文化和龙山文化遗存，以及汉墓。（石璋如：《考古年表》第
14 页）

春季　北平研究院史学研究会徐炳昶、常惠等，前往陕西进
行史前和周秦时代遗址的调查。先后调查的主要有：长安沣河沿
岸**灵台**、**冯村**、**大袁村**等地的所谓"丰镐"遗址，兴平东南**南佐**
村的所谓"犬邱"遗址，凤翔**南古城**的"雍城"遗址，宝鸡斗鸡
台的所谓"陈宝祠"遗址和姜城堡石器时代遗址，以及西安东郊
米家崖石器时代遗址和西郊**秦阿房宫遗址**等。（徐炳昶、常惠：《陕西
调查古迹报告》，《北平研究院院务汇报》第 4 卷第 6 期，1933 年）

5 月　周口店**山顶洞遗址**的发掘在裴文中主持下开始进行，
贾兰坡等参加工作。发掘方法进一步改进，探方面积 1×1 平方
米，发掘前先绘 1∶50 的平面图，每深半米为一水平层，均绘同
样比例尺的平面图。剖面图的绘制，纵横隔 2 米绘南北向和东西
向各一幅。本年度春、秋两季共发掘五个月。所获晚期智人化石，
包括完整头骨、头骨残片、上下颌骨及身体上的骨骼，至少分属
七八个性别不同的个体。其中一具老年男性和两具青年女性的骨
骼周围分布赤铁矿粉粒，又发现穿孔的兽牙、海蚶壳和石珠等装
饰品，判定遗迹的性质应为当时墓葬。另外，还发现少量的石器
和骨角器。（贾兰坡、黄慰文：《周口店发掘记》第 56—68 页）

5 月　日本京都大学滨田耕作、清野谦次、金关丈夫、三宅

宗悦等在旅顺鸠湾内的方家村附近，调查发掘**羊头洼史前遗址**，发现磨光红陶、黑陶、卜骨及居住遗迹。后出版日文考古报告《羊头洼——关东州旅顺鸠湾内的先史遗迹》（1942 年）。

　　6 月　日本东亚考古学会在黑龙江宁安县东京城附近发掘**渤海上京龙泉府遗址**，由原田淑人主持。参加工作的有池内宏、驹井和爱（东京大学）、村田治郎、水野清一（京都大学）、岛山喜一（京城大学）、羽馆易、外山军治（东方文化研究所）、矢岛恭介（帝室博物馆）等人。其间，中国学者金毓黻等前往参观。翌年 5 月，部分人员继续进行发掘。先后勘察发掘了该城城垣、城门和城内四处佛寺遗址，宫城内外和禁苑的宫殿基址，并对城址布局有相当的了解。还对牡丹江北岸三灵屯附近同时期的石室墓进行过调查。后出版日文考古报告《东京城——渤海国上京龙泉府址的发掘调查》（1939 年）。

　　6 月　日本满蒙学术调查研究团德永重康、直良信夫等人在哈尔滨西南 5 公里**顾乡屯附近**的温泉河畔进行考古发掘，获得许多动物化石和打制石器。翌年 6—7 月，再次前往发掘。（两次发掘的考古报告，均见《第一次满蒙学术调查研究团报告》第二部第一编，1934 年）

　　7 月　史语所考古组董作宾前往山东，调查**临淄齐国故城**和**滕县滕国故城**，为开展发掘进行准备。（石璋如：《考古年表》第 3 页）

　　8—9 月　日本满蒙学术调查研究团在热河省境进行多学科考察。担负人类学方面考察任务的八幡一郎，对原**热河省南部**大凌河、滦河、北塘河、潮白河流域的史前遗存进行广泛调查。后著有《热河省南部的先史时代遗迹及遗物》（岩波书店，1935 年）。

　　秋季　史语所考古组由郭宝钧主持进行殷墟第八次发掘。10 月 20 日至 12 月 25 日，在**小屯遗址 D 区**发掘约 3000 平方米，工作人员有李景聃、李光宇、刘燿、石璋如。主要发现两座大型夯土建筑基址，一座面积 30×9 平方米，其上除石础外，还有十个铜础；另一座面积 20×8 平方米。夯土基址之下，发现龙山文化圆形房子。11 月 15 日至 12 月 21 日，李光宇在**四盘磨**发掘一座殷代墓葬。11 月 15 日至翌年 1 月 3 日和 1 月 15 日至 24 日，在**后冈**发掘 300 平方米，刘燿负责，工作人员有石璋如、李景聃、尹焕章。除继续发掘龙山文化夯土围墙外，首次发现一座带两条墓道、有殉人的殷代大墓。（石璋如：《殷墟最近之重要发现附论小屯地层》，《中国考古学报》第 2 册，1947 年；又石璋如：《河南安阳后冈的殷墓》，《历史语言研究所集刊》第 13 本，1948 年；参看胡厚宣：《殷墟发掘》第 69—70 页）

　　9 月　中国营造学社梁思成、刘敦桢、林徽因等一行前往山西北部，调查大同云冈石窟、**华严寺**、**善化寺**，及应县木塔。本年，还曾调查河北正定**隆兴寺**和**赵州桥**等古代建筑。（梁思成、刘敦桢：《大同古建筑调查报告》，梁思成、林徽因、刘敦桢：《云冈石窟中所表现的北魏建筑》，《中国营造学社汇刊》第 4 卷第 3、4 期合刊，1934 年；梁思成：《正定调查纪略》，同上第 4 卷第 2 期，1933 年；梁思成：《赵县大石桥》，同上第 5 卷第 1 期，1933 年）

　　10 月　24 日，史语所考古组以山东古迹研究会名义，由董作宾主持发掘**滕县安上村遗址**，参加工作的有王湘、祁延霈等。工作进行至 11 月底，发现龙山文化遗存和春秋时代墓葬。（石璋如：《考古年表》第 16 页）

　　10 月　史语所考古组以山东古迹研究会名义，由潘悫负责在**滕县曹王墓**清理 21 座东汉画像石残墓，工作进行至 12 月初。墓形有一室、二室、三室三种，早年多被盗掘，残存遗物有半两、五铢、大泉五十等钱币，以及陶器、铁剑、银器等。墓内画像石多粗劣，地面散存石祠画像碎块。其间潘悫又曾至其附近的下黄沟村，调查一处已经暴露的宋宣和元年大型石室墓。（石璋如:《考古年表》第3、16页；潘悫:《山东滕县下黄沟村宋代墓葬调查记》,《历史语言研究所集刊》第11本，1944年）

11 月　史语所考古组李景聃、王湘前往**安徽寿县朱家集**，调查**李三孤堆**被盗掘的楚考烈王墓出土大批铜器情况，顺便在当地进行考古调查，发现魏家郢、彭家郢、古城子等12处台形遗址（差不多都有龙山文化和殷代文化堆积），寿春故城等8处秦汉以后遗址。（李景聃:《寿县楚墓调查报告》,《田野考古报告》第1册，1936年；王湘:《安徽寿县史前遗址调查报告》,《中国考古学报》第2册，1947年）

11 月　裴文中和德日进发掘周口店**第13地点**。本年度进行至12月中旬，翌年4月下旬至7月初继续发掘。根据动物群判断，该地点的时代比中国猿人更加古老。在此发现一件两面加工的小型燧石砍砸器，少量被打制过的石英块，以及一些灰烬和烧骨，被认为是当时"中国所知的最早的人类活动遗迹"。（Teihard de Chardin, P. and Pei, W. C., "The Fossil Mammals from Locality 13 of Choukoutien", *Palaeontologia Sinica, New Series. C*, 11, 1941）

本年　第一部中国猿人遗址的综合性研究报告《中国原人史要》(*Fossil Man in China*)，由步达生、德日进、杨钟健、裴文中共同完成并出版。该书系统介绍中国猿人遗址的发现和发掘经过，地层、古生物、人类化石和石器等方面的主要研究成果，并对当时尚未取得一致意见的中国猿人骨器问题作了说明。

本年　扎赉诺尔煤矿副矿长顾振权采集一颗人类头骨。翌年秋，日本学者赤堀英三前来调查和研究，认为类似现代蒙古人头骨，缺乏学术价值。后来，伪满"国立中央"博物馆的远藤隆次将其定名为"扎赉诺尔第一号原人"。（赤崛英三:《北满扎赉诺尔遗迹

出土之新资料》，日本《人类学杂志》第54卷第3号）

本年　日本学者鸟居龙藏调查内蒙古宁城县境的**辽中京城址**，并再次考察巴林右旗瓦尔曼哈的**辽庆陵**。同时，还调查了锦州、朝阳、义县等地的辽代遗址。后来，他又考察了北镇的双塔、医巫闾山的**东丹王陵**、北平的**辽南京城址**，以及北平天宁寺塔、蓟县独乐寺观音阁等辽代建筑。后将考察情况编撰为《从考古学上看辽代文化》（图谱）四册（东方文化学院，1936年）。

本年　日本考古学者驹井和爱、水野清一、三上次男调查黑龙江宁安县东京城北面的**三灵屯新石器时代遗址**，并对齐齐哈尔、海拉尔一带的细石器遗存进行考察。（驹井和爱:《滨江省三灵屯的石器》，日本《考古学杂志》第26卷第8号；三上次男:《呼伦贝尔地区的考古学遗迹》，日本《蒙古学》第1期）

本年　董作宾著《甲骨文断代研究例》一文，全面论证其1931年在《大龟四版考释》中首先提出的甲骨文断代学说，将断代标准由原有的八项，进一步确定为世系、称谓、贞人、坑位、方国、人物、事类、文法、字形、书体十项；并且将殷墟的甲骨文划分为武丁（及其以前的盘庚、小辛、小乙），祖庚、祖甲，廪辛、康丁，武乙、文丁，帝乙、帝辛五期。这标志着甲骨学研究进入一个新的阶段。（《庆祝蔡元培先生六十五岁论文集》上册，中研院史语所，1933年）

1934年

2月　北平研究院与陕西省政府合组的陕西考古会在西安成立，推选陕西士绅张鹏一（字扶万）为委员长，徐炳昶为工作主任。议决暂以宝鸡斗鸡台一带为试办区。

2月　21日，北平研究院考古组何士骥（字乐夫）等，在西

安市内陕西省民政厅院内（即**唐代中书省旧址**）进行发掘，为期 27
天，至 3 月 19 日结束。获北宋吕大防刻唐大明宫、兴庆宫及太
极宫图残石，兴庆宫部分尚完好，大明宫部分仅存少半。（何士骥：
《唐大明、兴庆及太极宫图残石发掘报告》，《北平研究院院务汇报》第 5 卷
第 4 期，1934 年）

　　3 月　6—14 日，华西大学博物馆馆长葛维汉、副馆长林名
均等，前往**四川广汉月亮湾**太平场，即曾于 1931 年出土玉石器的
地点，进行考古发掘。其间，开掘探沟三条，发现数以百计的璧、
环、戈、璋等玉石器，以及一些陶器和陶片。当时认为，遗存的
年代不会早于铜石并用时代，也不会晚于周代，约当公元前 1100
年。这一发现，开创了从考古学上研究古蜀文化的先河。（Graham,
D. C., "A Preliminary Report of the Hanchou Excavation", *Journal of the
West China Border Research Society*, vol.6, pp.114-131, 1934. 林名均:《广汉
古代遗物之发现及其发掘》，《说文月刊》第 3 卷第 7 期，1942 年）

　　春季　吉林省**龙潭山车站附近**因铁路局工程取土发现古物，
时在伪满奉天博物馆工作的李文信前往调查。在龙潭山、龙潭山
站附近、东团山子、帽儿山四个地点发现古代遗物，其中有汉代
陶器、"五铢"钱、"货泉"钱、铜镜、铁马具、兵器和工具等，
并发现高句丽山城和箱形石棺。（李文信：《吉林龙潭山遗迹报告》《吉
林龙潭山汉代文化》，见《李文信考古文集（增订本）》，辽宁人民出版社，
2009 年）

　　春季　史语所考古组由董作宾主持进行殷墟第九次发掘。3
月 9 日至 4 月 1 日，在**小屯遗址 D、F 二区**发掘 380 多平方米，
工作人员有刘燿、石璋如、李景聃、祁延霈、尹焕章，发现夯土
建筑基址等遗迹。其间因**侯家庄南地**盗掘出土甲骨文，全体人员
于 4 月 22 日至 5 月 31 日转往该地发掘，发掘面积 1000 余平方

米，发现两座夯土基址及窖穴、墓葬等，获"大龟七版"等重要文物。3 月 15 日至 4 月 1 日，4 月 10 日至 20 日，刘燿、尹焕章又在**后冈**发掘 300 余平方米，进一步判明龙山文化围墙的分布范围，并将殷代大墓发掘完毕。4 月 30 日至 5 月 22 日，石璋如在**南霸台**发掘约 100 平方米，发现龙山灰坑、殷代窖穴和墓葬等。（石璋如:《殷墟最近之重要发现附论小屯地层》,《中国考古学报》第 2 册，1947 年；董作宾:《安阳侯家庄出土之甲骨文字》,《田野考古报告》第 1 册，1936 年；石璋如:《河南安阳后冈的殷墓》,《历史语言研究所集刊》第 13 本，1948 年；参看胡厚宣:《殷墟发掘》第 72—73 页）

3 月　徐炳昶为准备进行宝鸡斗鸡台的考古发掘，前往安阳小屯村，参观董作宾主持的殷墟第九次发掘，并经董作宾推荐从安阳小屯雇用两名得力的技工。（关于从安阳小屯雇用技工，见罗宏才《陕西考古会史》第 30—31 页，陕西师范大学出版总社，2017 年；又见石璋如:《殷虚发掘员工传》第 12 页，台北史语所，2017 年）

4 月　26 日，北平研究院考古组以陕西考古会名义，由徐炳昶主持，**第一次发掘宝鸡斗鸡台遗址**，包括陈宝祠后土堡内外（废堡区）和戴家沟东侧（沟东区）。参加工作的有何士骥、白万玉等，春季进行至 6 月 21 日。其间，曾派人调查西安东郊的**米家崖史前遗址**。本年 11 月 23 日至翌年 5 月 7 日，在斗鸡台废堡、沟东二区进行第二次发掘，参加工作的除何士骥、白万玉外，又有罗懋德（字念生）、苏秉琦等。废堡区，发掘史前时代遗存及汉魏以来的建筑遗址。沟东区，发掘史前时代居住遗迹，先周、西周及战国至西汉的上百座墓葬。后苏秉琦将沟东区的墓葬资料编撰为《斗鸡台沟东区墓葬》一书（1948 年出版。其《图说》印就散页，1954 年始由中国科学院装订出版）。该书运用类型学方法，进行周秦墓葬和瓦鬲的分期研究，并提出周文化渊源等问题。（罗宏才:《陕西考古会史》卷首"陕西考古会主要人物传略"中白万玉、何士骥、罗懋德、孙文青、苏秉琦各条，及第四章"斗鸡台发掘始末及意义"）

5月 史语所考古组由郭宝钧主持发掘**巩县塌坡**、**马峪沟**和**广武陈沟**等史前遗址，工作人员有赵青芳、韩维周。其中，塌坡发现仰韶文化和龙山文化遗存，马峪沟和陈沟则仅发现仰韶文化遗存。在陈沟开掘20个探坑，发现长方形房子，残墙高约1米。（石璋如：《考古年表》第17页）

6月 容庚、徐中舒、董作宾、商承祚等12位金石考古学者在北平发起组织"金石学会"。9月1日正式成立时，定名为"考古学社"，推选容庚、徐中舒、刘节、唐兰、魏建功为执行委员。1936年4月推选叶恭绰为社长，10月推选容庚、唐兰、于省吾、徐中舒、孙海波为执行委员，刘节、顾廷龙、赵万里为候补执行委员。（《中国大百科全书》第一版《考古学》卷"考古学社"条）

8月 居住在香港的天主教神父芬戴礼、麦兆良（Maglioni, R.），来到广东省海丰县的**汕尾一带**，进行史前文化遗存的考察。他们在21个地点采集的石器、陶器等标本，被认为均属新石器时代和铜石并用时代。（Maglioni, R., "Archaeological Finds in Hoifung", *Hong Kong Naturalist*, vol. Ⅷ. No.3, 4（1938）. 黄素封译：《海丰史前遗物发见记》，《说文月刊》第1卷合订本第663—686页）

秋季 史语所考古组由梁思永主持进行殷墟第十次发掘。10月3日至翌年元旦，在**侯家庄西北冈**发掘，工作人员有石璋如、刘燿、祁延霈、胡厚宣（原名"胡福林"，因与当地土匪重名，改以字"厚宣"行）、尹焕章。其间，傅斯年陪同伯希和前往参观。西区发现4座亚字形大墓，开掘面积3000平方米，本年度M1001、M1002两墓挖至深七八米，M1003、M1004两墓仅将墓形找出，学者根据墓坑规模宏大已推断其为殷代王陵。东区发现小墓63

座，发掘 32 座，多为人祭坑。10 月 29 日至 12 月 5 日，梁、石、胡又在**秋口同乐寨**发掘 223 平方米，发现仰韶文化层、龙山文化白灰面房子和殷代小墓等遗迹。(参看石璋如:《考古年表》第 18 页;胡厚宣:《殷墟发掘》第 74—79 页)

秋季　日本东方文化学院关野贞、竹岛卓一调查**辽代上京、中京、庆州城址和庆陵**。(竹岛卓一:《辽的上京址》，日本《东洋建筑》第 1 卷第 1 期; 又:《辽的中京址》，日本《东方学报》东京第 11 期; 再:《辽的庆州城址》，日本《东方学报》东京第 10 期)

10—11 月　史语所考古组由郭宝钧主持在河南**广武青台**附近发掘两处史前遗址，工作人员有赵青芳、韩维周。其中，峨眉岭开掘 38 个探坑，为仰韶文化遗存，发现一座三开间的房子; 澶然河西岸开掘 9 个探坑，为龙山文化遗存。(石璋如:《考古年表》18 页)

11 月　郭沫若在所著《两周金文辞大系》1931 年初版本的基础上，扩充资料，深入探讨，编成《两周金文辞大系图录》。翌年 7 月著成《两周金文辞大系考释》。全书收录西周之器 250 件、东周之器 261 件，分别按王世和国别编次，并创立标准器断代法。这便为两周青铜器铭文研究建立初步的科学体系，作出划时代的贡献。

本年　周口店的发掘工作，除继续发掘上年未完的山顶洞遗址和第 13 地点外，转至第 1 地点开展新的发掘。发掘方法更加规范化，探方面积 2×2 平方米，每深 1 米为一水平层。出土标本均标注发掘年份、工作日累计数、探方号和水平层号，准确地记录其发现日期和出土层位。这种发掘和记录的方法，此后被长期沿用。(贾兰坡、黄慰文:《周口店发掘记》第 56—61 页)

本年　上海沪江大学学生慎微之在其家乡浙江**吴兴钱山漾**，

发现并采集有肩石斧、有段石锛、石犁形器等史前时期的文化遗物。（慎微之：《湖州钱山漾石器之发现与中国文化之起源》，《吴越文化论丛》，江苏研究社，1937 年）

本年 俄人东省特区文物研究所的 B. B. 包诺索夫组织呼伦贝尔考察团，由海拉尔出发向北，沿根河左岸和额尔古纳河行进。此行主要调查所谓"成吉思汗边墙"以及附近的三座边堡。随后，又于 1939 年 9 月，调查北起诺敏河岸布西（今尼尔基镇）附近，西南向延伸至索伦的"成吉思汗南边墙"，及其附近的几座边堡。1941 年再作补充调查。这条边墙实为辽代所筑，当时误认为金代抗击蒙古人的东北路界壕。（B. B. 包诺索夫：《北满考古学史》，见《黑龙江考古民族资料译文集》第 1 辑第 186、188 页；B. B. 包诺索夫：《成吉思汗边墙初步调查》《北部乌尔科古代边墙》，同上第 69—78 页）

本年 瑞典考古学家巴尔姆格伦（Palmgren, N.）著《半山及马厂随葬陶器》（*Kansu Mortuary Urns of the Pan-Shan and the Ma-Chang Groups*）一书，作为《中国古生物志》丁种第 3 号第 1 册出版。该书首次应用类型学方法，分析中国史前时期陶器形制和纹饰的发展变化。

1935 年

1 月 梁思永发表《小屯龙山与仰韶》一文，连同稍早发表的《后冈发掘小记》，以后冈遗址发现的三叠层为依据，第一次论述豫北地区仰韶文化、龙山文化和殷代文化的相对年代问题。所谓三叠层，并不是发现三个时期遗存直接叠压的地层关系，而是全面考察后冈堆积情况作出的判断。殷墟发掘曾按深度划分水平层，梁思永开始按土色土质划分自然层。后冈中心最高处有一层浅灰土（殷代），叠压其下的绿色土（龙山）遍布全冈，冈西南部又下压深灰色土（仰韶）。综合起来，便从地层学上找到解决三种文化相对年代的钥匙，为中国史前时期考古研究奠定了基础。（《庆祝蔡元培先生六十五岁论文集》下册，中研院史语所，1935年）

春季　史语所考古组梁思永主持进行殷墟第十一次发掘。3月10日至6月15日，在**侯家庄西北冈**殷代王陵区开掘8000平方米，工作人员有石璋如、刘燿、祁延霈、李光宇、王湘、胡厚宣、尹焕章，参加工作的还有清华大学考取留英学生夏鼐等。西区四座大墓均发掘到底，虽因屡遭严重盗掘，残存的文物较少，仍有许多重要发现，尤其是M1004出土大件铜器牛鼎、鹿鼎，以及成捆的青铜戈、矛和上百件铜胄等物。东区发掘小墓411座（大都是祭祀坑），其中除人牲坑外，还有车坑、马坑和兽坑。（梁思永遗稿、高去寻辑补：《侯家庄》第二本《1001号大墓》、《侯家庄》第三本《1002号大墓》、《侯家庄》第四本《1003号大墓》、《侯家庄》第五本《1004号大墓》，台北史语所1962、1965、1967、1970年；参看石璋如：《考古年表》第19页；胡厚宣：《殷墟发掘》79—86页）

5月　因裴文中去法国深造，**周口店的发掘**工作改由贾兰坡主持。本年主要发掘1932年新发现的**第15地点**，发现数量较多的动物化石和石器。第15地点石器与第1地点顶部石器相似，二者都以小石器为主，石料也很一致，只是第15地点使用的砂岩比第1地点少，而燧石比第1地点丰富。第15地点的发现，扩大了对周口店早期居民活动范围的认识。（贾兰坡、黄慰文：《周口店发掘记》第81—83页）

5月　上海暨南大学教授张凤，与蒋大沂、陈志良、金祖同等，调查江苏省武进县境的**淹城遗址**。城址包括子城、内城、外城三道。内城和外城都有宽广的护城河环绕，其间并列三个土墩。他们在子城内采集许多几何形印纹陶片。10月再次前往调查。

1949年后经多次勘查，确认淹城为春秋时期的城址。（陈志良：《奄城访古记》，秀洲学会，1935年）

6月　日本东亚考古学会由滨田耕作主持发掘**赤峰红山后遗址**。参加工作的有三宅宗悦、赤堀英三（东京大学）、三上次男（满蒙文化研究所）、水野清一（东方文化研究所）、岛田贞彦（旅顺博物馆）等。开始主要发掘石棺墓，继而发现红山文化遗存，遂全力进行发掘。后出版日文考古报告《赤峰红山后——"满洲国"热河省赤峰红山后先史遗迹》（1938年）。当时，将红山文化称作"赤峰第一期文化"，将属于夏家店上层文化的石棺墓称作"赤峰第二期文化"，未能正确辨识。

8月　胡肇椿将英国考古学家吴理（Woolley, C. L.）著《考古发掘方法论》一书译成中文，由商务印书馆出版。

8—9月　史语所考古组郭宝钧、王湘，偕同河南古迹研究会赵青芳等，对**汲县山彪镇魏国贵族墓地**进行为期一个月的发掘。计发掘大型积石积炭墓1座，小型墓7座，车马坑1座。大型墓发现4个殉葬人，并出土大量随葬器物，其中有编镈4件、编磬10件、列鼎5件（另有2件被当地人员先期掘出），著名的水陆攻战纹鉴（2件），以及鬲、甗、豆、壶、盘、匜、兵器、车马器等，年代属战国早期。基于这次的发现，开始获知古代的列鼎制度。（郭宝钧：《山彪镇与琉璃阁》，科学出版社，1959年）

9月　卫聚贤、张凤、蒋大沂、金祖同一行，调查江苏省金山县境的金山卫**戚家墩遗址**（现属上海市），采集到几何形印纹陶片、石锛等遗物，当时误认为属于新石器时代。后经1949年后的发掘，确认遗址下层文化遗存的年代大致相当于春秋战国时期。这是上海地区最早发现的一处古文化遗址。（金祖同：《金山卫访古记纲要》，秀洲学会，1935年）

秋冬　史语所考古组由梁思永主持进行殷墟第十二次发掘。9月5日至12月16日，在**侯家庄西北冈**殷代王陵区开掘9600平方米，工作人员有石璋如、刘燿、李景聃、祁延霈、李光宇、高去寻、潘悫、尹焕章等。这是殷墟发掘以来工程量最大的一次。西区发掘三座亚字形大墓（M1217、M1500、M1550）和一座未建成的大墓（M1567），以及少量的祭祀坑。东区发掘一座亚字形大墓（M1400）、两座中字形大墓（M1443、M1129），以及785座小墓（多为祭祀坑）。10月20日至11月7日，祁延霈负责在**范家庄**发掘220平方米，发现一座殷代墓葬。10月20日至12月5日，刘燿负责在**大司空村**发掘1000余平方米，发现殷代灰坑37个和墓葬64座。（梁思永遗稿、高去寻辑补：《侯家庄》第六本《1217号大墓》、《侯家庄》第七本《1500号大墓》、《侯家庄》第八本《1550号大墓》，石璋如：《侯家庄》第九本《1129、1400、1443号大墓》，石璋如：《侯家庄》第十本《小墓分述之一》，台北史语所1968、1974、1976、1996、2001年；参看石璋如：《考古年表》第20页；胡厚宣：《殷墟发掘》第86—92页）

秋季　日本考古学者赤堀英三等再次前往内蒙古地区，考察**乌兰察布到百灵庙、三德庙的史前遗址**，直至元明时期的土城，并进一步收集鄂尔多斯式青铜器。后出版日文考古报告《蒙古高原——锡林郭勒、乌兰察布的地质、古生物、人类的考察》（1943年）。

11月　史语所考古组以河南古迹研究会的名义，由郭宝钧主持在**辉县琉璃阁**东南进行考古发掘，参加工作的有王湘、赵青芳等。本年发掘战国大墓1座、汉墓4座。后又于1937年3—6月进一步发掘，参加工作的有李景聃、赵青芳等，共计发掘战国时期的大墓6座、普通墓44座，汉代及以后墓20余座。6座战国大墓，多长7米许、宽5米许。其中，M60出土甬钟、钮钟、镈钟、编磬等乐器及列鼎等礼器，M75 出土甬钟、钮钟、编磬等乐器及列鼎等礼器，M80 等 4 墓出土列鼎等礼器，但没有乐器。这些发现加深了对当时礼器制度的认识。（郭宝钧：《山彪镇与琉璃阁》）

12 月　在伪满文教部委托的名义下，日本学者岛田贞彦进行**原热河省境考古调查**，包括凌源、凌南、平泉、承德、滦平、丰宁等县，内容涉及史前时代、汉初及辽、金、元代的遗存；园田一龟则调查黑龙江省境阿城县的**金上京会宁府城址**、舒兰县的**金完颜希尹墓地**、双阳县的**金完颜娄室墓地**。两方面的调查工作都延续至 1936 年 5 月。（岛田贞彦、园田一龟所写日文报告均见伪满民生部编印的《"满洲国"古迹古物调查报告》第 4 编，1942 年）

本年　中国地质调查所裴文中在**广西武鸣苞桥、芭勋、腾翔及桂林附近**发掘 4 处洞穴遗址。所获文化遗物，除打制的砾石石器外，有石磨盘、钻孔砾石等具进步性的石器，但没有发现陶片和磨制石器，因而被认为属于中石器时代。（Pei, W. C., "On a Mesolithic（？）Industry of the Caves of Kwangsi", *Bulletin of the Geological Society of China*, Vol.XIV, No.3, 1934, pp.393-412. 参看安志敏：《关于我国中石器时代的几个遗址》，《考古通讯》1956 年第 2 期）

本年　成都华西大学的美国学者葛维汉，根据其本人在四川采集的标本及华西大学博物馆藏品，将四川发现的石器分成两个系统：一是打制石器，认为属旧石器时代；一是磨制石器，认为属新石器时代。（Graham, D. C., "Implements of prehistoric Men in the West China University Museum of Archaeology", *Journal of the West China Border Research Society*, vol.7, pp.47-56, 1935. 据童恩正：《中国西南民族考古论文集》第 21 页）

本年　俄国学者 B. B. 包诺索夫组织的呼兰考察团对**石人城**

金代城址进行试掘。同时，又在康金井发现两座同时代的城址。
（B. B. 包诺索夫：《北满考古学史》，见《黑龙江考古民族资料译文集》第 1
辑第 185—186 页）

本年　北平研究院考古组何士骥前往河北邯郸，调查**南北响
堂山石窟**，进行拍照、墨拓和记录，后出版《南北响堂寺及其附
近石刻目录》（1936 年）。（石刻拓片和照片资料 1949 年后存中国科学院
考古研究所，1962 年北京大学考古教研室借去，意欲与其 1957 年调查所获
资料一并整理发表，由于种种原因未能完成。）

本年　瑞典考古学家蒙德留斯（Montelius, O.）名著《东方和
欧洲的古代文化诸时期》（*Die aelteren Kulturperioden im Orient und in
Europa*）的第一卷《方法论》，被郑师许、胡肇椿译成中文，以
《考古学研究法》为书名，在上海《学术世界》第 1 卷第 2—6 期
发表，翌年由世界书局出版单行本。另有滕固的中译本，以《先
史考古学方法论》为书名，由商务印书馆于 1937 年 2 月出版。这
是中国学术界第一次系统介绍现代考古学的类型学方法。

1936 年

1 月　史语所考古组祁延霈前往山东益都，调查**苏埠屯**出土
两批铜器情况，判定其为商代。（祁延霈：《山东益都苏埠屯出土铜器
调查记》，《中国考古学报》第 2 册，1947 年；参看张履贤著、唐友波整理：
《上海博物馆藏苏埠屯铜器图录》，上海书店出版社，2014 年）

春季　史语所考古组由郭宝钧主持进行殷墟第十三次发掘。3
月 18 日至 6 月 24 日，在**小屯村北遗址 B、C 两区**发掘 4700 平方
米，工作人员有石璋如、李景聃、王湘、祁延霈、高去寻、尹焕
章、潘悫。发现 4 座夯土建筑基址、127 个灰坑、181 座墓葬（其
中部分为祭祀坑）。最惊人的发现是 127 坑，经整体运回南京进行室

内清理，共出土甲骨文 17096 片，其中完整龟甲近 300 版。（石璋如：《殷墟最近之重要发现附论小屯地层》，《中国考古学报》第 2 册，1947年；石璋如：《殷墟最近之重要发现附论小屯地层后记》，董作宾：《殷墟文字乙编序》，均见《中国考古学报》第 4 册，1948 年。参看石璋如：《考古年表》第 21 页；胡厚宣：《殷墟发掘》第 98—101 页）

春季 四川叙府（今宜宾市）**发现东汉墓葬**，华西大学葛维汉前往发掘二座，均为砖室、石棺，出土陶质器皿、奴婢俑、家畜家禽俑、房屋模型及五铢钱等。（葛维汉：《叙府发掘报告》，《华西边疆研究学会会志》第 8 期；转引自郑德坤：《四川古代文化史》第 130 页）

春季 日本京都东方文化研究所长广敏雄、水野清一等对河北**邯郸响堂山**和河南**洛阳龙门**两处**石窟**进行考察。后编著日文《响堂山石窟》（1937 年）和《龙门石窟之研究》（1941 年）二书。

5 月 史语所考古组以山东古迹研究会名义，由梁思永主持前往**日照县两城镇**发掘龙山文化遗址。刘燿在瓦屋村西北发掘366 平方米，发现烧土面、柱洞、灶坑等居住遗迹，以及 43 座墓葬，出土精美黑陶和石器较多。祁延霈在大孤堆东发掘 470 多平方米，发现遗迹较少，有墓葬 6 座，出土遗物与瓦屋村近似。两个地点的发掘进行至 7 月结束。这是 20 世纪 30 年代发掘的遗迹和遗物最丰富的一处龙山文化遗址。（石璋如：《考古年表》第 22 页；刘燿未完稿，存台北史语所；南京博物院：《日照两城镇陶器》，文物出版社，1985 年）

5 月 31 日，南京古物保存所所长卫聚贤、浙江省立西湖博物馆馆长董聿茂及胡行之、金祖同、施昕更等，**在杭州老和山下**古荡附近的第一公墓发现新石器时代遗存。进行为期一天的试掘，开探沟三条，连同地面采集共获石器 16 件。当时将此地点称为"古荡遗址"，现称"老和山遗址"。（浙江省立西湖博物馆、吴越史地

研究会合编:《杭州古荡新石器时代遗址之试掘报告》,1936年)

5月 日本学者岛山喜一、藤田亮策在吉林延边地区调查**延吉县北土城、和龙县西古城子和珲春县半拉城子**等渤海城址,并对附近的辽金土城和几处新石器时代遗址进行调查。调查工作延续至1937年4月。(岛山等所写日文调查报告见日本《考古学杂志》第27卷第28号,及《"满洲国"古迹古物调察报告》第3编,1941年)

5月 中国营造学社刘敦桢、陈明达等前往河南西部十三县进行古代建筑调查,其中有**登封县境**的太室、少室、启母三座**汉代石阙,嵩岳寺北魏砖塔**等。又与梁思成、林徽因会合,进行**洛阳龙门石窟**的考察。(林洙:《叩开鲁班的大门——中国营造学社史略》第78—81页,中国建筑工业出版社,1995年)

8月 史语所鉴于该所考古组的田野工作已扩大到殷墟以外,《安阳发掘报告》"失却它的继续的存在性",另行创办《田野考古报告》(第二册起更名《中国考古学报》)。

9—11月 河南省博物馆许敬参、郭豫才在**辉县琉璃阁**发掘两座并列的战国大墓,甲墓长宽11×10.3米,乙墓长宽9.1×7.6米,均深至11米以上,并有木椁。前者出土甬钟、钮钟、镈钟、编磬等乐器,以及大量的礼器、兵器和车马器。后者则仅有较多的礼器,没有乐器,兵器和车马器的数量很少。二者应为夫妇并穴合葬。(郭宝钧:《山彪镇与琉璃阁》第69—72页;《瑰宝重现——辉县琉璃阁甲乙墓器物图集》,台北历史博物馆,2003年)

秋冬 史语所考古组由梁思永主持进行殷墟第十四次发掘。9月20日至12月31日,在**小屯村北C、I两区**发掘3950平方米,工作人员有石璋如、王湘、高去寻、尹焕章、潘悫。发现夯土基址26处、灰坑122个、墓葬132座(部分为祭祀坑)以及水沟等,出土一批较为精致的青铜礼器和其他文物。10月24日至12

月 10 日，高去寻在**大司空村**发掘 1100 平方米，发现殷代灰坑 29 个、殷代和战国小墓 91 座。（石璋如：《殷墟最近之重要发现附论小屯地层》，高去寻：《黄河下游的屈肢葬问题》，均见《中国考古学报》第 2 册，1947 年；石璋如：《殷墟最近之重要发现附论小屯地层后记》，《中国考古学报》第 4 册，1948 年。参看石璋如：《考古年表》第 22 页；胡厚宣：《殷墟发掘》第 101—103 页）

10 月　史语所考古组李景聃为探寻殷墟以前的汤都，在河南东部的商丘及永城进行广泛调查。随后，于 11 月底至 12 月中旬对此次发现的**永城县造律台**、**黑孤堆**、**曹桥**进行小规模发掘，均属龙山文化遗存。当时又曾调查**永城县保安山梁孝王墓**崖洞，全长 54.85 米，最宽 31.4 米，曾测绘平面图和剖面图。（李景聃：《豫东商丘永城调查及造律台、黑孤堆、曹桥三处小发掘》，《中国考古学报》第 2 册，1947 年）

10 月　罗振玉命五子罗福颐协助编纂的《三代吉金文存》20 卷成书，收录商周铜器铭文拓片 4831 器。这是前所未有的金文资料集成之作。

秋季　贾兰坡主持**周口店第 1 地点**的发掘。10 月 22 日，在 1929 年发现第一个中国猿人完整头盖骨的"E 地点"以南 10 米处，发现前所未见的较为完整的左下颌骨化石，以及大量石器。11 月 15 日和 26 日发现三个完整的中国猿人头盖骨。这是周口店发掘中的又一重大发现。（贾兰坡、黄慰文：《周口店发掘记》第 103—108 页）

12 月　浙江省立西湖博物馆施昕更根据本年 6 月以来在**杭县良渚镇**附近调查发现的线索，对棋盘坟遗址进行小规模试掘，了解其分布范围。翌年 3 月，又在良渚镇的荀山四周及长明桥、钟家村一带开掘若干探沟，了解地层堆积情况。发掘出土数量较多的磨光黑陶壶、豆、皿、瓿等器物及其残片，以及多种石器。另外，还在横圩里、茅庵前、钱粮村等处，发现包含黑陶的同类文化遗存。当时，董作宾、梁思永曾前往视察。后由施昕更将调查发掘的收获编著为《良渚——杭县第二区黑陶文化址初步报告》（浙江省教育厅，1938年）。报告认为，江南的黑陶与华北的黑陶是同一文化系统产物。并且提出，杭县黑陶与后冈黑陶时期相当，或比城子崖稍晚，是新石器时代末期的遗物。这是第一次确认长江下游的史前文化遗存。这种遗存曾被归入龙山文化，后命名为"良渚文化"。

本年　在伪满文教部委托的名义下，日本京城大学岛山喜一、藤田亮策对吉林**桦甸县大城子**的**苏密城**进行调查。该城址包括内城和外城，内城平面呈矩形，南北350米，东西300米；外城平面略作长方形，南北700余米，东西600米。内城发掘出建筑基址和具渤海风格的瓦件，但未发现可判定城址性质的遗物。（岛山喜一：《关于苏密城》，见《池田博士还历纪念东洋史论丛》，座右宝刊行会，1940年）

本年　日本学者滨田耕作、池内宏、藤田亮策、梅原末治等组成的考察队，前往**吉林辑安地区**，对高句丽山城、都城和其他遗迹进行考察，并对**通沟**一带的高句丽壁画墓进行记录。翌年再次前往，参加工作的还有水野清一、三上次男等。后出版日文考古报告《通沟》（池内宏、梅原末治著，"日满文化协会"，上卷1939年、下卷1940年）。

1937年

春季　史语所考古组由石璋如主持进行殷墟第十五次发掘。3月16日至6月19日，在**小屯村北C区**发掘3700平方米，工作人员有王湘、高去寻、尹焕章、潘悫等。发现 20 座夯土基址、200个灰坑、103 座祭祀坑和小墓，以及水沟等。燕京大学参观团前往参观，包括叶公超、闻一多、陈梦家及学生数名。（石璋如：《考古年表》第 24 页；参看胡厚宣：《殷墟发掘》第 103—104 页）

4 月　北平研究院史学研究所考古组孙文青、白万玉等以陕西考古会名义，在**宝鸡斗鸡台戴家沟以西地区**进行发掘，发现史前时代居住遗迹、西周时代墓葬和车马坑，以及战国至西汉时期墓葬等，后因抗日战争爆发中断工作。

5 月　11 日，史语所考古组李景聃等在河南**辉县固维村**（固围村）北，清理一座已被盗掘的战国大墓。墓坑南北长 17 米、东西宽 15.8 米，并有南墓道，坑口排列一周小石子。发掘至 6 月 6日因天气炎热停工，继因抗战爆发中断。当时仅将墓边清出，下掘至深 5 米处。（石璋如：《考古年表》第 24 页）

春秋　日本学者黑田源次对**辑安县通沟高句丽墓群**进行两次大规模考察，并发掘 12 座高句丽墓。其中第 12 号墓发现类似"角抵冢"的壁画，并出土带釉的陶片。（黑田源次：《安东省辑安县高句丽古墓考察消息》，日本《考古学杂志》第 27 卷第 8 号）

6 月　中国营造学社梁思成、林徽因等前往山西五台山地区进行古代建筑调查。在**五台县豆村**发现建于唐大中十一年（857年）的**佛光寺大殿**。这是当时所知年代最早的中国古代木构建筑。（梁思成：《记五台山佛光寺建筑》，《中国营造学社汇刊》第 7 卷第 1、2 期，1944 年）

6—10 月　经济部地质调查所与中研院史语所合组西康古迹考察团，由安特生、祁延霈前往原西康省（今甘孜地区），进行**道孚、炉霍一带考古调查**。在道孚河谷的 20 多个地点，采集较多的石器和陶片标本，判定其为新石器时代遗址。前此美国传教士叶长青报道的几处所谓旧石器时代遗址，因其并未发现可判定为旧石器的标本，均被否定。(Andersson, J. C., "Glaciological and Archaeological Research in HsiKang", *BMFEA*, vol.2, pp.45–73, 1939. 石璋如:《考古年表》第 6、47—49 页）

7 月　因抗战爆发，中研院史语所由南京西迁，先迁长沙（1937 年 7 月—12 月），再迁昆明（1938 年 1 月—1940 年 8 月），后迁至四川南溪县李庄（1940 年 9 月—1946 年 5 月）。与此同时，北平研究院史学所迁往昆明。(《历史语言研究所七十年大事记》第 22 页，1998 年）

7 月　刘燿撰写《龙山文化与仰韶文化之分析——论安特生在中国新石器时代分期问题中的错误》一文，最早指出仰韶村遗址实含有仰韶和龙山两种文化遗存。刘燿还曾对安特生当面提出过质疑。(《中国考古学报》第 2 册，1947 年；另据尹达口述）

7 月　日本东亚考古学会派遣原田淑人率领的考察队，前往内蒙古多伦诺尔北部的**元上都遗址**进行考察。参加工作的有驹井和爱、小林知生、赤堀英三（东京大学）和末永雅雄（京都大学）等。城址包括 1450 米见方的石结构外城和 550 米见方的砖结构内城，城内有许多宫殿遗址，外城以北有东西对峙的两座佛寺遗址。顺便对热河滦平附近的双塔山、东山洞史前遗址和平台子秦汉城址进行调查。后出版日文考古报告《上都——内蒙古多伦诺尔元代都址的考察》(1941 年）。

10 月　伪满"国立中央"博物馆远藤隆次和哈尔滨大陆科学院福岛一郎、奥田直荣等人，在**顾乡屯附近**的温泉河畔进行考古发掘。翌年 7 月继续发掘，进一步获得许多动物化石和打制石器。(远藤隆次:《顾乡屯》,《满洲古迹古物名胜天然纪念物保存协会会志》第 2 辑，1942 年）当时，日本和俄国的考古学者都认为顾乡屯遗址下层属旧石器时代晚期，上层属中石器时代。1949 年后虽经多次调查发掘，遗址的年代问题仍未完全解决。

11 月　俄国学者 B. C. 斯塔里科夫在**黑龙江拉林河中游右岸**进行古城遗址的考察。先后在拉林河车站附近的乔家店、稍远的小城子，以及金钱屯以北的单城子，以东的西城子和东城子等处发现城址。城址均作方形，长宽为 200—400 步。初步认定属于金代。（B. C. 斯塔里科夫：《拉林河中游沿岸的古城废墟》，《黑龙江考古民族资料译文集》第 1 辑第 64—66 页）

本年　瑞典考古学家安特生参加香港大屿山**石壁东湾遗址**的调查工作。（Andersson, J. G., "Topographical and Archaeological Studies in the Far East", *BMFEA*, No.11, 1939. 参看邓聪：《考古学与香港古代史重建》，《当代香港史学研究》第 308 页，香港三联书店有限公司，1994 年）

本年　中央大学史学系教授金毓黻、常任侠在**重庆沙坪坝、化龙桥、曾家岩、上清寺等地发现多处汉代崖墓**，有的单独一墓，有的数墓并列。后由常任侠著为《重庆附近之汉代三种墓葬》（《说文月刊》第 3 卷第 4 期，1941 年）。又有久居嘉定的医师杨枝高进行汉代崖墓的广泛调查，曾由成都北至广元，由广元沿嘉陵江至顺庆（今南充市），再经蓬溪、简阳回成都，又由成都沿岷江至彭山、乐山，历经二十余县，就其所见著为《四川崖墓略考》（《说文月刊》第 3 卷第 6 期，1942 年）。其中，对乐山附近崖墓记述较详。（参看郑德坤：《四川古代文化史》第 128、140—142 页）

本年　原俄国人建立的"东省特区文物研究所"（1936 年改称"滨江省文物研究所"）及其所属博物馆，划归伪满政府设在长春的大陆科学院，成为该院哈尔滨分院。B. B. 包诺索夫组织考察团进行**拉林河中游地区考古调查**，发现和实测若干金代城址。本年和随后，又曾**发掘顾乡屯遗址、黄山旧石器地点**和呼兰县团山子金代城址，并调查所谓"成吉思汗边墙"（**金代界壕遗迹**）。（B. C. 斯塔里科夫：《拉林河中游沿岸的古城废墟》，B. B. 包诺索夫：《成吉思汗边墙初步调查》，见《黑龙江考古民族资料译文集》第1辑第64—66，69—78页；参看谭英杰：《解放前俄国人在黑龙江的学术团体及其考古活动简述》，《北方文物》1986年第2期）

本年　俄国学者 A. Γ. 马良夫金在哈尔滨以东12公里的**黄山大冲沟底部**，发现未经加工的各种燧石石片，后来，B. B. 包诺索夫于1939年在冲沟的沉积层中发现尖状器，认为属旧石器时代晚期或新石器时代早期。其后，马良夫金又从1939年起，连年在大冲沟及邻近的冲沟采集较为丰富的打制石器和动物化石。由于未找到原生地层，难于断代。（A. Γ. 马良夫金：《哈尔滨黄山冲沟的旧石器时代遗址》，《黑龙江考古民族资料译文集》第1辑第9—13页）

1938 年

春季　日本庆应义塾大学文学部派遣学术考察团，在日本侵略军新占领的华北和江南地区进行考察活动。大山柏、大给尹发掘**安阳后冈、高楼庄一带**的仰韶、龙山和殷代文化遗存。松元信广发掘**杭州古荡石虎山史前遗址**。都采集了一些标本。（大山柏：《北支调查记》，日本《史前学杂志》第10卷第5号；大给尹：《河南省安阳郊外后冈高楼庄两遗迹发掘调查报告》，日本《史学》第17卷第4号；松元信广：《江南访古记》，同上）

春季　华西大学葛维汉前往**重庆曾家岩**，勘察上年发现的4座汉代砖室墓，并进行发掘。出土陶质器皿、奴婢俑、家畜家禽俑、楼阁水田模型以及五铢钱等。（葛维汉：《重庆汉墓发掘报告》，《华西边疆研究学会会志》第10期；据郑德坤：《四川古代文化史》第129页）

3 月　日本学者浅井惠伦、宫本延人、金关丈夫等，在台湾中部南投县埔里镇附近发掘**大马璘遗址**，发现石棺 5 具，采集到许多石器和陶片。（浅井惠伦：《埔里大马璘石棺层试掘报告》，日本《南方土俗》第 4 卷第 9 号，1938 年）

4 月 日本考古学者藤田亮策以朝鲜古迹会的名义，再次考察**辑安附近的高句丽遗迹**。随后，小场恒吉于 5 月至 7 月临摹第112 号墓（二室冢）、第 65 号墓（四室冢）和第 62 号墓（藤田所称 17号墓）的壁画；七田忠志则对因铁路工程破坏的墓葬进行清理，并在县城东北发现一座砖室石冢。（藤田亮策：《通沟附近的古墓与高句丽的墓制》，《池田博士还历纪念东洋史论丛》，1941 年；七田忠志：《满洲辑安县高句丽遗址的现状》，日本《考古学杂志》第 28 卷第 11 号）

5 月 西北联合大学成立考古委员会，成员有许寿裳、黎锦熙、陆懋德、李季谷、黄文弼、何士骥等，计划系统考查陕南各县的古迹古物，决定对城固县西 4 公里饶家营的汉博望侯张骞墓进行调查发掘。7 月 3 日发掘墓前的一对石兽，8 月 24—31 日**发掘张骞墓**本身。发掘工作由何士骥与西北联大历史系学生承担，邀请北平研究院史学研究所所长兼陕西考古会工作主任徐炳昶指导。墓室系用绳纹与几何纹小砖砌成，出土有"博望家造"陶印模、五铢钱等。（何士骥：《修理张骞墓工作报告》，《说文月刊》第 3 卷第10 期，1943 年；参看陶喻之：《记抗战初期西北联大考古委员会几次考古活动》，《文物天地》1990 年第 3 期）

6—7 月 日本学者藤田亮策等人以伪满民生部委托的名义，对**延吉县小营子遗址**进行发掘。所掘 50 多座墓葬，大部分是石棺墓。随葬器物有磨制石剑、圆锥形纺轮和骨剑、骨笄、骨针等（陶器资料未发表）。当时判定其为年代相当于公元前后的石器时代文化，实际应属铜器时代文化。（藤田亮策：《延吉小营子遗迹调查报告》，见伪满民生部编印《"满洲国"古迹古物调查报告》第 5 编，1943 年）

夏季　俄国学者 B. C. 斯塔里科夫在黑龙江黑河以南，由辰清车站开始考察**小兴安岭中部**，为期 100 天，零星发现一些细石器，但未发现骨器和陶器。（B. C. 斯塔里科夫：《小兴安岭中部的石器时代遗存》，《黑龙江考古民族资料译文集》第 1 辑第 55—56 页）

夏季　日本京都东方文化研究所长广敏雄、水野清一、小野胜年、有光教一等在山西大同考察**云冈石窟**，进行测绘、照相、墨拓和记录。中国助手许立信等参与。考察工作从本年起至 1944 年，每年夏季进行。其间，曾发掘第 9、10、19、20 号等石窟，以及冈上的北魏佛寺遗址；又在石窟对岸发现仰韶文化和龙山文化遗址，在**方山东麓**发现仰韶文化遗址；还在应县、怀仁、浑源、怀安、朔县、和林、广武等地进行调查。后由京都大学人文科学研究所出版日文大型资料集《云冈石窟》16 卷 30 巨册（1952—1956 年）。

8—10 月　四川大学史学系教授冯汉骥只身前往四川西北部**岷江上游**的羌族地区进行民族考古调查工作。其间，对当地富有特色的古代石棺葬分布情况作初步了解，并在汶川县雁门乡萝卜砦清理一座残墓，出土铜剑、铜柄铁剑、铜戈、铜钺、铁矛、铁刀、铁斧及半两钱等。后冯汉骥发表《岷江上游的石棺葬文化》一文（成都《工商导报》副刊《学林》第 10 期，1951 年 5 月 20 日）。这是川西地区田野考古的开端。（《冯汉骥考古学论文集》第 32、211 页，文物出版社，1985 年）

秋季　日本东方文化研究所水野清一、岩间德也在**安阳侯家庄一带**进行调查发掘，采集了陶片和其他零星标本。（水野清一：《殷墟侯家庄记》，日本《史林》第 25 卷第 2 号）

11 月　15 日，史语所考古组与中央博物院筹备处合组苍洱古迹考察团，由吴金鼎主持在**云南大理附近**开展考古调查，参加工作的有曾昭燏及吴金鼎夫人王介忱。本年年底前、1939 年全年和 1940 年上半年，先后调查史前时期的**马龙**、**龙泉**、**下关**、**佛顶**等 20 多处遗址，南诏时期的**太和城**、**羊咀城**、**三塔寺**及**中和**、**清碧**、**白云**等 10 多处遗址。（吴金鼎、曾昭燏、王介忱：《云南苍洱境考古报告》，中央博物院筹备处，1942 年）

本年　鉴于四川各地古代文物遭到破坏的情况，四川大学致函中央古物保管委员会，请求与该会联合进行文物调查，并负责收集与保护文物。于是由四川大学博物馆筹备委员会组织人力，对四川境内的石器时代遗址、汉晋墓葬、古建筑，以及壁画、石刻、造像等，进行力所能及的调查，收集了数千件文物，后于 1941 年全部移交四川省博物馆筹备处。

本年　日本京都大学工学部村田治郎一行，对北京**居庸关过街塔塔基**进行考察。参加工作的有铃木义孝、藤枝晃、羽馆易等。后出版日文资料集《居庸关》二册（京都大学工学部，1955、1958 年）。

1939 年

1 月　日本学者移川子之藏、宫本延人、金关丈夫等在台南附近二层行溪南岸，发掘**大湖贝丘遗址**。这是台湾西部平原地区发现重要史前遗存的开端。该贝丘出土有引人注目的黑陶片，后来判明这种黑陶盛行于台湾西海岸的中南部地区。（宫本延人：《大湖贝冢的调查》，日本《南方土俗》第 5 卷第 3、4 号，1939 年）

3 月　苍洱古迹考察团由吴金鼎主持，曾昭燏、王介忱参加，在云南大理附近进行考古发掘，工作进行至翌年 4 月结束。其中，史前时期的**马龙遗址**发掘时间最长（3 月 29 日至 7 月 13 日），揭露 1753 平方米；**佛顶**甲址和乙址（10 月 15 至 31 日）均揭露 400 余平方米；**龙泉遗址**（12月27日至翌年1月8日）揭露294平方米；南诏时期的**清碧**遗址（9月19日至10月6日）揭露126平方米；**中和**中址（12月22、23日）揭露面积甚少；**白云甲址**（翌年3月20日至4月20日）揭露735平方米。七处遗址的发掘收获连同调查情况，由吴金鼎等编著为《云南苍洱境考古报告》（1942年）。报告将史前遗存定名为"苍洱文化"，并用类型学方法进行出土陶器的分期研究，佛顶遗址属一期，马龙遗址含二至五期，龙泉遗址含二至四期。

6月　日本东方文化学院江上波夫、饭田须贺斯等在内蒙古百灵庙附近考察**姥弄苏木一带元代景教徒汪古部遗迹**。发现有长1000米、宽600米的城址，散布各处的宫殿、住址、喇嘛庙、喇嘛塔，以及景教徒墓石和石碑等。后江上波夫、三宅俊成出版日文考古报告《オロン.スム——元代オンゲ卜部族の都城址と瓦砖》（1981年）。

7月　日本学者以"满日文化协会"名义对内蒙古巴林右旗**瓦尔曼哈辽庆陵**进行的考察，在因关野贞逝世一度停顿后继续。参加工作的有田村实造、斋藤菊太郎、小林行雄、钓田正哉等。中国学者李文信也曾参与其事。在对陵内壁画进行摹绘和照相记录的同时，又发掘了陵园、城址和窑址。根据早年墓志出土情况推断，三陵墓主由东向西依次为辽圣宗、兴宗和道宗。此次考察情况后出版日文考古报告《庆陵》（京都大学文学部，1953年）。考察队还于1940年在**林东临潢古城**西北角发现**辽代白瓷窑址**，并于1944年进行发掘。（李文信：《林东辽上京临潢府故城内瓷窑址》，《考古学报》1958年第2期）

7月　伪满大陆科学院哈尔滨分院的日本学者奥田直荣调查**镜泊湖畔的史前遗址**。（奥田直荣：《镜泊湖畔史前学调查报告》，译文见

《黑龙江考古民族资料译文集》第 1 辑第 14—18 页）

8 月　日本学者三宅俊成对**复县化铜矿三座石棚**进行清理，发现人骨、陶器和玉器，从而进一步判明东北地区石棚的性质。（三宅俊成著、李莲译：《中国东北地区考古学概说》第 302 页）

夏季　日本东亚考古学会派遣原田淑人为首的考察队，考察并发掘山西大同北关的**北魏平城遗址**。参加工作的有驹井和爱、关野雄、澄田正一、小林知生等。发现许多并列的柱础石，采集一些瓦当和陶器残片。顺便还考察了方山的北魏文明太后**永固陵**和孝文帝**万年堂**等遗迹。（小林知生：《东亚考古学会平城址考察概报》，日本《考古学杂志》第 20 卷第 9、10 号）

秋季　旅顺博物馆的日本学者岛田贞彦、森修及三宅俊成在辽宁普兰店发掘亮甲村**望海埚附近的平砣山史前遗址**，发现红褐色磨光陶器，有孔石斧、石刀等。（岛田贞彦、森修：《望海埚》，见《羊头洼》书）

秋季　燕京大学客座教授鸟居龙藏对河北**宣化县下花园**的一座孤立石窟进行考察。石窟的面积约 3 米见方，高 3 米，为典型的云冈式北魏石窟。（鸟居龙藏：《下花园之北魏石窟》，《燕京学报》第 27 期，1940 年）

9 月　中国营造学社梁思成、刘敦桢、莫宗江、陈明达一行，在川康地区进行古代建筑调查。其间着重调查**雅安**、**梓潼**、**绵阳**、**渠县**等地的汉代石阙，保存较完整的有雅安高颐阙、绵阳平阳府君阙、渠县冯焕阙；又曾调查**彭山**、**乐山**、**宜宾**、**绵阳**、**大足**等地的摩崖造像。调查历时将近半年，至 1940 年 2 月结束。（林洙：《叩开鲁班的大门——中国营造学社史略》第 109—116 页）

11 月　伪满"国立中央"博物馆奉天分馆的日本学者三宅宗悦、中国学者李文信，对建平县**叶柏寿的辽代砖室墓**进行清理发掘。墓室圆形，直径 4.15 米，墓门在东南部，砖壁有影作的柱子和斗拱。随葬器物有绿釉鸡冠壶和白瓷器皿，以及武器、马具等。（三宅宗悦：《关于"满洲国"热河省叶柏寿附近遗址》，日本《考古学杂志》第 32 卷第 1 号；李文信：《叶柏寿行记》，伪满《"国立中央"博物馆时报》第 9 期）

本年　俄国学者 B. B. 包诺索夫、中国学者刘春等人调查地处黑龙江莫力达瓦旗的"乌尔科"边墙，即**金代东北路界壕边堡的北段**。这是第一次对该重要遗迹进行实地考察。又曾在库提河边堡和绰尔浩特（今塔子城）进行发掘，并调查了李三店附近的金代城址。（B. B. 包诺索夫：《北满考古学史》，《黑龙江考古民族资料译文集》第 1 辑第 188 页）

本年　原史语所考古组人员刘耀赴陕甘宁边区后化名尹达，曾任马列学院历史研究室研究员。撰写《中国原始社会》一书（1940 年完成，延安作者出版社 1943 年出版），试图用马克思主义观点分析已有的考古发掘资料，探讨中国原始社会的发展情况。

1940 年

4 月　郭沫若偕同卫聚贤、马衡、常任侠等去**重庆江北培善桥附近**调查因建筑工程出土古物情况。在胡家堡发掘 4 座汉墓，出土陶器、陶屋、陶灶、陶俑、陶猪、铁剑，以及"延光四年"（公元 125 年）铭文砖等。（郭沫若：《关于发现汉墓的经过》，《郭沫若全集·考古编》第 10 卷第 209—224 页，科学出版社，2002 年；常任侠：《永念考古学家郭沫若先生》，《考古》1982 年第 6 期）

春季　日本京都大学文学部教授梅原末治等人来到南京，对史语所考古组未能转移的安阳侯家庄殷代大墓木椁漆绘遗痕擅自进行拍照，并在雨花台发掘两座六朝时代的砖室墓。（梅原末治：

《殷墓发见木器印影图录》，京都便利堂，1959 年；冈田芳三郎、澄田正一：《南京中华门外雨花台的六朝古墓》，日本《史林》第 26 卷第 3 号）

春季　日本东京大学文学部毕业生关野雄乘其留学北平之便，于本年春季至 1942 年在华北地区进行东周城址的实地考察。先后考察的城址有：**邯郸赵王城**（1940 年 10—11 月）、**临淄齐故城**（1941 年 3—4 月，1941 年 11 月，1942 年 3 月）、**曲阜鲁故城**（1941 年 11 月—1942 年 3 月）、**滕城和薛城**（1942 年 3 月）。（关野雄：《中国考古学研究》第 239—339 页，东京大学出版会，1956 年）

6 月　19 日（阴历五月十四日），金石学家罗振玉在旅顺逝世。

罗振玉，字叔蕴、叔言，号雪堂。原籍浙江上虞，清同治五年六月二十八日（1866 年 8 月 8 日）生于江苏淮安。出身上虞县学，清末任学部参事官、京师大学堂农科监督等职。辛亥革命后以遗老自居，侨居日本数年。后参与清室图谋复辟的活动，又曾在伪满任职。平生癖好金石文物，以其一人一家之力，广泛收集各种新发现的资料，分门别类地进行整理研究。编撰成书的有《殷虚书契》前编、后编、续编、菁华四书，《殷虚书契考释》、《三代吉金文存》、《流沙坠简》（与王国维合著）、《殷虚古器物图录》、《鸣沙石室佚书》、《鸣沙石室古籍丛残》以及《永丰乡人稿》等数十种。堪称近代金石学研究的集大成者。（《中国大百科全书》第一版《考古学》卷"罗振玉"条；参看甘孺：《永丰乡人行年录：罗振玉年谱》第 120 页）

夏季　伪满大陆科学院哈尔滨分院的日本学者奥田直荣，在黑龙江**昂昂溪**车站的南部和西部发现 5 处细石器地点，并对其中 C、D 两地点进行试掘，发现较多细石器和泥质陶器残片。又在镜泊湖周围地区进行考古调查。（奥田直荣：《北满昂昂溪细石器堆积层的发掘》，《黑龙江考古民族资料译文集》第 1 辑第 35—39 页；参看谭英杰

等:《黑龙江区域考古学》第 5 页，中国社会科学出版社，1991 年）

秋季　日本东亚考古学会派遣原田淑人率领的考察队在河北邯郸附近发掘**战国时代赵王城**。参加工作的有驹井和爱、关野雄、岛田正郎、小林知生，以及中国学者姚鉴等。经初步勘察判定，赵王城周围 1400 米见方，夯土筑成，东面一门，西、南面各二门，北面三门。在城内的一座土台发掘出并列的石础，发现画像纹瓦当、三棱铜镞和明刀钱等。又在县城西北 2 公里处发掘一座土台，除发现柱础、回廊等遗迹外，还发现有卷云纹瓦当、"千秋万岁"瓦当和"大泉五十"铜钱等，这里被认为是东汉光武帝的温明殿遗址。后出版日文考古报告《邯郸——战国时代赵都城址的发掘》（1954 年）。

9 月　日本学者池内宏率领的考察队在"满日文化协会"主办的名义下，对**抚顺县高尔山高句丽山城**进行调查发掘。参加工作的有三上次男、小山富士夫及中国学者李文信等。发现居住址、门址、塔基等遗迹，为高句丽文化研究增加新的资料。还在附近调查被推定为**汉高显县治**的城址、**大官屯辽代窑址**。又调查辽阳**高句丽山城**和**江官屯辽代窑址**。（三上次男:《"满洲国"抚顺古迹调查概报》，日本《考古学杂志》第 31 卷第 7 号；池内宏《玄菟郡属高显县遗址》，同上第 31 卷第 2 号；三上次男:《高句丽山城——燕州调查记》，日本《历史日本》新 2 卷第 2 号）

本年　俄国学者 B. B. 包诺索夫组织考察团，开始在**郭尔罗斯旗北部地区**进行考古调查（第二次在 1941 年，第三、四次在 1943 年春季和秋季）。其间最重要收获是发现并发掘肇源县**望海屯青铜器时代遗址**，调查肇东县**八里城金代城址**等历史时期遗迹。（B. B. 包诺索夫:《北满考古学史》，《黑龙江考古民族资料译文集》第 1 辑第 188—189 页）

本年　日本学者国分直一在台湾附近**澎湖岛的良文港**首次发现彩陶器物，其特征是在绳纹陶器的口缘施条纹彩绘。（国分直一：《澎湖岛良文港に於ける先史遗迹について》，日本《南方土俗》第6卷第4号，1943年）尔后，在高雄左营桃仔园、台中营埔、台北圆山和江头等地，也曾发现彩陶。（国分直一、金关丈夫：《台湾考古志》中译本第45页）

1941年

1—4月　中研院史语所、中央博物院筹备处与中国营造学社合组**川康古迹考察团**，由吴金鼎任团长，在四川南溪、宜宾、新津、温江、成都、郫县进行考古调查，调查汉晋至唐宋时期的遗址和墓地10余处。（石璋如：《考古年表》第8、53页）

3月　日本学术振兴会派遣梅原末治率领考察团，对**旅大地区史前遗址**进行调查发掘。参加工作的有长谷部言人、八幡一郎、澄田正一、小林行雄、藤田亮策、岛田贞彦等。发掘长山列岛的**上马石贝丘**，对其文化内涵有进一步了解。本年8月和1942年，又调查旅顺的**郭家屯贝丘**、**营城子石冢**等遗迹，获得较多玉器和黑陶器物，反映辽东半岛与山东半岛之间密切的文化关系。（梅原末治：《关东州史前文化所见》，见《东亚考古学论考》，星野书店，1944年）

春季　日本学者藤田亮策、岛山喜一等人，调查珲春县境**高力城子高句丽与辽金城址**、**半拉城子渤海城址**，延吉县境**城子山高句丽至金代蒲鲜万奴山城**、**西古城渤海城址**、**东古城辽金城址**。随后，盘踞珲春县半拉城子日军部队的斋藤甚兵卫（又名斋藤优），对该地渤海城址的宫殿、佛寺遗址进行盗掘。7月，日本学者驹井和爱、岛田正郎、三宅俊成及中国学者李文信，又对半拉城子的宫殿、回廊等遗迹作进一步勘察，推断其为渤海东京龙原府遗址。后出版日文考古报告《半拉城と他の史迹》(斋藤优撰，半拉城址刊行会，1978 年)。

6 月　14 日起，川康古迹考察团由吴金鼎率领，在**彭山县江口镇附近的崖墓区**进行较大规模发掘。发掘地点有寂照庵、石龙沟、丁家坡、豆芽坊沟、李家沟、王家沱、砦子山、陈家扁等 8 处。共计发掘崖墓 77 座，其中 55 座清理完毕，22 座仅对墓道和墓门作初步清理。先后参加工作的有曾昭燏、高去寻、夏鼐、王介忱，以及中国营造学社的陈明达。发掘工作进行至 1942 年 3 月 7 日结束。继而又于 1942 年 5 月至 12 月在牧马山发掘汉墓(砖墓 2 座、土坑墓 5 座)，参加工作的有赵青芳、王介忱。后由曾昭燏主持进行室内整理，几经周折，延至 1987 年始由赵青芳完成。(《四川彭山汉代崖墓》，文物出版社，1991 年)

夏季　国民政府教育部组织暑期学生边疆服务团。其间，在四川理番县发现**嘉山寨、蒲溪沟多座石棺葬**。该团曾约请华西大学博物馆葛维汉前往调查。后葛维汉撰文予以报道，将该处认作羌人遗存。(Graham, D. C., "An Archaeological Find in the Chiang Region", *Journal of the West China Border Research Society*, vol.15, 1944. 参看郑德坤：《四川古代文化史》第 2、5 页)

8 月　俄国学者 B. C. 马卡罗夫对黑龙江**昂昂溪附近**的新石器时代遗址进行调查，工作持续进行至 1942 年末。先后在 15 个地点采集到细石器标本，个别地点出土夹砂粗陶片。(B. C. 马卡罗夫：《关于昂昂溪地区新石器时代文化的新材料》，《黑龙江考古民族资料译文集》第 1 辑第 40—44 页)

8 月　万斯年在云南**剑川县**境北部原属丽江土司木氏的河北村一带，调查当地发现**元代火葬墓群**的情况。(万斯年：《云南剑川元代火葬墓之发掘》，《考古通讯》1957 年第 1 期)

9 月　中研院史语所与中央博物院筹备处合作，派遣凌纯声、芮逸夫、马长寿三人前往四川西北部进行民族调查。其间，曾对**理番县嘉山寨石棺葬**墓地进行试掘。(石璋如:《考古年表》第8、54页)

9—10 月　日本学术振兴会派遣原田淑人率领的考察团对**辽阳地区的汉墓**进行考察。参加工作的有驹井和爱、关野雄、和岛诚一、岛田正郎、三宅俊成，及中国学者李文信等。发掘几座石椁墓、砖室墓和瓦棺葬。后由驹井和爱将发掘收获编撰为《辽阳发现的汉代坟墓》(东京大学文学部考古学研究室，1950年)。

10—11 月　伪满以"满日文化协会"主办的名义，由黑田源次、杉村勇造、三宅俊成等人组成考察团，在内蒙古东部以**林东为中心的地区**，对**辽代的上京临潢府及祖州、怀州、庆州等遗址**进行调查。后由三宅俊成将调查情况编撰为《林东辽代遗迹踏查记》(见《满洲古迹古物名胜天然纪念物保存协会会志》第7辑，"满洲事情案内所"，1944年)。

秋季　俄国学者 B.C.斯塔里科夫在黑龙江**五常和苇河县境**的冲河、莫泥河汇合处，调查两座**金代城址**。南城子保存较好，平面呈长方形，面积4820平方米，墙高3米，每面一门，有瓮城和马面。北城子保存稍差，面积4291平方米。调查中，又在附近发现一些史前文化遗存。(B.C.斯塔里科夫:《松江省五常和苇河县冲河谷地考古调查的收获》，见《黑龙江考古民族资料译文集》第1辑第67—69页)

秋季　日本东亚考古学会考察队在内蒙古万安县附近发掘**北沙城汉墓**。参加工作的有小林知生、小野胜年、长广敏雄、水野清一等。发现的木椁墓出土有保存较好的髹漆木棺，以及青铜容器、铜镜和铁镇等随葬品。后出版日文考古报告《万安北沙城——蒙疆万安县北沙城及怀安汉墓》(1946年)。

12月　珍珠港事变前后，原由北京协和医学院保管的全部中国猿人化石、山顶洞人化石等历年来周口店发掘出土的珍贵科学资料，在几个美国人手中弄得下落不明。周口店的发掘工作，因日本侵略军占领华北而完全中断。(贾兰坡、黄慰文:《周口店发掘记》第123—127页)

本年　日本学者小山富士夫对河北曲阳附近**涧磁村窑址**、磁县彭城镇附近**东纸坊窑址**进行调查。(小山富士夫:《北支之行》，见日本《陶磁》第13卷第1号;《关于定窑窑址的发现》，同上第13卷第2号;《关于磁州窑》，日本《美术研究》第134号)

本年　辽宁凌源县中学教师佟柱臣调查**凌源附近的新石器时代遗址**。(佟柱臣:《凌源附近新石器时代遗址之考察》，见《满洲古迹古物名胜天然纪念物保存协会会志》第4辑)

本年　容庚著《商周彝器通考》一书，由哈佛燕京学社出版。该书上编为通论15章，下编为各论4章，共计30万字，附图版近千幅。这是第一部关于商周青铜礼器的综合性论著。

本年　苏秉琦著成《陕西省宝鸡县斗鸡台发掘所得瓦鬲的研究》，运用类型学方法，探讨陶鬲的发展谱系。当时交香港商务印书馆出版，因香港沦陷，原稿失落，未能问世。迟至1948年，始将其提要《瓦鬲的研究》附载于考古报告《斗鸡台沟东区墓葬》一书之后发表。

1942年

4月　中研院史语所、中央博物院筹备处、中国地理研究所合组**西北史地考察团**，由辛树帜任团长，史语所劳榦、石璋如，以及中央博物院筹备处约请的西南联大教授向达参加工作，前往甘肃、宁夏、青海三省进行考察。考古调查限于甘肃、宁夏二省的部分地区。4月至6月由四川南溪出发，经重庆、成都、天水、兰州、张掖、酒泉等地，到达敦煌，沿途主要考察著名的古代建筑和石刻。7—8月，在敦煌附近调查**大方盘城、小方盘城等汉代烽燧遗址，佛爷庙等唐代墓地，以及西千佛洞**，并对若干地点进行试掘。10—11月，调查**额济纳河流域的汉代烽燧遗址**。石璋如又于翌年2—3月转往陕西调查**泾河流域20多处史前遗址**，还曾调查**彬县大佛寺等石刻，以及渭北汉唐陵墓**。（石璋如：《考古年表》第8—11页）

春季　主持《西康通志》编纂工作的任乃强，在**芦山县南5里东汉巴郡太守樊敏碑附近，发掘上年发现石棺的相传樊敏葬狐妻冢**。根据棺首刻铭判明墓主为卒于建安十六年（211年）的"上计史王晖"。石棺周围刻四神图像。出土陶俑、明器和石羊等。（任乃强：《芦山新出汉石图考》，《康导月刊》第6—7期，1942年；参看郑德坤：《四川古代文化史》第134—137页）

5月　日本学者岛山喜一在黑龙江宁安县东京城镇勘察**渤海上京龙泉府遗址**，发掘若干佛寺基址。在土台子佛寺基址发现石灰构筑的神坛和泥塑佛像的忍冬纹装饰残段。在白庙子佛寺基址采集到壁画残片。翌年春，岛山又与三宅俊成、李文信一道，调查**和龙县西古城子遗址**，发掘6座宫殿和城门基址，推断其为渤海中京显德府遗址。后由岛山喜一将调查发掘情况撰写为《东京城》日文小册子。

8月　日本东京大学人类学教授长谷部言人、地质学助教高井冬二为寻找北京猿人化石，在北京活动一个多月。其间，曾去周口店数次，妄图进行发掘，因故未果。（裴文中：《龙骨山的变迁》，《裴文中史前考古学论文集》第206页，文物出版社，1987年）

9 月　四川古物保存委员会与四川省立博物馆合作，在**成都琴台**发掘因挖防空洞暴露的五代前蜀皇帝**王建墓**，初步了解墓室结构情况，发现王建石像、玉哀册等重要遗物。10 月发掘暂时中断。

10 月　日本学者岛山喜一、儿玉重雄等人对**承德头道沟土城**和**赤峰蜘蛛山土城**进行调查。根据所出明刀钱、半瓦当等遗物，判定这些城址的年代属战国至汉代。（三宅俊成著、李莲译：《中国东北地区考古学概说》第 317 页）

11 月　伪满以"满日文化协会"主办的名义，由满洲医科大学日本学者黑田源次主持，对内蒙古巴林左旗林东西南的**辽代祖州城址**和**祖陵兆域**进行为期一周的初步调查，为开展大规模的调查发掘作准备。参加工作的有杉村勇造、三枝朝四郎、三宅俊成、上原之节等。（岛田正郎：《祖州城——内蒙古满其格山辽代古城址的考古学历史学发掘调查报告》中译本，内蒙古大学出版社，2016 年）

本年　日本学者和岛诚一在山西省的太原盆地、河东平原和潞安盆地进行考古调查。1943、1944 年继续工作。先后踏查各类遗址 60 余处。其中史前遗址有**夏县西阴村**、**万荣县荆村**、**翼城县牛家坡**、**榆次县源涡镇**等 20 余处。阳曲县王门沟出土卵形三足大瓮，与太原光社遗址所出接近，属二里头文化东下冯类型。**夏县禹王城遗址**出土卷云纹、朱雀纹圆瓦当，以及"长乐未央""千秋万岁"文字瓦当，该地被认定可能是战国早期的魏国都城和秦汉时代的安邑城址。（和岛诚一：《山西省河东平原及太原盆地北半史前学考察概要》，日本《人类学杂志》第 58 卷第 4 号；秋山进午：《山西省太原西郊王门沟出土的卵形三足瓮》，日本《考古学杂志》1987 年第 1 期，译文见《北方文物》1988 年第 4 期）

本年　中山大学研究院人类学教授杨成志偕顾铁符等，在广东海丰地区进行新石器时代遗址的调查工作。历时 38 天，调查

16 个地点，获得大量石器和陶片。（顾铁符：《广东海丰先史遗址探检记》，中山大学《文学》第 2 期，1948 年；参看《文物参考资料》1951 年第 1 期第 28 页）

本年　日本在北平设立的华北综合考察研究所派遣考察团去山西活动，担负考古学方面考察任务的是该所人类学部的小野胜年等人。他们发掘了**代县峨口镇**和**临汾县金城堡**的史前遗存，以及**定襄县城址**。（宫本敏行：《山西学术纪行》，新纪元社，1942 年，第 278—279 页；宫川敏行：《金城堡——山西临汾金城堡史前遗址》，1945 年油印本）

本年　日本东亚考古学会考察队在山西**阳高县古城堡**进行汉墓的发掘，进行至 1944 年。参加工作的有小野胜年、日比野丈夫、长广敏雄、水野清一等。发现两座竖穴式木椁墓和四座横穴式木椁墓，随葬器物颇为丰富，除青铜器皿外，有保存完整的髹漆木棺、包裹尸骸的丝织物以及漆器等。后出版考古报告《阳高古城堡——中国山西省阳高县古城堡汉墓》（1990 年）。

本年　日本东京大学原田淑人一行发掘**曲阜鲁城遗址**。参加工作的有驹井和爱、小林知生、关野雄等。发掘地点在城址中部的夯土台基之上，发现石柱础、四神瓦当、卷云纹瓦当等，该地被认为是鲁灵光殿遗址。后出版驹井和爱著《曲阜鲁城的遗迹》（东京大学文学部考古学研究室，1951 年）。

本年　尹达在**延安大砭沟北山坡**采集到一件颇具特色的龙山文化陶鬲，以及石镞等物。（尹达：《新石器时代》图版三，生活·读书·新知三联书店，1979 年）。

1943 年

1 月　日本学者国分直一等调查台湾**大肚丘陵西缘与大肚溪北岸地区**，填补了该地区史前考古的空白。其间，首次在营埔附近及沿南方段丘端的狭长地区发现丰富的史前遗存，又在西海岸中部地区发现几处遗迹。7—8月间，再次调查**营埔遗址**，并进行试掘，发现薄胎的有光黑陶片和白陶片、红黑二色的彩陶片、赤褐色陶片等。随后，国分直一又于1944年3月、1946年8月对营埔遗址进行第二、三次发掘，1948—1949年进行两次调查，曾发现兽足形鼎脚。（国分直一、金关丈夫:《台湾考古志》中译本第104—106页）

3月　中央研究院、中央博物院筹备处、四川省立博物馆合组琴台整理工作团，由吴金鼎任团长，进一步发掘成都琴台的**前蜀王建墓**，工作进行至9月21日结束。参加工作的有王振铎、冯汉骥、莫宗江等。主要收获是详细了解并记录墓室的建筑结构、壁画、雕刻等情况，获得玉制的谥宝、哀册、谥册、带銙及银平脱朱漆镜奁、银盒等珍贵文物。（冯汉骥:《前蜀王建墓发掘报告》，文物出版社，1964年）

3月　史语所考古组石璋如与时在西安工作的阎文儒前往**洛阳龙门石窟**，进行为期半个月的调查，逐洞测量与抄录题记。（石璋如:《考古年表》第9页）

3月　因土建工程在**辽阳北园**发现**东汉石室壁画墓**，李文信前往进行调查和记录。墓室长7.85米、宽6.85米、高1.70米。中部为地面较高的三间内室，周围绕以回廊。回廊的前部两端，左、右、后部中央，共有五个突出的耳室。内室、回廊和耳室的部分墓壁残存彩绘壁画，内容有墓主宴饮、属吏、仓廪及车骑出行、乐舞百戏等。（李文信:《辽阳北园画壁古墓记略》，《国立沈阳博物院筹备委员会汇刊》第1期，1947年）

春季　凌源中学教师佟柱臣在凌源附近调查大凌河支流南岸的**安杖子城址**。城址平面呈长方形，东西200米，南北300米，分内城和外城，出土素面半瓦当、饕餮纹半瓦当、云纹圆瓦当及豆柄等。10月，又在赤峰附近调查老哈河畔的**冷水塘城址**。城址平面近正方形，东西 300 米，南北 294 米，出土饕餮纹半瓦当、筒瓦、板瓦、陶豆、陶壶及石刀、石斧、鬲足等。二城的年代均属战国，或晚至汉代。（佟柱臣：《赤峰附近新发见之汉前土城址与古长城》，《沈阳博物馆专刊·历史与考古》第 1 号，1947 年；佟柱臣：《考古学上汉代及汉代以前的东北疆域》，《考古学报》1956 年第 1 期）

春季　转至赤峰师范任教的佟柱臣，在赤峰附近沿英金河两岸进行汉代以前长城遗址的调查，发现**东八家石城址**。城址平面为不规则形，东西宽 140 米，南北长 160 米，周围用天然石块堆成阶梯形垣墙，现高 1.5 米。城内发现 57 座圆形居址，一般直径 3—5 米，最大 10 米。采集到有孔石斧、打制石器、细石器和褐色绳纹陶片等。当时认定其为新石器时代晚期遗存，后判明属夏家店下层文化。（佟柱臣：《赤峰东八家石城址勘查记》，《考古通讯》1957 年第 6 期）

4—5 月　伪满文教部派遣日本学者岛山喜一、三宅俊成和中国学者李文信，对和龙县的**西古城子渤海城址**进行调查发掘，为判定该城址为渤海中京显德府旧址提供更有力的证据。（三宅俊成著、李莲译：《中国东北地区考古学概说》第 319 页）

5 月　史语所石璋如为探寻西周都城，在渭河以南的**长安县沣水、涝水两河流域**，进行广泛的考古调查，发现丰镐村、斗门镇、普渡村、洛水村、张家坡、马王村、开瑞庄、灵台等 20 余处遗址。继而又于 6 月，由西安经武功、扶风、凤翔至宝鸡，发现**雍水流域**的 20 余处遗址。（石璋如：《传说中周都的实地考察》，《历史语言研究所集刊》第 20 本下册，1949 年；石璋如：《关中考古调查报告》，《历史语言研究所集刊》第 27 本，1956 年）

5 月　著名国画大师张大千结束自费在**敦煌莫高窟**临摹壁画的工作，继而转往西千佛洞和榆林窟。三地历时一年多，共计摹绘壁画精品近 300 幅。（参看刘诗平、孟宪实：《敦煌百年：一个民族的心灵历程》第 242—243 页）

5—6 月　伪满文教部委托的名义下，日本学者岛田正郎、和岛诚一、三宅俊成、三枝朝四郎、上原之节，及中国学者李文信等，对**巴林左旗辽代祖州城址**进行较大规模调查发掘。判明祖州城外城和内城的范围、城门和瓮城的位置，并实测千分之一的地形图。发掘内城南门址和一处建筑基址。出土砖、瓦、柱础等建筑材料残件，以及陶瓷碎片。又进一步确认祖陵兆域内的陵墓、享殿等遗迹。（岛田正郎：《祖州城——内蒙古满其格山辽代古城址的考古学历史学发掘调查报告》中译本）

9 月　**扎赉诺尔煤矿**地下 10 米的砂层出土又一人类头骨，后送至伪满"国立中央"博物馆远藤隆次处，被命名为"扎赉诺尔第二号原人"，认为属旧石器时代晚期。为判明其地层关系，远藤隆次于翌年 5 月前往现场调查，9 月约请裴文中共同发掘。在该坑附近同层位的小丘获得人类下颚骨、右侧尺骨和肋骨残片（另有哺乳动物化石），远藤将其命名为"扎赉诺尔第三号原人"，裴文中认为属中石器时代。（佟柱臣：《东北旧石器时代问题》，《国立沈阳博物院筹备委员会汇刊》第 1 期第 167 页）由于除同出第四纪动物化石外，既有细石器、磨光石锤和穿孔鹿角锤，又有陶片共生，年代问题尚难确定。

本年　中国营造学社莫宗江在四川宜宾与卢绳测绘旧州坝**白塔宋墓**。翌年，又与罗哲文、王世襄测绘南溪**李庄宋墓**。（莫宗江：《宜宾旧州坝白塔宋墓》，王世襄：《四川南溪李庄宋墓》，均见《中国营造学社汇刊》第 7 卷第 1 期，1944 年）

1944 年

1 月　元旦，中国政府设置的国立敦煌艺术研究所，经过相当长时间的酝酿和筹备，终于在艰苦困难的情况下宣告成立，直属教育部管辖，常书鸿任所长。从此**敦煌石窟**被收归国有，有了保护与研究机构。但当时人员基本上都是油画家，主要从事临摹工作，一时尚未开展历史考古研究。（参看刘诗平、孟宪实：《敦煌百年：一个民族的心灵历程》第 267—268 页）

春季　赤峰师范教师佟柱臣在**赤峰附近英金河北岸**进行考古调查，西起赤峰城北卓苏河岸，沿英金河至老哈河畔，发现五里岔西望楼、五里岔北望楼、北小城子、上水泉、山湾、山头、小城子及三家村东、老爷庙等战国至汉代的城址（遗址）。6 月，又与李文信发现撒水坡城址，判明由撒水坡蜿蜒西行上山的所谓"土龙"为古长城遗迹，并连续调查数十里。此项调查确认，赤峰附近的长城遗迹为**燕国和秦汉时代的长城**，那些城址则为长城沿线的鄣塞。（佟柱臣：《赤峰附近新发见之汉前土城址与古长城》，《沈阳博物馆专刊·历史与考古》第 1 号，1947 年；佟柱臣：《考古学上汉代及汉代以前的东北疆域》，《考古学报》1956 年第 1 期）

4 月　中研院史语所、中央博物馆筹备处、中国地理研究所、北京大学文科研究所四单位合组**西北科学考察团**，历史考古组由向达、夏鼐领导，阎文儒参加，在甘肃境内开展工作。本月 17 日，向、夏二人由兰州出发，经武威、张掖，于 20 日到酒泉后，曾花费 10 多天时间，调查**金塔县城以北的汉代烽燧遗址**（过去斯坦因作过调查），因时间所限又遇狂风，收获不大。5 月 12 日，阎文儒由陕西宝鸡赶来参加，19 日抵达目的地敦煌。（夏鼐：《甘肃考古漫记》第一章《从兰州到敦煌》，见《夏鼐文集》第四册第 5—29 页）

4月 成都**四川大学校园**因修筑道路在锦江边发现三座小型南宋墓和一座唐墓。冯汉骥偕杨有润对唐墓进行了清理。该墓所出有汉文首题的雕版印本梵文陀罗尼经咒是国内现存年代最早并有印制地点的印刷品标本。(冯汉骥:《记唐印本陀罗尼经咒的发现》,《文物参考资料》1957年第5期)

5月 31日,西北科学考察团向达、夏鼐、阎文儒一行,在敦煌县南十多里月牙泉东的**佛爷庙墓地**东区进行发掘。工作进行至7月中旬,先后清理10多座魏晋时期的家族丛葬墓,其中几座较大的墓,墓砖施彩绘,较小的墓则为土洞,出土灯台、果盒等陶制明器,以及镇墓罐、五铢钱等。其间,7月上旬夏鼐等又去敦煌县城东约9公里的**老爷庙墓地**,发掘两座唐代砖室墓,出土男女俑和马俑。(夏鼐:《甘肃考古漫记》第二章《敦煌佛爷庙古墓发掘记》,见《夏鼐文集》第四册第29—56页)

5—6月 日本东洋陶瓷研究所小山富士夫、满洲医科大学黑田源次率领考察团,进行辽代窑址的调查。参加工作的有中国学者李文信、佟柱臣和日本学者上原之节等。在赤峰西南50公里的**缸瓦窑**和林东的**辽上京临潢府城内窑址**,分别进行为期两周的发掘。缸瓦窑窑址的范围很大,发现二三十座窑室,所出以辽三彩和粗白瓷为主,细白瓷较少。辽上京窑址的规模很小,发掘3座窑室,所出以制作较精的白瓷为主,又有一些黑瓷。同时,还在林东镇西的白音戈勒发现一处主要烧制茶绿釉鸡腿坛的窑址;在辽上京城址西南发现一处辽三彩窑址。从而对东北地区辽代陶瓷的烧造情况有大体的了解。(小山富士夫:《鸡冠壶》,《座右宝》第4、5号;佟柱臣:《赤峰附近新发见之汉前土城址与古长城》,《沈阳博物馆专刊·历史与考古》第1号,1947年;李文信:《林东辽上京临潢府故城内瓷窑址》,《考古学报》1958年第2期)

夏季　日本学者黑田源次、岛田正郎、儿玉重雄和中国学者李文信等人，在1941—1943年间已对林东、赤峰等地作过考古调查的基础上，再次进行进一步调查，对当地古代遗址的分布情况有了更多的认识。（岛田正郎：《林东的沿革》，1944年）

8月　西北科学考察团史地组向达、夏鼐、阎文儒一行在敦煌佛爷庙、老爷庙墓地发掘间歇期间去千佛洞避暑，曾逐个洞窟巡览。夏鼐设想石窟研究应"以题记中有年号者为标准，绅绎各时代之特点"。（《夏鼐日记》卷三第218页，华东师范大学出版社，2011年）

8月　日本学者国分直一调查台湾高雄附近的**凤鼻头遗址**，发现该遗址包含黑陶、灰陶和赤褐陶的文化遗存，与相距不远的桃仔园等遗址的文化性质相同。又在附近地势稍低地区，发现可能属其他文化系统的遗址。稍后，京都大学坪井清足也对该遗址进行调查，并在遗址下层发现彩陶。（国分直一、金关丈夫：《台湾考古志》中译本第55—56页）

9月　2日，西北科学考察团向达、夏鼐、阎文儒一行在敦煌月牙泉东的**佛爷庙西区墓地**进行发掘。工作进行至10月20日，先后清理2座魏晋墓和7座唐墓。其中唐墓出土许多陶俑，有天王俑、镇墓兽、马俑、驼俑、男俑、半身女俑等。（夏鼐：《甘肃考古漫记》第四章《敦煌佛爷庙西区墓地的发掘》，见《夏鼐文集》第四册第68—80页）

11月　西北科学考察团夏鼐、阎文儒在敦煌县城西北160里的**小方盘城**进行发掘，获得汉简30余支。其中有的简写明"酒泉玉门都尉"，据此判定敦煌未建郡以前的汉玉门关即在小方盘城。后夏鼐发表《新获之敦煌汉简》一文（《历史语言研究所集刊》第19本，1948年；又见《夏鼐文集》第二册第375—409页）。

本年　日本东亚考古学会派遣驹井和爱率领的考察队，对内蒙古**和林格尔土城**进行调查发掘。参加工作的有和岛诚一、岛田正郎等。当地为汉代成乐县、北魏盛乐县和唐代单于都护府的所在地。经勘察判定，城址南部的附郭为汉城，北部的大城为北魏和唐城，大城内东南部城垣则可能是唐天宝四年（745年）建立的金河县城。（驹井和爱：《中国西北和林格尔的汉成乐县址》，见日文《曲阜鲁城遗迹》附录）

1945 年

1 月　台北大学的日本学者金关丈夫、国分直一等人在台东西北4公里**卑南社附近**发现立石遗迹的地方进行发掘。在南北400米、东西100米的范围内，发现6处石柱遗构，有的排列成长方形，又有板岩构筑的石室和石棺墓。出土陶器以赤褐色粗面陶为主，又有少量赤褐色磨光陶和黑陶，器形有鼎、壶、钵等。有刀、镰、斧等石器和玉玦。1980年起，台湾大学人类学系师生对此进行大规模发掘，取得丰富收获，推断遗存年代为距今约二三十万年。（国分直一、金关丈夫：《台湾考古志》中译本第126—162页；《文物考古工作十年（1979—1989）》第361—362页）

3 月　西北科学考察团夏鼐调查**兰州附近史前遗址**，其中有十里店、高坪、中山林、曹家嘴、青岗岔。后连同上年4月调查的土门后山、12月调查的太平沟，与吴良才合撰为《兰州附近的史前遗存》一文。该文认为："这七个遗址，是属于齐家、马家窑（即甘肃仰韶）及马厂三种文化之一，或其混合文化。至于安特生所说的辛店、寺洼和沙井三种文化，似乎未曾传播到兰州区域。"（《中国考古学报》第5册，1951年；又见《夏鼐文集》第二册）

4 月　下旬，西北科学考察团夏鼐在甘肃临洮调查并发掘**寺洼山遗址**。A区发掘19×3米，发现6座寺洼文化墓葬，以及被打破的马家窑文化地层。B区发掘4×2米，仅有马家窑文化地层。后发表《临洮寺洼山发掘记》。该文第一次提出将安特生所谓"甘肃仰韶文化"另行定名为"马家窑文化"。又提出中国史前时期的不同文化系统问题，认为寺洼文化是与氐羌民族有关的史前文化，年代晚于马家窑文化而早于历史上的汉朝。（《中国考古学报》第4册，1949年；又见《夏鼐文集》第二册）

4—5月　应四川大足县政府和县议会的邀请，杨家骆为团长的**大足石刻**考察团前往大足石窟考察，参加者有顾颉刚、马衡、傅振伦、庄尚严等14人。其间，曾进行洞窟编号、分布图绘制，并拍照与描绘。（顾潮：《顾颉刚年谱》第321页，中国社会科学出版社，1993年；傅振伦：《蒲梢沧桑·九十忆往》第156页，华东师范大学出版社，1997年）

5月　西北科学考察团夏鼐在甘肃**宁定县阳洼湾**发掘两座齐家文化墓葬。在2号墓的填土中发现两片带黑色花纹的"甘肃仰韶文化"彩陶片，从而第一次从地层学上找到齐家文化晚于甘肃仰韶文化的证据。后发表《齐家期墓葬的新发现及其年代的改订》一文（《中国考古学报》第3册，1948年；又见《夏鼐文集》第二册）。

8月　抗战胜利后，东北解放区党政军各方面即开始注意在战争中抢救文物，前后抢救了数百箱。（《一年来文物工作概况》，《文物参考资料》1951年第1期）

11月　西北科学考察团夏鼐、阎文儒在**武威县喇嘛湾**发掘唐代金城县主和朔方军节度副使慕容曦光的墓葬。两墓除发现可补"两唐书"不足的墓志外，还出土陶俑、马鞍等珍贵文物。（夏鼐：《武威唐代吐谷浑慕容氏墓志》，《历史语言研究所集刊》第20本，1948年；又见《夏鼐文集》第二册）

11月　30日，清华大学赴美访问学者陈梦家，在纽约大都会博物馆举行的全美中国艺术学会第六次年会上发表题为《中国青铜器的形制》（"The Style of Chinese Bronzes"）的讲演。他以铜卣为例，进行类型学研究。（原载《全美中国艺术学会年报》第1期第26—52页，1945—1946年，中译文见所著《西周铜器断代》上册第525—547页，中华书局，2004年）

1946 年

9月 任教于华北大学的尹达在**邯郸五里郎村**东北清理一座汉墓，出土物中有散乱的"铜缕玉衣"。这是考古发掘中首次发现汉代高级贵族葬制中所用玉衣。（黎晖：《玉衣片》,《文物》1958年第11期）

本年 滞留台湾的日本考古学者金关丈夫、国分直一等，在**台湾南北各地**继续进行许多小规模考古工作。截至1948年底，所作发掘有：南投县竹山镇埔心子，台中县大肚乡营埔，苗栗县后龙底和苑里，基隆社辽岛（今和平岛）和小琉球岛的大辽岛，台南县头社和玉井，高雄县林园乡凤鼻头等遗址；所作调查有：台南县关庙，台北市植物园龙口里、芝山岩、六张犁、社子和关渡，台北县尖山和树林等遗址。这些考古工作，日后大都发表资料甚简，初步显示台湾史前遗存的丰富情况。（臧振华：《台湾考古研究概述》,《文博》1998年第4期）

1947 年

6月 清华大学副教授陈梦家编撰完成英文书稿《美国所藏中国铜器集录和中国铜器综述》（*Chinese Bronzes in American Collections:A Catalogue and A Comprehensive Study of Chinese Brozes*）。陈梦家自1944年起任教于芝加哥大学以来，广泛收集流散美国的商周青铜器资料，历时三年终于完成。其中《中国铜器综述》分十五章，对中国青铜器研究历史与方法的诸多方面作了新的全面概述和总结。由于种种历史原因，该书稿被搁置 70 余年，至 2019 年，《美国所藏中国铜器集录》始公开问世，《中国铜器综述》的英文原本和中文译本同时出版。(《美国所藏中国铜器集录》及《中国铜器综述》英文原本和中文译本，中华书局，2019 年)

6 月　中国地质调查所裴文中偕米泰恒等由兰州出发，进行**甘肃地区史前遗址的广泛调查**，10 月中旬结束工作。其中，6 月中下旬和 10 月中旬，调查洮河流域的洮沙、临洮、宁定等县，7 月中下旬调查渭河上游的天水、甘谷、武山、陇西等县，8 月调查西汉水流域的成县、西和、礼县、盐关等县，又曾在兰州附近调查，总计调查遗址 93 处。(裴文中:《甘肃史前考古报告》，《裴文中史前考古学论文集》第 208、254 页)

本年　裴文中发表《中国古代陶鬲及陶鼎之研究》一文。该文采取类型学方法，考察中国新石器时代和商周时代的陶鬲与陶鼎的演变。(见《裴文中史前考古学论文集》第 108—149 页)

1948 年

1 月　上海市立博物馆馆长杨宽和艺术部主任蒋大沂等组成的田野考古工作团，再次前往**金山卫戚家墩海塘**，由外向内进行发掘。3 月初告一段落，除发现印纹陶片等物外，还发现一处陶窑。(上海市立博物馆田野考古工作团:《戚家墩发掘报告稿之一——戚家墩窑基的发掘》，上海《中央日报》1949 年 2 月 1 日《文物周刊》第 113 期)

2 月　广东潮州修志馆主持工作的饶宗颐等在揭阳县，两广地质调查所的周仁沾、张伯楫等在**普宁、丰顺、兴宁等县**，分别进行史前遗址的调查，工作断续进行至 11 月。在若干地点采集石

斧、石锛、石镞，以及几何印纹陶片等标本。（饶宗颐：《韩江流域史前遗址及其文化》，1950年自印本）

4月 东北解放区行政委员会根据《中国土地法大纲》，在哈尔滨成立东北文物管理委员会，并成立省市分会，负责收集土地改革当中所接收的文物。同时颁布《东北解放区文物古迹保管办法》等文件，责成各地在土地改革中注意保护文物。（《东北博物馆概况》，《文物参考资料》1951年第9期）

5月 中国地质调查所裴文中、贾兰坡、刘宪亭一行，**由兰州出发到河西走廊**的永登、武威、民勤、永昌、张掖等县，进行史前遗址的调查，8月下旬返回兰州。后裴文中和米泰恒等又于9月2日至10月11日，**从兰州沿湟水到青海湖**进行调查。此行复查了安特生作过发掘的若干遗址，连同上年的调查收获，大大地增进对西北地区史前文化的认识。（裴文中：《中国西北甘肃走廊和青海地区的考古调查》，《裴文中史前考古学论文集》第256—273页）

5月 日本学者国分直一前往**台湾高雄附近**的小琉球屿，调查乌鬼洞、蕃仔厝、大寮等地的史前遗存，发现它们和赤褐色无纹壶形陶器为主的恒春半岛垦丁、西海岸南部地区史前遗存在文化面貌上极为相似。（国分直一、金关丈夫：《台湾考古志》中译本第115页）

5月 河北**景县**东南旧称"十八乱冢"的北朝封氏墓群，在土地改革中被当地农民掘开四座墓和一座墓的墓道，后经景县人民政府收存流失文物300余件。出土北魏封魔奴（正光二年即521年葬）、东魏封延之（兴和三年即541年葬）、北齐封子绘（河清四年即565年葬），以及封延之妻崔氏、封子绘妻王氏（均葬于隋开皇年间）等人墓志。其他重要文物有陶俑、陶瓷器和玻璃器等。其中4件仰覆莲六瓣青瓷尊，被视为北方青瓷的代表性产品。北京历史博物馆接收这批文物后，曾于 1955 年 12 月派人前往现场调查。（张季：《河北景县封氏墓群调查记》，《考古通讯》1957 年第 3 期）

9 月　18 日，考古学家吴金鼎在济南逝世。

吴金鼎，字禹铭，山东安丘人，生于 1901 年。早年肄业于齐鲁大学。1926 年考入清华学校国学研究院，在李济的指导下攻读人类学专业。1930 年到中央研究院历史语言研究所工作。1933—1937 年留学英国伦敦大学，获博士学位。后在中央博物院筹备处和历史语言研究所工作。抗战胜利后，任齐鲁大学文学院院长等职。他的学术贡献是发现并参与发掘山东历城县城子崖的龙山文化遗存，又曾参加和主持安阳殷墟、云南苍洱古代遗址、四川彭山汉代崖墓和成都前蜀王建墓等项重要发掘。论著有《山东人体质之研究》（1931 年）、《城子崖》（合著，1934 年）、《中国史前的陶器》（英文，1938 年）、《云南苍洱境考古报告》（合著，1942 年）。（《中国大百科全书》第一版《考古学》卷"吴金鼎"条）

9—10 月　东北师范大学杨公骥等在吉林市西南 4 公里的西团山进行考古发掘，发现石棺墓 18 座，出土石器 129 件，其中完整者 59 件。当时误认为属新石器时代。（杨公骥：《西团山史前文化遗址初步发掘报告》，《东北日报》1949 年 2 月 11 日，又见《吉林省新石器时代资料汇编》第 35—43 页，吉林省博物馆，1960 年）

11 月　13 日，华北人民政府以教总字第 2 号训令颁布《关于文物古迹征集管理问题的规定》。（《重视文物古迹，加强保护管理》，《文物参考资料》1950 年第 1 期）

12 月　为准备和平解放北平建立的北平市军事管制委员会所属文化接管委员会设立文物部，由尹达任部长，高山（王冶秋）任副部长。（罗歌：《追忆在与冶秋同志初识的日子里》，《文物天地》1988 年第 1 期）

本年　李济撰著《殷墟陶器图录》（后编入《小屯》第三本《殷墟器物甲编·陶器上辑》，1956 年）和《记小屯出土之青铜器》（《中国考古学报》第 3 册，1948 年；第 4 册，1949 年），运用类型学方法，对殷墟陶器和铜器进行详细研究。

伍 中国考古学的全面发展时期（上）
（1949—1965 年）

1949 年

3 月 华北人民政府高教会图书文物处印发清华大学、中国营造学社合办建筑研究所编辑的《全国重要建筑文物简目》，以供人民解放军作战及接管时保护文物参考。

《简目》按省、市、县编列，共收 22 个省市 141 县 466 项。每项注明：a. 详细所在地点，b. 文物性质，c. 建筑或重修年代，d. 特殊意义及价值。项目之前，又以圈数表示其重要性，共分五级：最重要者四圈，其次为三圈、二圈、一圈，通常重要者无圈。所列最重要的 18 项，包括：北平城全部，清故宫，蓟县独乐寺观音阁及山门，赵县安济桥，正定广惠寺花塔，洛阳龙门石窟，登封嵩岳寺塔，曲阜孔庙，历城县神通寺四门塔，大同云冈石窟，五台县佛光寺，应县佛宫寺木塔，太原天龙山石窟，西安碑林，南京栖霞寺舍利塔，成都王建墓，敦煌千佛洞，天水麦积山摩崖。
（据中国社会科学院考古研究所图书室藏油印本原件）

4 月 8 日，北平和平解放后不久，华北人民政府以教总字第 1 号训令颁布《为禁运古物图书出口令》。（《重视文物古迹，加强保护管理》，《文物参考资料》1950 年第 1 期）

春季　国民党政府将其官方科研机构"中央研究院"迁至台湾，史语所先在桃园县杨梅镇暂驻，后迁至台北县南港镇（1952年）。本年起，史语所考古组的研究人员李济、石璋如等，一面着手整理运台的殷墟等地发掘资料，一面在台湾进行考古调查，并在台湾大学开课，为开展中国学者为主导的台湾考古作准备。上半年调查的地点有**台北圆山**（2月）、**南投大马璘**（5月）、**台中营埔**（6月）等处。（《历史语言研究所七十年大事记》第22页，1998年；石璋如：《考古年表》第10页）

8月　台湾大学考古人类学系在李济的主持下成立，接管了日本侵略者设立的"台北帝国大学土俗人种学教室"的资产，中国学者为主导的台湾考古工作从此开始。（石璋如：《考古年表》第74—75页）

9月　27日，**周口店遗址**的考古发掘中断12年之后，在人民政府的关怀下由贾兰坡、刘宪亭主持重新开始，裴文中曾前往指导。此次发掘进行至11月18日暂时结束，除清理地表上的浮石浮土，运出1937年停工时填入的土石外，新开掘了125立方米的原生堆积物。重要收获是从第27水平层坍塌下来的堆积物中发现三颗北京猿人化石。由于过去所获全部北京猿人化石都在抗日战争中遗失，这三颗牙齿便是当时仅存的北京猿人化石标本。（贾兰坡、黄慰文：《周口店发掘记》第162—165页）

11月　中华人民共和国中央人民政府成立后，政务院在文化部设立文物局（后曾一度改称"文物事业管理局"和"社会文化事业管理局"），负责管理全国的文物、博物馆、图书馆工作。任命郑振铎为文物局局长、王冶秋为副局长。（国家文物局编：《中华人民共和国文物博物馆事业纪事（1949—1999）》[以下简称《文物博物馆事业纪事》]第8、9页，文物出版社，2002年）

11月 史语所考古组由李济主持，在台湾南投县埔里镇**大马璘遗址**进行发掘。参加工作的有该所石璋如、高去寻、潘悫，台湾大学史学系教师陈奇禄和学生何廷瑞、宋文薰、刘斌雄。发掘历时16天，发掘面积299平方米，发现建筑遗构5处、石棺墓5座、灰坑8个，采集较多的石器和陶片。后由石璋如、刘益昌将发掘资料整理编撰为考古报告《大马璘》，于1987年出版。报告认为，该址的文化内涵与台湾中部的营埔文化接近，而其年代较晚。报告列举的 ^{14}C 测年数据为距今2370—1700年（校正）。

本年 延边大学和敦化中学人员对吉林**敦化县六顶山墓地**进行发掘，发现渤海国第三代文王大钦茂次女贞惠公主的墓碑。墓碑记述公主卒于宝历四年（即唐大历十二年，公元777年），宝历七年（即唐建中元年，公元780年）陪葬珍陵。这是渤海石刻文字的首次发现，为渤海历史研究增加了新的可靠资料。（阎万章：《渤海"贞惠公主墓碑"的研究》，金毓黻：《关于"渤海贞惠公主墓碑研究"的补充》，均见《考古学报》1956年第2期）

1950年

1月 文化部文物局主办的《文物参考资料》创刊（原为内部刊物，由文物局资料室编；1951年起公开发行，改由《文物参考资料》编辑委员会编；1959年刊名改为《文物》）。

4月 12日，中国科学院派遣郭宝钧率领、安志敏等参加的发掘团前往安阳，恢复中断13年的殷墟考古发掘。发掘工作进行至6月14日结束，历时60天。主要收获是：在洹河北岸殷代王陵区的**武官村附近**，发掘一座墓坑两端有墓道的"中"字形大墓，墓内发现全躯人殉45具、人头骨34个，马和犬、鹿等兽骨52具，出土虎纹石磬等重要文物。大墓东南方，发掘4排17座祭祀坑，发现无头人牲 152 具。又在洹河南岸**四盘磨一带**发掘 15 座小型墓葬，并发现一片刻辞卜骨。发掘结束后，于 6 月 28 日起在北京历史博物馆举办"殷墟发掘展览"。这是新中国成立后第一次举办考古发掘展览。（郭宝钧：《1950 年春殷墟发掘报告》，《中国考古学报》第 5 册，1951 年）

4 月　东北博物馆（1959 年 1 月改名辽宁省博物馆）派遣李文信主持，曲瑞琦参加，发掘黑龙江依兰县倭肯哈达洞穴遗址。发现两具蹲坐式屈肢人骨架，出土篦纹陶片，璧、璜等玉器，及一些多孔小骨片等。推测可能与肃慎人（挹娄人）有关。（李文信：《依兰倭肯哈达的洞穴》，《考古学报》第 7 册，1954 年）

5 月　9—27 日，东北博物馆遣李文信主持，曲瑞琦、孙守道等参加，发掘清理辽**义县清河门**的 4 座**辽代中期契丹贵族墓葬**。墓室均为仿木建的砖结构。一号墓所出汉文墓志残石记载，墓主为曾于重熙十二、十六年（1043、1047 年）两次出使高丽的萧慎微的父亲"佐移离毕萧相公"。出土遗物以瓷器为主，包括定、汝、景德镇等窑产品和鸡冠壶等辽代瓷器。（李文信：《义县清河门辽墓发掘报告》，《考古学报》第 8 册，1954 年）

5 月　19 日，中国科学院决定在原北平研究院史学研究所和原"中央研究院"历史语言研究所部分人员的基础上筹备建立考古研究所。根据郭沫若院长的提名，周恩来总理任命郑振铎为所长，梁思永、夏鼐为副所长。（《中国社会科学院考古研究所 1950—2010 历程》第 172 页）

5 月　24 日，中央人民政府政务院规定古迹、珍贵文物、图书及稀有生物保护办法，并颁发《古文化遗址及古墓葬之调查发掘暂行办法》。为保证考古发掘的科学性，《暂行办法》强调："学术机关或群众团体，必须具备田野考古之条件，并经由中央人民政府文化部会同中国科学院审查批准后，由中央人民政府文化部发给执照，同时须报请当地的大行政区人民政府或军政委员会备案，始得进行发掘工作。"（国家文物事业管理局编：《新中国文物法规选编》，文物出版社，1987年）

7—8月 文化部文物局派遣雁北文物勘察团前往山西北部，进行新中国成立后第一次规模较大的文物普查工作。勘察团由裴文中任团长，陈梦家、刘致平任副团长兼考古、古建二组组长，参加人员有傅振伦、阎文儒、赵正之、莫宗江、王逊、宿白等。从7月21日出发，到8月31日返京，历时40天。先后勘查的项目有：**大同云冈石窟，山阴故驿村古城**，应县、朔县古建筑，**浑源李峪村**出土战国铜器地点，**阳高古城堡和广武古墓群，五台山佛光寺**等。分别进行了细致的测绘、摄影、记录和小规模发掘。（《雁北文物勘察团报告》，中央人民政府文化部文物局，1951年）

8月 1日，中国科学院考古研究所（以下简称"科学院考古所"）正式成立。（《中国社会科学院考古研究所1950—2010历程》第172页）

9月 21日，文化部文物局派出东北考古团，由裴文中任团长，贾兰坡、阎文儒、佟柱臣、宿白等参加，前往东北进行考古工作。先调查了**锦西沙锅屯遗址，义县奉国寺、万佛堂石窟**，以及**清河门和双山口辽墓**。后裴、贾、佟三人发掘**吉林西团山石棺墓**，阎、宿二人留义县发掘双山口辽墓，并调查万佛堂石窟，至11月24日结束。（阎文儒：《辽西省义县清河门附近辽墓的发掘简报》，阎文儒：《辽西义县万佛堂石窟调查及其研究》，《文物参考资料》1951年第2期、第9期）

10月 2日，科学院考古所派出发掘团，由夏鼐任团长、郭宝钧任副团长、苏秉琦任秘书，前往**河南辉县**（当时属平原省）进行考古所成立后的首次发掘。参加工作的有当时考古所的全部田野考古人员，除夏、郭、苏3人外，还有安志敏、石兴邦、王伯洪、王仲殊、马得志、白万玉、赵铨、徐智铭、魏善臣，共计12人。（《中国社会科学院考古研究所1950—2010历程》第172页）本次发掘进行至翌年1月23日结束。在**琉璃阁**发掘殷代灰坑4座，殷代、战国和汉代墓葬58座。由此第一次找到年代早于安阳殷墟的商代遗存。又发掘一座埋藏19辆车的战国车马坑，第一次成功地剔剥出古代木车的痕迹。在**固围村**发掘三座并列的魏国王室大墓。三墓都是墓圹深15米以上，墓圹和南北两端的墓道总长150米以上，墓底用巨石构筑墓室，墓上发现宏伟享堂建筑的基址。三墓虽经严重盗掘，仍残存不少精美的玉器等珍贵文物。同时，还第一次成批出土当时的铁质生产工具。这次发掘的收获，后连同1951年10—12月在**赵固村**、**百泉村**和1952年4—5月在**褚丘村**发掘的收获，由夏鼐主持，郭宝钧、苏秉琦、安志敏、石兴邦、王伯洪、王仲殊、马得志参加，编撰为《辉县发掘报告》（科学出版社，1956年）。

10月　5—14日，文化部文物局东北考古团裴文中、贾兰坡、佟柱臣一行，会同当地学者李文信、杨公骥、王承礼、孙守道、王亚洲等，在**吉林市西团山**进行发掘，并在吉林附近的骚达沟、平顶山、猴石山等地进行调查。在西团山清理石棺墓19座。后确认，西团山文化是分布于吉林、长春地区的青铜文化，年代相当于中原的西周至战国时期。（贾兰坡：《吉林西团山古墓之发掘》，《科学通报》第1卷第8期；佟柱臣：《吉林西团山石棺墓发掘报告》，《考古学报》1964年第1期）

10月　南京博物院由曾昭燏主持发掘**江宁县牛首山**南麓的五代时期**南唐二陵**。这是新中国成立后第一次发掘古代帝陵，包括南唐先主李昇及妻宋氏的钦陵，中主李璟及妻钟氏的顺陵。参加发掘的有罗宗真等，工作进行至翌年初。二陵形制相仿，均长 21 米许、宽 10 米许、高 5 米许，仿木构的砖石墓室由前、中、后三个主室和若干侧室组成。出土玉石哀册，男女侍者和神怪陶俑，以及陶瓷器残片等。（《南唐二陵发掘报告》，文物出版社，1957 年）

秋季　郑州市一位早年参加过殷墟发掘的小学教师韩维周，在二里冈一带发现范围广大的古代遗址，采集了陶片、石器和卜骨等遗物。后经科学院考古所等单位进一步考察，确认为殷商文化遗址。（安志敏：《1952 年秋季郑州二里冈发掘记》，《考古学报》第 8 册，1954 年；河南省文化局文物工作队：《郑州二里冈》第 1 页，科学出版社，1959 年）

本年　故宫博物院陈万里等开始进行古代瓷窑遗址的调查。本年主要是在**河南临汝**县境探寻宋代**汝窑遗址**。（陈万里：《汝窑的我见》，《文物参考资料》1951 年第 2 期；陈万里、冯先铭：《故宫博物院十年来对古窑址的调查》，《故宫博物院院刊》总 2 期，1960 年）

1951 年

3—5 月　南京博物院曾昭燏、尹焕章、黎忠义等三次前往**江宁县湖熟镇**附近进行考古调查，先后发现城岗头、梁台、老鼠墩、前岗、馒头墩、乌龟墩、蛇墩、木鱼墩、磨盘山、庙墩等 15 处遗址，并对**老鼠墩**和**前岗**进行试掘。出土遗物有石斧、石镞、砺石等石器，以及鼎、鬲、甗、盆、罐等陶器残片。当时认为属于史前时期，年代早于春秋末年。实际应是商代和西周时期当地的一种地方性文化。后将其命名为"湖熟文化"。（《南京附近考古报告·江宁湖熟史前遗址调查记》，上海出版公司，1952 年）

4 月　15 日，夏鼐率领科学院考古所河南省调查发掘团，前往河南西部进行考古调查。参加工作的有安志敏、王仲殊、马得志,河南省的安金槐、蒋若是、贾峨等一度参加。起初,在郑州附近调查了**南关外废碉堡**(商代)、**白庄**(仰韶)、**凤凰台和紫荆山**(周代)4处遗址。4月19日—6月4日,在成皋县广武镇附近调查了**青台、点军台、秦王寨、敖顶**(陈沟)、**牛口峪、池沟寨**等6处仰韶遗址,以及汉代的**平陶故城、荥阳故城、霸王城**和汉王城。同时,又在青台、点军台二遗址各开一道30米长的探沟,了解地层堆积情况。6月29日—7月10日,在渑池县**仰韶村**遗址开掘2米宽、20米长的探沟,并调查附近的**下城头**(仰韶)、**不召寨**(龙山)、**杨河村**(龙山)等遗址。此次调查发掘,提出了仰韶文化的分期及仰韶与龙山二文化的关系等问题,但未得到解决,曾误认为豫西"有过一种糅杂仰韶和龙山的混合文化"。(夏鼐:《河南成皋广武区考古纪略》,《科学通报》第2卷第7期;夏鼐:《河南渑池的史前遗址》,《科学通报》第2卷第9期。均见《夏鼐文集》第二册)

4月 15日,苏秉琦率领科学院考古所陕西省调查发掘团,前往长安县沣河两岸进行考古调查。参加工作的有石兴邦、王伯洪、白万玉、钟少林等。这次调查的地点,沣西有**马王村、开瑞庄**(客省庄)北、开瑞庄西、**海家坡**西、**冯村**北,沣东有斗门镇东、**白家庄**西、**普渡村**东、上泉北村北、**洛水村**西、洛水村北、**镐京观**后。最大的收获是在客省庄首次发现年代晚于仰韶文化的一种史前文化,后将其定名为客省庄二期文化。对该地区仰韶文化、早周和西周遗存的分布情况,也有相当程度的了解。另外,还调查了西安城东的**十里铺**遗址。工作进行至6月30日结束。(《1951年春季陕西考古调查工作简报》,《科学通报》第2卷第9期)

5月 **周口店**的发掘在贾兰坡主持下继续进行,又发现两颗北京人牙齿化石,以及少量的石器。同时,在室内清理积存标本时，辨认出北京人的肱骨和胫骨各一段，填补了北京人骨骼材料中缺少胫骨的空白，但其确切层位难以确定。此后，周口店的发掘工作暂停至 1957 年。（贾兰坡、黄慰文：《周口店发掘记》第 166 页）

6 月　为准备整理、修建**敦煌莫高窟**窟檐，文化部文物局派遣莫宗江、赵正之、陈明达、余鸣谦、宿白等前往敦煌进行全面勘查，工作进行至 9 月结束。就自然环境对洞窟的影响、各洞窟损坏概况、崖面原状、洞窟的建筑年代，以及窟檐概况和修理意见，提出勘察报告。（陈明达执笔：《敦煌石窟勘察报告》，《文物参考资料》1955 年第 2 期）

8 月　28 日，科学院考古所派出由安志敏、石兴邦、王伯洪、王仲殊、马得志等组成的京郊发掘团，在北京西郊**董四墓村**发掘两座明代嫔妃墓。两墓的墓室均为规模较大的砖石建筑，平面呈工字形，顶作庑殿式。一号墓屋面覆盖绿琉璃瓦，埋葬明熹宗天启帝的三个妃子。二号墓屋面未覆瓦顶，埋葬明神宗万历帝的七个嫔妃。随葬器物因盗掘残存不多，除出土墓志外，主要有瓷器和金、玉饰物。万历七嫔墓还有木俑。发掘工作进行至 11 月 20 日结束。（《北京西郊董四墓村明墓发掘记——第一号墓》《北京董四墓村明墓发掘续记——第二号墓》，《科学通报》第 2 卷第 12 期、第 3 卷第 5 期，1951—1952 年）

秋季　为配合治理淮河工程，文化部文物局、科学院考古所和河南省文管会分别派出工作队，前往**河南禹县**境内颍水上游的**白沙水库区**进行考古发掘，工作进行至翌年 6 月结束。先后发掘新石器时代至战国时期的遗址数十处，战国至宋、明时期的墓葬300 多座。事后整理发表的有考古所工作队发掘的 43 座战国时期土坑墓、17 座唐代砖室墓，河南省文管会发掘的 200 多座汉墓，以及文物局工作队发掘的 3 座宋代砖室墓。其中 3 座宋墓最具特色，仿木建筑结构复杂，壁画内容丰富，是同类宋墓中保存较好的一组。（陈公柔：《河南禹县白沙的战国墓葬》，《考古学报》第 7 册，1954 年；《河南禹县白沙汉墓发掘报告》，《考古学报》1959 年第 1 期；陈公柔：《白沙唐墓简报》，《考古通讯》1955 年第 1 期；宿白：《白沙宋墓》，文物出版社，1957 年）

8 月　东北博物馆派出调查组，有重点地调查东北三省古代遗迹情况。其中有黑龙江顾乡屯古人类遗迹、昂昂溪细石器分布地；吉林榆树人类化石发现地、长春伊通河岸、吉林西团山和骚达沟新石器遗址；辽宁旅顺牧羊城汉代城址、营城子东汉壁画墓、大和尚山高句丽城址。（《辽宁省博物馆四十年纪事 1948—1988（初稿）》第 5—6 页，辽海文物学刊编辑部，1989 年）

10 月　18 日，夏鼐率领科学院考古所湖南调查发掘团，前往**长沙近郊**进行古代墓葬的清理发掘。参加工作的有考古所的安志敏、石兴邦、王伯洪、王仲殊、陈公柔、钟少林，以及南京博物院的宋伯胤等。发掘进行至翌年 2 月 7 日结束。先后在**陈家大山**、**伍家岭**、**识字岭**、**杨家大山**等地，发掘战国墓 73 座、西汉前期墓 27 座、西汉后期墓 38 座、东汉墓 7 座，另有唐宋墓 15 座。通过此次发掘，对长沙地区战国和两汉时期的墓葬形制、棺椁结构、器物组合，有了初步的认识。其中，战国时期的 406 号墓第一次完整发现楚墓棺椁，第一次发掘出土楚国竹简；西汉后期的 203 号墓所出木质车船模型，为研究古代交通工具提供了珍贵的实物资料。后由夏鼐主编，陈公柔、王仲殊参与，编撰出版《长沙发掘报告》（科学出版社，1957 年）。

12 月　《中国考古学报》由科学院考古所编辑，在北京复刊，连续编号为第 5 册（1953 年第 6 册起更名《考古学报》，1956 年改为季刊，1961 年休刊，1962 年改为半年刊，1966 年起休刊，1972 年恢复半年刊，1978年改为季刊）。

12月　中旬，华东文物工作队赵青芳、王志敏、黎忠义等在江苏**淮安**县城东北、邻近涟水县的黄河故道附近，**发现青莲岗新石器时代遗址**。翌年初、4月和冬季，继续进行三次调查。遗址面积虽然较大，但因调查时大部分已被掘成水塘，仅采集少量的石器和陶片。当时错误地认为该处遗存的"上限应在龙山文化兴起之后，并有可能受到某些铜器文化的影响"，又曾将其命名为"青莲岗文化"。后经反复研究，多数学者将其归属早于大汶口文化的北辛文化。（《淮安县青莲岗新石器时代遗址调查报告》，《考古学报》第9册，1955年；参看《中国大百科全书》第一版《考古学》卷"青莲岗文化"条）

本年　成渝铁路建设工程中，在四川**资阳县西黄鳝溪**的铁路桥墩基坑里，发现人类头骨化石。经裴文中主持进行发掘，又在当地发现一件骨锥，判别地层属晚更新世。人类化石经吴汝康鉴定，被认为属晚期智人，命名为"**资阳人**"。由于出土层位不十分确切，对其年代存在争议，但多数学者仍持肯定态度。（裴文中、吴汝康：《资阳人》，科学出版社，1957年；参看《中国大百科全书》第一版《考古学》卷"资阳人"条）

1952年

2月　江苏徐州（当时属山东）东北25华里的**茅村**车站附近，暴露一座东汉晚期的画像石墓。文化部文物局王振铎、山东省文管会王献唐等前往调查，判明该墓的墓门向东，由前室、中室、后室、长廊和4个侧室组成，总长10.4米、宽6.9米，中室和后室有画像21面。后来在画像石上发现熹平四年（175年）的铭刻。（王献唐：《徐州市区的茅村汉墓群》，《文物参考资料》1953年第1期；江苏

省文物管理委员会:《江苏徐州汉画象石》,科学出版社,1959 年)

5—6 月　科学院考古所安志敏、钟少林等在河北唐山市贾各庄进行古代墓葬的发掘。所掘墓葬中,有 22 座战国墓、8 座西汉墓、3 座东汉墓,以及 6 座战国瓮棺葬。战国墓所出随葬陶器和青铜礼器的组合,均为鼎、豆、敦、壶、盘、匜等,并有青铜兵器和车马器。这是第一次在燕国故地发掘当时的墓葬,对研究燕国文化有重要价值。(安志敏:《河北省唐山市贾各庄发掘报告》,《考古学报》第 6 册,1953 年)

8 月　11 日,中央文化部、中国科学院和北京大学联合举办的全国考古工作人员训练班开学。政务院副总理郭沫若、中央文化部部长沈雁冰、科学院副院长陶孟和等到会并讲话。参加学习的学员 72 人,绝大部分是从全国各大行政区在职文物干部中抽调的。训练班由考古学家裴文中任班主任。学习为期三个月,其中两个月室内听讲,一个月田野实习。多位知名专家为训练班授课。事后发表讲稿的有:夏鼐《田野考古序论》、唐兰《铜器》、马衡《石刻》、安志敏《陶器》、梁思成《古建序论》等。(《考古工作人员训练班成立》,《文物参考资料》1952 年第 1 期)

9 月　18 日,中央文化部、西北军政委员会文化部和敦煌文物研究所联合组成的炳灵寺石窟勘察团,由兰州出发赴甘肃永靖县的炳灵寺石窟进行勘察工作。全团 13 人,赵望云任团长,吴作人、常书鸿任副团长,团员有张仃、李可染、李瑞年、冯国瑞、段文杰等。经过 10 天的勘察,查明有洞窟 36 个,佛龛 88 个,合计 124 个,进行了编号、摄影、临摹、测绘,记录了龛的内容。并在第 80 号窟发现北魏延昌二年(513 年)题记,为判明开窟的确切年代提供了有力的证据。本月 29 日返回兰州。(《炳灵寺石窟第一次勘察报告》,《文物参考资料》1953 年第 1 期)嗣后,对石窟的情

况和保管意见提出了详细报告。(《炳灵寺石窟》,文化部社会文化事业
管理局,1953 年)

10—11 月　为安排考古工作人员训练班的田野实习,由郭
宝钧、安志敏分别率领发掘团前往郑州、洛阳两地。工作人员由
科学院考古所 10 人、文化部文物局及地方文物干部 9 人、北京
大学 3 人,共 22 人组成。发掘业务由考古所人员负责,训练班
学员分为 6 组,由安志敏、石兴邦、王仲殊、陈公柔、马得志、
钟少林分别辅导。郑州二里冈的遗址发掘实习,开掘 4 条探沟,
共 200 平方米,发现二里冈商代文化与龙山文化叠压的地层关
系,断定其年代"可能早于安阳的小屯期",并推测郑州"当是
殷代的一个重要的城邑"。洛阳东郊的墓葬发掘实习,在**泰山
庙、东大寺、下瑶村**三地共发掘墓葬 39 座,其中殷墓和西周墓
较多,也有少数战国墓和唐墓。(安志敏:《1952 年秋季郑州二里冈发
掘记》,《考古学报》第 8 册,1954 年;郭宝钧、林寿晋:《1952 年秋季洛
阳东郊发掘报告》,《考古学报》第 9 册,1955 年)

11 月　1 日,毛泽东主席去河南视察期间,在汤阴车站下车,
途径"岳武穆故里碑",前往安阳殷墟视察。(《文物博物馆事业纪
事》第 47 页)

11 月　文化部文物局、河南省文化局、洛阳专区文管会等
单位合组考古发掘队,在洛阳西北 3 华里邙山南坡的烧沟,配合
基建工程清理发掘 137 座古墓。翌年 4 月,该三单位与科学院考
古所合组"洛阳区考古发掘队",由裴文中任队长,夏鼐等任副
队长,5 月起**在烧沟继续发掘古墓 88 座**。合计共发掘古墓 225
座。后由王伯洪、陈公柔、马得志、蒋若是进行整理,北大考古
专业 1950 级同学吴荣曾、俞伟超、刘观民、黄展岳参与,最后
由蒋若是执笔撰写考古报告。这批墓葬经排比分析,为中原地区

汉墓的分期断代提供了可靠的标尺。(《洛阳烧沟汉墓》,科学出版社,
1959年)

12月　在文化部文物局和科学院考古所的共同支持下,北京
大学历史系创办考古专业(1954—1957年一度改称考古专门化),由考
古所派遣副研究员苏秉琦兼任考古教研室主任。教学计划确定的
主要课程有:考古学通论由夏鼐讲授,人类学通论由林耀华讲授,
史前考古学由裴文中、贾兰坡、安志敏讲授,中国历史考古学由
郭宝钧、苏秉琦、宿白讲授,中国考古学史由张政烺、向达等讲
授,中国古文字学由张政烺讲授,中国美术史由郑振铎主讲,徐
邦达、陈万里、阎文儒、宿白参与,中国博物馆学通论由韩寿萱
主讲,傅振伦、王振铎、佟柱臣等参与。(参看《北京大学考古学系
五十年(1952—2002)》)

本年　台湾台北县文献委员会编辑盛清沂和吴基瑞开始利用
工作之暇调查**台北县境史前遗址**。除查获印证日据时代的少数遗
址外,又在大嵙崁溪两岸、新店溪上下游和淡水河下游两岸等地
发现40多处史前遗址。南投县文献委员会的刘枝万也在该县进行
考古调查发掘,其中以**日月潭**地区和军功寮等遗址的调查及**洞角
遗址**的发掘较为重要。(臧振华:《台湾考古研究概述》,《文博》1998年
第4期)

本年　河北省文管会人员在**望都县东关**发掘一座东汉晚期的
壁画墓。据壁画内容推测,墓主曾由河南尹晋升三公。1955年又
发掘与一号墓东西并列的二号墓,据所出朱书买地券,推断墓主为
卒于灵帝光和五年(182年)的刘姓太原太守。两墓壁画的内容,主
要描绘衬托墓主身份的僚属,线条流畅,形象生动,具有较高的艺
术价值。发掘成果后编辑出版为《望都汉墓壁画》(中国古典艺术出
版社,1955年)和《望都二号汉墓》(文物出版社,1959年)。

1953 年

春季　台北史语所考古组发掘**桃园县尖山**（1月）和**台中县内埔水尾溪、大甲铁砧山、树林狗蹄山**（4月）等遗址，并进行环岛考古调查（4月）。（《历史语言研究所七十年大事记》第22页）

春季　河南郏县城西太仆乡出土一批春秋时代的青铜器，计有鼎、甗、簋、簠、壶、罍、盘、匜，以及兵器、车马器等，共190余件。其中一件鼎的铭文为"江小中母生自乍甬鬲"。唐兰认为，当地在东周早期属于郑国，"所以可以说是郑器，但更恰当的应该说是郏器"。（《河南郏县发现的古代铜器》，《文物参考资料》1954年第3期；唐兰：《郏县出土的铜器群》，《文物参考资料》1954年第5期）

春季　为配合国家第一个五年计划的重点基本建设工程，东北文化部组织考古人员前往**鞍山**沙河东地、灵山、立山和**海城**大屯一带，对因烧砖取土而发现的多处汉墓群进行考古发掘，并成立鞍山古墓清理队。参加人员有徐秉琨、孙守道、郑绍宗、罗平等。这是1949年后东北地区第一次大规模考古发掘，至1954年共发掘汉魏墓葬数百座，显示了当时辽东郡的社会状况。发掘收获曾在东北博物馆展出，未作正式报道。（《辽宁省博物馆四十年纪事1948—1988（初稿）》第9页）

春季　河南省文化局文物工作队第二队蒋若是等在洛阳**汉魏故城以西**进行西晋墓葬的发掘，截至1955年9月共发掘54座。其中包括元康九年（299年）入葬有墓志的贾后乳母**徐美人等墓**。由此对西晋时代葬制的特点有了初步认识。（《洛阳晋墓的发掘》，《考古学报》1957年第1期）

3月　华东文物工作队赵青芳、罗宗真等发掘江苏**宜兴城内周墓墩**的两座晋墓。两墓的墓室结构相似，均为砖砌前后二室。

其中一号墓的墓砖有"元康七年九月廿日前周将军"等字样，因而判定墓主确系晋朝名将周处。两墓所出青瓷器共计 40 余件，是历年出土青瓷器中年代较早、数量较多的一批，为研究青瓷发展历史提供重要资料。周处墓所出金属残片，初步进行化学分析的结果是含铝 85%，引起国内外科技史研究者的关注。后经重新鉴定，判明完整的带饰均为银制。夏鼐认为，原鉴定含铝的金属残片年代可疑，不能作为晋朝已掌握炼铝技术的证据。（罗宗真：《江苏宜兴晋墓发掘报告》，《考古学报》1957 年第 4 期；夏鼐：《晋周处墓出土的金属带饰的重新鉴定》，《考古》1972 年第 4 期，又见《夏鼐文集》第三册）

4 月　　原中国地质调查所新生代研究室 1952 年划归中国科学院后，改组为古脊椎动物研究室（1957 年 9 月扩充为研究所，1959 年改称古脊椎动物与古人类研究所），由杨钟健任主任。裴文中、贾兰坡为该室研究员。随后，该室设立周口店工作站。

4 月　　河南省文化局文物工作队清理小组韩维周等调查试掘颍水西岸的**登封县玉村遗址**，先后发掘三个灰坑。据报道，"下层文化中所出之物，从型式与作风上看，都比较陌生，不惟与安阳小屯的出土物不同，即与郑州二里冈的遗物相比，亦大有区别"。后经识别，属二里头文化。这是二里头文化的首次发现。（《河南登封县玉村古文化遗址概况》，《文物参考资料》1954 年第 6 期）

5 月　　郑州市文物工作组成立，在河南省文化局和郑州市文教局的领导下，配合郑州市区的基本建设进行考古发掘工作（1954 年秋该工作组扩大为河南省文化局文物工作队）。至本年 12 月底，在二里冈开探沟 55 条，发掘商代灰坑 24 个、商代墓葬 3 座、战国墓葬 212 座，以及少数汉代及其以后的墓葬。根据地层关系和器物排比，判明二里冈遗址的年代可能比安阳小屯殷墟稍早。战

国墓葬的时代则从战国早期延续到战国晚期，甚至还可能到西汉初。（河南省文化局文物工作队：《郑州二里冈》）

5月　山东省文管会王献唐等调查**滕县岗上村遗址**，首次发现山东地区的彩陶片。后经识别，判定属大汶口文化。（《山东第一次发现彩陶》，《文物参考资料》1954年第2期）

5月　甘肃省文管会人员为配合兰新铁路沿线工程，到**永登、天祝、古浪等县**进行古遗址、古墓葬的调查发掘，12月结束工作。在古浪**黑松驿**附近的陈家河台子汉代遗址，发现刻有"大司农平斛建武十一年正月造"铭文的汉代铜斛，以及铁质生产工具等物。（《兰新铁路沿线工程地区半年的文物勘查清理工作》，《文物参考资料》1954年第10期）

6—7月　华东文物工作队为配合浙江大学基建工程，清理发掘**杭州市老和山遗址**。参加工作的有南京博物院蒋赞初、王文林，浙江省博物馆党华，浙江省文管会朱伯谦、牟永抗等。遗址的大部分地区已被汉代及后世墓葬严重扰乱，原生地层保存较少，出土遗物不多。发掘者认为，遗址的文化性质与良渚遗址基本一致，但其陶器的制法和纹饰显得更原始一些。（蒋赞初：《杭州老和山遗址1953年第一次的发掘》，《考古学报》1958年第2期）

7月　西北行政委员会文化局和新疆省人民政府文化处共同组成的新疆省文物调查工作组，由武伯纶任组长，常书鸿等任副组长，前往**伊犁地区**进行文物调查工作，工作从7月21日开始，进行至8月19日结束。其间，以**伊宁、昭苏、霍城**为重点，先后调查了伊宁的金顶寺遗址、吐鲁番圩子城址、苏拉宫石窟和阿克吐班玛扎尔，昭苏的小洪海等石人、科培雷特岩画，霍城的阿里马里城址、吐虎鲁克玛扎尔等，共计27处。（《新疆伊犁区的文物调查》，《文物参考资料》1953年第12期）

7月　文化部文物局派出由吴作人率领的麦积山勘察团，前往甘肃天水的麦积山石窟进行全面勘察。参加工作的有王朝闻、常任侠、冯国瑞及罗工柳等14人。经勘察，将石窟编至194号，其中包括龛窟188个、摩崖文物6处。测量了全部能够通达的92个龛窟及麦积山立面。进行了大量的临摹、摄影和翻模工作。在115窟，发现有"大代景明三年九月十五日"施主张元伯的长篇发愿文，这是麦积山石窟现存最早的造窟纪年题记。8月31日勘察结束后，对麦积山石窟的现状和保管意见提出报告并发表《麦积山石窟内容总录》。（《文物参考资料》1954年第2—6期；《麦积山石窟》，文化部社会文化事业管理局，1954年）

7月　湖南省文管会戴亚东在长沙市仰天湖清理一座战国晚期木椁墓。该墓曾被盗掘。残存的遗物中，有"遣策"竹简43片，每片2—21字不等，记录了随葬品的名称、数量，引起考古学界的注意。（《长沙仰天湖第25号木椁墓》，《考古学报》1957年第2期；史树青：《长沙仰天湖出土楚简研究》，群联出版社，1955年）

8月　1日，中央文化部、中国科学院和北京大学联合举办的第二届考古工作人员训练班开学。中国科学院副院长陶孟和、北京大学副校长汤用彤、文物局局长郑振铎和副局长王冶秋到会并讲话。参加学习的学员89人。9月中旬结束课堂学习以后，又进行了田野考古实习。先在洛阳由夏鼐讲授田野考古方法。9月27日至10月15日在烧沟发掘59座战国墓葬，参加实习的还有北京大学考古专业1950级同学。后去郑州二里冈进行遗址发掘实习，发掘面积280平方米。11月4日在郑州结业。（《第二届考古工作人员训练班开学》《第二届考古人员训练班结业》，《文物参考资料》1953年第8期、第11期；王仲殊：《洛阳烧沟附近的战国墓葬》，《考古学报》第8册，1954年）

9 月　21 日，科学院古脊椎研究室周口店工作站的陈列室正式开放。后不断扩充陈列内容，至 1972 年建成周口店遗址陈列馆。（贾兰坡、黄慰文：《周口店发掘记》第 193 页）

9 月　西北文化局新疆文物调查组由武伯纶率领在**天山南路**进行文物调查，主要调查对象为千佛洞和城址。工作进行至 12 月结束。调查过的千佛洞有吐鲁番的**雅尔崖**、**吐峪沟**、**柏孜克里克**，库车的**库木吐喇**、**赫色尔**，及**胜金口**等，计 13 处。调查过的遗址有吐鲁番的**交河古城**、**高昌古城**，库车的**唐王城**等，计 10 余处。（武伯纶：《新疆天山南路的文物调查》，《文物参考资料》1954 年第 10 期）

10 月　文化部文物局会同北京市文物整理委员会组织勘查团，由陈明达、祁英涛等参加，前往山西勘查山西省文管会新近发现的古代建筑。工作进行至 12 月结束。主要收获是判明**五台县南禅寺大殿**建于唐建中三年（782 年），比大中十一年（857 年）所建佛光寺早 75 年，是目前已知我国最古老的木构建筑实物。（《山西五台县发现一千一百多年的唐代木构建筑——南禅寺》，《文物参考资料》1954 年第 1 期）

秋季　科学院考古所陕西调查发掘队石兴邦、吴汝祚等，以传说的丰京所在地为中心，沿长安县**沣河两岸**进行更加广泛的考古调查。调查中发现路柳庄、关道口、上南丰、五楼、北念头、黑牛坡、大吉村、荆市村、中丰店等处仰韶文化遗址，又在阿底村发现类似开瑞庄的新石器时代遗存，在沣河西岸发现十余处西周遗址，尤以冯村、大原村、西王村一带堆积最为丰富。（石兴邦：《丰镐一带考古调查简报》，《考古通讯》1955 年第 1 期）

10 月　原热河省**兴隆县**某地出土 87 件战国时代的铁质生产工具铸范。后经热河省博物馆筹备组郑绍宗等于 1954 年 8 月上旬前往现场调查，在出土地点附近发现战国陶片、红烧土、木炭屑、铁矿石碎块及石筑基址等，又在相距 1.5 公里的古洞沟发现两座古矿井遗迹。（郑绍宗:《热河兴隆发现的战国生产工具铸范》,《考古通讯》1956 年第 1 期）

11 月　成都万佛寺废址出土百余件六朝至唐代的石刻造像，其中有年号的 45 件，年代自萧梁至唐代。这些造像用红砂岩精细雕刻而成，颇能表现四川雕刻艺术的特色。四川省文管会曾派刘志远等前往清理。（冯汉骥:《成都万佛寺石刻造像》,《文物参考资料》1954 年第 9 期；刘志远、刘廷壁:《成都万佛寺石刻艺术》,中国古典艺术出版社，1958 年）

11 月　台北史语所考古组由石璋如主持发掘台北市内的**圆山贝冢**（翌年 4 月再次发掘）。经此发掘判明，圆山遗址包含两个文化层:上层为贝冢层，出土红褐色素面陶、有肩石斧和有段石锛等遗物；下层为无贝层，出土带绳纹的陶片。此后，学者即称上层为贝冢文化或圆山文化，称下层为绳纹陶文化。这是台湾史前考古研究中第一次有明确地层关系的年代标尺。（韩起［张光直］:《台湾省原始社会考古概述》,《考古》1979 年第 3 期；臧振华《台湾考古研究概述》,《文博》1998 年第 4 期）

12 月　华东文物工作队胡继高等在南京中华门外**江宁县西善桥**英台寺山，清理明代宣德朝司礼监太监**金英墓**。（《南京南郊英台寺山明金英墓清理记》,《文物参考资料》1954 年第 12 期）

12 月　夏鼐在《科学通报》本年第 12 期发表《中国考古学的现状》一文。对中国考古学"过去的基础"，即 1920 年以后三十年我国学术机关考古发掘和研究的成就，以及中华人民共和国成立后的情况，作了简单的总结。进而提出"今后努力的方向":"研究工作方面:除了配合国家建设工程发掘地下文物加以整理研究之外，主动的研究工作，应该以新石器时代、殷代和两周为重点，尤其着重西周。"指出"新石器时代早期，在中国考古学上还是个空白"。同时强调"加强学习马克思列宁主义"和"培养新干部"。最后坚定地表示，"随着祖国建设事业的迅速发展，中国考古学的前途是无限光明的"。（《文物参考资料》1954年第1期转载，见《夏鼐文集》第一册）

本年 陕西**绥德**发现有汉永元十二年（100年）和永元十五年（103年）纪年的两座画像石墓。这是陕北地区第一次发现汉代画像石墓。（《陕北东汉画象石刻选集》，文物出版社，1959年）

本年 陕西省文管会人员在**咸阳底张湾**发掘一批隋墓。其中下葬于开皇二十年（600年）的独孤罗墓，出土一枚东罗马金币。墓主系隋文帝独孤后长兄，官至总管凉、甘、瓜三州诸军事凉州刺史。这是第一次发现出土情况明确的东罗马金币，对中西交通史的考古学研究有重要意义。（夏鼐：《咸阳底张湾隋墓出土的东罗马金币》，《考古学报》1959年第3期，又见《夏鼐文集》第三册）

本年 陕西省文管会贺梓城等着手调查关中地区的**唐代十八陵**。其中，历年进行重点勘察的有献陵（高祖）、昭陵（太宗）、乾陵（高宗和武后）、桥陵（睿宗）、建陵（肃宗），以及各陵的陪葬墓。（贺梓城：《"关中唐十八陵"调查记》，《文物资料丛刊》第3期，文物出版社，1980年）

1954年

1月 台北史语所考古组石璋如与台湾大学刘茂源、宋文薰、张光直等，在**台中县水尾溪畔**进行史前遗址的调查和试掘。根据地层关系和其他证据，首次建立台中大甲台地区史前文化的年代序列，最早是以具绳纹的红色陶片为代表的文化层，其次是以素面为主体的黑色陶系的文化层，再后是以具栉目纹和贝印纹

之细质灰陶为代表的文化层。（臧振华：《台湾考古研究概述》，《文博》1998 年第 4 期）

2 月　华东文物工作队关天相、冀刚在山东**梁山县后银山**清理一座东汉前期的壁画墓。该墓的规模不大，在平面呈横长方形的盝顶前室后面，并列三个券顶的棺室。前室绘有壁画，顶部为天象图，前壁和左右两壁以墓主生前事迹为题材，表现其官位威仪等场面。这是目前所知东汉壁画墓中年代最早的一座，壁画的内容已与西汉时期流行的墓主死后升仙题材有明显区别。（关天相、冀刚：《梁山汉墓》，《文物参考资料》1955 年第 5 期）

3 月　河南文物工作二队裴明相、李京华等在洛阳涧西发掘**孙旗屯遗址**。截至 4 月底，发掘灰坑 30 个，其中有当时被暂定为"仰韶晚期"的灰坑 24 个，注意到"这些器物的形式较仰韶坑复杂，陶器制法及形状也较进步，尤其鼎、甑、杯、豆（圈足）、平底碗（带假圈足）都可能是受龙山文化的影响，同时在坑位上'20（4）12H8'（仰韶坑）与'20（4）12H7'（仰韶晚期坑）两坑，又有先后打破的关系"。这些情况当时没有得到其他学者的应有重视。直到庙底沟遗址发掘以后，被定名为"庙底沟第二期文化"，是这种遗存的较早发现。（《洛阳涧西孙旗屯古遗址》，《文物参考资料》1955 年第 9 期。参看《庙底沟与三里桥》第 60 页，科学出版社，1959 年）

3 月　25 日，文化部文物局罗福颐、北京历史博物馆李锡经、故宫博物院郑珉中等，前往发掘河北**曲阳县修德寺遗址**。前此，1953 年 10 月，当地因农民挖白薯窖，已出土石造像 1520 件，其中有年款者 143 件。本年发掘进行至 4 月 22 日，除发现明代和宋代的建筑基址外，又发掘两座唐代埋藏的石造像坑，出土石造像 1139 件，有年款者 94 件。合计该地先后出土石造像 2659 件，有年款者 237 件，上起北魏神龟三年（520 年），下迄唐天宝九年

（750年），前后相距230年，而以东魏、北齐和隋代居多，占总数的90%。（罗福颐：《河北曲阳县出土石像清理工作简报》，李锡经：《河北曲阳县修德寺遗址发掘记》，均见《考古通讯》1955年第3期）

3月　华东文物工作队黎忠义等在山东**沂南县北寨村**发掘一座东汉晚期的大型画像石墓。5月结束工作。该墓由前、中、后3个主室，4个耳室及1个东侧室组成，占地面积88.2平方米。画像主要分布于墓门和3个主室，刻工精细，风格雄浑，主要表现豪强大族的家居生活、车骑出行、乐舞百戏等场面，又有苍颉造字、完璧归赵、荆轲刺秦等历史故事，以及东王公、西王母和仙禽、神兽等图像。墓主姓名无考，应是当时的高级官吏。后由曾昭燏主持，将发掘收获撰写为《沂南古画像石墓发掘报告》（文化部文物管理局，1956年）。

4月　2日，考古学家梁思永在北京逝世。

梁思永是梁启超的次子，原籍广东新会县。1904年11月13日生于澳门（原曾误为日本横滨，据其夫人口述订正，参看其女梁柏有《思文永在——我的父亲考古学家梁思永》第13页，故宫出版社，2016年）。1923年毕业于清华学校，随后去美国哈佛大学攻读考古学和人类学，1930年获硕士学位。归国后即在中央研究院历史语言研究所考古组工作，对中国田野考古的科学化作出重要贡献。中华人民共和国成立后，任中国科学院考古研究所副所长。他在学术上的主要成就是：发掘城子崖遗址，确认龙山文化；发掘后冈遗址，判明仰韶文化、龙山文化和商殷文化的相对年代；发掘侯家庄西北冈殷代王陵区，为中国古代社会研究提供重要的实物资料。生前已刊论著汇编为《梁思永考古论文集》（科学出版社，1959年），未能亲自完稿的多卷本考古报告《侯家庄》，由其弟子高去寻辑补成书。（《中国大百科全书》第一版《考古学》卷"梁思永"条）

4月　5日，为配合洛阳市区的建设工程，探寻周代"王城"遗址，科学院考古所派出由郭宝钧率领的调查发掘团，在洛阳旧城西郊进行勘察发掘。参加工作的有考古所人员马得志、张云鹏、周永珍等，还有文化部文物局庄敏，以及北京大学考古专业实习学生。工作进行至6月底结束。勘察的主要收获是，在涧河东岸发现东汉时期的**河南县城遗址**（城址平面近正方形，周长5400余米），为追寻周代王城提供了重要线索。同时，又由北京大学考古专业阎文儒对**汉魏和隋唐的两处洛阳城遗址**进行初步勘察。（郭宝钧：《洛阳古城勘察简报》，《考古通讯》1955年第1期；郭宝钧等：《1954年春洛阳西郊发掘报告》，《考古学报》1956年第2期；阎文儒：《洛阳汉魏隋唐城址勘查记》，《考古学报》第9册，1955年）

4月　科学院考古所石兴邦、吴汝祚、胡谦盈等，在陕西**长安县普渡村**东清理发掘两座被判定为西周早期的墓葬。1号墓随葬鬲、瓿等18件陶器。2号墓随葬的鼎、鬲、簋、爵、尊等8件青铜礼器，已于1951年因农民打井取出，其中铜鼎有铭文"叔作旅鼎"4字。（石兴邦：《长安普渡村西周墓葬发掘记》，《考古学报》第8册，1954年）

4月　经中央文化部社会文化事业管理局批准，正式成立东北地区文物工作队，9月并入东北博物馆，称东北博物馆文物队，由李文信任队长。后发掘了辽阳唐户屯、桑园子、三道壕、鹅房等地的汉墓。参加人员有孙守道、徐秉琨、陈大为、冯永谦、李庆发等。（《辽宁省博物馆四十年纪事1948—1988（初稿）》第11—13页；沈欣：《辽阳唐户屯一带的汉墓》，《考古通讯》1955年第4期）

4月　华东文物工作队和福建省文管会共同对**闽侯县昙石山遗址**进行探掘，发掘面积30平方米。参加工作的有尹焕章、宋伯胤、林钊等。当时初步认为，遗址属新石器时代，绝对年代尚难推断。后来，对该遗址进行过多次发掘，以其为代表的遗存被命名为"昙石山文化"。（《闽侯县石山新石器时代遗址探掘报告》，《考古学报》第 10 册，1955 年）

5 月　21 日，中央文化部主办的"全国基本建设工程中出土文物展览"在北京历史博物馆开幕。这是第一次举办全国性的出土文物展览，展示了新中国成立后几年间的考古工作成就。展览开幕前，毛泽东主席曾于 5 月 17、19、20 日三次登上神武门城楼，两次绕行紫禁城城墙东侧、一次绕行西侧，前往午门城楼参观展览。展览会后，由郑振铎主编，出版《全国基本建设工程中出土文物展览图录》（中国古典艺术出版社，1955 年）。（《文物博物馆事业纪事》上册第 74 页）

6 月　江苏丹徒县**烟墩山**出土 12 件西周铜器。其中一件西周初期的四耳铜簋有铭文 126 字，记述册封器主夨为宜侯，并赏赐器物、土田、奴隶的史事。后唐兰所作考释将其定为康王时器。该铜簋是研究西周分封制度的重要实物资料。江苏省文管会约请南京博物院、华东文物工作队共同组成调查小组，于 10 月 17 日前往出土现场进行实地考察。（《江苏丹徒县烟墩山出土的古代青铜器》，《文物参考资料》1955 年 5 期；唐兰：《宜侯夨簋考释》，《考古学报》1956 年第 2 期）

6 月　湖南省文管会人员在**长沙市左家公山**清理一座保存较好的战国晚期木椁墓，墓内发现的随葬器物中有我国现存年代最早的毛笔和天平、砝码等珍贵文物。（《长沙左家公山的战国木椁墓》，《文物参考资料》1954 年第 12 期）

6 月　吴汝康、贾兰坡、黄慰文在江苏**泗洪县下草湾**的河岸上采得一段晚期智人右侧上半截股骨化石。这是长江中下游首次发现人类化石。（吴汝康、贾兰坡：《下草湾的人类股骨化石》，《古生物学

报》第3卷第1期，1955年）

6—7月　西南文化局和四川省文化局联合组成的宝成铁路文物保护委员会及西南博物院，先后在**昭化县宝轮院**、**巴县冬笋坝**两地发掘古代的船棺葬。连同本年11月、1955年6月、1957年6月的三次发掘，共计清理船棺葬81座。先后参加工作的主要有冯汉骥、杨有润、于豪亮、沈仲常等。经推定，船棺葬为战国晚期至两汉初期的巴蜀文化遗存。（四川省博物馆:《四川船棺葬发掘报告》，文物出版社，1960年）

7月　23日，中央文化部、中国科学院和北京大学联合举办的第三届考古工作人员训练班开学，有学员120人。文化部副部长兼科学院考古所所长郑振铎、考古所副所长尹达、北京大学副教务长侯仁之等到会并讲话。室内讲课至8月底结束。9月初去西安灞桥工程地区进行田野实习，发掘**半坡仰韶文化遗址**及24座东汉至唐代墓葬。10月22日结业。（《第三届考古工作人员训练班正式开学》《第三届考古训练班学员毕业》，《文物参考资料》1954年第8期、第11期；俞伟超:《西安白鹿原墓葬发掘报告》，《考古学报》1956年第3期）

9月　科学院古脊椎动物与古人类研究室和山西省文管会合组发掘队，由贾兰坡主持，裴文中等参加，对山西**襄汾县丁村遗址**进行发掘。共发掘9处旧石器地点。遗址中出土有属早期智人阶段的丁村人牙齿化石，以及以三棱大尖状器为突出特征的文化遗物。（裴文中等:《山西襄汾县丁村旧石器时代遗址发掘报告》，科学出版社，1958年）

9月　第三届考古训练班学员在**西安半坡村遗址**进行田野考古实习之后，科学院考古所派遣石兴邦主持的工作队，继续对半坡遗址进行大规模发掘，至1957年告一段落，发掘面积共计一万平方米左右。先后参加工作的有金学山、杨建芳、刘观民、胡谦盈、张彦煌等数十人。北大考古专业1952级学生郑笑梅、张忠培、张森水、徐锡台、黄景略、王世民、高明等15人曾于1955年秋在此进行田野考古实习。通过发掘，第一次全面揭露仰韶文化聚落遗址，发现的主要遗迹有31座圆形房址（面积10余平方米）、15座方形半地下房址（面积10余至30余平方米）、1座大型残房址（复原面积160平方米），200多个窖穴、6座窑址、174座成人墓葬和73座幼儿瓮棺葬，又发现防御壕沟，为中国史前时期的考古研究提供重要的实物资料，并由此确认仰韶文化的半坡类型或半坡文化。后经测定并经树轮校正，判定半坡文化的年代为公元前4900年至前3800年之间。（石兴邦等执笔:《西安半坡——原始氏族公社聚落遗址》，文物出版社，1963年）

9月 科学院考古所与河南文物工作二队配合**洛阳市中州路**修筑工程，进行古代墓葬的清理发掘，工作进行至翌年4月结束。考古所方面由苏秉琦主持在西工段进行发掘，主要发现260座东周墓，又有少量的仰韶、西周和汉代墓葬。东周墓的年代约当平王东迁至秦统一时期，随葬陶器的基本组合有鬲、盆、罐，鼎、豆、罐，鼎、豆、壶，鼎、盒、壶四种，经排比将其分成一脉相承的七期，为中原地区东周墓葬的断代提供了标尺。西工段的发掘情况由苏秉琦、安志敏、林寿晋执笔，编撰为考古报告《洛阳中州路（西工段）》（科学出版社，1959年）出版。蒋若是主持并编撰的中州路东工段考古报告没有出版。

9月 陈梦家关于西周长铭文铜器的综论性著作《西周铜器断代》，开始在《考古学报》连载，截至1956年底共发表6次。后连同未曾发表的遗稿，经考古研究所有关学者整理，由中华书局于2004年出版。

10 月　山西省文管会畅文斋在**洪赵县坊堆村**遗址的发掘中，首次发现西周时期的有字卜骨。（畅文斋、顾铁符：《山西洪赵县坊堆村出土的卜骨》，《文物参考资料》1956 年第 7 期）

10 月　热河省博物馆筹备组郑绍宗等在**赤峰县大营子村**附近，发掘葬于辽应历九年（959 年）的"**驸马赠卫国王墓**"以及另外两座辽墓。根据所出残墓志考证，驸马为萧沙姑，即《契丹国志》所载萧屈列，所尚公主则为辽太祖阿保机之女，是辽代早期的高级贵族。该墓系砖砌多室墓，虽早年被盗，仍出土随葬物品 2100 余件，包括大批珍贵的金银器、玛瑙器和瓷器，并有可复原的成套马具，以及墓主佩带的金蹀躞带。（《赤峰县大营子辽墓发掘报告》，金毓黻：《辽国驸马赠卫国王墓志铭考证》，均见《考古学报》1956 年第 3 期）

10 月　28 日，文物局副局长王冶秋，考古所副所长尹达、夏鼐，南京博物院副院长曾昭燏等赴郑州，与河南省和郑州市文化部门负责同志，共商在密切配合基本建设中扩大当地的考古发掘事，决定调派华东文物队前往郑州支援工作。（《郑州发现商代文化遗址，中央和省市文化部门决定扩大发掘工作》，《文物参考资料》1954 年第 12 期）

11—12 月　陕西省文物清理队何汉南等在**长安县普渡村**发掘一座西周墓葬。墓内所出青铜礼器中，一件铜盉有铭文 57 字，记载周穆王举行飨礼时长由受到褒奖的史事，表明该墓的年代应属穆王时期或稍晚。同出的一组 3 件编钟，是当时所知年代最早的西周编钟。（陕西省文物管理委员会：《长安普渡村西周墓的发掘》，《考古学报》1957 年第 1 期）

12 月　27 日，中国科学院举行中国猿人第一个头盖骨发现二十五周年纪念会。陈毅副总理到会。郭沫若院长致开幕词。专题报告有：杨钟健《中国化石人类研究的过去现在与未来》，周明镇《从脊椎动物化石上可能看到的中国化石人类生活的自然环境》，吴汝康、贾兰坡《中国发现的各种人类化石及其在人类进化上的意义》，裴文中《中国旧石器时代文化》，贾兰坡《山西襄汾县丁村人类化石及旧石器发掘简报》。会后出版报告专集《中国人类化石的发现与研究》（科学出版社，1955 年）。

冬季　湖北省文管会谭维四、王劲等配合**石龙过江水库**管道工程，在京山、天门二县进行考古调查，发现屈家岭等 10 余处新石器时代遗址。翌年 2 月，科学院考古所王伯洪、张云鹏等前往，共同组成石龙过江水库指挥部文物工作队，进行小规模发掘。先在**京山屈家岭遗址**的边缘开 4 条探沟，发掘收获不大。后转至**天门石家河遗址**，发掘面积 1400 平方米，8 月初结束工作，获得屈家岭文化遗存，并发现一座陶窑遗迹。这是屈家岭文化遗存的首次发掘。（王劲、吴瑞生、谭维四：《湖北京山县石龙过江水库工程中发现的新石器时代遗址简报》，《文物参考资料》1955 年第 4 期；《湖北京山、天门考古发掘简报》，《考古通讯》1956 年第 3 期）

冬季　山西省文管会畅文斋等在**长治市分水岭**配合基本建设工程清理 12 座古墓（工作进行至翌年春夏之际），年代属战国和西汉时期。其中随葬器物较丰的 12 号墓和 14 号墓，墓室均积石积炭，前者出有列鼎 5 件，簋 3 件，簠、敦、壶各 2 件，以及盘、匜、鉴等；后者出有成套的编钟、编磬，以及鼎、鬲等。当地在战国时期曾为韩之别都，古地名为"上党"。这一发现有其重要意义。随后，该地多次发掘战国时期随葬青铜礼乐器的大墓。（《山西长治市分水岭古墓的清理》，《考古学报》1957 年第 1 期）

本年　陕西省文管会田醒农等在**西安东郊郭家滩**，发掘隋大业六年（610 年）龙泉、敦煌二郡太守姬威墓。随后，连年在西安

附近发掘大批隋唐墓，总计 2000 余座。(《西安郭家滩隋姬威墓清理简报》,《文物》1959 年第 8 期)

1955 年

1 月　科学院考古所主办的《考古通讯》(双月刊)创刊。由考古研究所、文化部文物局、北京大学历史系及有关单位的考古学家组成编辑委员会。夏鼐任主编，陈梦家任副主编。(1958 年改为月刊，1959 年改名为《考古》。"文化大革命"后，1972—1982 年为双月刊，1983 年起仍为月刊。)

年初　甘肃省文管会何乐夫、张学正等在兰州城东黄河北岸**白道沟坪**中部的徐家坪，发掘一处马家窑文化马厂类型的制陶窑场。清理出 12 座陶窑，排列较为整齐。陶窑的平面呈方形，面积约 1 米见方，窑室上部有 9 个扁圆形火道，火膛在窑室前面。陶窑附近发现制作陶器用的胶泥以及绘制花纹的用具等。这是我国新石器时代规模较大的制陶窑场。(《兰州新石器时代的文化遗存》,《考古学报》1957 年第 1 期)

2—3 月　南京博物院赵青芳等在**南京北阴阳营**的南京大学职工宿舍西院，发掘一处圆阜形土墩遗址。发掘面积 1000 平方米。遗址的上层堆积，属年代相当于中原地区商周时期的湖熟文化，发现住址 1 处、灶穴 2 处、灰坑 18 个；下层堆积，属新石器时代遗存，发现一片墓地，清理出人骨 225 具(未见墓穴和葬具)。截至 1958 年，先后发掘四次。遗址的下层文化遗存，最初被归入青莲岗文化，又曾被定为青莲岗文化江南类型，1979 年以后定名为"北阴阳营文化"。(《南京市北阴阳营第一、二次的发掘》,《考古学报》1958 年第 1 期;《北阴阳营——新石器时代及商周时期遗址发掘报告》,文物出版社，1993 年)

2月　科学院考古所派遣王伯洪率领的工作队，在陕西长安沣河以西的**客省庄**和沣东的**斗门镇附近**进行大规模发掘。发掘面积2800多平方米，工作进行至10月。参加工作的有钟少林、胡谦盈、赵学谦、俞伟超、刘观民等。主要收获是进一步确认"客省庄文化"，并发掘51座西周墓和71座东周墓。后经 ^{14}C 测定并经树轮校正，判明客省庄文化的年代大约是公元前2600年至前2000年。连同1956年张家坡的发掘收获，编撰为《沣西发掘报告》（文物出版社，1963年）。

4月　11日，科学院考古所派出由郭宝钧率领的发掘队，在**洛阳西郊**进行大规模的考古发掘，6月30日结束。参加工作的有马得志、黄展岳、魏善臣等，以及北大考古专业1951级实习同学徐苹芳、赵芝荃等7人。主要收获是在**东汉河南县城遗址**内外发现汉代砖砌的房基、圆囷、方仓，以及水井、水道和石子路等，还发现一处战国时期的制石场所。同时，又继续探寻周代的"王城"，在汉河南县城西垣外发现约当西周和春秋时代的夯土城墙基址。（郭宝钧：《洛阳西郊汉代居住遗迹》，《考古通讯》1956年第1期；黄展岳：《1955年春洛阳汉河南县城东区发掘报告》，《考古学报》1956年第4期）

5月　原热河省**凌源县**（现属辽宁省喀左县）农民在**马厂沟海岛营子村**附近的小转山子，掘获匽侯盂等西周早期青铜器16件。经热河省博物馆筹备组罗平等前往调查，确认为西周早期的一处窖藏。后来，当地又在北洞（1973年）、山湾子（1974年）等地陆续发现西周青铜器窖藏。（《热河凌源县海岛营子村发现的古代青铜器》，《文物参考资料》1955年第8期；辽宁省博物馆等：《辽宁喀左县北洞村发现殷代青铜器》，《考古》1973年第4期；辽宁省博物馆等：《辽宁省喀左县山湾子出土殷周青铜器》，《文物》1977年第12期）

5 月　东北博物馆文物队由李文信主持，孙守道、徐秉琨、冯永谦等参加，发掘**辽阳市三道壕**西汉村落遗址，8 月下旬结束工作，发掘面积共计 1 万多平方米。发现的遗迹主要有宅院 6 处、石路 2 段、水井 11 眼、砖窑址 7 座，以及儿童瓮棺葬 348 座等。出土遗物以铁质农业生产工具为多。（《辽阳三道壕西汉村落遗址》，《考古学报》1957 年第 1 期；陈大为：《辽阳三道壕儿童瓮棺墓群发掘简报》，《考古通讯》1956 年第 2 期）

5 月　31 日，南京博物院、安徽省文管会等单位临时组成寿县文物整理委员会，清理发掘治淮民工在**寿县西门内**掘获铜器的地点，6 月 13 日结束工作，参加工作的有赵青芳、殷涤非等。发掘表明这是一座较大的土坑竖穴墓，出土大量青铜礼器和乐器，其中有列鼎 9 件和 7 件、簋 8 件，又有纽钟 9 件、编镈 8 件，以及甬钟 10 余件。许多铜器铸有长篇铭文。通过有关专家的长期研究，现已判定该墓为卒于公元前 491 年的蔡昭侯申之墓。（安徽省文物管理委员会、安徽省博物馆：《寿县蔡侯墓出土遗物》，科学出版社，1956 年）

7 月　15 日，中央文化部、中国科学院和北京大学联合举办的第四届考古工作人员训练班开学。班主任裴文中，北京大学副教务长侯仁之，考古所副所长尹达、夏鼐，文物局局长王冶秋，北京大学教授向达等先后讲话。参加学习的学员 71 人。室内讲课至 8 月底结束。9 月初开始在郑州二里冈进行田野实习，发掘战国至唐代的墓葬 89 座，并清理一处商代居住遗址。10 月 15 日在郑州结业。四届训练班累计培训学员 341 人。（《第四届考古工作人员训练班开学》《第四届考古工作人员训练班结业》，《文物参考资料》1955 年第 8 期、第 11 期；《文物博物馆事业纪事》第 45 页）

10 月　15 日，北京市主管文教的副市长吴晗发起，联络郭沫若、沈雁冰、范文澜、张苏、邓拓签名，六人共同上书国务院，请求发掘北京明十三陵中的长陵，以应社会需要。周恩来总理批示，原则同意，责成北京市人民委员会协同中国科学院、中央文化部，指定专人议定开发计划，报批。11 月 23 日，吴晗致函国务院秘书长习仲勋，建议组织长陵发掘委员会，进行科学勘测。（长陵发掘委员会工作队：《定陵试掘简报》，《考古通讯》1958 年第 7 期）

10 月　为配合国家根治黄河水害和开发黄河水利的宏大工程，中央文化部和中国科学院联合组成黄河水库考古工作队，由夏鼐、安志敏兼任正副队长。第一次调查工作有 40 余人参加，分 10 组前往**三门峡水库区**进行考古调查工作。队员们从洛阳出发前，夏鼐作了题为《考古调查的目标和方法》的报告，并坐镇洛阳指导工作。经一个多月（10 月 21 日—12 月 12 日）的初步调查和 1956 年 3 月 24 日—4 月 22 日的复查，共发现化石产地 10 处、古代居住遗址 211 处、古墓葬 73 处、古代纪念物 13 处。（《黄河水库考古工作队出发工作》《黄河水库考古工作队初步野外调查工作结束》，《考古通讯》1956 年第 1 期；《黄河三门峡水库考古调查简报》，《考古通讯》1956 年第 5 期）

10 月　24 日，黄河水库考古工作队在三门峡水库进行调查时，在**人门岛**发现古代**漕运栈道**遗迹，夏鼐曾亲赴现场视察。（《夏鼐日记》卷五第 186 页）12 月 11 日，俞伟超等在此找到包含和平、甘露、景明、贞观、总章、垂拱、兴定等年号的摩崖题刻，进一步了解古栈道的时代。1956 年 1 月 9 日—2 月 8 日及 10 月27 日—11 月 4 日，俞伟超等对栈道进行全面调查和详细记录，并调查北岸的下仓（盐仓）、龙岩（集津仓）等遗址。（俞伟超执笔：《三门峡漕运遗迹》，科学出版社，1959 年）

10 月　中山大学历史系梁钊韬等和广东省博物馆梁明燊等，分别在广东**南海县西樵山**的东西麓进行考古调查，发现 9 处石器地点。随后，广东省博物馆又于 1958 年 12 月、1959 年 4 月和 5 月，古脊椎动物与古人类研究所于 1973—1974 年，多次派员进行调查和试掘，发掘石器地点 20 处左右。这是以新石器时代为主的采石场和石器加工场遗址，包含地点多，延续时间长，内涵丰富，具有重要的学术价值。（中山大学调查小组：《广东南海县西樵山石器的初步调查》，《中山大学学报》1959 年第 1 期；广东省博物馆：《广东南海西樵山出土的石器》，《考古学报》1959 年第 4 期；黄慰文等：《广东南海县西樵山遗址的复查》，《考古》1979 年第 4 期）

秋季　黄河水库考古工作队在陕西**朝邑**、**大荔交界地区**——古称"**沙苑**"的广阔沙丘地带，发现 15 处出产石器的地点，从地面上采集到石片、石器等 3000 余件，挑选出来的标本共达 519 件。其中，除两件磨制石器可能时代较晚外，主要是细石器和石片石器。发现者认为，这是黄河流域第一次发现时代较早而性质又较特殊的文化遗存，年代应包括中石器时代以至新石器时代初期。因而将其定名为"沙苑文化"。（安志敏、吴汝祚：《陕西朝邑大荔沙苑地区的石器时代遗存》，《考古学报》1957 年第 3 期）

秋季　河南省文化局文物工作队在安金槐的主持下，配合**郑州市白家庄**西侧基建工程，发现叠压在二里冈期文化层下面的商代夯土墙。经多年的持续勘察，截至 1972 年秋判明其为周长 6960 米的城垣，建造于二里冈期下层，沿用至二里冈期上层。又在城内东北部发现大面积的商代宫殿遗址。（河南省博物馆、郑州市博物馆：《郑州商代城遗址发掘报告》，《文物资料丛刊》第 1 期，文物出版社，1977 年）

11—12 月　云南省博物馆筹备处孙太初等在本年 3 月对**晋宁县石寨山遗址**进行初步发掘的基础上，又作进一步发掘，清理滇王和王室墓葬 19 座。出土蛇纽金质的"滇王之印"，鼓形铜贮贝器、铜质生产工具和兵器等独具风格的大量青铜器，并有"半两"钱、"五铢"钱等中原文物。（《云南晋宁石寨山古墓群发掘报告》，文物出版社，1959年）

本年　广州市文管会人员在**广州市华侨新村**等地发掘汉墓，其中许多应为南越王国的贵族和官吏墓葬。历年来广州各地发掘的汉墓资料，后由麦英豪编撰为考古报告。（《广州汉墓》，文物出版社，1981年）

本年　湖北省及武汉市文管会在武汉地区发掘六朝时期的若干纪年墓，发掘延续至1956年。

本年　北京市文化局文物调查研究组苏天钧在北京西长安街北侧清理**双塔庆寿寺**内元代海云、可庵二位高僧的墓塔，在海云墓塔的塔基下发现埋葬海云骨灰的木匣，骨灰用丝棉包裹，外加黄地绣花绸袱。袱内有金属制牙杖、耳挖，及"太平通宝"、金"大定通宝"。又出土缂丝制品、棉织僧帽、钧窑香炉及碑形墓志。（《北京市双塔庆寿寺出土的丝棉织品及绣花》，《文物参考资料》1958年第9期；北京市文物研究所编：《北京考古四十年》第187页，北京燕山出版社，1990年）

1956年

2月　21—27日，中国科学院和中央文化部在北京联合召开全国考古工作会议。参加会议的有北京和21个省、市的考古工作者及若干大学的考古学教师等，共计180人。这是中国考古学界的第一次工作会议。

开幕式上，中国科学院院长郭沫若作了题为《交流经验，提高考古工作的水平》的讲话，文化部副部长兼科学院考古所所长郑振铎作了题为《考古事业的成就和今后努力方向》的报告；又听取了北京大学历史系主任翦伯赞《关于培养考古干部的工作问题》、中国科学院古脊椎动物研究室主任杨钟健《考古工作和人骨兽骨等遗存的问题》、中央民族学院副院长费孝通《关于考古学同民族学关系问题》等报告。

会议期间宣读和讨论的论文，均属各地最新考古发掘的简报。其中有《西安半坡遗址第二次发掘的主要收获》《南京市北阴阳营新石器时代末期遗址和葬地发掘报告》《郑州商代遗址的发掘》《长安普渡村西周墓的发掘》《寿县蔡侯墓出土遗物》《四川古代的船棺葬》《辽阳三道壕西汉村落遗址》等。

闭幕式上，由科学院考古所副所长夏鼐和文化部文物局局长王冶秋分别作了考古学术和考古工作安排的总结报告，并通过会议决议和致全国青年突击队员们的公开信。（《考古通讯》1956年第2期第5—19、100—105页）会后出版专题报告集，收入专题报告19篇（《考古学报》1957年第1期）。

2月　四川省博物馆匡远滢、刘志远在**成都市天回山**调查并清理3座比较典型的东汉晚期崖墓。其中3号墓最大，墓室全长19.05米，宽1.75—2米，高1.86米，有前、后室和6个侧室，置放石棺、瓦棺14具。所出陶俑造型生动，特别是抚琴俑和击鼓俑（说唱俑），具有较高的艺术价值。（刘志远：《成都天回山崖墓清理记》，《考古学报》1958年第1期）

2—3月　四川省文管会王家祐等清理**成都市羊子山**坛形遗址。坛高10米以上，为正方形三层土台。经实测推算，底边103.6米见方，一、二两级均宽18米，台顶31.6米见方。系用土坯垒砌高度不等的三级边墙（墙宽6米左右），然后填土夯平，估计全部土建工程约为7万立方米以上。发掘者根据地层关系和出土遗物推断，遗址的年代约为春秋时期，即蜀王杜宇时期。（《成都羊

子山土台遗址清理报告》，《考古学报》1957年第4期）

3月　14日，国务院正式成立科学规划委员会。郑振铎以科学院考古所所长身份任其考古学组长，主持起草的《考古学研究工作十二年远景规划草案》，于4月由哲学社会科学长远规划办公室印出。其中，"中心问题及题目"包括：（一）中国新石器时代文化的分期与分布，（二）从考古学上研究殷周秦汉社会的性质及其文化，（三）少数民族地区的考古工作，（四）大流域地区水利规划综合调查的考古研究，（五）中国旧石器文化（由古脊椎动物研究室规划）。后来根据中央决定，哲学社会科学方面未列入国家科学长远规划，该规划也就没有正式生效。但其基本设想仍有指导意义，个别项目得到实施。

3月　浙江省文管会汪济英、牟永抗等于本月和1958年2—3月，对吴兴县钱山漾遗址进行第一、二发掘，发掘面积均为300余平方米。在内容丰富的良渚文化地层中，发现保存较好的水稻堆积和丝麻织物。（《吴兴钱山漾遗址第一、二次发掘报告》，《考古学报》1960年2期；汪济英、牟永抗：《关于吴兴钱山漾遗址的发掘》，《考古》1980年第4期）

3月　陕西眉县李村出土一批西周中期的铜器，陕西省文管会人员前往调查。其中，两件方彝和一件方尊的铭文相同，均为107字，作器者盠系当时重要的军事首领，奉周王命统率西六师和成周八师两支亲军；一件驹形尊有铭文106字（其中盖12字，胸前94字），是周王亲自参加"执驹"之礼的记录，反映了当时对马政的重视。郭沫若将这批铜器的年代推定为懿王时期。（郭沫若：《盠器铭考释》，《考古学报》1957年第2期）

3月　科学院考古所沣西队由王伯洪主持，开始在陕西长安县张家坡附近进行西周遗址和墓葬的大规模发掘。截至1957年，四个季度的发掘面积共计近 6000 平方米。先后参加工作的有钟少林、胡谦盈、刘观民、张长寿等。北大考古专业 1952 级学生近 20 人曾在此进行田野考古实习。通过此项发掘，初步建立西周考古的断代标尺。后将张家坡、客省庄两地的发掘收获编撰为考古报告。（王伯洪、张长寿等执笔：《沣西发掘报告》，文物出版社，1963 年）

　　4 月　黄河水库考古工作队在河南**陕县刘家渠村**附近，由俞伟超主持进行古代墓葬的发掘，10 月上旬结束。参加工作的有科学院考古所、故宫博物院及十来个省市文物单位人员 20 余人。先后发掘汉墓 47 座（西汉 2 座，东汉 45 座）、隋唐墓 118 座、宋金墓38 座。（《1956 年河南陕县刘家渠汉唐墓葬发掘简报》，《考古通讯》1957年第 4 期）后由叶小燕将其中刘家渠的 45 座汉墓（2 座西汉，43 座东汉，少 2 座），连同上村岭 1 座东汉墓的情况，撰写为《河南陕县刘家渠汉墓》（《考古学报》1965 年第 1 期）。该文认为，"这一墓地是由几个家族组成的"，他们至少有三姓，即羊氏、唐氏、刘氏，"各居一处"。又指出，"这批墓葬，在作风上是近西安远洛阳的。它与潼关吊桥杨氏墓的作风基本相同"。

　　4 月　安徽省博物馆白冠西等在**安庆市棋盘山**清理元尚书右丞**范文虎及妻陈氏合葬墓**。该墓为中有隔墙的并列券顶砖室。范文虎的棺椁之间和椁外皆用松香灌实，椁前立石圹志。陈氏有棺无椁，棺下用桐油拌石灰铺底，四周用石灰米汁灌浆。椁前亦立石圹志。这种墓葬形制及其随葬情况，代表了元代官僚地主的葬制。（白冠西：《安庆市棋盘山发现的元墓介绍》，《文物参考资料》1957 年5 期）

　　4 月　13 日，北京市人民委员会召开发掘长陵的工作会议，决定发掘长陵前先试掘定陵，成立试掘三人小组（夏鼐、陈滋德、朱欣陶）负责具体领导工作。5 月 19 日开始**发掘明神宗万历帝定**

陵，朱欣陶坐镇发掘工地，夏鼐不时前往现场具体指导，参加工作的业务人员主要有赵其昌、白万玉、于树功、刘精义等。考古所刘观民等多人陆续参与。发掘工作历时两年有余，1958 年 7 月基本结束。砖石结构的地下玄宫规模宏大，包括前殿、中殿、后殿和左右配殿。棺椁内外随葬大量豪华的物品，包括锦绣衣衾、珠玉饰物、金银器皿、谥册谥宝、成匹织锦，以及木俑、甲胄、弓箭等。发掘结束后，随即举办临时展览，建立博物馆，但是由于历史的原因，整理资料和编写报告被搁置了二十年。直至 1979 年，经夏鼐督促与筹划，在社科院考古所的支持和定陵博物馆配合下，由赵其昌主持、王岩等参与，迟至 1986 年始完成发掘报告《定陵》(文物出版社，1990 年)，上距发掘结束已将近三十年。

　　4—5 月　东北博物馆孙守道、陈大为等，前往高句丽早期活动中心**桓仁**等地进行考古调查。1958 年 6 月下旬进行复查。先后发现古墓 750 座，遗迹 24 处。后于 1958 年 10—11 月、1959 年 3—4 月在**高力墓子村**等地进行发掘，连同调查期间的试掘在内，共计清理土、石墓葬和大型积石墓 44 座，为高句丽文化的研究提供了重要资料。(陈大为：《桓仁县考古调查发掘简报》，《考古》1960 年第 1 期)

　　5 月　2 日，文化部文物局在故宫博物院举办陕西、江苏、热河、安徽、山西五省出土重要文物展览。展出西安半坡仰韶遗址、凌源马厂沟西周青铜器、长安普渡村西周墓、寿县蔡侯墓、长治分水岭战国墓、西安近郊唐墓、赤峰辽驸马墓等项出土文物 1500 余件。(《陕西、江苏、热河、安徽、山西五省出土重要文物展览图录》，文物出版社，1958 年)

　　5 月　黄河水库考古工作队在安志敏的带领下，前往甘肃**刘家峡水库区**及其附近的黄河、洮河、大夏河流域，进行广泛的考古调查，发现古代遗址（及葬地）包括：甘肃仰韶文化 47 处，齐家文化 65 处，唐汪文化 1 处，辛店文化 79 处，寺洼文化 1 处，卡窑文化 2 处。为认识甘肃远古文化的性质和相对年代，提供了许多重要的线索。（安志敏：《甘肃远古文化及其有关的几个问题》，《考古通讯》1956 年第 6 期）

　　5 月　河南文物工作一队人员在郑州市西 15 里的**洛达庙村**北的丘陵地带，发掘一处商代遗址，试掘面积 470 平方米。除发现与二里冈相近的商代遗存外，主要是在四个探方发现新的文化遗存，陶器种类有扁足鼎、豆、罐、尊、钵、三足盘、大口器等，但未见陶鬲；鼎、豆、罐的形制及多数器表的绳纹，与郑州奋旭王的龙山文化接近。继而通过董砦遗址的发掘，初步判定其为早于二里冈下层的商代文化。后定名属二里头文化。（《郑州洛达庙商代遗址试掘简报》，《文物参考资料》1957 年第 10 期）

　　5 月　河北省文管会唐云明、孙德海等发掘**邢台市曹演庄**殷代遗址，本年工作进行至 11 月下旬。翌年又于 4—8 月继续发掘。累计发掘 2500 余平方米。（《邢台曹演庄遗址发掘报告》，《考古学报》1958 年第 4 期）

　　5 月　辽宁**西丰县西岔沟**的一处古代墓地遭到严重盗掘，辽宁省博物馆孙守道、陈大为、冯永谦等前往调查清理，并发掘残存的 63 座长方形土坑墓，又有马头葬坑。收集随葬器物上万件，主要有褐色夹砂粗陶器，铜柄铁剑、环首铁刀、铜镞等兵器，动物纹铜牌饰，以及汉式铜镜、半两钱和五铢钱等。估计原应有墓葬四五百座，主体年代为西汉中期。发掘者认为该墓地属于西汉中晚期的匈奴民族，也有学者主张属于乌桓。（孙守道：《"匈奴西岔沟文化"古墓群的发现》，《文物》1960 年第 8、9 期合刊；孙守道：《西岔沟古墓群被掘事件的教训》，《文物参考资料》1957 年第 1 期）

6月　科学院考古所张云鹏会同湖北省文管会王劲等组成发掘队，对**京山县屈家岭遗址**进行大面积揭露，截至翌年 2 月，发掘面积共计 858 平方米。通过发掘，对屈家岭遗址为代表的新石器时代遗存有更加深入的了解，判定应属一种新的文化系统，因而提出"屈家岭文化"的命名。并根据地层堆积结合出土遗物的研究，将屈家岭文化分为早、晚两期，探讨其文化发展和社会经济状况（当时误认为年代晚于黄河流域早期龙山文化）。后经测定并经树轮校正，屈家岭文化的可用数据大约在公元前 3400 年到前 2500 年之间。（张云鹏执笔：《京山屈家岭》，科学出版社，1965 年）

7月　陈梦家著《殷虚卜辞综述》由科学出版社出版。这是第一部关于殷墟卜辞的大部头综合性通论著作，出版后曾几次重印。

7月　山东**肥城县栾镇村**发现一座东汉建初八年（83 年）的**画像石墓**。山东文管会王思礼前往调查，认为画像石风格与孝堂山画像石相似。（王思礼：《山东肥城汉画象石墓调查》，《文物参考资料》1958 年第 4 期）

7月　河南省文物一队赵霞光、张建中等在**郑州南关外**商代遗址的发掘中，发现早于二里冈下层的商代文化遗存，发掘面积 412 平方米，进行至 12 月结束工作。（赵霞光：《郑州南关外商代遗址发掘简报》，《考古通讯》1958 年第 2 期）

夏季　北京大学历史系考古专业学生李炎贤、严文明、纪仲庆等 7 人，由裴文中教授和吕遵谔率领，前往内蒙古**赤峰县红山遗址**进行教学实习。通过调查红山前的三个地点和红山后的一个地点，发现除过去比较明确的所谓"赤峰第一期文化"之外，所谓"赤峰第二期文化"实际包括几个性质不同的阶段。（吕遵谔：《内蒙赤峰红山考古调查报告》，《考古学报》1958 年第 3 期）

　　8月　《文物参考资料》第8期发表安志敏的文章《中国新石器时代的物质文化》,该文根据他在北京大学历史系考古专业的讲稿写成。这是第一次公开发表对中国新石器时代文化的全面论述。

　　9月　湖北**长阳县下钟家湾**的一处洞穴堆积发现人类下颌骨化石。经贾兰坡研究鉴定,其体质特征与其他早期智人相近,共生的哺乳动物化石属晚更新世早期,因而判定为华中地区首次发现的早期智人化石,并命名为"**长阳人**"。但该洞穴堆积中,未发现相应的旧石器时代中期文化遗物。(贾兰坡:《长阳人化石及其共生的哺乳动物群》,《古脊椎动物学报》第1卷第3期,1957年)

　　9月　黄河水库考古队由安志敏主持对河南**陕县**的**庙底沟、三里桥**新石器时代遗址进行大规模发掘。先后参加工作的有吴汝祚、谢端琚、郑乃武、郑笑梅等,人员最多时达到70余人。其中,考古所人员多为刚参加工作的大学考古专业学生和中学毕业生,各省文博单位支援人员和大学进修教师20余人,因而工作具有培训性质。庙底沟的第一次发掘于本年9月30日至12月6日进行,1957年3月26日至7月25日进行第二次发掘。两次发掘共开掘280个探方,总面积达4480平方米,发现仰韶文化灰坑168个、房址2座,龙山文化灰坑26个、房址1座、窑址1座,另有多属龙山文化的墓葬156座。由此确认了仰韶文化的庙底沟类型,并发现河南龙山文化较早阶段的庙底沟二期文化。后经测定并经树轮校正,判定庙底沟文化的年代为公元前3900年至前3600年,庙底沟二期的年代大约为公元前2900年至前2600年。三里桥的发掘则于1957年4月12日至8月7日和10月7日至11月20日进行,发掘面积1526平方米,发现仰韶、龙山和东周时期的遗迹和遗物。(安志敏、谢端琚、郑乃武执笔:《庙底沟与三里

桥》，科学出版社，1959年；中英双语版，文物出版社，2011年）

9月　文化部文物局调集北京历史博物馆、河南省文物工作队、山西省文管会和科学院考古所人员组成侯马考古工作队，对山西**侯马附近**发现的大面积东周时期遗址，进行为期两个多月的勘察发掘。后以山西省文管会为主，持续进行长时间的大规模发掘。（《文物博物馆事业纪事》第110页）

10月　科学院考古所由王仲殊主持着手进行西安市北郊**汉长安城遗址**的全面勘察。本年参加工作的有马得志、许景元、王世民等。经过一个多月调查和试掘，判明城墙的范围，了解地层堆积的情况，为进一步展开工作打下基础。翌年春、秋两季，又对霸城门、西安门、直城门和宣平门进行了发掘。先后参加工作的有许景元、刘观民、黄展岳等。（王仲殊:《汉长安城考古工作的初步收获》，《考古通讯》1957年第5期；王仲殊:《汉长安城考古工作收获续记——宣平城门的发掘》，《考古通讯》1958年第4期）

冬季　黄河水库考古工作队林寿晋等在河南**陕县上村岭**发现西周晚期到春秋早期的**虢国墓地**，1957年发掘234座墓、3座车马坑和1座马坑。墓葬的分布颇有规律，规格体现了严格的等级。其中，第一等有虢太子一墓，随葬列鼎7件、簋6件及编钟1套9件，车马坑内置10辆车20匹马；第二等有二墓，随葬列鼎5件、簋4件，车马坑内置5辆车10匹马。这一发现，为判定北虢的地望，探讨虢国的历史文化和当时的丧葬制度，提供了重要的资料。（林寿晋执笔:《上村岭虢国墓地》，科学出版社，1959年）

冬季　广州市文管会黄文宽等在广州市东山梅花村南面的象栏岗，发掘明代弘治至正德年间下葬的南京工部尚书**戴缙及妻周氏合葬墓**。墓内发现保存较好的两具棺椁、干尸及装裹所用衣物，并有两合墓志。（黄文宽:《戴缙夫妇墓清理报告》，《考古学报》1957年

第 3 期）

12 月 13 日，浙江省文管会朱伯谦、金祖明在**黄岩县秀岭水库区**发掘 56 座古代墓葬，其中汉墓 4 座、东吴墓 1 座（墓砖有纪年）、晋墓 46 座（15 座有纪年）、刘宋墓 5 座（4 座有纪年）。工作进行至翌年 1 月 15 日结束。由于这批墓葬有纪年的较多，为当地六朝墓的断代提供了可靠的标尺。所出众多陶瓷器物，则是研究陶瓷演变和早期瓷器发展状况的重要资料。（《黄岩秀岭水库古墓发掘报告》,《考古学报》1958 年第 1 期）

12 月 科学院考古所人员在西安市东郊发掘葬于景龙三年（709 年）的**独孤思敬墓**，出土精美的三彩陶俑。后连同 1957 年在西安市西郊发掘的隋大业四年（608 年）**李静训墓**、唐开元十一年（723 年）**鲜于庭诲墓**，1958 年在西安市东郊发掘的神功二年（698 年）**独孤思贞墓**、开元二十八年（740 年）**杨思勖墓**，由马得志撰写报告。（《唐长安城郊隋唐墓》,文物出版社，1980 年）

12 月 15 日，考古所为本所新近参加工作的众多高、初中毕业生举办见习员冬季训练班，所外个别文物单位人员参加。课程与四届考古训练班相仿，内容包括基础知识、专题报告和考古技术，堪称第五届考古训练班。参与授课的有夏鼐、裴文中、陈梦家、苏秉琦、安志敏、宿白、王仲殊、吕遵谔、邹衡、周永珍、徐苹芳，以及傅振伦、阎文儒、佟柱臣、吴汝康、周明镇等。1957 年 3 月初结束。后将讲稿编辑出版为《考古学基础——中国科学院考古研究所工作人员业务学习教材》（科学出版社，1958 年）。

本年 春季和秋季，四川省文管会王家祐等到涪江流域（平武、射洪等六县）和温江专区进行考古调查。在温江专区，先后发现**新繁县水观音、广汉县月亮湾**和**三星堆**等三处古代遗址，并在水观音配合施工进行清理，发现殷式铜戈与颇具特色的尖底陶罐同出。后又于 1957 年 2—3 月和 1958 年 4—7 月对水观音遗址进行两次发掘。月亮湾则早在 30 年代即曾出土大批玉器。调查者当时判断，这三个遗址的年代相当于殷周时期。（王家祐等：《四川新繁、广汉古遗址调查记》，《考古通讯》1958 年第 8 期；四川博物馆：《四川新繁县水观音遗址试掘简报》，《考古》1959 年第 8 期）

本年　浙江省文管会朱伯谦、王士伦等着手进行**龙泉青瓷窑址**的全面调查和发掘。截至 1961 年，先后在龙泉、丽水、云和、遂昌、永嘉等县发现窑址 200 多处。通过对龙泉大窑、金村和丽水宝定等窑址的发掘，揭露场房、砖池、住室、窑炉等遗迹，获得大批瓷器标本。（朱伯谦、王士伦：《浙江省龙泉青瓷窑址调查发掘的主要收获》，《文物》1963 年第 1 期）

本年　中国建筑科学院建筑历史与理论研究室人员调查浙江**余姚县保国寺大雄宝殿**。根据各部分的营造形制，并参考有关文献记载，判定其建造年代为北宋大中祥符六年（1013 年），基本可信。这是江南地区第一次发现北宋木构建筑。（窦学智执笔：《余姚保国寺大雄宝殿》，《文物参考资料》1957 年第 8 期）

本年　西北大学历史系设立考古专业。1960 年以后停办，1974 年恢复。（《中国考古学年鉴（1984）》第 236 页）

1957 年

1 月　浙江省文管会王士伦等清理建于北宋嘉祐七年（1062 年）的**金华万佛塔塔基**，在"龙宫"中发现铜造像（60 余尊）、金涂塔（15 座）、石经幢（1 座）等珍贵文物。（《金华万佛塔出土文物》，文物出版社，1958 年）

3 月　云南省博物馆筹备处人员对**剑川县海门口挖河工程中**

发现的古代遗址进行调查与试掘。发现似属干栏式建筑的木柱、横梁等遗迹，出土夹砂手制和硬质轮制陶片、磨制石器、骨角器，又有斧、钺、刀、凿、鱼钩等"紫铜"工具。应属铜石并用时期。(《剑川海门口古文化遗址清理简报》,《考古通讯》1958 第 6 期)

3 月　河南省文物工作队裴明相等在**信阳市长台关**发掘规模较大的战国中期 1 号楚墓，发现保存甚好的木构椁室，以及大量漆木器等。随葬品中引人注目的有挂在木架上的 13 件编钟、彩绘木瑟、虎座鸟架鼓和镇墓兽，以及遗策等竹简。后连同翌年发掘的 2 号墓情况，编撰发掘报告。(河南省文物研究所:《信阳楚墓》,文物出版社,1986 年)

3 月　陕西省文管会杭德州等，花费五个月时间，对西安市区的**唐长安城外郭城及大明宫、兴庆宫等遗址**进行初步探测。(《唐长安城地基初步探测》,《考古学报》1958 年第 3 期)

3 月　科学院考古所因大明宫遗址出土"含光殿及毬场等"唐代石刻，决定组建西安唐城发掘队，由马得志主持进行**唐长安城大明宫遗址**的勘察发掘。先后参加工作的有卢兆荫、李德金、冯孝唐、屈如忠等多人。截至 1959 年 5 月，基本上判明大明宫的宫墙范围、城门位置，以及主要宫殿、池、渠的分布情况，并发掘了部分城墙、城门、大型宫殿(麟德殿)基址和多处其他遗址。(马得志执笔:《唐长安大明宫》,科学出版社,1959 年)

3 月　科学院考古所人员在西安城东北俗名"达王殿"、又名"斡耳朵"的地方，勘查**元代安西王府遗址**。府址墙基完整，夯土坚实，中央有高出地面两三米的宏大殿基。殿基中出土五块阿拉伯数码幻方铁板，原均置于石函之中。安西王忙哥剌是忽必烈正后所生第三子，元初镇守甘陕地区，可能晚年信奉伊斯兰教。此次发现的幻方铁板，既是研究阿拉伯数码演变史和数学史的资料，又是当时中西交通频繁的物证。（马得志：《西安元代安西王府勘查记》，《考古》1960年第5期；夏鼐：《元安西王府址和阿拉伯数码幻方》，《考古》1960年第5期，又见《夏鼐文集》第三册）

4月　北京大学考古实习队由宿白、邹衡等率领，1953级本科生严文明、纪仲庆、杨泓、杨锡璋等参加，与河北省文化局文物队合作，在河北**邯郸**进行发掘。在**涧沟遗址**发掘1420平方米，为龙山文化和商代较早时期遗存。在**龟台寺遗址**发掘3000余平方米，为龙山文化和西周时期遗存。又在**百家村**一带，发掘32座战国墓葬。另外，还调查实测**南北响堂山石窟**，并发现小响堂石窟。（北京大学、河北省文化局邯郸考古发掘队：《1957年邯郸发掘简报》，《考古》1959年第10期）

5月　苏州市文物保管委员会人员清理**虎丘云岩寺塔塔身**，判明建塔的时间为959—961年，发现五代吴越国所造金涂塔等佛教文物。（《苏州虎丘塔出土文物》，文物出版社，1958年）

6月　山西省文管会戴尊德等在太原市郊发掘明宣德三年（1428年）葬晋恭王第七子**广昌王朱济熇及妻刘、杨二氏墓**。这是发掘明代藩王墓的开端。（《山西太原七府坟明墓清理简报》，《考古》1961年第2期）

6月　夏鼐在《考古学报》本年第2期发表《中国最近发现的波斯萨珊朝银币》一文（见《夏鼐文集》第三册），对近年中国考古发现中出土的波斯萨珊朝银币进行考释，研讨中西交通史方面问题。由此开拓了中外交通史的考古学研究。

9月　甘肃省博物馆人员对**武威县皇娘娘台遗址**进行第一次发掘，11月结束工作。随后又于1959年夏季和冬季进行第二、三次发掘。先后参加工作的有张学正、宁笃学、郭德勇等。该遗址第一次在齐家文化地层中成批发现红铜工具。（《甘肃武威皇娘娘

台遗址发掘报告》，《考古学报》1960 年第 2 期）

9 月　科学院考古所黄文弼率领的考古队前往**新疆考察**，参加工作的有许景元等。在为期一年的时间里，调查了哈密、伊犁、焉耆、库车及阿克苏、喀什、和田等地区的古城、寺庙等遗址，取得较多的收获。1958 年 9 月结束。（黄文弼遗稿：《新疆考古发掘报告（1957—1958）》，文物出版社，1983 年）

10 月　河南省文化局文物工作队李京华等在**洛阳西郊**发掘的 180 余座汉墓中，有一座**西汉晚期壁画墓**，发现前室顶脊绘有日、月、星象图。这是中国现存年代最早的一幅星象图。（《洛阳西汉壁画墓发掘报告》，《考古学报》1964 年第 2 期；夏鼐：《洛阳西汉壁画墓中的星象图》，《考古》1965 年第 2 期，又见《夏鼐文集》第三册）

11 月　浙江省文管会金祖明等在隋唐五代时期越窑最集中的**余姚县上林湖滨海地区**进行广泛调查。在上林湖周围的 4 个区域发现 20 余处窑址，收集瓷器标本 1000 余件，包括 20 类器物的 100 多种形式。这次调查和其他有关资料，大体表明浙江青瓷的发展概况。（金祖明：《浙江余姚青瓷窑址调查报告》，《考古学报》1959 年第 3 期）

12 月　贵州省博物馆陈默溪等在**清镇县**琊珑坝、苗坟坡发掘 19 座汉墓，发掘进行至 1958 年 2 月。后连同 1956 年和 1957 年在**平坝县**发掘的 9 座汉墓，共计 28 座一并整理。大部分是土坑墓，少部分为砖室和石室墓。随葬的陶器和铜器有一定的特色。几件漆耳杯的铭文表明系元始三年广汉郡、蜀郡工官造。清镇一带系汉代牂牁郡治所在，这批墓葬有其历史意义。（《贵州清镇平坝汉墓发掘报告》，《考古学报》1959 年第 1 期）

12 月　河北省文化局文物工作队刘来成、罗平等在**邯郸峰峰矿区观台镇**发掘北宋至元代磁州窑系的窑址，发掘进行至 1958 年

4月。发现2座瓷窑、1座石灰窑和3座炼焦炉，出土各种窑具，以及552件较完整的瓷器。另收集较完整的零散瓷器2000余件。（《观台窑址发掘报告》，《文物》1959年第6期）

本年　黄河水库考古工作队由安志敏主持，在上年冬季对原**陕县后川村周围**钻探试掘的基础上，进行大规模发掘，至1958年5月结束。其间又曾在**李家窑**和**湖滨区**等地发掘。参加工作的有林寿晋、支沅洪、郑笑梅、谢端琚等20余人。后由叶小燕、支沅洪将其中东周秦汉墓的发掘资料整理编撰考古报告。计有东周墓105座（后川95座，李家窑10座），秦至汉初墓92座（后川34座，铁路区58座），西汉中期至东汉晚期墓35座（后川30座，湖滨5座）。该报告认为：这里的东周墓包括陶器墓、铜器墓和车马坑，是具三晋风格的族墓地。秦至汉初墓和汉墓，则折射出秦取陕城至统一全国的历史文化发展进程，是"一批难得的资料"。（叶小燕等执笔：《陕县东周秦汉墓》，科学出版社，1994年）

1958年

1月　文化部文物局组织中国历史博物馆人员，对河北**易县燕下都城址**进行全面勘察。参加工作的有姚鉴、史树青、李锡经、黄景略等，5月底结束。通过勘察，对城墙的保存和构筑情况、武阳台周围的夯土遗迹情况、高陌村西北的炼铁等手工业遗迹情况，有进一步的了解。（中国历史博物馆考古组：《燕下都城址调查报告》，《考古》1962年第1期）

1月　西安市文管会和陕西省文管会人员对**唐长安城兴庆宫遗址**西南部进行清理发掘。7月1日起，科学院考古所唐城发掘队马得志等接替进行此项工作，至12月底结束。除发掘宫城西南部城垣外，还发掘了勤政务本楼基址和其他建筑遗迹。（马得志：

《唐长安兴庆宫发掘记》,《考古》1959 年第 10 期)

2 月 13 日,人类学家和考古学家林惠祥在厦门逝世,终年 57 岁。

林惠祥,祖籍福建晋江,1901 年 6 月 2 日生于中国台湾。1926 年毕业于厦门大学社会学系,为其第一届毕业生。1928 年菲律宾大学研究院人类学系结业,获硕士学位。1931 年起任厦门大学教授,直至辞世。并先后兼任该校历史社会学系主任、历史系主任、人类博物馆馆长、南洋研究所副所长等职。曾于 1929 年、1935 年两次前往日本侵略者统治下的台湾,只身进行高山族和圆山遗址的实地调查,是中国学者进行这方面考查的第一人。长期关注中国东南沿海,特别是闽海地区的史前文化,发现武平、龙岩、长汀、闽侯等地的诸多遗址。又曾在东南亚和印度等地进行考古、民族调查,都有开拓之功。所著考古论文主要有:《福建南部的新石器时代遗址》《台湾石器时代遗物之研究》《中国东南区新石器文化特征之一:有段石锛》。(《中国大百科全书》第一版《考古学》卷"林惠祥"条)

3 月 尹达在科学院考古所的一次全体人员会议上,首次提出"建立马克思主义中国考古学体系"的口号,随后又在应邀为北京大学考古专业师生作报告时再次提到这个口号,引起大家的热烈讨论。

3 月 河南省文化局文物工作队人员清理**邓县**的**南朝画像砖墓**。墓室和甬道均用带莲花纹饰的砖砌成,并嵌砌模印的画像砖。墓门上部和两侧壁画,绘挂刀侍立的门吏、兽面和飞天图像;墓室和甬道两壁的砖柱上,嵌砌挂刀侍吏等图像;后壁有"玄武"图像。墓室两侧砖柱,表现前列鼓吹的牛车出行行列。这里显示的 50 多件仪仗,反映了墓主生前拥有部曲武装的情形。(《邓县彩

色画象砖墓》，文物出版社，1958 年）

4 月　中国第一座遗址博物馆——西安半坡博物馆建成开放。
（《文物博物馆事业纪事》第 131—132 页）

春季　科学院考古所重新组建安阳工作队，长期进行**殷墟**的考古发掘。尹达兼任安阳队队长至 1961 年。其间，具体负责的副队长先后由周永珍、魏树勋、林寿晋、安志敏、高广仁等担任，参加田野工作较多的有张长寿、胡谦盈、陈志达、徐锡台等。本年的主要收获是，从梅园庄一期文化遗存中获知殷墟存在与二里冈下层接近的商代较早遗存。（中国社会科学院考古研究所：《殷墟的发现与研究》第 479—480 页，科学出版社，1994 年）

4—6 月　南京市文物保管委员会李蔚然等在**南京老虎山**发掘**东晋颜氏族葬墓群**。清理的 9 座墓中，5 座保存较好（4 座出有文字资料），所出墓志和印章表明墓主分别为颜含次子媳、三子与孙，及另一后裔。颜含是《晋书》有传的显贵，追随晋元帝东渡，三个儿子均有盛名。墓地按尊卑排序，墓志书体为隶意尚存的楷书，以及墓中所出墨的成分接近现代，都有研究价值。（《南京老虎山晋墓》，《考古》1959 年第 6 期）

5 月　黄河水库考古队陕西分队由刘观民、李遇春负责，发掘**华阴县横阵遗址**。其仰韶文化遗存属半坡类型，发现三座多人合葬坑，为研究当时的家族形态提供重要资料。龙山文化遗存属庙底沟二期文化。上半年发掘至 8 月，秋季和翌年继续发掘。
（《陕西华阴横阵遗址发掘报告》，《考古学集刊》第 4 期，1984 年）

6 月　广东省博物馆彭如策等前往**韶关县马坝乡狮子山岩洞**调查，发现旧石器时代中期的古人类化石。该化石后被定名为"马坝人"。（《广东马坝人类及其他动物化石地点调查简报》，《古脊椎动物与古人类》第 1 卷第 2 期，1959 年；梁钊韬、李见贤：《马坝人发现地点的调查及人类头骨化石的初步观察》,《中山大学学报（社会科学版）》1959年第1、2期合刊；吴汝康、彭如策：《广东韶关马坝发现的早期古人类型人类化石》,《古脊椎动物与古人类》第1卷第4期，1959年）

5—6月　黄河水库考古队山西分队由胡谦盈、张彦煌负责发掘**芮城县东庄村遗址**，揭露面积1180平方米，发现仰韶文化的房址2座、窑址9座、灰坑43个、墓葬5座（单人2，双人和多人各1，瓮棺1）。当时认为出土器物的文化特征介于仰韶文化半坡、庙底沟两种类型之间，因而提出东庄村类型。后连同1960年发掘西王村遗址的情况，撰写为《山西芮城东庄村和西王村遗址的发掘》（《考古学报》1973年第1期）。

夏季　科学院考古所张云鹏等发掘**蕲春县毛家嘴遗址**。遗址面积约两三万平方米。在三个水塘底部，发现由木柱、木墙板和平铺木板构成的大型建筑遗迹，一组有木柱109根，一组有木柱171根，两组合计范围5000平方米以上，可分别复原两座和三座干栏式房屋。出土具西周早期特征的遗物，其中有爵和斧、锛、刀、镞等铜器，鬲、鼎、簋、爵、尊等陶器，以及卜骨和卜甲。又发现成堆的稻谷痕迹。1996年在距毛家嘴不远的新屋塆发现一处青铜器窖藏，出土7件西周早期铜器，有一件方鼎的铭文与毛家嘴铜爵相同，都是一个"西"字。（《湖北蕲春毛家嘴西周木构建筑》,《考古》1962年第1期；吴晓松、洪刚：《湖北蕲春达城新屋塆窖藏青铜器及相关问题的研究》,《文物》1997年第12期）

夏季　在破除迷信、解放思想的"大跃进"形势下，北京大学考古专业师生一面集体编写《中国考古学》教材，一面批判资产阶级学术思想。关于前者，由于有计划发掘的典型遗址和墓地尚少，并且尚未公布详细发掘资料，专题研究和综合研究不足，仓促之间难以达到理想的高度。关于后者，曾在《考古通讯》本

年第 11、12 期和《考古》杂志 1959 年第 1 期发表批判夏鼐主编
《辉县发掘报告》、苏秉琦旧著《斗鸡台沟东区墓葬》，以及李济的
"反动思想"等文章，存在着认识模糊、界限不清，否定考古工作
正常秩序的问题。

　　5 月　　科学院考古所张云鹏、金学山等以长江流域规划办公
室文物考古直属队的名义，在湖北郧县和均县进行调查发掘，发
现新石器时代和历史时期遗址 85 处，发掘**郧县青龙泉、大寺**和
均县朱家台、乱石滩等新石器时代遗址。工作进行至 1961 年。
（《1958 至 1961 年湖北郧县和均县发掘简报》，《考古》1961 年第 10 期；中
国社会科学院考古研究所长江工作队：《湖北郧县和均县考古调查与试掘》，
《考古学集刊》第 4 期，1984 年）

　　9 月　　17 日，毛泽东主席在合肥参观安徽省博物馆，曾高兴
地双手撑扶战国时期楚国大鼎拍照，并且说："一个省的主要城市
都应该有这样的博物馆，人民认识自己的历史和创造的力量是一
件很要紧的事。"（《毛主席参观了安徽省博物馆》，《文物参考资料》1958
年第 12 期第 3 页及卷前照片）

　　9 月　　江西省文管会人员在**南城县**清理发掘嘉靖年间的**明益
庄王朱厚烨及妻（妃）王、万二氏墓**，后又陆续发掘益端、益宣、
益定三代王墓。这是现存明代藩王墓较多的一系，为研究明代
后期的藩王葬制提供较多的资料。（《江西南城明益庄王墓出土文物》，
《文物》1959 年第 1 期）

　　9 月　　广西**柳江通天岩**洞穴发现属智人阶段的人类化石，后
被命名为**"柳江人"**。（吴汝康：《广西柳江发现的人类化石》，《古脊椎动
物与古人类》第 1 卷第 3 期，1959 年）

　　10 月　　科学院考古所赵学谦等开始进行**宝鸡北首岭遗址**的大
规模发掘。本年发掘至 12 月结束，1959 年和 1960 年继续发掘，

合计发掘面积 4500 平方米。在此揭露了保存较完整的仰韶文化聚落遗址，并发现早于仰韶文化半坡类型的遗存，命名为"北首岭类型"。后连同 1977—1978 年补充发掘的收获，由刘随盛、梁星彭等编撰考古报告《宝鸡北首岭》(文物出版社，1983 年)。

10 月　科学院考古所黄展岳等在西安市汉长安城南郊，安门和西安门以南约 1 公里处发掘一组**西汉礼制建筑基址**，发掘延续至 1960 年底，历时两年有余。这组建筑基址由 12 个正方形小院落组成。北边 11 座小院落排列成 4、3、4 三行，再绕围墙形成正方形的大院落。每个小院落均有四门和四隅"夹室"的围墙，环绕正方形中心基址。大院落在 11 座小院落南，正中又有独立的小院落，但其中心基址的边长比另 11 座多一倍。经考证研究断定，这组礼制建筑基址，是王莽于地皇元年(20 年)营建的"九庙"。"九庙"西南的社稷遗址和东南的辟雍遗址，也都进行过发掘。(黄展岳执笔：《西汉礼制建筑遗址》，文物出版社，2003 年)

秋季　科学院考古所洛阳发掘队高天麟等发掘**洛阳东干沟遗址**。前此曾于 1956 年末发掘东干沟村北东周城墙时，在战国文化层下发现打破仰韶文化层的两座小墓，所出陶器既近于龙山文化，又近于商代。这次发掘面积 500 平方米，在叠压龙山文化灰坑的文化层中，出土遗物以方格纹陶片为多，篮纹次之，磨光、素面和绳纹较少。经分析研究认为，其文化性质与郑州洛达庙的遗存接近，因而引起考古学界的重视。(《1958 年洛阳东干沟遗址发掘简报》，《考古》1959 年第 10 期)

秋季　河北省文化局文物工作队郑绍宗等在新城县北场村发掘金代初期**巨鹿郡王时立爱及其子时丰墓**。两墓都已被盗，均尚存壁画。所出墓志文字甚多，墓地又出土时立爱的神道碑，对《金史》本传等记载有所补充。(《河北新城县北场村金时立爱和时丰墓

发掘记》，《考古》1962 年第 12 期）

秋季　北京大学考古专业以黄河水库考古工作队陕西分队华县队的名义，于本年秋季至 1959 年秋季在**华县柳子镇**进行考古实习发掘。参加工作有教师高明和研究生杨建芳、张忠培等，以及 1954 级本科生徐光冀、邵望平、任式楠、殷玮璋等。其中泉护村遗址未发表正式报告。**元君庙**的仰韶文化半坡类型墓地，发掘墓葬 57 座，后由张忠培编写报告，根据七组 15 座叠压关系及随葬陶器的排比，将墓葬分为三期；又根据占半数以上合葬墓（少者 2 人、最多 28 人）有同性、异性、成人与小孩三种情形，而其中二次葬者居多，对其反映的社会组织状况进行了探讨。（《陕西华县柳子镇考古发掘简报》《陕西华县柳子镇第二次发掘的主要收获》，《考古》1959 年第 2、11 期；张忠培主编：《元君庙仰韶墓地》，文物出版社，1983 年）

10—11 月　黄河水库考古工作队甘肃分队谢端琚等发掘**永靖县张家嘴遗址**。发现辛店文化叠压齐家文化的地层关系。齐家文化的内涵比较单纯，辛店文化则甚丰富，发现 86 个灰坑，文化性质与洮河流域典型的辛店文化有所不同，由此提出辛店文化张家嘴类型的命名。（《甘肃永靖县张家嘴遗址发掘简报》，《考古》1959 年第 4 期）

11 月　5 日，陕西省考古研究所成立（后机构曾有变动，1978 年恢复）。（《中国考古学年鉴（1984）》第 218 页）

12 月　河南省文化局文物工作队李京华等在**巩县铁生沟**发掘西汉中晚期冶铁遗址。遗址总面积 2 万多平方米，发现炼炉 8 座，锻炉、炒钢炉、退火脱碳炉各 1 座，烘范窑 11 座，多种用途的长方形排窑 5 座，以及废铁坑、配料池和房基。出土大量耐火材料、炼渣、鼓风管残段、铁范、泥范、冶铸工具、煤炭等燃料，以及生铁铸成的铁板和各种工具。是目前所知汉代冶铁遗址中发现最丰富的一处。（《巩县铁生沟》，文物出版社，1962 年）

12月 1—3日，中央文化部、中国科学院、长江流域规划办公室联合召开长江流域文物考古工作会议。决定成立长江流域规划办公室文物考古队，推选科学院考古所副所长牛兆勋兼任总队长，文化部文物局副局长王书庄和湖北省文化局副局长曹建国兼任副总队长。该文物考古队由长办领导，并在业务上接受文化部和中国科学院的指导。有关各省成立分队，由省文化局领导，并在业务上接受总队部的指导。（《长江流域文物考古会议情况介绍》，《考古》1959年第1期）

冬季 浙江文管会人员在杭州施家山发掘吴越文穆王钱元瓘次妃吴汉月墓；后又于1965年夏季在杭州玉皇山下发掘钱元瓘墓。二墓均为石室，后室顶部都刻星象图，是研究古代天文学史的重要资料。（《杭州、临安五代墓中的天文图和秘色瓷》，《考古》1975年第3期）

1959年

1月 10日，由《考古通讯》改版的《考古》1959年第1期，刊载吕遵谔、严文明等16人联名的倡议书：《建议成立中国考古学会》。

1月 19—26日，为庆祝中华人民共和国成立十周年，中国科学院考古研究所与文化部文物局在北京召开编写新中国十年考古座谈会。参加座谈会的有北京、河北、山西、山东、江苏、河南、湖北、湖南、广东、四川、陕西、甘肃等省和洛阳市文物考古单位的代表，会上交流了各地十年来的主要考古成就和最新发现。尹达作为当时中国考古学界的主要领导人，在会上作了报告，针对1958年出现的否定基本操作规程偏向，提出"立中有破，边立边破"的工作方针，重申"建立马克思主义中国考古学体系"的口号，号召"在三五年的时间内，在全国范围内，把我国各个阶段的各种文化遗存搞出一个科学的完整的系统"。同时又表明对类型学方法的态度，强调陶器研究的重要意义，批评全然否定"瓦罐排队"的错误倾向。（《编写新中国十年考古座谈会在京召开》，《考古》1959年第2期）

1月　山西省文管会侯马工作站畅文斋发掘侯马金大安二年（1210年）**董氏兄弟雕砖墓**。墓内发现杂剧俑和戏台模型。戏台在雕砖砌成的墓室北壁的上方正中，为山花向前形式，5个绘彩的杂剧俑排成一列，正在作场。这是中国古代戏曲史的重要研究资料。（《侯马金代董氏墓介绍》，《文物》1959年第6期）

2月　河南省文化局文物工作队裴明相等在**南阳市瓦房庄**发掘汉代冶铁遗址。遗址面积12万平方米，揭露2000平方米。是西汉中晚期至东汉晚期一处以铸锻铁器为主的作坊。发现熔炉5座、锻炉9座、炒钢炉数座，及烘范窑残迹。炉基附近又有水井、火烧槽和范坑。出土大量的铁渣、鼓风管、耐火砖、泥范、木炭、铁块等。铸制的铁器有农具、工具及鼎、釜等，锻制铁器有兵器、工具和车马器。（《南阳汉代铁工厂发掘简报》，《文物》1960年第1期）

3月　浙江省文管会姚仲源、梅福根等发掘**嘉兴县马家浜遗址**。发掘面积213平方米，发现1座长方形房基、3个灰坑，及30具人骨。文化遗存与1957年发掘的吴兴邱城遗址下层一致，陶器以外红里黑或表红胎黑的泥质陶为特色，器形以腰沿釜、喇叭形圈足豆、牛鼻形耳罐、圆锥足鼎为主。这种文化遗存，曾被归入青莲岗文化。后命名为"马家浜文化"，又发现江苏的吴兴梅堰、吴县草鞋山等遗址。后综合分析已有 ^{14}C 测年数据，并参考晚期崧泽文化数据，马家浜文化的绝对年代被推断为公元前5000年至前4000年。（《浙江嘉兴马家浜新石器时代遗址的发掘》，《考古》

1961 年第 7 期；浙江省文物考古研究所、嘉兴博物馆：《马家浜》，文物出版社，2019 年）

　　3 月　安徽省文化局文物工作队殷涤非等在**屯溪市郊奕棋村**发掘两座具明显地方特点的**西周土墩墓**。1965 年和 1972 年又曾发掘。几座墓均无墓穴，在平地上用卵石砌出墓室范围，上置随葬品，然后堆筑未加夯打的封土。随葬品中的青铜礼器，有的形制和纹饰与中原地区同类器物相同，多数具有明显的地方特色；大量的原始瓷器，更是东南地区的产品。后由安徽省博物馆李国梁主持，将屯溪先后发掘的 8 座土墩墓资料编撰正式考古发掘报告。（《安徽屯溪西周墓葬发掘报告》，《考古学报》1959 年第 4 期；殷涤非：《安徽屯溪周墓第二次发掘》，《考古》1990 年第 3 期；李国梁：《屯溪土墩墓发掘报告》，安徽人民出版社，2006 年）

　　3 月　河北省文化局文物工作队敖承隆等发掘**定县北庄东汉大墓**，9 月结束工作。这是一座砖石结构的合葬墓，坐北向南，砖砌墓室由墓道、东耳室、前室、后室及其回廊组成。墓室围以石材构筑的"题凑"，顶部又平铺三层石材。石材为方形或长方形，共计 4000 余块，其中 174 块发现有凿刻或墨书的石工题名（多在顶部第一层）。出土两套鎏金铜缕的玉衣片 5000 多枚，有的背面墨书"中山"字样。随葬品有玉塞、玉枕、玉璧、玉具剑，以及铜、陶器皿和兵器等。根据弩机建武卅二年（56 年）纪年铭等资料推断，墓主应为卒于永元二年（90 年）的中山简王刘焉夫妇。（《河北定县北庄汉墓发掘报告》，《考古学报》1964 年第 2 期）

　　3 月　陕西省考古所泾水队人员着手在铜川县黄堡镇附近**发掘唐宋时期耀州窑遗址**。窑址范围周长达 5 公里，发掘出 12 座平面呈马蹄形、顶部为拱形的窑炉，单座或两三座并列；窑炉火堂前发现作坊、堆料场、晾坯场等遗迹。作坊内发现贮存瓷泥或釉

料的陶缸、粉碎瓷土用的石碾，以及砖砌的水沟，设备齐全，规模较大。(《陕西铜川耀州窑》，科学出版社，1965 年)

4 月　《考古》本年第 4 期发表夏鼐《关于考古学上文化的定名问题》(又见《夏鼐文集》第二册)，该文对考古学命名这一基本理论问题，作出科学的明确回答。从而统一了考古学界对考古学文化命名问题的认识，推进考古研究的健康发展，尤其对中国新石器时代文化、类型和分期的研究有重要的指导作用。

4 月　北京大学考古专业继续以黄河水库考古队陕西分队华县队名义进行田野考古实习，由张忠培率领，1956 级本科生李伯谦、杨育彬和 1958 级本科生樊锦诗、段鹏琦等参加。除进行考古调查外，曾试掘老官台遗址，发掘了两个灰坑，所出陶器具有与仰韶文化不同的特征。继而又在元君庙的仰韶文化半坡类型墓葬填土中，发现老官台类型陶片，判明老官台类型早于半坡类型的相对年代。后来有学者将其称作"老官台文化"。(《华县、渭南古代遗址调查与试掘》，《考古学报》1980 年第 3 期)

4 月　内蒙古自治区文物队等单位合组的辽中京发掘委员会，由李逸友主持，对宁城县辽中京遗址进行全面勘查和重点发掘，基本上弄清楚辽中京城址的结构和主要建筑布局。(《辽中京城址发掘的重要收获》，《文物》1961 年第 9 期)

4—5 月　科学院考古所年逾七旬的著名古史专家徐旭生率领工作队，前往豫西进行"夏墟"探查工作，方酉生等参与。最重要的收获是在偃师二里头发现早于郑州二里冈、晚于河南龙山文化的遗存。随后，由赵芝荃主持对二里头遗址持续进行大规模发掘，开拓了探索夏文化的田野考古工作。(徐旭生：《1959 年夏豫西调查"夏墟"的初步报告》，《考古》1959 年第 11 期)

5 月　黄河水库考古队谢端琚、郑乃武等进行永靖县大何庄齐家文化聚落遗址的发掘，7月初结束，8—11月继续工作，发掘面积共 1500 多平方米。发现 7 座房基，多为长方形地面建筑，最大一座则为半地穴式，保存甚好，面积 36 平方米；82 座墓葬，多为单人仰身直肢，随葬品除陶器、石器、红铜和青铜制品外，还有数量不等的猪、羊下颚骨，反映了贫富不均的社会状况。墓地附近还发现祭祀场所"石圆圈"。（《甘肃永靖大何庄遗址发掘报告》，《考古学报》1974 年第 2 期）

5月　科学院考古所人员在**安阳豫北纱厂**附近，发掘隋开皇十五年（595 年）入葬的**张盛墓**。墓为砖砌单室，出土陶瓷俑 95 件、青瓷器皿 52 件，以及数十件模型器。某些器物前所未见。青瓷器应为相州窑产品，制作甚精。（《安阳隋张盛墓发掘记》，《考古》1959 年第 10 期）

5月　科学院考古所人员在**安阳市**西北高楼庄北，发现并清理**后冈商代圆形葬坑**，发现多具人骨及戍嗣子鼎等青铜器。当时原地保存，未全部发掘。后来鉴于下层人骨严重损坏，遂于 1977 年彻底清理。坑内共发现 73 个个体人骨，出土青铜礼器戍嗣子鼎和卣、爵，青铜兵器刀、戈、镞，32 件陶器，以及铜铃、铜泡、海贝等。（郭沫若：《安阳圆坑墓中鼎铭考释》，附录安志敏：《关于安阳后冈殉葬圆坑的说明》，《考古学报》1960 年第 1 期；又见《殷墟发掘报告（1958—1961）》第 265—279 页，文物出版社，1987 年）

春季　科学院考古所魏树勋、陈志达等开始发掘**安阳市苗圃北地商代铸铜遗址**。遗址面积约一万平方米，截至 1961 年秋发掘2400 多平方米。发现几处与铸铜有关的烧土硬面、姜石粉硬面，可能是制作并烘烤陶范的场地。又发现有围墙的 7 座房基，1 处用以浇铸大型铜器的半地穴工棚。出土大量铸铜遗物，包括熔炉和坩埚、陶范和陶模、修磨工具，以及燃料等。陶范以各种礼器

为主，也有少量兵器。（《殷墟发掘报告（1958—1961）》第 11—59 页）

春季　科学院考古所陈久恒等对洛阳市区**隋唐东都城**重新进行勘查（1960 年秋进一步工作），重点考查了外郭城、宫城、皇城及周围诸小城的范围、平面布局，判明一些城门的位置，并发掘皇城南面西侧的右掖门。（《隋唐东都城址的勘查和发掘》，《考古》1961 年第 3 期）

5—6 月　南京市文物保管委员会人员在**江宁县**观音山，发掘明定远王**沐晟墓**，又调查已被盗掘的黔宁王**沐英墓**。（《南京江宁县明沐晟墓清理简报》，《考古》1960 年第 9 期）

6 月　南京博物院王志敏等在**宜兴**汤渡村附近的**均山一带**，对南京艺术学院人员发现的吴晋时期青瓷窑址进行试掘。发现直径约 20 米、高 4 米的残窑墩，有的用砖筑成。出土各种窑具和许多日用器皿的残片。（《宜兴县汤渡村古青瓷窑址试掘简报》，《文物》1964 年第 10 期）

6 月　山东省文物管理处、济南市博物馆合作，由杨子范主持，在**泰安县大汶口镇**与宁阳县堡头村之间的大汶河畔发掘一处新石器时代墓地。墓地面积 82 万平方米，发掘墓葬 130 多座，随葬品丰富。其中 14 座有木质葬具痕迹，8 座为合葬墓。因其遗存别具特色，有一定的地域分布，又曾对其他遗址进行发掘，后被命名为"大汶口文化"。后经测定和树轮校正，整个大汶口文化的年代被判定为公元前 4200 至前 2600 年。（《大汶口——新石器时代墓葬发掘报告》，文物出版社，1974 年）

7 月　甘肃省博物馆郭德勇等对 1957 年以来发掘的**武威县磨嘴子西汉晚期墓地**继续进行发掘，在 6 号墓发现三本九篇《仪礼》简册，**共计 469 简 27332 字**。科学院考古所派遣陈梦家前往兰州，协助进行整理研究。判明其为未经打乱师法家法、未糅合今古文以前的后（仓）氏本；篇次不同于大戴（德）小戴（圣），可能是失传已久的庆（普）氏之学。这在中国文献学研究上具有重要意义。（甘肃省博物馆、中国科学院考古研究所编著：《武威汉简》，文物出版社，1964年）

7—8月　四川省博物馆沈仲常等发掘位于瞿塘峡东口南侧的**巫山县大溪遗址**，四川大学历史系1957级学生参加。本年11—12月再次发掘。发掘面积共计228平方米，发掘墓葬74座。因其遗存别具特色，在长江中游地区陆续有相同类型遗址的发现，后将其命名为"大溪文化"。后经测定并经树轮校正，整个大溪文化的年代被判定为公元前4500年或前4600年至前3300年。（《四川巫山大溪新石器时代遗址发掘记略》，《文物》1961年第11期）

8月　吉林省博物馆王承礼、曹正榕等对曾出土贞惠公主墓碑的**敦化县六顶山渤海前期王室墓地**进行发掘清理工作。清理大型石椁墓6座、中型石椁墓和小型石棺墓各1座。其中贞惠公主墓（A·M2）墓顶为抹角叠砌式，见于集安高句丽墓；所出两件石狮，为唐代风格。（《吉林敦化六顶山渤海古墓》，《考古》1961年第6期）

9月　北京大学考古专业邹衡带领1955级本科生王炳华、邹厚本等，在**洛阳市王湾等遗址**进行考古发掘实习；1960年春李仰松、严文明带领1957级本科生郭大顺、乌恩、刘一曼等继续发掘，发掘面积共计3350平方米。整理研究认为，遗存为研讨仰韶文化与龙山文化的传承关系提供重要依据。其中的一期文化接近于仰韶文化庙底沟类型，二期文化介于仰韶文化和龙山文化之间，一般仍归入仰韶文化，称作"王湾类型"，三期是过去所称河南龙山文化的核心和主体，摒弃其^{14}C测年中过早和过晚数据，一般认为绝对年代大约在公元前2600年至前1900年之间。（北京大学考古文博学院编著：《洛阳王湾——考古发掘报告》，北京大学出版社，2002年）

9 月 文化部文物局派遣王毅、宿白、宋伯胤、魏树勋等组成调查组，前往**西藏的拉萨、日喀则、萨迦、江孜、山南等地**，进行古代文物调查。（王毅：《西藏文物见闻记》，《文物》1960 年第 6 期，第 8、9 期合刊，第 10 期；1961 年第 1 期，第 3 期，第 4、5 期合刊）

9 月 陕西省文管会雒忠如、王玉清在**潼关吊桥**发掘东汉太尉**杨震家族墓地**。墓地一字排列 7 墓，均为有仿木结构门楼的砖室大墓，随葬品以陶明器为主，又出土铜质车马器和漆器饰件，以及玉石器等。发掘者根据《后汉书》杨震本传及明代修复茔地碑文，推测七墓的墓主。王仲殊曾作进一步讨论。（《潼关吊桥汉代杨氏墓群发掘简记》，《文物》1961 年第 1 期；参看王仲殊：《汉潼亭弘农杨氏冢茔考略》，《考古》1963 年第 1 期）

9 月 河南省文物工作队杨宝顺调查**鹤壁市中新煤矿**井下发现的古代采矿遗迹。发现全长 500 多米的 4 条巷道，10 处采煤区，巷道和采煤区壁上有 100 多个灯龛；出土用于运输的条筐和扁担，排水用的辘轳，照明与日用的白色和黑色瓷器。根据出土瓷器的特征推断，应为宋元时期的采矿遗迹。（《河南鹤壁市古煤矿遗址调查简报》，《考古》1960 年第 3 期）

10 月 新疆维吾尔自治区博物馆李遇春等进入塔克拉玛干大沙漠，进行**民丰县尼雅遗址、巴楚县脱库孜沙来遗址**等项调查发掘。又发掘**吐鲁番县阿斯塔那**北区的高昌墓葬。（《新疆民丰县北大沙漠中古遗址墓葬区东汉合葬墓清理简报》《新疆吐鲁番阿斯塔那北区墓葬发掘简报》，均见《文物》1960 年第 6 期）

10 月 科学院考古所金学山、郑笑梅、纪仲庆、刘勋等发掘湖北**郧县青龙泉遗址**，1961 年 5 月结束工作。首次集中地揭示了屈家岭文化的各类遗迹，并判明屈家岭文化的相对年代。获知屈家岭文化晚于仰韶文化，而早于相当于龙山文化的另一种遗存，

后者被暂名为"青龙泉三期文化"。后连同大寺遗址编撰考古报告。(《青龙泉与大寺》,科学出版社,1991 年)

10 月　黄河水库考古队谢端琚、郑乃武等发掘甘肃**永靖县秦魏家齐家文化墓地**。本年进行至 12 月,1960 年 4—5 月继续发掘。共发掘 138 座墓葬,其中合葬墓 24 座(主要是成年男女合葬),为探讨齐家文化的家族形态,追溯我国进入青铜时代的时间,提供了重要资料。(《甘肃永靖秦魏家齐家文化墓地》,《考古学报》1975 年第 2 期)

11—12 月　福建省文管会许清泉等在**崇安县**(现名武夷山市)南部,对城村西南丘陵上的**汉代城址**,在复查的基础上进行试掘。初步了解城垣的范围和建筑状况,平面呈不规则长方形,周长 2555 米。试掘面积 800 多平方米,揭露一座面阔 20 间、进深 4 间、罗列柱础的宫殿基址(面积 47×10 平方米),汉代砖瓦堆积甚多。遗址出土大量的汉代陶器和铁器。后来于 1980 年代进行大规模发掘,但对城址的年代和性质,长期存在不同意见。一般认为年代属西汉前期,发掘者主张其为"闽王城"的宫城。(《福建崇安城村汉城遗址试掘》,《考古》1960 年第 10 期)

12 月　南京博物院罗宗真等在**淮安县杨庙镇**发掘 5 座**宋代杨氏墓**。其中两座有表现生活图景的壁画,纪年分别为嘉祐五年(1060 年)和绍圣元年(1094 年),后者墓主为左班殿直杨公佐。墓地出土漆器共计 75 件,器铭表明系杭州、温州和江宁产品,具有重要的研究价值。(《江苏淮安宋代壁画墓》,《文物》1960 年第 8、9 期合刊;罗宗真:《淮安宋墓出土的漆器》,《文物》1963 年第 5 期)

12 月　山东省博物馆人员发掘**安丘县董家庄**东汉晚期大型**画像石墓**。由甬道和前、中、后室,及侧室、耳室各一组成。墓内有画像 60 余幅,总面积 400 平方米以上;画面构图复杂,形象生动，技法多样，是目前所见最大的画像石墓。墓主姓氏无考，应为当时的显贵。（《山东安丘汉画象石墓发掘简报》，《文物》1964 年第 4 期）

冬季　四川省文管会王家祐调查**彭县竹瓦街**发现的青铜器窖藏。计有不同形制和纹饰的铜罍 5 件、尊 1 件、觯 2 件，及戈、戟等兵器 8 件。推断其年代属殷末周初。（王家祐：《记四川彭县竹瓦街出土的铜器》，《文物》1961 年第 11 期）

12 月　26 日，长江流域规划办公室文物考古队在武汉举行有关各省分队队长会议，汇报长办文物考古队成立一年来的田野考古工作，夏鼐出席会议并作了题为《长江流域考古问题》的报告。（见《夏鼐文集》第一册）

本年　陕西省考古所凤翔队徐锡台等对**凤翔县秦都雍城遗址**开展调查与试掘，初步了解城址的范围和遗存分布情况。后于 1973 年再作勘查发掘。（《秦都雍城遗址勘查》，《考古》1963 年第 8 期）

本年　科学院考古所由马得志主持，对**唐长安城**的城垣、城门、街道、里坊及宫城、皇城等布局情况进行全面勘察，并发掘**大明宫含元殿遗址、东市和西市遗址**。（马得志：《1959—1960 年唐大明宫发掘简报》，《考古》1961 年第 7 期）

本年　山西省考古研究所成立（后机构曾有变动，1980 年恢复）。

本年　为摸清晋南地区的古代文化面貌，科学院考古所山西工作队张彦煌、张子明、高天麟等与山西省考古所邓林秀、吴振禄等合作，于本年至 1963 年，围绕探索夏文化的学术任务，在中条山南麓的**黄河沿岸、涑水流域、汾河下游及浍河流域**，进行四次较大规模的考古调查，涉及芮城、永济、临猗、运城、夏县、闻喜、绛县、侯马、曲沃、翼城、襄汾、临汾、新绛、稷山、河津等 15 个县市约 8000 平方公里的范围。后又于 1973、1977、

1980、1982 年进行补充调查和重点复查。先后参加的人员，科学院考古所即有近 20 人。共计发现古代文化遗址 316 处，一处遗址中常包含几种不同文化遗存，其中 120 处含仰韶文化遗存、102 处含庙底沟二期文化遗存、93 处含龙山文化遗存、42 处含东下冯类型文化遗存，另有商代、西周、东周、汉代、北朝等时代遗存各若干处。(《晋南考古调查报告》，《考古学集刊》第 6 期，1989 年）

1960 年

1 月　河南省文物工作队安金槐等在**密县打虎亭村**西，清理发掘两座相连的东汉大墓。两墓虽早年被盗一空，均保存有较好的大面积画像石，2 号墓又有大幅壁画。画像面积均达 200 平方米左右，内容丰富，线条流畅。发掘者根据《水经注》的记载，推测 1 号墓墓主为弘农太守张伯雅。(河南省文物研究所：《密县打虎亭汉墓》，文物出版社，1993 年）

1 月　山西省文管会和山西省考古研究所人员在**芮城县**永乐宫旧址附近，对元代全真教重要人物**宋德方**、**潘德冲**及传吕纯阳**墓**进行发掘。宋、潘二墓均有线雕孝子故事等内容的石椁，宋墓又有墓志。吕墓则实为北宋时期的夫妇合葬墓。(《山西芮城永乐宫旧址宋德方、潘德冲和"吕祖"墓发掘简报》，《考古》1960 年第 8 期）

3 月　陕西省考古所汉水队人员开始发掘**西乡县李家村遗址**，发现具新石器时代早期特征的遗存，被视为探索仰韶文化前身的可靠线索。本年进行至 9 月，1961 年 5—11 月再次发掘。共揭露 490 平方米。学者有的称之为"李家村文化"，有的将其归入"老官台文化"。(《陕西西乡李家村新石器时代遗址 1961 年发掘简报》，《考古》1962 年第 6 期）

3 月　南京博物院、江苏省文物工作队由尹焕章主持，对江苏邳县刘林遗址进行第一次发掘，6 月结束。后于 1964 年春季再次发掘。两次发掘面积共计 4025 平方米，清理墓葬 197 座。后确认其遗存主要属于大汶口文化较早阶段。（《江苏邳县刘林新石器时代遗址第一次发掘》，《考古学报》1962 年第 1 期；《江苏邳县刘林新石器时代遗址第二次发掘》，《考古学报》1965 年第 2 期）

3 月　山东省文管会、科学院考古所山东队等单位共同发掘潍坊市姚官庄遗址，吴汝祚、郑笑梅等参加工作。这是 1949 年以后首次发掘出土的含有丰富重要资料的龙山文化遗址，发掘面积 1725 平方米，为确认典型龙山文化提供了地层和实物依据，从而将其从笼统的龙山文化中剥离出来。（山东省文物考古研究所等：《山东姚官庄遗址发掘报告》，《文物资料丛刊》第 5 期，1981 年）

4—5 月　科学院考古所山东队吴汝祚等发掘山东平度县东岳石村遗址，发掘面积近 300 平方米。发现晚于山东龙山文化、早于商代二里冈期的文化遗存，后命名为"岳石文化"。（《山东平度东岳石村新石器时代遗址与战国墓》，《考古》1962 年 10 期）

4—6 月　科学院考古所内蒙古队刘观民、徐光冀等发掘赤峰药王庙、夏家店遗址，将当地的青铜文化区分为相当于夏商时期的夏家店下层文化和相当于西周春秋时期的夏家店上层文化。（《内蒙古赤峰药王庙、夏家店遗址试掘简报》，《考古》1961 年第 2 期）

4 月　河北省文化局文物工作队唐云明等在井陉县发掘柿庄、北孤台宋金时代墓，9 月结束工作。柿庄 10 座，北孤台 4 座，共 14 座。其中除一座砖石混筑墓外，另 13 座均为砖室墓，墓室平面有方形、圆形、六角形和八角形 4 种。墓壁仿木构建筑，有保存较好的砖雕、壁画和泥塑。（《河北井陉县柿庄宋墓发掘报告》，《考古学报》1962 年第 2 期）

4—5 月　科学院考古所安阳队安志敏、高广仁等发掘安阳市

小南海洞穴遗址，发现旧石器时代晚期以小型石器为特征的文化遗存。(安志敏:《河南安阳小南海旧石器时代洞穴堆积的试掘》,《考古学报》1965年第1期)

5月 科学院考古所山西队张彦煌等发掘**芮城县西王村遗址**，7月结束工作，发掘面积385平方米。由此提出"仰韶文化西王村类型"的命名，并发现西王村类型晚于庙底沟类型、早于早期龙山文化的地层关系，为研究晋南仰韶文化的分期及其与龙山文化的发展关系提供了重要资料。(《山西芮城东庄村和西王村遗址的发掘》,《考古学报》1973年第1期)

5月 中国科学院新疆维吾尔自治区分院成立考古研究所。(后机构曾有变动，1979年属自治区社会科学院。)

夏季 内蒙古文物工作队郑隆等在**扎赉诺尔**发掘一批年代约当1世纪的少数民族墓葬，有学者推测其族属为拓跋鲜卑。(《内蒙古扎赉诺尔古墓群发掘简报》,《考古》1961年第12期)

6月 国务院发出致各省市自治区文(公文号国文曾字180号)，转发文化部关于古代帝王陵墓的报告。鉴于现有条件尚不成熟，有些文物的保存技术问题还没有解决，强调:"目前考古发掘工作应当以配合各项建设工程为中心任务，凡不属于配合建设规划或工程范围内的帝王陵墓及其他发掘工作可暂缓进行。"(《文物博物馆事业纪事》第173页)

6月 中国科学院古脊椎动物与古人类研究所(以下简称"科学院古脊椎所")、山西省文物工作委员会合组发掘队，由贾兰坡主持、王建等参加，发掘**山西芮城县匼河一带**的旧石器时代遗址，该遗址地质年代属早更新世。(《匼河》,科学出版社,1962年)

6—7月 科学院考古所谢端琚、郑乃武等以黄河水库考古队甘肃分队名义发掘**临夏县姬家川遗址**，发掘面积675平方米。再次发现辛店文化晚于齐家文化的地层关系。又因该遗址辛店遗存的文化面貌与张家嘴有明显的区别，提出"姬家川类型"的命名。（《甘肃临夏姬家川遗址发掘简报》，《考古》1962 年第 2 期）

7 月　北京大学考古专业将 1958 年师生集体编写的《中国考古学》教材，经过较大程度的修改与重写，作为征求意见本铅印成册（16 开，154 页），在全国考古单位散发。其内容包括"旧石器时代""新石器时代""商周""战国秦汉""魏晋—宋元"五编。

7 月　广东省文管会与华南师范学院历史系人员在**韶关县**附近发掘唐开元名相**张九龄墓**，杨豪等参与。这座大型砖砌单室墓，墓室方形，四角攒尖顶，室内中央筑长方形棺床，前置墓志一合。甬道两侧又有侧室。墓室和甬道有壁画残迹。该墓屡经盗掘，现存随葬品以釉陶器为主，又有少量瓷器、滑石器和铜镜等。（《唐代张九龄墓发掘简报》，《文物》1961 年第 6 期）

8 月　陕西省文管会杭德州等在**乾县**发掘为唐乾陵陪葬的**永泰公主墓**，发掘延续到 1962 年。墓主名李仙蕙，系武则天孙女。地面有覆斗形封土、土阙和石象生，地下由墓道、过洞、天井、甬道和前后墓室组成，全长 87.5 米。甬道和墓室砖砌，有内容丰富、绘制极精的壁画。早年被盗，出土墓志一合，残存随葬品 1300 多件。（《唐永泰公主墓发掘简报》，《文物》1964 年第 1 期）

8 月　北京市文物工作队苏天钧等在**北京南郊**发掘辽北平王**赵德钧夫妇合葬墓**。工作进行至 11 月。该墓下葬于应历八年（958 年），为大型仿木建砖室墓，包括前、中、后及其左右共计 9 室，平面均为圆形。各室原有壁画，多已残毁。随葬器物因多次盗掘，残存不多，陶瓷残片中有青瓷和定窑白瓷。出土铜钱多达 73900 余枚，这在古墓发掘中是罕见的。发掘前墓地出土墓志一方，志文约 1400 余字，表明墓主姓氏及下葬时间。墓志记载

与《旧五代史》和《辽史》本传大体相合。(《北京南郊辽赵德钧墓》,
《考古》1962 年第 5 期)

9 月　科学院考古所谢端琚、郑乃武等以黄河水库考古队甘
肃分队名义发掘**临夏县马家湾遗址**,首次发现马家窑文化马厂类
型的住房基址。发掘进行到 11 月。(《甘肃临夏马家湾遗址发掘简报》,
《考古》1961 年第 11 期)

10 月　根据国务院《关于加强侯马地区古城遗址的勘探发
掘工作的通知》精神,在文化部文物局的领导下,由山西省文
物工作委员会、科学院考古所、中国历史博物馆,及河南、山
东、江西等省人员,组成**侯马市**考古发掘委员会发掘队,由张颌
组织领导,发掘"牛村古城"南面的**东周时期铸铜遗址**。发掘进
行至 1961 年 5 月,1962—1964 年继续进行。陆续参加的各单位
人员五六十人,发现大量与铸铜相关的遗迹和遗物,特别是大量
铸造青铜礼器、乐器、车马器、兵器、工具、生活用具的各类陶
范。相关发掘资料,1965 年曾着手整理,后被搁置,遭受严重损
失。直到 1975—1979 年,由黄景略、叶学明主持,重新进行整
理,编撰报告。(山西省考古研究所编:《侯马铸铜遗址》,文物出版社,
1993 年)

10 月　文化部文物局、科学院考古所与长江流域规划办公室
共同举办第一届长江流域文物考古工作人员训练班。

10 月　厦门大学人类博物馆人员在福建**建阳县**芦花坪发掘**宋
代建窑遗址**,遗存堆积三层,早期曾烧青黄釉瓷,晚期改烧黑瓷,
出土窑具甚多,其中垫饼都有"供御""进琖"等字铭,应是北宋
后期烧制御用茶盏的窑具。后于 1971 年再次发掘。(《福建建阳水
吉宋建窑发掘简报》,《考古》1964 年第 4 期)

11 月　上海市文物保管委员会黄宣佩等对**青浦县崧泽遗址**进

行钻探和试掘，翌年 5—6 月第二次试掘。两次试掘共揭露 500
平方米，除发现烧土面和灰坑外，清理墓葬 51 座。根据地层关
系判明，崧泽遗存晚于马家浜文化，由此提出"崧泽文化"的命
名。后又于 1976 年进行发掘。（《上海青浦县崧泽遗址的试掘》，《考古
学报》1962 年第 2 期；《崧泽——新石器时代遗址发掘报告》，文物出版社，
1987 年）

　　11 月　16 日，古文字学家王献唐在济南逝世，终年 64 岁。

　　王献唐，山东日照人，生于 1896 年 9 月 24 日。青岛高等专
门学校土木工程科毕业。1929—1948 年任山东省立图书馆馆长，
1949 年后任山东省文物管理委员会副主任、中国科学院考古研究
所学术委员，曾致力于收集整理山东出土的商周铜器、汉画像石、
邹滕陶文、临淄封泥等珍贵文物，对山东地区的文物保护和田野
考古工作卓有贡献。在学术上，长于金石文字和版本目录之学，
著述甚丰，已经出版的专著有《中国古代货币通考》《古文字中
所见火烛》《黄县㠱器》等，又有未完遗稿《国史金石志稿》等。
（《中国大百科全书》第一版《考古学》卷"王献唐"条）

　　11 月　陕西省考古所韩伟等前往**褒斜道石门附近**，调查栈道
遗迹结构及历代石刻分布情况，曾绘制石刻分布图。后又于 1963
年 2 月继续工作。（《褒斜道石门附近栈道遗迹及题刻的调查》，《文物》
1964 年第 11 期）

　　本年　科学院考古所金学山等以长江流域规划办公室文物
考古队直属工作队的名义，在发掘**郧县青龙泉遗址**的同时，又对
郧县**大寺**、均县**朱家台和乱石滩**等遗址进行发掘，初步判明江汉
地区新石器时代文化的年代序列，并为探讨当地与黄河流域新石
器文化的关系提供重要资料。（《1958—1961 年湖北郧县和均县发掘简
报》，《考古》1961 年第 10 期）

本年 南京博物院罗宗真在南京市**西善桥**附近发掘一座南朝大墓,南京市文物保管委员会李蔚然在**富贵山**发现晋恭帝玄宫石碣。此后 20 年间,两单位在南京及丹阳县境陆续发掘南朝大墓,据考订应为晋恭帝及南齐、梁、陈的帝王陵墓。(罗宗真:《南京西善桥油坊村南朝大墓的发掘》,《考古》1963 年第 6 期;李蔚然:《南京富贵山发现晋恭帝玄宫石碣》,《考古》1961 年第 5 期;参看罗宗真:《魏晋南北朝考古》第 100 页,文物出版社,2001 年)

本年 科学院考古所洛阳队陈久恒等开始勘查**洛阳隋唐东都城**的皇城、宫城及其附属小城的平面布局,并对洛河两岸的街道、里坊作全面探讨。(《隋唐东都城址的勘查和发掘》,《考古》1961 年第 3 期)

1961 年

3 月 4 日,国务院发布《关于进一步加强文物保护和管理工作的指示》,并公布 1960 年 11 月 17 日国务院第 105 次会议通过的《文物保护管理暂行条例》及《第一批全国重点文物保护单位名单》(180 处)。(《文物博物馆事业纪事》第 182 页)

6 月 湖南省博物馆高至喜等发掘**长沙砂子塘西汉木椁墓**。该墓虽曾被盗掘,仍有保存较完好的漆绘外棺,出土 43 件墨书木封泥匣及其他零星文物。(《长沙砂子塘西汉墓发掘简报》,《文物》1963 年第 2 期)

7 月 河北省文物工作队为做好**易县燕下都故城**的文物保护工作,由孙德海、李晓东等组成工作组,对该城址重新进行全面勘探,以进一步了解城址的建筑年代及遗迹分布情况。认为东城的营建年代稍早,约为战国中期,即不晚于燕昭王时期,逐步形成城内各种遗迹;西城则为后来增筑的附郭。1962 底基本完成任务。(《河

北易县燕下都故城勘察和试掘》,《考古学报》1965年第1期）

8月　山西省考古研究所解希恭等前往**太原市东南郊东太堡**,调查当地出土"代食官糟锺""清河大后中府锺"等汉代铜器及半两钱、马蹄金的情况,判定该地应为西汉武帝时期的清河太后墓。(《太原东太堡出土的汉代铜器》,《文物》1962年第4、5期合刊）

9月　北京大学考古专业教师高明、邹衡、俞伟超等带领张文彬、樊锦诗、段鹏琦等1958级本科生进行田野考古实习（1962年1月结束）。在北京**昌平雪山遗址**的发掘中发现的三期文化遗存,一期与红山文化类似,二期相当于龙山文化,三期相当于夏商时期。(《北京大学考古学系五十年（1952—2002）》第46页）

10月　**长安张家坡**发现**西周铜器窖藏**,科学院考古所赵永福进行清理,出土铜器53件,这是该地区出土西周铜器数量最多的一次。其中11种32件有铭文,字数最多的有元年师旋簋99字（4件）、五年师旋簋59字（3件）、孟簋42字（3件）。(郭沫若:《长安县张家坡铜器群铭文汇释》,《考古学报》1962年第1期;中国科学院考古研究所编:《长安张家坡西周铜器群》,文物出版社,1965年）

10月　夏鼐著《考古学论文集》,由科学出版社出版。收录作者1940年代和1950年代的论著10篇。

秋季　科学院新疆分院民族研究所考古组李遇春、穆舜英等在伊犁地区的昭苏、特克斯、察布查尔、伊宁、霍城、绥定等县进行古代墓葬的调查。试掘**昭苏县**两座**土墩墓**,初步推断其为汉化乌孙民族的墓葬。其间,李遇春等又和自治区博物馆李征等,分别对博尔塔拉自治州**温泉县和阿勒泰的石人墓**进行考查,认为应属唐代的突厥民族。(《昭苏县古代墓葬试掘简报》,李遇春:《博尔塔拉自治州石人墓调查简记》,李征:《阿勒泰地区石人墓调查简报》,均见《文物》1962年第7、8期合刊）

12 月　山西省考古所王克林在**侯马**东周城址南面的**上马村**，发掘 14 座春秋时期墓葬，出土"庚儿鼎"等重要文物。（《山西侯马上马村东周墓葬》,《考古》1963 年第 5 期）其后，该所于 1963、1973、1978、1987 年，在该地累计发掘西周晚期至春秋战国之际的墓葬 1300 多座。参加工作的有王克林、张守中、叶学明、吴振禄等。这批墓葬为春秋时期晋墓的分期断代，当时埋葬制度及有关社会问题的考察，提供了丰富资料。后由吴振禄主持编撰考古报告（《上马墓地》,文物出版社，1994 年）。

12 月　西安市**三桥镇高窑村**出土 22 件西汉时期铜器（鉴、鼎、锤、钫、铜），绝大部分有纪年铭文。西安市文管会何质夫、考古所西安研究室黄展岳先后前往勘查发掘，推断该地应为汉代上林苑内的一处宫观遗址。（《西安三桥镇高窑村出土的西汉铜器群》,《考古》1963 年第 2 期）

本年　科学院古脊椎所与山西省文物工作委员会合作，由贾兰坡主持、王建参加，发掘**芮城县西侯度遗址**。工作进行至 1962 年，发现一批更新世早期石制品。（贾兰坡、王建:《西侯度——山西更新世早期古文化遗址》,文物出版社，1978 年）

本年　江西省文管会彭适凡等在**修水县山背地区**进行三次考古调查，工作进行至 9 月。发现 43 处遗址，选择跑马岭、杨家坪等地点进行试掘。这里的新石器时代遗存，器物以红陶为主，颇具特点，后被命名为"山背文化"。（《江西修水山背地区考古调查与试掘》,《考古》1962 年第 7 期）

本年　科学院考古所由黄展岳主持进一步勘查西安市北郊的**汉代长安城遗址**。究明了**长乐宫、未央宫**和**桂宫**的范围，以及城内主要干道的形制。城西**建章宫**的范围，也大体勘查清楚。工作进行至 1962 年。（《中国科学院考古研究所 1961 年田野工作的主要收

获》,《考古》1962 年第 5 期）

本年　科学院考古所西安唐城发掘队由马得志主持进一步勘查西安市区的**唐代长安城遗址**。在 1959—1960 年普遍钻探的基础上，对城址、街道、里坊的布局和形制，进行全面的复查与核实，据以绘制唐代长安城的实测图和复原图。工作进行至 1962 年，参加工作的主要有卢兆荫、李德金等。（《唐代长安城考古纪略》,《考古》1963 年第 11 期）

本年　科学院考古所洛阳唐城队由陈久恒主持进一步勘查洛阳市区**隋唐东都城遗址**。截至 1963 年春季，已对洛河南北两岸的街道和里坊布局，以及南市的位置，进行了全面探查，并对个别里坊进行重点勘查。后又于 1965 年秋季进行一次复查。参加工作的有冯普仁等。（《中国科学院考古研究所 1961 年田野工作的主要收获》,《考古》1962 年第 5 期）

本年　《新建设》杂志、《光明日报》和其他报刊，先后发表关于"曙石器"问题和中国猿人石器性质，以及中国猿人是不是最早人类的讨论文章。讨论延续至 1962 年。参加讨论的有裴文中、贾兰坡、吴定良、吴汝康、梁钊韬、张森水等。

本年　《考古》杂志开展关于仰韶文化的分期、类型、社会制度等问题的讨论。讨论延续至 1962 年及再后一些时候。参加讨论的有安志敏、杨建芳、吴汝祚、张忠培、严文明、许顺湛等。

1962 年

1 月　广州市文管会麦英豪等在**广州东郊罗冈**发掘两座长方形竖穴木椁墓，墓葬形制和随葬陶器基本一致。其中一座出土秦代兵器"十四年属邦"戈。这是岭南地区首次确认的秦墓。（《广州东郊罗冈秦墓发掘简报》,《考古》1962 年第 8 期）

2 月　陕西省文管会王玉清、雒忠如等对**临潼**县境的**秦始皇陵**首次进行全面勘查。主要收获是判明陵园内外城墙和坟丘的范围，发现部分陶、石水道和房室遗迹。（《秦始皇陵调查简报》,《考古》1962 年第 8 期）

2—5 月　河北省文物工作队孙德海等对**曲阳县涧磁村定窑遗址**，在 1961 年试掘的基础上，发掘 420 平方米。遗址面积 117 万平方米，始自晚唐五代，盛于北宋，出土不同时期的瓷器和窑具。（《河北曲阳县涧磁村定窑遗址调查与试掘》,《考古》1965 年第 8 期）

3 月　江西省文管会彭适凡、郭远谓等试掘**万年县仙人洞洞穴遗址**（1964 年 2 月又由李家和等再次发掘）。洞内有两层文化堆积，彼此差别较大，但均以渔猎和采集经济为特征。下层兽骨经 ^{14}C 测定，未经校正的年代为公元前 6875±240 年，是中国首次确认的新石器时代早期遗存。（《江西万年大源仙人洞洞穴遗址试掘》,《考古学报》1963 年第 1 期）

3 月　陕西省文管会何修龄、雒忠如等勘查**汉武帝茂陵**及其附近的遗址和墓葬，工作进行至 12 月。随后，该会和有关地县文管部门陆续勘查西汉诸陵。（《陕西兴平县茂陵勘查》,《考古》1964 年第 2 期）

5 月　科学院考古所刘观民、徐光冀等在内蒙古巴林左旗发掘**富河沟门遗址**，工作进行至 7 月，发现有叠压关系的 37 座方形或圆形房基，所出陶器多为饰"之"字形压纹的夹砂陶，石器则为大型打制石器和细石器。因其文化面貌独具特色，命名为"富河文化"。后又在**南杨家营子遗址**的发掘中，发现红山文化早于富河文化的地层证据。经 ^{14}C 测定并校正的一个年代数据为公元前3510 年至前 3107 年。（《内蒙古巴林左旗富河沟门遗址发掘简报》,《考古》1964 年第 1 期）

6 月　吉林省博物馆辑安考古队王承礼与李殿福、方起东等在**集安县洞沟**发掘五盔坟四号、五号等高句丽晚期的大型壁画墓。工作进行至 8 月。后又由方起东会同县文管所人员，调查高句丽南北道上的关隘和城堡，并发掘麻线沟一号墓。（《吉林辑安五盔坟四号和五号墓清理略记》，《吉林辑安高句丽南道和北道上的关隘与城堡》，《吉林辑安麻线沟一号壁画墓》，见《考古》1964 年第 2 期、第 10 期）

6 月　内蒙古文物队李逸友等考查**巴林左旗**境内的**辽上京城址**。对皇城作重点勘察与和试掘，钻探了街道系统，测绘了平面图和地形图。后又多次进行复查。（内蒙古文物考古研究所：《辽上京城址勘查报告》，《内蒙古文物考古文集》，中国大百科全书出版社，1994 年）

8 月　夏鼐主编、科学院考古所集体编著的《新中国的考古收获》出版。该书对新中国成立十年来的考古工作成果进行了初步总结。出版后迅速被日本考古学者译成日文出版。

8 月　广东省文管会莫稚等在**清远县马头岗**调查发掘**东周时期墓葬**，出土一些略具地方特点的青铜乐器、容器和兵器。后来又在清远、德庆、肇庆、四会及广西恭城等地陆续发现这类青铜器。（《广东清远发现周代青铜器》，《考古》1963 年第 2 期；《广东清远的东周墓葬》，《考古》1964 年第 3 期）

9 月　应《红旗》杂志的约稿，夏鼐撰写发表《新中国的考古学》一文。该文在《新中国的考古收获》对已有考古研究成果进行总结的基础上，将中国考古学的基本课题从理论上归纳为六个方面：人类起源和人类在我国境内开始居住时间问题，生产技术发展和人类经济生活问题，古代社会结构和社会关系问题，国家起源、城市发展和夏文化问题，精神文化（艺术、宗教、文字等）方面问题，汉民族和中华民族共同体的形成过程问题。这对全国的考古发掘与研究有重要的指导意义。（《红旗》1962 年第 17 期，《考

古》1962 年第 9 期转载，又见《夏鼐文集》第一册）

9 月　科学院考古所山东队高广仁、任式楠等发掘山东**曲阜县西夏侯遗址**，发掘面积 89 平方米。主要收获是清理 11 座大汶口文化墓葬，第一次从地层学上判明大汶口的年代早于山东龙山文化，并为大汶口文化的分期研究提供依据。翌年 10—11 月再次发掘。（《山东曲阜西夏侯遗址第一次发掘报告》，《考古学报》1964 年第 2 期）

10 月　梁思永未完稿、高去寻辑补的大型考古报告《侯家庄——河南安阳侯家庄殷代墓地》第二本《1001 号大墓》在台北出版。后又陆续出版第三本《1002 号大墓》(1965 年)、第四本《1003 号大墓》(1967 年)、第五本《1004 号大墓》(1970 年)、第六本《1217 号大墓》(1968 年)、第七本《1500 号大墓》(1974 年)、第八本《1550 号大墓》(1976 年)、第九本《1129、1400、1443 号大墓》(1996 年)。

秋季　科学院考古所郑振香等发掘**安阳大司空村**的殷代文化遗存，第一次根据发掘现场中的地层关系进行殷墟文化的分期，将其划分为早晚相承的四期。（《1962 年安阳大司空村发掘简报》,《考古》1964 年第 8 期）

本年　甘肃省博物馆人员发掘**武山县石岭下遗址**，"发现典型的马家窑类型地层之下，还有一层文化面貌更接近于庙底沟类型的文化遗存。这种遗存，后来在临洮马家窑和天水罗家沟又有发现，其地层关系是居于下层庙底沟和上层马家窑类型之间，从而不仅再次证明了马家窑类型晚于庙底沟类型，而且庙底沟类型通过石岭下发展为马家窑类型的前后因袭关系，也看得更清楚了"。这种类型即被称为"石岭下类型"，属马家窑文化早期。（甘肃省博物馆、北京大学历史系考古专业连城考古发掘队:《从马家窑类型驳瓦西里耶夫的"中国文化西来说"》,《文物》1976 年第 3 期）

1963 年

3 月　云南省文物工作队胡振东等在**昭通县后海子**清理发掘一座东晋太元十余年间（386—394 年）入葬的**壁画墓**。墓主霍承嗣生前曾任建宁、越嶲、兴古三郡太守，南夷校尉，交、宁二州刺史等职。（《云南省昭通后海子东晋壁画墓清理简报》，《文物》1963 年第 12 期）

4 月　《文物精华》第二集发表夏鼐《新疆新发现的古代丝织品——绮、锦和刺绣》一文，《考古学报》1963 年第 1 期转载。这是中国学者第一次进行出土丝织品纺织工艺的研究，对中国科技史的考古学研究有重要的推进作用。

4—5 月　甘肃省文化局文物工作队组织的炳灵寺石窟调查组，再次进行**永靖县炳灵寺石窟**的全面调查。参加工作的有岳邦湖、乔今同、董玉祥等。判明现有窟、龛总数为 195 个，并在 169 号窟发现西秦建弘元年（420 年）的墨书题记，比第一次勘查所知年代提早将近 100 年。（《调查炳灵寺石窟的新收获——第二次调查（1963）简报》，《文物》1963 年第 10 期）

6 月　湖北省博物馆郭德维、陈贤一对**黄陂县盘龙城商代遗址**进行首次发掘。在楼子湾附近发掘一处建筑遗迹和 5 座墓葬，初步判定遗址的时代大约属于二里冈期。1974—1994 年，由陈贤一负责，继续进行发掘。（湖北省博物馆：《一九六三年湖北黄陂盘龙城商代遗址的发掘》，《文物》1976 年第 1 期；湖北省文物考古研究所：《盘龙城：1963—1994 年考古发掘报告》，文物出版社，2001 年）

7 月　科学院古脊椎所黄万波等在陕西**蓝田县**西北**陈家窝子**附近两个地点的中更新世地层，分别发现直立人下颌骨化石，及打击痕迹明显的石制品。翌年又在县东**公王岭**南坡的同一地层，发掘出直立人头骨化石、三棱大尖状器为特色的石器，以及人类用火痕迹。吴汝康所作研究认定这是亚洲北部最古老的直立人化石。两处人类化石曾被泛称"**蓝田人**"，现时或以"蓝田人"专指后者，而称前者为"陈家窝人"。1964 年和 1966 年，戴尔俭主持进行的公王岭附近两次发掘，进一步加深对蓝田猿人文化的认识，认为是"目前世界上中更新世地层中所见到的最早的石器文化之一"，"具有我国以至东南亚的旧石器文化特色"，即石片石器占很大比重和石器以单面打制为主。（吴汝康：《陕西蓝田发现的猿人头骨化石》，《古脊椎动物与古人类》第 10 卷第 1 期，1966 年；戴尔俭：《陕西蓝田公王岭及其附近的旧石器》，《古脊椎动物与古人类》第 10 卷第 1 期，1966年；戴尔俭、许春华：《蓝田旧石器的新材料和蓝田猿人文化》，《考古学报》1973 年第 2 期）

7 月　科学院古脊椎所王择义、尤玉柱等前往山西**怀仁县**，调查**鹅毛口**石器制造场遗址。遗址范围达 2 万平方米，以火山岩类为主要原料的大量细小石器遍地皆是，埋藏地层属全新世。贾兰坡的研究认定其为新石器时代早期遗存。（贾兰坡、尤玉柱：《山西怀仁鹅毛口石器制造场遗址》，《考古学报》1973 年第 2 期）

夏初　科学院古脊椎所王择义、尤玉柱等对山西**朔县峙峪村**的旧石器时代遗址进行为期 50 天的发掘，开掘土方 70 立方米。获得大量以细小石器为主要特征的石制品，地质年代属晚更新世。贾兰坡的研究认定其年代早于山顶洞而晚于丁村，文化特点与萨拉乌苏、小南海等遗址接近；并且提出华北地区新石器时代存在着细小石器文化系统。（贾兰坡等：《山西峙峪旧石器时代遗址发掘报告》，《考古学报》1972 年第 1 期）

夏季　科学院考古所内蒙古队在**赤峰**地区工作。刘观民、刘晋祥等发掘**西水泉遗址**的三个地点，揭露面积 774 平方米，首次发现红山文化居址。徐光冀等发掘**蜘蛛山遗址**，揭露 100 平方米，发现红山文化、夏家店下层文化、夏家店上层文化和战国至汉初四层文化堆积，并在战国至汉初层发现燕国半瓦当、秦始皇陶量等。（《赤峰西水泉红山文化遗址》，《考古学报》1982 年第 2 期；《赤峰发掘蜘蛛山遗址的发掘》，《考古学报》1979 年第 2 期）

8 月　尹达为在中央党校讲课而撰写的《新石器时代考古工作的回顾与展望》一文完稿。该文系作者协助郭沫若主编《中国史稿》，具体组织第一册原始社会部分的撰写，全面检视新石器时代考古文献后有感而发，对新石器时代考古研究提出诸多指导性意见。例如，指出应将研究工作的不同阶段区分开来，考古发掘与整理报告、比较研究与综合研究、复原氏族制度历史，三者既不可分割，又不可混同；强调"把长时期内各种不同文化在不同地区的发展过程弄清楚"，探寻"两种不同类型文化遗存交汇的地区"，以及陶器在新石器时代研究中的作用，等等。全文包括"新发现和新问题""现状和展望"两个部分，见所著《新石器时代》第 155—240 页（生活·读书·新知三联书店，1979 年）。其中"现状和展望"部分，曾在《新建设》1963 年第 10 期发表（《考古》1963 年第 11 期转载）。

9 月　四川大学历史系和四川省博物馆合作，由冯汉骥主持试掘**广汉县月亮湾遗址**，再次发现形制与商周时期相似的圭、璋、琮、璧等玉石器物。（四川省博物馆、四川大学历史系考古教研组：《广汉中兴公社试掘简报》未刊稿，冯汉骥、童恩正《记广汉出土的玉石器》述及，《文物》1979 年第 2 期；又马继贤：《广汉月亮湾遗址发掘追记》，《南方民族考古》第 5 辑，1993 年）

9 月　科学院考古所东北工作队人员前往**宁城县南山根**，清理发掘当地发现的一座夏家店上层文化石椁墓。随葬品以青铜器为主，既有中原地区西周春秋时期的鼎、簋、簠、戈、矛等，又有具浓厚地方特色的鼎、鬲、双联罐、豆形器，及短剑、马具、牌饰等。这是夏家店上层文化出土遗存青铜器最多的一次。(《宁城县南山根的石椁墓》，《考古学报》1973年第2期)

9月　敦煌文物研究所为配合莫高窟加固工程，邀请科学院考古所派遣马得志、卢兆荫，协助发掘**莫高窟窟前遗址**，发现一批五代、宋、西夏和元代的佛寺遗址，敦煌文物研究所参加工作的有潘玉闪、马世长等。(潘玉闪、马世长:《莫高窟窟前殿堂遗址》，文物出版社，1985年)

9月　科学院考古所组织东北考古队，夏鼐为队长、牛兆勋为代理队长。参加工作的有考古所、相关省区及其他方面人员共计40余人。第一组由安志敏负责，前往辽宁省的沈阳、鞍山、抚顺、大连、旅顺、金县，及内蒙古的赤峰、宁城等地，调查新石器时代与青铜时代的遗址和墓地。第二组由王仲殊负责，前往吉林省的吉林、集安、延吉、和龙、敦化、珲春及黑龙江的桓仁、宁安等地，调查高句丽时代与渤海时代的遗址和墓地。(《中国社会科学院考古研究所概览(1950—2000)》第29页，2000年)

10月　北京大学考古专业严文明等与甘肃省博物馆蒲朝绂等合作，发掘**兰州青岗岔遗址**。揭露面积80余平方米，发现保存较完整的马家窑文化半山类型的房基、齐家文化双室房基等遗迹，从而彻底否定安特生的"半山葬地说"，并且从地层学上判明齐家文化晚于半山类型。(甘肃省博物馆:《甘肃兰州青岗岔遗址试掘简报》，《考古》1972年第3期)

10—11月　中国科学院哲学社会科学部召开第四次学部委员扩大会议，会前要求各研究所负责提交有关学科1963—1970八年规划(草案)。考古所在夏鼐的主持下起草了《1963—1970年考古学研究工作规划（草案）》。本规划及以后制定的规划，都将"中国新石器时代文化的分期与分布"和"夏文化的探索"列于重要位置。

11 月　23 日，甲骨学家董作宾在台北逝世。

董作宾，字彦堂，河南南阳人。生于清光绪二十一年二月二十四日（1895 年 3 月 20 日）。1923—1924 年入北京大学研究所国学门为研究生。1925—1927 年，在福建协和大学、河南中州大学和广州中山大学任教。1928 年起在中央研究院历史语言研究所考古组工作，累任至研究员，并曾代理台北史语所所长（1951 年）。曾八次主持或参加殷墟发掘，后专治甲骨文字。1948 年被选为中研院院士。由他主编的《殷墟文字甲编》（1948 年）和《乙编》（1948—1953 年），集录抗战以前殷墟发掘的甲骨文 13000 余片。他于 1931 年和 1933 年发表的《大龟四版考释》《甲骨文断代研究例》二文，论证甲骨文断代学说，对甲骨学研究有开创性贡献。又著有《殷历谱》（1945 年）等书。（《中国大百科全书》第一版《考古学》卷"董作宾"条）

11—12 月　南京博物院尹焕章、张正祥、纪仲庆等发掘江苏**邳县大墩子遗址**。发掘面积 128 平方米，遗址分上下两层，下层属青莲岗类型遗存，上层的 42 座墓葬分属刘林、花厅两类型，并有叠压关系。这是研究大汶口文化分期问题的重要资料。（《江苏邳县四户镇大墩子遗址探掘报告》，《考古学报》1964 年第 2 期）

11—12 月　河南省文化局文物工作队赵青云等在鹤壁市汤、淇两河沿岸的**鹤壁集**，发掘**宋元时代民间窑址**。初步揭示窑址的地层关系，清理出窑炉、作坊等生产遗迹，发现瓷土、釉药等原料及煤块等燃料，并获得大量完残瓷器和匣钵。（《河南省鹤壁集古代瓷窑址发掘简报》，《文物》1964 年第 8 期）

本年 陕西宝鸡市贾村出土一件硕大的西周初期铜尊。后于1975 年筹备中国古代青铜器出国展览时，马承源发现器内铸有铭文 122 字，内容涉及成王营建洛邑事，作器者为"何"，因而命名"何尊."（王光永：《宝鸡市博物馆新征集的饕餮纹铜尊》，《文物》1966 年第 1 期；马承源：《何尊铭文初释》，《文物》1976 年第 1 期）

本年 科学院考古所洛阳工作队许景元等勘查**汉魏洛阳故城**的城垣、街道、宫城，以及城南的明堂、辟雍、太学等遗址。后来对三雍遗址，分别进行长时间的发掘。（《汉魏洛阳城初步勘查》，《考古》1973 年第 4 期；《汉魏洛阳故城南郊礼制建筑遗址：1962—1992 年考古发掘报告》，文物出版社，2010 年）

本年 北京大学侯仁之、俞伟超等前往河套以西的**乌兰布和沙漠北部地区**，进行古代遗迹的考察。勘查了被判定为汉代朔方郡最西部的临戎、三封和窳浑三座城址，以及"鸡鹿塞"一线的汉代烽燧遗址。（侯仁之、俞伟超：《乌兰布和沙漠的考古发现和地理环境的变迁》，《考古》1973 年第 2 期）

1964 年

年初 洛阳市文物工作队贺官保等组成的**洛阳北窑西周墓**发掘组，在上年秋季初步工作的基础上，对该墓地进行全面钻探和发掘。截至 1966 年夏，先后发掘 348 座西周贵族墓和 7 座车马坑。这批墓葬虽被严重盗掘，仍出土不少铜器和玉器，对西周考古研究有其重要意义。参加工作较多的有张剑、蔡运章、陈长安等。（《洛阳北窑西周墓》，文物出版社，1999 年）

3 月 云南省文物工作队孙太初、熊瑛等发掘**祥云县大波那**的**木椁铜棺墓**。出土的青铜制品除奇特的干栏式屋形棺外，有生产工具、兵器、生活器具，以及动物模型、铜鼓等。发掘者认为

死者可能属于汉代的昆明族。(《云南祥云大波那木椁铜棺墓清理报告》,
《考古》1964 年第 12 期)

3 月　12 日，中国考古学会筹备委员会在北京成立，郭沫若
任主任委员，尹达、夏鼐、翦伯赞、裴文中、唐兰、梁思成、徐
平羽、陈乔等为筹备委员。原定本年 7 月下旬在北京召开成立大
会，后因故搁置。(《夏鼐日记》卷七第 16、39、41 页)

3 月　四川大学历史系童恩正前往川西北**岷江上游**的茂县、
理县、汶川地区，进行**石棺墓**的调查发掘，共清理 28 座墓葬。后
与冯汉骥 1938 年清理的墓葬资料一并发表。所出铜器、铁剑和双
耳陶罐有明显的特征，又有半两钱同出，推测墓主可能属于汉代
西南夷中的冉駹人。(冯汉骥、童恩正:《岷江上游的石棺葬》,《考古学
报》1973 年第 2 期)

4 月　中国科学院珠穆朗玛地区科学考察队在西藏**定日县**的
苏热地方，采集打制石片和石器 40 件这些遗存被认为属旧石器时
代中晚期，将人类在世界屋脊生活的时间提早了几万年。(张森水:
《西藏定日新发现的旧石器》, 见中国科学院西藏科学考察队:《珠穆朗玛峰
地区科学考察报告（1966—1968）·第四纪地质》, 科学出版社, 1976 年)

春季　科学院考古所洛阳队赵芝荃、殷玮璋、方酉生、高
天麟等在**偃师县二里头遗址**进行发掘。对 1960 年秋钻探发现、
1961 年秋开始发掘的大面积夯土遗迹，经过两年多的努力，终
于判明其为二里头发现的第一座大型宫殿基址，总面积达 1 万平
方米。(《河南偃师二里头遗址发掘简报》,《考古》1965 年第 5 期)

春季　科学院考古所洛阳汉魏城队许景元等在**汉魏洛阳故城**
南郊发掘东汉时期的**刑徒墓地**。经发掘的 522 座墓出土墓砖 820
多块，记录了这批服劳役致死刑徒的姓名、刑名、郡县、部属及
死亡日期等情况，是研究当时历史的重要资料。(《东汉洛阳城南郊

的刑徒墓地》,《考古》1972 年第 4 期;《汉魏洛阳故城南郊东汉刑徒墓地》,
文物出版社，2007 年)

　　5—6 月　河北省文化局文物工作队孙德海等在**易县燕下都城**
址，发掘东城**九女台墓区**的十六号墓。该墓地面有高大封土，墓
室有南北墓道，出土列鼎等成套的陶质仿铜礼器，又有陶质编钟、
编镈和石编磬等，制作精致，葬制规格甚高。(《河北易县燕下都第
十六号墓发掘》,《考古学报》1965 年第 2 期)

　　6 月　李济、万家保合著《古器物研究专刊》第一本《殷虚
出土青铜觚形器之研究》，在台北出版。后又陆续出版第二本《殷
虚出土青铜爵形器之研究》(1966 年)、第三本《殷虚出土青铜
斝形之研究》(1968 年)、第四本《殷虚出土青铜鼎形器之研究》
(1970 年)、第五本《殷虚出土伍拾叁件青铜容器之研究》(1972
年)。五本共收早年殷墟发掘出土的青铜礼器 170 件。

　　6—7 月　南京博物院汪遵国等在江苏**六合县程桥**附近，首次
发掘春秋晚期的吴国贵族墓葬。随葬器物中有 9 件一套的钮钟，
铭文 37 字，作器者为"攻敔仲终□之外孙坪之子臧孙"。另有鼎、
缶各一件。(《江苏六合程桥东周墓》,《考古》1965 年第 3 期)

　　6 月　北京西郊八宝山附近的**老山北坡**，出土"汉故幽州书
佐秦君之神道"、元兴元年(105 年)"乌还哺母"刻铭等汉代墓阙
石刻。北京市文物工作队苏天钧进行现场清理。(《北京西郊发现汉
代石阙清理简报》,《文物》1964 年第 11 期)

　　6 月　苏州市文物保管委员会王德庆等在苏州盘门外吴门桥
附近，清理发掘元末割据姑苏的吴王**张士诚的父母合葬墓**。该墓
灌浆密封，保存较好，出土一批工艺较精的丝织冠服和金银饰物。
(《苏州吴张士诚母曹氏墓清理简报》,《考古》1965 年第 6 期)

　　8 月　科学院古脊椎所由裴文中主持开始发掘贵州**黔西县观**

音洞遗址。该遗址发现的旧石器时代早期文化具有明显的特征，被命名为"观音洞文化"。（裴文中等：《贵州黔西县观音洞试掘报告》，《古脊椎动物与古人类》第 9 卷第 3 期，1965 年；李炎贤、文本亨：《观音洞——贵州黔西旧石器时代初期文化遗址》，文物出版社，1986 年）

8 月　29 日，国务院批准下发文化部制定的《古遗址古墓葬调查发掘暂行管理办法》。（《文物博物馆事业纪事》第 213 页）

夏季　山东省文物管理处组成文物工作队，在科学院考古所、中国历史博物馆、北京大学考古专业等单位协助下，对**临淄齐国故城**进行普遍勘探，至 1966 年 5 月告一段落。通过这次勘探，大体查明故城的范围、形制和城垣保存情况，初步了解城内的地层堆积和各种遗存分布情况。（《临淄齐国故城勘探纪要》，《文物》1972年第 5 期）

9 月　福建省博物馆继 1954—1960 年已对**闽侯县昙石山遗址**进行第一至五次小面积发掘之后，由曾凡负责进行该遗址第六次较大面积发掘。这次发掘进行至 1965 年 8 月，发掘面积 500余平方米，弄清楚该遗址的地层关系，发现 59 个灰坑、32 座墓葬及火塘等遗迹，墓葬出土许多完整的陶器，增进了对遗存文化性质和特征的认识。于是将其命名为"昙石山文化"。继续发掘至 2004 年。后据此次发掘所出牡蛎壳的 ^{14}C 测定年代为距今3005 ± 95 年，年代偏晚，参照文化性质相同的溪头遗址的热释光数据推断，昙石山文化年代应为公元前 3000 年至前 2000 年间。（《闽侯昙石山遗址第六次发掘报告》，《考古学报》1976 年第 1 期；福建博物院、福建昙石山遗址博物馆：《昙石山遗址：福建省昙石山遗址 1954—2004年发掘报告》，海峡书局，2015 年）

9 月　邹衡发表《试论殷墟文化分期》（《北京大学学报·人文科学》1964 年第 4、5 期）。该文根据台湾出版早年史语所考古组殷墟发掘的报告中安阳小屯和侯家庄西北冈的地层打破关系资料，以及科学院考古所 1953—1954 年和 1958—1959 年两批发掘资料中关于叠压关系的部分，全面进行殷墟陶器和铜器的分析，探讨殷墟遗址和墓葬的分期，进而论述各期的文化内涵及其特征，并估计各期的绝对年代。（邹衡：《夏商周考古学论文集》，文物出版社，1980 年）

9 月　南京市文物保管委员会人员在**南京中华门外戚家山**，清理发掘卒于东晋太宁元年（323 年）的豫章内史谢鲲墓。所出墓志，可补充《晋书》的有关记载，对于研究当时的书法有重要意义。（《南京戚家山东晋谢鲲墓简报》，《文物》1965 年第 6 期）

11 月　山东省文物管理处张学海、罗勋章等在**临淄齐国故城**东北部的**河崖头**村，发掘业已暴露的一处特大殉马坑。经钻探获知，该殉马坑环绕一座大型东周墓的东、北、西三面，在东西走向的 54 米地段发现马骨 145 匹，估计殉马总数可达 600 匹以上。殉马的数量之多，表明墓主身份甚高。发掘者推断，墓主很可能是齐桓公后统治齐国最久的齐景公。（山东省文物考古研究所：《齐故城五号东周墓及大型殉马坑的发掘》，《文物》1984 年第 9 期）

12 月　22 日，考古学家和博物馆学家曾昭燏在南京逝世，终年 55 岁。

曾昭燏，女，湖南湘乡人，生于 1909 年 1 月 29 日（或作 2 月 3 日）。1933 年毕业于中央大学中文系。1935—1937 年自费留学英国伦敦大学，获硕士学位。又曾去德国柏林博物院和慕尼黑博物院学习，并考察欧洲其他国家的博物馆。1938 年回国，任中央博物院筹备处专门设计委员，后任总干事。1939 年，与吴金鼎等在云南大理附近进行史前和南诏时期遗存的调查发掘，参与撰写《云南苍洱境考古报告》。1940 年，与吴金鼎、夏鼐等在四川彭山

发掘汉代崖墓。1949年以后，曾任南京博物院副院长、院长，江
苏省文物管理委员会副主任委员，华东文物工作队队长等职，并
在南京大学历史系任教。主持和领导南唐二陵、沂南画像石墓等
项发掘，主编与合著两项发掘的考古报告。又为探讨中国东南沿
海和长江中下游的原始文化作出了积极的贡献。还曾提出"湖熟
文化"的命名。她的论著除有关考古报告外，出版有《曾昭燏文
集》（考古卷、博物馆卷、日记书信卷，文物出版社，2009年）。（据《中
国大百科全书》第一版《考古学》卷"曾昭燏"条；参看《20世纪中国知名
科学家学术成就概览·考古学卷》"曾昭燏"条，生年据后者）

　　12月　河北**定县**城内东北隅的**华塔遗址**，出土北魏太和五
年（481年）孝文帝发愿建塔的刻铭石函，河北省文物工作队刘来
成前往现场勘查。石函出土于夯土塔基之中，内藏玻璃瓶盛舍利，
玻璃、玛瑙、水晶、珍珠、珊瑚、红宝石组成的串珠及铜钱和波
斯银币（所谓"七宝"），以及金银饰物。（《河北定县出土北魏石函》，
《考古》1966年第5期）

　　12月　甘肃**泾川县**城北的**水泉寺附近**，出土刻有武周延载元
年（694年）长篇铭文的"**泾州大云寺舍利石函**"。甘肃省文物工
作队董玉祥前往现场勘查。石函出土于砖砌券顶地宫之中，内置
鎏金铜函再套合银椁、金棺及玻璃瓶盛舍利。地宫石门、银椁、
金棺都有精美的线雕纹饰。（《甘肃省泾川县出土的唐代舍利石函》，《文
物》1966年第3期）

　　本年　台湾大学考古人类学系师生发掘**台北市郊**的**大岔坑遗
址**，上层为以细砂棕灰陶为主的圆山文化遗存，下层以粗砂绳纹
陶为代表的遗存被命名为"大岔坑文化"。（据韩起［张光直］《台湾
省原始社会考古概述》，《考古》1979年第3期）

　　本年　春秋两季，科学院考古所东北队第一组由安志敏率领，

在旅大地区发掘**楼上**、**岗上**、**尹家村**、**双砣子**等青铜时代遗址。第二组由王仲殊率领，勘查发掘黑龙江宁安县的**渤海上京龙泉府遗址**，进一步判明该城址的形制和布局；又对吉林**敦化县的六顶山渤海贵族墓地**进行发掘。(《双砣子与岗上——辽东史前文化的发现和研究》，科学出版社，1996年；《六顶山与渤海镇——唐代渤海国的贵族墓地与都城遗址》，中国大百科全书出版社，1997年)

本年　河南省文物队人员开始对**新郑县**境的**郑韩故城**遗址进行全面勘探和重点试掘。(据《中国大百科全书》第一版《考古学》卷"郑韩故城遗址"条)

本年　云南省文物队人员对大理县附近洱海之滨的唐代南诏国都**太和城遗址**进行勘查和测量。(据《中国大百科全书》第一版《考古学》卷"南诏太和城遗址"条)

本年　南京工学院建筑系郭湖生等前往河南**巩县**，对**北宋**时期的八座**帝陵**进行初步的勘查和实测。(郭湖生等：《河南巩县宋陵调查》，《考古》1964年第11期)

本年　科学院考古所与北京市文物队合作，由徐苹芳主持进行**元大都遗址**的勘查发掘。截至1966年6月，先后勘查了元大都城垣、街道、河湖水系等遗迹，为元大都城址的复原研究打下基础。同时，又在东城墙中段和西城墙北段的夯土墙下，发掘两处石砌的排水涵洞；在**雍和宫后**和**后英房**，发掘两处具有一定规模的上层人物院落遗址；在106中学，发掘一处狭小的贫民住房遗址。(《元大都的勘察和发掘》，《考古》1972年第1期；《元大都》4册，文物出版社，编辑排印中)

1965 年

1月　南京市文物保管委员会人员在**南京北郊象山**（人台山）

一带的东晋琅琊**王氏墓地**，发掘尚书左仆射王彬子兴之夫妇墓。
后又在5—6月和随后陆续发掘6座墓，其中出土墓志的有王彬继
室夏金虎、女丹虎、孙闽之等。这些墓葬，具有重要历史价值。
（《南京人台山东晋兴之夫妇墓发掘报告》，《文物》1965年第6期；《南京象
山东晋王丹虎墓和二、四号墓发掘简报》，《文物》1965年第10期）

2月　福建省博物馆人员在**福州北郊莲花峰下**，发掘五代闽
国第三代主王延钧妻刘华墓。墓室用花岗石砌筑，有前、后两室，
出土陶俑具唐代风格，比南唐二陵所出精致。（《五代闽国刘华墓发
掘报告》，《文物》1975年第1期）

5月　中国地质科学院胡承志等在云南**元谋县上那蚌村**附近，
元谋盆地东侧山麓的小丘上，发现属于同一青年男性个体的两颗
人类门齿。其基本形态与北京猿人相似，又有一定的差异，被命
名为"元谋直立人"或"**元谋人**"。随后，科学院古脊椎所和云
南省博物馆合作进行多次发掘，发现少量石器、大量炭骨和丰富
的动物化石，判定其地质年代属早更新世。另据古地磁方法测定，
绝对年代为距今170万年。这是当时所知中国境内年代最早的直
立人。（胡承志：《云南元谋发现的猿人牙齿化石》，《地质学报》1973年第
1期；参看《中国大百科全书》第一版《考古学》卷"元谋人"条）

6月　苏秉琦发表《关于仰韶文化的若干问题》。该文根据各
单位已发表、未发表资料，特别是北京大学师生多年来田野考古
实习的未发表资料，运用类型学方法对仰韶文化进行系统的动态
考察。先划分仰韶文化的外围和中心范围，以及中心范围的文化
类型，再按类型分析发展序列，追寻来龙去脉，进而探讨不同发
展阶段的社会关系变化。该文提出半坡和庙底沟是各自独立发展
又相互紧密依存的两种类型，认为仰韶文化后期已出现"原始社
会氏族制从它的上升阶段的终点到它的发生革命变化阶段的起点"

大量因素。(《考古学报》1965 年第 1 期)

7 月　北京市文物队郭仁等在**北京八宝山**附近发掘**西晋王浚继妻华芳墓**。王浚生前任护乌丸校尉、幽州刺史等职,《晋书》有其附传。所出墓志 1600 余字,具有较高的史料价值。(《北京西郊西晋王浚妻华芳墓清理简报》,《文物》1965 年第 12 期)

7 月　洛阳博物馆黄明兰等在**洛阳**老城东北盘龙冢村附近发掘**北魏孝文帝孙元邵墓**。元邵系"河阳之役"中被杀,墓志记载可资补史。(《洛阳北魏元邵墓》,《考古》1973 年第 4 期)

8 月　沈阳市文物管理办公室曲瑞琦等在**沈阳铁西区郑家洼子**发掘一批青铜时代墓葬。其中 6512 号墓随葬器物丰富,出土青铜短剑、弓囊、工具、马饰等。发掘者认为该墓年代为公元前 6 至公元前 5 世纪,墓主族属尚需探讨。(《沈阳郑家洼子的两座青铜时代墓葬》,《考古学报》1975 年第 1 期)

9 月　陕西省文管会何汉南等在**咸阳北郊杨家湾村**北的三座土冢附近,开始发掘 10 座西汉早期的彩绘陶俑坑。其中 6 号坑埋骑马俑 580 余件,4 号坑埋立俑。发掘者根据此处与汉高祖长陵、景帝阳陵均相距不算太远,并结合《水经注》有关周勃冢、亚夫冢的记载,推测其为陪葬汉陵的功臣密戚墓的附葬俑坑。(《陕西省咸阳市杨家湾出土大批西汉彩绘陶俑》,《文物》1966 年第 3 期)

9 月　辽宁省博物馆组织人员在**北票县西官营子**发掘两座东晋十六国时期的石椁壁画墓,徐秉琨和陈大为、冯永谦先后主持参与。发掘者根据 1 号墓出土"范阳公章"金印等印章,考证此墓应为北燕天王冯跋之弟**冯素弗墓**。这是首次确认的北燕墓葬。所出金冠饰、鸭形玻璃器、木心钉鎏金铜片马镫等文物,均系前所未见,弥足珍贵。(《北燕冯素弗墓》,文物出版社,2015 年)

秋季　北京自然博物馆周国兴在河南**许昌灵井砦**采集到一批

砾石石器、石片石器和细石器，其中细石器占较大比重。采集者将其定为中石器时代早期遗物。（周国兴：《河南许昌灵井的石器时代遗存》，《考古》1974 年第 2 期）

10 月　湖北省文物队谭维四、陈振裕、刘彬徽等在**江陵**楚郢都纪南城西北，发掘**望山、沙冢两地的战国楚墓**，翌年 1 月中旬结束。发掘的 8 座墓中，望山 1 号、2 号两墓随葬器物较丰，都有保存较好的精美漆木器、铜器和竹简。其中尤以锋利如新的越王勾践剑最为难得。（湖北省文物考古研究所：《江陵望山沙冢楚墓》，文物出版社，1996 年）

冬季　南京博物院人员在江苏徐州东北郊的**铜山县丘湾**，发掘一处商代社祀遗址。遗址中部竖立 4 块天然石块，周围发现 20 具俯身屈膝人骨（有的反绑双手）、2 颗人头骨和 12 具狗骨。（《江苏铜山丘湾古遗址的发掘》，《考古》1973 年第 2 期；俞伟超：《铜山丘湾商代社祀遗迹的推定》，《考古》1973 年第 5 期）

11 月　山西省文物工作委员会陶正刚、王克林等在**侯马市**东部的秦村附近，即东周时期的"牛村古城"东南郊，发现并发掘当时的**盟誓遗址**，工作进行至翌年 5 月。经发掘的 326 座长方形竖坑，多数埋葬羊牲，少数为牛和马。其中 39 坑出土 5000 余片用朱笔在玉石片上书写的盟书，能够辨别字迹的有 600 余片。后由张颔主持，陶正刚、张守中参与，进行整理研究并编撰成书。（《侯马盟书》，文物出版社，1976 年）

12 月　山西省文物工作委员会暨大同市博物馆人员在**大同**东南郊石家寨村附近，发掘北魏早期琅琊王**司马金龙夫妇墓**。二人卒于太和八年（484 年）和延兴四年（474 年）。该墓早年被盗，墓内残存的石雕柱础上木板漆画屏风，彩绘众多的古代烈女故事，色彩富丽，神态生动，具有较高的艺术价值。（《山西大同石家寨北

魏司马金龙墓》,《文物》1972 年第 3 期）

　　本年　山东省博物馆人员在**益都县苏埠屯**发掘商代的 4 座大型墓和 1 座车马坑。其中 1 号墓的规模最大，墓口长 15 米、宽 10 米，有 4 条墓道，墓内有殉葬人牲 48 具。该墓虽早年被盗掘，残存的青铜器仍有方鼎、圆鼎、斝、爵、戈、矛、大型钺等，又有玉石饰物和陶器。发掘者认为，墓主应是当时的方伯一类人物。（《山东益都苏埠屯第一号奴隶殉葬墓》,《文物》1972 年第 8 期）

　　本年　中国第一座放射性碳素（^{14}C）断代实验室在科学院考古所建成。该实验室是在夏鼐的倡导和支持下，由仇士华、蔡莲珍夫妇负责，历经七年艰苦努力建立的。

陆　中国考古学的全面发展时期（下）（1966—1978 年）

1966 年

春季　科学院古脊椎所邱中郎等在**周口店遗址**的发掘中，发现北京猿人额骨、右顶骨和右下第一前臼齿各一。其中两块头骨残片，与 1934 年发现的 5 号头盖骨残片模型相对，恰好拼接成一个较完整的中年男性头盖骨。这是目前所知北京猿人头骨中进步形态特征最多的个体。（邱中郎等：《周口店新发现的北京猿人化石及文化遗物》，《古脊椎动物与古人类》，第 11 卷第 2 期，1973 年）

春季　科学院考古所徐苹芳等在北京旧城的外城西南部，进行**金中都遗址**的勘查工作。探测其外郭城的城垣、城门和街道，宫城与皇城的城垣和城门，以及前朝大安殿等遗迹。（据《中国社会科学院考古研究所概览（1950—2000）》第 30 页；《中国大百科全书》第一版《考古学》卷"金中都遗址"条）

7 月　科学院珠穆朗玛地区考察队在喜马拉雅山南坡的**聂拉木县**亚里村附近，采集 20 余件细石器，除一件圆头刮削器外，有石核、石片和小石叶。因未发现磨光石器和陶片，被认为属于中石器时代或稍晚。（戴尔俭：《西藏聂拉木县发现的石器》，《考古》1972 年第 1 期）

7月 湖北**京山县苏家垄**出土一批西周晚期至春秋早期的铜器，有鼎9、鬲7、簋5，壶、铺各2，甗、盘、匜各1。其中鼎、铺、壶各2件为“曾侯仲子斿父”所作。其余铜器，多无铭文。又有车马器。湖北省博物馆陈振裕等进行现场勘查，认为是姬姓曾国的贵族墓葬。(《湖北京山发现曾国铜器》,《文物》1972年第2期)

7月 全国大部分地区的田野考古工作基本中断,《考古学报》《考古》和《文物》亦告停刊。

9月 3日，考古学家和古文字学家陈梦家在北京逝世，终年56岁。

陈梦家，浙江上虞人，生于1911年4月19日。1932年中央大学法律系毕业。曾师事徐志摩、闻一多，是新月派后期有影响的年轻诗人。1932年底到燕京大学宗教学院学习。1934—1936年攻读燕京大学容庚的古文字学研究生。1937—1944年任西南联合大学中文系副教授。1944—1947年前往美国芝加哥大学讲学，并广泛收集流散欧美的中国铜器资料。回国后，任清华大学中文系教授。1952年调任中国科学院考古研究所研究员。他在学术研究上，对甲骨文、西周铜器、汉代简牍、《尚书》、古史年代等方面，有重要的贡献。主要著作有:《殷虚卜辞综述》《西周铜器断代》《汉简缀述》《尚书通论》《西周年代考》《六国纪年》《中国铜器综述》和《美国所藏中国铜器集录》等。(据《中国大百科全书》第一版《考古学》卷“陈梦家”条)

9月 甘肃省博物馆人员在**兰州**市郊元代王**保保城**城址内清理一座马家窑类型墓葬，出土若干典型的马家窑彩陶器物，由此确认马家窑类型不仅有住地，而且有葬地。(《兰州马家窑和马厂类型墓葬清理简报》,《文物》1975年第6期)

12月 18日，考古学家黄文弼在北京逝世，终年74岁。

黄文弼，字仲良，湖北汉川人，生于清光绪十九年三月初八日（1893年4月23日）。1918年北京大学哲学系毕业，后在北大研究所国学门任教，并于1927—1930年参加中瑞中国西北科学考察团的考察活动。1934—1937年任西北科学考察团专任研究员。抗日战争期间，任西北联合大学教授及历史、边政二系主任。1947年任北平研究院史学研究所研究员。1950年任中国科学院考古研究所研究员。曾被选为第四届全国政协委员。毕生致力于西北史地和新疆考古研究，四次前往新疆进行长时间的调查发掘，足迹遍及新疆各地，主要著作有：《高昌砖集》《高昌陶集》《罗布淖尔考古记》《吐鲁番考古记》《塔里木盆地考古记》《新疆考古发掘报告》等。(据《中国大百科全书》第一版《考古学》卷"黄文弼"条)

1967年

4月 湖北鄂城县博物馆人员在**鄂城**城西的西山南麓清理发掘一座**孙吴晚期的砖室墓**。所出瓷制模型明器中，一组院落的门楼刻有"孙将军门楼也"6字。鄂城是吴的西都武昌，当时常有名将率领重兵镇守，多有吴墓发现，该墓有其重要价值。(《鄂城东吴孙将军墓》,《考古》1978年第3期)

9月 甘肃省博物馆文物队初仕宾等在**灵台县白草坡**发掘一座西周早期墓葬（M1），后又于1972年10月在该地发掘8座墓（M2—9）和1座车马坑（G1）。这些墓多为长3米许的中型墓，分布于两个墓区。南区有M1、M2和车马坑，二墓出土方鼎、鬲、甗、簋、尊、卣、盉、爵、觯等青铜礼器（主要作器者分别为"潶伯"和"𣻎伯"），又有兵器、车马器及玉器，车马坑则有1车4马。相距60米的北区7墓，因早年盗掘和自然破坏，出土物甚少。后初仕宾执笔撰写考古报告，推断墓主可能是周初分封至此统治密须

故地的方伯。(《甘肃灵台白草坡西周墓》,《考古学报》1977 年第 2 期）

1968 年

6 月 科学院考古所遵照周恩来总理的批示和郭沫若院长的指派，由王仲殊、卢兆荫等 10 余人组成发掘队前往河北**满城**陵山，会同河北省文物队郑绍宗、孙德海等，发掘西汉中山靖王**刘胜墓**（M1），工作进行至 8 月初。后又于 8 月中旬至 9 月中旬，发掘刘胜妻**窦绾墓**（M2）。两墓墓室凿成于山岩之中，规模宏大，宛如地下宫殿。两墓随葬器物丰富，均达 1000 余件，其中有错金博山炉、错金银鸟篆文锺、长信宫灯等制作精巧的珍品。尤其难得的是，第一次完整发现并完全复原两件"金缕玉衣"。发掘期间，郭沫若曾亲赴现场视察工作。(《满城汉墓发掘报告》2 册，文物出版社，1980 年）

8 月 科学院考古所徐苹芳等前往湖北**黄石市西塞山**，调查上年 11 月在长江干堤维修工程中发现的一处宋代钱窖。随后由湖北省博物馆人员前往了解情况，并挑选标本。出土铜钱 22 万斤，最早为西汉"半两"，最晚为南宋"淳祐元宝"。据考证，这是明代以来当地第六次发现钱窖，很可能是南宋时期在此驻守重兵的军库窖藏。(《黄石市发现的宋代窖藏铜钱》,《考古》1973 年第 4 期；参看《徐苹芳先生学术事迹编年稿（1949—2011 年）》,见徐苹芳著《考古剩语》第 425 页，上海古籍出版社，2019 年）

年末 台湾大学考古人类学系与地质系联合组成的东海岸考古队，在**台东县长滨乡樟原村**（土名"八仙洞"）进行第一次发掘。后又于 1969—1971 年进行 4 次较大规模的发掘。该遗址新石器时代陶器层的下面，出土打制石器 6000 余件，骨角器 100 余件，被确认为属旧石器时代晚期遗存，并命名为"长滨文化"。(据韩起

［张光直］：《台湾省原始社会考古概述》，《考古》1979 年第 3 期）

1969 年

春季　山西省文物工作委员会人员在**侯马市乔村**附近发掘 15 座战国晚期秦人的殉葬墓。这批墓葬都是在主墓周围的围墓沟中殉葬屈肢的奴隶（有的颈戴铁锁）。其中 2 号墓，殉葬奴隶多达 18 人。早在 1959 年即对该墓地进行发掘，1969 年以后继续发掘，截至 1996 年合计发掘墓葬 1038 座，其中 45 座为有围墓沟者。后由吴振禄主持，谢尧亭、吉琨璋等参与，撰成总的考古发掘报告。（《侯马战国奴隶殉葬墓的发掘——奴隶制度的罪证》，《文物》1972 年第 1 期；《侯马乔村墓地（1959—1996）》，科学出版社，2004 年）

5 月　科学院考古所安阳队杨锡璋、杨宝成等，在**殷墟西区**着手进行大规模的钻探和发掘。截至 1977 年 5 月，共计发掘分属 8 个墓区的殷代小型墓葬 939 座、车马坑 5 座。根据随葬陶器的排比分析，判定这批墓葬的年代属于殷墟文化二、三、四期，为探讨当时社会组织提供重要的资料。（《1969—1977 年殷墟西区墓葬发掘报告》，《考古学报》1979 年第 1 期）

5 月　科学院考古所徐苹芳等与北京市文物管理处人员合作，对北京地下铁道工程中拆除西直门箭楼时发现的**元大都和义门瓮城城门遗址**进行抢救性清理发掘。发掘期间，郭沫若两次前往现场视察工作。（《元大都的勘察和发掘》，《考古》1972 年第 1 期）

10 月　甘肃省博物馆人员在**武威县雷台**发掘一座东汉晚期带斜坡墓道的大型砖室墓。出土随葬品中最突出的是造型巧妙的马踏飞燕铜像，以及 90 余件车马仪仗铜俑。墓内瘗埋铜钱 2 万余枚，是汉墓中瘗钱最多的一座。发掘者根据墓内随葬的龟钮银印等文物，推测墓主应是秩比二千石的张姓将军。（《武威雷台汉墓》，

《考古学报》1974 年第 2 期）

1970 年

春季　山东省博物馆人员在**邹县九龙山**南麓，发掘明太祖朱元璋第十子**鲁荒王朱檀墓**，工作延续至翌年之初。该墓凿石为圹，砖砌墓室，工程较大。墓内出土保存较好的唐琴、宋元画卷、元刊书籍、丝织冠服等珍贵文物，以及 400 余件彩绘木俑。（《发掘明朱檀墓纪实》，《文物》1972 年第 5 期；《鲁荒王墓》，文物出版社，2014 年）

4 月　科学院考古所王仲殊等会同四川省博物馆人员，在**成都市凤凰山**南麓，发掘明太祖朱元璋孙、**蜀王世子朱悦㷍墓**。该墓为装饰华丽的砖砌墓室，模拟当时王府规制，由前庭、正庭、正殿、中庭和圜殿、后殿等部分组成，全长 33 米，是目前发现规模最大的明代王侯墓。出土 500 余件造型生动的仪仗、侍从等类彩釉陶俑，丰富了对明代早期衣冠制度的认识。（《成都凤凰山明墓》，《考古》1978 年第 5 期）

5 月　山东省博物馆人员在**曲阜九龙山**南麓清理发掘 4 座西汉时期鲁王一系的大型崖洞墓。四墓的墓室结构与满城汉墓相仿。各墓共随葬车 12 辆、马 50 匹，又都有若干车马模型。随葬器物因早年被盗，残存不多。（《曲阜九龙山汉墓发掘简报》，《文物》1972 年第 5 期）

夏季　台湾**台南县左镇乡菜寮溪**出土一块人类头骨化石，当即被送交台湾省博物馆和台湾大学地质系的专家研究，确认为青年男性的顶骨，又经氟、锰法测定年代为 1 万—3 万年前。这是台湾迄今发现最古老的人类化石，被命名为"**左镇人**"。（据韩起〔张光直〕：《台湾省原始社会考古概述》，《考古》1979 年第 3 期）

10 月　**西安南郊何家村**发现一处唐代金银器窖藏。在两个陶瓮中出土各类文物多达千余件，其中金银器皿即有 205 件，这是历年出土唐代金银器最多的一次。陕西省博物馆、文管会人员韩伟等随即前往现场勘查，判明该窖藏地处唐长安城兴化坊内东西街的西段路南。（《西安南郊何家村发现唐代窖藏文物》，《文物》1972 年第 1 期）

10 月　南京市博物馆李蔚然等在**南京中央门外张家洼附近**，发掘朱元璋部将张德胜养子东兴侯**汪兴祖墓**，出土金银器、青花瓷器等文物。（《南京明汪兴祖墓清理简报》，《考古》1972 年第 4 期）

11 月　陕西省文管会、博物馆与咸阳市博物馆合作，由石兴邦主持，在**咸阳市杨家湾**汉高祖长陵陪葬墓区，开始发掘 4 号、5 号两座西汉大墓，工作延续至 1976 年 11 月结束。两墓规模宏大，随葬的陶器、漆器和车马器等均具西汉早期特征，附近曾于1965 年发掘 10 座出土大批彩绘兵马俑的墓葬，因而被认为可能是周勃、周亚夫父子墓。（《咸阳杨家湾汉墓发掘简报》，《文物》1977 年第 10 期）

1971 年

1 月　河南省博物馆文物队与洛阳市博物馆合作，由安金槐主持，在**洛阳市**旧城北侧，勘查发掘隋唐时代的**含嘉仓城遗址**。经过半年多的工作，发现排列有序的粮窖 259 座，发掘其中 6 座，初步了解仓城的大致轮廓和粮窖的储粮情况。为研究隋唐时代的漕运、仓储制度提供了可贵的资料。（《洛阳隋唐含嘉仓的发掘》，《文物》1972 年第 3 期）

2 月　湖南省博物馆高至喜等在**长沙浏城桥**发掘一座春秋战国之际规模较大的楚墓。该墓保存完整，出土成套陶礼器、铜鼎、漆木器，以及带柄戈、矛等，是长沙地区历年发掘的大量楚墓中

规格最高的一座。(《长沙浏城桥一号墓》,《考古学报》1972 年第 1 期）

春季　河南安阳县文教卫生管理站人员在**安阳西北郊的洪河屯附近发现北齐凉州刺史范粹墓**,河南省博物馆人员进行了清理,出土一批瓷器和陶俑。(《河南安阳县发现一座北齐墓》,《考古》1972 年第 1 期;《河南安阳北齐范粹墓发掘简报》,《文物》1972 年第 1 期）

春季　四川省博物馆人员在**成都**北郊磨盘山南麓,发掘五代后蜀皇帝**孟知祥及妻福庆长公主合葬墓**。该墓为高大的石砌墓室,由甬道和三个圆形锥顶墓室组成,墓门门柱和棺台底座均有卫士雕像。该墓早年被盗。出土有孟知祥哀册残片及福庆长公主墓志等,志文 1700 余字。(成都市文物管理处:《后蜀孟知祥墓与福庆长公主墓志铭》,《文物》1982 年第 3 期）

4—5 月　山东省博物馆郑笑梅、张江凯等发掘**邹县野店遗址**。1972 年继续发掘。两年共计揭露 1660 平方米。遗存以大汶口文化为主,清理房址 6 座、灰坑 17 个、墓葬 89 座。墓葬之间的叠压关系为大汶口文化的分期研究提供依据。(《邹县野店》,文物出版社,1985 年）

5 月　河南省博物馆文物队安金槐主持进行**淅川县下王岗遗址**的大规模发掘,工作延续至 1974 年,共揭露 2309 平方米。该遗址地处长江和黄河的支流之间,对于研究中国南北新石器文化的相互关系有重要意义。其以二次葬为主的大片仰韶文化墓地（575 座）,成排双间式屈家岭文化房址,以及地方特点明显的龙山文化墓葬,丰富了对当地新石器文化的认识。(《淅川下王岗》,文物出版社,1989 年）

7 月　1 日,经周恩来总理批准,国务院图博口在北京故宫博物院举办"文化大革命"期间出土文物展览,展出满城汉墓等 20多项重要出土文物,引起国内外的强烈反响。为适应形势发展要求，周总理于本月 22、24 日批准郭沫若的两项报告，决定《考古学报》《文物》《考古》三个杂志复刊，筹备到国外举办中国出土文物的展览。以此为契机，各地考古文物单位将下放劳动的人员陆续调回，逐步恢复业务工作。

　　7 月　陕西省博物馆、文管会赵学谦、王仁波等在唐高宗与武则天乾陵的陪葬墓区，发掘**章怀太子墓**和**懿德太子墓**，工作延续至翌年春季。两墓都有数十幅彩绘壁画、数百件三彩陶俑，并分别出土长篇墓志和哀册，对研究唐代皇室的埋葬制度有重要价值。（《唐懿德太子墓发掘简报》《唐章怀太子墓发掘简报》，均见《文物》1972 年第 7 期；《唐懿德太子墓发掘报告》，科学出版社，2016 年）

　　9 月　河南**安阳县**文教卫生管理站人员在**水冶镇**清峪村西，清理北齐文宣帝**高洋嫔妃颜氏墓**。该墓为带墓道的砖室墓，有残存的壁画。其人卒于武平七年（576 年），即北齐覆灭前一年。随葬品甚少，仅有两手握的长方形玉片，及陶壶 1 件、铜钱 2 枚。另有墨书砖志一方。（《河南安阳县清理一座北齐墓》，《考古》1973 年第 2 期）

　　10 月　广西壮族自治区博物馆人员在**合浦东南郊望牛岭**，发掘一座西汉晚期的木椁墓。随葬器物较为丰富，主要是成对的青铜器皿，有的制作工艺水平较高。墓内又出土较多海外出产的玛瑙、琥珀、琉璃等质料佩饰。发掘者根据陶提筒有朱书"九真府"等字，推测墓主可能是九真郡的郡守。（《广西合浦西汉木椁墓》，《考古》1972 年第 5 期）

　　10 月　陕西省文管会与礼泉县昭陵文物管理所人员在**唐太宗昭陵陪葬墓**区，发掘唐初名将尉迟敬德、郑仁泰二人墓葬。翌年，又发掘阿史那忠、张士贵、临川公主、越王李贞等人墓葬，并对整个陵区可以判定的 167 座陪葬墓进行全面勘查。（《唐尉迟敬德墓

发掘简报》,《文物》1978 年第 5 期;《唐郑仁泰墓发掘简报》,《文物》1972
年第 7 期;《唐阿史那忠墓发掘简报》,《考古》1977 年第 2 期;《陕西礼泉张
士贵墓》,《考古》1978 年第 3 期;《唐临川公主墓出土的墓志和诏书》《唐越
王李贞墓发掘简报》,均见《文物》1977 年第 10 期)

　　11 月　1 日,考古学家郭宝钧在北京逝世,终年 78 岁。

　　郭宝钧,字子衡,河南南阳人,生于 1893 年 12 月 25 日。
1922 年毕业于北京师范大学国文系。1928 年以河南省教育厅代
表身份,参加安阳殷墟第一次发掘。后即在中央研究院历史语言
研究所工作,累任至研究员。1950 年起,任中国科学院考古研究
所研究员,并在北京大学历史系考古专业任教,兼任中国历史博
物馆特约研究员,曾被选为第四届全国政协委员。毕生从事商周
时代的考古研究,先后参与和主持的重要发掘除安阳殷墟外,还
有山东历城城子崖遗址、河南浚县辛村西周墓、汲县山彪镇和辉
县琉璃阁战国墓、辉县固围村战国大墓、洛阳东周城址等项。较
早地根据考古资料,结合历史文献,探讨两周时期礼器制度的发
展变化,有重要贡献。主要著作有《浚县辛村》《山彪镇与琉璃
阁》《中国青铜器时代》《商周铜器群综合研究》《殷周车器研究》
等书,以及《戈戟余论》《古玉新铨》等论文。(据《中国大百科全
书》第一版《考古学》卷"郭宝钧"条)

　　11 月　河南新郑县境**郑韩故城**东南部的白庙范村发现一处**兵
器坑**。经河南省博物馆郝本性等前往调查,确认兵器坑的年代属
战国晚期。所出兵器多为残器,主要是戈、矛,共计 180 余件,
大部分有铭文,对于研究韩国的历史、地理和铸造制度有重要价
值。(郝本性:《新郑"郑韩故城"发现一批战国铜兵器》,《文物》1972 年
第 10 期)

　　冬季　科学院古脊椎所李炎贤等在湖北**大冶县**湖水乡章山村,

发掘**石龙头洞穴遗址**。所出 88 件石制品的器形和制作方法与北京猿人文化接近，为研究华南地区的旧石器时代早期文化提供重要资料。（李炎贤等：《湖北大冶石龙头旧石器时代遗址发掘报告》，《古脊椎动物与古人类》第 12 卷第 2 期，1974 年）

12 月　科学院考古所张长寿等在安阳**小屯西地**的发掘中，发现 21 片排列有序的完整卜骨，其中 10 片有刻辞。同一地层出土的陶器属殷墟晚期的前半叶。这批卜骨有其显著特点，经讨论被推定为康丁、武乙时期的"非正统卜辞"。（郭沫若：《安阳新出土的牛胛骨及其刻辞》，《考古》1972 年第 2 期）

12 月　陕西省文管会戴应新前往**泾阳县高家堡**，调查清理当地发现的一座西周早期墓葬，获鼎、甗、簋、卣、盘、盉、瓿、爵等铜器。后又于 1986 年发掘 5 座早周墓葬，也出土一些青铜礼器。由于所出铜器铭文中的族氏符号以"戈"为多，发掘者认定其为戈氏国族墓地。（陕西省考古研究所：《高家堡戈国墓》，三秦出版社，1995 年）

12 月　山东省博物馆张学海等在**临淄齐国故城**南墙外的**郎家庄**，发掘一座原有高大封土的石椁大墓，1972 年 5 月结束工作。椁室周围分布 17 座陪葬墓。该墓多次被盗，主墓和陪葬墓仍出土许多玉髓、水晶等质料的精美饰品。（《临淄郎家庄一号东周殉人墓》，《考古学报》1977 年第 1 期）

本年　洛阳市博物馆徐治亚等在**洛阳西郊东周城址**的西南部，即涧河与洛河交会处附近，发掘两座**战国晚期的圆形粮窖**。直径和深均为 10 米左右。翌年又在该地进行一定范围的勘探，共计发现地下圆形粮窖 74 座，判明其为规模较大的战国时期粮仓遗址。（《洛阳战国粮仓试掘纪略》，《文物》1981 年第 11 期）

1972 年

1 月　中旬，湖南省博物馆与科学院考古所等单位合作，发掘**长沙马王堆一号汉墓**，4 月下旬结束田野工作。直接参加发掘清理的，主要有熊传薪、周世荣、何介钧、王㐨、王振江、白荣金等。该墓规模较大，墓口南北长 19.5 米，东西宽 17.8 米，深 16 米，有斜坡墓道，下部填塞大量的木炭和白膏泥。木椁中部的棺房置装饰华丽的四层套棺，周围边箱放置大量的各类随葬品。最惊人的发现是棺内保存完好的女尸。随葬品中，各种丝织品和衣物，色彩绚丽，品种齐全，有绢、纱、罗、绮、锦和绣品，极大地丰富中国古代丝织品资料；覆盖内棺的大幅彩绘帛画，是不可多得的艺术珍品；大量的漆木器皿，以及瑟、竽等乐器，也有重要的价值。发掘后，开展了多学科的分析鉴定。发掘报告原由湖南的熊传薪、周世荣、何介钧在较短时间赶写初稿，后经考古所黄展岳、王世民作大幅度修改补充，吸收了若干专家的稿件，经夏鼐审定后交付出版。由于当时处于特殊历史时期，临出书时被删去编后记中的全部人名。（《长沙马王堆一号汉墓》，文物出版社，1973 年；参阅《长沙马王堆二、三号汉墓·第一卷·田野考古发掘报告》第 243 页，文物出版社，2004 年）

1 月　云南省博物馆张增祺、王大道、孙太初等在**江川县李家山**，发掘年代相当于西汉时期的 27 座青铜器时代墓葬，工作进行至 5 月结束。这批墓葬的葬制、丰富的随葬器物，与晋宁石寨山墓群接近，同属当地特有的滇文化系统。（《云南江川李家山古墓群发掘报告》，《考古学报》1975 年第 2 期）

2 月　云南省博物馆阚勇、胡振东等发掘**元谋县大墩子遗址**，工作进行至 4 月结束。11 月至翌年 1 月，为举办云南省文物考古学习班，再次对该遗址进行发掘，参加工作的除该馆人员外，还有科学院考古所张长寿、谢端琚。两次发掘共计揭露近 500 平方米。发现房基 15 座、成人墓 19 座、儿童瓮棺葬 17 座，出土丰富的各类遗物。经研究判明，该遗址和西昌礼州遗址为代表的新石器文化，为长江上游即金沙江流域的一种典型文化，在该地区有着广泛的分布。并将其分为早晚两期。（《元谋大墩子新石器时代遗址》，《考古学报》1977 年第 1 期）

3 月　甘肃省博物馆人员对**武威县磨嘴子汉代墓葬群**再次进行发掘。清理的 35 座汉墓中，3 座出土文物丰富，有不易保存的大型彩绘铜饰木轺车、彩绘六博木俑、漆式盘、绥和元年（前 8 年）"乘舆"耳杯、漆匣砚、毛笔，以及各种丝织衣物。有的墓尸身装殓情形清晰可见。（《武威磨嘴子三座汉墓发掘简报》，《文物》1972 年第 12 期）

3 月　贵州省博物馆人员在**遵义县高坪镇**，对**"播州土司"杨氏家族墓地**进行发掘。先后发掘的 4 座墓，墓主分别是十五世宋沿边宣抚使杨文，二十二世明播州宣慰使杨昇，以及二十三世杨纲和二十五世杨爱。（《遵义高坪"播州土司"杨文等四座墓葬发掘记》，《文物》1974 年第 1 期）

4 月　甘肃省博物馆和嘉峪关市文管所人员对**嘉峪关市新城**地区戈壁滩上的**魏晋墓群**着手进行清理发掘。本年和翌年清理的 8 座墓，大部分以彩绘砖砌筑，画面内容为农桑畜牧、屯垦营垒、坞堡穹庐、弋射出行、庖厨宴享等社会生活场面，共计 600 余幅。（《嘉峪关汉画像砖墓》，《文物》1972 年第 12 期；《嘉峪关魏晋墓室壁画的题材和艺术价值》，《文物》1974 年第 9 期）

4 月　山东省博物馆吴九龙等在**临沂县银雀山**发掘两座**西汉前期的石坑墓**。两墓的重要发现是出土一批竹简，1 号墓出土

《孙膑兵法》《孙子兵法》《六韬》《尉缭子》等先秦典籍简 4942
枚，2 号墓出土汉武帝元光元年历谱，具有较高的文献学价值。
(《银雀山汉墓竹简》，文物出版社，1975 年)

4—5 月　西安半坡博物馆巩启明等着手发掘**临潼县姜寨遗
址**。截至 1979 年底，先后进行 11 次发掘，总计揭露 16000 多平
方米，发现不同时期的许多重要遗迹。其中有居址 120 多座、成
人墓 300 多座、瓮棺葬 240 多座、陶窑 4 座。出土各类遗物一万
余件。这大大地丰富对仰韶文化半坡类型的认识。(《姜寨——新石
器时代遗址发掘报告》，文物出版社，1988 年)

春季　山东省博物馆张学海、罗勋章在**临淄齐国故城河崖头
村**，对 1964 年 11 月发现的大型殉马坑所环绕的 5 号**东周大墓**进
行清理发掘，工作进行至 1973 年 5 月结束。这座大墓，墓口长、
宽均为 20 余米，南面有斜坡墓道，墓底构筑石砌椁室。因早年被
严重盗掘，随葬器物无存。原未及揭露的西侧殉马坑南段，又发
掘出土马骨 85 具。发掘者根据出土陶片判断，大墓和殉马坑的年
代为春秋晚期，并推测墓主为齐景公 (前 547—前 490 年在位)。(山
东省文物考古研究所:《齐故城五号东周墓及大型殉马坑的发掘》，《文物》
1984 年第 9 期)

6 月　吉林省博物馆王健群、陈相伟等在哲里木盟**库伦旗**发
掘一座**辽代晚期的壁画墓**，9 月结束工作。墓室和两耳室均为仿
木建结构，发现 10 具男女尸骨，除墓主夫妇外，其余应为殉葬
者。墓门、天井、墓道口彩绘壁画为墓主出行归来等内容，反映
当时的舆服制度和社会生活。1974 年又在此发掘 3 座墓。(《库伦
辽代壁画墓》，文物出版社，1989 年)

9 月　黑龙江省博物馆杨虎、谭英杰等在**密山县**兴凯湖畔发
掘新开流新石器时代遗址，工作进行至 10 月下旬。清理鱼窖 10

座、墓葬 32 座，文化面貌富有特征，属渔猎经济，被命名为"新开流文化"。（《密山县新开流遗址》，《考古学报》1979 年第 4 期）

9 月　河北省文物管理处与邯郸市文物保管所合作，由孙德海、陈光唐等在**邯郸**市区勘探，判明当地新发现的**战国赵都大城**范围，东西宽约 3 公里，南北最长 4.8 公里，西南与赵王城邻近而不相连。城内有铸铁、制陶等手工业作坊遗迹，应是赵都邯郸的外郭城。工作进行至翌年冬季结束。（《赵都邯郸故城调查报告》，《考古学集刊》第 4 期，1984 年）

秋季　科学院古脊椎所张森水等前往四川**汉源县**，发掘**富林镇**附近的一处旧石器时代晚期遗址，文化遗存以细小石制品为特征，这在中国西南地区尚属首次发现，被命名为"富林文化"。（张森水：《富林文化》，《古脊椎动物与古人类》第 15 卷第 1 期，1977 年）

秋季　科学院考古所赵芝荃、高天麟等继续发掘**偃师二里头遗址**。经本季度和翌年春秋两季的努力，终于将 1960 年发现、1964 年着手发掘的 **1 号宫殿基址**全部揭露，判明其为周绕回廊的殿堂建筑。同时，又在原将遗址划分为三期之外，找到与商代二里冈期关系更近的四期遗存，并判定 1 号宫殿基址属于三期。（《河南偃师二里头早商宫殿遗址发掘简报》，《考古》1974 年第 4 期；《偃师二里头：1959 年—1978 年考古发掘报告》，中国大百科全书出版社，1999 年）

秋季　河南省博物馆由安金槐主持，对**郑州商代城址**的东、南、西三面城垣进行钻探复查。经两年工作，获知城垣周长 6960 米，其中东、南两墙均长约 1700 米，西墙长约 1870 米，北墙长约 1690 米。四周共发现大小不同的缺口 11 处，有的可能与城门有关。地层叠压情况表明，该城垣建造于二里冈期下层，沿用至二里冈期上层。（《郑州商代城遗址发掘报告》，《文物资料丛刊》第 1 期，

1977 年）

秋季　甘肃省博物馆等单位人员组成的居延考古队，沿**额济纳河南起金塔双城子、北至居延海地段**，进行广泛的考古调查。1973—1974 年的夏秋两季，又对北部的**甲渠候官、第四燧**和南部的**肩水、金关**进行发掘。参加工作的有岳邦湖、初仕宾、任步云等。此次发掘取得丰富的收获，主要是出土简牍总计 19000 余枚。（《居延汉代遗址的发掘和新出土的简册文物》，《文物》1978 年第 1 期；《居延新简：甲渠候官与第四燧》[录文]，文物出版社，1990 年；《居延新简：甲渠候官》[图版]，中华书局，1994 年）

秋季　内蒙古文物队人员在**和林格尔**新店子附近发掘一座**东汉晚期的砖室壁画墓**。前中后室、三耳室和甬道共有壁画近 50 幅，并有大量的墨书榜题。其中，"使持节护乌桓校尉车马出行图""宁城护乌桓校尉幕府图""乐舞百戏图"等，场面恢宏，内容生动，反映了墓主官至"使持节护乌桓校尉"的毕生经历，以及当时的社会生活状况。（《和林格尔汉墓壁画》，文物出版社，1978 年）

10 月　郑州市博物馆李昌韬等发掘**大河村新石器时代遗址**。截至 1987 年底共发掘 21 次，揭露面积 4738 平方米，主要收获是发现仰韶文化单间和多间房基 47 座，成人墓葬 186 座，儿童瓮棺葬 171 座，以及灰坑、壕沟等遗迹，为仰韶文化分期、仰韶文化向河南龙山文化过渡等问题的研究提供丰富的资料。（《郑州大河村》，文物出版社，2001 年）

10 月　南京博物院汪遵国等发掘**吴县草鞋山新石器时代遗址**。此次发掘进行至 1973 年 1 月，后又于 1973 年 4—7 月再次发掘，合计揭露 1050 平方米。主要收获是从地层学上判明马家浜、崧泽、良渚三种文化的相对年代，并在马家浜文化层发现炭化粳稻和籼稻、罗纹葛纤维织物，在良渚文化层发现随葬玉琮、

刻纹陶器等精美器物的妻妾殉葬墓。（《江苏吴县草鞋山遗址》,《文物资料丛刊》第 3 期, 1980 年）

10 月　四川省博物馆等单位人员在**涪陵县小田溪**一带, 发掘 3 座战国时期巴族上层人物的墓葬, 三墓除随葬巴蜀式青铜容器、乐器和兵器外, 其中一座还出土中原式带架钮钟（14 件）, 一座出土有铭秦戈。（《四川涪陵地区小田溪战国土坑墓清理简报》,《文物》1974 年第 5 期）

10 月　科学院考古所马得志等在西安南郊发掘**唐长安外郭城**正南面的**明德门遗址**, 工作进行至翌年 1 月结束。该门址有 5 个门道, 颇为宏伟, 这在前已发掘的城址中尚无先例。（《唐代长安城明德门遗址发掘简报》,《考古》1974 年第 1 期）

11 月　江苏常州市博物馆陈晶等在该市戚墅堰镇附近发掘**常州圩墩新石器时代遗址**。发现 20 多座马家浜文化墓葬, 增进了对马家浜文化的认识。（《江苏常州圩墩村新石器时代遗址的调查和试掘》,《考古》1974 年第 2 期）

11 月　河北省文管处唐云明等勘查**藁城县台西村商代遗址**, 获若干青铜礼器和铁刃铜钺等文物。随后于 1973 年 6—11 月和 1974 年 4—12 月进行发掘。揭露面积共计近 1900 平方米, 发现单间、双间和多间房基 14 座, 以及墓葬 112 座等遗迹, 年代相当于二里冈上层至殷墟早期。（《藁城台西商代遗址》, 文物出版社, 1977 年）

11 月　甘肃省博物馆人员发掘**武威县旱滩坡汉代墓地**。在一座东汉早期有墓道的单室土洞墓中, 发现一批医药内容的木质简牍（简 78 支, 牍 14 片）。（《武威汉代医简》, 文物出版社, 1975 年）

本年　浙江省博物馆考古组朱伯谦等在**上虞县曹娥江沿岸**, 着手进行古代瓷窑遗址的调查。截至 1977 年, 在县城南面的石浦和凌湖周围，发现多处**东汉至宋代的窑址**，获知我国早在东汉时期瓷器生产已有一定的规模。（浙江省文物考古所：《浙江上虞县发现的东汉瓷窑址》，《文物》1981 年第 10 期）

本年　江西景德镇陶瓷历史博物馆刘新园等进行**湖田窑遗址**的调查与试掘。判明该窑址兴烧于五代，历经宋、元至明代隆庆、万历之际结束，先后达 600 余年，遗迹和遗物的分布面积约为 40 万平方米。（刘新园、白焜：《景德镇湖田窑考察纪要》，《文物》1980 年第 11 期）

本年　宁夏回族自治区博物馆钟侃等在银川贺兰山东麓调查并发掘西夏陵园中的八号陵。陵园由双阙、碑亭、月城、内城、献殿、灵台、内外神墙、角台等组成。形制与北宋诸陵颇不相同。根据残存的碑文推断，墓主应为西夏第八代皇帝李遵顼（卒于 1226 年）。（《西夏八号陵发掘简报》，《文物》1978 年第 8 期）

本年　吉林大学、南京大学、山东大学历史系设立考古专业。（《中国考古学年鉴（1984）》第 229、231、232 页）

1973 年

3 月　山东大学考古专业蔡凤书、于海广等对**泗水县尹家城遗址**进行试掘，工作至 4 月，揭露面积 125 平方米。主要收获是发现地层关系上晚于山东龙山文化、早于商代中期文化的遗存，文化面貌上与二者不同，具承先启后的性质。当时暂称其为"尹家城第二期文化"，认为其重要性值得注意。（《山东泗水尹家城第一次试掘》，《考古》1980 年第 1 期）

3 月　科学院考古所刘一曼等在**安阳小屯南地**发掘，工作断续进行至 12 月初，揭露面积 430 平方米，出土 7000 多片卜骨和卜甲，其中 4511 片有刻辞。这是 1937 年以后出土有字甲骨最多，并有明确地层关系的一次，对甲骨文的分期断代研究有重要意义。
（《小屯南地甲骨》，中华书局，上册二本1980年，下册三本1983年）

　　3月　辽宁省喀左蒙古族自治县北洞村南的孤山西坡发现一
座埋藏6件殷周之际铜器的窖坑。辽宁省博物馆郭大顺等前往调
查清理。5月，再次发现埋藏6件铜器的窖坑。翌年之末，该馆
李恭笃前往喀左县山湾子（在北洞南7公里），清理另一座埋藏22
件殷周之际铜器的窖坑。这些，反映了当时这一地区与中原的密
切关系。（《辽宁喀左县北洞村发现殷代青铜器》，《考古》1973年第4期；
《辽宁喀左县北洞村出土的殷周青铜器》，《考古》1974年第6期；《辽宁省喀
左县山湾子出土殷周青铜器》，《文物》1977年第12期）

　　3月　陕西省博物馆、文管会人员在三原县焦村，发掘为唐
高祖献陵陪葬的淮安郡王李寿墓（贞观四年［630年］入葬）。这是
陕西发现唐代壁画墓中年代最早的一座，壁画内容有仪仗、伎乐、
农耕、牧养等。石椁和墓门的线雕为伎乐等图像。发掘工作8月
结束。（《唐李寿墓发掘简报》，《文物》1974年第9期）

　　春季　科学院考古所与北京市文物管理处等单位合组的考古
队，在北京房山县琉璃河的黄土坡、董家林一带，着手进行西周
早期燕国墓地的大规模发掘。参加工作的有考古所钟少林、蒋忠
义，北京市文管处郭仁、田敬东等。1975年起发掘由北京市文
管处人员单独进行。截至1977年，共发掘西周墓葬61座、车马
坑5座，所出有"匽侯"及相关铭文的青铜礼器，为判明周初燕
侯封地提供物证。（《琉璃河西周燕国墓地（1973—1977）》，文物出版社，
1995年）

　　4月　山西省文物工作委员会王克林等在寿阳县贾家庄，发
掘北齐定州刺史、顺阳王库狄迴洛墓（河清元年［562年］入葬）。
墓室有残存壁画。木椁作成面阔、进深均为三间的斗拱结构室宇。

所出雕狮玛瑙带饰和舞蹈状胡俑，是中西交流史的良好资料。发掘工作 8 月结束。（王克林：《北齐库狄迴洛墓》，《考古学报》1979 年第 3 期）

4 月　安徽省博物馆吴兴汉等在**合肥市**东郊大兴集清理北宋名臣**包拯家族墓群**。清理墓葬共 12 座，其中有包拯原葬墓、包拯妻董氏原葬墓、包拯夫妇迁葬墓、长子包繶夫妇墓、次子包绶夫妇墓、孙包永年（繶子）墓，以及无名墓 6 座，出土 7 人墓志共 7000 余字。（《合肥东郊大兴集北宋包拯家族墓群发掘报告》，《文物资料丛刊》第 3 期，1980 年）

5 月　甘肃省博物馆蒲朝绂、负安志等在**永昌县**河西堡附近，发掘**鸳鸯池马家窑文化墓地**。工作延续至 1974 年，合计发掘墓葬 176 座，其中合葬墓 17 座、单人墓 125 座、儿童墓 34 座。发掘者根据墓葬打破关系和器物形制变化进行的分期表明，早期属半山类型，中期既含半山因素、又有马厂特点，晚期则属马厂类型，为探讨半山类型与马厂类型的演变关系提供重要依据。（《甘肃永昌鸳鸯池新石器时代墓地》，《考古学报》1982 年第 2 期）

5 月　湖南省博物馆熊传薪、何介钧等在**长沙市子弹库**清理早年盗掘出土"缯书"的**战国木椁墓**。弄清楚该墓的年代和墓葬形制，并发现"人物御龙帛画"等文物。（《长沙子弹库战国木椁墓》，《文物》1974 年第 2 期；《新发现的长沙战国楚墓帛画》，《文物》1973 年第 7 期）

5 月　河北省文物管理处刘来成、定县博物馆信立祥等，在**定县**西南八角廊村发掘一座**西汉大墓**。该墓因曾被盗掘，墓内的"黄肠题凑"、金缕玉衣和随葬器物都已扰乱严重。主要收获是在出土的大批竹简中，整理出《论语》《太公》《文子》等古籍。发掘者根据所出《六安王朝五凤二年正月起居记》推断，墓主应为中山怀王刘修。(《定县 40 号汉墓出土的金缕玉衣》,《文物》1976 年第 7 期;《河北定县 40 号汉墓发掘简报》,《文物》1981 年第 8 期）

6 月　广西壮族自治区文物队巫惠民和桂林市文管会阳吉昌,在**桂林市**郊的文物普查中发现**甑皮岩洞穴遗址**,并进行试掘,发现 10 多具不同葬式的人骨架,出土打制和磨制的石器、火候较低的手制陶器,以及骨角器等。后测定年代为公元前六七千年,是当时所知中国新石器时代最早的前农业阶段遗存。(《广西桂林甑皮岩洞穴遗址的试掘》,《考古》1976 年第 3 期）

6 月　甘肃省博物馆文物队韩集寿等在**广河县地巴坪**发掘一处马家窑文化**半山类型墓地**。连同本年 10—12 月的发掘,共计发掘墓葬 66 座,出土彩陶器物 300 余件,对研究半山类型文化有重要意义。(《广河地巴坪"半山类型"墓地》,《考古学报》1978 年第 2 期）

6 月　安金槐以河南省博物馆名义发表**郑州南关外遗址**的发掘报告,正式提出"郑州商代南关外期"的概念,认为南关外期和洛达庙期都是早于郑州二里冈期的商代文化,究竟哪一期更早尚待进一步研究。又认为,"根据郑州商代二里冈期下层的出土遗物看,主要是承袭郑州洛达庙期发展而来的,但其中也有少量商代南关外期的因素"。(《郑州南关外商代遗址的发掘》,《考古学报》1973 年第 1 期）

夏季　河南省博物馆文物队安金槐、杨育彬等在**郑州商城**的东北部发现二里冈期夯土台基。截至 1978 年春,已发现数十处,面积小的 100 余平方米,大的 2000 多平方米。其间作过发掘的基址有两座规模较大,柱础槽和石柱础排列整齐,残长数十米;另几座则有成排的柱窝,残长亦有 10 余米或 30 余米。这无疑是商代前期的宫殿建筑遗存。(《郑州商城遗址内发现商代夯土台基和奴隶头骨》,《文物》1974 年第 9 期）

8 月　1 日,国家文物局发布《关于进一步加强考古发掘工作的管理的通知》，并再次印发国务院 1964 年 8 月 29 日批准的《古遗址古墓葬调查发掘暂行管理办法》，要求各地的考古发掘要履行报批手续、注意科学性。(《文物博物馆事业纪事》第 269 页)

9 月　山西省文物工作委员会王建等在沁水县境中条山东端的下川地区，对富益河圪梁和水井背两处细石器地点进行发掘。随后又在附近纵横二三十公里的范围进行广泛的调查，发现十多处相同性质的地点。经研究，判定其为旧石器时代晚期的一种文化类型，命名为"下川文化"。(王建等:《下川文化——山西下川遗址调查报告》,《考古学报》1978 年第 3 期)

9 月　长江流域规划办公室考古队举办的第二届文物考古工作人员训练班，在湖北江陵楚纪南城进行田野考古实习，发掘凤凰山一带的 9 座西汉文景时期墓葬。其中，8 号墓出土竹简 175 枚，9 号墓出土竹简 80 枚 (又木牍 3 枚)，内容均为遣策;10 号墓出土竹简 170 多枚，内容为征收算赋的记录，6 枚木牍则一为遣策，余为契约和账册，是研究当时社会经济的重要史料。(《湖北江陵凤凰山西汉墓发掘简报》,《文物》1974 年第 6 期)

10 月　内蒙古自治区博物馆汪宇平在呼和浩特东北 33 公里的大窑村南山，发现一处规模较大的旧石器时代晚期石器制造场。(《呼和浩特市东郊旧石器时代石器制造场发掘报告》,《文物》1977 年第 5 期)

10 月　沈阳市文物管理办公室曲瑞琦等在市区北郊的北陵附近，对沈阳新乐遗址进行试掘，揭露 200 平方米。1977 年冬再次发掘，揭露 100 余平方米。下层为以竖"之"字形线纹陶器和细石器为代表的遗存，发现两座半地穴式房址。据 ^{14}C 测年数据，并与几种相近文化对比，判定同属公元前 4500 年至前 4000 年，是中国北方地区已发现最早的新石器文化之一，被命名为"新乐文化"。(《沈阳新乐遗址试掘报告》,《考古学报》1978 年第 4 期;《新乐遗

址发掘报告》2 册，文物出版社，2018 年）

10 月　科学院考古所马得志等勘探发掘位于**唐长安城**新昌坊的**青龙寺遗址**。经勘探，判明青龙寺的位置和范围，发现寺内的 7 处建筑基址。并且发掘西部伽蓝院的塔基和东部院落的殿堂基址。工作进行至 12 月结束。（《唐青龙寺遗址发掘简报》,《考古》1974 年第 5 期;《青龙寺与西明寺》, 文物出版社，2015 年）

11 月　浙江省文管会、博物馆人员牟永抗等在**余姚县**东罗江乡进行**河姆渡遗址**的首次发掘，翌年 1 月结束，发掘面积 630 平方米。后又于 1977 年 10 月至 1978 年 1 月再次发掘，发掘面积 2000 平方米。由于该遗址深埋于水位之下，遗迹、遗物保存较好，揭露出大片的干栏式木构建筑遗迹，尤以第四层最为密集，出土大量的骨耜和栽培稻谷，独特的陶器群，及石、骨、角、牙、木各类器物。被命名为“河姆渡文化”。后综合分析已有 ^{14}C 测年数据，并与马家浜文化对比，判定遗址的绝对年代为公元前 5000 年至前 4000 年。这是长江下游最早的新石器文化。（《河姆渡遗址第一期发掘报告》,《考古学报》1978 年第 1 期;《浙江河姆渡遗址第二期发掘的主要收获》,《文物》1980 年第 5 期;《河姆渡——新石器时代遗址考古发掘报告》, 文物出版社，2003 年）

11 月　云南省博物馆阚勇等在**宾川县**城东北发掘**白羊村遗址**，1974 年 1 月结束工作。揭露 290 平方米。发现房址 11 座、窖穴 48 个、墓葬 34 座。后经 ^{14}C 测年并经树轮校正，遗址的绝对年代为公元前 2190 年至前 1930 年。这是滇西洱海地区一处内涵丰富、特征鲜明的典型遗址，也是云贵高原目前所知年代较早的稻作农业遗存。（《云南宾川白羊村遗址》,《考古学报》1981 年第 3 期）

11 月　中国历史博物馆孔祥星等会同湖北省博物馆及有关地区人员，对**大冶市铜绿山**发现的**矿冶遗址**进行调查和试掘，初步

判定其为春秋至战国时代的遗迹。(《湖北古矿冶遗址调查》,《考古》1974年第4期)

11月 湖南省博物馆与科学院考古所合作发掘**长沙马王堆二、三号汉墓**，工作进行至翌年初。夏鼐、王冶秋曾亲临现场进行指导，参加工作的业务人员主要有高至喜、熊传薪、周世荣、何介钧、王㐨、王振江、白荣金等。二号墓保存情况欠佳，残存的随葬品中有“长沙丞相”“轪侯之印”和“利苍”三方印章，使墓地的性质获得确证。三号墓除仍出土帛画、丝织品、漆器等精美文物外，最为难得的是出土一批内容丰富的帛书和简牍，在文献学上具有十分重要的价值。(《长沙马王堆二、三号汉墓·第一卷·田野考古发掘报告》，文物出版社，2004年;《马王堆汉墓帛书》，文物出版社，1980年)

冬季 广东省博物馆杨式挺等在**曲江县**西南发掘**石峡遗址**。1975年秋至1976年底继续发掘，共揭露1660平方米。遗址下层的新石器时代遗存，年代被估计为公元前3000年至前2000年，被命名为“石峡文化”。发现墓葬108座，有随葬琮、璧、环、璜等玉器的大型墓，以及中小型墓，流行二次葬。中上层则为青铜时代遗存。这是研究岭南地区原始社会解体时期历史的重要资料。(《广东曲江石峡墓葬发掘简报》,《文物》1978年第7期)

冬季 北京大学历史系考古专业与江西省博物馆合作，由李仰松主持发掘**清江县吴城遗址**，揭露面积1117平方米。后又进行多次发掘。遗址在樟树镇西南30余公里，可分三期，早期与郑州二里冈上层接近，中期与殷墟早期相当，晚期相当于商末周初。中晚期遗存中发现房基、陶窑、水井、铸铜作坊、墓葬等遗迹。这是长江以南首次发现商代都邑遗址。(《江西清江吴城商代遗址发掘简报》,《文物》1975年第7期)

冬季 山东省文物考古研究所蒋英炬等，在淄博市**临淄**区黄

山北麓的窝托村发掘**北朝望族崔氏墓地**。共清理墓葬 14 座，其中
5 座出土长篇墓志。年代较早的是卒于北魏孝昌元年（525 年）的
崔鸿夫妇合葬墓。（《临淄北朝崔氏墓》，《考古学报》1984 年第 2 期）

本年　夏季，黑龙江省博物馆历史部杨虎等沿黑龙江中游调
查时，在**绥滨县福兴乡发现同仁遗址**。秋季，会同科学院考古所
张长寿、谢端琚复查，并共同进行发掘。发掘面积 320 平方米，
揭露保存完整的房址 3 座、窖穴 7 个，出土一批颇具特色的陶器
和其他遗物。遗存被区分为递变的一期早段、晚段和二期。发掘
者根据一期遗存的 ^{14}C 测年数据约当隋唐至北宋时期，认为二期
遗存属南宋时期；又据其年代和分布范围合于《新唐书·黑水靺
鞨传》，推定为历史上黑水靺鞨的文化遗存。（《黑龙江绥滨同仁遗址
发掘报告》，《考古学报》2006 年第 1 期）

本年　内蒙古文物队李作智、田广金两次前往伊克昭盟**杭锦
旗**的桃红巴拉附近，调查当地出土动物纹金银器情况。发掘 6 座
被判定属于战国时期**匈奴贵族的墓葬**，墓内出土马、牛、羊的头
骨，以及青铜工具、兵器、马具和装饰品等。（田广金：《桃红巴拉的
匈奴墓》，《考古学报》1976 年第 1 期）

本年　青海省文管处考古队赵生琛、苏生秀等在**大通县上孙
家寨**附近着手发掘**汉至魏晋时期的墓葬**，截至 1981 年共发掘 182
座。其中引人注目的是，一座西汉晚期木椁墓出土木简 400 号，
内容为军事律令文书，与《孙子》有关的兵书等；一座东汉晚期
砖室墓出土"汉匈奴归义亲汉长"铜印，墓主应为入住内地已久
的南匈奴首领。（《上孙家寨汉晋墓》，文物出版社，1993 年）

本年　河南省博物馆赵青云等对**禹县钧台窑址**进行全面钻探
和重点发掘，发掘面积 700 多平方米。清理了窑基、作坊等遗迹，
出土大批窑具、瓷片、瓷土和釉料。对北宋时期这一名窑的烧造

年代、产品种类、烧造工艺和窑场性质，都有进一步的认识。（赵青云：《河南禹县钧台窑址的发掘》，《文物》1975 年第 6 期）

本年　内蒙古文物队李逸友、内蒙古大学历史系贾洲杰等前往正蓝旗五一牧场，调查位于滦河上游闪电河北岸的**元上都遗址**。这是中国学者对该城址进行的一次较为深入全面的调查，对其布局和保存情况有较多了解。（贾洲杰：《元上都调查报告》，《文物》1977 年第 5 期）

本年　中山大学、厦门大学、四川大学三校历史系设立考古专业。（《中国考古学年鉴（1984）》第 232、234、235 页）

1974 年

2 月　湖北省博物馆、黄石市博物馆等单位合组考古队，在**大冶铜绿山**发掘两处古矿井遗址，工作进行至 5 月中旬结束。两处老窿矿井分别属于春秋和战国时期，由斜井、竖井和平巷组成，发现木质支架、采掘和装载工具，以及生活用具等。这是第一次发掘古矿井遗址，具有重要的科学价值。后断续发掘至 1985 年 7 月，先后发现 6 处采矿遗址、2 处冶炼遗址。（《湖北铜绿山春秋战国古矿井遗址发掘简报》，《文物》1975 第 2 期；《湖北铜绿山春秋时期炼铜遗址发掘简报》，《文物》1981 年第 8 期；又《铜绿山古矿冶遗址》，文物出版社，1999 年）

2 月　洛阳博物馆人员调查**洛阳前海资村**发现的一座**北魏大墓**。所出墓志盖残角，与早年出土的"江阳王元乂墓志"吻合，表明该墓墓主即卒于孝昌二年（526 年）的元乂。墓顶的彩绘天象图壁画，有星辰约 300 颗，是目前所见我国早期星图中幅面较大、星数最多的一幅。（《河南洛阳北魏元乂墓调查》，《文物》1974 年第 12 期）

3 月　陕西省文管会、咸阳地区文管会和咸阳市博物馆合作，由刘庆柱等对**秦都咸阳一号宫殿遗址**进行发掘。截至 1975 年 11 月，揭露面积 3100 平方米。发现残存东西长 31.1 米、南北最宽 13.3 米的大型夯土台基。台基之上，有主体殿堂、不同用途的多个小室，以及通道、回廊等，出土大量壁画残块和建筑材料等。（《秦都咸阳第一号宫殿建筑遗址简报》，《文物》1976 年第 11 期）

3 月　广东省博物馆何纪生等在**西沙群岛**范围内的永乐群岛进行广泛考古调查，并在其中的**甘泉岛**试掘一处唐宋遗址，又在北礁礁盘发现明代沉船残迹。本年工作进行至 5 月。翌年 3—4 月再次发掘甘泉岛唐宋遗址，并对该地区的岛礁沙滩作进一步调查。（《广东省西沙群岛文物调查简报》，《文物》1974 年第 10 期；《广东省西沙群岛第二次文物调查简报》，《文物》1976 年第 9 期；《广东省西沙群岛北礁发现的古代陶瓷器——第二次文物调查简报续篇》，《文物资料丛刊》第 6 期，1982 年）

4 月　辽宁省博物馆徐秉琨、冯永谦等在**法库县叶茂台**发掘一座**辽代砖室壁画墓**，发现木构小帐式棺室，平雕绘彩石棺，所出绢地山水、花鸟卷轴画，缂丝、绣花等质料衣物，以及双陆博具、漆器，尤为难得。（《法库叶茂台辽墓记略》，《文物》1975 年第 12 期）

5 月　福建**南安县大盈村**附近出土青铜戈、矛、匕首及玉器。后厦门大学考古专业庄锦清、林华东等前往调查，推断其为具有地方特色的古越族遗存，年代约当西周、春秋之际。（《福建南安大盈出土青铜器》，《考古》1977 年第 3 期）

6 月　福建省博物馆与晋江地区、泉州市的文博单位合作，在**泉州湾后渚港**发掘一艘**宋代沉没海船**，8 月结束工作。海船残长 24.20 米、残宽 9.15 米，有 13 个舱，出土南洋产香料木 4700

多斤。(《泉州湾宋代海船发掘简报》,《文物》1975 年第 10 期)

7 月　青海省文物管理处与科学院考古所合作,由赵生琛、谢端琚主持,开始进行**乐都柳湾墓地**的大规模发掘。持续至 1978 年,累计发掘墓葬 1500 座,其中半数以上属马家窑文化马厂类型,其次有半山类型和齐家文化。这是中国目前发掘墓葬最多的原始氏族公共墓地,取得丰富的学术收获。(《青海柳湾——乐都柳湾原始社会墓地》,文物出版社,1984 年)

7 月　河北省文管处孙德海与邯郸地区的罗平、陈光唐等发掘**磁县下七垣遗址**。截至 1975 年 4 月,共计揭露 960 平方米。发现二里头文化和商代早、中、晚期的遗存,为河北地区夏商文化的分期提供可靠的地层证据。(《磁县下七垣遗址发掘报告》,《考古学报》1979 年第 2 期)

7 月　陕西省考古所、文管会、博物馆等单位合组考古队,由杭德州、袁仲一负责,开始进行**秦始皇陵一号兵马俑坑**的第一次勘察发掘。截至 1975 年上半年,在坑的东端试掘 960 平方米,出土与真人真马大小相近的武士俑 500 余件、陶马 24 匹,及部分青铜兵器,判明整个坑东西长 230 米,南北宽 62 米。继而于 1975 年 10 月至 1976 年 1 月第二次复探和试掘。(又于 1976 年和 1977 年在一号坑北侧发掘二、三号坑,分别出土相当数量的木车、陶马和武士俑。)再于 1978 年 5 月至 1979 年 4 月,1979 年 5 月至 1981 年 8 月,分两个阶段对一号坑进行大规模发掘,发掘面积共计 2000 平方米,出土木车 8 乘、陶马 32 匹、各类武士俑 1087 件,以及大批兵器和建筑遗迹。(《秦始皇陵兵马俑坑一号坑发掘报告(1974—1984)》,文物出版社,1988 年)

8 月　黑龙江省文物考古队林秀贞、郝思德等发掘**肇源县白金宝遗址**。这是松嫩平原青铜时代遗址的首次发掘。揭露 150 平方米，发现长方形半地穴式房基、窖穴、窑址等遗迹，出土一批具有地方特点的陶器和其他遗物，对该遗址的文化面貌有了初步了解。后又于 1980 年和 1986 年由黑龙江文物考古所人员进行两次较大规模的发掘，揭露面积近 2000 平方米，进一步了解其文化内涵，并为白金宝文化的分期提供可靠的地层证据。(《黑龙江肇源白金宝遗址第一次发掘》，《考古》1980 年第 4 期）

8 月　北京市文管处与科学院考古所等单位合作，多人参与发掘**北京大葆台西汉大型木椁墓**。该墓早年曾被严重盗掘，但其黄肠题凑、椁室和回廊保存尚好，发现残存的玉衣片，墓道中又有朱漆华毂车 3 乘和马 11 匹。翌年 4 月，又发掘该墓西侧的 2 号墓。经研究考证，判定其为卒于汉元帝初元四年（前 45 年）的广阳顷王刘建及妻的异穴合葬墓。后由马希桂主编，鲁琪、蒋忠义参加，编撰考古报告。(《北京大葆台汉墓》，文物出版社，1989 年）

8 月　河南省博物馆汤文兴等在**温县**招贤镇附近发掘一座**东汉早期的烘范窑**，出土为叠铸铁质车马器进行预热处理的大量陶范，揭示了汉代在壳型铸造工艺方面的巨大成就。(《汉代叠铸——温县烘范窑的发掘和研究》，文物出版社，1978 年）

9 月　湖北省博物馆与北京大学考古专业合作发掘**黄陂县盘龙城遗址**。本年由俞伟超、王劲主持，陈贤一等参加，截至 12 月揭露 1800 多平方米，判明城址的修筑年代为二里冈时期，并在城内东北隅发掘一座保存较好的大型宫殿基址。1976 年秋王劲、李伯谦主持继续发掘。随后又有发掘，断续进行至 1994 年。(《盘龙城：1963—1994 年考古发掘报告》，文物出版社，2001 年）

秋季　湖南省博物馆高至喜、何介钧等在**澧县梦溪镇**发掘三元宫史前遗址。揭露 296 平方米，发现灰坑 12 个、墓葬 23 座。文化遗存可分三期，早、中期属大溪文化，晚期属屈家岭文化。

该遗址第一次发掘湖南地区的新石器时代墓葬，多数属晚期，少数属中期。(《澧县梦溪三元宫遗址》,《考古学报》1979 年第 4 期)

秋季　科学院考古所刘观民、徐光冀、刘晋祥等在内蒙古**敖汉旗**东南部的**大甸子村**发掘一处夏家店下层文化墓地。后又于 1976—1977 年和 1983 年继续发掘。先后参加工作的除考古所多名人员外，另有辽宁省博物馆孙守道、郭大顺等及赤峰市人员。揭露一处有夯土围墙和壕沟环绕的聚落遗址，以及完整墓地。该墓地包含多个家族不同茔域的 804 座墓葬。出土数以千计的陶器中，有 200 多件绘类似"饕餮"等图案的纹饰，个别茔域的个别墓发现具有二里头文化特征的鬶(盉)和爵。这在古史研究上具有较重要的意义。(《大甸子——夏家店下层文化遗址与墓地发掘报告》,科学出版社，1996 年)

秋季　科学院考古所与中国历史博物馆、山西考古所合作，由张彦煌主持进行**夏县东下冯遗址**的发掘。截至 1979 年冬，历经 11 个季度，共揭露 6700 多平方米，发现丰富的遗迹和遗物。发掘者认为，其 I—IV 期与二里头遗址 I—III 期大同小异，V 和 VI 期则与二里冈下层和上层基本相同，属同一文化的不同类型。(《夏县东下冯》,文物出版社，1988 年)

10 月　科学院考古所高广仁、吴汝祚等发掘**胶县三里河遗址**。本年工作进行至 11 月，翌年 4—5 月继续发掘。累计发掘面积 1570 平方米，发现大汶口文化房屋 5 处、窖穴 31 个、墓葬 66 座，龙山文化窖穴 37 个、墓葬 98 座、建筑遗迹 2 处，出土丰富的陶器和其他遗物。(《胶县三里河》,文物出版社，1988 年)

10 月　广西壮族自治区文物工作队蒋廷瑜、韦仁义等在**平乐县银山岭**发掘的 165 座墓中，有 110 座属**战国中晚期**。墓葬排列有序，均为长方形土坑。这批墓葬与湖南的早期楚墓有不少相似之处，随葬陶器的纹饰和靴形钺等兵器，又具有百越文化特点，

表明当时楚越之间的密切文化关系。(《平乐银山岭战国墓》,《考古学报》1978年第2期)

11月　四川省博物馆与西昌县文化馆等单位合作，由赵殿增主持进行**礼州新石器时代遗址**的发掘。本年工作至12月，1976年2—3月和10月继续发掘，累计揭露362平方米。遗址下层发现窑址1座和烧坑9个，上层发现墓葬21座，均属史前时期。文化面貌与四川盆地周围不同，而与同处金沙江流域的安宁河至龙川江地区元谋大墩子等遗址接近。礼州遗址没有^{14}C测年数据，比照大墩子文化年代，推定其绝对年代为距今3500年前，属新石器时代末期。(《四川西昌礼州新石器时代遗址》,《考古学报》1980年第4期)

11月　河北省文管处刘来成、陈应祺等在**平山县**北黄壁庄水库附近，调查发掘战国时期的**中山国都灵寿城址**，城内的手工作坊和居住遗址，以及城址内外的**中山王陵墓**。其中1号大墓，连同陪葬墓、车马坑、杂殉坑等，持续发掘至1978年夏。该墓规模宏大，出土中山王𰯼鼎和方壶、嗣妾蚉圆壶、兆域图铜版等重要文物。(《𰯼墓——战国中山国国王之墓》，文物出版社，1996年)

12月　宝鸡市博物馆卢连成等在该市渭河南岸的**茹家庄西周墓地**进行发掘。截至1977年4月，共发掘大墓3座、小墓1座、车马坑2座和马坑1座。其中两座大墓出土较多的青铜器和玉器，根据铜器铭文获知1号墓墓主为𢎛伯及殉妾，2号墓则为其妻井姬。后连同1976年起发掘的**竹园沟墓地**、1981年清理的**纸坊头**1号墓，编撰发掘报告。(《宝鸡𢎛国墓地》，文物出版社，1988年)

12月　长沙市文化局文物组黄纲正等在**长沙岳麓山咸家湖**的陡壁山发掘一座西汉中期的大型木椁墓，工作进行至翌年1月。墓内的黄肠题凑、椁室和三重棺都保存较好，随葬品以漆器和玉器为主。发掘者根据墓葬形制、出土的"长沙丞"封泥，以及印

文为"曹媾"或"姜媾"的三方玉印，推断墓主或为长沙定王刘发之妻。(《长沙咸家湖西汉曹媾墓》,《文物》1979年第3期)

冬季　科学院考古所许景元、段鹏琦等在**汉魏洛阳故城**南郊发掘东汉创建的**灵台遗址**。这是我国目前发现年代最早的天文观测台址，原本长宽约50米，周绕回廊，全部夯土筑成(残高8米许)。本次发掘进行至1975年春。后来又进行发掘。(《汉魏故城南郊礼制建筑遗址：1962—1992年考古发掘报告》,文物出版社，2010年)

冬季　河北省文管处郑绍宗在**宣化县下八里村**附近发掘辽天庆六年(1116年)入葬的"特授右班殿直"**张世卿墓**。壁画内容丰富，尤其是穹窿顶的彩绘星图，绘有二十八宿和黄道十二宫，在中国天文学史研究上有重要价值。(《河北宣化辽壁画墓发掘简报》,《文物》1975年第8期；又见《宣化辽墓：1974—1993年考古发掘报告》2册，文物出版社，2001年)

本年　科学院古脊椎所贾兰坡、卫奇在山西雁北地区进行旧石器时代考古调查时，发现**阳高县许家窑村**附近的一处分布面积大而内涵又很丰富的遗址。该遗址的地层属"泥河湾层"，表明该层上部确实包含晚更新世的沉积物。所出石器在细石器技术传统上有重要意义，是北京人文化和峙峪文化之间的过渡环节，被称为"许家窑文化"。(贾兰波、卫奇:《阳高许家窑旧石器时代文化遗址》,《考古学报》1976年第2期)

本年　山东省博物馆张学海等对**大汶口遗址**进行再次发掘，揭露1200平方米。1978年张江凯等又继续发掘，揭露850平方米。两次发掘的主要收获是，发现北辛文化的房址13座、灰坑29个、陶窑1座、墓葬10座等遗迹；又发现大汶口文化早期的墓葬46座，其中出现分组埋葬现象及随葬品丰富的大墓。(《大汶口续集——大汶口遗址第二、三次发掘报告》,文物出版社，1997年)

本年　安徽省亳县博物馆李灿等在**亳县城南清理发掘汉魏墓葬**。截至1977年，获得一批有关曹操宗族的文字资料和各类文物。其中，元宝坑1号墓的墓砖刻划"曹腾""曹褒""曹炽"等诸多人名；董园村1、2号墓分别出土银缕玉衣和铜缕玉衣；又出土鎏金铜器、玻璃和牙雕制品等珍贵文物。（《亳县曹操宗族墓葬》，《文物》1978年第8期）

本年　西北大学历史系重建考古专业。该专业原于1956年春成立，1961—1973年停办。（《中国考古学年鉴（1984）》第236页）

1975年

2月　陕西省文管会吴镇烽、岐山县文化馆庞怀清等清理**岐山县董家村**的一处**西周青铜器窖藏**。所出37件铜器多有长篇铭文，其中卫簋、卫盉、卫鼎（甲、乙）四器作于穆王和恭王时期，记述当时土地交换和纠纷的情况，在铜器断代和古史研究上有重要价值。（《陕西省岐山县董家村西周铜器窖穴发掘简报》，《文物》1976年第5期）

3月　四川省博物馆、四川大学考古专业、西昌地区博物馆等单位人员，对**金沙江渡口西昌段及安宁河流域**进行考古调查，在冕宁、西昌、米易等县境，发现一种用巨石封顶的古代石室墓（暂定名"大石墓"）。4—5月又在**西昌县坝河堡子**清理其中较完整的一座，墓内堆积人骨当在百具以上，表明其为二次葬，随葬实用陶器和小件饰物。这种大石墓被认为可能与文献记载中战国至西汉初西南夷的"邛都夷"有关。（《西昌坝河堡子大石墓发掘简报》，《考古》1976年第5期）

5月　科学院古脊椎所许春华等对湖北**郧县龙骨洞**进行发掘。经本年春秋两季的发掘，获得4枚人类牙齿化石和1件有人工打制痕迹的石核。这4枚牙齿化石是湖北境内最早发现和鉴定的猿人化石，被命名为"郧县猿人"。（许春华：《湖北郧县猿人化石地点的发掘》，见《古人类论文集》，科学出版社，1978年）

5月　云南省文物工作队邱宣充、王大道等在**楚雄县**发现并清理**万家坝青铜时代大墓**一座。10月至翌年初，云南省举办第二届考古训练班，进行正式发掘，四川大学考古专业等单位人员参加。先后发掘大墓13座、中小墓66座，随葬品以青铜器为主，大量的兵器和工具兼具洱海和滇池地区特点，又有羊角状钮钟和铜鼓。发掘者认为，墓主可能是西南夷中的"靡莫之属"或昆明诸种，年代约当中原的西周至春秋早期。（《云南楚雄县万家坝古墓群发掘简报》，《文物》1978年第10期）

5月　美国华裔考古学家张光直作为美国古人类学家代表团成员，第一次来中国大陆访问。曾于19、20日到科学院考古所访问，与夏鼐、安志敏等座谈。又于20、23日向部分在京考古学者分别作"聚落考古学"和"台湾史前考古"的专题报告。23日讲演后，曾与夏鼐个别谈话，表达希望参与中国大陆田野考古的愿望。（参看《夏鼐日记》卷七第491—492页）

春季　科学院考古所赵芝荃、郑光等发掘河南**临汝县煤山遗址**。本年春、秋两季，共揭露540余平方米，发现房基33座以及灰坑、陶窑、墓葬等遗迹。主要收获是发现河南龙山文化和二里头文化相叠压的地层关系。其河南龙山文化遗存具有自身特点和代表性，被命名为"煤山类型"。煤山类型一、二期和二里头文化一期承袭关系明显，表明二里头文化直接从河南龙山文化发展而来。（《河南临汝煤山遗址发掘报告》，《考古学报》1982年第4期）

春季　山东省博物馆吴文祺、张其海等在**莒南县大店镇**发掘老龙腰、花园村两地的**春秋中晚期墓葬**。两墓葬制基本一致，均为墓道偏左墓室一侧有人殉 10 具，随葬成套陶礼器和少量铜礼器，又都有钮钟、兵器和车马器。花园村墓（M2）所出钮钟铭文表明墓主为"簪叔之仲子"，应是莒国重要贵族。（《莒南大店春秋时期莒国殉人墓》，《考古学报》1978 年第 3 期）

春季　南京博物院与扬州博物馆、扬州师范学院合作，由罗宗真主持，在扬州西门外"扫垢山"，即**唐代"罗城"西缘**进行发掘。本年内共揭露 1100 平方米，发现成组的砖砌炉灶和水井，出土大量的文物，其中有坩埚、碾槽、石磨、陶范、骨料和骨制品，以及陶瓷器，证明此处应是分工精细的手工业作坊遗址。（《扬州唐城遗址 1975 年考古工作简报》，《文物》1977 年第 9 期）

6 月　辽宁省博物馆姜念思、冯永谦等在**鞍山东郊**倪家台村，发掘明代辽东望族**崔源及其子孙的 19 座墓**。崔氏家族，世代担任都司要职。所出 10 多方墓志，与明代管理包括奴儿干在内的东北疆域历史有密切关系。（《鞍山倪家台明崔源族墓的发掘》，《文物》1978 年第 11 期）

7 月　镇江市博物馆萧梦龙等在**金坛县**茅山东麓的黑龙岗，发掘卒于南宋景定二年（1261 年）的**周瑀墓**。木质棺椁和尸体保存完整，出土 30 余件丝织衣物，并有装裱成卷的补中太学生牒文。（《江苏金坛南宋周瑀墓发掘简报》，《文物》1977 年第 7 期）

8 月　广州市文管处麦英豪等在**广州市区**中山四路西段（旧称"禺山"）发现一处**秦至西汉早期遗址**。发现三组由枕木、木墩等组成的大面积木构建筑，以及木材加工场地，发掘进行至 1976 年 1 月结束。当时判定为造船工场遗址，近年有学者提出不同看法。（《广州秦汉造船工场遗址试掘》，《文物》1977 年第 4 期）

9 月　河北省文管处、中央美术学院等单位人员孙德海、汤池等，在**磁县**城西东槐树村发掘北齐武平七年（576 年）入葬的高欢第十四子**高润墓**。该墓早期被盗，壁画保存欠佳，出土 300 余件陶俑和一批青瓷器物，都有重要的价值。（《河北磁县北齐高润墓》，《考古》1979 年第 3 期）

9 月　宁夏博物馆吴峰云等发掘**西夏陵区的 108 号陪葬墓**，工作进行至 12 月初结束。该墓早期被盗，葬具和随葬品均遭严重破坏。碑亭残基出土有字碑残块 349 块，半数以上刻汉文，其余为西夏文，内容可互为补证，表明墓主为史书失载的"梁国正献王"，曾任"太师、尚书令、知枢密院事"等职，被尊为"尚父"，大约卒于西夏第四代皇帝李乾顺时期。（《西夏陵区 108 号墓发掘简报》，《文物》1978 年第 8 期）

10 月　福建省博物馆人员在**福州北郊**浮仓山发掘一座三圹并列的南宋墓。右圹保存甚好，墓志表明系卒于南宋淳祐三年（1243 年）、"年方十七"的赵与骏妻黄昇。中圹和左圹都保存很差，中圹虽无文字资料，自应为赵与骏本人，左圹所出买地券称"孺人李氏"，葬于淳祐七年（1247 年），则为赵与骏另一妻室。**黄昇墓**的红漆木棺之内，除装裹尸身的 20 来件衣衾、裙裤、鞋袜等外，四周和上部又放置衣物、匹料及装饰物共 400 余件。其中丝织品有罗、绢、绫、纱、绉等，成件衣物有 64 件。这在中国纺织史和中国服饰史上，有重要的研究价值。（《福州南宋黄昇墓》，文物出版社，1982 年）

秋季　山东博物馆与日照县文化馆人员在**日照县石臼所对东海峪新石器时代遗址**进行发掘，这是在 1973 年发掘基础上的再次发掘。发掘面积 800 平方米，发现一批大汶口文化晚期与山东龙山文化早期的房址和墓葬，找到大汶口文化过渡到山东龙山文化的地层证据。（《1975 年东海峪遗址的发掘》，《考古》1976 年第 6 期）

秋季　洛阳文物队叶万松、张剑发掘**洛阳北窑西周铸铜遗址**，截至 1979 年共揭露 2500 平方米。遗址的范围较大，年代属西周前期，出土数以万计的各类铜器铸范碎块，其中包括食器、酒器、车马器和兵器，又有大量熔铜炉壁残块，并且发现鼓风口残存，被认为是当时西周宗室的铸铜作坊遗存。（《1975—1979 年洛阳北窑西周铸铜遗址的发掘》，《考古》1983 年第 5 期）

秋季 科学院考古所李遇春等着手发掘**汉长安城武库遗址**。该遗址位于长乐、未央二宫之间，始建于汉高祖七年（前 200 年）。西汉时期以此库藏兵器。经本年及 1976 年夏、1977 年夏秋的工作，先后钻探出建筑基址 7 处，发掘其中 2 处，出土大量铁兵器和少量铜兵器。（《汉长安城武库》，文物出版社，2005 年）

12 月 湖北省博物馆陈振裕等在**云梦县睡虎地**发掘 12 座**秦墓**。其中 11 号墓出土的 1100 支竹简，具有重要的文献学价值。经整理判明内容为秦始皇二十年南郡守腾文书、秦昭王元年至始皇帝三十年大事记、秦法律三种、秦治狱案例、论"为吏之道"及"日书"等卜筮类佚书。（《云梦睡虎地秦墓》，文物出版社，1981年；《睡虎地秦墓竹简》，文物出版社，1978 年）

12 月 科学院考古所高广仁、胡秉华等会同山东济宁行署文化局人员，试掘**兖州市王因新石器时代遗址**。随后，又于 1976—1978 年春秋两季，进行 6 次发掘。累计揭露 10180 平方米，发现早期大汶口文化的房基 14 座、灰坑 423 座、墓葬 899 座，以及北辛文化的灰坑等遗迹。对于揭示早期大汶口文化的面貌，加深对北辛文化的认识，确立北辛文化与早期大汶口文化的传承关系，有重要意义。（《山东王因——新石器时代遗址发掘报告》，科学出版社，2000 年）

冬季 湖北省博物馆在湖北省委和国家文物局的领导下，约请北京大学、吉林大学等七所大学考古专业师生，中国历史博物馆及若干省市文博单位人员，对**江陵县境的楚都纪南城**进行全面勘查，并发掘西城垣北门、松柏区 30 号台基等遗址，揭露面积总计 7000 余平方米；又在城东雨台山和城东南隅凤凰山两地，分别发掘东周和秦汉时期墓葬 600 余座。后由谭维四、文必贵、杨权喜、陈贤一、刘彬徽执笔编撰考古报告。(《楚都纪南城的勘查与发掘》，《考古学报》1982 年第 3 期和第 4 期)

年末　科学院古脊椎所决定由裴文中和张森水完成中国猿人石器的综合研究工作。该项研究的计划是 1955 年着手拟定的，1958 年由该所古人类室的大部分人员对历年积累的中国猿人石器进行比较彻底的清理，后由裴文中、贾兰坡、邱中郎、张森水、戴尔俭、李炎贤组成专业小组进行分类分层研究，1966 年工作中断。后在原有工作的基础上进一步努力，重新进行分类、统计和测量，对中国猿人石器的特点、中国猿人文化的发展阶段性及其在旧石器文化中的地位进行了探讨。(裴文中、张森水：《中国猿人石器研究》，科学出版社，1985 年)

本年　郑州市博物馆人员在**郑州古荥镇**发掘一处西汉中晚期的**冶铁遗址**，揭露面积 1700 平方米。发现 2 座炼铁炉，以及与冶铁有关的遗迹和遗物。炉基较大，积铁重达 20 余吨，又出土煤饼，反映了当时的冶铁效能情况。(《郑州古荥镇汉代冶铁遗址发掘简报》，《文物》1978 年第 2 期)

1976 年

2 月　陕西省文管会和宝鸡地区有关市、县文博单位协作，成立周原考古队，结合北京大学、西北大学两校考古专业教学实习，着手进行**周原地区的大规模考古发掘**。参加工作的有陈全方、徐锡台、俞伟超、严文明、刘士莪、尹盛平等。本年起主要发掘：**岐山县凤雏村宫室建筑基址**，由影壁、门堂、中院、前堂、东西小院和过廊、后室及东西厢组成，为完整的两进院落，总面积 1469 平方米。西厢房的两座窖穴，出土大批卜甲和卜骨，其中 190 余片卜甲有刻辞。**扶风县召陈村的大型建筑基址**，本年揭露 5 座，后又揭露 10 座，总发掘面积 6375 平方米。其中最大的几座基址，面积为二三百平方米，都有成排的柱础。（《陕西岐山凤雏村西周建筑基址发掘简报》，《文物》1979 年第 10 期；《扶风召陈西周建筑群基址发掘简报》，《文物》1981 年第 3 期）

2 月　山东省博物馆人员在**嘉祥县英山**脚下发掘一座开皇四年（584 年）入葬的**隋代壁画墓**。墓主徐敏行的伯父徐之才是推戴高洋禅代东魏的开国功臣，《北齐书》有传。这是隋代墓室壁画的首次发现。（《山东嘉祥英山一号隋墓清理简报——隋代墓室壁画的首次发现》，《文物》1981 年第 4 期）

3 月　陕西临潼县文化馆赵康民清理**临潼零口镇**附近发现的一处**西周铜器窖藏**。其中，西周初期记载武王征商史实的利簋，具有重要的史料价值。（《陕西临潼发现武王征商簋》，《文物》1977 年第 8 期）

4 月　科学院考古所戴忠贤、杨锡璋等，在**安阳武官村**北的殷代王陵东区发掘 191 座祭祀坑，清理砍头人牲 1178 具。同时，又将 1950 年未能全部发掘的武官村大墓南墓道清理完毕。工作进行至 6 月底结束，历时两个半月。（《安阳殷墟奴隶祭祀坑的发掘》，《考古》1977 年第 1 期）

4 月　山西省文物工作委员会人员在**大同城北**的古方山南部，清理北魏早期埋葬孝文帝母文明太后冯氏的**永固陵**，并勘查陪葬其北的孝文帝寿陵"**万年堂**"。两墓早年均经多次盗掘。墓内的石券门雕刻较好。（《大同方山北魏永固陵》，《文物》1978 年第 7 期）

4月　福建省博物馆、厦门大学历史系等单位合作，由曾凡主持发掘宋元之际的**德化县屈斗宫窑址**。工作进行至10月下旬结束，揭露1100平方米，清理一座窑基，出土大量的白瓷标本和窑具，增进了对该窑址烧造年代、烧制方法和窑址性质的认识。（《德化窑》，文物出版社，1990年）

5月　陕西考古所袁仲一等在**秦始皇陵**兵马俑一号坑东端北侧发现二号坑，钻探和试掘进行至1977年8月，出土木车遗迹11乘、拉车陶马67匹、骑兵陶马29匹、武士俑224件；三号坑在一号坑西端北侧，6月发现，1977年发掘，出土木车遗迹1乘、陶马4匹、武士俑68件。先后参加工作的主要有屈鸿钧、王学理、程学华、王玉清等。（《秦始皇陵东侧第二号兵马俑坑钻探试掘简报》，《文物》1978年第5期；《秦始皇陵东侧第三号兵马俑坑清理简报》，《文物》1979年第12期）

6月　洛阳博物馆黄明兰等在**洛阳**北郊邙山南麓发掘一座西汉中期稍后的**壁画墓**。据考证，壁画内容主要是升仙图。随葬器物中盛放于漆奁的铜印表明，墓主姓名为"卜千秋"。（《洛阳西汉卜千秋壁画墓发掘简报》，《文物》1977年第6期）

7月　科学院考古所郑振香、陈志达等在河南**安阳小屯村**西北发掘**5号殷代贵族墓葬**。发掘者因其出土的200余件青铜礼器多铸有"妇好"铭文，判定墓主为殷王武丁的配偶"妇好"。这是殷墟发掘以来发现的唯一保存较好、并能与甲骨文和历史文献相联系的殷代王室墓葬，具有重要的历史价值。所出许多大件青铜器和动物形玉雕，为前所未见的珍品。（《殷虚妇好墓》，文物出版社，1980年）

7月　广西文物队蒋廷瑜等在**贵县罗泊湾**发掘一座**西汉前期木椁墓**，9月结束工作。该墓分隔成前中后三室12个椁箱，后室和前室陈放 3 具漆棺（尸骨已朽），被认为可能是夫妇或亲子合葬。椁底板下，有 7 具殉葬棺和 2 个器物坑。所出铜器和漆器，中原地区所产者和具地方特色者并存，墓主可能是割据政权南越的高级官吏。后连同 1979 年 4 月在该墓以东里许发掘的 2 号墓，编撰报告。(《广西贵县罗泊湾汉墓》，文物出版社，1988 年)

8 月　新疆博物馆陈戈等调查并发掘帕米尔高原**塔什库尔干**附近的**香宝宝墓地**，发掘墓葬 15 座。翌年 6 月，又发掘墓葬 25 座。墓上大都有石堆或石围标志，葬式以火葬和屈肢葬为主，有的墓还有人殉。发掘者认为，墓主可能与汉代西域的塞种人有关。(《文物考古工作三十年（1949—1979）》第 173 页，文物出版社，1979 年)

9 月　内蒙古博物馆汪宇平在**呼和浩特市大窑村**附近，发掘两处旧石器时代石器制造场遗址。1983 年再次发掘。为研究中国旧石器时代的石器制造工艺提供重要资料。(《呼和浩特市东郊旧石器时代石器制造场发掘报告》，《文物》1977 年第 5 期;《呼和浩特市大窑村南山四道沟东区旧石器时代石器制造场 1983 年发掘报告》，《史前研究》1987 年第 2 期)

9 月　山东昌潍地区文物管理组杜在忠等在**诸城县**南郊，发掘呈子村新石器时代遗址。本年工作进行至 12 月，翌年 3 月再次发掘，累计发掘 1300 余平方米。下层为大汶口文化中期遗存，发掘方形房基 1 座、墓葬 12 座;上层属山东龙山文化，发现圆形房基 2 座、墓葬 87 座，出土大量的遗物，为增进对大汶口文化的认识，研究山东龙山文化的分期，提供重要的资料。(《山东诸城呈子遗址发掘报告》，《考古学报》1980 年第 3 期)

10 月　河北石家庄地区文化局文物组李晋栓等，在**赞皇县**南邢郭村发掘东魏重臣**李希宗墓**，工作进行至 12 月末结束。随葬品中除陶俑、青瓷器等物外，有来自西方的东罗马金币和金戒指等，

为中西交通史的考古研究增加新的物证。(《河北赞皇东魏李希宗墓》，《考古》1977 年第 6 期)

11 月　河北省文管处、邯郸市文物保管所试掘**武安县磁山遗址**，继而正式发掘。截至 1978 年 8 月，累计发掘 2579 平方米。参加工作的有孙德海、陈光唐等。发掘圆形半地穴式房基、储存粟粒的窖穴，出土陶盂、支架、三足钵、深腹罐等手制陶器，以及石盘磨等石器，经 ^{14}C 测定年代为距今 7000 多年。为探讨中国新石器时代较早文化提供线索，后被命名为"磁山文化"。(《河北武安磁山遗址》，《考古学报》1981 年第 3 期)

11 月　贵州省博物馆宋世坤等在**赫章县可乐地区**，进行古代墓葬的发掘，1978 年底结束工作。所掘甲类墓 39 座(除 2 座砖室墓外，余为土坑墓)，随葬中原式陶器、铜器、铁器、漆器等物，年代属西汉中期至东汉初，墓主被认为是汉族军士官吏；乙类墓 168 座(均为土坑墓)，其中部分墓葬式特殊，以铜(铁)釜或铜鼓套住墓主头部，随葬地方特色浓厚的陶器、铜器、铜柄铁剑等物，年代多属西汉早中期，墓主被认为与濮族系统有关，即魏晋以后文献中的僚人。(《赫章可乐发掘报告》，《考古学报》1986 年第 2 期)

冬季　安阳地区文管会在科学院考古所和河南省博物馆的支持下，发掘**汤阴县白营龙山文化遗址**。后又于 1977 年春和 1978 年夏进一步发掘，参加工作的有方酉生、曹桂岑、孙德萱等，累计发掘 1830 平方米。丰富的文化遗存以晚期为主，发现 46 座排列有序的圆形房基(早有发现)。对于研究河南龙山文化的分期、了解晚期聚落的布局和房屋结构，有重要价值。(《河南汤阴白营龙山文化遗址》，《考古》1980 年第 3 期；方酉生:《汤阴白营河南龙山文化村落遗址发掘报告》，《考古学集刊》第 3 集，1983 年)

12 月　陕西扶风法门寺附近的**庄白村**发现西周青铜器窖藏，

经周原考古队派员发掘，出土青铜礼器 103 件。其中 61 件属于微氏家族四代人物，铭文字数最多的史墙盘（284 字）记述西周文、武、成、康、昭、穆诸王功德，微氏家族先祖历事周朝的历史，对于西周铜器断代和历史研究有不可多得的价值。（《陕西扶风庄白一号西周青铜器窖藏发掘简报》，《文物》1978 年第 3 期；宝鸡市周原博物馆：《周原：庄白西周青铜器窖藏考古发掘报告》，文物出版社，2016 年）

本年 中国科学院有关研究所采取铀系法、裂变径迹法、古地磁法等多种方法，测定北京猿人开始生活的年代为距今 70 多万年，前后经历约 50 万年。又用古地磁法测得元谋猿人的年龄为距今 164 万至 163 万年或 170 万年，蓝田猿人的年龄为距今 80 万至 75 万年或 100 万年。（赵树森等：《应用铀系法研究北京猿人年龄》，《科学通报》1980 年第 4 期；郭士伦等：《裂变径迹法测定北京猿人的年代》，《科学通报》1980 年第 24 期；李普、钱方等：《用古地磁方法对元谋人化石年代的初步研究》，《中国科学》1976 年第 6 期）

本年 科学院考古所与山西省考古研究所合作，由石兴邦、王建主持，发掘沁水县下川地区的旧石器时代晚期遗址，工作进行至 1978 年结束。所获资料表明，下川文化的下限已进入全新世早期，对于探讨细石器工艺的起源与发展有重要意义。（《下川——旧石器时代晚期文化遗址发掘报告》，科学出版社，2016 年）

本年 天津市文管处敖承隆等在武清县西北的兰城村附近，发掘东汉晚期的雁门太守鲜于璜墓。该地曾于 1973 年出土延熹八年（165 年）所立墓碑。砖砌墓室由前、中、后室组成。随葬器物因早年被盗残缺不整，主要是陶质明器。（《武清东汉鲜于璜墓》，《考古学报》1982 年第 3 期）

本年 云南省文物队邱宣充等在大理崇圣寺三塔加固维修工程中，对主塔塔顶、塔身和塔基进行实测与清理，发现一批大理国时期的佛教文物,对三塔的建筑结构和营建年代有更加明确的认识。(《大理崇圣寺三塔主塔的实测和清理》,《考古学报》1981年第2期)

本年　武汉大学历史系设立考古专业。(《中国考古学年鉴(1984)》第234页)

1977 年

1 月　陕西省考古所等单位合组陕西省雍城考古队,韩伟主持,在**凤翔秦都雍城遗址**南面的三畤原上进行春秋时期**秦公陵园**的勘察。本次工作进行至1980年春,后于1985年10月至1986年初继续工作。两次共发现13处陵园44座大墓(其中中字型大墓18座),以及陵园的隍壕设施,总面积约21平方公里。本年又着手发掘规模最大的1号大墓,1986年9月结束工作,墓室长近60米、宽近40米、深24米,墓道总长300米,为先秦时期已发掘墓葬中最大的一座。该墓早期被盗严重,根据残存器物中石磬的铭文推断,墓主应为秦景公(前576—前537年在位)。(《凤翔秦公陵园钻探与试掘简报》,《文物》1983年第7期;《凤翔秦公陵园第二次钻探简报》,《文物》1987年第5期;参看《文物考古工作十年(1979—1989)》第300—301页,文物出版社,1991年)

3 月　7日,人类学家和考古学家冯汉骥在成都逝世,终年78岁。

冯汉骥,字伯良,湖北宜昌人,生于清光绪二十五年(1899年)。1923年毕业于武昌文华大学文科。1931年留学美国,先后在哈佛大学、宾夕法尼亚大学攻读人类学专业,并学习考古知识,1936年获博士学位。1937年归国后,任四川大学历史系教授、华西大学社会学系代理主任。中华人民共和国成立后,任西南博物院副院长、四川省博物馆馆长、四川大学历史系考古教研室主任等职。

早年曾参加成都前蜀皇帝王建墓的发掘，并在成都平原和岷江上游进行考古调查。擅长结合民族学资料，研讨考古学上的问题，所著关于云南晋宁石寨山出土文物的文章，对西南地区考古有重要影响。著有《前蜀王建墓发掘报告》（1964年）和《冯汉骥考古学论文集》（1985年）。（据《中国大百科全书》第一版《考古学》卷"冯汉骥"条）

3月　山东省博物馆、曲阜县文管会等单位合作，由张学海主持进行**曲阜鲁国故城**的勘察试掘，1978年10月结束工作。初步了解鲁城的范围、形制和城垣情况，城内的地层堆积，交通干道、手工业作坊、宫室建筑、住址和墓区的分布。（山东省文物考古研究所等：《曲阜鲁国故城》，齐鲁书社，1982年）

3月　山东省博物馆及菏泽地区人员在**巨野县红土山**发掘一座西汉中期的**大型崖洞墓**，6月底结束工作。参与其事的有刘玉生、郅田夫、王树明等。出土数量较多的铜器、漆器、陶器、铁器和玉器。发掘者推断，墓主可能是汉武帝少子昌邑哀王刘髆。（《巨野红土山西汉墓》，《考古学报》1983年第4期）

春季　科学院考古所赵芝荃、胡谦盈等与商丘地区文管会人员合作，发掘河南**永城县王油坊遗址**。发掘面积600平方米，清理河南龙山文化晚期的房基11座、灰坑23个，出土丰富的遗物。这是第一次在豫东地区进行河南龙山文化遗址的较大规模发掘，进一步明确其文化内涵，由此提出"王油坊类型"的概念。后经^{14}C测年，王油坊标本的数据偏早，而同类文化淮阳平粮台标本可信，因而王油坊类型文化的绝对年代暂依平粮台，被定为公元前2600年至前2000年之间。（《1977年河南永城王油坊遗址发掘概况》，《考古》1978年第1期）

春季　河南省博物馆文物队与中国历史博物馆考古部合作，由安金槐主持进行**登封县王城岗遗址**的发掘。截至1981年春，累计发掘 8500 余平方米。遗址的龙山文化遗存被分为前后衔接的五期，发现年代属于二期的东西并列城堡，面积约 7000 平方米。发掘者推断，该城可能是夏王朝初期的重要城址，继而认为有可能就是阳城遗址。(河南省文物考古研究所、中国历史博物馆考古部:《登封王城岗与阳城》，文物出版社，1992 年)

4 月 河南开封地区文管会与新郑县文管会共同举办文物考古训练班，在**新郑县裴李岗遗址**进行试掘，发掘面积 118 平方米，参加工作的主要有赵世纲等。发现墓葬 8 座、灰坑 4 个，出土三足钵、深腹罐、小口双耳壶等手制陶器，以及石磨盘等。当时便认识到，这种遗存与磁山遗址相似，不同于已知的几种新石器文化。经 ^{14}C 测定年代为距今 7000 多年。这是探讨中国新石器时代较早文化的又一重大收获，后被命名为"裴李岗文化"。(《河南新郑裴李岗新石器时代遗址》，《考古》1978 年第 2 期)

5 月 7 日，中国科学院考古研究所的上级单位——中国科学院哲学社会科学部，经中共中央批准，名称改为中国社会科学院。中国社会科学院的地位同于中国科学院，相当于部委一级单位(中国社会科学院考古研究所，以下简称"社科院考古所")。

5 月 甘肃省博物馆吴礽骧等，在**酒泉县丁家闸**和**嘉峪关市野麻湾**一带发掘 8 座**魏晋至十六国时期砖室墓**。其中年代较晚的丁家闸 5 号墓有大幅彩绘壁画，是首次发现的十六国时期墓室壁画。(《酒泉、嘉峪关晋墓的发掘》，《文物》1979 年第 6 期)

7 月 安徽省文物队与阜阳地区博物馆合作，在**阜阳县双古堆**发掘**西汉汝阴侯墓**。参加工作的有殷涤非、王步艺、韩自强等。该墓为夫妇异穴合葬，因早年遭到盗掘，棺椁已被破坏，残存有《诗经》《刑德》《苍颉篇》等竹简，以及漆制针刻栻盘等重要文物。发掘者根据 2 号墓出土"女(汝)阴家丞"封泥，漆器铭文

的纪年最多"十一年"，推断墓主为卒于汉文帝时期的第二代汝阴
侯夏侯灶夫妇。（《阜阳双古堆西汉汝阴侯墓发掘简报》，《文物》1978 年
第 8 期）

7 月　夏鼐发表《碳 –14 测定年代和中国史前考古学》一文。
该文根据当时公布的 134 个中国史前文化年代数据，结合文化内
涵和地层证据，全面讨论它们之间的年代序列和相互关系，即中
国史前文化的谱系问题。其中提出许多独到的看法，尤其是更加
明确地提出中国新石器文化的发展并非黄河流域一个中心的多元
说。（《考古》1977 年第 4 期，又见《夏鼐文集》第二册）

8 月　北京市文管处张先得等在**平谷县刘家河**发掘一座**商
代中期墓葬**。随葬器物中，除有与二里冈上层相似的青铜礼器
外，又有属夏家店下层文化的金耳环，更发现一件陨铁锻制的
铁刃铜钺。（《北京市平谷县发现商代墓葬》，《文物》1977 年第 11 期）

秋季　安徽文物队杨鸠霞、李德文等在**长丰县杨公镇附近**，
即与早年出土大批楚器的李三孤堆（原属寿县）相距仅 3 公里的地
方，连同 1979 年春，共发掘 9 座带墓道的**战国晚期大墓**。各墓墓
道列置矛和盾，除一座用石板构筑椁室外，其余均为木椁。因早
期被盗，各墓遭到不同程度的破坏，有的墓存留鼎、敦、壶、盒、
钫等陶制礼器，有的墓出土圭、璧、璜等数十件玉器。（《安徽长丰
杨公发掘九座战国墓》，《考古学集刊》第 2 期，1982 年）

10 月　8—17 日，南京博物院和文物出版社在南京联合召
开长江下游新石器时代文化学术讨论会。35 个考古文物单位的
70 多位代表出席会议。国家文物局局长王冶秋到会讲话。社科
院考古所研究员苏秉琦作总结性发言。（《长江下游新石器时代文化
学术讨论会纪要》，《文物》1978 年第 3 期；《文物集刊（1）》，文物出版社，
1980 年）

10 月　河南博物馆文物队杨肇清等发掘**密县莪沟北岗遗址**，工作进行至 1978 年 5 月结束。发现房基 6 座、灰坑 44 个、墓葬 68 座，出土的大部分器物与新郑裴李岗遗址相似，丰富了对裴李岗文化的认识。（《河南密县莪沟北岗新石器时代遗址发掘简报》，《文物》1979 年第 5 期）

10 月　社科院考古所刘随盛、梁星彭等对**宝鸡北首岭新石器时代遗址**进行补充发掘。本年工作进行至 12 月，翌年 4—6 月继续发掘，合计发掘 227 平方米。连同 1959—1960 年所作发掘，发现的遗迹主要有房基 50 座、灰坑 75 个、墓葬 451 座。据分析，其早期遗存与大地湾一期文化接近，又有较大的差异；中期和晚期遗存，则分别与半坡遗存下层和上层相同或接近。（《宝鸡北首岭》，文物出版社，1983 年）

10 月　天津市文管处考古队李经汉等发掘**蓟县围坊遗址**，1979 年 5 月再次发掘，合计发掘 164 平方米。根据地层叠压关系将遗址分为三期：一期属新石器文化，具龙山文化的某些特征，填补了天津地区考古工作的空白；二期属夏家店下层文化，见于蓟县张家园遗址；三期是新的发掘收获，其文化面貌更加清楚，年代约当商周之际至东周初。（《天津蓟县围坊遗址发掘报告》，《考古》1983 年第 10 期）

10 月　社科院考古所赵芝荃、郑光等在河南**偃师二里头遗址**中部发掘**2 号宫殿基址**，工作进行至 1978 年底结束。该基址在 1 号殿址东北 150 米，形制相同，亦由殿堂、回廊和门塾组成，但其规模较小，范围南北长 73 米、东西宽 58 米，殿堂面阔 26.5 米、进深 7.1 米。殿堂以北还发现一座大墓。（《河南偃师二里头二号宫殿遗址》，《考古》1983 年第 3 期；《偃师二里头：1959 年—1978 年考古发掘报告》）

10 月　黄陂县文化馆在湖北省和孝感地区博物馆支持下，发掘**黄陂鲁台山**的 5 座西周墓和 30 座东周墓。其中有的西周早期墓带墓道，出土一些有铭文的青铜礼器，这在长江流域尚属首次发现。（《湖北黄陂鲁台山两周遗址与墓葬》，《江汉考古》1982 年第 2 期）

11 月　18—22 日，国家文物局在河南登封召开**告成（王城岗）遗址发掘现场会**。32 个单位的 110 位学者出席会议。王冶秋局长到会讲话。夏鼐作总结性发言，进一步指明探索夏文化的正确途径。（《国家文物局在登封召开告成遗址发掘现场会》，《河南文博通讯》1978 年第 1 期；夏鼐讲话又见《夏鼐文集》第二册）

冬季　浙江省文管会朱伯谦和上虞县文化馆人员在**上虞帐子山**发现两座**东汉时期的龙窑残基**，长度均近 10 米，系斜坡形，用以烧制青瓷和黑瓷器物，为中国陶瓷史研究提供重要的新资料。（《浙江上虞县发现的东汉瓷窑址》，《文物》1981 年第 10 期）

年末　湖南博物馆人员发掘**石门皂市遗址**。本次发掘进行至1978 年初，1981 年冬再次发掘，合计揭露 1100 平方米。先后参加工作的有熊传薪、金则恭、何介钧等。该遗址包括三个时期的堆积，下层的新石器时代遗存年代早于大溪文化，文化面貌与湖北城背溪的早期遗存有共同之处；中层遗存是受商文化强烈影响的本地青铜文化；上层遗存则属东周时期的楚文化。（《湖南石门县皂市下层新石器遗存》，《考古》1986 年第 1 期）

年末　成都市文管处翁善良等在**成都**市东郊发掘清理早年被盗的**后蜀张虔钊墓**。张虔钊系后蜀重臣，曾任多地节度使。该墓是继王建、孟知祥二墓之后成都发现的第三座五代大墓。墓室为拱券砖砌的长方形，两侧有多耳室。红砂岩构筑的棺床，须弥座四面各雕四个托棺力士立柱，柱间壸门则刻羊、马、鹿、狮、貘、麒麟、獬豸等图像。所出墓志，志文多达 2500 余字。（《成都市东

郊后蜀张虔钊墓》,《文物》1982 年第 3 期）

本年　科学院古脊椎所决定,由吴汝康主持进行北京猿人遗址的多学科综合研究。1978 年起,10 多个单位的 120 多位学者参加,开展了地层、古人类、动物化石、孢粉、岩溶洞穴、沉积环境、古土壤、年代学 8 个方面的研究,对北京猿人遗址由距今 70 万年至距今 20 万年左右的 50 万年间,人类化石、文化遗物和动物群等方面的变化,有了系统明确的认识。(吴汝康等:《北京猿人遗址综合研究》,科学出版社,1985 年）

本年　内蒙古文物队田广金等在**伊金霍洛旗**发掘**朱开沟遗址**。后又在 1980 年、1983 年和 1984 年继续进行三次发掘。合计揭露 4000 平方米,发现房址 83 座、灰坑 207 个、墓葬 329 座。根据地层关系,遗址被分为三期五段,第一段属龙山文化晚期,第二至四段相当于夏代,第五段属商代早期,其间传承关系明确,对研究内蒙古中南部地区早期青铜文化的发展有重要意义。(《朱开沟——青铜时代早期遗址发掘报告》,文物出版社,2000 年）

本年　郑州大学、山西大学历史系设立考古专业。

本年　文物出版社创办《文物资料丛刊》(1987 年出版第 10 期后停刊）。河南省博物馆创办《河南文博通讯》(1981 年改名《中原文物》）。

1978 年

1 月　湖北荆州地区博物馆人员在**江陵**楚都纪南城东 30 公里的**天星观**,发掘一座战国中期带墓道的大墓。工作进行至 3 月结束。该墓的椁室和棺均用楠木制作,出土青铜礼器、漆木器、兵器、车马器、编钟、编磬等器物,以及遣策、卜筮记录等内容的竹简。这是江陵地区已发掘楚墓中最大的一座。(《江陵天星观 1 号

楚墓》，《考古学报》1982年第1期）

2月　国家文物局成立古文献研究室，进行睡虎地秦简、银雀山汉简、居延汉简、马王堆帛书、吐鲁番文书等出土文献的整理工作。后改名文化部古文献研究室。

2月　山东省博物馆罗勋章等在**沂水县刘家店子**发掘两座**春秋中期大墓**和一座车马坑。1号墓出土青铜器较多，有鼎、簋、壶、盘、匜等礼器，编钟、编镈等乐器，以及兵器、车器。发掘者根据当地春秋时属莒，所出簋、壶、戈的作器者称"公"，推断墓主可能是莒国国君或莒之封君。（《山东沂水刘家店子春秋墓发掘简报》，《文物》1984年第9期）

3月　在陕西**大荔县甜水沟**的地质勘察中发现一具人类头骨化石，西北大学地质系王永焱等曾作初步鉴定和试掘。11—12月，科学院古脊椎所吴新智、尤玉柱会同当地人员进行较大规模发掘，判明该人类化石出自中更新世晚期地层，体质特征接近早期智人，并且获得一批人工制作的细小石器。后又进行多次调查发掘。（《陕西大荔县发现的早期智人古老类型的一个完好头骨》，《中国科学》1981年第2期）

3月　河南省博物馆文物队赵青云、贾峨、郝本性等与信阳地区人员合作，在**固始县侯古堆**发掘一座**春秋战国之际带墓道大墓**。该墓积石积沙，椁室周围有17具殉葬人，墓主为青年女性。墓侧器物坑出土鼎、簋、豆、壶等青铜礼器，带木架的编钟、编镈和彩绘木瑟等乐器，以及木制肩舆等。发掘者根据铜簠铭文推断，墓主可能是宋景公妹勾敔夫人。（《固始侯古堆一号墓》，大象出版社，2004年）

3月　河南南阳地区文物队和南阳市博物馆人员在**唐河县新店村**发掘一座新莽天凤五年（18年）入葬的**砖石结构大墓**。参加工作的有黄运甫、闪修山等。该墓所用石料上雕刻各类画像 35 幅。出土陶制明器等随葬品。墓室的多处题记铭刻提到"郁平大尹冯君孺人",表明墓主为曾任郁平郡大尹（职如太守）的冯孺人。保存较为完整、年代和墓主如此明确的画像石墓，在南阳地区颇为罕见，对画像石研究有重要价值。(《唐河汉郁平大尹冯君孺人画象石墓》,《考古学报》1980 年第 2 期)

春季 社科院考古所着手发掘山西**襄汾县陶寺遗址**，截至 1985 年合计揭露 7000 平方米。先后参加工作的有高天麟、张岱海、高炜、李健民等。遗址的文化面貌具有显著的特点，被命名为中原龙山文化陶寺类型。这一阶段发掘的主要是墓葬，共计 1300 多座，90% 为一无所有的小墓，少数大墓有木棺，随葬彩绘龙纹陶盘、土鼓、鼍鼓、特磬和漆木器等礼制重器。后经 ^{14}C 测定并经树轮校正，推断陶寺文化的年代上限不超过公元前 2600 年，下限约当公元前 2000 年稍晚。这是探讨中国文明起源问题的重要实物资料。(《襄汾陶寺：1978—1985 年考古发掘报告》4 册，文物出版社，2015 年)

4 月 苏州市文管会、博物馆人员在**苏州**盘门内清理**瑞光塔第三层塔心瘗藏**的一批文物。参加工作的有廖志豪、乐进等。发现北宋大中祥符六年（1013 年）纪年真珠舍利宝幢，以及五代至北宋初期刻本写本经卷、佛像、金涂塔等珍贵佛教文物。(《苏州市瑞光寺塔发现一批五代、北宋文物》,《文物》1979 年第 11 期)

4 月 陕西咸阳地区文管会员安志等在**户县张良寨**发掘**元代贺氏家族三墓**。墓室均为砖石结构，出土大批陶俑。所出墓志表明，1 号墓墓主为左丞相贺胜，2 号墓墓主为贺胜父贺仁杰；两墓都是长篇志文。3 号墓志石未刻字，发掘者推测墓主为贺胜祖父贺贲。(《陕西户县贺氏墓出土大量元代俑》,《文物》1979 年第 4 期)

春季　南京博物院与扬州博物馆等单位合作，继续进行**唐代扬州城**的勘察发掘，参加工作的有罗宗真、纪仲庆、尤振尧、王勤金等。进一步发掘扫垢山唐代手工业作坊遗址，一条南北流向的河道及木桥遗址。10月，又对西北部蜀岗上的"子城"进行勘察，初步判明该处城墙的范围和兴废年代。（《扬州古城1978年调查发掘简报》，《文物》1979年第9期）

5月　西藏文管会索朗旺堆等试掘**昌都卡若遗址**，工作进行至8月结束。1979年5—8月，社科院考古所石兴邦、四川大学历史系童恩正等协助进一步发掘。合计揭露1800平方米，发现28座房基，以及石围圈、石墙、道路等遗迹。后经^{14}C测定年代为公元前3300年至前2300年。这是康藏高原首次发掘的新石器时代遗址，具有重要的意义。（《昌都卡若》，文物出版社，1985年）

5月　湖北省博物馆与有关地县文博单位、武汉大学历史系人员合组考古队，由谭维四、方酉生主持，在**随县擂鼓墩**发掘战国早期的**曾侯乙墓**，工作进行至6月末结束。参加发掘的主要有郭德维、舒之梅、杨定爱、冯光生等。该墓木构椁室规模之大，出土文物数量之多和制作之精，都是已知战国墓中前所未见的。各类青铜器和构件的总重量达10400余公斤。最引人注目的是由65件钟组成的整架编钟，保存完好，音色优美，并有2800多字的音律铭文，经黄翔鹏等认真研究，取得中国古代音乐史上具有重大意义的突破性成就。皮制人、马甲胄运至考古所，由白荣金协同进行了修复。各类铜器都有"曾侯乙"作器的铭文，一件镈钟铭文表明其为楚惠王五十六年（前433年）所赠，据此推断该墓的下葬时间应为此年或稍晚。（《曾侯乙墓》，文物出版社，1989年）

6月　12日，著名文学家、历史学家和古文字学家郭沫若在北京逝世，终年86岁。

　　郭沫若，原名开贞，字鼎堂，四川乐山人，生于清光绪十八年九月二十七日（1892年11月16日）。1923年毕业于日本九州帝国大学医科。早年即投身新文化运动，成为中国新诗歌运动的奠基人。后接受马克思主义，参加北伐战争、南昌起义。1927年加入中国共产党。1928—1937年旅居日本，进行中国古代史和甲骨文、金文研究，成为运用马克思主义观点研究中国古代历史的开拓者，对中国古文字学有划时代的重要贡献。抗日战争爆发后回国，在周恩来的领导下从事救亡活动，并继续进行中国古代史研究。中华人民共和国成立后，历任政务院副总理、全国人民代表大会常务委员会副委员长、全国文联主席、中国科学院院长等职，并坚持进行学术研究。在古文字学方面，不仅将30年代的旧著修订后重新出版，还不断进行新的探讨。他对新中国考古工作的发展有极大的推进作用。所著《甲骨文字研究》《卜辞通纂》《殷契粹编》《殷周青铜器铭文研究》《金文丛考》《两周金文辞大系图录考释》《石鼓文研究》等，汇编为《郭沫若全集·考古编》10卷。（据《中国大百科全书》第一版《考古学》卷"郭沫若"条）

　　6月　辽宁省博物馆张镇洪、傅仁义会同本溪市有关人员对**庙后山洞穴遗址**进行发掘。1979年、1980年和1982年继续发掘。洞穴堆积的下部发现人类化石（两颗牙齿和一段股骨），以及76件石制品和用火痕迹，地质年代属中更新世晚期，距今40万至14万年。这是中国目前发现最北的一处旧石器时代早期遗址。（《庙后山——辽宁省本溪市旧石器文化遗址》，文物出版社，1986年）

　　8月　24日—9月3日，江西省博物馆和文物出版社在庐山联合召开江南地区印纹陶问题学术讨论会，55个单位的近百位代表出席会议。（《江南地区印纹陶问题学术讨论会纪要》，《文物》1979年第1期）

9 月　湖南省博物馆单先进、熊传薪等发掘**长沙象鼻嘴一号西汉墓**，工作进行至 11 月结束。主要发现木结构的黄肠题凑、椁室，以及三层套棺，都保存较好，基本完整，对于汉代葬制的研究有重要价值。发掘者根据随葬陶器的组合判定，该墓年代属西汉前期，并推断墓主为"长沙靖王吴著的可能性较大"。（《长沙象鼻嘴一号西汉墓》,《考古学报》1981 年第 1 期）

9 月　河北**磁县**文化馆人员在省文管处和中央美术学院等单位的协助下，发掘**东魏茹茹公主墓**。朱全升、汤池参与其事。该墓墓道和砖砌墓室都有内容丰富的彩绘壁画，出土彩绘陶俑多达 1064 件。墓主来自北方的茹茹（柔然），为高欢第九子高湛妻，卒于公元 550 年（13 岁）。墓志可与史籍对照。所见壁画，填补了中国绘画史上的一页空白。（《河北磁县东魏茹茹公主墓发掘简报》,《文物》1984 年第 4 期）

10 月　社科院考古所与山东滕县博物馆合作发掘**滕县北辛遗址**。工作进行至 12 月初，翌年 4—5 月继续发掘。揭露面积合计 2583 平方米。参加工作的有高广仁、吴汝祚、万树瀛等。发现文化面貌与大汶口文化有异、在地层上早于大汶口文化的遗存，可分为三期。后将其命名为"北辛文化"。后经 ^{14}C 测定并校正，北辛文化早期的年代应为公元前 5210 年至前 4200 年。这对鲁中南和江苏淮北地区的新石器时代研究有重要意义。（《山东滕县北辛遗址发掘报告》,《考古学报》1984 年第 2 期）

10 月　辽宁省博物馆、旅顺博物馆等单位合作，在**长海县的广鹿岛、大长山岛**进行**贝丘遗址**的发掘。工作进行至 11 月。参加人员有许玉林、许明纲、苏小幸等。通过发掘，解决了当地贝丘遗址的层位关系和文化性质问题，将其分为 4 个类型：以小珠山遗址下、中、上层为代表的 3 个类型属新石器时代，其间有明显的承袭关系；以上马石遗址上层为代表的另一类型，则属青铜时代。为研究辽东半岛与山东半岛原始文化的关系提供新的资料。（《长海县广鹿岛大长山岛贝丘遗址》,《考古学报》1981 年第 1 期）

10 月　郭沫若主编、社科院历史所胡厚宣等编纂的《**甲骨文合集**》开始出版。全书包括拓片集 13 册（中华书局 1982 年 10 月出齐），"材料来源表和释文" 4 册（中国社会科学出版社，1999 年）。

10 月　山东济宁地区文物组宫衍兴、胡新立等在**滕州**市南宫桥镇附近，对**薛国故城**进行勘查和试掘，工作至 12 月结束。经勘查，初步判明该城址的范围，城垣和城壕的保存情况，以及城内宫殿区、居民区、手工业区和墓葬区的分布。城垣平面呈不规则长方形，东西最长 3.3 公里，南北最宽 2.3 公里，四面各有 3 处疑为城门的缺口。经试掘，获知城墙始建于春秋中晚期，战国时期修筑。在东城墙内一处墓地发掘 9 座春秋早中期墓葬，其中 4 座较大的墓随葬成套的青铜礼器、车马器及玉器，铜器纹饰以蟠螭纹为普遍，个别有铭文。5 座稍小的墓主要随葬仿铜陶礼器，没有或少有铜器。（《薛国故城勘查和墓葬发掘报告》,《考古学报》1991 年第 4 期）

秋季　甘肃省博物馆张朋川、郎树德等着手发掘**秦安大地湾遗址**。截至 1984 年，共揭露 13700 多平方米，发现的遗迹有房基 240 座、窖穴和灰坑 342 个、窑址 38 个、墓葬 79 座，出土遗物极为丰富。包含 4 个阶段的文化遗存，大地湾一期属老官台文化偏早阶段，现定名为 "大地湾文化"。二、三、四期的仰韶文化遗存，与关中和豫晋地区接近。这是甘肃地区发掘面积最大的新石器时代遗址，1984 年发掘的 901 号殿堂式建筑基址，仅主室部分面积即有 130 多平方米，对于研究黄河上游史前文化的发展和中国文明的起源有重要意义。后经 ^{14}C 测定并校正的大地湾文化年代数据，应为公元前 5900 年至前 5000 年左右。（《甘肃秦安大地湾遗址 1978 至 1982 年发掘的主要收获》，《文物》1983 年第 11 期；《甘肃秦安大地湾 901 号房址发掘简报》，《文物》1986 年第 2 期）

秋季　社科院考古所金学山、李文杰、王杰等发掘湖北**枝江关庙山遗址**。工作进行至 1980 年冬（任式楠主持后一阶段的发掘）。合计揭露近 2000 平方米，首次发现保存较好的大溪文化较完整的方形房基，丰富了对大溪文化的认识。又从地层学上再次证实大溪文化、屈家岭文化和石家河文化的相对年代。（《枝江关庙山》4 册，文物出版社，2017 年）

11 月　山东淄博市博物馆贾振国等在**临淄齐国故城西南辛店镇窝托村**附近，发掘**西汉早期齐王墓**南墓道两侧的 5 座**随葬器物坑**。工作进行至 1980 年 11 月结束。5 坑均为长方形竖穴，并以圆木构筑木椁，分别埋葬器物、兵器仪仗、车马和狗。出土铜、铁、银、漆、陶等质料的大量器物，其中铜质器皿多刻"齐大官""齐食官"等铭文。发掘者推断，这些随葬器物坑应是卒于汉文帝元年（前 179 年）的齐哀王刘襄墓的"外藏椁"。（《西汉齐王墓随葬器物坑》，《考古学报》1985 年第 2 期）

12 月　吉林大学举办中国古文字学术讨论会。经与会学者协商，成立中国古文字研究会，推选容庚、唐兰、于省吾、商承祚、徐中舒、陈邦怀、张政烺、胡厚宣、朱德熙、李学勤、裘锡圭等 22 人为理事。（《吉林大学古文字学术讨论会纪要》，《古文字研究》第 1 辑，中华书局，1979 年）

本年　科学院兰州沙漠研究所人员在内蒙古西部萨拉乌苏河岸的**乌审旗大沟湾**一带调查发掘，断续工作至 1980 年。其间，采集到 19 件人类化石，包括首次从晚更新世原生地层中发掘出土的 6 件，以及丰富的文化遗物，进一步充实对河套人及其文化的认

识。(董光荣等:《河套人化石的新发现》,《科学通报》1981年第19期)

    本年 河北省文管处与邯郸地区和市文保所合作,在**邯郸、永年二县**勘查战国时期的5处**赵王陵**。参加人员有罗平、孙德海、陈光唐和佟伟华。各处都是在长宽一二百米(或更大)的陵台中部,有一二座长宽数十米的封土。其间曾在邯郸周窑村3号陵的陵台下,发掘一座陪葬性质的中字型大墓,规模为邯郸地区战国墓之冠,椁室周围积石,两墓道分别有殉葬棺和车马坑。(《河北邯郸赵王陵》,《考古》1982年第6期)

    本年 社科院考古所马得志等前往陕西**麟游县**勘查**唐九成宫遗址**,工作进行至1980年。发现一座三面出廊的建筑基址,以及与之相连的左右两阁,为研究唐代离宫建筑提供重要资料。(《中国社会科学院考古研究所概览(1950—2000)》第39页)

    本年 浙江省宁波市文管会林士民在**宁波东门口发现宋代海运码头**的3个造船工场和1艘海船,以及大量宋元时代的龙泉窑瓷器。发掘工作进行至1979年。(《宁波东门口码头遗址发掘报告》,《浙江省文物考古研究所学刊》,文物出版社,1981年)

    本年 陕西省考古研究所恢复建制(后称"研究院")。

    本年 新疆社会科学院考古研究所在原新疆维吾尔自治区博物馆考古队的基础上成立。1986年更名为新疆文物考古研究所。

柒 中国考古学的继续发展时期（上）
（1979—1990 年）

1979 年

1 月 11 日，古文字学家唐兰在北京逝世，终年 78 岁。

唐兰，字立厂，浙江嘉兴人。生于清光绪二十六年十一月十九日（1901 年 1 月 9 日）。1923 年毕业于无锡国学专修馆。历任东北大学、燕京大学、清华大学、北京大学等校教授。1952 年调任故宫博物院研究员，曾兼任该院陈列部主任、副院长等职。他在学术领域中涉及的方面很广，对中国文字学，特别是古文字和商周铜器，作了将近五十年的精心探讨。主张突破《说文》体系，在充分掌握出土资料的基础上进行研究，注重以偏旁分析为中心的释字方法。主要论著有《中国文字学》《古文字学导论》《殷虚文字记》《西周青铜器铭文分代史征》等书，以及《获白兕考》《周王䵼钟考》《西周铜器断代中的"康宫"问题》等论文。关于金文方面的论著，编集为《唐兰先生金文论集》（紫禁城出版社，1995 年）。（据《中国大百科全书》第一版《考古学》卷"唐兰"条，生年经校正）

2 月 四川省博物馆李昭和等在川、甘、陕三省交界处的**青川县郝家坪**，进行**战国中晚期墓葬**的发掘。截至 1980 年 7 月，历经三个季度，共计发掘 72 座。随葬物品中最具特色的是漆器（177 件），占器物总数 40% 以上。又出土纪年为秦武王二年（前 309 年）的更修田律木牍，具有重要的历史价值。（《青川县出土秦更修田律木牍——四川青川县战国墓发掘简报》，《文物》1982 年第 1 期）

3 月　安徽省考古学会成立。（《中国考古学年鉴（1984）》第 246 页）

3—4 月　为加强丹江水库区的文物考古工作，成立了省、地、县三级人员组成的丹江库区考古发掘队，在地、县二级人员已作调查钻探的基础上，对**淅川下寺楚国贵族墓地**进行大规模发掘。参加的业务人员主要有王与刚、黄运甫、陈立信、赵世纲、刘笑春、马新常、张剑。合计发掘春秋中晚期大中型墓 5 组 9 座，出土大批青铜礼器和乐器。又有 5 座车马坑（每组 1 座），16 座小墓。发掘者根据居中的 2 号墓所出 7 件大型列鼎长篇铭文提到"王子午""令尹子庚"，推测墓地主穴所葬为卒于公元前 552 年的楚相令尹子庚（公子午）。（河南省文物研究所等：《淅川下寺春秋楚墓》，文物出版社，1991 年）

春季　社科院考古所杨宝成、徐广德等发掘**安阳后冈遗址**，秋季继续发掘，共计揭露 600 平方米。发现河南龙山文化的房基 39 座、灰坑 58 个、墓葬 28 座，获得可复原陶器等大量遗物。为河南龙山文化分期和类型问题研究，提供重要的新资料。（《安阳后冈新石器时代遗址的发掘》，《考古》1982 年第 6 期）

春季　安徽省文物队杨德标等发掘**潜山薛家岗遗址**。本年秋季和翌年春季继续发掘，合计揭露 1200 余平方米。其新石器时代遗存，根据地层堆积被分成四期，二、三期最具代表性，发现墓葬 103 座、残房址 3 座，以及特征鲜明的器物群。经测定，并参考相关文化的年代，其第三期遗存的年代下限被推定为公元前 2800

年左右，命名为"薛家岗文化"。（《潜山薛家岗新石器时代遗址》,《考古学报》1982 年第 3 期）

春季　社科院考古所许景元主持，着手发掘**洛阳汉魏故城**内的**北魏永宁寺遗址**。本年全面揭露的塔基，长宽均为 38.2 米，有柱础 124 个。出土若干"等身"的泥塑菩萨残段，300 余件"影塑"的小型泥像，以及建筑材料和其他遗物。1980 年和 1981 年的春秋两季，先后发掘永宁寺的塔基周围、南门、东门和塔北佛殿等遗址，先后参加工作的有段鹏琦、杜玉生等。后又于 1994 年冬，由钱国祥主持，发掘该寺的西门遗址及未掘地段。（《北魏永宁寺塔基发掘简报》,《考古》1981 年第 3 期；又《北魏洛阳永宁寺 1979—1994 年考古发掘报告》, 中国大百科全书出版社, 1996 年）

4 月　2—5 日和 6—12 日，全国考古学规划会议、中国考古学会成立大会在西安先后召开，全国 60 多个单位的 117 位代表齐集一堂，这是中国考古学界划时代的重大事件。规划会上，由安志敏对《1978—1985 年考古学发展规划（草案）》作了说明，与会代表进行广泛的讨论。学会成立大会，由最年长的与会代表于省吾致开幕词，夏鼐作了题为《我国考古工作的巨大成就和今后努力的方向》的报告，裴文中对学会章程草案作了说明。大会选举夏鼐为学会理事长，裴文中、尹达、苏秉琦为副理事长、王仲殊为秘书长，王振铎、安志敏、陈乔、陈滋德、张政烺、顾铁符、贾兰坡、宿白为常务理事。并选举王冶秋、容庚、于省吾、徐中舒、商承祚、陈邦怀为名誉理事。会议收到论文 82 篇。会议期间，苏秉琦作了关于考古学文化区系类型问题的报告。（《我国考古学界一次空前的盛会——中国考古学会在西安成立》,《考古》1979 年第 4 期）

4 月　河北省文管处、吉林大学考古专业等单位合作，在张家口地区的壶流河流域发掘**蔚县筛子绫罗、庄窠、三关等遗址**。参加人员孔哲生、张文军、陈雍等，工作进行至 11 月。发现相当于仰韶文化、龙山文化和早商文化的遗存，并为解决该地区文化编年与分期问题，提供重要的根据。（《一九七九年蔚县新石器时代考古的主要收获》，《考古》1981 年第 2 期）

4 月　山西省考古所陶正刚等与太原市文管会人员合作，在**太原**南郊发掘北齐武平元年（570 年）入葬的**娄叡墓**。娄叡为北齐"总领帝机"的宰辅重臣，《北齐书》有其附传。该墓地面有高大封土。墓道和墓室有彩绘壁画，内容为墓主宦途生涯与死后飞升场景。这是目前发现的北齐墓中壁画最多和最好的一座。所出 600 多件仪仗俑、上百件陶瓷器，也有其重要价值。（《太原市北齐娄叡墓发掘简报》，《文物》1983 年第 10 期；又《北齐东安王娄叡墓》，文物出版社，2006 年）

4 月　夏鼐著《考古学和科技史》一书，收录作者根据考古新资料研讨中国科技史上天文、数学、纺织、冶金等方面问题的十篇论文，由科学出版社出版。这推进了中国科技史的考古学研究。

5 月　南京博物院人员在江苏**高邮县天山**（神居山），着手发掘两座**西汉中期的黄肠题凑墓**，历时 4 年始告结束。两墓东西并列，保存完整，结构复杂，是同类大墓中较为突出的。发掘者根据 2 号墓墓主身着"金缕玉衣"，墓中出土"广陵私府"封泥和"六十二年"木牍，推断两墓为在位 63 年的汉武帝子**广陵厉王刘胥**夫妇的墓葬。该墓虽早已成为当地对公众开放的景点，却从未发表正式考古简报和报告。（据赵化成、高崇文等：《秦汉考古》第 76—77 页，文物出版社，2002 年）

6 月　西藏自治区文管会与新疆维吾尔自治区文管会合作，

在西藏**阿里地区**进行文物普查，并重点考察**古格王国遗址**。工作进行至 9 月，参加人员有仁增多吉、张文生等。古格王国为吐蕃王朝分裂后建立的地方政权，建筑群规模宏大，依山叠砌，占地总面积约 18 万平方米，是西藏的重要历史遗迹。（《阿里地区古格王国遗址调查记》，《文物》1981 年第 11 期；《古格故城》，文物出版社，1991 年）

6 月 青海省文管处以其所属考古队为基础，组建青海省文物考古队。1985 年 9 月更名为青海省文物考古研究所。

7 月 湖北省考古学会成立。（《中国考古学年鉴（1984）》第 249 页）

8 月 1 日，著名考古学家李济在台北逝世，终年 84 岁。

李济，字济之，湖北钟祥县人，生于清光绪二十二年六月二日（1896 年 7 月 12 日）。1918 年毕业于北京清华学堂，随即留学美国。1923 年毕业于哈佛大学人类学专业，获博士学位。归国后，先后在南开大学、清华学校国学研究院任教。1926 年发掘山西夏县西阴村遗址，这是中国学者第一次独立主持的考古发掘。1929 年起，任中央研究院历史语言研究所考古组主任，领导安阳殷墟等一系列重要的考古发掘，为中国考古学走上科学的轨道作出卓越的贡献。1938 年被推选为英国皇家人类学会名誉会员。1948 年被推选为中研院首届院士。1948 年底移居台北，曾主办台湾大学考古人类学系，任历史语言研究所所长（1955—1972 年），又曾代理中研院院长。学术上的主要成就是以殷墟发掘资料为中心进行的专题研究，专著有《殷墟器物甲编：陶器》（台北史语所，1956 年）、《古器物研究专刊》第 1—5 本（台北史语所，1964—1972 年）。论著又编集为《李济考古学论文选集》（文物出版社，1977 年）、《李济文集》（上海人民出版社，2006 年）等。（据《中国大百科全书》第一

版《考古学》卷"李济"条）

8月　青海省考古学会成立。(《中国考古学年鉴（1984）》第251页）

8月　社科院考古所刘随盛、梁星彭等发掘**武功浒西庄遗址**。截至 1981 年春季，共计发掘 1200 余平方米。发现庙底沟二期文化的多座半地穴式房基及墓葬、陶窑等遗迹，加深了对关中西部庙底沟二期文化的认识。后连同 1981—1982 年发掘**赵家来遗址**的收获，编写报告。(《武功发掘报告——浒西庄与赵家来遗址》，文物出版社，1988 年)

8月　河南信阳地区文管会欧潭生等在**罗山县天湖村**附近发掘一处**商周时期墓地**。本年发掘进行至 9 月，翌年 7—11 月继续发掘。合计发掘商代晚期墓葬 22 座、战国墓葬 20 座。其中商代墓葬较有特色，将近半数的墓所出铜器的铭文有族氏符号"息"，因而该墓地被认为是当时作为南方屏障的息姓方国墓地。(《罗山天湖商周墓地》，《考古学报》1986 年第 2 期)

9月　河南省博物馆文物队曹桂岑等在**淮阳县平粮台**发现并着手发掘一处**河南龙山文化晚期城址**。经过两年的工作，初步判明该城址的范围、结构和年代。城址为边长 185 米的正方形，用小版堆筑法夯成；南北墙的中部各有一座城门，城内发现房基、陶窑、墓葬等遗迹。经 ^{14}C 年代测定，距今 4355 ± 175 年。(《河南淮阳平粮台龙山文化城址试掘简报》，《文物》1983 年第 3 期)

9月　北京大学考古专业与山西省考古所合作，由邹衡、李伯谦主持，在曲沃、翼城一带进行考古调查，并对两县交界的**天马—曲村西周春秋遗址**进行试掘。继而于 1980、1982、1984、1986、1988 年的秋冬两季，进行五次大规模发掘，主要收获是清理 500 多座西周春秋时期的中小型墓，大面积揭露当时的居住遗迹，从而建立"晋文化"的断代标尺，并为探寻晋国的始封之地作出贡献。（《天马—曲村（1980—1989）》4 册，科学出版社，2000 年）

　　秋季　山东大学考古专业于海广、栾丰实等，对 1973 年 3 月曾作试掘的**泗水县尹家城遗址**再次发掘。1981 年秋第三次发掘。合计揭露 600 平方米，进一步明确"尹家城第二期文化"的性质，赞同将其确认为独立的文化类型。后又于 1985 年 8—12 月和 1986 年 3—5 月进行第四、五次发掘，合计揭露 1280 平方米，发现已被命名为"岳石文化"的尹家城二期遗存及山东龙山文化的多座房址和墓葬，增进对其地域特点和文化分期的认识。（《山东泗水尹家城第一次试掘》，《考古》1980 年第 1 期；《泗水尹家城遗址第二、三次发掘简报》，《考古》1985 年第 7 期；《山东泗水尹家城遗址第四次发掘简报》，《考古》1987 年第 4 期；《山东泗水尹家城遗址第五次发掘简报》，《考古》1989 年第 5 期；《泗水尹家城》，文物出版社，1990 年）

　　秋季　社科院考古所马得志、刘庆柱等再次探查发掘西安**唐长安青龙寺遗址**。本季度和 1980 年春季，将该寺西部 1973 年已发现塔基的一座伽蓝院落比较完整地揭露出来，新发现的建筑基址有中三门、殿址、回廊、配房等。又发掘与此院落毗邻的东院围墙，以及青龙寺北门基地。（《唐长安青龙寺遗址》，《考古学报》1989 年第 2 期；《青龙寺与西明寺》，文物出版社，2015 年）

　　秋季　社科院考古所孙秉根、孟凡人等在新疆**吉木萨尔**县的唐代北庭都护府址之西，发现一座**高昌回鹘时期佛寺遗址**，随后进行两次发掘。先后揭露佛寺南部的庭院、配殿、僧房、库房，北部的正殿及其东侧的两层洞窟（窟内有彩绘壁画和塑像）。（《北庭高昌回鹘佛寺壁画》《北庭高昌回鹘佛寺遗址》，辽宁美术出版社，1990 年、1991 年）其间，又曾对**北庭城址**进行踏查，并重新实测地图。（《新疆吉木萨尔北庭古城调查》，《考古》1982 年第 2 期）

10 月　社科院考古所胡谦盈等为探索先周文化，在甘肃东部的**镇原县**西南发掘**常山遗址**。主要收获是发现被称为"常山下层文化"的遗存（有房基、窖穴和丰富的遗物），判定其年代晚于仰韶文化，与齐家文化、客省庄二期文化既有密切关系，文化性质又不相同。（《陇东镇原常山遗址发掘简报》，《考古》1981 年第 3 期）

10 月　社科院考古所山东队与北京大学考古专业、烟台地区文物单位合作进行**牟平照格庄遗址**的发掘，严文明、韩榕、王锡平等参加，工作进行至 11 月。揭露 280 平方米，主要收获是对 1960 年平度东岳石村发现的具有独特风格的文化遗存取得更为丰富的认识，明确其既不同于大汶口—山东龙山文化，又不同于当地的商周时期文化，从而另行命名为"岳石文化"。（《山东牟平照格庄遗址》，《考古学报》1986 年第 4 期）

10 月　甘肃省博物馆岳邦湖、吴礽骧等在**敦煌县**境完成 69 处汉代烽燧遗址的调查之后，对其中**马圈湾烽燧遗址**进行发掘，揭露 1900 平方米。出土简牍 1217 枚，最早的纪年为汉宣帝本始三年（前 71 年），最晚为王莽始建国地皇二年（21 年）。这是敦煌地区首次进行汉代烽燧遗址的科学发掘，对于研究汉代的烽燧制度，进一步探讨玉门关的确切位置，有重要的帮助。（《敦煌马圈湾汉代烽燧遗址发掘简报》，《文物》1981 年第 10 期）

10 月　吉林省考古学会成立。（《中国考古学年鉴（1984）》第 244 页）

11 月　文物编辑委员会主编《文物考古工作三十年（1949—1979）》，由文物出版社出版。该书分省概述新中国成立三十年来考古工作的主要成果。

秋季　辽宁省博物馆郭大顺等发掘**喀左县东山嘴红山文化遗址**。1982 年春继续发掘。合计揭露 2250 平方米。发现大型石砌建筑基址，出土大小不等的陶塑裸体女像残件，双龙首璜形玉饰，以及丰富的陶器和石器。这一前所未见的祭祀遗存，受到学术界的广泛重视。（郭大顺、张克举：《辽宁省喀左县东山嘴红山文化建筑群址发掘简报》，《文物》1984 年第 11 期）

冬季　浙江文物考古所姚仲源等发掘**桐乡县罗家角遗址**，揭露面积 1300 平方米。发现马家浜文化的四层堆积，其中第三、四层属马家浜文化早期遗存，经 ^{14}C 测定年代为距今 7000 年左右。（《桐乡县罗家角遗址发掘报告》，《浙江省文物考古研究所学刊》第 1 期，1981 年）

冬季　社科院考古所殷玮璋、白荣金等在**大冶铜绿山Ⅶ号矿体**的一号点进行东周时期铜矿遗址的发掘。发掘面积 400 平方米，清理了几十条巷道，发现保存甚好的竖井、盲井和平巷的木构框架，以及比较完整的排水系统，为探讨当时的采掘技术提供更加丰富的资料。1980 年 4—6 月，在继续发掘该铜矿遗址的同时，又发掘Ⅺ号矿体东周冶炼遗址的一座炼铜炉，并进行仿古的炼铜模拟试验，取得可贵的收获。（《湖北铜绿山东周铜矿遗址发掘》，《考古》1981 年第 1 期；《湖北铜绿山古铜矿再次发掘——东周炼铜炉的发掘和炼铜模拟实验》，《考古》1982 年第 1 期）

本年　社科院考古所、北京大学考古专业及山东省有关考古单位，在**烟台、潍坊两地区的许多市、县**，分别或共同进行广泛调查和典型发掘，初步建立山东半岛新石器时代文化的年代序列。

本年　社科院考古所、浙江省文物考古所、中国历史博物馆、故宫博物院、上海博物馆等单位，开始分别进行**龙泉窑址**的大规模发掘。

1980 年

3 月 河南省博物馆文物队郝本性、赵世纲等在**温县武德镇**附近发掘一处春秋晚期的**晋国盟誓遗址**。1982 年 3—6 月再次发掘。两次共发现 124 个土坎，其中 16 个埋有大量的盟书。经初步整理推定，盟书的年代大体为晋定公十五年（前 497 年），主盟者应是晋国六卿的韩氏。（河南省文物研究所：《河南温县东周盟誓遗址一号坎发掘简报》，《文物》1983 年第 3 期）

3 月 四川省博物馆李复华、匡远滢等在**新都县马家乡晒坝**发掘一座**战国前期有墓道的大型木椁墓**，工作进行至 5 月初结束。该墓木椁用楠木构筑，分隔成棺室和 8 个边箱。随葬器物以完整如新的青铜器为主，总计近 200 件。其中，青铜礼器具中原地区和楚文化风格，兵器则兼有中原、巴蜀二式。发掘者认为，墓主可能为古蜀国王开明氏的最后几代之一。（《四川新都战国木椁墓》，《文物》1981 年第 6 期）

3 月 新疆社科院考古所应中央电视台的约请，由侯灿、吐尔逊等组成考古队，深入罗布泊腹地，进行**古楼兰城址和墓地**的勘查发掘。这是中国学者第一次进行此项考察，取得了较好的收获。在楼兰城址及其附近，采集许多细石器标本。对城墙的范围与形制、城市布局和城内外遗迹进行重点考察，采集木简、文书和其他遗物。在城址东北的平台墓地和孤台墓地，发掘 9 座墓葬，获得织锦、毛毯、棉布等纺织品，以及其他遗物，年代属西汉晚期。（侯灿：《楼兰遗迹考察简报》，《历史地理》创刊号，1981 年）

3 月 陕西省考古研究所主办的《考古与文物》（季刊）创刊。1982 年起，改双月刊。

4 月 社科院考古所刘庆柱、李毓芳等在陕西**临潼县境**的渭北灌区，对秦汉时期作为咸阳门户的**栎阳城遗址**进行勘查。工作断续进行至翌年12月。由此了解到城址的范围，西南两面城墙和门址的位置，城内居址、手工作坊和道路的分布情况，并发掘南门遗址。弄清楚城址西北、东北、东南三个墓区的基本情况，并重点勘探了西北墓区中的汉太上皇陵和昭灵后陵。(《秦汉栎阳城遗址的勘探和试掘》，《考古学报》1985年第3期；社科院考古所：《秦汉栎阳城：1980—1981年考古报告》，科学出版社，2022年)

4月　南京博物院纪仲庆等在扬州西北郊的**邗江县甘泉镇**附近，发掘一座**东汉早期夫妇合葬砖室墓**。工作进行至5月初结束。所出随葬器物中，有铜牛灯、金壳书刀、漆九子奁、银器、多种金器，以及玻璃器残片等珍贵品。有的金饰和玻璃器应来自海外。发掘者根据一件铜雁足灯有"山阳邸""建武廿五年"（49年）等铭文，该墓堆置的填土中又找到"广陵王玺"金印，推断该墓为永平元年（58年）由山阳王徙封的**广陵王刘荆及夫人墓**。(《江苏邗江甘泉二号汉墓》，《文物》1981年第11期)

4月　社科院考古所段鹏琦等发掘**汉魏洛阳故城**南郊的**太学遗址**，出土汉石经残石600余块，其中96块有字，共存1366字（最多26字），内容多属《仪礼》，又有《鲁诗》《春秋》和《论语》。这是数十年来出土石经数量最多和唯一一经科学发掘的一次，为复原经碑的排列方式提供新的物证。(《汉魏洛阳故城太学遗址新出土的汉石经残石》，《考古》1982年第4期)

4月　黑龙江省文物博物馆学会成立。(《中国考古学年鉴（1984）》第245页)

4月　湖北省考古学会主办的《江汉考古》（季刊）创刊。1982年改为湖北省考古学会、湖北省博物馆共同主办。1989年改为湖北省文物考古研究所主办。

　　春季　国家文物局、山西考古所和吉林大学考古专业合组晋中考古队，由黄景略、张忠培、王克林主持，许伟、杨建华具体负责，对**太谷县**东乌马河畔的**白燕遗址**进行复查和试掘。本年秋季和1981年春、秋两季进行三次发掘，共计揭露近3000平方米，清理大批灰坑，发现少量房址、陶窑和墓葬。遗存被分为6期，其中1—3期自成体系，提供晋中地区从仰韶文化晚期到龙山文化早期较完整的发展序列，4—5期属夏商时期，6期为西周晚期。该队又于1982年8—10月和1983年3—4月，由陈冰白、卜工具体负责，在娄烦、孝义、汾阳、离石、柳林五县进行广泛调查和重点试掘，并在**汾阳杏花村**遗址发掘400多平方米，进一步充实晋中地区的考古学文化谱系。（《晋中考古》，文物出版社，1999年）

　　春季　吉林省集安县文物保管所阎毅之、林至德对公元3年至427年高句丽王朝的第二个都城——**国内城遗址**（即今**集安县城**），进行勘察和试掘。该城略作方形，周长2686米，石砌城垣有6座城门、14个马面。石城底部发现一道战国至西汉时期的土筑城垣。（《集安高句丽国内城址的调查与试掘》，《文物》1984年第1期）

　　5月　社科院考古所胡谦盈等在渭河上游葫芦河支流的水洛川北岸，发掘**庄浪县徐家碾**寺洼文化遗址。工作进行至7月结束。共计发掘墓葬102座、车马坑2座，出土各类遗物2000余件。这是寺洼文化遗址中发掘规模最大、收获最多的一次，大大地丰富对寺洼文化面貌及其与辛店文化和周文化关系的认识。（《甘肃庄浪县徐家碾寺洼文化墓葬发掘纪要》，《考古》1982年第6期；《徐家碾寺洼文化墓地——1980年甘肃庄浪徐家碾考古发掘报告》，科学出版社，2006年）

　　5月　湖北省博物馆杨定爱等在**江陵**楚纪南城东北的**九店镇**施家洼附近，开始发掘一批**东周墓葬**。截至1989年底共发掘596座，是该地历年发掘墓葬总数最多的一批。其中一座墓还出土"日书"内容的楚简。发掘者在整理中对这批墓进行了文化因素、墓主身份和分期年代的研究。（《江陵九店东周墓》，科学出版社，1995 年）

5 月　河北省临城县有关单位合组的临城邢窑研制小组，对临城与**内丘县**交界处的**古代窑址**进行调查，参加人员有杨文山、林玉山等。继而内丘县文管所贾忠敏等于 1984 年春在该县境内作进一步调查，发现县城以北的狭长地带堆积丰富，所出瓷器的年代为北朝至五代，其中白瓷的数量由少到多。从而推断其为唐代邢窑的所在地。（《唐代邢窑遗址调查报告》，《文物》1981 年第 9 期；《河北省内丘县邢窑调查简报》，《文物》1987 年第 9 期）

5 月　浙江省文物考古研究所在原浙江省博物馆考古部的基础上成立。（《中国考古学年鉴（1984）》第 203 页）

6 月　应南京大学历史系的约请，石兴邦作《关于中国新石器时代文化体系的问题》的报告，记录稿随即在本年出版的《南京博物院集刊》第 2 期刊出。后经石兴邦写定为《中国新石器时代考古文化体系及其有关问题》，于 1986 年在《亚洲文明论丛》第 1 辑发表。

7 月　陕西省考古所杜葆仁等在**华阴县**西邻近渭河与黄河交会处，进行**西汉京师仓**的勘察发掘。本年工作至 9 月下旬结束，1981 年 6 月—10 月继续工作。两次共揭露 2910 平方米，发现大型粮仓 1 处、水井 2 座、窖穴 4 个等遗迹。这是当时为供应京师长安粮仓而建立的漕运中转粮仓，具有重要的学术价值。后连同1982—1983 年的发掘收获，编写出版考古报告。（《西汉京师仓》，文物出版社，1990 年）

7 月　内蒙古呼伦贝尔盟文物站米文平等对大兴安岭北部丛山密林中的**嘎仙洞**，经过多次调查，终于在洞内石壁上找到太平真君四年（443年）北魏太武帝拓跋焘派遣中书侍郎李敞致祭时所刻祝文（祝文见于《魏书·礼志》），证实该洞确为拓跋鲜卑旧墟石室，从而解决北方民族史上拓跋鲜卑发源地的公案。（米文平:《大兴安岭鲜卑石室是怎样发现的》,《黑龙江文物丛刊》1981年创刊号）

　　7月　中国古外销瓷研究会成立。（《中国考古学年鉴（1984）》第240页）

　　夏季　社科院考古所杨锡璋等在**安阳市三家庄东地**，发掘**殷墟早期墓葬**和其他遗迹。根据地层关系判定，此次发掘的若干墓葬和早年在小屯村北地发掘的M331、M388等墓，年代均早于大司空村一期，为殷墟最早时期的遗存。（《安阳殷墟三家庄东的发掘》,《考古》1983年第2期）

　　8月　青海省文物考古队人员在**民和县**西南，湟水支流的松树沟北岸，发掘**阳山马家窑文化墓地**。本年工作进行至10月，1981年8—10月继续工作，合计发掘墓葬230座，葬式多为俯身。该墓地也有半山、马厂两种类型器物同出的现象，为研究二者之间的关系增添新资料。（《青海民和县阳山墓地发掘简报》,《考古》1984年第5期;《民和阳山》,文物出版社，1990年）

　　9月　福建省博物馆张其海等在**崇安县**（今武夷山市）南的**城村附近**发现、勘探一座汉代城址，勘察钻探面积91万平方米，基本查明城址的范围、形制、遗迹分布、地层堆积等情况。该城平面近长方形，依山势夯筑的建筑群基址规模最大，总面积达20000平方米，为对称布局的庭院式宫殿建筑。城内外又发现居住遗址、手工业作坊遗址。发掘者推断其为受封于汉朝的**闽越"王城"**。后持续发掘至90年代。（《崇安城村汉城探掘简报》,《文物》1985年第11期;《武夷山城村汉城遗址发掘报告（1980—1996）》,福建人民出版社，2004年）

9月　江苏省考古学会成立。(《中国考古学年鉴（1984）》第245页)

9月　南京市博物馆阮国林等在**南京**太平门外**甘家巷**附近，发掘南朝梁武帝萧衍之弟桂阳王**萧融夫妇合葬墓**。该墓墓前有久已失考的神道石刻辟邪一对。墓室早年已遭严重破坏（顶部无存），平面呈"凸"字形，后壁外弧，用花纹砖砌筑而成，没有壁画。随葬器物被盗无存。所出萧融本人及妻王慕韶的两方墓志，是现存最好的萧梁墓志，不仅具有重要的史料价值，且为书法艺术的佳作。(《南京梁桂阳王萧融夫妇合葬墓》，《文物》1981年第12期)

10月　科学院古脊椎所与安徽省文物队合作，发掘和县陶店镇**龙潭洞遗址**，发现一具近于完整的猿人头盖骨化石。这是继周口店和蓝田之后又一发现猿人头盖骨化石的地点，具有重要的科学意义。1981年再次发掘，继续出土人类化石，但仍未发现石器。(《长江下游古人类的重大发现——安徽和县出土完整猿人头盖骨化石》，《化石》1981年第1期;《和县龙潭洞又发现猿人化石》，《人类学学报》第1卷第1期，1982年)

10月　吉林延边朝鲜族自治州博物馆人员在**和龙县**龙头山东坡清理发掘**渤海贞孝公主与驸马合葬墓**（792年入葬）。工作进行至翌年5—6月。该墓早年被盗，随葬品残存甚少，墓壁有彩绘武士、侍从等内容的盛唐风格壁画。所出墓碑728字。(《渤海贞孝公主墓发掘清理简报》，《社会科学战线》1982年第1期)

10月　江西省文物队对**吉安县**永和镇附近的**吉州窑遗址**进行考古调查和首次发掘。余家栋、陈定荣参与其事。工作进行至1981年12月，先后调查24处窑址，发掘1条窑床和1处作坊遗址，采集历代遗物4500余件。由此对这一兼具南北方名窑技艺特点的综合性瓷窑有了更加深切的了解。发掘者据此推断，"吉州窑

始烧于晚唐，中经五代、两宋，至元代末期终烧"。(《江西吉州窑遗址发掘简报》,《考古》1982年第5期)

10月　邹衡著《夏商周考古学论文集》由文物出版社出版。其中《试论夏文化》和《论先周文化》两篇系多年研讨、反复修改而成，最受学术界关注。

秋季　社科院考古所胡谦盈等着手对1959年发现的陕西**长武县碾子坡遗址**进行发掘。截至1986年连续发掘7个年度，揭露面积7000余平方米，主要遗存为先周时期窑洞式和半竖穴式房基、窖穴，以及长方形竖穴墓和洞室墓，根据地层关系可分成早晚两期，为先周文化研究提供丰富的实物资料。(《南邠州·碾子坡》,世界图书出版公司北京公司，2007年)

冬季　湖南省博物馆何介钧等在**安乡县**北的松滋河东岸发掘**划城岗遗址**，发掘面积200平方米，清理不同时期的墓葬115座、房址2座、陶窑1座、灰坑17个。主要收获是为探讨长江中游诸原始文化的相互关系和分期提供新的资料。发掘者认为遗存包括早、中、晚三期，其中早期遗存又可分为一、二两期，分别属于大溪文化的中期和晚期；中期遗存也可分为一、二两期，分别属于屈家岭文化的早期和晚期；晚期遗存则属长江流域的龙山文化(或称"青龙泉三期文化")。(《安乡划城岗新石器时代遗址》,《考古学报》1983年第4期)

11月　17—22日，中国考古学会第二次年会在武汉举行，中心议题为"楚文化研究"，与会代表95人。收到论文126篇。(《中国考古学会第二次年会》,《考古》1981年第1期)

11月　四川省文管会、博物馆王有鹏、陈德安等发掘**广汉县三星堆遗址**，工作进行至1981年5月结束。连同本年5月的试掘，合计揭露1225平方米，发现房址18座(多为方形)、灰坑3

个、墓葬4座。发掘者根据其文化面貌既有明显的地方特色，又有与其他地区相似的个别因素，建议命名为"三星堆文化"。至于年代，因 ^{14}C 年代数据校正值为 4500±150 年，晚期陶器上的云雷纹与殷商铜器相近，推断为新石器时代晚期至夏商时期。（《广汉三星堆遗址》，《考古学报》1987年第2期）

12月 陕西秦俑考古队袁仲一、程学华等在**秦始皇陵**封土西侧的一座陪葬坑，发掘出两乘**大型彩绘铜车马**。两车大小相当于实物的1/2，1号为有伞盖的立车，2号为带篷的安车，工艺精巧，装饰华丽，不仅通体彩绘，而且附以大量金银饰件，应是模仿秦始皇生前用车制作。（《秦始皇陵铜车马发掘报告》，文物出版社，1998年）

12月 河南省考古学会成立。（《中国考古学年鉴（1984）》第248页）

12月 山西省考古研究所恢复建制（后称"研究院"）。（《中国考古学年鉴（1984）》第193页）

12月 社科院考古所编著（陈梦家、徐苹芳、陈公柔合作）《居延汉简甲乙编》由中华书局出版。

1981年

1月 山东省文物考古研究所在原山东省博物馆文物管理部和考古部的基础上成立（后称"研究院"）。（《中国考古学年鉴（1984）》第208页）

2月 河南省文物研究所在原河南省文化局文物工作队（1970—1980年曾并入河南省博物馆）的基础上成立。1993年12月更名"河南省文物考古研究所"（后称"研究院"）。（《中国考古学年鉴（1984）》第210页）

3月　陕西雍城考古队韩伟、焦南峰等在**凤翔县城南的马家庄**，即秦都雍城遗址中部，发掘**春秋时期秦国宗庙遗址**。截至1984年初，揭露7000余平方米，发现两组建筑基址。其中1号建筑基址保存较好，为坐北朝南、左右对称的全封闭式建筑，包括大门、中庭、朝寝和东西厢等。中庭等处发现100多座埋葬牛、羊及人牲的祭祀坑。(《凤翔马家庄春秋秦一号建筑遗址第一次发掘简报》,《考古与文物》1982年第5期)

春季　社科院考古所刘随盛、梁星彭等发掘**武功赵家来遗址**，本年秋季和1982年春季继续工作。揭露面积500多平方米，发现客省庄二期文化的多座半地穴式和窑洞式房基，丰富了对客省庄二期文化的认识，并从地层上明确客省庄二期文化晚于庙底沟二期文化。后连同1978—1981年浒西庄遗址的发掘收获，编写报告。(《武功发掘报告——浒西庄与赵家来遗址》)

春季　河南省文物研究所曹桂岑等在**淮阳县东南的瓦房庄**，发掘俗称"马鞍冢"的**两座大型楚墓**及其车马坑。两车马坑保存完好，共出31乘青铜饰件的华丽马车。这表明两墓墓主的身份甚高，应是都陈(今淮阳)时期一代楚王的异穴合葬墓。(《河南淮阳马鞍冢楚墓发掘简报》,《文物》1984年第10期)

5月　苏秉琦将其近年在不同场合的讲述，特别是1979年4月在全国考古学规划会议期间所作《关于考古学文化的区系类型问题》讲演，由殷玮璋协助整理成文，共同署名，在《文物》月刊发表。该文认为，"考古学文化的区、系、类型问题，是我国考古学，特别是新石器时代考古学的一项基本任务"。提出"各地同志应立足于本地区的考古工作，着力于把该地区的文化面貌及相互间的关系搞清楚。……然后，在准确划分文化类型的基础上，在较大的区域内以其文化内涵的异同归纳为若干文化系统"。文章将我国目前人口稠密地区划分为陕豫晋邻境地区、山东及邻省一部分地区、湖北和邻近地区、长江下游地区、以鄱阳湖—珠江三角洲为中轴的南方地区、以长城地带为重心的北方地区，共六个区域。这对于各地正在兴起的考古学文化谱系研究有推进作用。（《苏秉琦考古学论述选集》第 225—234 页）

5 月　青海文物考古队高东陆等进行**青海湖环湖地区**的考古调查。在青海湖北岸发现尕海、向阳北两处汉代城址。随后，在青海湖南岸切吉滩发现支东拉加汉城，在湟中县多巴镇找到汉临羌城，为探讨汉代开辟青海及王莽设置西海郡所辖四县提供了线索。（《青海近十年考古工作的收获》,《文物考古工作十年（1979—1989）》第 332 页）

5 月　陕西咸阳地区文管会员安志等在汉武帝**茂陵东侧**的 1 号**无名冢旁**，发掘一座**陪葬坑**。所出青铜容器多有"阳信家"刻记，又出土长 76 厘米的鎏金铜马、"内者未央尚卧"等铭鎏金铜熏炉等，应是汉武帝姐阳信公主家的遗物。（《陕西茂陵一号无名冢一号从葬坑的发掘》,《文物》1982 年第 9 期）

冬季　河南文物研究所与开封市博物馆合组开封宋城考古队，孙新民、李京华、丘刚、董祥等参与，对**北宋东京城遗址**进行勘探与发掘。截至 1983 年冬，大体弄清楚外城的范围、形制和地层情况，发现十个瓮城门遗迹和缺口；并钻探获知南墙中部南薰门位置至古州桥遗址一线的今中山路，应为纵贯东京城南北的中心大道御街。由开封市博物馆对内城和皇城继续勘察，并发掘重要的遗迹。（《北宋东京外城的初步勘探与试掘》,《文物》1992 年第 12 期；《北宋东京内城的初步勘探与测试》,《文物》1996 年第 5 期）

6 月　内蒙古社科院蒙古史研究所崔璇等与包头市文管所合作，在**包头市区以东**的**阿善沟门**，发掘一处砌有围墙的遗址。工作进行至 9 月，揭露 1170 平方米，清理遗迹有围墙 57 米、房址 24 座、窖穴 220 个等。发掘者根据地层关系将遗存分为三期，一、二期曾被视为仰韶文化的变体，三期曾被视为龙山文化，实际并不相宜，是具有独特面貌的北方新石器文化。(《内蒙古包头市阿善遗址发掘简报》，《考古》1984 年第 2 期)

6 月　北京文物队黄秀纯等在北京八宝山革命公墓院内，发掘辽统和十三年 (995 年) 入葬的 "始平军节度" 韩佚及妻王氏合葬墓。墓室有彩绘壁画，出土白瓷和青瓷器物。志文 800 余字，记述韩氏家世及官职，可补《辽史》缺佚。(《辽韩佚墓发掘报告》，《考古学报》1984 年第 3 期)

6 月　内蒙古哲里木盟博物馆邵清隆等在霍林河矿区，进行金代界壕边堡遗址的勘察发掘，工作进行至 8 月结束。该地段的界壕全长 12.5 公里，有边堡 2 座。这是对金代界壕边堡遗址的首次发掘，为研究其构筑情况和当时戍卒生活提供可贵的资料。(《内蒙古霍林河矿区金代界壕边堡发掘报告》，《考古》1984 年第 2 期)

6 月　湖北、湖南、河南、安徽四省文物考古单位合组的楚文化研究会在长沙成立。(《中国考古学年鉴 (1984)》第 242 页)

7 月　台北史语所考古组石璋如主持，着手进行台湾浊水溪上游河谷地区考古学调查与发掘项目工作。(《历史语言研究所七十年大事记》第 44 页)

8 月　社科院考古所杨虎等在内蒙古敖汉旗老哈河右岸的周家地村，发掘一处夏家店上层文化墓地。这是发掘夏家店上层文化墓葬最多的墓地，共计 54 座，排列有序，随葬品丰富。有的墓保存较好，所出发辫、麻布覆面、缀铜革带等，尤为难得。(《内蒙古敖汉旗周家地墓地发掘简报》，《考古》1984 年第 5 期)

8 月　辽宁省考古博物馆学会成立。(《中国考古学年鉴 (1984)》

第 243 页）

8—9 月　大同市博物馆解廷琦、胡平等在**大同城北的西寺梁山**（北魏方山），发掘北魏文明太皇太后冯氏陵园首期重点建筑之一的**思远佛寺遗址**，发掘面积 2000 平方米。遗址位于北高南低的坡地上，平面布局呈长方形，揭露的遗迹包括第一层平台和踏道、第二层平台和踏道、山门、塔基（实心体塔心和外环殿堂式回廊）、佛殿基址、僧房基址等，出土大量北魏时期的建筑材料、陶器、造像和雕塑品残件等。（《大同北魏方山思远佛寺遗址发掘报告》,《文物》2007 年第 4 期）

9 月　陕西省文管会王仁波等在**高陵县白家嘴村**西，发掘**唐代东渭桥遗址**。截至 1983 年 8 月共揭露 7800 余平方米，判明桥长 548.8 米、宽 11 米，发现木柱 418 根、分水金刚墙 4 处，以及诸多铁构件等。该地曾于 1967 年出土开元九年（721 年）的《东渭桥记》碑残石。这是研究唐代建桥技术和渭河变迁历史的重要资料。（据《十年来陕西省文物考古的新发现》，见《文物考古工作十年（1979—1989）》第 308 页）

秋季　北京大学考古系严文明等与山东长岛县博物馆合作，发掘**大黑山岛**东部的**北庄遗址**，1982 年秋季继续发掘，共计揭露 500 平方米。发现属于新石器时代的北庄一期、北庄二期、龙山文化和早期青铜时代的岳石文化依次叠压的地层关系。所见遗迹、遗物以北庄一期为主，有房址 16 座、灰坑近 30 个、墓葬 3 座。据研究，北庄的两期文化与鲁中南的大汶口文化和辽东半岛的小珠山遗址中层，有不同程度的共同点，为探讨其间关系提供重要的线索。（《山东长岛北庄遗址发掘简报》,《考古》1987 年第 5 期）

秋季　社科院考古所谢端琚、赵信等发掘甘肃**天水的师赵村遗址**。截至 1989 年，先后发掘 13 个季度，共计揭露 5370 平方米。文化遗存包括北首岭下层，马家窑文化的马家窑、半山、马厂类型，仰韶文化的半坡、庙底沟、北首岭类型，以及齐家文化，代表陇东新石器文化的完整序列。后连同 1986—1990 年发掘**西山坪遗址**的收获，编写考古报告。(《师赵村与西山坪》，中国大百科全书出版社，1999 年)

秋季　西安半坡博物馆人员在**临潼县**东北的相桥镇附近，对**康家遗址**进行试掘(先后进行 4 次)，判定其为与"客省庄二期文化"同时的龙山文化遗址。后由陕西省考古所石兴邦主持，于 1985 年 10—12 月进行正式发掘，揭露面积 230 平方米，发现房址 42 座、灰坑 10 个、陶窑 1 座、石灰窑 2 座等遗迹，出土丰富的各类遗物。发掘者认为该遗址应属陕西龙山文化的晚期阶段。(《陕西临潼康家遗址发掘简报》，《考古与文物》1988 年第 5、6 期合刊)

秋季　社科院考古所邵望平、胡秉华等在山东**滕县**官桥镇**前掌大村**，发现并着手发掘一处商周之际墓地。本年和 1985、1987、1991 年，先后四次共发掘大中型墓 7 座、小墓 20 余座。其中的几座大墓，均有一条或两条墓道，有的发现人殉，出土青铜礼器、陶器和青玉饰物，墓主应为当地方国的贵族。(《滕州前掌大商代墓葬》，《考古学报》1992 年第 3 期;《滕州前掌大墓地》，文物出版社，2005 年)

秋季　社科院考古所与北京市文物队再次合作，由殷玮璋主持，进一步发掘北京房山区**琉璃河西周早期燕国墓地**。截至 1986 年，发掘墓葬 213 座、车马坑 21 座。其中 1986 年 10—11 月发掘的 1193 号大墓，墓坑四角有墓道，出土带 43 字铭文的克盉和克罍，内容记述周王褒扬太保(召公奭)、册封燕侯的史实，墓主被公认为第一代燕侯。这是研究西周早期历史的重要资料。(《北京琉璃河 1193 号大墓发掘简报》，《考古》1990 年第 1 期)

10 月 陕西宝鸡市考古队任周芳等在**武功**旧城以东的漆水岸边，发掘**郑家坡遗址**。截至 1983 年 8 月共揭露 2000 平方米，发现先周时期的 17 座房基，以及陶窑、窖穴等遗迹。根据地层关系和陶器形制，遗存被分为三期，晚期与长安张家坡遗址早期相当。值得注意的是，所出陶器中绝少高领袋足鬲，而大多为联裆鬲。（《陕西武功郑家坡先周遗址发掘简报》，《文物》1984 年第 7 期）

10 月 内蒙古乌兰察布盟文物站陆思贤等在**察哈尔右前旗豪欠营**附近发掘 3 座**辽墓**。其中 6 号墓所出女尸，身穿多层丝织衣物，上罩较完整的铜丝网络和鎏金银面具。这在辽墓中尚属首次发现。（《察右前旗豪欠营第六号辽墓清理简报》，《文物》1983 年第 9 期）

10 月 中国古陶瓷研究会（后改称学会）成立。（《中国考古学年鉴（1984）》第 241 页）

10 月 内蒙古自治区考古学会、文物工作队共同主办的《内蒙古文物考古》创刊。

11 月 陕西周原考古队尹盛平等在**扶风县刘家村**，发掘一批随葬高领袋足鬲等陶器的偏洞室墓。发掘者推断其中 20 座的族属为姜戎，将其分为六期，认为一期当二里头文化晚期，二至五期为商代前期至周人迁岐，六期当西周文武之际。此处和武功郑家坡遗址发掘后，形成了宝鸡地区存在姬周、姜戎两大部族文化之说，在考古学界引起讨论。（《扶风刘家姜戎墓葬发掘简报》，《文物》1984 年第 7 期）

11 月 南京博物院尤振尧等在徐州市西北**铜山县**境的**龟山**西麓，发掘一座西汉中期的大型横崖洞墓。该墓实为左右并列、彼此相通的两座多室墓，本年仅清理其北墓道，1982 年 11 月发掘全墓。墓葬全长 83.5 米，内设 12 个墓室，跨度最宽 33 米。因早期被盗严重，随葬器物残存较少。后找到墓中出土的"刘注"金印，从而确定该墓为卒于元鼎元年（前116年）的**西汉楚襄王刘注夫妇异穴合葬墓**。(《铜山龟山二号西汉崖洞墓》,《考古学报》1985年第1期;《〈铜山龟山二号西汉崖洞墓〉一文的重要补充》,《考古学报》1985年第3期)

11月　社科院考古所主办的《考古学集刊》(不定期刊)创刊。

12月　8—13日,中国考古学会第三次年会在杭州举行,中心议题是"中国东南沿海地区的新石器时代文化"和"中国古代的青瓷和青瓷窑址",与会代表123人。收到论文128篇。(《中国考古学会第三次年会》,《考古》1982年第2期)

本年　科学院古脊椎所与河北省文物所合作,在贾兰坡的主持下,发掘河北**阳原县东谷坨遗址**,出土小型石片石器和较多石制品,以及动物碎骨等。地层属早更新世,古地磁年代为距今100万年,是华北地区一处重要的旧石器时代早期遗址。(卫奇:《东谷坨旧石器初步观察》,《人类学学报》第4卷第4期,1985年)

本年　河南省文物研究所与郑州大学历史系考古专业合作,对**禹县瓦店龙山文化遗址**进行较大规模的发掘。1982年秋再次发掘。合计揭露700平方米。参加工作的有贾洲杰、匡瑜、姜涛等。发掘者根据地层叠压关系和器物形制变化,对遗存进行分期,其中河南龙山文化晚期遗存最为丰富,为河南龙山文化和夏文化的研究提供重要资料。(《禹县瓦店遗址发掘简报》,《文物》1983年第3期)

本年　社科院考古所马得志等发掘西安**唐长安城大明宫遗址**内的清思殿、三清殿基址。两处宫殿建筑原都异常华丽,特别是三清殿为大型高台建筑,出土物中有琉璃瓦残件和鎏金铜饰,这在大明宫的发掘中尚无前例。(《中国社会科学院考古研究所概览(1950—2000)》第43页)

本年　河北省文物研究所在原河北省文物管理处的基础上成立。（《中国考古学年鉴（1984）》第191—192页）

本年　黑龙江省文物博物馆学会和黑龙江文物考古队、博物馆主办的《黑龙江文物丛刊》创刊（1985年改名《北方文物》）。

1982年

1月　湖北省荆州地区博物馆陈跃钧、彭浩等，在**江陵县马山砖瓦厂**，发掘一座**战国中晚期的大型木椁墓**。该墓保存较好，衣衾装裹完整，出土绢、纱、罗、绮、锦、绣等类衣物30余件，色彩绚丽，线条流畅，是研究当时丝织工艺和衣衾制度不可多得的实物资料。（《江陵马山一号楚墓》，文物出版社，1985年）

1月　江苏镇江市博物馆刘建国等清理**丹徒县丁卯桥**附近发现的一处**唐代晚期银器窖藏**。土坑口径1米，深0.8米，地处唐代居住遗址之内。出土酒瓮、龟负"玉烛"、酒令筹、盒、碗、托子、碟、盘、锅、熏炉、箸、钗、匕、勺等银器，共计950余件。这是唐代银质器皿出土最多的一次。（《江苏丹徒丁卯桥出土唐代银器窖藏》，《文物》1982年第11期）

2月　23日，国务院公布第二批全国重点文物保护单位名单（共62处）。其中有古遗址10处，古墓葬7处。（《文物博物馆事业纪事》第409页）

3月　湖南省考古学会成立。（《中国考古学年鉴（1984）》第250页）

3月　山东省滕县博物馆万树瀛等在**滕县城西的庄里西村**附近，清理西周早期的滕侯墓，出土滕侯方鼎、滕侯簋等铜器，以及玉器。（《山东滕县发现滕侯铜器墓》，《考古》1984年第4期）

3月　浙江省文物考古所牟永抗等在**绍兴坡塘狮子山**，清理一座带墓道和壁龛的**战国墓**。这是浙江地区首次发掘先秦时期大墓。出土的十余件青铜器中，有铭文的"汤鼎"（44 字）和炉（10 字），为徐国器物；一件较大的缶，铭文奇异，未能释读；一件房屋模型，室内坐有六个演奏乐人。另外，还有许多玉器和金器。（《绍兴 306 号战国墓发掘简报》，《文物》1984 年第 1 期）

3 月　辽宁省博物馆郭大顺等在**喀左县**东南的大凌河岸，对**东山嘴红山文化遗址**进行发掘，连同 1979 年的试掘，共计发掘 2250 平方米。揭露一座大型石砌建筑基址，中心部位方形，两翼形制不同，前面又有圆形和多圆形基址。出土大小不等的陶塑人像残块，以及陶器、石器和玉器。多位考古学家当即肯定这一发现的重要意义，指出其为中国史前时代前所未见的大型祭祀遗址。（《辽宁省喀左县东山嘴红山文化建筑群址发掘简报》，《文物》1984 年第 11 期）

4 月　陕西文管会廖彩梁、骆希哲等在**临潼县**骊山北麓，勘查发掘**唐华清宫遗址**。本年工作至 12 月底，后持续进行至 1995 年 10 月底结束，历时 14 年，总计发掘面积为 1 万平方米，钻探面积为 37 万平方米。发现的遗迹除华清宫宫墙和缭墙外，主要有星辰汤、尚食汤、太子汤、莲花汤、海棠汤、宜春汤等 8 处汤池。还曾发现秦汉时期的石砌地面和水道等，表明其开发的历史悠久。（《唐华清宫》，文物出版社，1998 年）

5 月　黑龙江文物考古队、博物馆等单位人员，在**哈尔滨**市郊发掘**阎家岗旧石器时代晚期遗址**。1984 年 7 月邀请科学院古脊椎所人员参加发掘与研究。先后揭露两座由大量动物骨骼围成的古人类营地遗迹，这在我国尚属首次发现。发现石制品、打击骨器、烧骨、炭屑等文化遗存。经测定，多数动物化石距今 22370 ± 300 年。（《阎家岗——旧石器时代晚期古营地遗址》，文物出版

社，1987 年）

5 月　山东临沂地区文管会人员在**临沂凤凰岭**的考古调查中，发现大量细石器。随后，社科院考古所胡秉华等在**临沂、临沭、郯城、日照等县**进行更加广泛的调查，又发现 20 余处细石器地点，工作延续至 1983 年春。（《山东临沂县凤凰岭发现细石器》，《考古》1983 年第 5 期）

5 月　中国科学院自然科学史研究所与福建泉州海外交通史博物馆合作，在晋江下游的**泉州法石滩地**发掘**南宋"沉船"**。该船与 1974 年在泉州后渚港发掘的另一沉船相比，船体结构、造船工艺和用材都有其自身特点。船上出土的竹帆残件，附近的花岗岩碇石，均属首次发现。（《泉州法石古船试掘简报和初步探讨》，《自然科学史研究》第 2 卷第 2 期，1983 年）

6 月　西藏文管会索朗旺堆、侯石柱等在山南地区的**朗县附**近，对**列山墓地**进行调查和试掘，工作进行至 9 月。墓地有大中型封土墓 184 座，其中大部分平面为梯形，少数为方形、圆形和亚字形。经试掘，葬具为石板拼成的小棺，未发现随葬品。墓地又发现房屋、祭祀场所、石碑底座等遗迹。发掘者推断，墓地的年代应为佛教传入前，属吐蕃王朝（7—9 世纪）或更早。（索朗旺堆、侯石柱：《西藏朗县列山墓地的调查和试掘》，《文物》1985 年第 9 期）

7 月　河南省文物所杨育彬等在**郑州**商代城址东南侧的向阳回族食品厂，发掘一座**青铜器窖藏**，出土青铜礼器 13 件。这是郑州发现商代青铜器窖藏中，出土礼器最多的一处。后连同 1974 年张寨南街、1996 年南顺城街两处窖藏的发现，编辑出版考古报告。（《郑州商代铜器窖藏》，科学出版社，1999 年）

8 月　山东省考古学会成立。（《中国考古学年鉴（1984）》第 247 页）

9月　中国硅酸盐学会主编，安志敏、安金槐等多位考古学家参与执笔的《中国陶瓷史》，由文物出版社出版。

9月　18日，考古学家裴文中在北京逝世，终年79岁。

裴文中，字明华，河北省丰南县人。生于1904年1月19日。1927年毕业于北京大学地质系。翌年参加周口店遗址发掘。后去法国留学，1937年获巴黎大学博士学位。回国后任地质调查所新生代研究室周口店办事处主任。中华人民共和国成立初期，任文化部文物局博物馆处处长，曾主持第一至四届中央考古工作人员训练班的工作。后历任中国科学院生物学地学部学部委员、古脊椎动物与古人类研究所研究员兼古人类室主任、北京自然博物馆馆长，以及中国古生物学会名誉理事、中国考古学会副理事长等职。在国际上，获英国皇家人类学会名誉会员、国际史前学与原史学联合会名誉常务理事、国际第四纪联合会名誉会员等荣誉称号。他是中国旧石器时代考古的主要奠基人，突出的学术贡献是1929年发现北京猿人第一个头盖骨化石，继而确认北京猿人的文化遗存，又发现山顶洞人及其遗物，为中国旧石器时代考古学奠定基础；后在许多省份进行旧石器时代遗址的调查发掘，关注中石器时代和新石器时代研究，积极推进中国史前考古学的发展。主要著作有：《周口店洞穴层采掘记》（1934年）、《周口店山顶洞之文化》（1939年）、《中国史前时期之研究》（1948年）、《中国猿人石器研究》（与张森水合著，1985年）、《裴文中史前考古学论文集》（1987年）等。（《中国大百科全书》第一版《考古学》卷"裴文中"条）

9月　上海市文物保管委员会黄宣佩、孙维昌等发掘**青浦县福泉山遗址**。本年工作进行至12月。1983年12月至1984年1月，1986年12月至1987年3月，1987年12月至1988年1月，继续发掘。共计揭露2000余平方米。主要收获是发现崧泽文化早、晚期和良渚文化氏族显贵墓地，并发现用人殉葬或祭祀的遗迹，对于中国古代文明发展进程问题的研究有重要意义。（《福泉山——新石器时代遗址发掘报告》，文物出版社，2000 年）

9 月　江苏镇江博物馆萧梦龙等在**丹徒县**大港镇，发掘**母子墩西周较早时期的大型土墩墓**。墓底垫土和草木灰，并以不规则石块砌成边框，随葬的青铜礼器、兵器和原始瓷器，均具明显的地方特色。（《江苏丹徒大港母子墩西周铜器墓发掘简报》，《文物》1984 年第 5 期）

秋季　中国历史博物馆考古部与山西省考古所合作，对**垣曲古城东关遗址**进行试掘。1983—1986 年春、秋两季正式发掘，共计揭露 2800 平方米。先后参加工作的有郭仁、佟伟华、张素琳等。发现丰富的遗迹、遗物和复杂的地层叠压关系，不仅将仰韶文化遗存分为东关一至四期，而且第一次将过去资料较少的庙底沟二期文化遗存进行分期，对龙山文化遗存也有新的研究，从而为晋南乃至周边地区新石器文化发展序列的研究提供标尺。（《垣曲古城东关》，科学出版社，2001 年）

秋季　中国社科院考古所刘庆柱、李毓芳等在**西安市**东南的曲江乡三兆镇附近，着手进行**汉宣帝杜陵陵园遗址**的勘查发掘。这是第一次对汉代帝陵陵园进行全面勘查。截至 1985 年夏季，勘查了汉宣帝和王皇后的陵墓、陵园、寝园，以及杜陵的陵庙、陵邑、陪葬坑和陪葬墓；发掘了汉宣帝陵园的东、北二门，寝殿等遗址，以及两座陪葬坑。（《汉杜陵陵园遗址》，科学出版社，1993 年）

10 月　5 日，考古学家李文信在沈阳逝世，终年 79 岁。

李文信，字公符，辽宁省复县人，生于 1903 年 10 月 23 日。早年毕业于奉天美术学校国画科，从事美术教育工作，业余进行古代遗址的考察。1938 年到伪满"中央"博物馆奉天分馆工作。

中华人民共和国成立后，历任东北博物馆研究员兼研究室主任、东北文物工作队队长、中国科学院考古研究所学术委员、辽宁省博物馆馆长及吉林大学教授；又任中国博物馆学会名誉理事、中国考古学会理事、辽宁省考古博物学会和辽宁省历史学会名誉理事长等职。他曾在东北三省和内蒙古东部地区进行广泛的田野考古工作，尤其是根据实地调查论述北部长城的沿革，肯定赤峰缸瓦窑为辽代官窑，卓有贡献。论著结集为《李文信考古文集》（辽宁人民出版社，1992 年初版，2009 年增订）。（《20 世纪中国知名科学家学术成就概览·考古学卷》第一分册"李文信"条）

　　10 月　社科院考古所由石兴邦主持，吴加安、王仁湘、吴跃利参加，发掘陕西**临潼白家村遗址**。本年工作进行至 12 月，1983 年和 1984 年春、秋两季继续发掘，共计揭露 1366 平方米。这是渭河流域面积较大的前仰韶文化遗址，发现房址、灰坑、墓葬等遗迹，出土大量的遗物，为研究黄河中游地区的早期农业文化提供重要资料。（《临潼白家村》，巴蜀书社，1994 年）

　　10 月　南京博物院李文明、钱锋等对江苏**常州武进寺墩遗址**，在 1978 年和 1979 年两次试掘的基础上进行发掘。揭露面积800 平方米，发现两座随葬琮、璧等玉器的良渚文化墓葬，其中3 号墓出土玉制璧、琮和装饰品及玉石制生产工具，共计 100 余件。这种"玉敛葬"的墓主应属当时的显贵。该发掘对探讨中国文明的起源有重要意义。（《1982 年江苏常州武进寺墩遗址的发掘》，《考古》1984 年第 2 期）

　　10 月　中国历史博物馆、山西考古所等单位合组的平朔考古队，配合平朔露天煤矿工程进行**朔县秦汉墓葬**的大规模发掘，信立祥、杨林等参与其事。截至 1987 年，发掘古代墓葬近 2000 座，其中秦汉墓葬达 1285 座，分布密集，排列有序，地方特色强烈，自成发展序列。当地为秦汉时期抗击匈奴军事重镇马邑所在，此项发掘无疑是秦汉考古的重大收获。后继续发掘的若干西汉木椁墓，又有重要发现。(《山西朔县秦汉墓发掘简报》，《文物》1987年第6期;《山西省朔县西汉木椁墓发掘简报》，《考古》1988年第5期)

10月 社科院考古所段鹏琦、杜玉生等在河南**偃师**的南蔡庄、潘屯村一带进行勘查，初步判定**晋武帝峻阳陵**和**晋文帝崇阳陵**的地望，并发掘两座具有相当规模的晋墓，为进一步考查晋陵打下基础。(《西晋帝陵勘察记》，《考古》1984年第12期)

11月 19日，第五届全国人民代表大会常务委员会第25次会议通过《中华人民共和国文物保护法》。同日颁布施行。后曾一再修改补充。关于考古发掘，明确规定："一切考古发掘工作，都必须履行报批手续，地下埋藏的文物，任何单位或个人都不得私自发掘。"(《文物博物馆事业纪事》第422页)

11月 湖南省博物馆编辑的《湖南考古辑刊》(不定期)开始出版。第2、3期与湖南省考古学会合编。第4期起，改由湖南省文物考古研究所与湖南省考古学会合编。

冬季 湖南岳阳地区文物队及湖南省博物馆等单位人员，发掘**华容县车轱山遗址**。金则恭、郭胜斌等参与其事。主要收获是清理墓葬129座。经排比进行墓葬分期，第一期属大溪文化晚期，第二、三、四期属屈家岭文化早、中、晚期。(《华容车轱山新石器时代遗址第一次发掘简报》，《湖南考古辑刊》第3辑，1986年)

12月 中国文物出版社和日本平凡社合作出版的大型系列丛书《中国石窟》开始出版。预计全书17卷，依次为《敦煌莫高窟》5卷，《巩县石窟寺》1卷，《克孜尔石窟》3卷，《库木吐喇石窟》1卷，《永靖炳灵寺》1卷，《天水麦积山石窟》1卷，《龙门石窟》2卷，《云冈石窟》2卷，《安西榆林石窟》1卷。后出版大部分，未能出齐。

12 月　安志敏著《中国新石器时代论集》，由文物出版社出版。

12 月　陕西省考古学会成立。(《中国考古学年鉴（1984）》第250 页)

本年　内蒙古文物队田广金、郭素新等发掘**凉城县老虎山遗址**，1983 年继续发掘。遗址位于老虎山南坡，保存情况较好，总面积 13 万平方米，周围有石墙环绕。两年共计揭露 700 平方米，清理房址 58 座、灰坑 18 个、陶窑 3 座、墓葬 3 座，年代相当于龙山文化早期，是该地区这一时期遗存的重要发现。(田广金：《凉城县老虎山遗址 1982—1983 年发掘简报》，《内蒙古文物考古》第 4 期，1986 年)

本年　宁夏固原博物馆罗丰等在**固原县**南郊发掘**隋唐墓葬**，至 1987 年先后发掘 9 座。其中 7 座墓出土墓志，除 1 座墓主为梁姓外，6 座均为史姓，没有墓志的 2 座也可能与史姓有关。据史姓墓志记载，墓主均为"昭武九姓"中史国人后裔。墓葬年代除史射勿墓属隋代外，其余均为唐墓。有的墓室和墓道彩绘壁画，但仅史射勿墓保存完整。随葬品有陶俑、瓷器、陶器、鎏金铜器、玻璃器、金饰以及波斯银币、东罗马金币（仿制品）等。(《固原南郊隋唐墓地》，文物出版社，1996 年)

1983 年

1 月　26 日，文化部聘请有关专家组成的咨询性机构——国家文物委员会成立。夏鼐为主任委员，委员有尹达、王仲殊、王振铎、冯先铭、安志敏、苏秉琦、张政烺、吴良镛、启功、单士元、贾兰坡、郑孝燮、宿白、常书鸿、顾铁符 15 人。文物委员会的任务是："协助文化部加强对文物保护工作的指导、计划和检查，并提供咨询意见。"（据《夏鼐日记》卷九第 211 页；《文物博物馆事业纪事》第 430 页误为 27 日）

1 月 陕西考古所与西安半坡博物馆合办的《史前研究》杂志创刊（1988 年停刊）。

2 月 4 日，文化部颁发关于《中华人民共和国考古发掘申请书》和《中华人民共和国考古发掘证照》的通知。（《文物博物馆事业纪事》第 431 页）

3 月 夏鼐应日本广播协会（NHK）的邀请，赴日本通过电视作了三次公开讲演。其中《中国文明的起源》为题的讲演，明确提出从考古学上进行这一重要课题的探索，认为"这种探索的主要对象是新石器时代末期或铜石并用时代的各种文明要素的起源和发展"。（夏鼐在日本所作三次公开讲演的讲演稿，见所著《中国文明的起源》，文物出版社，1985 年；又见《夏鼐文集》第一、二册）

3 月 6 日，古文字学家容庚在广州逝世，终年 89 岁。

容庚，字希白，号颂斋，广东东莞人。生于清光绪二十年（1894 年）农历八月。早年得到罗振玉、王国维的赏识。后进入北京大学研究所国学门师从马衡，1926 年毕业。曾在北京大学和燕京大学任襄教授、教授，兼任北平古物陈列所鉴定委员，主编《燕京学报》，发起成立考古学社。1952 年起在广州中山大学任教。毕生致力于商周铜器及铭文的研究，所著《商周彝器通考》（1941 年）是第一部商周铜器的通论性著作，《金文编》（1925 年初版，1939、1959、1985 年修订再版）则是权威性的金文字典，在学术界有较大的影响。（《20 世纪中国知名科学家学术成就概览·考古学卷》第一分册"容庚"条）

春季 河南文物研究所张居中等着手发掘**舞阳县贾湖镇新石**

器时代遗址，截至 1987 年先后发掘 6 次，累计揭露 2400 多平方米。发现裴李岗文化的房址 30 多座、灰坑 300 多个、陶窑 10 余座、墓葬 300 多座，以及大量的各类遗物。其中，多间（2、3、4间）半地穴式房基，在其他裴李岗遗址中颇为少见；墓葬出土的 10 多支 7 孔青铜笛，是中国古代音乐史的重要新资料。（《舞阳贾湖》，科学出版社，1999 年）

春季 社科院考古所段鹏琦等在河南**偃师县一带**进行考古勘查，发现一座年代早于二里冈期的**商代早期城址**，规模宏大，保存较好，推测可能是汤都西亳。秋季，交由赵芝荃等进一步勘查，肯定钻探发现的城墙范围，七座城门和若干条大道，以及三处大型建筑基址，此后持续进行长时间的发掘。（《偃师商城的初步勘探和发掘》，《考古》1984 年第 6 期；《1983 年秋季河南偃师商城发掘简报》，《考古》1984 年第 10 期）

春季 社科院考古所卢连成等在陕西**长安张家坡西周遗址**的发掘中，首次发现出土高领袋足鬲和商代铜戈的墓葬，从而认定该遗址存在**先周时期**的文化遗存。（《长安沣西早周墓葬发掘记略》，《考古》1984 年第 9 期）

3 月 湖南博物馆周世荣等与长沙市文物队人员合作，在**望城县**石渚湖附近，发掘唐宋时期的**长沙窑遗址**。上半年工作至 4 月，11—12 月继续发掘，合计揭露 760 平方米。清理出较少完整的窑炉全貌，解剖几座，发现长沙窑烧制的青瓷、彩瓷，产品种类往往因地而异，并判明该窑口兴起于 8 世纪后期，盛行于 9 世纪中期，10 世纪初衰落。后连同 1978 年长沙市文物队的发掘资料，编写考古报告。（《长沙窑》，紫禁城出版社，1996 年）

4 月 河南信阳地区文管会欧潭生等在**光山县宝相寺**，发掘**春秋早期黄君孟夫妇合葬墓**。墓内并列两具木构椁室，分别随葬铭文为"黄君孟自作"和"黄子作黄甫（夫）人"之"行器"的多件青铜礼器，以及大量玉器。黄是嬴姓小国，公元前 648 年灭于楚，故城在邻近光山的潢川县境。这座年代明确的黄国国君墓，有其可贵价值，尤其是铜器铭文表明其为子爵，补文献记载之不足。（《春秋早期黄君孟夫妇墓发掘报告》，《考古》1984 年第 4 期）

　　5 月　9—17 日，中国考古学会第四次年会在郑州举行，中心议题是"商文化的研究与夏文化的探索"和"中国各地的青铜文化"。与会代表 117 人。收到论文 105 篇。选举产生 64 人组成的第二届理事会。夏鼐连任理事长，尹达、苏秉琦、贾兰坡当选副理事长，王仲殊连任秘书长。当选常务理事的还有王振铎、安志敏、张政烺、顾铁符、宿白、谢辰生等 6 人。（《中国考古学会第四次年会》，《考古》1983 年第 8 期）

　　5 月　辽宁博物馆许玉林等在**东沟县**马家店镇附近，发掘**后洼遗址**。截至 1984 年秋，共揭露 1700 多平方米，发现方形和圆形房址 43 座，出土大量遗物。遗存被分为下层和上层两种类型，经测定年代分别为距今 6000 和 5000 年前，经济生活都是兼营农业和渔猎，为研究辽东地区的新石器文化增加了新资料。所出滑石雕刻和陶塑的人头、猪头、鸟头等形状的饰件，是难得的原始艺术制品。（《辽宁东沟县后洼遗址发掘概要》，《文物》1989 年第 12 期）

　　5 月　内蒙古文物队李逸友等在**巴林右旗**北部**罕山**南麓的黄花沟内，发掘一处**辽代祭祀遗址**，6 月结束工作。揭露面积 650 平方米，清理 4 座石块垒砌的建筑基址。其中 4 号基址最大，面积约 450 平方米，由主体建筑、东厢房和院墙组成。据考证，辽代有"望拜黑山"的"国俗"，这里即黑山所在地。4 号基址以东长宽 50 米的大型台基，应为当时望祭的殿址。（《内蒙古巴林右旗罕山辽代祭祀遗址发掘报告》，《考古》1988 年第 11 期）

5 月　辽宁省博物馆冯永谦等在**北票县莲花山**，发掘辽代名臣**耶律仁先**（《辽史》有传）**家族墓地**。发掘的 3 座墓都出土墓志，其中两合详述耶律仁先及子庆嗣的事迹。尤为可贵的是，耶律仁先志盖内有 5000 余字的契丹小字志文。这是目前所知字数最多的契丹文墓志，对契丹小字的释读有重要价值。（据《辽宁近十年来文物考古新发现》，见《文物考古工作十年（1979—1989）》第 66 页）

6 月　台北史语所考古组高去寻主持，着手进行**澎湖群岛**古代人类移殖史的考古学研究。（据《历史语言研究所七十年大事记》第 46 页）

6—11 月　青海省文物考古队许新国、格桑本等继续发掘 1982 年在**都兰县热水镇**发现并发掘过的一处**吐蕃墓地**，先后发掘墓葬及陪葬坑 20 余座。其中一座大墓，封土堆长宽 60×40 平方米、高 11 米，系用三层石砌围墙填以土石夯筑而成；封土顶的动物陪葬坑埋牛、羊、马、鹿、狗 70 余具。墓室平面呈十字形，由墓道、中室、后室和左右室组成，除中室系木构外，其余均为石砌，均有门，由回廊连接。由于曾遭盗掘，墓内遗物杂乱，出土绚丽多彩的丝织衣物，除唐代流行的连珠对马和连珠对鸟纹锦外，又有菩萨出行、骑驼射猎等图像。根据出土有古藏文木牍推断，应为唐代中晚期的吐蕃墓葬。这填补了吐蕃考古的空白，具有重要意义。（《中国考古学年鉴（1984）》第 171—172 页）

7 月　1 日，考古学家尹达在北京逝世，终年 77 岁。

尹达，原名刘燿，字照林，河南省滑县人。生于 1906 年 10 月。1931 年就读河南大学历史系期间，以实习生身份开始参加中研院史语所考古组的殷墟发掘。1932 年河南大学毕业后，正式进入史语所为研究生，后任助理研究员。1938 年赴延安后化名"尹达"，曾在陕北公学、马列学院研究部等处工作，著有《中国原始

社会》一书。中华人民共和国成立后，历任中国人民大学研究部
副部长、北京大学副教务长、中国科学院历史研究所副所长，兼
任考古研究所副所长、所长，又任中国科学院哲学社会科学部学
部委员、中国考古学会副理事长、中国史学会常务理事等职。早
年参加安阳小屯、后冈遗址和侯家庄西北冈殷代王陵、浚县辛村
西周卫国墓地、日照两城镇遗址等项重要发掘。主要成就是最早
撰文论证瑞典学者安特生在中国新石器时代分期问题上的错误，
摸索用马克思主义观点进行中国原始社会考古资料的分析研究。
论文编集为《中国新石器时代》（1955年初版；1979年增订再版，书
名改为《新石器时代》）。（《中国大百科全书》第一版《考古学》卷"尹达"
条；参看《20世纪中国知名科学家学术成就概览·考古学卷》第一分册"尹
达"条）

7月　北京大学原历史系考古专业独立为考古学系，宿白
任系主任，严文明、吕遵谔任副主任。（《北京大学考古学系五十年
（1952—2002）》第59页）

7月　浙江文物考古所朱伯谦、王海明等在**杭州市**内南星桥
凤山道口附近，发掘**五代钱氏捍海塘遗址**。工作进行至8月，揭
露面积450平方米。判明捍海塘系用石头、竹木和细沙筑成，属
"竹笼石塘"结构，有扎实稳固的基础，有立于水际的巨大"滉
柱"和建筑讲究的塘面保护层，在筑塘方法上达到较高的水平。
（《五代钱氏捍海塘发掘简报》，《文物》1985年第4期）

7月　青海文物考古队高东陆等在**湟源县大华中庄**，发掘一
处**卡约文化墓地**。工作进行至10月底，发掘118座墓和2座祭
祀坑。这些墓均为土坑竖穴，平面多作长方形，少数为椭圆形和
三角形，绝大多数为二次葬，随葬器物以铜、石、骨、蚌等质料
的装饰品为大宗，又常有马、牛、羊等家畜骨骼，陶器主要是为

数不多的罐。发掘者根据该墓地在葬俗上与过去所知卡约文化上孙家、阿哈特拉两类型存在差别，文化分布也有不同，将其称作"大华中庄类型"。(《青海湟源县大华中庄卡约文化墓地发掘简报》,《考古与文物》1985 年第 5 期)

　　8 月　18 日，中国社会科学院考古研究所、中国考古学会和联合国教科文组织联合举办的亚洲地区 (中国) 考古讨论会在北京举行，来自 10 个亚洲国家的 12 位代表、来自 5 个国家和联合国教科文组织的 6 位观察员参加会议。参加会议的中国考古学者有夏鼐、王仲殊、宿白 3 人，夏鼐被推选为讨论会主席。除在北京开会并参观外，又集体于 21 日赴西安参观，26 日在西安结束会议。(《亚洲地区 (中国) 考古讨论会在我国举行》,《考古》1983 年第 12 期)

　　8 月　下旬，北京大学考古学系邀请美籍华裔考古学家张光直授课。三周时间讲演九次，内容包括六个专题：中国古代史在世界史上的重要性、从世界古代史常用模式看中国古代文明的形成、泛论考古学、考古分类、谈聚落形态考古、三代社会的几点特征。后又在山东大学历史系作同样内容讲演二周。(张光直:《考古学专题六讲》, 文物出版社，1986 年)

　　8 月　内蒙古博物馆汪宇平与北京大学考古学系吕遵谔合作，发掘**呼和浩特大窑村**南山四道沟东区的旧石器时代石器制造场。本年工作进行至 10 月，发掘 500 多平方米，出土石制品 2000 余件。(《呼和浩特市大窑村南山四道沟东区旧石器时代石器制造场 1983 年发掘报告》,《史前研究》1987 年第 2 期)

　　8 月　广州市文管会、社科院考古所、广东省博物馆合作，在广州象岗山发掘**西汉南越王墓**。发掘队由麦英豪任队长，黄展岳、杨式挺任副队长。8 月 25 日开始工作，10 月 6 日结束。墓室凿砌于山岗之中，共有 7 室，平面呈"干"字形，建筑面积 100 平方米。墓主身穿"丝缕玉衣"，随葬编钟、编磬、青铜器皿、车马帷帐、弓矢铠甲，以及精美玉饰。根据出土"文帝行玺"等金、玉印和器物铭刻推断，墓主为**第二代南越王赵眜**（史书作"赵胡"）。（《西汉南越王墓》，文物出版社，1991 年）

8 月 宁夏博物馆和固原县文物工作站钟侃、韩兆民、韩孔乐等，在固原南郊深沟村发掘**北周李贤夫妇合葬墓**。工作进行至 12 月。该墓墓道、过洞、天井、甬道和墓室均有彩绘壁画，现存 23 幅（原有 49 幅），内容为门楼、武士和侍从伎乐。随葬器物除 200 多件陶俑外，最突出的是波斯萨珊朝鎏金银壶、玻璃碗、金戒指等中亚产品。李贤属陇西望族，兄弟子侄多为西魏、北周统治集团中的要人，其人卒于北周天和四年（569 年），《周书》和《北史》有传，长篇墓志有其史料价值。（《宁夏固原北周李贤夫妇墓发掘简报》，《文物》1985 年第 11 期）

9 月 黑龙江文物考古队张泰湘等在**萝北县团结砖厂**发掘 10 座墓葬。所出敞口罐等陶器，与绥滨同仁遗址下层所出基本一致，被认为是**黑水靺鞨遗存**的最南一处。随葬品又有铠甲、矛、刀、马衔等铁器。（《黑龙江萝北县团结墓葬发掘》，《考古》1989 年第 8 期）

9 月 内蒙古文物队李逸友等前往阿拉善盟**额济纳旗**，进行**西夏至元代黑城遗址的发掘**。本年工作至 10 月，1984 年 8—11 月继续发掘，共计揭露 11000 平方米。主要收获是判明西夏黑水城和元代亦集乃路城的地层关系，西夏城长宽近 240 米，元代向西、南两面扩建；又弄清楚元代城址的布局，发掘了总管府、官署、寺院、坊铺、民居等遗址 280 余间，出土大批建筑材料，以及元代和北元的文书。后出版出土汉文文书。（《内蒙古黑城考古发掘纪要》，《文物》1987 年第 7 期；《黑城出土文书·汉文文书卷》，科学出版

社，1991 年）

9 月　南京博物院人员在**南京**太平门外，发掘**明初功臣靖海侯吴祯墓**。出土铁甲、玉带及铜、锡、瓷质器物。墓志虽剥蚀较甚，仍可与《明史》本传对照。(《南京明代吴祯墓发掘简报》，《文物》1986 年第 9 期)

秋季　陕西考古所魏京武等在**南郑县**汉水岸边，发掘**龙岗寺遗址**。截至 1984 年底，共计揭露 2000 平方米。遗存被分为三期，早期为李家村文化，中期为仰韶文化半坡类型，晚期为陕西龙山文化。发现的遗迹主要见于中期，有成人墓 433 座、瓮棺葬 15 个、窖穴 120 多个 (早期有成人墓 5 座、窖穴 10 多个，晚期则无)。为研究汉江上游新石器时代的文化序列，及其与黄河、长江流域的关系，提供重要资料。(《龙岗寺——新石器时代遗址发掘报告》，文物出版社，1990 年)

9—12 月　社科院考古所卢连成等在**长安客省庄**西南，对七十年代末和八十年代初当地先后发现的 14 座**西周夯土基址**作进一步考察，选择其中面积最大的 4 号基址 (1800 多平方米) 进行发掘。翌年 4—6 月继续发掘。断定该基址"有可能建于西周早期的后段或西周早中期之交，而毁弃于西周晚期的前段"。本年陕西省考古所郑洪春等在沣河东岸**普渡村**附近发现若干**西周夯土基址**，1984—1986 年发掘的一座面积亦达 1000 多平方米。从而为判明西周丰镐二京的确切位置提供重要线索。(《陕西长安沣西客省庄西周夯土基址发掘报告》，《考古》1987 年第 8 期；《镐京西周宫室》，西北大学出版社，1995 年)

秋季　社科院考古所徐光冀等与河北省文物所人员合作，在**河北临漳县**境勘查中国都城发展史上具有转折意义的**曹魏至北齐时期邺北城遗址**。截至 1984 年，探明邺北城东、南、北三面城墙的一部分，判明西城墙的大体位置，并找到两座城门遗址。又探明横贯全城的东西大道和三条南北大道，宫殿区内的十几座台基，以及铜爵台、金虎台基址。（《河北临漳邺北城遗址勘探发掘简报》，《考古》1990 年第 7 期）

10 月　湖北省博物馆陈振裕、杨权喜等在**宜都县**北的长江西岸，发掘**城背溪遗址**。1984 年 4—5 月继续发掘，共计揭露 272.5 平方米。遗址南区发现年代较早的新石器时代遗存，所出陶器以饰乱而浅绳纹的夹砂红褐陶为主，器形则以圜底器和圈足器为多，被命名为"城背溪文化"。发掘者认为，该遗存包含大溪文化的不少原始特征，推测其间可能有渊源关系。后据 ^{14}C 测定并经校正，其年代暂定为公元前 6500 年至前 5500 年，下限或可延至公元前 5000 年左右。这便将长江中游的新石器时代文化提早了 1000 多年。后将以此为代表的附近地区城背溪文化遗址，以及石板巷子等石家河文化遗址，共计 12 处遗址的发掘收获，编撰为考古报告。（《宜都城背溪》，文物出版社，2001 年）

10 月　辽宁博物馆孙守道、郭大顺等在**凌源县牛河梁**一带，进行红山文化遗址的调查发掘，发现一处"女神庙"和几处积石冢墓地。截至 1985 年，在女神庙发掘发现木骨泥墙、彩绘墙面、泥塑女像和动物像"猪龙"等的残块，又了解到积石冢的结构为以石垒墙、砌棺和封顶，周围排列数以百计的筒形陶器。这一前所未有的发现，对于中国原始社会史的研究有重要意义。（《辽宁牛河梁红山文化"女神庙"与积石冢群发掘简报》，《文物》1986 年第 8 期；《牛河梁——红山文化遗址发掘报告（1983—2003 年度）》，文物出版社，2012 年）

10 月　社科院考古所孙秉根、陈戈等在新疆**和静县察吾乎沟口墓地**进行发掘。本年 10—12 月和 1984 年 7—10 月，先后发掘

3 片墓地的 140 座墓（其中 1 号墓地最多，有 102 座），周围还有许多儿童墓和牛头、马头坑，出土陶器、石器、铜器、铁器和毛织品等 1000 余件。因其墓葬形制、葬俗，以带流陶罐为主的器物群和彩陶纹饰，均具显著特点，被命名为"察吾乎沟口文化"。经测定，年代为公元 10 年—前 5 世纪。1986 年起，新疆考古所王明哲等在该墓地继续发掘（编为第 4 号墓地），截至 1989 年共发掘墓葬 448 座。（《新疆察吾乎——大型氏族墓地发掘报告》，东方出版社，1999 年）

11 月　吉林省文物考古研究所在原吉林省文物工作队的基础上成立。（《中国考古学年鉴（1984）》第 197 页）

冬季　陕西考古所韩伟、焦南峰等在**凤翔县马家庄** 1981 年发现的春秋时期秦国 1 号建筑基址以西 500 米处，勘探发现 **3 号建筑基址**。工作进行至 1984 年秋季。该基址北端宽 86 米，南端宽 59.5 米，长 326.5 米，面积近 22000 平方米。平面布局规整，四周有围墙，可分成五座门庭。发掘者推测，这可能是**秦国的寝宫遗址**。（《秦都雍城勘查试掘简报》，《考古与文物》1985 年第 2 期）

12 月　湖北荆州地区博物馆人员在**江陵县张家山**，清理发掘西汉初年的**三座小型木椁墓**（M247、249、258）。工作进行至 1984 年 1 月。主要收获是共发掘 1000 余支竹简（大部分出自 247 号墓），内容以汉律为主，另有《奏谳书》《盖庐》《脉书》《引书》《算数书》《日书》及历谱、遣册等，具有较高的文献价值。（《江陵张家山三座汉墓出土大批竹简》，《文物》1985 年第 1 期；《张家山汉墓竹简》，文物出版社，2001 年）

本年　为推进我国哲学社会科学研究的发展，国家建立了社会科学基金制度。从本年起，全国哲学社会科学规划领导小组每年召开会议，进行社科基金资助项目的评审工作。考古学科规划小组，"六五"期间由夏鼐、王仲殊任正副组长，"七五"期间由宿白、张长寿任正副组长，"八五"至"十一五"期间由徐苹芳负责，随后由王巍负责。

本年　社科院考古所杨虎等在内蒙古**敖汉旗**，发掘**兴隆洼遗址**。截至 1986 年，四年共计发掘 13000 平方米。因其主要遗址具有鲜明的特征，地层上早于红山文化，被命名为"兴隆洼文化"。后经测定并经树轮校正，断定其年代应在公元前 6000 年至前 5300 年之间。遗址为一处保存较好的环壕聚落，壕内排列上百座圆角方形的半地穴房址。这是剖析内蒙古东部地区当时社会生活的典型资料。（《内蒙古敖汉旗兴隆洼遗址发掘简报》，《考古》1985 年第 10 期）

本年　社科院考古所高天麟、李健民、高炜等在山西**襄汾县陶寺遗址**进行Ⅲ区居住址的发掘，本年和 1984 年共揭露 1570 平方米。主要收获是从地层上判明陶寺类型龙山文化可分为早中晚三期，而早期又晚于庙底沟二期文化；陶寺类型早期灰坑中发现刻划几何形图案的白灰墙皮，当为前所未见的较高级的房屋残迹，与墓地中的显赫大墓正好相应。（《陶寺遗址 1983—1984 年Ⅲ区居住址发掘的主要收获》，《考古》1986 年第 9 期；又见《襄汾陶寺：1978—1985 年考古发掘报告》）

本年　陕西考古所吕智荣等在**清涧县**东无定河边的**李家崖村**附近，勘查发掘一处古代城址。该城东西两面有墙，南北两面利用河道防御。城墙用石块和黄土层层砌筑，城内发现房址、窖穴等遗迹。发掘者根据出土陶器的对比，推断该城的年代为殷墟二期至西周中期。这是陕北地区首次进行的较大规模田野考古工作，对于研究商周时期当地文化发展的意义自不待言。（张映文、吕智荣：《陕西清涧县李家崖古城址发掘简报》，《考古与文物》1988 年第 1 期）

本年 原安徽省文物工作队改称安徽省文物考古研究所。(《中国考古学年鉴（1984）》第 204 页）

本年 安徽省文物考古所丁邦钧等在**寿县**城关东南，对营建于战国晚期的**楚寿春城遗址**进行考察。通过调查、钻探、试掘和遥感分析，获知城址总面积约 26 平方公里，发现外郭城西、南两面城垣及城门、城壕，城内纵横交错的水道，包含 29 座台基的宫殿区。1984 年末发掘的柏家台大型夯土基址，面积达 3000 平方米。（丁邦钧：《楚都寿春城考古调查综述》，《东南文化》1987 年第 1 期；《寿春城考古的主要收获》，《东南文化》1992 年第 2 期）

本年 社科院考古所马得志等在西安市区发掘**唐长安大明宫遗址**。上半年继续发掘**麟德殿遗址**，对其整体布局和形制得到更加全面的了解，下半年在**翰林院遗址南部**发掘，发现两座厅堂基址和三座附属建筑基址，工作进行至 1984 年。（《中国社会科学院考古研究所概览（1950—2000）》第 47 页）

本年 北京市文物研究所在原北京市文物工作队的基础上成立（后改称研究院）。（《文物博物馆事业纪事》第 480 页）

1984 年

1 月 四川省文管会赵殿增等在广汉县城东南角，配合基建发掘**东汉时期的城墙遗迹**，清理出长 55.6 米的夯土残墙，外侧包石砌"雒城"等字样城墙。后又在县城西门清理出长 18.3 米的一段残墙，内侧包砌城砖。据考证，该城应是东汉广汉郡治的"雒"，其位置和走向与唐以后的汉州城大体重合。这是现存极少的汉代砖城之一。（沈仲常、陈显丹：《四川广汉发现的东汉雒城遗迹》，《中国考古学会第五次年会论文集（1985）》，文物出版社，1988 年）

3 月 5—14 日，文化部文物局在四川成都召开 1983 年考古发掘工作汇报会，文物局文物处处长黄景略主持会议，各地考古单位代表 70 余人参加。会议听取 1983 年全国 300 多项考古发掘项目的工作汇报，讨论"省级文物考古工作机构条例"和"田野考古工作规程"等法规的草案。夏鼐、苏秉琦应邀参加会议，并曾作过报告。（《文物博物馆事业纪事》第 458 页；参看《夏鼐日记》卷九第 329—334 页）

3 月　社科院考古所赵芝荃等在**偃师商城**南部的正方形"宫城"遗址内，发掘一座以正殿为中心的封闭式宫殿基址（**4 号宫殿**），工作进行至 5 月中旬。地层关系表明，该宫殿的使用年代早于二里冈上层。同时，又发掘东城墙的一座城门基址和大型石砌排水沟。（《1984 年春偃师尸乡沟商城宫殿遗址发掘简报》，《考古》1985 年第 4 期）

4 月　西北大学考古专业王世和、张宏彦等在**扶风县**东发掘**案板遗址**。本年工作至 7 月。1985—1987 年春夏季继续发掘。1991 年秋冬和 1993 年春夏，又由王建新、张宏彦等进行发掘。6 次合计发掘面积 2732 平方米，清理灰坑 167 个、房址 7 座、墓葬 28 座、陶窑 1 座。据分析，遗址第一、二期均属仰韶文化，分别与庙底沟类型和半坡遗址晚期接近，第三期则属龙山文化早期，具有与第二期遗存和客省庄二期文化上下传承的性质，对于进一步完善关中西部地区的新石器文化发展序列有重要意义。（《扶风案板遗址发掘报告》，科学出版社，2000 年）

4 月　辽宁省博物馆人员在**绥中县**"姜女坟"附近海岸，调查发掘以石碑地为中心的**秦汉时期大型建筑址群**。本年在石碑地、黑山头、止锚湾三地揭露 2000 平方米，1985—1986 年扩大发掘。先后参与的有孙守道、郭大顺、陈大为等。其中石碑地的发掘面积最大，揭露两座规模较大的宫殿基址，发现夔纹大瓦当、空心砖踏步、陶井圈，以及陶管组成的排水设施等。(《辽宁绥中县"姜女坟"秦汉建筑遗址发掘简报》,《文物》1986 年第 8 期)

5 月　10 日,文化部发布《田野考古工作规程(试行)》。(《文物博物馆事业纪事》第 462 页)

5 月　夏鼐任编辑委员会主任、社科院考古所集体编写的《新中国的考古发现和研究》一书,由文物出版社出版。该书对中华人民共和国成立三十年来的考古发现与研究成果作了力求全面的综述。全书分为 6 章,共计 130 万字。其中,旧石器时代包括初期、中期和晚期文化。新石器时代,除分别论述黄河流域、长江流域、东南沿海、西南和北方五个地区的新石器文化外,又有"中国石器时代人种成分的研究"和"中国新石器时代的家畜"二节。历史时期,包括商周时代、秦汉时代、魏晋南北朝时代、隋唐至明代四章,除单列"关于夏代文化的探索"外,又在重点论述历代都城遗址勘查发掘、大量不同等级墓葬的多彩发现的同时,对于某些特殊的遗迹遗物,例如殷墟甲骨文、西周青铜器窖藏、东周金属铸币、汉代简牍、唐代金银器,以及铸铜、冶铁、瓷窑等手工业遗址,古代石窟寺等,各方面的发现与研究,都有专节论述。充分体现了中国考古学初步建立学科体系的状况。随后,英国牛津大学出版社和日本平凡社分别出版英文译本和日文译本。

5 月　北京文物队郁金城、王武钰等在**平谷县**进行文物普查时,发现**北埝头、上宅**二遗址。当时对北埝头遗址进行发掘,揭露 10 座半地穴式房址。1985—1987 年又由赵福生等对上宅遗址进行发掘,揭露面积 2500 平方米。二遗址的文化内涵相近。后经测定并经树轮校正,判定其年代约当公元前 5300 年至前 4700 年,早于仰韶、红山文化,而晚于磁山、裴李岗文化,是北京地区年代最早的新石器时代遗存。(《北京平谷北埝头新石器时代遗址调查与发掘》《北京平谷上宅新石器时代遗址发掘简报》，均见《文物》1989年第 8 期）

　　5 月　山东省文物考古研究所张学海等与潍坊市博物馆杜在忠等合作，试掘**寿光县边线王村**北的龙山文化城址。本年秋季及1985—1986 年扩大发掘。城址仅存内外两圈的基槽部分，城内文化堆积基本不存。内圈年代稍早，为边长约 100 米的圆角方形，位于外圈的中南部，东、西两面各存一门。外圈年代较晚，也是圆角方形，面积约 57000 平方米，东、西、北三面中部各有一门。这是山东地区发掘的第一座龙山文化城址，也是当时已发现龙山文化城址中最大的一座。(据《前进中的十年：1978—1988 年山东省文物考古工作概述》，见《文物考古工作十年（1979—1989）》第 166 页；杜在忠：《边线王龙山文化城堡的发现及其意义》，《中国文物报》1988 年 7月 15 日）

　　5 月　四川文管会赵殿增、陈显双等在**炉霍县充古村**，发掘275 座**石棺墓**，出土上千件细石器、独具特色的铜戈和装饰品，以及毛织物。这是该地区历年发掘石棺墓最多的一次，年代比过去推断的战国秦汉时期要早，上溯至西周春秋时期。工作进行至8 月结束。(陈显双：《炉霍县发现"石棺葬"墓群》，《四川文物》1984 年第 4 期）

　　5 月　南京博物院、镇江市博物馆、中山大学考古专业等单位合作，由张敏主持，在**丹徒县**大港镇西南的**北山顶**，发掘一座**春秋时期土墩墓**。参与其事的有纪仲庆、萧梦龙、商志䃤等。该墓出土遗物 400 余件，绝大多数为青铜器，主要有编钟、编镈、镦子、鼎、罐及车马器、兵器等，其中部分铜器有铭文。发掘者认为，这些有铭铜器为徐器，墓主应是居留吴地的徐王后裔。也

有学者主张应属出逃吴地的舒国贵族。(《江苏丹徒北山顶春秋墓发掘报告》,《东南文化》1988 年第 3、4 期合刊)

6 月　《苏秉琦考古学论述选集》一书,由文物出版社出版。

6 月　社科院考古所杨锡璋、杨宝成等在**安阳殷墟西区孝民屯南**,发掘一座未经盗扰的**殷墟晚期 1713 号贵族墓**,出土可判定为帝辛时期的纪年铭铜鼎和其他铜器,并有较多的陶器同出。这在殷墟的考古发掘中甚为罕见。(《安阳殷墟西区一七一三号墓的发掘》,《考古》1986 年第 8 期)

6 月　安徽文物考古所杨鸿霞、丁邦钧等在**马鞍山市**区南部的雨山附近,发掘三国时期东吴**朱然墓**。墓主生前官至右军师、左大司马,关羽即系被其俘获后杀害。出土一批制作较精的漆木器和青瓷器。这是现已发掘的东吴墓中墓主身份最高的一座。(《安徽马鞍山东吴朱然墓清理简报》,《文物》1986 年第 3 期)

7 月　黑龙江文物考古队杨志军等在**泰来县平洋镇**,发掘**青铜时代和早期铁器时代墓葬** 97 座,工作进行至 9 月。多数为单人葬,少数为二人或三人合葬(合葬中有的为二次葬),随葬青铜工具、武器、装饰品及陶器等,又盛行殉牲,属游牧民族的草原文化。(《平洋墓葬》,文物出版社,1990 年)

7 月　17 日,古文字学家于省吾在长春逝世,终年 88 岁。

于省吾,字思泊,辽宁海城人,生于清光绪二十二年十一月十九日(1896 年 12 月 23 日)。1919 年毕业于沈阳高等师范。1928 年任萃升书院院监。后移居北平,潜心研究古文字学和古器物学,先后在辅仁大学、北京大学、燕京大学任教。1955 年起任东北人民大学(后改吉林大学)历史系教授。曾被推选为中国古文字研究会理事、中国考古学会名誉理事。毕生致力于中国古文字和古代典籍的研究。主张研究古文字应注意形、音、义的相互关系,对中国文字的起源提出突破传统"六书"说的创见，对甲骨文和商周金文的考释有许多精辟的论述。在古代典籍的校订方面，注意利用古文字和古器物的研究成果，开辟新的研究途径。主要论著有：《双剑誃吉金图录》《双剑誃吉金文选》《双剑誃尚书新证》《商周金文录遗》《甲骨文字释林》等。（据《中国大百科全书》第一版《考古学》卷"于省吾"条；《20世纪中国知名科学家学术成就概览·考古学卷》第一分册"于省吾"条）

8月　《贾兰坡旧石器时代考古论文选》一书，由文物出版社出版。

8月　甘肃省文物队郎树德等在**秦安大地湾遗址**的发掘中，经过两个季度的工作，将一座规模宏大的仰韶文化晚期房址（F901）揭露出来。该房址由主室、后室、东西侧室和房前附属建筑组成，布局井然有序，占地总面积420平方米。这是目前发现的新石器时代房址中规模最大、保存最好的一座。大地湾的发掘暂告结束。（《甘肃秦安大地湾901号房址发掘简报》，《文物》1986年第2期）

8月　社科院考古所集体编纂的《殷周金文集成》由中华书局开始出版，王世民为项目负责人。全书18巨册，收录殷周青铜器铭文将近12000器，1994年12月出齐。2007年又出版修订增补本8册。

9月　国家文物局在山东兖州举办田野考古领队培训班。截至1991年共举办6期，培训学员140余人。后又于1993年在宜昌中堡岛和郑州西山二遗址举办一期，培训学员42人。（据《文物博物馆事业纪事》第470页）

9月　北京大学考古系吕遵谔率领考古实习队发掘**营口市金牛山洞穴遗址**。发现属于同一个体的早期智人阶段人类化石，其中包括较完整的头骨化石，共计50余件，数量之多颇为难得。

同时又发现当时的文化遗存，有烧骨、炭骨、烧土等用火痕迹。
（吕遵谔：《金牛山猿人的发现和意义》，《北京大学学报·哲学社会科学版》
1985 年第 2 期）

　　9 月　社科院考古所杨锡璋、杨宝成等在**安阳市武官村北**，
清理曾盗掘出土司母戊鼎的 260 号单墓道残墓，以及大墓两侧的
几座祭祀坑。墓内发现人牲和人殉个体约 38 具，又有不少家畜骨
架，随葬的青铜礼器已被盗掘一空，仅存少数兵器、骨角器、玉
饰及陶器残片。（《殷墟 259、260 号墓发掘报告》，《考古学报》1987 年第
1 期）

　　9 月　为庆祝中华人民共和国成立三十五周年，中国社会科
学院考古研究所应约撰写《中国考古学的黄金时代》一文，原载
《光辉的成就——庆祝中华人民共和国成立三十五周年文集》一书
（第 574—586 页，人民出版社，1984 年），中央人民广播电台曾播出全
文，《考古》1984 年第 10 期转载（第 865—871 页）。

　　9 月　河北省文物考古学会成立。（《文物博物馆事业纪事》第
471 页）

　　秋季　社科院考古所张长寿、卢连成等在**长安张家坡**的发掘
中，首次发现双墓道的**西周中期高级贵族大墓**。大墓被盗掘一空，
与之并列的异穴合葬墓出有井叔编钟（全套九件中音序连续的两件及
一件残钟甬）。后来在附近发掘的几座墓也出土井叔所作铜器，表
明当地为井叔家族墓地，大墓墓主应是作为周王重臣的某代井叔。
（《长安张家坡西周井叔墓发掘简报》，《考古》1986 年第 1 期；《张家坡西周
墓地》，中国大百科全书出版社，1999 年）

　　秋季　社科院考古所杜玉生等在汉魏洛阳城址的勘探中，发
现长 4000 余米的**北魏洛阳外郭城西墙**。1985 年又发现长 1000 余
米的东墙。连同 1960 年代发现的长 1000 余米的北墙，外郭城已

有三面，后经试掘确认其年代。至于南墙，虽经多次勘探，已无遗迹可寻。（《北魏洛阳外廓城和水道的勘查》，《考古》1993 年第 7 期）

10 月　河南文物所与巩县文管所合作，赵青云、孙新民等参与，对**巩县宋陵**中宋太宗永熙陵侧的**元德李皇后陵地宫**进行清理，工作进行至 1985 年 8 月，历时 10 个月。该地宫由墓道、甬道和墓室组成，墓室为砖砌的仿木构建筑，门扉有石刻画像，墓壁有砖雕和彩绘壁画。出土玉质谥册、哀册，以及瓷器和其他遗物。（《宋太宗元德李后陵发掘报告》，《华夏考古》1988 年第 3 期）

11 月　西藏文管会文物普查队在**拉萨曲贡村**附近，发现一处**新石器时代遗址**。经试掘，发现窖穴和灰坑，出土大量打制石器、陶片，少量磨制石器和骨器。后 1990—1992 年，社科院考古所与西藏文物局联合发掘，王仁湘等参与，取得重要的收获，填补了新石器文化在雅鲁藏布江中下游地区的空白。后经 ^{14}C 测定并进行树轮校正，确定曲贡遗存的年代下限为公元前 1500 年上下，上限不晚于公元前 1750 年。曾被列入 1991 年"十大考古新发现"。（《拉萨曲贡村遗址调查试掘简报》，《文物》1985 年第 9 期；《拉萨曲贡》，中国大百科全书出版社，1999 年）

11 月　社科院考古所马文宽、叶小燕等在**宁夏灵武县**东磁窑堡附近，发掘一处**西夏至元代瓷窑遗址**。截至 1986 年，先后发现西夏时期的窑炉 3 座、作坊 8 处，以及元代作坊等，出土瓷器、工具、窑具等 3000 余件，以及大量瓷片。这一发现，填补了中国陶瓷史上鲜为人知的西夏空白。（《宁夏灵武窑发掘报告》，中国大百科全书出版社，1995 年）

11 月　山东济宁地区文物组宫衍兴、胡新立等在 1978 年冬季济宁地区文物组所作勘查的基础上，重新对**滕州薛国故城**进行全面而深入的勘探和重点试掘，工作进行至 1986 年。判明故城包括大城和小城两部分。小城位于故城东南部，平面为不规则方形，周长2公里以上，四面城墙27处豁口均有可判定为城门者。大城营建于战国时期，汉代仍然使用，平面是不规则长方形，周长10公里许。城内的居住遗址、宫殿区、手工业遗址和墓葬区，也有所发现。(《薛国故城勘查和墓葬发掘报告》,《考古学报》1991年第4期)

12月　中国考古学会秘书处编辑的《中国考古学年鉴》开始出版。

12月　山西省考古学会成立。(《文物博物馆事业纪事》第479页)

12月　福建省博物馆与厦门大学考古专业合作，由杨琮负责，张其海、吴绵吉等参与，发掘**崇安汉城一号建筑遗址**。该遗址位于城址东墙外的北岗，为一座四面围墙封闭的建筑群，总面积1481平方米。围墙平面呈长方形，南墙长23.8米，中部有一门；西墙长66.7米，有三门；东、北两墙因破坏严重，已无迹可寻。围墙内，主体为南北三个自成一体的封闭式单体殿堂基址，包括有柱础的台基、天井和回廊。出土大量建筑材料及陶器，许多瓦件带有文字戳印。据判断，遗址的年代为西汉前期。(《崇安汉城北岗一号建筑遗址》,《考古学报》1990年第3期)

12月　江苏徐州市博物馆王恺等在**徐州狮子山**发掘**西汉早期兵马俑坑**。截至1985年10月，揭露已发现5座俑坑中的2座，共计出土小型兵马俑2300余件。形态与咸阳杨家湾所出相似。发掘者判断，应是汉初某代楚王陵墓的陪葬坑。后经反复勘查，终于1991年在狮子山南坡找到该兵马俑坑的主墓，并于1994年末进行发掘。(《徐州狮子山兵马俑坑第一次发掘简报》,《文物》1986年第12期)

本年　春秋两季，社科院考古所与北京文物队合作，由殷玮璋主持，在继续发掘琉璃河西周燕国墓地的同时，对墓地附近的**董家林城址**进行勘查发掘，参加工作的有王巍、黄秀纯等。经对城址西北角揭露650平方米，判明城墙由墙体和内外护坡构成，城外壕沟的修筑年代不晚于西周。(《中国社会科学院考古研究所概览（1950—2000）》第49页）

本年　春、秋两季，社科院考古所李德金、蒋忠义等与浙江省和杭州市的考古单位人员合作，对**南宋都城临安的皇城**进行勘查，判明东、北二墙的位置及其夯筑方法，揭露可能与德寿宫、六部有关的部分建筑遗迹。1985年继续勘查，其间又着手发掘**乌龟山的南宋官窑遗址**。截至1986年，共计揭露1400平方米，清理窑炉1座、大型作坊址1处，出土瓷片3万余件，工具和窑具数千件。经复原的23类70多种型式的瓷器，包括宫廷生活中日用、陈设、祭祀所用器皿，是中国陶瓷考古的重要成果。(《南宋官窑》，中国大百科全书出版社，1996年）

本年　陕西考古所杜葆仁、禚振西等对**铜川市黄堡镇的唐宋耀州窑遗址**，进行有计划的大规模发掘。截至1997年，先后揭露12900多平方米，发现唐代的三彩作坊遗址1处、三彩窑址3座、制瓷作坊遗址8处、瓷窑址5座；五代的制瓷作坊遗址4处、瓷窑址7座；宋代的制瓷作坊35处、瓷窑址22座、釉料石灰石煅烧窑2处。(陆续出版的考古报告有:《唐代黄堡窑址》，文物出版社，1992年;《五代黄堡窑址》，文物出版社，1997年;《宋代耀州窑址》，文物出版社，1998年）

1985 年

1月　山西省考古所陶正刚等在**灵石县旌介村**发掘两座**商代晚期墓葬**，所出青铜礼器多有"⊼"形族氏符号，墓主应是该族氏的方国首领。(《山西灵石旌介村商墓》,《文物》1986 年第 11 期;海金乐、韩炳华:《灵石旌介商墓》,科学出版社,2006 年)

2 月 四川省文物考古研究所在原四川省博物馆文物队的基础上成立(后称"研究院")。(《文物博物馆事业纪事》第 489 页)

2 月 江苏连云港市博物馆人员在**灌云县大伊山**北麓,发掘**新石器时代石板墓**。1986 年南京博物院人员继续发掘。合计共发掘 62 座。墓坑排列有序,随葬陶器有钵、双耳小口罐、腰檐鼎等。发掘者认为,文化面貌与青莲岗遗存相似,而与北辛类型遗存不同,并且提出"大伊山类型"的名称。(《江苏灌云大伊山新石器时代遗址第一次发掘报告》,《东南文化》1988 年第 2 期)

2 月 社科院考古所马得志等在**西安**市区西部白庙村附近,发掘**唐代西明寺遗址**。截至 11 月底,发掘面积 7500 平方米,揭露了主院的中心殿址和回廊,以及东南院和西南院的北部一角。出土 150 多躯鎏金铜造像,较多的石陶造像、碑刻残段、瓷器残片等。其中一件石茶碾残件刻有"西明寺"铭文。(《唐长安西明寺遗址发掘简报》,《考古》1990 年第 1 期;《青龙寺与西明寺》,文物出版社,2015 年)

3 月 1—6 日,中国考古学会第五次年会在北京大学举行。中心议题是"中国古代城市问题"。与会代表 123 人。收到论文 57 篇。开幕式上,廖井丹代表中共中央书记处书记兼中央宣传部部长邓力群讲话,中国社会科学院院长马洪也曾讲话。中国考古学会理事长夏鼐作了题为《考古工作者需要有献身精神》的讲话。(《中国考古学会举行第五次年会讨论中国古代都市问题》,《考古》1985 年第 6 期)

春季 中国历史博物馆佟伟华等与山西考古人员合作,对**垣曲县古城镇**南关的**商代城址**进行勘查和试掘。经本年和 1986 年的工作，初步摸清该城址的范围和布局情况，判明其年代为二里冈期。城垣平面略作方形，南北 400 米，东西 350 米，城内中部偏东为宫殿区，发现 6 处长方形和曲尺形的大型夯土基址；东南部为居民区，发现房址、窖穴、陶器、墓葬等遗迹。1987 年以来，对该城址进行大规模发掘，发掘面积已达 1 万平方米以上，揭露若干夯土基址。(《垣曲商城》，科学出版社，1996 年)

　　4 月　江苏镇江市博物馆刘建国等在**丹徒县谏壁镇王家山**发掘一座**春秋晚期墓葬**，所出鼎、盉、鉴、盘、匜、句鑃、錞于等铜器，以及兵器、工具、车马器和陶器，都有明显的特点，墓主应是吴国的贵族。(《江苏镇江谏壁王家山东周墓》，《文物》1987 年第 12 期)

　　4 月　社科院考古所徐光冀等与河北文物所人员合作，在**临漳县**境对地面已无遗迹可寻的**东魏、北齐邺南城遗址**进行勘查发掘。经本年内的钻探，初步了解该城的形制和布局情况，探明东、南、西三面城墙（北墙沿用邺北城的南墙）及护城河，确定三面城墙 11 座城门中 8 座的位置（西墙 4 门、南墙 3 门和东墙南端的仁寿门）及 6 条主干大道，又在城内中央偏北处发现宫城及 15 座建筑基址。1986 年 4—6 月，更发掘正南面的朱明门遗址，揭露面积 3927 平方米，获知其形制为三门道并出双阙，规模颇为宏伟。(《河北临漳县邺南城遗址勘探与发掘》，《考古》1997 年第 3 期；《河北临漳县邺南城朱明门遗址的发掘》，《考古》1996 年第 1 期)

　　5 月　陕西**临潼县**博物馆赵康民等发掘唐代**庆山寺上方舍利塔塔基**。精室有壁画和线刻石门，须弥座上的石雕宝帐内置放金、银棺具和盛有舍利的玻璃瓶，又出土金银器、铜器、瓷器、玻璃器等，合计 120 余件。(《临潼唐庆山寺舍利塔基精室清理记》，《文博》1985 年第 5 期)

5 月　河北省文物所刘世枢等在**曲阳县**北镇、涧磁、野北、燕川等村发掘**定窑遗址**，其中野北是过去不知的新窑场。本年发掘至 11 月，1986 年继续发掘。共揭露近 2359 平方米，发现窑炉、水井、碾槽、碾臼、灶坑等遗迹，出土遗物除大量的陶器、窑具外，仅瓷片即有 15000 余片。发掘再次证明，定窑瓷业早在唐代未成为名窑时即已相当发达，直至金代仍有创新和发展。涧磁村出土多件罕见的"尚药局"刻款残器和大量"尚食局"刻款瓷器，为定瓷中刻官款器物的研究增添了新资料。(《河北省新近十年的文物考古工作》，《文物考古工作十年（1979—1989）》第 33—34 页)

6 月　19 日，著名考古学家夏鼐在北京逝世，终年 76 岁。

夏鼐，字作铭，浙江温州人。生于 1910 年 2 月 7 日。1934年毕业于清华大学历史系，原治中国近代史。1935 年至 1939 年公费留学英国伦敦大学学院，攻读埃及考古学，后获博士学位。1940 年在埃及开罗博物馆工作。1941 年回国后，历任中央博物院筹备处专门委员，中央研究院历史语言研究所副研究员、研究员等职。1950 年中国科学院成立后，历任考古研究所副所长、所长（1977 年改属中国社会科学院）和名誉所长，中国社会科学院副院长，中国考古学会第一、二届理事长，国家文物委员会主任委员等职。兼任中国科学院哲学社会科学部学部委员、中国史学会常务理事。荣获英国学术院、美国全国科学院、瑞典皇家文学历史考古科学院等外国最高学术机构授予的通讯院士（外籍院士）荣誉称号。他学术渊博、视野广阔、治学谨严，主持国家考古研究机构三十余年，是新中国考古工作的主要指导者和奠基人。在具体的学术研究中，他对中国史前考古学和历史考古学的许多方面，都曾做过深入研究，取得突出的成就。其中，从地层学上判明马家窑文化与齐家文化的相对年代，倡导正确进行考古学文化命名，关注文化类型与分期的研究，从考古学上探讨中国文明的起源，进行中西交通史和中国科技史的考古学研究，开拓之功尤为明显。主编《新中国的考古发现和研究》《中国大百科全书·考古学》等书。著有《考古学论文集》《考古学和科技史》《中国文明的起源》等书。全部论著编集为《夏鼐文集》五册，又出版有《夏鼐日记》十卷。（《中国大百科全书》第一版《考古学》卷"夏鼐"条；《20 世纪中国知名科学家学术成就概览·考古学卷》第一分册"夏鼐"条）

6 月　俞伟超著《先秦两汉考古学论集》，由文物出版社出版。

8 月　青海省文物考古研究所在原青海省文物管理处考古队的基础上成立。（据《文物博物馆事业纪事》第 501 页）

8 月　西藏自治区文管会人员在**扎囊县加日村**附近，考察一处**吐蕃时期墓群**。现存封土堆 43 座，包括大、中、小型三类，都坐东朝西；封土堆的形制，以石砌平面梯形者居多，其次为平面正方或长方的塔形，也有少数梯形夯筑墓。这和朗县列山的吐蕃墓群一致。又曾在斯孔村发掘一座梯形墓，对其葬制有进一步了解。（《概述近十年的西藏文物考古工作》，《文物考古工作十年（1979—1989）》第 287 页）

秋季　湖北荆州地区博物馆陈跃钧等在**江陵张家山**发掘**西汉前期木椁墓**一座（M127），1988 年又发掘一座（M136）。主要发现是再次出土竹简，127 号墓出土 300 余支，其中残简 130 余支，内容为《日书》；136 号墓出土 829 余支，内容为《功令》《盗跖》《七年质日》等。（《江陵张家山两座汉墓出土大批竹简》，《文物》1992 年第 9 期）

8 月　宁夏博物馆钟侃、社科院考古所乌恩等合组的考古队，在**同心县倒墩子村**附近发掘一处**西汉时期匈奴墓地**，工作进行至

9月。发掘的 27 座墓多为长方形土坑，少数为偏洞室。所出遗物主要是各种动物纹带饰、带扣、管状饰等典型的匈奴器物，又有普遍来自中原地区的陶器、漆器、铁器和五铢钱。发掘者认为，墓主应是当时被安置在该地的匈奴降人。(《宁夏同心倒墩子匈奴墓地》，《考古学报》1988 年第 3 期)

8月　甘肃文物考古所戴春阳、张珑等在**敦煌**城西戈壁滩上的**祁家湾**，清理发掘 117 座地面有封土的**西晋十六国时期墓葬**。这批墓葬，均为有墓道的洞室墓，出土丰富的各类遗物。部分墓所出朱书或墨书的纪年陶罐，最早为太康六年 (285 年)，最晚为玄始二年 (413 年)。(《敦煌祁家湾——西晋十六国墓葬发掘报告》，文物出版社，1994 年)

9月　为配合三峡水利枢纽工程，国家文物局率头，中国历史博物馆、湖北省博物馆、宜昌地区博物馆和南京大学考古专业人员参加的考古队，由王晓田主持，发掘**西陵峡**内的**朝天嘴、中堡岛等遗址**。本年工作进行至 12 月。1986 年继续发掘。朝天嘴遗址发掘面积 595 平方米，其新石器时代遗存包括大溪文化及年代更早、独具特征的一种类型。中堡岛遗址发掘面积 1600 多平方米，新石器时代遗存内涵丰富，其一至三期属大溪文化，四、五期属屈家岭文化。(《朝天嘴与中堡岛》，文物出版社，2001 年)

9月　西北大学考古专业刘士莪主持发掘**西安东郊**的**老牛坡遗址**。本年工作至 12 月。1986—1989 年继续进行五次发掘，合计揭露近 5000 平方米。主要堆积为商代不同时期遗存，早期未发现重要遗迹，晚期则发现大型基址、房屋残迹、冶铜遗迹、陶窑、灰坑和墓葬。其中 38 座中小型墓，半数有人殉，出土青铜器物，并有车马坑。其商代遗存既体现与郑州二里冈、安阳殷墟的一致性，又呈现某些自己的特点。这是陕西地区目前所掘最大的商代遗址，为探讨商王朝的西部疆域，及与当地国族的关系提供重要资料。发掘者推测，该地很可能属于文王伐灭的崇国势力范围。（《老牛坡——西北大学考古专业田野发掘报告》，陕西人民出版社，2002 年）

9 月　江苏常州市博物馆与中山大学人类学系考古实习队合作，由陈晶主持，商志𩑽、曾骐等参加，对**常州圩墩遗址**进行第四次发掘，11 月结束工作。文化堆积包括马家浜、崧泽两个时期，其中马家浜文化又被分为三期。清理墓葬 38 座，大部分是少有随葬品的马家浜墓葬，5 座崧泽文化大墓则随葬品较多。所出相当数量的木质工具、动植物残骸，为研究当时的人类活动和生态环境提供重要资料。（《1985 年江苏常州圩墩遗址的发掘》，《考古学报》2001 年第 1 期）

9 月　社科院考古所孙秉根、陈戈等在新疆**轮台县群巴克乡**，发现属于察吾乎沟口文化系统的**三处墓地**。其中，Ⅰ号墓地有墓 43 座，本年发掘 4 座，1986 年发掘 26 座，1987 年发掘 13 座；Ⅱ号墓地分为两片，1987 年发掘西片 13 座，东片 20 多座；Ⅲ号墓地未发掘。这里墓葬的形制是封土堆下单室或双室，葬式为多人二次合葬或单人葬，随葬带流罐、单耳罐等陶器（有的施彩绘），又有马头坑。据测定，年代约为公元前 950 至前 600 年。（《新疆轮台群巴克古墓葬第一次发掘简报》，《考古》1987 年第 11 期）

9 月　北京文物所靳枫毅等在**延庆县军都山地区**，调查以含直刃匕首式青铜短剑为主要特征的青铜文化遗存，并进行有计划的发掘。截至 1988 年底，在玉皇庙发掘墓葬 350 座、葫芦沟发掘墓葬 150 座、西梁垙发掘墓葬 47 座，合计 547 座。出土富有特点的直刃匕首式青铜短剑、青铜削刀、青铜容器、陶器等遗物，并发现大量的动物纹铜牌、殉牲骨骸。发掘者认为均属**约当春秋**

战国之际的山戎文化墓地。(《北京延庆军都山东周山戎部落墓地发掘纪略》,《文物》1989 年第 8 期)

10 月　科学院古脊椎所黄万波等在四川**巫山县**庙宇镇龙坪村附近的**龙骨坡溶洞**进行发掘,在更新世初期地层中发现 1 件人类左侧下颌骨。后来又发现 1 枚人类牙齿和 3 件石制品,以及较多的脊椎动物化石。古人类学界对此发现有较大的争议,发掘者认为是直立人化石,有些学者则认为下颌骨可能属于猿类,单个牙齿可能属于晚期人类。(黄万波等:《巫山猿人遗址》,海洋出版社,1991 年;参看张森水:《古人类学和旧石器时代考古》,见《中国考古学年鉴(1987)》,文物出版社,1988 年)

10 月　内蒙古文物考古所魏坚等在**察右前旗**,发掘**庙子沟新石器时代遗址**。发掘面积 10500 平方米,发现房址 51 座、灰坑132 个、墓葬 43 座,出土陶器、石器和骨器千余件。这是内蒙古中南部地区发掘规模最大、遗存最丰富的遗址之一。发掘者认为,遗址的文化内涵属该地区仰韶文化晚期一种类型,与阿善类型、海生不浪类型互有异同,约当半坡四期阶段。(《内蒙古察右前旗庙子沟遗址考古纪略》,《文物》1989 年第 12 期)

10 月　苏秉琦在辽宁兴城的一次座谈会上,作了题为《辽西古文化古城古国——试论当前考古工作重点和大课题》的学术报告,认为"古文化是指原始文化","古城指城乡最初分化意义上的城和镇,而不必专指特定含义的城市","古国指高于部落之上的,稳定的、独立的政治实体",强调"与社会分工、社会关系分化相应的,区别于一般村落的遗址、墓地"的重要意义,应将其作为当前工作的重点。(《文物》1986 年第 8 期)

秋季　福建省博物馆林公务等在**平潭县南垄壳丘头**,发掘一处**新石器时代贝丘遗址**。发掘 772 平方米,贝壳堆积坑 21 个。所出陶片以灰褐色砂陶为主，胎厚质精，火候较低，复原器形有釜、罐等。石器多小型石锛。文化面貌比闽江下游的贝丘原始，而与金门富国墩接近。（《福建平潭壳丘头遗址发掘简报》，《考古》1991 年第7 期）

10 月　云南省博物馆阚勇等在**永仁县维的村**，发掘一处**史前时代石棺墓地**。所掘 60 座墓葬出土的陶器和石器，与元谋大墩子遗址相似，应属同一文化。（《中国考古学年鉴（1986）》第 202—203 页）

10 月　社科院考古所段鹏琦、杜玉生等在**汉魏洛阳故城**，发掘东城墙北侧的**北魏建春门遗址**，工作进行至 12 月初。通过发掘了解到，该城门系东汉、魏、晋、北魏四代沿用，魏晋时期将城门两侧的夯土墙包砌青砖；其建筑形式为一门三洞，采用夯土墙和排叉柱承重的大过梁式结构；北魏末年或稍晚时间废弃。（《汉魏洛阳城北魏建春门遗址的发掘》，《考古》1988 年第 9 期）

10 月　南京博物院主办的《东南文化》（双月刊）开始出版。考古学为其主要内容。

11 月　广西文物队韦仁义等在南宁市**武鸣县元龙坡**，发掘一处**年代约当西周春秋时期的墓地**。截至 1986 年 3 月，发掘墓葬 350 座，绝大多数都是长方形竖穴墓，少数带二层台和侧室。随葬器物中，有夹砂细陶的圜底罐、瓮等器皿，青铜矛、斧、钺及卣、盘等。（《广西武鸣马头元龙坡墓葬发掘简报》，《文物》1988 年第12 期）

12 月　南京博物院、上海大学文学院等单位合作，张祖方、陈淳等参加，在苏州西南太湖中的**吴县三山岛**，发掘一处**旧石器时代晚期遗址**，出土较多的砍砸器、刮削器等打制石器。这是长江下游首次发现旧石器地点，填补了中国旧石器分布的空白。（陈

淳:《长江下游首次发现旧石器》,《人类学学报》第 5 卷第 4 期, 1986 年)

12 月 四川文管会、文物考古所等单位合作, 李昭和、翁善良等参与, 发掘**成都市区十二桥商周时代遗址**。截至 1987 年 4月, 揭露 1800 平方米。文化遗存与广汉三星堆遗址属同一系统。据排比分析, 遗址的早期堆积属商代早期, 中期与殷墟一期接近, 晚期约当商末周初。在早期地层中, 发现面积较大的干栏式木构建筑遗迹, 有屋顶、梁架、墙体、桩基和地梁等, 保存情况较好。这是蜀文化研究的又一重大收获。(《成都十二桥商代建筑遗址第一期发掘简报》,《文物》1987 年第 12 期)

12 月 黑龙江省文物考古研究所在原黑龙江省文物考古工作队基础上成立。(《黑龙江文物考古研究所简介》,《考古》2003 年第 2 期)

12 月 安徽省考古学会、安徽省文物考古研究所合办的《文物研究》(不定期) 开始出版。

本年 社科院考古所赵芝荃、刘忠伏等在**偃师商城**南部居中的方形小城中, 发掘**第 5 号宫殿基址**, 工作进行至 1986 年。这里有上下两层基址, 上层基址包括北面的正殿 (面积 54×14.6 平方米)、正殿两端东西两厢的庑殿, 下层基址为四合式方形庭院 (南北 26 米, 东西 25 米)。据分析, 上层基址的营建年代晚于二里冈下层, 废弃于二里冈上层偏晚阶段, 下层基址则早于南关外期中层。(《河南偃师尸乡沟商城第五号宫殿基址发掘简报》,《考古》1988 年第 2 期)

1986 年

春季 社科院考古所杨锡璋、徐广德等, 将 1950 年代末在**安阳市小屯村西**发现的"**灰沟**"探寻清楚。判明其为一条走向呈"L"形的濠, 两端与转折的洹河连接, 从而成为环绕殷墟宫殿区的防卫设施。(《中国考古学年鉴 (1987)》第 184 页)

春季　山东文物考古所罗勋章等在**青州市**（原益都县）**苏埠屯村**附近，发掘**商代墓葬**8座，其中2座保存较好，出土一批青铜礼器、兵器和陶器，有的铜器带"亚醜"等族氏符号的铭文。（《青州市苏埠屯商代墓发掘报告》，《海岱考古》第1辑，1989年）

春季　河南文物所姜涛、王龙正等在**平顶山市滍阳岭**，发掘**西周春秋时期应国墓地**。发掘逐年进行至1997年，累计发掘的300多座古代墓葬中，有40多座应国墓葬，若干墓埋藏丰富，出土大批青铜礼器、乐器、兵器、车马器及大量的玉器，有的青铜礼器铭文表明墓主为一代应侯。该墓地的发掘，为建立当地两周墓葬的编年序列，研讨西周礼制、应国世系，以及应国与周代封国的关系，提供丰富的实物资料。曾被列入1996年"十大考古新发现"。（《平顶山应国墓地》2册，大象出版社，2012年）

3月　30日，文化部文物局在昆明召开全国考古发掘与文物普查工作会议，18个省、市、自治区的有关人员出席会议。主要内容是：汇报1984、1985两年的考古发掘和文物普查情况，决定编撰《中国文物地图集》。4月4日结束。（《文物博物馆事业纪事》第520页）

3月　社科院考古所马得志等在**西安**市区，发掘包砌在明代西安南城墙内的**唐长安含光门遗址**。6月底结束工作。含光门为三个门道的木构形式，使唐代长安皇城城门建筑形制得到进一步了解。（《唐长安皇城含光门遗址发掘简报》，《考古》1987年第5期）

5月　辽宁省博物馆、文物考古研究所、考古博物馆学会合办的《辽海文物学刊》（半年刊）创刊（1998年停刊）。

5月　浙江文物考古所王明达等在**余杭县反山**，发掘**良渚文化高台土冢**。上半年发掘至7月，9—10月继续工作。共发掘11座随葬品以玉器为主的墓葬，所出玉器多达1100余件（组），其中玉璧最多（125件），又有玉琮、冠状饰和玉钺等。一件17厘米许见方的神人兽面纹玉琮，显示了高超的工艺水平。墓主应是当时的部族显贵。该墓地的发掘，对于探讨中国文明的起源有重要意义。后与1987年开始发掘的瑶山祭坛一起，被列入"七五"期间"十大考古新发现"。（《浙江余杭反山良渚墓地发掘简报》，《文物》1988年第1期；《反山》，文物出版社，2005年）

5月　南京博物院、常州市博物馆等单位人员，勘察**武进县**境的**淹城遗址**，工作进行至8月。在其外城、内城、子城的城墙及子城河各开探沟一条，判明三城的营建年代同为春秋晚期。筑城方法是平地堆土垒筑，不见基槽和夯筑迹象，局部有拍打痕迹。探明湮没的三道城河，其间有水道相连。（据《近十年来江苏考古的新成果》，见《文物考古工作十年（1979—1989）》第108页）

6月　社科院考古所刘晋祥等在内蒙古**敖汉旗**，发掘**赵宝沟遗址**，7月结束工作。共揭露面积2000余平方米，清理房址17座及其他遗迹，出土丰富的遗物。后经 ^{14}C 测定并进行高精度校正，推断其年代为公元前5200年至前4800年。是该地区较早的新石器时代文化。因其文化面貌独具特色，命名为"赵宝沟文化"。（《敖汉赵宝沟——新石器时代聚落》，中国大百科全书出版社，1997年）

6月　河南文物所曹桂岑等在**郾城县**东发掘**郝家台遗址**。工作进行至12月，翌年4—5月继续发掘，共揭露3200余平方米。发现一座营建于龙山文化中期以前的城址，南北长147米，东西宽130米。城内有几排长方形排房。上层堆积属二里头文化一至三期。（《郾城郝家台遗址的发掘》，《华夏考古》1992年第3期）

6月　黑龙江文物考古所与吉林大学考古专业合作，朱永刚等参加，发掘**肇源县白金宝遗址**。这是松嫩平原上的一处青铜时代典型遗址。1974 年和 1980 年进行过两次小面积发掘，这次发掘的面积最大（为 1200 平方米）。工作进行至 9 月，清理半地穴房址 54 座、各类灰坑 350 个，为遗址分期提供可靠的地层证据。（张忠培主编：《肇源白金宝——嫩江下游一处青铜时代遗址的揭示》，科学出版社，2009 年）

6 月　河南文物所人员在**郑州商城西墙外**六七百米处，发现**三段商代夯土墙**，南北总长 700 余米。11 月，又对 1950 年代在二里冈一带发现的另一道夯土墙进行复查，探明其总长为 1100 余米，走向与南北向者正相垂交。该遗迹很可能是郑州商城的外郭城。（《郑州商城外夯土墙基的调查与试掘》，《中原文物》1991 年第 1 期）

6 月　甘肃省文物考古所何双全等在**天水市放马滩**，发掘 13 座战国时期的**秦墓**和一座**西汉早期墓**，9 月结束工作。主要收获是，其中一座战国秦墓出土竹简 460 枚，内容为秦王政八年（前 239 年）文书和两种"日书"，又出土七方绘在木板上的地图。（《甘肃天水放马滩战国秦汉墓群的发掘》，《文物》1989 年第 2 期）

6 月　内蒙古文物考古所张郁等在**奈曼旗**青龙山镇，发掘辽**圣宗侄女陈国公主及驸马萧绍矩合葬墓**，工作进行至 8 月。该墓入葬于开泰七年（1018 年），保存情况较好。墓主殓以契丹大贵族独有的金银网络葬服，随葬金银器、瓷器、玻璃器、玉器等精美器物，为研究辽代鼎盛时期的物质文化提供丰富的实物资料。曾被列入"七五"期间"十大考古新发现"。（《辽陈国公主墓》，文物出版社，1993 年）

6 月　湖南省文物考古研究所在原湖南省博物馆考古部的基础上成立。（《湖南省文物考古研究所简介》，《考古》2001 年第 4 期）

7 月　辽宁文物考古所方殿春等在**阜新市**东北色拉乡，对**查海村新石器时代遗址**进行第一次试掘。随后，又在 1987—1990

年和 1994 年，持续进行 6 次发掘。发现圆角方形半地穴式房址
55 座、墓葬 12 座，以及大量的灰坑。一座可能用于祭祀的大型
房址，出土非实用的特大石铲，及成组的陶、石制品。近旁又有
巨龙形石块摆塑。根据地层关系和陶器形态可将遗存分为三期，
后据 ¹⁴C 年代测定推断其上限距今 7000 多年，高精度校正为公元
前 5712 年至前 5530 年。是辽西地区最早的新石器文化。文化面
貌有其特色，既与邻近地区年代相近的兴隆洼文化有关联，又有
较为明显的差别，有学者称其为"查海文化"，有学者称作"查海
类型"。(《阜新查海新石器时代遗址试掘简报》，《辽海文物学刊》1988 年
第 1 期；方殿春：《阜新查海遗址的发掘与初步分析》，《辽海文物学刊》1991
年第 1 期；《辽宁阜新县查海遗址 1987—1990 年三次发掘》，《文物》1994 年
第 11 期；《中国考古学年鉴（1995）》第 114—115 页）

　　7 月　四川文管会陈德安、陈显丹等在**广汉市三星堆**，发掘
两座**年代相当于商代的祭祀坑**，9 月结束工作。坑内出土独特的
大小不等青铜人像、人头像、人兽面具及神树，又有尊、罍等青
铜礼器，戈、璋、璧、琮等玉石器，以及面罩、权杖等金箔制品。
这一惊人的考古发现展现了古蜀地区发达的青铜文化，对于中国
文明发展史的研究具有非常重要的意义。曾被列入"七五"期间
"十大考古新发现"。(《三星堆祭祀坑》，文物出版社，1999 年)

　　7 月　河北文物所陈应祺等在秦皇岛市**北戴河海滨**，发现并
试掘一处**秦始皇时期离宫遗址**。1987—1988 年，孔哲生、李恩佳
等扩大发掘，先后揭露 5000 多平方米，发现至少 4 座大型院落，
其中最大的一座由两个面阔 5 间、进深 4 间的宫殿基址组成，有
成排的柱础，出土与秦始皇陵相近的夔纹大瓦当及其他建筑材料。
这处遗址，与辽中绥中县海滨发掘的秦始皇离宫遗址隔海相望，
学术价值自不待言。曾被列入"七五"期间"十大考古新发现"。

（《金山嘴秦代建筑遗址发掘报告》，见《文物春秋》1992 年增刊）

7 月　浙江省考古学会成立。（《文物博物馆事业纪事》第 528 页）

8 月　夏鼐生前主持编撰、定稿，全国 120 多位知名考古学者执笔的《中国大百科全书·考古学》出版。该书 200 万字，包括概论、中国旧石器时代考古、中国新石器时代考古、商周考古、秦汉考古、三国两晋南北朝至明考古、国外考古七个分支，共收条目 1000 余条。这是对中国考古学界现有研究成果更加全面的总结，更是中国考古学研究走向成熟的重要标志。

8 月　江西省考古学会成立。（《文物博物馆事业纪事》第 530 页）

8 月　甘肃文物考古所主办的大地湾考古学术座谈会在兰州举行。苏秉琦、安志敏、俞伟超、张忠培、严文明等知名考古学者前往参加。（《中国考古学年鉴（1987）》第 306—307 页）

9 月　辽宁省文物考古研究所在原辽宁省博物馆文物工作队的基础上成立。（《文物博物馆事业纪事》第 532 页）

9 月　17—21 日，中国考古学会第六次年会在沈阳召开。中心议题是“中国东北地区的考古问题”。与会代表 115 人。收到论文 70 篇。其间举行的理事会会议，根据该会理事长因夏鼐逝世出缺的情况，推选苏秉琦继任第二届理事会理事长。（《文物博物馆事业纪事》第 532 页）

9 月　21 日，中国社会科学院考古研究所夏鼐考古学研究成果奖评奖委员会，假中国考古学会第六次年会闭幕式进行首次颁奖：一等奖，《新中国的考古发现和研究》《中国石窟·克孜尔石窟》2 项；二等奖，《青海柳湾》《曲阜鲁国故城》《江陵雨台山楚墓》3 项。（《中国社会科学院考古研究所夏鼐考古学研究成果奖金首次评定》，《考古》1987 年第 6 期）

9 月　安徽省文物考古所阚绪杭等发掘定远县境的**侯家寨遗**

址，11 月结束工作。该遗址的文化内涵丰富，出土遗物颇具特色。陶器以手制的夹砂红陶为主，有鼎、釜、豆、钵等，早期的部分陶器底部刻划符号，晚期的部分陶器饰彩绘。为研究江淮地区的早期新石器文化提供了新资料。（《定远县侯家寨新石器时代遗址发掘简报》，《文物研究》（安徽）第 5 期，1989 年）

　　9 月　陕西省考古所程学华等与临潼县文管会人员合作，在**临潼**骊山西麓秦芷阳城遗址以东，发掘**战国时期的秦东陵**。截至 1988 年 9 月，先后发掘亚字形大墓 3 座、中字形大墓 2 座、甲字形大墓 3 座，又有陪葬坑 3 座、陪葬墓 4 座，以及若干建筑基址。陵区以自然沟壑为界，有的陵园绕以隍壕。这里 4 条墓道的亚字形大墓在葬制规格上超过过去所知同时期的大墓。发掘者结合《史记·秦本纪》关于秦陵的记载，推断此处应是秦国建都咸阳后的秦王及王室重要成员陵墓。（《秦东陵第一号陵园勘查记》，《考古与文物》1987 年第 4 期）

　　9 月　江苏徐州市博物馆、南京大学考古专业合作，蒋赞初、李银德主持，发掘**徐州**东北郊的**北洞山西汉墓**，11 月结束工作。该墓为大型石室墓，依山开凿，并有高大的封土，由墓道、主体建筑、附属建筑三部分组成，共有用途不同、大小不等的 19 个墓室和 7 个小龛，石工精湛，结构复杂。早年被盗严重，出土器物主要是 400 多件彩绘陶俑，又残存有铜器、玉器、铁器以及大量的八铢半两和四铢半两等。发掘者推断应为西汉文景至武帝时期某代楚王的陵墓。（《徐州北洞山西汉楚王墓》，文物出版社，2003 年）

　　秋季　社科院考古所谢端琚、王仁湘、王吉怀等发掘甘肃**天水市西山坪遗址**。文化堆积与邻近的师赵村相似，主要仍属马家窑文化和齐家文化。但在马家窑文化层之下发现两相叠压的早期新石器文化遗址，分别相当于大地湾文化和北首岭下层，被称为"西山坪一期"和"西山坪二期"。后与师赵村遗址发掘资料合一，编撰出版考古报告。（《师赵村与西山坪》，中国大百科全书出版社，1999 年）

　　10—11 月　湖南文物考古所王文建、张春龙发掘**临澧县境的胡家屋场遗址**。主要堆积是早于大溪文化的石门皂市下层文化，通过发掘对这种遗存有进一步认识。尤其是进行土壤含磷量和孢粉分析，以及动植物标本的鉴定，借以了解当时的经济生活方式。（《湖南临澧县胡家屋场新石器时代遗址》，《考古学报》1993 年第 2 期）

　　10 月　社科院考古所王岩、冯承泽等在洛阳市区，对**唐代东都城**宫城中轴线夯土台基进行全面勘探的基础上，发掘**武则天时期明堂遗址**，12 月结束工作。揭露出直径 9.8 米的大型圆坑，其中的夯土基址为八角形，中心部位有巨大的石础。这一发现，为进一步复原唐代洛阳宫城的布局提供更加确切的依据。（《唐东都武则天明堂遗址发掘简报》，《考古》1988 年第 3 期）

　　10 月　宁夏回族自治区文物考古研究所在原自治区博物馆考古队的基础上成立。（《文物博物馆事业纪事》第 538 页）

　　11 月　社科院考古所郑乃武等在河南**郏县**，试掘**水泉裴李岗文化遗址**。后又进行 4 次小规模发掘，截至 1989 年共计揭露面积 1980 平方米，发现遗迹有窖穴 83 个、墓葬 120 座，出土遗物主要是随葬品。墓葬排列整齐，比新郑裴李岗遗址显得更加有序，这有助于进一步了解当时的埋葬制度。所出某些石器和陶器与仰韶文化的同类器物接近，是探讨二者之间渊源关系的重要资料。（《河南郏县水泉新石器时代遗址发掘简报》，《考古》1992 年第 10 期）

　　11 月　湖北博物馆等单位人员组成荆沙铁路考古队，由王红星主持，在**荆门市郊的包山墓地**进行发掘。截至 1987 年 1 月，发掘 4 座有封土和墓道的战国时期楚墓，其中 2 号墓的等级最高，木质棺椁及随葬的青铜漆木器物都保存较好，墓主装裹多层丝织衣衾。又出土 278 枚竹简，总计 12000 余字，内容包括卜筮祭祷记录、司法文书和遣策三类。发掘者根据竹简推断，该墓下葬年代为公元前 316 年，墓主是"左尹邵㐌"，属身份低于令尹和大司马的"大夫"。该发掘为研究楚国的丧葬礼制和社会生活提供大量的实物资料。(《包山楚墓》2 册，文物出版社，1991 年)

12 月　河北省文物考古学会等单位主办的磁山文化学术讨论会在邯郸召开。有关考古学者上百人前往参加。(《文物博物馆事业纪事》第 540 页)

本年　社科院考古所刘庆柱等在**汉长安城内**，发掘未央宫西北部的 **3 号建筑遗址**。该基址在周绕围墙的大院落之内，以明渠分隔成布局不同的东西两个小院，两院都由二三天井、回廊和若干房间组成。出土物中数量最多的是几万片刻字骨签，签文内容包括两类，一类为物品和数量，大体都与弩有关；一类为纪年和工官工匠的名字，属记录性文字，所见纪年有武帝太初至元帝永光和无年号的元年至六年。这是研究西汉时期中央和地方工官制度的一批难得的新资料。(《汉长安城未央宫：1980—1989 年考古发掘报告》2 册，中国大百科全书出版社，1996 年；《汉长安城未央宫骨签》90 册，中华书局，2020 年)

本年　北京文物所鲁琪等在**房山县**境大房山支脉云峰山麓，进行**金代皇陵**的勘查。勘查范围 2000 多平方米，取得相当丰富的收获。其中最重要的是发现金睿宗景陵石碑。原貌尚存的汉白玉御道，以及绿釉琉璃瓦件等大量建筑材料，为进一步开展工作提供重要的线索。(《十年来北京考古的新成果》，见《文物考古工作十年(1979—1989)》第 11 页)

本年　内蒙古自治区文物考古研究所在原内蒙古文物工作队

的基础上成立。(《文物博物馆事业纪事》第543页)

1987年

1月　河南省文物研究所主办的《华夏考古》创刊（半年刊，1988年改季刊）。

2月　陕西省考古所、宝鸡市和扶风县文博单位合组考古队，由石兴邦任队长，对**扶风县法门寺塔唐代地宫**进行发掘，韩伟、任周芳、韩金科、王㐨、王亚蓉等参加，4月底结束田野工作。地宫总长21.12米，由踏步漫道、平台、隧道、前中后室和后室秘龛组成，出土不可多得的4枚"佛指舍利"，大批金银铜器、瓷器、玻璃器，以及蹙金绣等高档丝织衣物。对于宗教史、科技史、艺术史和对外文化交流史的研究，具有重大的学术价值。曾被列入"七五"期间"十大考古新发现"。(《扶风法门寺塔唐代地宫发掘简报》，《文物》1988年第10期）

3月　宁夏文物考古所与中国历史博物馆考古部合作，对**海原县菜园村**附近的**新石器时代遗址和墓地**作大面积发掘，许成、李文杰等参加，11月结束工作。林子梁等遗址属马家窑文化石岭下类型，发现10余座房基，其中有目前所知年代最早的窑洞。切刀把、瓦罐嘴、寨子梁等墓地的上百座墓葬，文化内涵则与马厂类型大体相当。但都具有明显的地方特色。(《宁夏海原县菜园村遗址、墓地发掘简报》，《文物》1988年第9期；《宁夏菜园——新石器时代遗址、墓葬发掘报告》，文物出版社，2003年）

3月　北京大学考古系与河北省文物所合作，由宿白主持，秦大树、马忠理参加，发掘**磁县观台磁州窑遗址**。揭露480平方米，发掘9座窑炉（其中6座保存较好）、1座大型石碾槽，出土完整或可复原瓷器2000余件，瓷片数十万片，7月结束工作。这次发掘，地层清楚，资料丰富，判明观台窑创烧于北宋初年或稍早，停烧于元末明初，出土资料可分成四期七段。（《观台磁州窑址》，文物出版社，1997 年）

4 月　甘肃文物考古所与吉林大学北方考古研究室合作，由张忠培、岳邦湖主持，许永杰、张珑等参加，发掘**民乐县东灰山四坝文化墓地**，5 月结束工作。揭露面积 380 平方米，清理墓葬249 座。经排比分析，将这批青铜时代墓葬分为三期，并测定其年代相当于中原地区的夏代，经高精度校正大致在公元前 1900 年至前 1500 年之间，为全面认识四坝文化提供了丰富的资料。（《民乐东灰山考古——四坝文化墓地的揭示与研究》，科学出版社，1998 年）

4—6 月　社科院考古所郑振香等在**安阳小屯村东北**邻近洹水处，即 1930 年代揭露的殷代宫殿基址群南面进行发掘，这是1950 年以来首次在殷墟宫殿区发掘。通过发掘，将"**甲十二基址**"重新揭出，并补充了新资料。发掘总面积约 600 平方米。发现基址东边线内有一排 6 个墙柱，西边线外有 4 个擎檐柱。又发掘"甲四基址"之东的一座殷代灰坑、东北的两座西周墓。该灰坑出土的陶片早于大司空村一期，与"甲十二基址"上层填土所出接近，由此推断"甲十二基址"的营建年代下限不晚于武丁，上限可能早于武丁。（《1987 年安阳小屯村东北地的发掘》，《考古》1989年第 10 期）

4 月　社科院考古所与河北文物所合作，由徐光冀主持进行**磁县湾漳村北朝大墓**的发掘。本年发掘墓室、甬道和部分墓道（1989 年春补充发掘墓道）。该墓规模宏大，墓室青石铺地，并有总计 500 平方米的大幅彩绘壁画，出土 1500 多件制作较精的陶俑。种种迹象表明，其为目前所知北朝墓葬中规格最高的一座，许多学者猜测其**为北齐文宣帝高洋的陵墓**。（《磁县湾漳北朝壁画墓》，科

学出版社，2003 年）

春季 上海博物馆汪庆正等根据河南宝丰县文物考古人员提供的线索，前往**宝丰县**大营镇清凉寺附近的窑址进行实地调查，判定其为北宋时期烧制宫廷用瓷的**汝官窑遗址**。10—12 月，河南文物所赵青云等对该窑址进行试掘，揭露 200 平方米，清理出窑炉、作坊等重要遗迹，出土大批窑具、瓷片及各类较完整的瓷器，其中 20 余件工艺精湛。传世汝官窑口这一重大难题得到解决。1989 年 3—5 月，该所孙新民等进一步发掘，揭露 650 平方米，取得更加丰富的收获。曾被列入"七五"期间"十大考古新发现"。（汪庆正等：《汝窑的发现》，上海人民美术出版社，1987 年；《宝丰清凉寺汝窑址的调查与试掘》，《文物》1989 年第 11 期；《宝丰清凉寺窑》2 册，科学出版社，2020 年）

5 月 山东省文物考古所召开的"环渤海"考古座谈会在长岛举行，苏秉琦在会上作了题为《现阶段烟台考古》的讲话。（苏秉琦：《华人·龙的传人·中国人——考古寻根记》第 45—46 页，辽宁大学出版社，1994 年）

5 月 浙江文物考古所牟永抗、芮国耀等在余杭县境，发现并发掘**瑶山良渚文化祭坛遗址**（地处反山墓地东北 5 公里）。遗址为方形土台，周边长约 20 米，内外三重，中心为边长六七米的红土台，周绕灰色围沟，再外为台面有较多砾石的黄褐色土台面。祭坛南半部分布两排 12 座墓葬，分别随葬较多的玉器及少量的陶器、嵌玉漆器等。玉器中，琮、冠状饰等往往雕琢以繁简不一的神人兽面图案。这是探讨中国文明起源问题的重要新资料。后与 1986 年发掘的反山墓地一起，被列入"七五"期间"十大考古新发现"。（《瑶山》，文物出版社，2003 年）

5 月 天津市历史博物馆考古部韩嘉谷、纪烈敏对**蓟县张家**

园遗址进行第三次发掘，揭露面积比 1965 年和 1979 年两次增加，计有 300 平方米，因而获得更加深入的认识。遗存被分成四类：第一类接近雪山一期文化；第二类接近唐山大城山龙山文化；第三类曾被视为"夏家店下层文化"，现获知二者有较大区别，"其下限应与二里岗下层相当"；第四类曾被归入"围坊三期文化"，现判定其年代晚于围坊三期，早于西周中期，称为"张家园上层类型"。(《天津蓟县张家园遗址第三次发掘》，《考古》1993 年第 4 期)

5 月　山东文物考古所人员李曰训等等在**临朐县西朱封村**，首次发现并发掘山东龙山文化的木椁墓。墓内出土 30 余件磨光黑陶等质地的精致陶器，以及玉饰等。这些墓的墓主，无疑应是当时的显贵人物。(《临朐县西朱封龙山文化重椁墓的清理》，《海岱考古》第 1 辑，1989 年)

5 月　福建省考古博物馆学会成立。(《文物博物馆事业纪事》第 542 页)

6 月　安徽文物考古所张敬国等在**含山县凌家滩**，发掘 4 座**新石器时代墓葬**。秋季又发掘 11 座墓葬。墓底较平，未见葬具，随葬器物有其自身特点，也有与薛家岗二期文物接近之处。后根据热释光测定，并与薛家岗等文化对比，推定其年代在距今 5600—5300 年。一批玉石、玛瑙水晶饰物制作较精，玉人、玉龙、玉龟、玉虎形态生动，刻有方心八角星形和圭形纹饰的长方形玉片更具特殊意义。(《安徽含山凌家滩新石器时代墓地发掘简报》，《文物》1989 年第 4 期)

6 月　河南濮阳市文管会孙德萱等在**濮阳县**城西南隅，发掘**西水坡仰韶文化遗址**，发现房基、窖穴、墓葬等遗迹。其中 45 号墓埋葬 4 人，墓主为一壮年男性，埋在墓室南端正中，其东西两侧用蚌壳摆塑龙虎图案；另有年龄较小的 3 具骨架，分置墓室的东、西、北三方。蚌壳摆塑龙虎图案，具有较高的历史价值。（《河南濮阳西水坡遗址发掘简报》,《文物》1988 年第 3 期）

7 月　宁夏文物考古所钟侃等在**固原县于家庄，**发掘 31 座**年代相当于东周时期的少数民族墓葬，**9 月结束。墓地位于战国秦长城之外，形制以凸字形土洞为主。墓道放置牛、羊、马的头骨和蹄骨，以及少量车马器。墓室的随葬器物，多为墓主随身的戈、矛、短剑、带扣等铜器，少数有陶器和金器。许多器物与内蒙古桃红巴拉匈奴墓所出相同，有的器物又有明显差别，发掘者推断其为西戎的墓葬。（《中国考古学年鉴（1988）》第 255—256 页）

8 月　北京大学考古系李伯谦等，会同河北文物考古所及保定地区、徐水县的有关人员，对 1986 年文物普查中发现的**徐水县南庄头遗址**进行试掘，揭露 45 平方米。在湖相沉积下的文化层中，发现火候较低的夹砂陶片 15 片，又有石磨盘与磨棒、骨锥与角锥各 1 件，人为加工木棒，以及禽、兽、畜骨和蚌壳等。12 个标本的 ^{14}C 测定年代为距今 1 万年左右。这是中国北方年代最早的新石器时代遗址，是中国新石器考古的一大突破。（《河北徐水县南庄头遗址试掘简报》,《考古》1992 年第 11 期）

8 月　山西考古所、忻州地区文管处和吉林大学北方考古研究室合作，卜工、许永杰、马升等参与，发掘**忻州市董村镇附近的游邀遗址。**工作进行至 11 月，揭露 1000 平方米，发现残房基、灰坑、陶窑、墓葬等遗址。主要包括龙山文化和相当于夏代两个时期的遗存，并且尚能分期，为探讨三北地区的文化谱系提供新的线索。（《山西忻州市游邀遗址发掘简报》,《考古》1989 年第 4 期）

8 月　社科院考古所段鹏琦、杜玉生等在**洛阳市白马寺镇，**发掘一处**东汉晚期墓园遗址，**9 月结束工作。墓园平面呈长方形，东西长 190 米，南北宽 135 米，四周有夯土墙。东部的建筑群，包括东西毗连的三个院落，都以大型基址为主体（南部已被破坏）。西部的坟丘之下，有具横前室的多室砖券墓。由于历史上多次被盗，随葬器物残存甚少，缺少判断墓葬年代和墓主身份的直接证据。发掘者根据该墓形制、残存遗物及相关文献，判断墓园的年代为东汉末年，并推想"汉皇之早殇稚女"与此有某种联系。

（《汉魏洛阳城西东汉墓园遗址》，《考古学报》1993 年第 3 期）

9 月 北京大学考古系、湖北省博物馆、荆州地区博物馆合组石家河考古队，由严文明任队长，张绪球、张江凯、杨权喜等具体负责，对**天门县**石家河遗址群，特别是屈家岭文化和石家河文化遗存都很丰富的**肖家屋脊、邓家湾二遗址**，进行大规模发掘。肖家屋脊遗址，截至 1991 年先后发掘 8 次，共计揭露 6710 平方米，发现较多的两个文化时期的房址、灰坑、墓葬等遗迹。邓家湾遗址，则于 1987 年秋冬和 1992 年春两次发掘，共计揭露 1275 平方米，两个时期的宗教性活动遗迹是其重大发现，又有墓葬等遗迹。两处遗址的石家河文化墓葬，都呈现明显的贫富分化现象。1990—1991 年又发现石家河古城，面积达 120 万平方米，始建于屈家岭文化时期，延续至石家河文化中期。邓家湾遗址即在古城的西北角。这里的发现，对于探讨长江中游新石器文化及其社会结构的发展变化，进行文明起源问题的研究，有重要意义。（《肖家屋脊》，文物出版社，1999 年；《邓家湾》，文物出版社，2003 年）

10 月 6—11 日，国家文物局在湖南长沙召开全国文物考古所所长会议。各省、市、自治区文物考古所所长及省级博物馆考古部负责人、社科院考古所负责人等，共 40 余人出席会议。（《文物博物馆事业纪事》第 565 页）

10 月 安徽文物考古所房迎三等在**宁国县**境的**水阳江支流沿**

岸进行考古调查，发现 3 处旧石器地点。随后，对整个水阳江流域进行调查，又在宣州市发现 2 个地点。5 个地点采集 150 余件旧石器标本，原料以石英砂岩为主，形体普遍硕大，而以尖状砍砸器最具特色。（《皖南水阳江旧石器地点群调查简报》，《文物研究》（安徽）第 3 期，1988 年）

　　10 月　南京博物院汪遵国、钱锋等对江苏**新沂县花厅遗址**进行较大规模的发掘，工作进行至 12 月，清理大汶口文化中晚期墓葬 26 座。其中遗址北区的 22 座墓所出陶器既有大汶口文化特征，又有良渚文化风格；琮、璧等玉器则与良渚文化完全一致，反映当时两个地区之间的文化交流情况。4 座大墓，分别随葬上百件器物（玉器二三十件），并有人殉，是研究当时社会性质的重要资料。1989 年 10—12 月，又在遗址北区清理 40 座大汶口文化中晚期墓葬，其中 5 座大墓也有人殉。（《花厅——新石器时代墓地发掘报告》，文物出版社，2003 年）

　　10 月　社科院考古所刘庆柱等在西安市**汉长安城**，发掘**未央宫 4 号建筑基址**，工作进行至 1988 年 3 月，揭露面积 5500 多平方米。遗址中部的主体建筑为南北二殿，南殿面阔 45.6 米、进深 18.25 米，北殿稍小。二殿南北各有一个院落，东西两侧又有较大的附属建筑。这是近年发掘的汉代大型建筑基址中保存较好的一座，建筑形制也很考究。发掘者根据该遗址一座小房出土大量的"汤官饮监章"封泥，判定其为少府所属官署，又推断毁于王莽时期。（《汉长安城未央宫：1980—1989 年考古发掘报告》2 册，中国大百科全书出版社，1996 年）

　　10 月　西北大学为纪念该校创建 75 周年、重建 50 周年，在西安举行"周秦汉唐考古与文化国际学术会议"，国内外学者 50 余人参加会议。考古学方面着重对先周文化的起源和西周文化进

行讨论。(《文物博物馆事业纪事》第 565 页)

11 月　安徽皖南地区在省、市、县三级文物单位长时间调查发现许多古代矿冶遗址的基础上，开展重点试掘。本月，省文物考古所与铜陵市文管所合作，杨立新等参加，对铜陵凤凰山的金牛洞铜矿发现的古矿井进行清理，发掘面积 40 余平方米，发现竖井、斜井、平巷等遗迹，出土铜、铁、石质和竹木采矿工具，遗址年代不晚于西汉。随后，1988 年 5 月，刘平生等在南陵县境试掘，揭露面积 251 平方米，发现采矿、冶炼遗迹 10 余处，其中有西周至唐宋炼炉和矿石焙烧窑 9 座，唐代地下采矿场 1 处。(《十年来安徽省的文物考古工作》，见《文物考古工作十年（1979—1989）》第 133—134 页；杨立新执笔：《安徽铜陵金牛洞铜矿古采矿遗址清理简报》，《考古》1989 年第 10 期；刘平生：《安徽南陵大工山古代铜矿遗址发现和研究》，《东南文化》1988 年第 6 期)

11 月　中国历史博物馆考古部建立水下考古研究中心。(《中国历史博物馆考古部纪念文集》第 7 页，科学出版社，2000 年)

12 月　苏秉琦主编《考古学文化论集》开始出版，截至 1997 年 4 月先后出版第一、二、三、四集，分别由张忠培、俞伟超、严文明、郭大顺任执行主编。

本年　华东师范大学遥感技术与应用研究所与江苏镇江博物馆合作，刘树人、谈三平、陆九皋、萧梦龙等参与，进行镇江地区商周台形遗址、土墩墓的遥感考古调查研究。历时三年，取得了令人满意的成果。经遥感调查确认，镇江市郊及所辖丹徒、丹阳、句容三县，共有台形遗址 185 处，土墩墓 3134 座。验证过去所作实地调查情况，台形遗址和 3—4 米土墩墓的准确率均可达到 95%。1990 年 7 月 19 日—20 日召开的专家鉴定会，对这项研究成果给予充分肯定。(《华东师范大学学报》"遥感考古研究专辑"，

1992 年）

本年　社科院考古所与南京博物院、扬州市文化局合组扬州城考古队，由徐苹芳任队长，蒋忠义、纪仲庆、杨其元任副队长（后由蒋忠义任队长，邹厚本、王志俊任副队长），进行**唐代和宋代扬州城的全面勘察**。经过两年多的努力，大体判明唐代子城和罗城的范围与整体布局，发现和复原了城门的位置，并且找到与城门相应的主要干道，为进一步复原唐代扬州城的里坊打下基础。同时，又对唐代子城改筑而成的堡城（又称"堡寨城""宝祐城"）进行解剖，肯定其改筑年代为南宋；对地处唐代罗城东南部的宋大城，以及宋大城与堡城之间的夹城，也判明了分布范围；另外还发现三城的城门、街道、水道和桥梁。截至 1998 年，工作告一段落，编写考古报告。随后，继续进行田野考古工作，持续进行重点发掘。（《扬州城考古工作简报》，《考古》1990 年第 1 期；《江苏扬州宋三城的勘探与试掘》，《考古》1990 年第 7 期；《扬州城：1987—1998 年考古发掘报告》，文物出版社，2010 年）

1988 年

1 月　13 日，国务院公布第三批全国重点文物保护单位名单，共计 258 处。其中有古遗址 49 处，古墓葬 29 处。（《文物博物馆事业纪事》第 580 页）

1 月　南京博物院钱锋、陆建芳等在**南京市**东北的**甘家巷**附近，发掘一座**大型南朝单室券顶砖墓**。该墓因早期被盗，随葬品仅存残破的陶瓷器。出土墓志表明**墓主为桂阳敦王萧象**（《梁书》有传）。萧象本是梁武帝侄，长沙宣武王萧懿之子，后受命袭桂阳简王萧融爵禄。该墓与 1980 年 9 月发掘的萧融夫妇合葬墓相距不远，是甘家巷地区发现的第九座萧氏王室墓。（《梁朝桂阳王萧象

墓》,《文物》1990 年第 8 期）

　　3 月　山西省考古所、太原市文管会合作，陶正刚、侯毅等
参加，发掘**太原市金胜村 251 号春秋晚期大墓**。6 月初结束。该
墓积石积炭，椁室置墓主三层棺及 4 具陪葬棺，随葬器物中有编
镈、编磬、列鼎，及簠、甗、豆、壶、鉴、盘、匜等近百件青铜
礼器；又有大量的兵器，及车马器、玉饰等。7—9 月发掘的车马
坑，有车 16 辆（残存），马 44 匹。发掘者根据所出"赵明之御
戈"，结合该墓的年代、葬制和地望，推断墓主应是当时晋国执
政的上大夫（卿）赵鞅，即赵简子。（《太原晋国赵卿墓》，文物出版社，
1996 年）

　　4 月　湖南岳阳地区博物馆人员在**华容县**城关发掘一座**保存
较好的元代墓葬**，棺内女尸装裹数十件丝织衣衾，出土十余张
元代纸币。（《1979 年以来湖南省的考古发现》，见《文物考古工作十年
（1979—1989）》第 213 页）

　　5 月　4—7 日，中国科学技术大学等单位联合召开的全国第
一次实验室考古学术讨论会在广西南宁举行。（《文物博物馆事业纪
事》第 587 页）

　　5 月　12—16 日，山东省文物考古所召开的第二次"环渤海
考古"座谈会在临淄举行，有关省市和本省考古单位学者 60 余人
参加。苏秉琦在会上作了题为《环渤海考古的理论与实践》的讲
话。（《"环渤海考古"座谈会在临淄举行》,《考古》1989 年第 1 期）

　　5 月　福建省博物馆陈存洗等在三明市**清流县**九龙溪北岸的
狐狸洞，发现一枚晚期智人的下臼齿化石。1989 年 11—12 月进
行发掘，又发现分属三个个体的 5 枚人类牙齿。但未发现石器。
这一发现填补了福建地区旧石器时代考古的空白。（《福建近十年的
文物考古收获》，见《文物考古工作十年（1979—1989）》第 138 页）

5 月　黑龙江文物考古所郝思德等在**阿城县**北的金上京会宁府城址附近，发掘**金代齐国王墓**。该墓在石椁内置夫妇合葬木棺。装裹所用完整的男女衣物，丝织品种齐全，织金品占相当数量，并采用印、绘、绣等技法，色彩和图案都很丰富。这一发现填补了金代丝织工艺和贵族服饰研究的空白，具有重要的学术价值。发掘者根据墓内出土的"太尉仪同三司事齐国王"墨书木牌和银质铭牌，推断墓主可能是金景宗孙完颜晏。（《黑龙江阿城巨源金代齐国王墓发掘简报》，《文物》1989 年第 10 期）

7 月　河南古代建筑保护研究所与河南文物研究所合作，郭建邦等参加，发掘**邓县**城内的**福胜寺塔地宫**。该地宫为平面六角形的攒尖顶仿木建砖室，石函内置银椁、金棺、玻璃舍利瓶，以及"佛顶骨""佛牙"等佛教文物。出土的《地宫记》石刻表明，此塔始建于北宋天圣十年（1032 年），并非俗称隋塔。（《邓县福胜寺塔地宫出土一批稀世珍宝》，《中原文物》1988 年第 3 期）

夏季　湖北文物考古所杨权喜等在**江陵**楚纪南城北，发掘**朱家台新石器时代遗址**。1990 年至 1992 年秋冬继续发掘，四次发掘面积共计 1570 多平方米。主要收获是发现丰富的大溪文化早期遗存，揭露有烧土硬面和柱洞的长方形台式基址，反映当时具有较高的建筑水平，又发现可能用于祭祀的密集方坑和圆坑。大溪文化晚期、屈家岭文化和龙山时期的遗存也有发现。（《江陵朱家台遗址调查简报》，《江汉考古》1988 年第 4 期；《湖北江陵朱家台遗址发掘简报》，《江汉考古》1991 年第 3 期）

8 月　山西考古所与大同市博物馆人员合作，在**大同市**城南"张女坟"一带，首次发掘**北魏平城时期的大片墓地**。共计清理墓葬 167 座，多数为带斜坡墓道的土洞墓，少数为竖井墓道土洞墓和土圹墓。随葬器物中有玻璃碗、鎏金刻花银碗等波斯萨珊

朝文物。(《大同南郊北魏墓群发掘简报》,《文物》1992年第8期)

9月　云南省文物考古研究所在原云南省文物工作队的基础上成立。(《云南省文物考古研究所简介》,《考古》2001年第12期)

9月　浙江文物考古所刘斌等在**海宁县**周王庙镇附近,发掘**荷叶池良渚文化遗址**。该遗址面积约1万平方米,发掘的是其墓葬区,为人工堆筑的圆丘状土墩,揭露350平方米,清理墓葬16座,出土鼎、豆、壶等陶器,琮、璧、钺等玉器。(《中国考古学年鉴(1989)》第158页)

9月　安徽省博物馆与淮南市博物馆合作,胡悦谦、周墨兵、胡欣民等参加,在**淮南市**上窑镇南窑河东岸的管嘴孜发掘隋唐时期的**寿州窑遗址**。揭露面积近300平方米,出土一批窑具、瓷器和大量瓷片,对该窑址有初步的了解。(《寿州窑》,文物出版社,2014年)

9月　江西文物考古所李科友等在**德安县**杨桥乡桃源山,发掘南宋咸淳十年(1274年)入葬的**吴畴妻周氏墓**。墓内出土300余件保存较好的丝织衣物,为中国纺织史研究增添可贵的新资料。(周迪人等:《德安南宋周氏墓》,江西人民出版社,1999年)

10月　湖南文物考古所袁家荣等在**澧县**城南,发掘**鸡公垱旧石器时代遗址**,揭露200平方米。所出石器,主要以石英砂岩为原料,采用锤击法制成。其中大三棱尖状器富有特色,又有砍砸器、刮削器、石锤等。地质年代为晚更新世早期,属旧石器时代中期文化。(《1979年以来湖南省的考古发现》,见《文物考古工作十年(1979—1989)》第204页)

10月　山东文物考古所王永波等在**淄博市**齐陵镇附近,发掘1965年北大考古专业学生调查实习发现的**后李官庄遗址**。截至1990年6月,先后发掘4次,累计揭露6500多平方米,发现不同时期的房基、灰坑、水井、陶窑和墓葬。主要收获是在北辛文化地层的下面，发现与山东地区已知考古学文化有明显区别的早期遗存，引起考古学界的关注，发掘者称之为"后李文化"。概括后李文化测年校正后数据，约为公元前 6300 年至前 5400 年。有的学者认为 1991 年发掘的章丘西河遗址更为典型，提出暂名"西河类型"，或称为"西河文化"。（《山东临淄后李遗址第一、二次发掘简报》，《考古》1992 年第 11 期；《山东临淄后李遗址第三、四次发掘简报》，《考古》1994 年第 2 期）

10 月　香港中文大学中国考古艺术研究中心与深圳市博物馆等单位合作，在**香港大屿山西南部发掘东湾沙丘遗址**。发现新石器时代的残房基、陶窑等遗迹，出土有一定特点的陶器和石器。（区家发、邓聪：《香港大屿山东湾新石器时代沙丘遗址的发掘》，见《纪念马坝人化石发现三十周年文集》，文物出版社，1988 年）

10 月　11—17 日，中国古代铜鼓研究会与云南省博物馆联合召开的中国南方及东南亚地区古代铜鼓和青铜文化国际学术讨论会在昆明举行，国内外学者 70 余人参加会议。（《文物博物馆事业纪事》第 597 页）

10 月　26 日，社科院考古所在北京举办纪念殷墟发掘 60 周年学术座谈会，社科院副院长汝信、美国哈佛大学教授张光直，以及考古学者胡厚宣、张政烺、邹衡等 30 余人参加会议。（《纪念殷墟发掘六十周年座谈会在京举行》，《考古》1988 年第 12 期）

10 月　江西文物考古所刘诗中等在**瑞昌市**西北夏畈镇，发掘**铜岭商周时期铜矿遗址**。截至 1991 年，四个秋冬共揭露 1800 平方米，发现矿井 103 口、巷道 19 条、露采坑 3 处、探矿槽坑 2 处、工棚 5 处、选矿场 1 处，以及用于矿山管理的围栅等遗迹。发掘者根据不同地层出土陶器的分析和 ^{14}C 年代测定，推断铜岭遗址的始采年代为商代中期，终采于战国早期，是中国目前所知时代最早的大型铜矿遗址。后被评定列入 1991 年"十大考古新发现"。（刘诗中：《商周采矿工艺的完整再现——铜岭商周铜矿遗址》，见《中国十年百大考古新发现（1990—1999）》上册第 330 页）

　　10 月　四川文物考古所陈德安等在**广汉县三星堆遗址**，对所谓"土埂"进行发掘，判定其为**始建于商代早期的城址**。截至 1994 年，发掘了东、南、西三面城墙的残段，以及城墙外侧的壕沟（北侧临河墙已无存），墙内范围达 360 万平方米，周长 2000 余米。如此宏大的城址，结合城内两座祭祀坑等发现，充分说明当地应是早期蜀国的都城。（《中国考古学年鉴（1990）》第 298 页；《中国考古学年鉴（1993）》第 234 页）

　　10 月　敦煌研究院石窟研究所彭金章等进行**莫高窟北区洞窟**的清理发掘。本年工作至 12 月，1989 年春秋两季、1994 年夏季和 1995 年夏秋两季继续工作。将北区洞窟清理一过，新编号 243 窟。其中除禅窟和礼佛窟外，又有敦煌前所未见的僧房窟、瘗窟和仓库窟。出土遗物有汉文和少数民族文字写经等佛教文书、汉文公私文书，以及生活用具和钱币。（《敦煌莫高窟北区石窟》第 1 卷，文物出版社，2000 年）

　　11 月　5—9 日，陕西省考古研究所、西安半坡博物馆成立 30 周年学术讨论会在西安举行，国内外学者 130 人参加会议。收到论文 140 余篇。（《文物博物馆事业纪事》第 598 页）

　　11 月　湖南文物考古所裴安平等发掘**澧县**县城西北的**彭头山遗址**，揭露近 400 平方米，12 月结束。主要遗存属新石器时代早期，发现方形地面房基、小型半地穴式房基、竖穴二层葬墓等遗迹；出土泥片贴塑成形的夹砂陶和泥质陶多种器皿，石器则细小石器和大型打制石器为多，磨制石器较少。经测定与校正，排除个别偏老数据，并考虑后续文化的始年，遗址的年代被判定为公元前 7000 年至前 6000 年，早于长江中游的石门皂市上层文化，而与中原地区裴李岗文化大体相当，具有重要的学术价值。这一新的文化遗存，即被命名为"彭头山文化"。（《湖南省澧县新石器时代早期遗址调查报告》，《考古》1989 年第 10 期）

本年　社科院考古所赵芝荃、刘忠伏等春季至秋季在**偃师县商城遗址**，钻探发现环绕城垣**东、北、西三面的护城壕沟**（南邻洛河）。又在城址北部进行大面积发掘。（《中国社会科学院考古研究所概览（1950—2000）》第 59 页；《偃师商城》第 1 卷，科学出版社，2013 年）

本年　安徽文物考古所人员在皖南**水阳江两岸**二级台地进行考古调查，发现**旧石器地点 12 处**，填补了安徽省旧石器时代考古的空白。地点主要分布在宁国县的河沥溪镇，宣州市的敬亭、双河、孙家埠、向阳、河北等地。采集石器共计 500 余件，器形一般粗大厚重，小型器较少，其中数量最多的是石核和砍砸器，其次是尖状器，又有石球、刮削器和石锥。（据《十年来安徽省的文物考古工作》，见《文物考古工作十年（1979—1989）》第 127 页）

本年　截至 1988 年底，湖南文物考古所和有关地县人员在**湘江流域**的道县、**资水流域**的益阳、安化，**沅水流域**的新晃、芷江、会同、靖县、怀化、辰溪，**澧水流域**的石门、澧县、津市、常德、慈利、汉寿、临澧等地，共**发现旧石器时代遗存 60 余处**。所出石器以大型砾石石器为主。其中，除道县杨家岭发现的遗存是在洞穴中外，其他都发现于河流两岸阶地的第四纪网纹红土堆积中；多数地点仅作地面采集，作过试掘的仅有三处。湖南旧石器文化的空白由此得到填补。（据《1979 年以来湖南省的考古发现》，见《文物考古工作十年（1979—1989）》第 204 页）

本年　陕西考古所人员尚志儒、韩伟、焦南峰等参与，继续

1982 年以来对**凤翔县**南**秦都雍城遗址**的勘察工作。截至本年，已判明城址平面呈长方形，东西 3480 米，南北 3130 米，保存较好的西墙发现 3 座门址。城内发现干道 8 条，较大的建筑基址 23 处。又在城南发现"市"的遗迹。其间，还在城址的远近郊，先后发现若干宫苑遗址，以及手工业作坊遗址。（韩伟、焦南峰：《秦都雍城考古发掘研究综述》，《考古与文物》1988 年第 5、6 期合刊）

本年　社科院考古所刘庆柱等在**西安汉长安城**，发掘**未央宫西南角楼基址**，揭露 2000 平方米。该遗址平面呈长方形，两侧分别与西、南宫墙相连，外侧东西长 67 米、南北宽 31 米。出土遗物以"卫"字瓦当和大量兵器最为突出。（《汉长安城未央宫西南角楼遗址发掘简报》，《考古》1996 年第 3 期）

本年　浙江省考古学会成立。（王巍主编：《中国考古学大辞典》第 855 页）

1989 年

1 月　河北省文化厅主办的《文物春秋》（季刊）创刊。

2 月　国家文物局在广西南宁召开全国考古发掘工作汇报会，听取各地考古发掘单位 1986—1988 年考古发掘的情况汇报，讨论今后考古发掘的方针、任务。（《文物博物馆事业纪事》第 609 页）

3 月　陕西考古所段清波等在**咸阳**西南 9 公里的沙河河道上，发掘出**西汉时期的木桥遗址**，桥宽 16 米，长约 500 米。这是目前所知中国年代最早的桥梁遗址，具有重要的学术价值。（《中国考古学年鉴（1990）》第 316 页；《中国文物报》1989 年 10 月 20 日第 1 版）

3 月　湖北省文物考古研究所在原湖北省博物馆文管部、考古部的基础上成立。江西省文物考古研究所在原江西省文物工作队的基础上成立。（《文物博物馆事业纪事》第 613 页）

4—5月　社科院考古所胡秉华等在山东**汶上县**，发掘面积较大的**东贾柏村北辛文化聚落遗址**。1990年春季继续发掘，合计揭露1000平方米。清理10余座半地穴式房基等居住遗迹，并第一次发现当时的墓葬（计23座），有单人葬、多人葬、二次葬和迁出葬，充实了对北辛文化的认识。其间，还曾在汶上县境以及邻近的宁阳、兖州、嘉祥等地，发现44处细石器地点。（《山东汶上县东贾柏村新石器时代遗址发掘简报》,《考古》1993年第6期）

5月　15—20日，中国考古学会第七次年会在湖南长沙举行。中心议题是"中国南方的古代文化"。与会代表120余人。收到论文66篇。会上选举产生了由77人组成的第三届理事会。推选苏秉琦为理事长，宿白、徐苹芳、黄景略为副理事长，徐光冀为秘书长，石兴邦、安志敏、安金槐、张忠培、严文明、邹衡、俞伟超、谢辰生为常务理事。又推选王振铎、张政烺、胡厚宣、贾兰坡、阎文儒、傅振伦为名誉理事。（《中国考古学会第七届年会在长沙召开》,《考古》1989年第9期）

5月　社科院考古所李德金与福建省博物馆曾凡等合作，对**建阳县**水吉镇附近的**建窑遗址**进行全面调查和重点发掘。截至1992年，先后在大路后门山、源头坑、庵尾山、营长墘山等地点作过发掘，揭露窑炉遗迹10座，其中有晚唐、五代的青瓷窑炉，两宋时期的黑釉瓷窑炉和宋末元初的青白瓷窑炉。5座较完整的黑釉瓷窑均长百米以上，最长超过130米，为宋代窑长之最。青瓷、黑釉瓷和青白瓷窑炉之间的叠压关系，较完整地显示建窑瓷业发展的历史进程。（《福建建阳县水吉北宋建窑遗址发掘简报》,《考古》1990年第12期）

5月　山西省文物局主办的《文物季刊》创刊。开始未能按期出版。1992年起固定为季刊。

8 月　江西省博物馆编辑的《江西文物》(双月刊),开始公开发行。1992 年更名《南方文物》。

9 月　南京博物院谷建祥等在江苏**高淳县**固城湖东,发掘**朝墩头新石器时代遗址**。本年工作至 12 月,揭露 500 平方米。发现三层叠压的文化堆积,有崧泽文化晚期的 5 座墓,良渚文化早期的 12 座墓,以及相当于龙山文化的遗存。(《中国考古学年鉴(1990)》第 202—203 页)

9 月　10—14 日,中国殷商文化学会等单位联合召开的殷墟甲骨文发现 90 周年国际学术讨论会在河南安阳举行。国内外学者和有关人士 130 多人参加会议。(《中国考古学年鉴(1990)》第 340—341 页)

9 月　中国历史博物馆与澳大利亚阿德莱大学东南亚陶瓷研究中心合作,在青岛举办水下考古专业人员培训班。该馆水下考古研究室及沿海各省的 11 名学员参加,学习潜水和水下考古的理论及有关技术知识。继而于 1990 年 2 月在福建连江县**定海湾古代沉船遗址**进行调查与试掘实习。(《文物博物馆事业纪事》第 620 页)

9 月　山东省文物考古所编辑的《海岱考古》(不定期)开始出版。

10 月　19—24 日,科学院古脊椎所在北京房山举行纪念北京猿人第一个头盖骨发现 60 周年古人类学国际学术讨论会。来自亚、欧、美三大洲 9 个国家的 27 位国外学者,来自 19 个省、市、自治区的 69 位国内学者参加会议。收到论文和提要 89 篇。(《中国考古学年鉴(1990)》第 342 页)

10—12 月　社科院考古所韩榕等在山东**临朐县西朱封村**,发掘两座**山东龙山文化晚期墓葬**。这两座墓和 1987 年夏山东文物考古所人员在附近发掘的另一座墓一样,都有施彩绘的棺椁,出土较多制作精美的玉器和蛋壳黑陶器物，所出透雕玉冠饰和浮雕首的玉簪尤为珍贵，为研讨中国古代文明的起源问题提供新的资料。（《山东临朐朱封龙山文化墓葬》，《考古》1990年第7期）

10月　湖北文物考古所梁柱等在**云梦县**城东郊的"楚王城"遗址附近，发掘9座**秦代小型木椁墓**。其中6号墓出土150余支竹简，内容以律文为主，涉及禁苑、马道、田地、马牛羊管理等法律条文，有的简文与睡虎地简相同，有关驰道管理的简文是目前了解秦汉驰道及相关问题的唯一实物资料。（刘信芳、梁柱编著：《云梦龙岗秦简》，科学出版社，1997年）

10月　20日，国务院发布《中华人民共和国水下文物保护管理条例》。（《文物博物馆事业纪事》第625页）

10月　20—22日，中国科学技术大学等单位联合召开的全国第二次实验室考古学术讨论会在安徽合肥举行，国内外学者70余人参加会议。收到论文54篇。与会学者认为，原称"实验室考古"的这种将现代科技应用于考古研究的边缘学科，宜暂定名为"科技考古"，并酝酿成立中国科技考古学会。（《全国科技考古学术讨论会在合肥举行》，《考古》1990年第4期）

秋季　社科院考古所吴加安、王吉怀、梁中合等在安徽**蒙城县**东北，着手发掘**尉迟寺新石器时代遗址**。遗址包含大汶口文化晚期和龙山文化的堆积，而以大汶口文化为主。截至1995年，持续发掘9次，揭露面积近1万平方米。发现浅穴式排房48间，分别为单间、双间、四间和五间。又发现祭祀坑、广场、围壕，以及成人墓和儿童瓮棺葬（共计200多座）。这是目前所知大汶口文化中保存最完整的聚落遗址，在整个中国史前时期考古研究中亦属罕见，学术价值自不待言。该遗址又对探讨淮北地区的古代文化及其与周围地区的联系有重要意义。曾被列入1994年"十大考古

新发现"。(《蒙城尉迟寺——皖北新石器时代聚落遗存的发掘与研究》,科学出版社,2001年)

11月　社科院考古所刘一曼等在**安阳小屯村内**进行发掘,连同春季4—5月,共发掘115平方米,获得刻辞甲骨297片。其中,半数以上出土于近现代扰乱层,其余出土于殷墟文化三、四期地层。这批甲骨多为小片,"历组"卜辞占一定的数量。由于"历组"卜辞除见于晚期地层外,又出自殷墟三期地层,被认为是证明其年代属武乙、文丁时期的重要证据。(《殷墟小屯村中村南甲骨·前言》,云南人民出版社,2012年)

11月　江西省文物考古所彭适凡、詹开逊等在**新干县大洋洲乡程家村**附近,发掘一座**商代大墓**。出土文物十分丰富,青铜器(485件)和玉器(754件)的数量之多、制作之精,为中国南方地区所仅见。其中青铜礼器既有少数具典型的殷商文化特征,又有较多在形制和纹饰上有明显的地方特色。而青铜兵器和陶器,具地方特色的所占比重尤多。发掘者认为,该墓属与中原文明平行发展的吴城青铜文化,墓主应为当地的最高统治者或其家族成员,年代相当于殷墟中期。曾被列入"七五"期间"十大考古新发现"。(《新干商代大墓》,文物出版社,1997年)

11月　社科院考古所王岩、冯承泽等在**隋唐东都**宫城的应天门内,发掘**唐代晚期的残房基等遗迹**,出土10枚汉白玉质的玉册。经查对,其中6枚属《唐大诏令集》所载唐朝末代皇帝(哀帝)的即位册文。本年,王岩、姜波等又在隋唐皇城西南着手发掘一处**唐代的园林遗址**,1993年继续进行,先后发现池塘、廊房、水榭、石路、假山等遗迹,据考证应属上阳宫的范围。(《唐洛阳宫城出土哀帝玉册》,《考古》1990年第12期;《洛阳唐东都上阳宫园林遗址发掘简报》,《考古》1998年第2期)

11 月　中国历史博物馆与日本水中考古学研究所合组中国南海沉船水下考古调查队，由俞伟超任队长、田边昭三任副队长。**在广东台山县川山岛附近海域**进行首次水下调查，确定了**南海 I 号沉船**（南宋或元代）的确切位置。（《文物博物馆事业纪事》第 628 页）

12 月　河南文物考古所袁广阔等在**汝州西郊**的**洪山庙仰韶文化遗址**的发掘中，发现目前最大的一座二次迁葬瓮棺墓。墓长 6.3 米、宽 3.5 米，现存瓮棺 136 具。其中除少量幼儿瓮棺外，多数为成人的大型瓮棺。所用陶缸，往往施有彩绘图案，包括人形纹、动物纹、植物纹、几何形纹以及日月等天象纹。（《汝州洪山庙》，中州古籍出版社，1995 年）

本年　福建省考古博物馆学会成立。（《中国考古学大辞典》第 855 页）

1990 年

1 月　《中国文物报》成为国家文物局的机关报。该报最早名《文物报》，1985 年由河南省文物局创办；1987 年 10 月改名《中国文物报》，由国家文物委员会主办，国家文物局主管。（《文物博物馆事业纪事》第 636 页）

3 月　张忠培著《中国北方考古文集》，由文物出版社出版。

3 月　山东文物考古所张学海、佟佩华等在**章丘龙山镇**，重新对**城子崖遗址**进行全面勘查，工作进行至 1993 年。判明该遗址有龙山文化、岳石文化和周代三个时期的城址遗迹。其中，龙山文化城址的平面近方形（北墙凸出），面积约 20 万平方米；岳石文化城墙与龙山城墙基本一致，面积约 17 万平方米；周代城墙建在岳石城墙之上或内侧，已残存无几。勘查证实，1931 年发掘所见城墙，实属岳石文化。曾被列入 1990 年和"七五"期间"十大考古新发现"。(佟佩华:《中国考古学史上的里程碑——城子崖龙山与岳石文化城址》,《中国十年百大考古新发现(1990—1999)》上册第 122 页)

　　3 月　河南省文物考古所姜涛等与三门峡市文物工作队合作,着手对**三门峡市上村岭虢国墓地**进行第二次大规模发掘,发掘地点在 1956—1957 年发掘区以北(中隔界沟)。本年发掘 2001、2009 两座大墓,以及 4 座中型墓和 1 座车马坑,5 月结束。1991—1992 年、1998—1999 年继续发掘。合计共发掘大中型墓 18 座、车马坑 4 座、马坑 2 座。其中,2001、2009 两座七鼎墓,所出铜器的铭文表明墓主分别为虢季和虢仲,均系虢国国君。后分别被列入 1990 年和 1991 年"十大考古新发现"。现已出版的考古报告《三门峡虢国墓》第 1 卷(文物出版社,1999 年),记述虢季组 12 座墓、3 座车马坑和 2 座马坑的发掘收获。(姜涛、王龙正:《打开虢国神秘之门——三门峡上村岭虢季墓》《出土器物最多的西周国君墓——三门峡上村岭虢仲墓》,分别见《中国十年百大考古新发现(1990—1999)》上册第 297、337 页)

　　3 月　河南文物所曹桂岑等在丹江口水库区**淅川县**下寺附近的**和尚岭、徐家岭**二地,发掘**春秋时期的楚国贵族墓**,工作进行至 1992 年 6 月。和尚岭 2 座,徐家岭 10 座,都随葬成套的青铜礼器,有的墓又有编钟和编磬。和尚岭 1 号墓出土的两件升鼎,铭文称"克黄之升",表明该墓墓主为令尹子文孙"克黄"(楚庄王时的令尹)。该墓曾被列入 1992 年"十大考古新发现"。(《淅川和尚岭与徐家岭楚墓》,大象出版社,2004 年;又曹桂岑:《楚国高级公墓区——丹江口水库楚国贵族墓》,见《中国十年百大考古新发现(1990—1999)》上册第 354 页)

　　3 月　中澳合作举办的水下考古专业人员培训班在福建**连江县定海湾**进行水下考古作业实习。其间,对四母屿、青屿和黄湾屿周围海域进行普遍调查，选定白礁周围为重点，进行海底地形测量、遗址表面采集、探沟试掘等项工作，并对一艘宋元时期的沉船（"南海Ⅰ号沉船"）进行第一次发掘，6月实习结束。（《中国历史博物馆考古部纪念文集》第7页，科学出版社，2000年；《南海Ⅰ号沉船考古报告之一：1989—2004年调查》，文物出版社，2017年）

4月　社科院考古所王杰等在湖北**枣阳**发掘**雕龙碑新石器时代遗址**。上半年工作至6月，下半年和1991—1992年继续发掘。共计揭露1500平方米。遗存被分为三期，早期器物与豫南的仰韶文化相似，中期器物与仰韶文化庙底沟类型和大溪文化相似，晚期器物与屈家岭文化中期相似。发现20座大小不等的房址（早期1座，其余为中晚期），晚期的15号大型多间房址有推拉式屋门尤为难得。后据^{14}C测年数据估计，三期文化的绝对年代约为公元前3300年至前2800年。（《枣阳雕龙碑》，科学出版社，2006年）

4月　山东文物考古所魏成敏、靳桂云等在淄博市**临淄区齐陵镇淄河店村**南、距四王冢700米处，发掘3座战国时期的甲字形大墓，其中一座随葬成套的仿铜陶礼器，以及多套青铜编钟和编磬，并有12具人殉和20多辆车，墓侧又有大型马坑。工作进行至11月。其间，该所王守功等还在齐国故城东墙外的**后李官庄**，发掘一座春秋时期的车马坑，埋车10辆、马32匹（其中6辆车驾4马、4辆车驾2马），工作进行至11月。两项发掘，曾被列入1990年"十大考古新发现"。（王守功：《高速公路下的奇迹——后李春秋车马坑》、魏成敏：《古代独辕车大巡礼——淄河店2号战国大墓》，分别见《中国十年百大考古新发现（1990—1999）》上册第304、310页）

4月　新疆文物考古所人员在**拜城县**的**克孜尔千佛洞**，清理一批僧徒居住的"毗诃罗"窟，少数礼佛的"支提"窟和一些窟前遗址。出土具有明显犍陀罗风格的彩绘泥塑造像，龟兹文的贝

叶经、木板文书和钱币，以及唐朝的"开元通宝"等钱币。(《中国考古学年鉴（1991）》第336页）

4月　2—6日，中国古陶瓷研究会等单位联合召开的首届元代青花瓷学术讨论会在江西高安举行，来自全国各地的130余位代表前往参加。(《文物博物馆事业纪事》第639页）

春季　社科院考古所刘庆柱等在**汉长安城**西北隅的**"西市"遗址**（今相家巷村南），发掘西汉时期的陶俑窑址。秋季和冬季继续发掘。全年共揭露窑址3组21座，出土数千件裸体陶俑，形制与汉景帝阳陵、汉武帝茂陵等处陪葬坑所出一致，应属当时"东园秘器"产品。曾被列入1990年"十大考古新发现"。(《汉长安城窑址发掘报告》，《考古学报》1994年第1期；又李毓芳：《汉代皇家陶俑制作场——汉长安城陶俑窑址》，见《中国十年百大考古新发现（1990—1999）》下册第452页）

春季　社科院考古所王岩等在洛阳周公庙附近，发掘**隋唐东都**宫城正南面的**应天门东阙遗址**，历时9个月至12月结束，共揭露1800多平方米。遗址包括阙楼、廊庑、垛楼、慢道四部分，为三出阙形制，规模宏大、气势雄伟，充分显示封建盛世的威严。这是中国古代宫城门阙的唯一实例，填补了建筑史上的重要空白。曾被列入1990年"十大考古新发现"。后又于2010年发掘西阙遗址，基本情况与东阙一致。(王岩：《城阙高百尺——隋唐洛阳城应天门东阙遗址》，见《中国十年百大考古新发现（1990—1999）》下册第624页）

5月　台北史语所考古组臧振华、刘益昌等在**台北县**八里乡发掘**十三行遗址**，工作进行至1991年3月。十三行遗址是台湾已发掘的最重要的铁器时代遗址，这种文化遗存主要分布在台湾北部沿海和台北盆地。(《历史语言研究所七十年大事记》第54—55页）

5 月　科学院古脊椎所尤玉柱等在福建**漳州市**东北郊**莲花池山**，发掘一处旧石器地点。揭露 220 平方米。有两层文化堆积，下层为红色黏土，石器个体偏大，加工粗糙，有砍砸器和刮削器。上层为红黄色砂质黏土，出土大量的细小石器，加工相当精致。这是福建省首次发现旧石器地点。（《漳州旧石器时代文化遗物》，见尤玉柱主编：《漳州史前文化》，福建人民出版社，1991 年）

5 月　湖北省文物考古所李天元等在**郧县**曲远河，对 1989 年文物普查中发现"高等灵长类"头骨化石的**学堂梁子**地点进行发掘。其间，不仅找到该头骨化石原生的早更新世晚期地层，而且又发现一具更完整的头骨化石，确认其属于直立人类型，将其命名为"**郧县人**"。同时，还出土数十件石制品，多数为砾石石器。该项发掘曾被列入 1990 年和"七五"期间"十大考古新发现"。（李天元：《曲远河畔的直立人——郧县人头骨化石》，见《中国十年百大考古新发现（1990—1999）》上册第 64 页）

5 月　陕西省考古所王学理等在**咸阳市**张家湾，对**汉景帝阳陵陵园**南部发现的 2 组**从葬陶俑坑**进行清理。经全面勘查和重点钻探，判明共有俑坑 24 个。9 月勘查结束。1991 年 3 月起，对其中 6 个俑坑进行发掘。坑内除有多乘配备兵器的木质马车、排列整齐的彩绘陶俑外，又出土陶质动物模型、陶器、铜器、漆器和铜钱等。完整的陶俑均为裸体男性，有的残存丝麻衣痕。该发掘曾被列入 1990 年"十大考古新发现"。（《汉景帝阳陵南区从葬坑发掘第一号简报》，《文物》1992 年第 4 期；《汉景帝阳陵南区从葬坑发掘第二号简报》，《文物》1994 年第 6 期；又焦南峰、王保平：《汉代军旅生活的艺术再现——阳陵南区从葬坑及其彩绘陶俑》，见《中国十年百大考古新发现（1990—1999）》下册第 444 页）

5 月　湖北荆州博物馆张绪球、陈官涛等在**石首市走马岭**，发现并试掘一座**屈家岭文化城址**，本年秋和1991春进行发掘，揭露1200平方米，发现房址4座、墓葬19座，及灰坑、窑址等。遗存可划分为相互衔接的六期，即大溪文化晚期，屈家岭文化早、中、晚期和石家河文化早、中期。1992年对遗址外围有人工堆积迹象的土垣作进一步勘察，并对其中"砚盘山"进行解剖，判明土垣高4—5米、宽20余米，平面呈不规则长方形，东西最长370米，南北最宽300米，周围有壕沟。地层关系表明，城堡的使用年代为屈家岭早期和中期，发现的房址集中在城垣内的东北部。（《湖北石首市走马岭新石器时代遗址发掘简报》，《考古》1998年第4期）

6月　西藏文管会文物普查队霍巍、李永宪等在日喀则地区**吉隆县**北的阿瓦呷英山嘴，发现一处额题为"大唐天竺使出铭"的**摩崖石刻**，内容计24行，满行约30—40字，全文残存222字。纪年为"**显庆三年**（658年）六月"，比著名的唐蕃会盟碑早165年，是西藏地区现存年代最早的汉文碑刻。（《西藏吉隆县发现唐显庆三年〈大唐天竺使出铭〉》，《考古》1994年第7期）

6月　29日，国家文物局举办的第一届中国文物精华展在北京故宫文华殿开幕，展出近年全国各地重要考古发现出土的各类珍贵文物245件。随后逐年举办数届。（《文物博物馆事业纪事》第643页）

夏季　西藏文管会人员在邻近边界的**亚东县**帕里镇，发现四处**吐蕃时期封土墓群**，墓葬分布均为大墓周围绕以小墓，被认为可能是殉葬关系。又在萨迦县的几处吐蕃墓地分别发掘若干石棺墓。（《中国考古学年鉴（1991）》第293—296页）

7月　宁夏文管会办公室雷润泽等在**贺兰县西夏宏佛塔**拆卸重建工程中进行清理，工作进行至9月。该塔的特点是不设基座，直接在当时的地面夯筑塔基。塔顶刹座下的天宫发现大量珍贵文物。其中有数十件彩绘泥塑佛教造像残件、数以千计的西夏文木质雕版残块、数十幅丝织胶漆彩画残片，以及彩绘木雕像等。曾被列入1990年"十大考古新发现"。（《宁夏贺兰县宏佛塔清理简报》，《文物》1991年第8期；又孙昌盛：《天宫秘藏——宏佛塔天宫西夏文物》，见《中国十年百大考古新发现（1990—1999）》下册第720页）

8月　1日，社科院考古所为庆祝建所40周年，在北京故宫乾清宫西庑举办40年研究成果展览。展览内容包括30多项专题、600多件展品。11月底结束。（《中国社会科学院考古研究所四十年研究成果展览》，《考古》1991年第1期）

8月　国家文物局所属文物保护科学技术研究所、古文献研究室，合并为中国文物研究所。后于2008年更名为中国文化遗产研究院。（《文物博物馆事业纪事》第647页）

8月　社科院考古所与西藏文管会合作，王仁湘、李永宪等参加，发掘拉萨市北郊的曲贡遗址。工作断续进行至1992年7月，累计发掘面积3000多平方米。发现的生产工具以打制石器为主，有少量的细石器和骨器，磨制石器和玉器很少。陶器以褐色和黑色的夹砂陶为主，多见圜底器，不见平底器。据分析研究，遗存的年代晚于卡若文化（均为距今4000—3500年间），经济生活以农耕为主，畜牧为辅，兼营渔猎。这是首次在西藏腹地发掘的史前遗址，也是目前所知海拔最高的遗址。具有特殊的意义。曾被列入1991年"十大考古新发现"。（《拉萨曲贡》，中国大百科全书出版社，1999年；又王仁湘：《拉萨河谷的史前文化——曲贡遗址》，见《中国十年百大考古新发现（1990—1999）》上册第143页）

9月　24—28日，中国考古学会与辽宁省考古学会共同主办的第三次"环渤海考古"座谈会在大连举行，来自有关省、市、自治区和台湾地区，以及日本、美国、苏联的学者近百人参加会

议。(《文物博物馆事业纪事》第 649 页)

9 月　社科院考古所安家瑶等在陕西**麟游县**新城区，发掘**隋仁寿宫、唐九成宫 37 号殿址**。历时五年，至 1994 年 9 月结束。基址东西长 42.62 米，南北宽 31.72 米，高出唐代地面 1.1 米，全部用纯净黄土夯筑而成，周围包砌石材。台面原有 48 个 1 米见方的青石柱础（现存 46 个），柱网布置表明其内殿较小，面阔 5 间，进深 2 间，而转廊宽广（外檐面阔 9 间，进深 6 间，廊宽 2 间）。该殿始建于隋，它的发掘填补了中国建筑史上隋代宫殿的空白。曾被列入 1994 年和"八五"期间"十大考古新发现"。(《隋仁寿宫、唐九成宫 37 号殿址的发掘》,《考古》1995 年第 12 期；又安家瑶:《隋唐"夏宫"——隋仁寿宫、唐九成宫 37 号殿址》，见《中国十年百大考古新发现（1990—1999）》下册第 654 页)

9 月　北京市文物所王武钰等在**北京**右安门西南，发掘**金中都南城垣水关遗址**。本年工作至 10 月，1991 年 3—6 月继续发掘。遗址主要包括夯土城墙下的石铺地面，过水涵洞的石板洞底及两厢残壁，以及进出水口两侧的石砌摆手，平面呈〕〔形，全长 47.4 米，两壁间宽 7 米。金中都南城垣出水口具体位置得以确定，便可由此对金中都城内这条重要水系的流向进行复原。该发掘曾被列入 1990 年"十大考古新发现"。(王武钰:《金中都水系复原的坐标——金中都水关遗址》，见《中国十年百大考古新发现（1990—1999）》下册第 731 页)

10 月　湖南文物考古所裴安平等在**安乡县**北郊刘家嘴村附近，再次发掘**汤家岗新石器时代遗址**。工作进行至 12 月，揭露 600 平方米。主要收获是发现年代早于大溪文化的刻纹白陶、炭化稻谷等遗存，后提出"汤家岗文化"的命名；又发现大溪文化的 50 座墓葬（较早）和 6 座房基（较晚）。(《安乡汤家岗——新石器时

代遗址发掘报告》，科学出版社，2013 年）

10 月　南京博物院钱锋等在江苏**昆山**张浦镇，发掘**赵陵山良渚文化遗址**。本年工作至 12 月，揭露 200 平方米。1991 年继续发掘，揭露 630 平方米。两年共发现良渚墓葬 85 座，并探明赵陵山原是良渚文化时期人工堆筑的土台。这 85 座大、中、小型良渚墓葬，共出土文物 600 余件。其中 77 号墓最大，出土陶器、玉器、石器和象牙器共 160 余件（玉器即达 128 件），墓主无疑是当时的显贵。墓地还曾发现 10 多具杀殉骸骨，如此集中的杀殉现象在良渚遗址中尚属仅见。这些发现对中国文明起源问题的研究有重要意义。曾被列入 1992 年"十大考古新发现"。（《江苏昆山赵陵山遗址第一、二次发掘简报》，见《东方文明之光》，海南国际新闻出版中心，1996 年；又钱锋：《太湖流域的文明之光——赵陵山良渚文化遗址》，见《中国十年百大考古新发现（1990—1999）》上册第 165 页）

10 月　香港中文大学中国文化研究所、中山大学人类学系合作，由区家发等在**香港**南丫岛发掘**大湾新石器时代遗址**，以及年代相当于战国时期的墓葬。工作进行至 12 月。（《香港南丫岛大湾遗址发掘简报》，见《南中国及邻近地区古文化研究》，香港中文大学出版社，1994 年）

10 月　社科院考古所杨锡璋、刘一曼等在**安阳郭家庄**，发掘一批**殷代墓葬**，其中 160 号墓是妇好墓发掘以后，殷墟出土文物最丰富的贵族墓葬。所出 41 件精致的青铜礼器中，方形器占较大比例（17 件），有鼎、尊、斝、瓿等，是其显著特点。有的铜器有"亚址"铭文。曾被列入 1990 年和"七五"期间"十大考古新发现"。（《安阳郭家庄 160 号墓》，《考古》1991 年第 5 期；《安阳殷墟郭家庄商代墓葬：1982 年—1992 年考古发掘报告》，中国大百科全书出版社，1998 年；又刘一曼：《"亚址"的地下世界——殷墟郭家庄 160 号墓》，《中国十年

百大考古新发现（1990—1999）》上册第 290 页）

　　10 月　甘肃文物考古所何双全、吴礽骧等在**敦煌**与安西交界处，**发掘悬泉置汉晋时期邮驿遗址**。工作进行至 1992 年底，累计揭露 6000 多平方米，发现一座长宽 50 米的坞院及南墙外的马厩等遗址。出土的大量遗物中，最重要的是 35000 余枚两汉简牍（有字者 23000 余枚，完整簿册 50 多个），内容包括各类文书、簿籍、邮件、信札和典籍；其中纪年简占总数的近十分之一，最早为西汉武帝元鼎六年（前 111 年），最晚为东汉安帝永初元年（107 年）。这是居延汉简出土后简牍学上的重大发现，为研究汉代历史、西北地区史和中西交通史等方面提供丰富的文字资料。曾被列入 1991 年和"八五"期间"十大考古新发现"。（《甘肃敦煌汉代悬泉置遗址发掘简报》《敦煌悬泉置汉简内容概述》，均见《文物》2000 年第 5 期；又张德芳：《20 世纪汉晋简牍第三次大发现——敦煌悬泉置遗址》，见《中国十年百大考古新发现（1990—1999）》下册第 460 页）

　　10 月　辽宁文物考古所冯永谦等在**宽甸县**虎山南麓，发掘**明长城东端起点遗址**。这处起点是一座夯土筑成的方台，边长 36 米，存高 2—5 米，距鸭绿江约 30 米。台址下叠压高句丽时期的大型石构建筑，以及辽金时期的文化层。虎山上与起点台址相连的明长城，用自然石块砌筑，并部分利用高句丽山城城墙。（《中国考古学年鉴（1991）》第 159—160 页）

　　10 月　21—26 日，中国科学院地质研究所、陕西省考古研究所、中国历史博物馆共同召开的中国环境考古学术讨论会，在西安临潼举行。与会代表 59 人。收到论文 31 篇。（《文物博物馆事业纪事》第 651 页）

　　11 月　广东省文物考古研究所在原广东省博物馆文物队的基础上成立。（《文物博物馆事业纪事》第 653 页）

12 月　湖北文物考古所梁柱等在**武昌龙泉山风景区的天马峰下，清理发掘明代楚昭王朱桢**（**朱元璋第六子**）**的陵墓**，工作进行至 1991 年 1 月。该墓有前室、后室和东西壁龛，出土"五供"、圹志、谥宝，以及腰带、铅锡明器等。这是湖北地区第一次发掘的明代藩王墓。（《武昌龙泉山明代楚昭王墓发掘简报》，《文物》2003 年第 4 期）

本年　河南省文物所安金槐主持，杨育彬、裴明相等参加，正式开始编写 1953—1985 年郑州商代城址的发掘报告。报告内容除城址本身的全部资料外，还包括宫殿基址，以及铸铜作坊、制陶作坊、制骨作坊等作坊的资料。（《郑州商城：1953—1985 年考古发掘报告》，文物出版社，2001 年）

本年　北京文物所赵福生等为配合**北京"西厢工程"**，对地处**金中都中轴线**的菜户营至西便门地段进行钻探发掘。在鸭子桥至椿树馆街之间，发现连续的大片夯土，其中最大一片南北长 70 米，东西残长 60 米。据推测，该地段应为**应天门、大安门和大安殿遗址**。（《北京西厢道路工程考古发掘简报》，《北京文物与考古》第 4 辑，1994 年）

本年　江西省考古学会成立。（《中国考古学大辞典》第 855 页）

捌 中国考古学的继续发展时期（下） （1991—2000 年）

1991 年

1 月 28 日，国家文物局在福州召开 1989—1990 年度考古发掘工作汇报会，各省、市、自治区文物管理部门和考古单位的代表近百人出席会议。2 月 1 日结束。（《文物博物馆事业纪事》第 662 页）

1 月 9 日，历史学家和古文字学家徐中舒在成都逝世，终年 93 岁。

徐中舒，初名道威，以字行。安徽怀宁县（今属安庆市）人，生于 1898 年 10 月 15 日。1925—1926 年就读于清华学校国学研究院，师从王国维等名师。后一度在复旦大学等校任教。1929 年至中央研究院历史语言研究所工作，迅即晋升为研究员。1937 年起，终身任四川大学教授。中华人民共和国成立后，曾兼任西南博物院院长、四川省博物馆馆长，又曾被推选为中国先秦史学会理事长、中国考古学会名誉理事、中国古文字研究会理事。有关考古学的论著，早年有《鬲氏编钟图释》（1932 年）、《古代狩猎图像考》（1932 年）、《陈侯四器考释》（1933 年）等，晚年主持编撰《汉语古文字形表》（1980 年）、《甲骨文字典》（1988 年）。（参看《中

国大百科全书》第一版《中国历史》卷"徐中舒"条）

2月22日，国家文物局以1991年第1号令，发布施行经国务院于1990年12月31日批准的《中华人民共和国考古涉外工作管理办法》。（《文物博物馆事业纪事》第662页）

2月　中国文物报社邀请在北京的有关考古专家，评定1990年和"七五"期间"十大考古新发现"。后来，正式受国家文物局委托，继而与中国考古学会共同主办，每年第一季度开展上一年度"十大考古新发现"评选活动。（《文物博物馆事业纪事》第663页）

2月　浙江文物考古所刘斌等在**余杭市**瓶窑镇，发掘**汇观山良渚文化祭坛遗址**，工作进行至6月。祭坛的形制与瑶山一致，为长方形覆斗状，系利用自然山体修整而成。台面以红土为主，中部偏西部位又用挖沟填筑的方式做成灰土方框，从而形成回字形三面结构。清理了祭坛西南部4座大墓，其中4号墓是目前所知规模最大的良渚文化墓葬，随葬品丰富，仅石钺即出土48件。1999年对遗址的主要部分进行全面揭露，对祭坛的总体情况和营建过程有了进一步认识。了解到祭坛为阶梯状三层台面，现存高度2.2米，总面积30万平方米（揭露1500平方米）。这项关涉文明起源问题的发掘，曾被列入1991年"十大考古新发现"。（《浙江余杭汇观山良渚文化祭坛与墓地发掘简报》，《文物》1997年第7期；《良渚文化汇观山遗址第二次发掘简报》，《文物》2001年第12期；又刘斌：《五千年前的祭坛圣地——余杭汇观山遗址》，见《中国十年百大考古新发现（1990—1999）》上册第137页）

3月　山西考古所人员在**永济县**古蒲州城西门的黄河东岸滩涂，发掘**唐代蒲津渡遗址**，工作至7月结束，共揭露1500平方米。发现当时架设浮桥的4尊巨型铁牛（各有1座策牛铁人）、2座铁山及排列呈北斗状的7根铁柱等。这对于中国古代交通史、冶金史和黄河变迁史等方面的研究，具有极为难得的价值。(《山西考古四十年》第 273—276 页，山西人民出版社，1994 年）

4 月 13—16 日，全国第三届科技考古学术讨论会在郑州举行，国内外学者近百人参加。会上成立中国科技考古学会，推选钱临照、苏秉琦为名誉理事长，柯俊为理事长。(《文物博物馆事业纪事》第 665 页）

4 月 安徽文物考古所杨立新等在**南陵市**西南，发掘**江木冲、刘家井、西边冲三处东周时期炼铜遗址**。工作进行至 12 月。发现炼铜竖炉及残迹、残房基等遗迹，出土铜料、粉碎工具、石范及陶器等。其中江木冲的遗存或可早至西周晚期，出土的铜锭经分析鉴定，表明当时已掌握硫化铜矿的采冶技术。(杨立新:《安徽沿江地区的古代铜矿》，《文物研究》第 8 期，1993 年；陈荣、赵匡华:《先秦时期铜陵地区的硫铜矿冶炼研究》，《自然科学史研究》1994 年第 2 期）

5 月 12 日，古文字学家商承祚在广州逝世，终年 90 岁。

商承祚，字锡永，广东番禺人，生于 1902 年 3 月 7 日，出身官宦人家，其父商衍鎏为清代末科探花。早年就读于罗振玉门下，并得到王国维的赏识。后为北京大学研究所国学门研究生。继而执教于东南大学、中山大学、清华大学、北京大学等校，讲授甲骨文和金文。1948 年返任中山大学教授，直至辞世。曾被推选为中国考古学会名誉理事、中国古文字研究会理事。早年的成名作《殷虚文字类编》，是第一部甲骨文字典。又编撰有《殷契佚存》(1933 年）、《十二家吉金图录》(1935 年）、《长沙古物闻见记》(1939 年）、《石刻篆文编》(1957 年）等书。晚年致力于战国楚简的研究，遗著出版为《战国楚竹简汇编》(1955 年）。(参看《20 世纪中国知名科学家学术成就概览·考古学卷》"商承祚"条）

5 月 山西考古所田建文等在**翼城县**东北橄乡发现**枣园村遗**

址，是为山西第一处前仰韶文化遗址。试掘出土的陶器，以泥质红陶为主，夹砂褐陶次之，泥条盘筑成形，主要器类有小平底和假圈足钵、折沿盆、高领双耳壶，以及釜和器座等，其中钵除假圈足者外，口沿多有红彩一周。发掘者认为，这种遗存与磁山文化有不少共同之处，可称之为"枣园文化"。（《山西翼城枣园新石器时代早期遗址调查报告》，《文物季刊》1992 年第 2 期）

5 月 28 日，国家文物局主持召开的苏鲁豫皖考古座谈会在安徽合肥举行。来自北京和苏鲁豫皖四省的 20 多位考古学者参加。6 月 2 日结束。（《文物博物馆事业纪事》第 667 页）

6 月 社科院考古所谢端琚、赵信在甘肃**武山县**南马力乡，发掘**傅家门遗址**。截至 1993 年，揭露 1200 平方米。遗存以马家窑文化石岭下类型为主，其中长方形祭祀坑，以及带刻划符号的陶器和卜骨为首次发现，进一步充实对石岭下类型的认识。石岭下类型层之下，也发现马家窑类型和齐家文化的遗迹与遗物。（《甘肃武山傅家门史前文化遗址发掘简报》，《考古》1995 年第 4 期）

6 月 山东大学考古专业栾丰实等对 1987—1989 年作过相当规模发掘的**邹平县丁公龙山文化遗址**，进行全面的勘探，发现一条环绕遗址周围的"淤土沟"，工作进行至 7 月。为弄清这条"淤土沟"的性质，于 8 月底至 11 月初进行第四次发掘，判明其为外圈呈圆角方形并有环濠的城址，面积 10 多万平方米。其间的又一重要发现，是在一座龙山文化灰坑中发现一片刻划 11 字的陶片。该城址曾被列入 1991 年"十大考古新发现"。1993 年所作发掘，又在该城址之内发现龙山早期的方形小城，面积约 6 万平方米。（《山东邹平丁公遗址第四、五次发掘简报》，《考古》1993 年第 4 期；又栾丰实：《启动龙山文化城址考古新认识——邹平丁公龙山文化城址》，《中国十年百大考古新发现（1990—1999）》上册第 130 页）

6月　河北文物考古所谢飞、王会民等在**定州**西北郊的**北庄子铁路货场**，进行古代墓葬的勘探发掘。截至本年12月，发掘**商代墓葬**42座。墓葬布局规整，部分大型墓有人殉。随葬器以各类青铜器为主（共计270余件），一些铜器上有相同的族氏符号，表明此处为商王朝北部的一处方国贵族墓地。曾被列入1991年"十大考古新发现"。（《定州北庄子商墓发掘简报》，《文物春秋》1992年增刊；又谢飞、王会民：《货场下的贵族亡灵——定州商代墓葬》，见《中国十年百大考古新发现（1990—1999）》上册第323页）

6月　陕西考古所魏京武任领队，杨亚长、田亚岐具体负责，发掘**陇县店子村**附近的**秦国墓地**。工作进行至1993年1月，共计清理秦墓224座。经排比分析，将其分为6期，即春秋中、晚期，战国早、中、晚期和秦代。这是第一次根据同一墓地资料进行关中秦墓的分期，有其重要意义。（《陇县店子秦墓》，三秦出版社，1998年）

6月　社科院考古所与洛阳古墓博物馆合作，段鹏琦、方孝廉等参加，发掘洛阳古墓博物馆西侧的**北魏宣武帝景陵**，工作进行至8月。这座帝陵，地面有直径100米、高24米的硕大土冢，砖砌墓室及甬道、墓道总长54米，墓内有做工考究的石砌棺床。由于历史上的严重盗掘，仅存青瓷器、陶器等少数随葬品，即便如此，仍是研究北魏陵墓制度的重要资料。（《北魏宣武帝景陵发掘报告》，《考古》1994年第9期）

夏季　西藏文管会组织文物普查，在**雅鲁藏布江中游和拉萨河流域**进行广泛的考古调查，索朗旺堆、李永宪、霍巍等参加。此行发现一批**史前时代遗址**、**吐蕃时期墓群**、年代相当于宋元时期的王宫寺院建筑遗址，以及摩崖造像和石窟等。（《中国考古学年鉴（1991）》第283—305页；参看霍巍：《西藏考古新发现及其意义》，

《四川大学学报（哲学社会科学版）》1991 年第 2 期）

　　7 月　陕西考古所戴应新等在**泾阳县**北兴隆乡**高家堡**，发掘**西周早期墓葬** 5 座，连同 1971 年清理的 1 座，共计 6 座。其中 4 座出土青铜礼器 40 余件，半数有简单铭文，所见族氏符号以"戈"为多（8 件），是戈族铜器出土最多的地点。发掘者推断墓主应为戈族首领。（《高家堡戈国墓》，三秦出版社，1995 年）

　　8 月　西安市文管会韩保全、张达宏等在**西安**东郊灞桥附近，发掘唐高祖李渊孙女**金乡县主与夫君合葬墓**。墓内壁画大都脱落，仅墓室、天井和过洞尚存。随葬器物因早期经盗掘，主要剩余彩绘陶俑。发掘者认为，其陶俑与永泰公主墓相比，表情生动，形体较大，应为"东园秘器"。（《西安唐金乡县主墓清理简报》，《文物》1997 年第 1 期；《唐金乡县主墓》，文物出版社，2002 年）

　　8 月　宁夏文物考古所牛达生等清理**贺兰县**拜寺沟的**西夏方塔废墟**，基本弄清楚方塔的建筑结构，抢救出一批西夏文物。清理进行至 9 月。出土文物中，数十种总计 12 万字的西夏文和汉文佛经等刻本与写本文献，极具重要的学术价值。另有佛画和丝织品等。（《宁夏贺兰县拜寺沟方塔废墟清理纪要》，《文物》1994 年第 9 期）

　　9 月　14—18 日，中国考古学会第八次年会在内蒙古呼和浩特举行。中心议题是"中国北方考古学问题"。与会代表近百人。收到论文 69 篇。（《中国考古学会第八次年会在呼和浩特召开》，《考古》1991 年第 12 期）

　　9 月　中国历史博物馆与山西省考古所合作，佟伟华、王睿等参与，对 1985 年以来作过长时间勘察发掘的**垣曲古城镇商代城址**，首次进行城内宫殿基址的大面积揭露。城址平面为不规则方形，南北长约 400 米，东西宽约 350 米。本年工作至 11 月，1992 年继续工作，发掘面积共 800 余平方米。发现的遗迹主要是南、北两座夯土台基以及两侧一道总长 70 米以上的南北向宫墙。台基建于二里冈下层，毁于二里冈上层。（《1991—1992 年山西垣曲商城发掘简报》，《文物》1997 年第 12 期）

9 月　辽宁文物考古所辛占山等在**桓仁县米仓沟村**，发掘一座**高句丽封土石室大墓**，工作进行至 11 月。封土周长 150 多米，墓室用大块条石砌筑。主室边长和高均为 3.5 米，四壁和墓顶绘以装饰纹为主的壁画，这在其他地方的高句丽墓中都很少见。（辛占山：《桓仁米仓沟高句丽"将军墓"》，《东北亚考古学研究——中日合作研究报告书》，文物出版社，1997 年）

9 月　黑龙江文物考古所盖立新、赵评春等在**宁安市**牡丹江畔，渤海上京龙泉府城址对岸的**王陵区**，发掘一座**大型石室壁画墓**。该墓由墓道、甬道和墓室组成。墓室长 3.9 米、宽 3.3 米，四壁壁画多为女性侍从，上部绘花卉。甬道两壁则绘武士。这是首次发掘渤海大墓，对渤海考古和历史的研究有重要意义。曾被列入 1991 年"十大考古新发现"。（赵评春：《渤海史研究的珍贵资料——渤海国王陵区大型石室壁画墓》，见《中国十年百大考古新发现（1990—1999）》下册第 630 页）

秋季　北京大学考古系与河南南阳地区文物所合作，在**邓州**东郊白庄村北，发掘八里岗新石器时代聚落遗址。1992 年春、秋两季和 1994、1996、1998 三年的秋季继续发掘。樊力、张弛等先后参与其事。共计揭露 3000 平方米，发现房址 60 余座、墓葬 120 余座、窖穴和灰坑 800 余个。这些遗迹以仰韶文化、屈家岭文化和石家河文化为主，其中又以仰韶文化半坡晚期和庙底沟时期的房址保存最好，大多是三间（套）以上的多开间，也有双间（套）的，呈东西分列的南北两排。两排虽有因废弃、重建形成的叠压现象，但其格局延续未变。这是研究当时社会结构和建筑技术的绝好资料。曾被列入 1994 年"十大考古新发现"。(《河南邓州市八里岗遗址 1992 年的发掘与收获》,《考古》1997 年第 12 期;《河南邓州八里岗遗址发掘简报》,《文物》1998 年第 9 期;又张弛:《保存完好的仰韶时期居住区——八里岗新石器时代聚落遗址》,见《中国十年百大考古新发现(1990—1999)》上册第 190 页)

10 月　北京大学考古学系编辑的刊物《考古学研究》(不定期)创刊。

10 月　12—16 日,纪念城子崖遗址发掘 60 周年国际学术讨论会在山东济南举行,海内外学者 70 余人参加。收到论文 30 余篇。(《纪念城子崖遗址发掘 60 周年国际学术讨论会文集》,齐鲁书社,1993 年)

10 月　15—20 日,中国古代铜鼓研究会与广西壮族自治区若干单位共同主办的中国南方及东南亚地区古代铜鼓和青铜文化第二次国际学术讨论会,在广西南宁举行,海内外学者 80 余人参加。收到论文 74 篇。(《文物博物馆事业纪事》第 679 页)

10 月　中国历史博物馆考古部在三门峡市召开"小浪底水库班村遗址综合发掘与研究论证规划会议",中国科学院地质所、古脊椎所,中国科技大学、西北大学、北京师范大学、中山大学,及河南、湖南二省考古单位,考古、地质、古生物、环境、文化人类学和物理、化学方面学者 30 余人参加。决定成立"班村遗址综合发掘与研究考古工作队",由俞伟超任总队长、信立祥任副总队长兼考古组组长,从 1992 年起各学科开始工作。并曾约请美、英、日专家为学术顾问。(见《中国历史博物馆考古部纪念文集·考古部二十年工作回顾》第 6 页,科学出版社,2000 年)

10 月　社科院考古所刘忠伏、王学荣等在**偃师商城遗址**,钻探发现**南城墙**,进一步肯定城址的范围。同时发掘城址西南隅邻近宫殿区（1号建筑基址）的**2号建筑基址**。此次发掘进行至12月。后又于1992年春、1993年秋和1994年春继续发掘，共计揭露3400平方米。这是一处长宽约200米的小城，分布排房式建筑，发掘其中两排15座大型夯土基址。发掘者推断其为当时王室的仓储之所。（《河南偃师商城小城发掘简报》，《考古》1999年第2期；《偃师商城第2号建筑群遗址发掘简报》，《考古》1995年第11期）

10月，社科院考古所刘一曼等在**安阳殷墟花园庄东地**，发掘一座**甲骨坑**。坑呈长方形，出土卜甲1558片，其中有刻辞的574片；卜骨25片，其中有刻辞的5片。共计刻辞甲骨579片，而以大版为主。这是1936年127坑甲骨和1973年小屯南地甲骨发现以后，出土刻辞甲骨最多的一批。该坑的地层属殷墟文化一期，所出甲骨刻辞的内容和字体都有独特的风格，在甲骨学上具有重要的研究价值。曾被列入1991年"十大考古新发现"。（《1991年安阳花园庄东地、南地发掘简报》，《考古》1993年第6期；《殷墟花园庄东地甲骨》，云南人民出版社，2003年；又刘一曼：《甲骨文的第三次大发现——殷墟花园庄商代甲骨窖藏》，见《中国十年百大考古新发现（1990—1999）》上册第316页）

10月　社科院考古所王岩、冯承泽等在洛阳市老城区，即**隋唐东都东城**的东南部，发掘**北宋衙署庭园遗址**。工作进行至1992年4月，揭露面积2500平方米。发现殿阁、廊庑、花榭、池塘、门楼以及漏花墙、花砖路、明暗水道等遗迹，布局和谐统一，充分显现当时园林的风韵。这是首次发掘宋代的衙署遗址。曾被列入1992年"十大考古新发现"。（《洛阳宋代衙署庭园遗址发掘简报》，《考古》1996年第6期；又王岩：《宋代洛阳造园风的实例——洛阳宋代衙署庭园遗址》，见《中国十年百大考古新发现（1990—1999）》下册第742页）

10月　28日，考古学家高去寻在台北逝世，终年82岁。

　　高去寻，字晓梅，河北安新县人，生于 1909 年 7 月 1 日。
1935 年北京大学史学系毕业，随即至中央研究院历史语言研究所
考古组工作，1949 年累任至研究员。曾于 1966 年被推选为"中
研院"第六届院士，1978—1981 年兼任历史语言研究所所长。学
识渊博，既有坚实的历史文献学和古文字学根柢，又有良好的田
野考古素养。早年曾与胡厚宣、杨向奎、张政烺等同窗好友，组
织学术团体"潜社"，出版刊物《史学论丛》二辑。先后参加安阳
侯家庄西北冈殷代王陵区（1935 年）、四川彭山汉代崖墓（1941 年）
等项发掘。曾发表《殷商铜器之探讨》（1934 年）、《评汉以前的古
镜之研究并论"淮式"之时代问题》（1945 年）、《黄河下游的屈肢
葬问题》（1947 年）等论文。后以主要精力整理西北冈殷代王陵区
发掘资料，将梁思永遗著《侯家庄》未完稿增补成内容翔实的正
式考古报告，在台北陆续出版。为殷墟考古和殷代历史研究作出
重要贡献。又有遗著《李峪出土铜器及其相关之问题》（1935 年
作），于 1999 年刊出。（参看《20 世纪中国知名科学家学术成就概览·考
古学卷》"高去寻"条）

　　11 月　湖南文物考古所单先进会同澧县文管所曹传松等，在
澧县西北车溪乡南岳村附近，对 1979 年发现的**城头山城址**进行勘
查和试掘。判明城址平面呈圆形，外径 325 米，有城壕环绕，并
初步认定城址的年代为屈家岭文化中期。1992—1994 年的冬季，
由何介钧主持进行发掘，判明该城址的城垣、城门和城壕情况，
肯定城址的营建年代，推断使用至石家河文化晚期；并在城内发
现屈家岭早中期的 10 多座房基，最大面积近 50 平方米，又曾发
掘陶器作坊遗址和墓葬区。该发掘曾被列入 1992 年"十大考古新
发现"。后来又于 1997—1998 年度进行发掘，从地层上进一步判
明城墙最早营建于大溪文化一期，年代超过 6000 年前，因而判

定其为我国目前所知最早的城址。同时，又发现**世界上最早的水稻田遗迹**。（《澧县城头山屈家岭文化城址调查与试掘》，《文物》1993年第12期；《澧县城头山古城址1997—1998年度发掘简报》，《文物》1999年第6期；又何介钧：《目前中国最早的古城址与世界最早的古稻田——澧县城头山古城址》，见《中国十年百大考古新发现（1990—1999）》上册第156页）

　　11月　17—30日，社科院考古所举办中国文明起源问题研讨活动，邀请辽宁文物考古所、浙江文物考古所、上海博物馆、南京博物院的有关学者与本所部分研究人员，共近20人参加。前一阶段，实地考察二里头、偃师商城、陶寺、殷墟等重要遗址。后一阶段，由徐苹芳主持，在北京围绕三个议题——（1）关于文明的概念和因素，（2）中国古文明起源的特点和模式，（3）文明起源研究在中国考古学中的地位和今后探索的途径，进行了三天学术座谈。（《中国文明起源研讨会纪要》，《考古》1992年第6期）

　　12月　安徽文物考古所杨德标等在**天长县**东北三角圩，发掘一批**西汉时期木椁墓**。1992年4月继续发掘，共计清理西汉墓24座（另有1座属战国晚期）。其中除8座属西汉早期外，其余均为西汉中晚期。1号墓的随葬品最为丰富，包括数量多、保存好的彩绘漆器，成套的铁质手工工具，青铜蒸馏器等。所出印章表明，墓主为名叫"桓平"的广陵王属官，从而证明该地应是桓氏家族墓地。曾被列入1992年"十大考古新发现"。（《安徽天长县三角圩战国西汉墓出土文物》，《文物》1993年第9期；又杨德标：《史籍无载的桓氏家族墓——天长三角圩汉墓群》，见《中国十年百大考古新发现（1990—1999）》下册第473页）

　　12月　云南文物考古所张新宁等对**江川县李家山古墓群**再次进行发掘。截至1992年4月，揭露1100平方米，清理墓葬58座。其中大型墓6座，随葬品丰富，与周围随葬较少的中小型墓对比悬殊。所出铜鼓、贮贝器、编钟、俑，以及工具、兵器、仪仗等大量的青铜器（或铜铁合制工具和兵器），**具明显的滇文化特色**。发掘者认为，这批墓葬可分为西汉早、中、晚期和东汉早期，为深入研究汉王朝与滇的关系提供了重要资料。曾被列入1992年"十大考古新发现"。（《江川李家山古墓群第二次发掘简报》，《云南文物》第35期，1993年；又张新宁：《别具一格的西汉滇地葬俗——江川李家山古墓群》，见《中国十年百大考古新发现（1990—1999）》下册第478页）

12月　27日，社科院考古所举行"纪念李济先生诞辰95周年学术座谈会"，李济先生的生前友好、家属及有关考古学者20余人参加。（《中国社会科学院考古研究所概览（1950—2000）》第70页）

12月　苏秉琦发表《关于重建中国史前史的思考》一文，指出重建中国史前史的任务落在考古学家的肩上，当前应趁大好时机把这一任务提上工作日程。（《考古》1991年第12期）

本年　为考察镇江市北固山前孙权建立的"铁瓮城"遗址，南京大学历史系与镇江博物馆合组考古队。本年和1992年，由蒋赞初领队开展工作，对其西垣和北垣进行了试掘。1993年起，镇江古城考古所与镇江博物馆合组考古队，由刘建国领队，先后对南垣、东垣、西垣、城内建筑及西垣外的城壕、石路等遗迹进行勘探与试掘；又曾于2004年对南门遗址进行发掘，2005—2006年对西门遗址进行勘探。历年发掘面积共计1182平方米。判明孙吴时期的铁瓮城平面略作北窄南宽的椭圆形，南北长480米，东西最宽近300米；其始建年代当在孙氏占据江东至孙吴立国之前。（《江苏镇江市铁瓮城遗址发掘简报》，《考古》2010年第5期）

1992 年

1月　社科院考古所李德金会同浙江省及杭州市文物考古所

人员，在**杭州市区**进行**南宋都城临安皇城遗址**的勘察，工作断续进行至 1993 年 1 月。该皇城遗址的东、北城墙早在 1984—1986 年已经找到，这次判明北墙西端南折一段后，即以凤凰山为屏障，证实《咸淳临安志》所载皇城图是正确的。又在皇城范围内试掘一处宫殿遗址。（《中国社会科学院考古研究所概览（1950—2000）》第 71 页；《中国考古学年鉴（1993）》第 146—147 页）

　　3 月　20—24 日，国家文物局在山东淄博召开田野考古工作座谈会，20 多个省、市、自治区考古单位的负责人参加，就贯彻《田野考古工作规程（试行）》、提高考古发掘水平问题进行了讨论。（《文物博物馆事业纪事》第 694 页）

　　3 月　山东文物考古所魏成敏等在**淄博市**齐国故城以东，发现**田旺村龙山文化遗址的夯土城墙**。平面呈不规则的圆角方形。东西 400 米，南北 450 米，面积约 18 万平方米。地层关系表明，其年代上限为龙山文化中期，下限为龙山文化晚期或岳石文化早期。（《中国考古学年鉴（1993）》第 163—164 页）

　　春季　班村遗址综合发掘与研究考古组在信立祥和王建新的主持下，开始对河南**渑池县班村遗址**进行发掘。截至 1999 年夏，揭露面积共计 7500 平方米，基本摸清了遗址的内涵和聚落布局，获知该遗址包括裴李岗、庙底沟一期、庙底沟二期、东周和宋元时期的遗存。其他各自然科学学科的研究也取得可喜的成果，找到了遗址自然环境和生活方式发生变迁的证据。其间，曾有美、英、日等国的"学术顾问"参与其事。据云"发掘报告已经完成初稿，预计 2000 年初即可交出版社出版"。此后，俞伟超卸任中国历史博物馆馆长，继而于 2003 年去世，时至今日发掘报告并未出版。（见《中国历史博物馆考古部纪念文集·考古部二十年工作回顾》第 6 页。已发表的研究成果有：王建新、张晓虎：《试论班村仰韶文化遗存的分

期及相关问题》,《考古与文物》2001 年第 3 期;孔昭宸、刘长江、张居中:
《渑池班村遗址植物遗存及其在环境考古学上的意义》,《第四纪研究》1998
年第 3 期)

4 月　2—6 日,四川省文化厅暨省文物考古所,在广汉召
开"纪念三星堆考古发现 60 周年暨巴蜀文化与历史国际学术讨
论会",国内外有关学者近 200 人参加。(《文物博物馆事业纪事》第
695 页)

4 月　科学院古脊椎所黄慰文等在贵州**盘县**珠东乡十里坪村
附近,发掘**大洞旧石器时代遗址**。后又多次发掘,揭露面积约
100 平方米。洞穴内的堆积较厚,先后出土 5 枚早期智人类型牙
齿化石,3000 多件石制器及骨制品,以及大量的动物化石,并发
现用火遗迹。这是一处在旧石器时代考古研究中颇有发展前途的
遗址,曾被列入 1993 年"十大考古新发现"。(黄慰文:《旧石器研究
新"圣地"——盘县大洞旧石器时代遗址》,见《中国十年百大考古新发现
(1990—1999)》上册第 76 页)

4 月　北京大学考古系与山西考古所合作,由李伯谦、罗新
主持,在**曲沃县**北赵村附近,发掘**西周晋侯墓地**。上半年工作至
6 月,10 月至 1993 年初继续工作,两次共发掘四组 7 座甲字形
大墓,其中 4 座已被严重盗掘,保存较好的 8 号墓出土"晋侯稣"
等铭文的青铜礼器和较多玉器。曾被列入 1992 年"十大考古新
发现"。1993 年春、秋两季,又在该墓地发掘二组 5 座大墓,其
中一组 3 座保存较好,随葬"晋侯邦父"等铭文青铜礼器和较多
玉器。曾被列入 1993 年"十大考古新发现"。继而又于 1994 年
5 至 10 月发掘二组 4 座大墓及与 8 号墓同组的 1 座大墓。五次合
计共发掘八组 17 座异穴合葬大墓,其中甲字形 14 座,中字形 2
座,方坑 1 座,虽然部分大墓惨遭盗掘,仍出土大量的青铜礼器

和玉器，许多铜器的铭文有晋侯名号，发掘者推定墓主为西周早中期至西周末年的九代晋侯及其夫人。这是目前所知西周时期延续时间最长的诸侯墓地，对于西周考古与历史的研究具有极为重要的意义。后被列入"八五"期间"十大考古新发现"。（《1992 年春天马—曲村遗址墓葬发掘报告》，《文物》1993 年第 3 期；《天马—曲村遗址北赵晋侯墓地第二次发掘》，《文物》1994 年第 1 期；《天马—曲村遗址北赵晋侯墓地第三次发掘》，《文物》1994 年第 8 期；《天马—曲村遗址北赵晋侯墓地第四次发掘》，《文物》1994 年第 8 期；《天马—曲村遗址北赵晋侯墓地第五次发掘》，《文物》1995 年第 7 期；又徐天进：《开启晋国之门——晋侯墓地的发现与研究》，见《中国十年百大考古新发现（1990—1999）》上册第 342 页）

5 月　5 日，国家文物局发布施行国务院 4 月 30 日批准的《中华人民共和国文物保护法实施细则》。（《文物博物馆事业纪事》第 697 页）

5 月　陕西宝鸡市考古队田仁孝等在宝鸡南郊，发掘**益门村春秋晚期 2 号秦墓**，随葬品主要是兵器、马具和装饰品，未见礼器和生活用器，质地则以金、玉为主，并且出土 20 多件人工铸铁的刀剑。这是出土先秦时代铁器最多的一批。（《宝鸡市益门村二号春秋墓发掘简报》，《文物》1993 年第 10 期）

5 月　洛阳市文物队方孝廉等在**洛阳**南郊花园村附近，发掘开元二十八年（740 年）入葬的**唐睿宗李旦贵妃豆卢氏墓**。这是洛阳地区已发现的唐墓中规模最大、等级最高的一座，由于历经多次盗掘，墓室壁画已毁，随葬品残存较少，所出墓志、陶俑和若干器物，有助于唐代历史的研究。（《唐睿宗贵妃豆卢氏墓发掘简报》，《文物》1995 年第 8 期）

6 月　中国历史博物馆水下考古研究室率头、沿海主要省市水下考古人员参加的"国家绥中水下考古队",由张威领队,赵嘉斌等参加,前往辽宁**绥中县**三道岗海域,进行**元代沉船遗址**的调查,本年工作至 7 月底。这标志着中国水下考古进入独立开展工作的新阶段。随后,于 1993 年 6—7 月、1994 年和 1995 年的 5—7 月、1997 年 6—7 月,先后四次进行水下发掘。总计采集标本 613 件,其中瓷器的数量最多(共 599 件),为典型的磁州窑系产品。发掘者根据沉船的位置推断,该船可能是沿渤海西岸驶往东北某地的国内贸易船。其间,曾被列入 1993 年"十大考古新发现"。(张威主编:《绥中三道岗元代沉船》,科学出版社,2001 年;又见赵嘉斌:《中国第一次水下考古——绥中元代沉船水下考古调查》,《中国十年百大考古新发现(1990—1999)》下册第 755 页)

7 月 社科院考古所杨虎、刘国祥等对内蒙古**敖汉旗兴隆洼遗址**,进行第 5 次发掘,工作进行至 10 月。1993 年 6—11 月,又进行第 6 次发掘。两次大规模发掘,揭露面积共计 2 万平方米,发现兴隆洼文化的房址 103 间、窖穴和灰坑 400 个、墓葬 20 座。至此,兴隆洼遗址中布局井然有序的一期聚落,以及周围新发现的二、三期壕沟已被全部揭露出来。这在中国新石器时代考古中尚属首例。同时还清理了二、三期聚落的部分房址。曾被列入 1992 年和"八五"期间"十大考古新发现"。(《内蒙古敖汉旗兴隆洼聚落遗址 1992 年发掘简报》,《考古》1997 年第 1 期;又杨虎、刘国祥:《红山文化的源头——兴隆洼原始聚落遗址》,《中国十年百大考古新发现(1990—1999)》上册第 149 页)

7 月 河南文物所袁广阔等在**辉县**东南,发现并发掘**孟庄龙山文化城址**,后断续发掘至 1995 年上半年。判明这座龙山城址的平面略作梯形,东墙和北墙东段保存较好,北墙西段和西墙多被毁,南墙无存,每面长度应为 300 多米,有城壕环绕。东、西、北三面龙山城墙之上，都发现二里头时期夯土及修补情形。有的地段还发现商代晚期修补的夯土。如此三个时期叠压的城址，在中原地区尚不多见。曾被列入1994年"十大考古新发现"。(《河南辉县孟庄龙山文化遗址发掘简报》，《考古》2000年第3期；袁广阔：《中原首次发现的龙山、夏、商三叠城——辉县孟庄遗址》，《中国十年百大考古新发现（1990—1999）》上册第201页；又《辉县孟庄》，中州古籍出版社，2003年）

7月 黑龙江文物考古所金太顺等在**宁安市**西南渤海镇，对**虹鳟鱼场渤海墓地**进行全面揭露，工作进行至本年11月。1993—1995年秋季继续发掘，合计共清理墓葬323座、祭坛7座，发掘总面积1万多平方米。墓葬形制复杂，而以石室墓为大宗，平面分为铲形、刀形、长方形和双室4种；砖室墓和砖石混筑墓较少。大都为多人二次葬，随葬品较丰富，金银饰件等器物制作精工。这是目前发掘数量最多的一批渤海墓葬，祭坛则属首次发现，为研究渤海经济文化的发展情况及其与唐代中原地区的关系，提供重要的实物资料。曾被列入1995年"十大考古新发现"。(《黑龙江宁安市虹鳟鱼场墓地的发掘》，《考古》1997年第2期；又金太顺、赵哲夫：《前所未见的渤海国墓葬——宁安虹鳟鱼场渤海墓群》，《中国十年百大考古新发现（1990—1999）》下册第661页）

7月 河南文物所人员在孙新民的主持下，全面勘察原**巩县**境内的**北宋皇陵**。本年7—11月，勘察和试掘**宋真宗永定陵上宫遗址**。1993、1994两年的3—7月，勘察其他七处宋陵。1995年1—9月，发掘永定陵的**永定禅院遗址**。这次历时四年的北宋皇陵勘察，对每个陵园的上宫、下宫、皇后陵、陪葬墓的现存情况（包括众多石雕、碑刻和出土墓志），以及皇陵寺院、陵邑和采石场等相关遗迹的情况，都有详细的记录。后将这些勘察发掘资料连同

1984—1985 年清理元**德李皇后陵地宫**的资料，编撰出版考古报告。(《北宋皇陵》，中州古籍出版社，1997 年)

　　8 月　21—23 日，上海博物馆为庆祝建馆 40 周年，举办吴越地区青铜器研究座谈会，国内外有关学者 27 人参加，均提交论文。(马承源主编：《吴越地区青铜器研究论文集》，香港两木出版社，1995 年)

　　8 月　22—26 日，中国考古学会、社科院考古所、河北省文物考古学会、河北省文物考古所共同举办的第四次"环渤海考古"学术讨论会在石家庄召开，国内外考古学家近百人参加。(《文物博物馆事业纪事》第 704 页)

　　8 月　内蒙古文物考古所齐晓光、侯峰等在赤峰市辖**阿鲁科尔沁旗**的朝克图山南坡，发掘辽代早期会同四年(941 年)入葬的**耶律羽之墓**，10 月结束工作。耶律羽之为契丹显贵，辽太祖阿保机的堂弟，太宗时参议朝政，进阶上柱国，《辽史》有传。墓室规模宏大，用绿琉璃砖砌筑，并有彩绘壁画，随葬金银器皿、瓷器，以及大量丝织衣物，并出土长篇墓志。这是目前所见年代最早的大型辽墓，对辽代考古研究有较大的推进。曾被列入 1992 年"十大考古新发现"。(《辽耶律羽之墓发掘简报》，《文物》1996 年第 1 期；又侯峰：《罕见的契丹贵族墓——内蒙古辽代耶律羽之墓》，《中国十年百大考古新发现(1990—1999)》下册第 736 页)

　　9 月　河南省文物考古所主持，商丘地区和商丘县文物单位协助，在 1991 年安金槐等已作初步考察的基础上，开始对**永城县**芒砀山的**西汉梁国王陵园**进行大规模的勘察发掘。参加工作的有张志清等。1994 年 7 月结束。勘察获知，根据陵园现存的围墙残体，可复原其平面为近方形，南北长约 900 米，东西宽约 750 米。陵园内有梁孝王墓、王后墓、寝园，及诸多陪葬墓。**发掘的地点**

以**梁孝王寝园**、**王后陵**和**陵园东门**为主。这次发掘中最重要的发现是寝园，包括几座殿、堂、厨室和院落，这是目前唯一保存完整的寝园建筑群。王后陵则是目前所见规模最大的崖洞墓，包括两条墓道、三条甬道、前庭、前后室，及 34 个侧室，回廊、隧道等，全长 210.5 米，总面积 1600 余平方米。曾被列入 1991 年、1994 年和"八五"期间"十大考古新发现"。（安金槐：《芒砀山西汉时期梁国王陵墓群考察记》，《文物天地》1991 年第 5 期；《永城西汉梁国王陵与寝园》，中州古籍出版社，1996 年；《芒砀山西汉梁王墓地》，文物出版社，2001 年；又张志清：《解剖西汉王陵制度的标本——永城西汉梁国王陵与寝园》，见《中国十年百大考古新发现（1990—1999）》下册第 466 页）

秋季　辽宁文物考古所辛占山、张克举主持，华玉冰、杨荣昌等参加，对**绥中县石碑地秦汉行宫遗址**，在 1980 年代工作的基础上进行全面勘察，并从 1993 年 4 月起进行更有计划的大规模发掘。截至 1999 年底，发掘面积达 5 万平方米，基本搞清楚遗址的建筑布局，判明宫城的平面呈曲尺形，内部则以墙体分隔成 10 个大小和形状各异的相对独立小区，整体上并无固定轴线，局部建筑单元仍多对称，相互之间又以廊道连接，高低错落，疏密有致，排水设施也很完善。经发掘揭露的主要有遗址**前部高大的中心建筑台基**，其附近的**沐浴室和冰窖**，以及中部的若干院落。曾被列入 1997 年"十大考古新发现"。（《辽宁绥中县"姜女石"秦汉建筑群址石碑地遗址的勘探与试掘》《辽宁绥中县石碑地秦汉宫城遗址 1993—1995 年发掘简报》，均见《考古》1997 年第 10 期；又华玉冰、杨荣昌：《沧桑"碣石宫"——绥中石碑地遗址》，见《中国十年百大考古新发现（1990—1999）》下册第 517 页）

9 月　浙江文物考古所赵晔等在**杭州市**西北**余杭良渚遗址群**的西侧，对 1987 年曾作小规模发掘的**莫角山遗址**进行大规模发掘。截至 1993 年 7 月，揭露面积近 1400 平方米，确认莫角山是一处总面积达 30 万平方米的良渚文化巨型遗址，其中**有成排柱洞的夯筑建筑基址**，面积不少于 3 万平方米。该遗址处于这一地区良渚文化遗址群的中心部位，周围分布有反山、瑶山、汇观山等良渚文化大型墓葬和祭坛，以及居址和小型墓地。这对于良渚文化社会形态和中国文明起源的研究，具有极为重要的价值。曾被列入 1993 年和"八五"期间"十大考古新发现"。(《余杭莫角山遗址 1992—1993 年的发掘》，《文物》2001 年第 12 期；赵晔：《良渚文化最大中心轮廓初现——莫角山大型良渚文化基址》，《中国十年百大考古新发现（1990—1999）》上册第 177 页)

9 月　　江西文物考古所与北京大学考古系等单位合作，余家栋、权奎山等参加，对**丰城市**曲江镇罗湖村一带的六朝隋唐时期**洪州窑遗址**进行全面调查和重点发掘。发现 31 处窑场遗址，发掘 3 座龙窑窑炉遗迹，出土大批瓷器（片）和窑具标本。获知洪州窑至迟在东汉晚期已能烧制较成熟的瓷器，东晋南朝逐渐进入兴盛时期（开始使用匣钵），盛烧期直至唐代中期，唐代晚期和五代时期衰落。这是研究中国陶瓷史的一批重要资料。曾被列入 1993 年"十大考古新发现"。(张文江：《洪州窑》，文汇出版社，2002 年；又权奎山：《一个学术研究课题的破译——丰城洪州窑址》，《中国十年百大考古新发现（1990—1999）》下册第 643 页)

10 月　　北京大学考古系与湖北荆州地区博物馆合作，王幼平等参与，在**荆州**古郢城北侧发掘**鸡公山旧石器时代遗址**，揭露面积 400 多平方米。发现两层含旧石器的文化堆积，下层可能属中、晚更新世之交或更早，上层应为晚更新世晚期。在下文化层，发现古人类的活动面，揭示可能与打制石器等活动有关的"石圈"，以及石制器密集的"石堆"，出土数以万计典型的砾石制品。上文化层出土小型石片石器，也很丰富。这里的发现，反映了中国南方从砾石石器工业到石片石器工业的过渡历程，展现的早期人类活动面尤为难得。曾被列入 1992 年"十大考古新发现"。（王幼平：《500 平方米的早期人类活动面——鸡公山遗址》，《中国十年百大考古新发现（1990—1999）》上册第 71 页）

10 月　北京大学考古系与河南驻马店文管所合作，由宋豫秦主持，发掘驻马店市西南的杨庄遗址。工作进行至 11 月，揭露面积约 600 平方米。遗存包括石家河文化、河南省南龙山文化和二里头文化一二期，对探讨这一南北文化交汇地带考古学文化的特点和分期有重要意义。由于此次发掘有该校地质系、城市与环境学系的学者直接参加，注意收集全新世环境变迁方面的信息，也取得了显著的研究成果。（《驻马店杨庄——中全新世淮河上游的文化遗存与环境信息》，科学出版社，1998 年）

10 月　社科院考古所王岩、李春林等在洛阳南郊安乐乡狮子桥村，发掘隋唐东都城履道坊遗址。从本年度工作至 1993 年初，1993 年 3—5 月继续发掘，共计揭露面积 7249 平方米。发现履道坊西侧的水渠、道路，以及坊内的一处宅院遗迹。出土瓷器、陶器、石砚和经幢等文物。发掘者根据两件经幢分别残存"唐大和九年""开国男白居易造"等字样，结合有关文献记载，推断该遗址为晚年好佛的白居易故居。（《洛阳唐东都履道坊白居易故居发掘简报》，《考古》1994 年第 8 期）

11 月　山东文物考古所何德亮等在枣庄市山亭区西集镇，发掘建新村大汶口文化遗址。本年工作至 12 月，1993 年 2—5 月扩大发掘。共计揭露 2700 平方米，发现房基 27 座、墓葬 92 座、陶窑 1 座、水井 1 座等遗址。这是海岱地区大汶口文化成批房基和墓葬的首次发现。（《枣庄建新——新石器时代遗址发掘报告》，科学出

版社，1996年）

11月　南京博物院等单位与日本宫崎大学合作，开展**吴县草鞋山遗址古稻田研究**，由中方单独进行草鞋山遗址的再次发掘，谷建祥等参与其事。截至1995年，经过连续四年秋末冬初的发掘与研究，发现马家浜文化的水稻田44块，用于排水、蓄水和灌溉的水沟6条、水井10口、水塘2个。这是中国首次发现的水稻田遗迹和水稻种植灌溉系统。另据植物蛋白石形态、植物遗体DNA和炭化米形态三个方面分析，判明当时种植的水稻属粳型稻。（谷建祥等：《对草鞋山遗址马家浜文化时期稻作农业的初步认识》，《东南文化》1998年第3期）

本年　山东文物考古所罗勋章等在**临淄**齐国故城东南的齐陵镇和青州东高镇一带，进行**田齐王陵区**的全面勘探，勘探面积约500万平方米。发现无封土、有墓道的附葬墓74座，其中仅四王冢北600平方米的范围即有4排25座，墓形以甲字形居多，又有少数中字形和曲尺形的。青州境内发现的三处5座封土大冢，形制与四王冢相似，据推测也应是齐君陵墓。（据《山东省文物考古工作五十年》，见《新中国考古五十年》第240—241页，文物出版社，1999年）

1993 年

2月　长沙市文物队宋少华等在**长沙市望城坡**古坟垸，发掘一处**西汉早期长沙国王室墓葬**，包括一座**黄肠题凑主墓**，三座呈品字形环绕的陪葬坑，工作进行至7月。主墓墓口长16米、宽13米，有斜坡墓道、题凑和椁室，共用木材200多立方米，葬制规格超过马王堆一号墓。历史上虽曾遭到严重盗掘，仍出土各类随葬器物5000余件，其中有大量的漆木器皿，吹、打、弹、拉乐器，梳妆用具和金玉饰件等。特别是3件五弦筑实物的确认，使这种失传千年以上的相和乐器重现人间，是中国古代音乐史上的重大发现。发掘者根据该墓的年代，所出"长沙后府"封泥，题凑上凿刻和漆器上锥刻都有"渔阳"字样，推断墓主应是吴氏长沙国与"渔阳"有关的某代王后。曾被列入1993年"十大考古新发现"。（宋少华、李鄂权：《三次被盗掘的王后墓——长沙"渔阳"墓》，《中国十年百大考古新发现（1990—1999）》下册第484页；《湖南长沙望城坡西汉渔阳墓发掘简报》，《文物》2010年第4期）

2月　江苏连云港市博物馆刘劲松、纪达凯等在该市所辖**东海县温泉镇**，发掘**尹湾村西汉中晚期族墓地**。截至4月，共计发掘6座长方形竖穴石坑木椁墓。其中6号墓保存较好，随葬品中有木牍23方，内容为东海郡上计集簿、吏员簿、兵车器簿，以及元延元年、二年历谱和三年日书、衣物疏、赗赠名簿等；竹简133支，内容为元延二年（前11年）日记，《刑德行时》《行道吉凶》《神乌傅（赋）》，对秦汉时期历史及相关问题的研究有重要价值。（《江苏东海县尹湾汉墓群发掘简报》，《文物》1996年第8期；《尹湾汉墓简牍》，中华书局，1997年）

春季　河南三门峡市文物队宁景通等在**三门峡上村岭**，发掘**北宋漏泽园**。截至1994年春，共计清理小型土坑墓746座。后连同1985年洛阳市文物队在该地清理的103座墓，合计849座，编写发掘报告。（《北宋陕州漏泽园》，文物出版社，1999年）

3月　杨伯达任编辑委员会主任的《中国玉器全集》开始由河北美术出版社出版。全书6册，承担各分卷主编的有牟永抗、云希正、陈志达、方国锦、贾峨、卢兆荫、李久芳。本年8月出齐。后又于2005年出版简装本，每部3册。

3月　12—17日，国家文物局召开的1992年全国考古工作

汇报会 ① 在广东珠海举行,全国 30 个省、市、自治区的文物管理部门、考古研究机构及大学考古专业的代表 110 多人参加。(《文物博物馆事业纪事》第 722 页)

3—4 月 科学院古脊椎所与广西自然博物馆合作,谢光茂等参加,在百色盆地进一步开展旧石器时代考古工作,发掘**百色市百谷、田东县坛河遗址**,从砖红壤中获得 160 多件石制器,为百色石器提供更加明确的地层证据。其间,黄慰文又在百谷等遗址的原生地层找到与石器共生的玻璃陨石,经测定不晚于距今 70 万年。(《中国考古学年鉴(1994)》第 255—257 页)

3 月 河北文物所郑绍宗等在**宣化下八里**,再次进行**辽代壁画墓**的发掘。本年发掘的 9 座辽代晚期墓,分属张姓(8 座)和韩姓(1 座)两处墓地。墓内发现前所未见的"茶毗"葬制,将骨灰装入稻草捆扎的偶人体内,再着衣冠置入棺中。各墓均有大小不等的彩绘壁画,总面积达 270 多平方米(出现人物共计 206 人),另有墓顶星图 60 多平方米。所绘出行、散乐、备经、备茶等图像,内容丰富,生动地反映了辽代汉官贵族的生活情景。星象图包括三种不同的表现形式,是研究当时天文历法的重要资料。出土的瓷器和木制家具,也颇有研究价值。曾被列入 1993 年"十大考古新发现"。(1974 年以来发掘收获,见《宣化辽墓:1974—1993 年考古发掘报告》,文物出版社,2001 年;又郑绍宗:《壁画中的辽人生活——宣化下八里辽壁画墓群》,见《中国十年百大考古新发现(1990—1999)》下册第 747 页)

4 月 南京博物院与扬州博物馆、高邮博物馆合作,由张敏

---

① 全国考古工作汇报会,系国家文物局定期召开的例会,两三年一次,以下不再著录。

主持，发掘**高邮龙虬庄新石器时代聚落遗址**。截至 1995 年末，先后发掘 4 次，揭露面积 1335 平方米。发现房址 4 处、灰坑 34 个、墓葬 402 座，出土各类遗物 2000 余件。据测定，遗存的年代为距今 6600—5000 年，可以分为三期，从而初步建立江淮东部地区的文化发展序列。发掘者认为，其文化面貌有别于长江以南、淮河以北及江淮中部的诸考古学文化，具有鲜明的特点，提出"龙虬庄文化"的命名。曾被列入 1993 年"十大考古新发现"。（《龙虬庄——江淮东部新石器时代遗址发掘报告》，科学出版社 1999 年；又张敏：《淮河下游新石器时代的绚丽画卷——高邮龙虬庄遗址》，见《中国十年百大考古新发现（1990—1999）》上册第 172 页）

5 月　辽宁文物考古所人员对**朝阳北塔遗址**进行勘察发掘。工作进行至 1995 年 11 月，发掘面积 1300 平方米。揭露长约 100 米、宽约 90 米、高约 7 米的大型夯土台基，发现三燕、北魏、隋唐、辽代等时期的建筑遗迹，其中北魏时期的建筑布局较为清楚。据考证，应是北魏文成文明皇后冯氏临朝听政时期（孝文帝太和年间）建于**龙城的"思燕佛图"遗址**，时代早于洛阳的永宁寺塔，对研究中国早期的伽蓝建筑有重要意义。（《朝阳北塔——考古发掘与维修工程报告》，文物出版社，2007 年）

夏季　社科院考古所王仁湘、赵慧民、刘建国等在 1989—1992 年多次考察的基础上，对西藏**琼结县吐蕃王陵**进行全面的调查与勘测。2000 年 10 月又作补充测量。判明东西两个陵区的陵墓共计不少于 20 座，与过去的统计有较大差距。进而根据藏文文献的有关记载，对吐蕃王陵的墓主作了新的探讨。（王仁湘等：《西藏琼结吐蕃王陵的勘测与研究》，《考古学报》2002 年第 4 期）

夏季　内蒙古文物考古所魏坚等会同内蒙古测绘局航测遥感大队，在重点调查和试掘的基础上，对锡林郭勒盟**正蓝旗**金莲川草原的**元上都遗址**的三重城垣、城门、瓮城、角楼、马面、建筑基址进行测绘。此后直至 1998 年，又持续对其四关的 35 处建筑基址进行测绘和试掘。（魏坚:《元上都》第 16 页，中国大百科全书出版社，2008 年）

5 月　28—30 日，北京大学考古学系与美国赛克勒艺术、科技和人文基金会为共同兴建的北京大学赛克勒考古与艺术博物馆正式开馆，在北京大学联合举办"迎接 21 世纪的中国考古学"国际学术讨论会。到会代表 120 余人，其中国内学者 80 余人，来自 20 个省、市、自治区的 30 多个科研机构和 12 所大学，香港和台湾学者 2 人；外国学者 30 余人，来自美、英、法、日、德、加拿大、俄罗斯、瑞典、韩国、越南 10 个国家。另外，还有若干中外学者、北京大学学生及留学生列席旁听。中国考古学会理事长苏秉琦、吉琳·赛克勒（Sackler, Jillian）夫人、美国哈佛大学教授张光直在开幕式上先后致辞，北京大学教授严文明作了题为"走向 21 世纪的中国考古学"的报告。会议收到论文 94 篇，分为考古学理论与博物馆学、中国考古学（史前，夏商周三代，汉及以后各时代）、科技考古与文物保护、古代中国与世界四个议题，进行了广泛而热烈的研讨。（《"迎接 21 世纪的中国考古学"国际学术讨论会纪要》，《文物》1994 年第 1 期）

6 月　湖北文物考古所倪婉等在**黄梅县**南白湖乡，发掘张城村**焦墩遗址**。工作进行至 11 月，揭露 780 平方米。遗存包括大溪文化、石家河文化和西周三个时期。主要收获是发现一批卵石摆塑遗迹，从大溪文化早期到石家河文化中晚期均有，大部分为动物图案，其中有龙、蛇、龟、鱼、羊（鹿）等，龙全长 4.46 米。这在长江流域尚属首次发现。（《中国考古学年鉴（1994）》第 227—228 页）

7 月　山西考古所、大同市博物馆、云冈文物所等单位合作，刘建军、王克林、曹承明等参加，发掘**云冈石窟**第 3 窟内外遗址。截至 8 月底，揭露 900 多平方米。发现北魏开凿石窟时遗留的未完工基岩地面、唐代和辽金时期窟前建筑遗迹。其中北魏基岩地面，对了解云冈石窟的开凿程序与方法有重大价值。曾被列入 1993 年"十大考古新发现"。（刘建军等：《洞窟开凿技术揭秘——云冈石窟第三窟遗址》，见《中国十年百大考古新发现（1990—1999）》下册第564 页）

7—8 月　社科院考古所王仁湘、赵慧民等与西藏文管会人员合作，在**朗县列山吐蕃墓地**发掘 5 座墓葬和多处祭祀遗迹，出土墨书或刻划藏文字母的木构件与陶片。这是列山吐蕃墓地的首次发掘。又由刘建国根据航测照片，结合地面实测，绘制墓葬分布情况的地形图，确认墓葬总数逾 210 座。（《中国社会科学院考古研究所概览（1950—2000）》第 77—78 页）

7 月　内蒙古文物考古所齐晓光等在**阿鲁科尔沁旗**朝克图山东部，发现辽代晚期的契丹显贵**耶律祺墓**。该墓被盗严重，出土文物中最具历史价值的是契丹大字墓志，志文近 3000 字，是目前所见六合契丹大字墓志中字数最多的一方。发掘者根据残缺不全的汉文志文（仅存 300 余字）所载耶律祺生平事迹推断，《辽史》所载辽道宗、天祚帝两朝重臣耶律阿思即为其人。（《中国考古学年鉴（1994）》第 152—153 页）

8 月　1 日，国家文物局颁发《田野考古奖励办法（试行）》。1993 年起，逐年评选"优秀田野考古工地"。（《文物博物馆事业纪事》第 731 页）

9 月　北京大学考古系、江西文物考古所与美国安德沃（Andover）考古基金会联合组成的考古队，由严文明、彭适凡任中方领队，麦克尼什（MacNeish, R. S.）任美方领队，进行**中国史前稻**

谷起源地及稻谷最早驯化时间的考察**工作。本年在江西东北部的乐平、万年、进贤等县的史前遗址进行考察，并试掘**万年县仙人洞、吊桶环遗址**，工作进行至 11 月。1995 年同期继续发掘。两地共揭露 46 平方米，都有从旧石器末期到新石器早期的两层堆积，经测定下层约距今 2—1.5 万年，出土石器均为打制，上层约距今 1.4—0.9 万年，出土有磨制石器及火候较低的夹砂陶片。陶片可早至距今 1.2 万年，是中国发现最早的陶片之一。两处遗存都有野生稻和人工稻的遗痕，吊桶环下层大量存在野生稻，上层野生稻仍占多数，但发现人工稻的扇形体，为探索稻作农业的起源提供重要线索。曾被列入 1995 年和"八五"期间"十大考古新发现"。1999 年又进行发掘。（周广明：《华南新旧石器时代的过渡——万年仙人洞和吊桶环遗址》，见《中国十年百大考古新发现（1990—1999）》上册第 97 页；《仙人洞与吊桶环》，文物出版社，2014 年）

　　9 月　国家文物局第 7 期考古领队培训班在**郑州**北郊古荥镇附近，发掘**西山仰韶文化城址**。本年工作至 12 月。1994、1995年同期，第 8、9 两期培训班继续发掘。三年合计揭露 6300 平方米，张玉石、赵新平等参与其事。城址全部埋藏地下，平面现存弧形城墙长约 265 米，宽 3—5 米，城外有壕沟，发现城门 2 处。城内发现大型夯土基址（长 14 米、宽 8 米）、广场、方形或长方形房基、窖穴与灰坑、墓葬等遗址，出土大量的各类遗物。城址的年代约为距今 5300—4800 年，是当时国内发现年代最早的城址，对中国文明起源的研究有重要意义。曾被列入 1995 年"十大考古新发现"。（《郑州西山仰韶时代城址的发掘》，《文物》1999 年第 7 期；又赵新平、张玉石：《大变革时期的早期文明之光——郑州西山仰韶时代城址》，见《中国十年百大考古新发现（1990—1999）》上册第 213 页）

　　9 月　湖北文物考古所朱俊英等在**武穴市**四旺镇栗木村，发

掘**鼓山新石器时代遗址**。截至 1994 年 6 月，揭露 2000 平方米，
清理墓葬 244 座，发现房基 5 座、灰坑 268 个。该遗址地处鄂、
豫、皖、赣交汇之地，文化面貌复杂，既有较多长江下游薛家
岗文化因素，又有大溪文化、屈家岭文化乃至仰韶文化的影响。
（《武穴鼓山——新石器时代墓地发掘报告》，科学出版社，2001 年）

9 月　社科院考古所与南京博物院、扬州市文化局合组的扬
州城考古队，在扬州旧城大东门街和院大街相交处附近，发现**唐
代扬州城**主干大道旁的木构排水沟。蒋忠义、李久海参与其事。
发掘揭露部分长约 35 米，口宽 3.5 米，底宽 1.75 米，呈东西走
向。这是目前所见体量最大的唐代城市排水设施。1987 年以来
整个扬州唐城遗址的勘察发掘，曾被列入 1993 年和"八五"期
间"十大考古新发现"。（蒋忠义、李久海：《百年探求，十年发掘——唐
代扬州城遗址》，见《中国十年百大考古新发现（1990—1999）》下册第 635
页；中国社会科学院考古研究所、南京博物院、扬州市文物考古研究所：《扬
州城：1987—1998 年考古发掘报告》）

9 月　沈福文任编辑委员会主任的《中国漆器全集》开始出
版。全书 6 册，承担分卷主编的有陈振裕、傅举有、陈晶、朱家
溍。1998 年 12 月出齐。

10 月　湖南省文物考古所袁家荣等在永州**道县**西北寿雁镇附
近，发掘**玉蟾岩洞穴遗址**（俗称蛤蟆洞）。本年工作至 11 月，1995
年 10—12 月继续发掘。两次共揭露 46 平方米。该遗址的年代为
距今 1 万年以前，是旧石器文化向新石器文化过渡时期的遗存。
所出生产工具为打制石器和骨角蚌牙制器。其突破性重大发现，
是出土十分原始的疏松陶片，可复原为两件尖圜底的釜形器，又
出土 4 粒稻谷壳，经鉴定兼有野、籼、粳特征，属于野生稻向栽
培稻演化初期的原始类型，定名为"玉蟾岩古栽培稻"。这是目前

发现的世界最早的栽培稻标本。后据推断，遗址的绝对年代当在距今1.2万年至9000年左右。曾被列入1995年"十大考古新发现"。（袁家荣：《世界上最早的栽培水稻实物标本面世——玉蟾岩遗址》，见《中国十年百大考古新发现（1990—1999）》上册第206页）

　　10月　南京博物院王根富等在江苏**金坛市**西岗镇，发掘**三星村遗址**。这是苏南地区面积最大的新石器时代遗址，约有10万平方米。截至1998年5月，在其中心墓区揭露640平方米，清理不同时期叠压密集的墓葬1001座，时代跨度约为距今6500—5500年，随葬陶器具一定的地方特色，骨角蚌牙器数量多、制作精，并有七孔石刀、石钺和玉玦等。同时，又在早期地层中发现4处干栏式房址和55个灰坑。遗址地处太湖与宁镇两个原始文化区之间，填补了苏南新石器考古的区域空白。曾被列入1998年"十大考古新发现"。（《江苏金坛三星村新石器时代遗址》，《文物》2004年第2期；又王根富：《罕见的大规模史前文化区——金坛三星村新石器时代遗址》，见《中国十年百大考古新发现（1990—1999）》上册第256页）

　　10月　湖北荆州市博物馆王传富等在楚纪南城北的**荆州市沙洋区**，清理**郭店村战国中期小型木椁墓**。该墓此前不久被盗，残存的随葬品除少量铜礼器、兵器、车马器及漆木器具、陶器外，主要收获是发现800余枚竹简。经整理，共有古书16种，其中除《老子》《礼记·缁衣》和《五行》外，都是久已失传的儒家和道家佚书。（《荆门郭店一号楚墓》，《文物》1997年第7期；《郭店楚墓竹简》，文物出版社，1998年）

　　10—11月　新疆文物考古所与法国科学研究中心315所合组的考古队，由伊弟利斯·阿不都热苏勒和亨利·保尔·法兰克福任双方队长，在于田县城附近的**克里雅河下游**进行考察。本年和1994年同期在著名的**喀拉墩古城周围**，发掘2座小型佛寺、1座佛塔和 2 处民居的遗址，调查古代灌渠遗迹；并且在喀拉墩古城西北 41 公里，发现年代可能早于西汉，而规模更大的**圆沙古城**。1996 年同期，详细考察圆沙古城，发掘 1 座城门和 3 处建筑遗迹，又在古城周围及以北 12 公里的 6 处墓地进行清理。发掘者认为，该古城应是古扜弥国的所在地。这是克里雅河地区的重大发现。（《新疆克里雅河流域考古调查概述》，《考古》1998 年第 12 期）

10 月　辽宁文物考古所冯永谦等，在濒临鸭绿江和叆河的**宽甸县虎山**，对 1990 年调查发现的山城遗迹作进一步勘查发掘，判定其为一座较为**完整的高句丽山城**，工作至本年 12 月。经发掘，发现总长 500 余米的 20 段石筑城墙，墙体宽 3.5 米，残高 1.5 米；所出铁质生活用具、生产工具和兵器，年代不晚于东晋十六国时期。发掘者认为，该城址应是久已不知确切地望的高句丽著名山城泊汋城。（《中国考古学年鉴（1994）》第 167—168 页）

冬季　湖南文物考古所裴安平等在**澧县城北梦溪镇五福村**，发掘彭头山文化中晚期的**八十垱遗址**。截至 1997 年，先后揭露 1100 平方米。主要收获，一是发现目前国内年代最早、距今约 8000 年的聚落围墙和壕沟，壕沟又与古河道相连；二是在遗址附近的古河道底部淤泥发掘 2 万多颗稻谷和米粒，同时还有木末、木铲、骨铲等农具，多种植物籽实和动物骨骼，以及大量陶器等。稻谷经鉴定被确认为"倾籼小粒型原始古栽培稻"，定名"八十垱古栽培稻"，为研究农业的起源提供前所未有的丰富实物资料。（《湖南澧县梦溪八十垱新石器时代早期遗址发掘简报》，《文物》1996 年第 12 期；张文绪、裴安平：《澧县梦溪八十垱出土稻谷的研究》，《文物》1997 年第 1 期）

11 月　辽宁文物考古所张克举等在**北票市**南八家乡四家板村，试掘**喇嘛洞墓地**。1995—1998 年进行大规模发掘。合计发掘墓葬 435 座，其中有**青铜时代墓** 12 座、东晋十六国中的**慕容**

鲜卑三燕时期墓 420 座、契丹墓 1 座、清代墓 2 座。墓地依山势由东南向西北成排布列，三燕时期墓根据墓圹和木棺的大小可分为大、中、小三种类型，大中型墓出土丰富的各类遗物，小型墓则随葬品很少甚至全无。17 号大型墓出土由头盔、铁甲及马具等组成的整套甲骑具装，对研究当时流行的这种骑兵装备及其对朝鲜、日本的影响有重要价值。许多器物属首次发现，形制特殊，呈现鲜卑民族的文化特色。这是东北地区魏晋南北朝时期规模最大的一次发掘，曾被列入 1996 年"十大考古新发现"。(《辽宁北票喇嘛洞青铜时代墓葬》，《文物》2004 年第 5 期；《辽宁北票喇嘛洞墓地 1998 年发掘报告》，《考古学报》2004 年第 2 期；又张克举：《鲜卑族重装骑兵风彩重现——辽宁北票喇嘛洞墓地》，见《中国十年百大考古新发现（1990—1999）》下册第 580 页)

11 月　25—29 日，中国考古学会第九次年会在山东济南举行，中心议题是"黄河中下游和东南沿海的考古学问题"。与会代表 90 人。收到论文 66 篇。(《中国考古学年鉴（1994）》第 292—293 页)

12 月　社科院考古所、科学院古脊椎所、北京大学考古系、吉林大学考古系等 18 家考古科研与教学单位，在**三峡水利工程淹没区**的四川、湖北二省所属 10 多个县市进行调查发掘。截至 1994 年 7 月，发掘各类遗址 200 多处，勘探面积 300 万平方米，揭露面积 2 万多平方米。其中包括：若干古人类、旧石器地点、忠县中坝、巫山魏家梁子、奉节老关庙等新石器时代遗址，巫山双堰塘青铜时代遗址，汉代的朐忍县城、南浦县城，以及云阳龙角等地的崖墓。随后，各单位在该地区进行长时间的大规模发掘。此项考古工作，曾被列入 1994 年和"八五"期间"十大考古新发现"。(王凤竹：《即将被淹的文化走廊——三峡工程淹没区考古调查》，见

《中国十年百大考古新发现（1990—1999）》上册第 184 页）

12 月　南京市博物馆、北京大学考古系合作，由吕遵谔、魏正瑾主持，黄蕴平、华国荣等参加，发掘**南京汤山葫芦洞人类化石地点**，工作进行至 1994 年 1 月。前此，当地曾出土两件人类颅骨化石。发掘中，又出土一件人类牙齿化石以及大量的动物化石。经研究，所出人类化石均属北京人阶段的直立人，但与北京人化石在体质形态上又存在差异，地质年代为中更新世中期。这一发现，填补了直立人化石在江南地区的空白。曾被列入 1994 年和"八五"期间"十大考古新发现"。（《南京人化石地点（1993—1994）》，文物出版社，1996 年；又华国荣：《"北京人"的亲戚"南京人"——南京汤山古人类头骨化石的发现》，见《中国十年百大考古新发现（1990—1999）》上册第 81 页）

12 月　上海博物馆考古部黄宣佩、宋建等再次对**上海马桥遗址**进行大规模发掘。本年至 1994 年末，以及 1997 年初，合计发掘面积 2728 平方米。通过发掘，对该遗址的范围和分布规律有了新的认识，发现丰富的遗迹和遗物。其中马桥文化的遗迹有柱洞群、水井、灰坑、灰沟、灶坑、陶片堆、墓葬等。（《马桥：1993—1997 年发掘报告》，上海书画出版社，2002 年）

12 月　马承源任编辑委员会主任的《中国青铜器全集》开始出版。全书 16 册，承担各分卷主编的有杨育彬、杨锡璋、张长寿、陈佩芬、吴镇烽、王世民、郝本性、陶正刚、杜迺松、熊传薪、李国梁、俞伟超、赵殿增、张增祺、郭素新。1998 年 9 月出齐。

1994 年

1 月　台北史语所主办的"中国考古学与历史学整合研讨

会"在台北举行。研讨会由石璋如、劳榦、苏秉琦（未到会）担任荣誉主席。其国际部分于4—7日召开，海峡两岸部分于19—20日召开。海峡两岸的中国学者、诸多外国学者出席了这次会议。（《中国考古学与历史学之整合研究》，台北史语所，1997年）

3月　25—28日，香港中文大学中国文化研究所中国考古艺术研究中心召开"第二届南中国及邻近地区古文化研究国际会议"。海峡两岸暨香港的中国学者及日本、越南等国学者共60余人出席会议。收到论文52篇。（邓聪：《南中国及邻近地区古文化研究国际会议纪要》，《文物》1994年第7期）

3月　北京考古学会成立。（《文物博物馆事业纪事》第749页）

3月　甘肃省文物考古所戴春阳等在**礼县**永坪乡赵坪村附近，对近期遭受大规模盗掘的**大堡子山西周秦公墓地**进行抢救性发掘。截至11月，共发掘2座中字形大墓、1座车马坑和9座中小型墓。两座大墓均发现多具人殉，随葬品则盗掘殆尽，车马坑埋4马车12乘。发掘者根据公安部门缴获和上海博物馆购回的两批形制相近的秦公鼎、簋应出自这两座大墓，结合其他资料，推断其为秦襄公夫妇的异穴合葬墓地。（戴春阳：《礼县大堡子山秦公墓地及有关问题》，《文物》2000年第5期）

3月　江苏徐州博物馆孟强等在**徐州市**北郊九里山北侧的簸箕山顶部，发掘一座西汉早期较大的石坑竖穴墓。所出龟钮金印表明，其为曾参与"吴楚七国之乱"的西汉**宛朐侯刘埶**（楚元王刘交之子）**墓**。随葬品有髹漆陶器、陶编磬、人物画像铜镜、金带饰、玉佩，以及铜戈、弩机和铁剑等。墓侧又有陶俑坑。（《徐州西汉宛朐侯刘埶墓》，《文物》1997年第2期）

4月　国家技术监督局发布新版《中华人民共和国国家标准·学科分类与代码》，其中将考古学由原从属于历史学的二级学

科提升为一级学科。这反映了中国考古学的发展状况。（《文物博物馆事业纪事》第 751 页）

4 月　科学院古脊椎所林圣龙等在三峡地区长江右岸的**丰都县新城建设区**，试掘**烟墩堡旧石器时代遗址**。1995—1998 年继续发掘。合计历时 197 天，发掘面积 917.82 平方米，出土标本 11000 多件，其中石制品 1300 多件。这些石制品中，大部分砍砸器直接用砾石简单加工，具有南方砾石工业的特点；而刮削器等，又具有北方石片工业的特征。这对于探讨南北两种工业传统之间的关系，研究中国南方乃至东南亚旧石器文化的发展，都有重要意义。曾被列入 1996 年"十大考古新发现"。（冯兴无等：《长江三峡的石器制造场——丰都烟墩堡遗址》，见《中国十年百大考古新发现（1990—1999）》上册第 87 页）

4 月　社科院考古所与美国哈佛大学皮保德博物馆合组考古队，由张长寿、张光直任双方队长，前往河南**商丘地区**进行**探寻商代最初都城和聚落遗址**的田野考古工作。本年春、秋两季，先后发掘**商丘市潘庙遗址**（龙山、岳石、东周、汉代）和**虞城县马庄遗址**（仰韶、龙山、殷代、汉代）。1995—1997 年发掘**柘城县山台寺遗址**（龙山、殷代）。本年，又对三处遗址及商丘老南关周围地区进行地质考古钻探。（中国社会科学院考古研究所、美国哈佛大学皮保德博物馆：《豫东考古报告——"中国商丘地区早商文明探索"野外勘察与发掘》，科学出版社，2018 年）

4 月　陕西考古所杜葆仁等在**西安东郊**灞桥镇柳巷村附近的灞河河道，发掘一座**始建于隋初的石拱桥**。揭露部分有四座桥墩、三孔桥洞，洞宽 5.14—5.76 米。估计全长约为 400 米。这是中国现存年代最早、跨度最长的大型石拱桥遗址，曾被列入 1994 年"十大考古新发现"。（李恭：《灞水河上一独桥——西安隋唐灞桥遗址》，

见《中国十年百大考古新发现（1990—1999）》下册第 649 页）

4 月　河北文物所王会民、张春长等在**石家庄市**西北赵陵铺乡后太保村，发掘**元代史天泽家族墓地**，6 月结束工作。8 座墓虽多被盗掘，仍出土一批珍贵文物。其中位于墓地东部的 4 号多室砖墓所出墓志，表明墓主为元初官至中书左丞相、卒赠太尉的史天泽的第四子史杠，而史杠以延祐三年（1316 年）葬于"真定县太保庄太尉兆次"。发掘者据此推断墓地中轴上方的大型多室砖墓，应是史天泽本人墓葬。（《石家庄后太保村史氏家族墓发掘报告》，见《河北省考古文集》第 344—369 页，东方出版社，1998 年）

6 月　白寿彝为总主编、苏秉琦为分卷主编的多卷本《中国通史》第 2 卷《远古时代》，由张忠培、严文明执笔，上海人民出版社出版。这是第一部完全由考古学家详细撰述中国史前时期发展历史的专著，有其开拓性的意义。

7 月　河南文物考古所宋国定等在**新蔡县**西北的**葛陵故城**，发掘一座较大的**甲字形楚墓**，工作进行至 8 月结束。该墓的规模为河南地区楚墓之最，各类随葬器物的数量可观，其中有制作考究的青铜兵器、车马器、人甲和马甲，以及漆木器等；又有数量颇多的竹简，内容为祭祷类文书和遣策等。（《新蔡葛陵楚墓》，大象出版社，2003 年）

夏季　社科院考古所刘景芝、赵慧民与西藏文管会人员合作，调查发掘**贡嘎县**境雅鲁藏布江北岸的**昌果沟新石器时代遗址**。采集打制石器、磨制石器、细石器和陶片共计 1000 余件。其中细石器占半数以上，并且分布集中、品类齐全；陶片多为夹砂陶，烧制火候较高。动物骨骼经测定，年代为距今 3000 年左右。（《西藏贡嘎县昌果沟新石器时代遗址》，《考古》1999 年第 4 期）

7 月　甘肃文物考古所赵雪野等在**西峰市南佐疙瘩渠遗址**的

发掘中，揭露一座仰韶文化晚期的大型建筑基址，工作至10月。该基址东西宽约18米，南北长约35米，室内面积约630平方米，是目前所见仰韶文化建筑基址中规模最大的一座。室内地面高于室外，并抹有光洁的白灰面，室外墙基有人工修制的散水，亦为仰韶文化中的首次发现。（《中国考古学年鉴（1995）》第251—252页）

8月 20日，考古学家阎文儒在北京逝世，终年82岁。

阎文儒，字述祖，辽宁义县人，满族，生于1912年11月1日。1938年东北大学史地系毕业。1939年考入北京大学文科研究所，师从向达，专攻西域文明史。1944年参加中央研究院历史语言研究所、北京大学文科研究所等单位合组的西北科学考察团历史考古组，随向达、夏鼐赴河西走廊和敦煌附近进行考古调查发掘。抗日战争胜利后，曾任东北临时大学教授、沈阳博物院委员兼秘书长。1948年末回北京大学工作，历任讲师、副教授、教授，在考古专业讲授石窟寺艺术、中国考古学史等课程。曾兼任故宫博物院研究员，主持该院雕塑馆的筹建工作。又受中国佛教协会委托，主持房山云居寺石经的考察，为编写《佛教百科全书》的中国石窟部分而进行各地石窟的考察，对中国石窟艺术的研究卓有贡献。还曾致力于汉唐两京遗址的考察研究。1979年和1983年当选为中国考古学会第一、二届理事。1989年被推选为中国考古学会名誉理事。生前出版的专著有：《西京胜迹考》（1943年）、《两京城坊考补》（1992年）等。逝世后整理出版的遗著有：《龙门石窟研究》（1995年）、《云冈石窟研究》（2003年）、《中国石窟艺术总论》（2003年）、《中国考古学史》（2004）等。（参看《20世纪中国知名科学家学术成就概览·考古学卷》"阎文儒"条）

秋季 新疆文物考古所与日本早稻田大学合作，在**吐鲁番交河故城沟西**进行**古代墓葬**的发掘。王宗磊等参加。1995年和

1996年同期继续发掘，共计发掘墓葬45座，其中22座斜坡墓道洞室墓，属**麹氏高昌延昌年间至唐西州初期**，主要随葬彩绘陶器；23座竖穴土坑墓，属西汉至魏晋，随葬品具有鲜明的地方特色，又有五铢钱、星云镜等中原文物。(《中国考古学年鉴（1995）》第256—257页）

9月 陕西考古所张建林等在**咸阳市**底张镇陈马村附近，发掘**北周武帝宇文邕与皇后阿史那氏合葬墓**，工作进行至1995年1月。该墓全长68.4米，由长墓道、五天井和土洞单室组成，出土帝后二陵志、十三环玉带、大玉璧以及众多陶俑。这是陕西地区首次发掘帝陵，对研究北朝陵墓制度有十分重要的意义。(《北周武帝孝陵发掘简报》，《考古与文物》1997年第2期）

9月 青海文物考古所许新国等在**都兰县境继续发掘吐蕃统治下的吐谷浑人墓葬**。本年9—11月在河北村的什角墓地清理9座中小型墓。1995年6—11月，在热水乡直尕日二村，发掘20座中小型墓。后又于1998年和1999年同期，分别在香加乡莫克力沟、热水乡扎马日村血渭草原二处墓地进行发掘。据统计，1982年以来的17年间，发掘该地区吐蕃墓葬80多座，出土一批精美的丝织品、金银器、铜器、漆器、木器及藏文简牍等。其中130多种不同图案的丝织品，大多数为中原地区织造，18种为中亚和西亚织造，而独具风格的粟特锦数量甚多。这里的发现，对于研究该地区的吐蕃文化及其在中西文化交流史上的地位，有重要意义。曾被列入1996年"十大考古新发现"。(许新国：《青海丝路上的世纪发现——都兰吐蕃墓群的发掘》，见《中国十年百大考古新发现（1990—1999）》下册第667页）

9—10月 内蒙古文物考古所齐晓光、侯峰等在**阿鲁科尔沁旗**东沙布尔台乡**宝山村**附近的**契丹显贵墓地**，发掘两座辽代早期的壁画墓。两墓内的壁画、题记，现存面积 120 多平方米，内容为贵族生活、神话故事及花鸟等，色彩艳丽、绘制精工。1 号墓墓壁题记表明，该墓墓主为"大少君次子勤德"，即辽太祖阿保机之孙，年仅 14 岁，入葬于天赞二年（923 年）。这是目前所知最早的纪年辽墓。曾被列入 1994 年"十大考古新发现"。（侯峰：《契丹风情——内蒙古宝山辽代壁画墓》，见《中国十年百大考古新发现（1990—1999）》下册第 761 页）

10 月　18 日，中国科学院古脊椎动物与古人类研究所成立暨北京猿人第一个头盖骨发现 65 周年纪念会在北京举行。（《文物博物馆事业纪事》第 762 页）

10 月　社科院考古所袁靖等在山东省胶东半岛地区进行环境考古的研究。截至 1998 年，对**胶东半岛南北两岸的 20 处贝丘遗址**进行了调查试掘与有关研究，探讨该地区距今 6000—4800 年左右人类与自然环境的相互关系。（《胶东半岛贝丘遗址环境考古》，社会科学文献出版社，1999 年）

10 月　山西考古所田建文等对著名的**夏县西阴村遗址**进行发掘。11 月结束工作。揭露面积 175 平方米，发现仰韶文化庙底沟类型、西王村上层、西王村三期，以及庙底沟二期文化、二里头文化的堆积。其中，庙底沟类型遗迹有房址、陶窑、灰坑和壕沟，庙底沟二期遗迹有房址和灰坑。这是 1926 年李济发掘该遗址之后将近 70 年间仅有的再次发掘，取得了较为丰富的收获。（《西阴村史前遗存第二次发掘》，《三晋考古》第 2 辑，山西人民出版社，1996 年）

10 月　下旬至 12 月上旬，山西省考古所石金鸣等在**高平市**永录村的**"长平之战"遗址**进行发掘。揭露清理的 1 号尸骨坑，平面呈不规则长方形，北壁长 9.4 米，东、西两壁分别宽 1.3 米和 2.7 米，坑内乱葬男性尸骨约 130 具个体，其中 1/3 以上年龄为 30 岁左右，尸骨上有明显的伤痕。同出少量的铜镞、刀币，及铜、铁带钩等。经调查，该坑附近已知的尸骨坑尚有十多个。（《长平之战遗址永录 1 号尸骨坑发掘简报》，《文物》1996 年第 6 期）

10 月　社科院考古所胡秉华、梁中合等在山东**滕州市**（原称滕县）官桥镇**前掌大村**，再次发掘**商末周初的贵族墓地**，工作进行至 12 月（前此，曾于 1981、1985、1987 和 1991 年在村北的墓地进行发掘）。本年发掘 11 座墓葬、2 座殉马坑，祭祀设施和水井各 1 处，出土数十件青铜礼器，为研究商周之际这一方国的文化提供更加丰富的实物资料。曾被列入 1994 年"十大考古新发现"。1995 年和 1998 年又曾进行两次发掘。（《滕州前掌大墓地》，文物出版社，2005 年；又梁中合、胡秉华：《填补山东地区商周之际方国研究空白——滕州前掌大商周贵族墓地》，见《中国十年百大考古新发现（1990—1999）》上册第 360 页）

10 月　社科院考古所段鹏琦等发掘**洛阳汉魏故城**内北**魏永宁寺西门遗址**，工作进行至 12 月。该门址位于永宁寺西墙的中部内侧，正对寺塔中心，是一座平面呈"凸"字形的大型夯土基址。由于遭到后代的严重破坏，准确复原门址的形制甚为困难，发掘者根据残存的 3 个柱础坑推测，可能是面阔 7 间、进深 2 间、3 门道的重楼式建筑。这对于进一步搞清楚永宁寺的平面布局有很大意义。（《北魏洛阳永宁寺》，中国大百科全书出版社，1996 年）

11 月　江苏苏州市博物馆在南京博物院的支持下，由纪仲庆、丁金龙主持，朱伟峰等参加，发掘**苏州浒墅关西北真山东周墓地**的 9 号墓。该墓在大真山顶部，是当地最大的土墩墓。发掘进行至 1995 年 4 月，墓室为带墓道的石坑，东西长 13.8 米，南北宽 8 米。由于早年被盗，墓内扰动较甚，残存多层棺椁的彩色漆皮，随葬器物主要是已散乱的大量绿松石、少量水晶珠和玛瑙珠管组成的串饰（总数多达 11000 余枚），以及为数不多的葬玉、礼玉和其他玉石饰件。发掘者根据所出印纹硬陶器物推断，该墓主有可能是第一代吴王寿梦。（《真山东周墓地——吴楚贵族墓地的发掘与研究》，文物出版社，1999 年）

12 月　北京大学考古系、日本上智大学史学科和浙江省文物考古所组成中日联合考古队，由严文明、刘军任中方正副队长，量博满任日方队长，进行**长江下游史前文化的起源和稻作文化的研究**。本年至 1995 年 1 月，考察了浙江北部海宁、海盐、平湖、桐乡、嘉兴五个县市的史前遗址及出土标本，着重对最北的**平湖市平丘墩、戴墓墩遗址**进行实地勘察。并于 1995、1996 和 1998 年，对**桐乡市普安桥遗址**进行三次发掘，清理崧泽晚期至良渚早期的房址 9 座、墓葬 13 座。（《浙江桐乡普安桥遗址发掘简报》，《文物》1998 年第 4 期）

12 月　南京博物院、徐州汉兵马俑博物馆合组考古队，由邹厚本、王恺主持，在**徐州狮子山**主峰南坡，发掘一座**西汉早期的楚王陵墓**。工作进行至 1995 年 4 月。该墓凿山为藏，规模宏大，连同墓道全长 117 米，有 12 个墓室。早年虽遭盗掘，仍出土各类文物 2000 余件（套），其中玉质优良、雕琢精湛的 200 多件（套）玉器最为突出。诸多铁质兵器中，经鉴定研究已有炒钢技术制品，达 1800 余件，是中国冶金史上的重大发现。近 200 枚楚王属官印章，数量之多前所未见，是研究当时官制和历史地理的重要资料。发掘者认为，该墓墓主应是第二代楚王刘郢客或第三代楚王刘戊。曾被列入 1995 年"十大考古新发现"。（《徐州狮子山西汉楚王陵发掘简报》，《文物》1998 年第 8 期；《江苏徐州市狮子山西汉墓的发掘与收获》，《考古》1998 年第 8 期。又宁彭：《山中秘藏——徐州狮子山西汉楚王陵》，见《中国十年百大考古新发现（1990—1999）》下册第 490 页）

本年　青海文管处组织的考古队在青海湖南侧发掘**同德县**西北的**宗日遗址**，格桑本、李国林、陈洪海等参与其事。截至 1995年 10月，发掘面积 9800 平方米，**揭露墓葬 222 座、灰坑 18 个**，以及居住和祭祀遗迹。出土的彩陶器物，尤其是十一人牵手舞蹈图案和两人抬物图案的彩陶盆均为中国新石器时代罕见的艺术珍品。发掘者认为，该遗址的文化特征鲜明，与马家窑文化差别较大，分布区域有所不同，延续时间又长，是新发现的一支新石器文化，提出将其命名为"宗日文化"。(《宗日遗址——文物精粹及论述选集》，四川科学技术出版社，1999 年)

本年　西安市文物保护修复中心人员对位于户县境内的**西汉锺官铸钱遗址**开始进行考察。锺官是上林三官之一，重要的国家铸钱工场，遗址面积超过 100 万平方米，出土有西汉至王莽时期的大量铸钱陶范、铜范及相关遗物。考察中有德国专家参与做过磁测，从而揭示遗址的全貌。(《汉锺官铸钱遗址》，科学出版社，2004 年)

1995 年

1 月　福建省博物馆陈兆善等在建瓯市东峰镇裴桥村附近的山谷中，发现并发掘一处**两宋时期的御用制茶遗址**。本年 11—12 月继续发掘。合计揭露 640 平方米，发现 8 座房屋和亭榭类建筑的砖石台基、铺砖地面、天井，以及与之连接的卵石道路、排水管道、水池和炉灶等；出土建筑构件、制茶用具、瓷器、铜钱等。距离该地不远的庆历年间摩崖石刻表明，这是宋代"北苑御焙"的遗址。(《中国考古学年鉴(1996)》第 151—152 页)

2 月　陕西省考古所人员为配合唐高宗、武后**乾陵**地面建筑的保护工程，派员发掘两组门阙和两处碑亭建筑基址。发掘的**乳**

峰双阙和**内城朱雀门外双阙**，是陵园中轴线由南向北第二、三道
门阙，形制相同，均为三出阙。基座用夯土筑成，底边四周平铺
压阑石，压阑石上和阙台顶部发现部分紧贴夯土的平砌砖面。阙
台四周出土大量倒塌下来的瓦件。无字碑和述圣记碑两处碑亭，
形制大体相同，均为面阔三间、进深三间，夯土台基也砌有护壁
砖。这是唐代帝王将相陵地面建筑的首次发掘，填补了建筑史研
究上的空白。其间，还在陪葬墓区发掘懿德太子墓园的南门双阙，
都没有子阙。（《中国考古学年鉴（1996）》第242—243页）

　　3月　河南文物考古所与郑州大学文博学院合作，由宋国定、
曾晓敏等参与，在试掘的基础上，对**郑州市小双桥商代遗址**进一
步开展大规模发掘。截至2000年的多次发掘，主要集中在遗址的
中心区域。发现的遗迹有：残长约55米的夯土墙，长50米、宽
40米的高台建筑，长80米、宽12米的大型基址和若干小型基
址，以及祭祀坑、奠基坑、铸铜遗存等。出土的丰富遗物中，陶
器上较多的刻划符号和朱书文字，两件青铜建筑构件，最为引人
注目。遗址延续的时间较短，约当郑州商城的后期（即白家庄期）。
发掘者认为，该遗址最有可能是仲丁所迁隞都的所在地。又有几
种不同意见。曾被列入1995年"十大考古新发现"。（《郑州小双
桥：1990—2000年考古发掘报告》，科学出版社，2012年；又宋国定、李素
婷：《商文化重镇解读——郑州小双桥遗址》，见《中国十年百大考古新发现
（1990—1999）》上册第366页）

　　3月　山东大学历史系考古专业任相宏等在**长清县**城东南五
峰山之阳，发掘包含岳石文化至汉代遗存的**仙人台遗址**，工作至
5月结束。发掘前20年曾因断崖坍塌而暴露墓葬，遗物遭到村民
哄抢。经发掘的6座**西周春秋时期墓葬**，以5号墓和6号墓规模
较大，随葬品甚多，都随葬成套的青铜礼器和编钟、编磬，并且

在二层台上随葬拆散的车马器。出土铜器中有 4 件邿国器物，5 号墓所出铜盘铭文 42 字，系邿公典为嫁到邿的"子姜"所作器。因而发掘者推断此处为邿国高级贵族墓地，墓主可能包括**邿国的国君**。这对于探讨邿国的地望有重要价值。曾被列入 1995 年"十大考古新发现"。(《山东长清县仙人台周代墓地》，《考古》1998 年第 9 期；《长清仙人台五号墓发掘简报》，《文物》1998 年第 9 期；又任相宏：《揭开邿国神秘面纱——长清仙人台邿国贵族墓地》，见《中国十年百大考古新发现（1990—1999）》上册第 372 页)

3 月　四川文物考古所、绵阳市博物馆合作，陈显双、何志国等参加，在**绵阳市永兴镇玉龙院村双包山，发掘西汉前期的 2 号大型木椁墓**，工作进行至 7 月。该墓墓道之内的墓圹，由分隔成五厢的前室和置棺的后室组成。虽早年被盗，仍出土 500 多件漆木器、300 多件陶器、100 多件木俑，以及铜器、铁器等。上百件木胎漆马，形态生动，前所未见。漆绘经脉木雕人体模型，更是中国医学史上难得的重要文物。后连同 1992 年发掘的 1 号墓发掘资料，编撰考古报告。(《绵阳双包山汉墓》，文物出版社，2006 年)

3 月　社科院考古所受国家文物局委托，为实施联合国教科文组织及日本政府与中国政府确立的合作保护唐大明宫含元殿遗址项目，由安家瑶任领队，进行**西安含元殿遗址**的勘探、测量和发掘。本年和 1996 年春、秋两季，发掘面积共计 27000 平方米，并且采用了探地雷达、热气球和氢气球空中摄影等现代化手段，以期尽可能多地获得内涵信息。因而，对含元殿的柱网布置、大台形制、殿前广场和龙尾道位置，含元殿与朝堂关系等问题，有了新的认识。(《唐大明宫含元殿遗址 1995—1996 年发掘报告》，《考古学报》1997 年第 3 期)

3 月　北京文物所王策等在北京宣武区白纸坊，发掘**金中都**

太液池遗址，发掘面积 1400 平方米。判明早晚两期湖泊及湖心岛的范围，并在湖心岛发掘 4 座夯土建筑基址。其中位于湖心岛中部的 1 号基址，面积超过 2300 平方米，应为辽代始建、金代重修的瑶池殿。(《中国考古学年鉴（1996）》第 94—95 页)

4 月　16 日，甲骨学家胡厚宣在北京逝世，终年 85 岁。

胡厚宣，名福林，以字行。河北望都人，生于 1911 年 12 月 20 日。1934 年北京大学史学系毕业。随即至中央研究院历史语言研究所考古组工作，曾参加 1934—1935 年安阳殷墟侯家庄西北冈殷代王陵区的发掘，负责 1004 号亚字形大墓。后协助董作宾编纂《殷虚文字甲编》，撰写该编释文，又曾参与整理 127 号坑出土的 1.7 万片甲骨文，根据第一手甲骨文资料进行殷商历史研究。1940 年转任成都齐鲁大学国学研究所研究员，又曾兼任中国文学、历史社会学二系教授和系主任。此间所撰论文编集为《甲骨学商史论丛》。1947 年转任上海复旦大学历史系教授，中国古代史教研室主任，曾广泛搜集平津、宁沪散存的甲骨资料，汇编为《战后平津新获甲骨集》《战后宁沪新获甲骨集》《战后南北所见甲骨录》《战后京津新获甲骨集》《甲骨续存》等书，合计收录甲骨一万余片，数量居个人著录之冠，并且首创王世分期与事项分类相结合的著录形式。1956 年夏调至中国科学院历史研究所（现属中国社会科学院），历任研究员、先秦史研究室主任、院甲骨学殷商史研究中心主任等职。实际主持郭沫若主编《甲骨文合集》的编纂工作，对 80 多年来出土的甲骨资料进行全面清理。曾被推选为中国史学会、中国考古学会、中国先秦史学会、中国殷商文化学会、中国古文字研究会等学术团体的理事、会长、名誉理事（顾问）。(《中国大百科全书》第一版《考古学》卷"胡厚宣"条)

5 月　21—25 日，社科院考古所在河南偃师举办"95 中国商文化国际学术讨论会"，国内外学者 90 余人参加。收到论文 60 多篇。(《"中国商文化国际学术讨论会"述要》，《考古》1995 年第 9 期)

5 月　浙江杭州市文物考古所杜正贤等在**杭州市紫阳小区**旧城改造工程中，发掘始建于宋高宗绍兴四年（1134 年）的**南宋太庙遗址**。工作进行至 9 月，揭露面积 1000 多平方米，发现该遗址的东围墙（长 90 余米）、东门门址、太庙的大型夯土台基，以及东门外用"香糕砖"竖砌的御街。这是中国已知年代最早的太庙遗址，对于进一步揭示南宋都城临安的面貌有重要价值。曾被列入 1995 年"十大考古新发现"。(杜正贤:《南宋临安城考古发掘的里程碑——赵氏太庙遗址》，见《中国十年百大考古新发现（1990—1999）》下册第 770 页)

6 月　陕西考古所与有关地县文管会合作，在秦岭山区南洛河上游的**洛南盆地**和相邻的丹江上游腰市盆地进行调查发掘，胡松梅、王社江等参与其事。截至 1997 年，共发现**旷野类型旧石器地点** 38 处，其中洛南盆地 34 处、腰市盆地 4 处，采集石制器近 2000 件。同时，又对洛南县花石浪龙牙洞进行发掘，揭露面积 140 多平方米，发现三层古人类居住踩踏面及灰层，出土石制器 3.5 万件。这里的发现，对研究古人类从山区到平原的过渡有重要价值。曾被列入 1997 年"十大考古新发现"。(胡松海、王社江:《埋藏丰富的早期洞穴——洛南盆地旧石器地点群》，见《中国十年百大考古新发现（1990—1999）》上册第 93 页)

6 月　山西考古所、大同市博物馆等单位合作，张畅耕、王银田等参加，在**大同市**内勘探发掘**北魏平城明堂遗址**。工作进行至 10 月初。发掘清理面积总计 700 平方米。经钻探复原，该遗址周绕环形水渠（外径约 290 米），四面各有一座长方形夯土台，中心为一座较大的方形夯土台，形制与汉长安城明堂和汉魏洛阳城明堂一脉相承。发掘清理的仅是西面的夯土台及邻近的水渠。这一发现对进一步开展北魏平城考古研究，具有十分重要的意义。（王银田等：《山西大同市北魏平城明堂遗址 1995 年的发掘》，《考古》2001 年第 3 期）

7 月　新疆文物考古所伊弟利斯·阿不都热苏勒等对**吐鲁番交河故城**附近进行考古调查，在沟西台地采集大批人工石制品，其中采自晚更新世地层的手镐和石片，为新疆地区旧石器文化的存在提供有力的证据。（伊弟利斯·阿不都热苏勒等：《吐鲁番盆地交河故城沟西台地旧石器地点》，《新疆文物考古新收获（续）》，新疆美术摄影出版社，1997 年）

7 月　广州市文物考古所麦英豪、冯永驱、陈伟汉等在**广州市**中心的中山四路附近，发掘西汉**南越国宫署宫苑遗址**。本年 7—8 月和 10—12 月，1996 年 8—11 月，1997 年 7 月至 1998 年 1 月，先后三次共揭露 4160 平方米。1995 年发现一座南越国时期的大型石筑方形蓄水池，出土颇有特色的砖、瓦、木、石等建筑构件，曾被列入 1995 年"十大考古新发现"。1997 年发现与方形水池连接的石构曲渠（长 150 米），以及回廊残迹，曾被列入 1997 年"十大考古新发现"。（《南越宫苑遗址——1995、1997 年考古发掘报告》，文物出版社，2008 年；又《岭南文化艺术的奇迹——南越国宫署御苑遗迹》，见《中国十年百大考古新发现（1990—1999）》下册第 502 页）

7 月　河北省文物所李恩佳在**曲阳县**灵山镇的西燕川村附近，发掘清理新近被盗的五代早期**北平王王处直墓**，工作进行至 11 月。该墓装饰华丽，墓门、前室、东西耳室和后室均有彩绘壁画，内容为人物、花鸟、山水和生活器具；前室壁画又嵌有汉白玉浮雕彩绘冠服十二生肖像，后室则有汉白玉浮雕彩绘伎乐图和侍从图。墓志记述的墓主生平较《五代史》为详，曾任易、定等州节度使，后封太原王和北平王，卒于天祐二十年（923年），是当时割据河北地区的实力人物。壁画和浮雕具有较高的艺术价值。（《五代王处直墓》，文物出版社，1998年）

8月　河北文物所与北京大学考古系合作，谢飞、梅惠杰等参加，在河北西北部**阳原县泥河湾**盆地的虎头梁一带开展大规模的田野工作。截至1998年9月，重点发掘了于家沟、马鞍山等10处旧石器遗址，以及姜家梁新石器时代墓地，发掘面积共计2700平方米。主要收获是在**于家沟**找到华北地区难得的更新世末期至全新世中期的地层剖面和文化剖面，下部为距今14000—8000年的细石器文化层，并出土万年以上的夹砂黄褐陶片；上部为距今8000—5000年的新石器时代遗存，为研究华北地区旧石器时代向新石器时代的过渡提供可靠的资料。曾被列入1998年"十大考古新发现"。（梅惠杰、谢飞：《华北新旧石器时代的过渡——泥河湾盆地阳原于家沟遗址》，见《中国十年百大考古新发现（1990—1999）》上册第103页）

8月　内蒙古文物考古所与日本京都中国考古学研究会合组考察队，由田广金、秋山进午任双方队长，开展"**岱海地区**文明起源和发展的考古学研究"项目的综合考察。本年8月在**凉城县王墓山坡上遗址**发掘563平方米，发现仰韶文化中期房基15座、灰坑25个、墓葬3座。1996年8月考察队共同发掘王墓山坡上遗址以东500米的**石虎山遗址**，9月中方继续发掘，揭露面积共计2800平方米，发现仰韶文化早期房基20座、灰坑36个、墓葬1座及围沟1条，文化遗存与后冈一期文化相同或相似的因素颇多。王墓山坡上和石虎山两处相邻遗址的发掘，为研究岱海地区乃至整个内蒙古东南部仰韶文化的发展及其社会形态，提供新的重要启示。（《岱海考古（二）——中日岱海地区考察研究报告集》，科

学出版社，2001年）

8月　15—18日，"长江中游史前文化暨第二届亚洲文明学术讨论会"在湖南长沙举行，国内外学者88人参加。（何介钧：《长江中游史前文化暨第二届亚洲文明学术讨论会纪要》，《考古》1996年第2期）

8月　21—24日，北京市文物研究所与中国殷商文化学会等单位共同举办的"北京建城3040年暨燕文明国际研讨会"在北京房山召开，国内部分省市的学者，来自美、英、日、韩和瑞士的学者，共计104人参加，其中有侯仁之、宿白、田昌五、邹衡，及池田末利、夏含夷（Shaughnessy, E. L.）等。（《"北京建城3040年暨燕文明国际研讨会"述要》，《文物》1996年第1期；《北京建城3040年暨燕文明国际学术研讨会会议专辑》，北京燕山出版社，1997年）

8—9月　内蒙古文物考古所郭治中等在**赤峰市**松山区，调查发掘辽金元时期的**缸瓦窑遗址**。1996年6—8月继续工作。通过两个年度的调查发掘，基本搞清楚当地各时期遗迹的性质和分布范围，特别是发现以烧制高质量辽瓷为主的窑区，为判定辽代官窑的所在地提供重要线索。（《中国考古学年鉴（1996）》第115页）

9月　1—8日，台北史语所、台湾大学、台北故宫博物院等单位联合举办李济先生百岁诞辰系列活动。内容包括纪念大会、学术演讲（5次）、学术座谈（2次）和展览（6项）。（《历史语言研究所七十年大事记》第62页）

9月　19日，中国社会科学院考古研究所夏鼐考古学研究成果奖金第二次颁奖会在北京举行。一等奖3项：《殷周金文集成》《西汉南越王墓》《侯马铸铜遗址》。二等奖4项：《定陵》《包山楚墓》《密县打虎亭汉墓》《淅川下寺春秋楚墓》。（《中国社会科学院考古研究所夏鼐考古学研究成果奖金在北京颁奖》，《考古》1995年第11期）

秋季 山西考古所张童心等在**万荣县**皇甫村，发掘开元九年（721 年）归葬的**唐睿宗婿薛儆墓**。这是山西地区发掘的最大唐墓，全长 50 米，有 6 个壁龛和 6 个天井，墓道、甬道和砖砌墓室均有壁画，但保存欠佳；庑殿式石椁和甬道中部石门，都有精美的线雕。随葬品有墓志、陶俑、陶瓷器、铜器和铁器。墓志可与文献记载印证。（《唐代薛儆墓发掘报告》，科学出版社，2000 年）

10 月 山东文物考古所王守功等在**阳谷县**东张秋镇附近，勘察发掘**景阳岗龙山文化城址**。本年工作至 12 月，1996 年春季继续发掘，秋季进行普探，合计揭露 1800 平方米。判明该城址的平面呈圆角长方形，面积达 35 万平方米，是黄河流域目前最大的史前城址。城内发现夯土台基、半地穴式房基、墓葬、灰坑等遗迹。发掘者认为，其文化面貌与山东龙山文化、河南龙山文化均有一定程度的差距，应代表鲁西南地区的文化类型。（《山东阳谷县景阳岗龙山文化城址调查与试掘》，《考古》1997 年第 5 期）

10 月 河北文物所石永士等在**易县燕下都遗址**南城垣外，中易水南 2.5 公里的解村以东，发掘年代属战国中期后段的 1 号人**头骨葬坑**。揭露面积 100 平方米，发现 18—50 岁左右的男性头骨 300 多个，有的人头骨保留射中的三棱铜镞，有的下颌骨有被砍杀的痕迹。据估计，该丛葬坑的人头骨总数约为 2000—3000 颗。该地共有 14 座同样的丛葬坑，共计埋葬人头骨约达数万颗。这无疑是当时征战中斩获的敌军士卒首级。（《中国考古学年鉴（1996）》第 100 页）

10 月 社科院考古所刘庆柱、李毓芳等在**汉长安城**未央宫遗址东北，探明**北宫的范围**，并发现其南北相对的两座宫门，从而解决长期以来模糊不清的北宫位置问题。又在北宫南面发掘一处官府所属砖瓦窑遗址，清理窑址三组 11 座，所出砖、瓦往往有

"大匠"二字的陶文。（《汉长安城北宫的勘探及其南面砖瓦窑的发掘》，
《考古》1996 年第 10 期）

10 月　山东大学考古系任相宏、崔大庸等在**长清县双乳山**，
发掘**西汉时期的一号大墓**，工作进行至 1996 年 7 月。该墓系凿山
为藏的大型石圹木椁墓，保存完整，墓室和墓道总长 85 米，总面
积 1447 平方米，凿石量约计 8800 余立方米；墓室内有木材构筑
的两层椁室，内置三重髹漆木棺。随葬品丰富，其中墓主贴身的
玉器最为精致，有覆面和玉枕等；又出土铜器、漆器、陶器、铁
剑和金饼等。墓道和椁室还随葬 5 辆结构不同的马车，并有鎏金
或错金银的车马器。发掘者根据该墓的年代和地望推断，墓主应
为汉武帝末年**最后一代济北王刘宽**。曾被列入 1996 年"十大考古
新发现"。（《山东长清县双乳山一号汉墓发掘简报》《双乳山一号汉墓墓主
考略》，均见《考古》1997 年第 3 期；又任相宏：《凿石量最大的汉王陵——
长清双乳山西汉济北王陵》，见《中国十年百大考古新发现（1990—1999）》
下册第 512 页）

10—11 月　以新疆文物考古所为主体的中日联合考古队，在
早年斯坦因作过多次考察的**尼雅遗址**，对 **19 座居址组成的 N2 聚
落遗址**、曾出土"泰始五年"木简的 N5 佛寺遗址，以及新发现
的 95MNⅠ墓地进行发掘清理，王炳华、于志勇等参与其事。这
是该考古队继 1990—1992 年的全面考察、1993—1994 年的小规
模发掘之后，对尼雅遗址的进一步发掘。95MNⅠ号墓地的 9 座
上层人物墓，出土一批干尸及大量的丝毛织物等珍贵文物。1997
年又在该墓地清理 6 座墓葬。所出丝织品中，有许多前所未见的
织锦，幅边完整，色彩如新，纹饰繁复，间织多种汉文篆体吉祥
语。这是尼雅考古以来最为丰硕的收获，为全面揭示遗址的面貌，
探讨汉晋时期西域精绝、鄯善等古国与中原王朝的关系，提供更

加丰富的实物资料。曾被列入 1995 年"十大考古新发现"。(《中日共同尼雅遗址学术调查报告书》第 2 卷，日本中村印刷株式会社，1999 年；《新疆民丰县尼雅遗址 95MNⅠ号墓地 M8 发掘简报》，《文物》2000 年第 1 期；又于志勇：《尼雅考古学研究的新阶段——民丰尼雅遗址》，见《中国十年百大考古新发现（1990—1999）》下册第 496 页）

　　11—12 月　　新疆文物考古所李文瑛、周金玲等在罗布泊西侧**尉犁县，发掘汉晋时期营盘城址北侧墓地**。共计发掘墓葬 32 座，清理被盗墓 100 多座。1997 年清理其中 15 号墓，完整取回彩绘棺。1999 年 10—11 月，再次发掘墓葬 80 座。营盘地处丝绸之路上"楼兰道"的要冲，被认为可能是西域三十六国中墨山国的都城。墓地收获丰富，对于中西文化交流史的研究有重要价值。保存完好的随葬品，以丝织和毛织衣物为大宗，其中 15 号墓出土的红地对人兽树纹精纺毛织罽袍，织造工艺和图案、风格都表明其来自西方。西方产品还有黄铜首饰和玻璃器。曾被列入 1997 年"十大考古新发现"。(《新疆尉犁县营盘墓地 15 号墓发掘简报》，《文物》1999 年第 1 期；又李文瑛：《东西方文化交汇地——尉犁营盘汉晋墓地》，见《中国十年百大考古新发现（1990—1999）》下册第 594 页）

　　11 月　　社科院考古所、南京博物院、扬州市文化局合组的扬州城考古队，在今扬州市西门街发掘**宋大城西门遗址**。工作进行至 1996 年 4 月，蒋忠义主持其事。该城门是在五代周小城西门的基础上修建的，曾增筑进出城门的砖铺路面。北宋晚期加筑方形瓮城区。南宋时期又增厚主门道洞壁、瓮城和主城墙壁。这是中国目前发现年代最早的砖砌券顶城门。1996 年初，包括 1993 年以来对扬州唐城和宋三城在内的扬州唐宋城遗址的勘察发掘，曾被列入"八五"期间"十大考古新发现"。(蒋忠义、李久海：《百年探求，十年发掘——唐代扬州城遗址》，见《中国十年百大考古新发现

（1990—1999）》下册第 635 页;《扬州城：1987—1998 年考古发掘报告》）

11—12 月 成都市文物考古队与四川大学考古专业等单位合作，进行**成都平原史前城址**的调查发掘。1996 年 9—12 月继续工作。王毅、李明斌、江章华等参与其事。先后发现 5 座年代相当于中原地区龙山文化的城址：新津宝墩城、都江堰芒城、郫县梓路城的平面均呈长方形，面积分别约为 60 万、12 万、27 万平方米；温江鱼凫城平面呈不规则多边形，面积约 32 万平方米；崇州双河城则为内外两重，面积约 15 万平方米。这对于探讨长江上游地区文明的起源有重要意义。曾被列入 1996 年"十大考古新发现"。（《四川新津县宝墩遗址调查与试掘》，《考古》1997 年第 1 期;《四川新津县宝墩遗址 1996 年发掘简报》，《考古》1998 年第 1 期;《四川都江堰市芒城遗址调查与试掘》，《考古》1999 年第 7 期;《四川省郫县古城遗址调查与试掘》，《文物》1999 年第 1 期;《四川省温江县鱼凫村遗址调查与试掘》，《文物》1998 年第 12 期; 又李明斌:《长江上游文明起源的中心——成都平原史前古城址群》，见《中国十年百大考古新发现（1990—1999）》上册第 225 页）

12 月 山东大学考古系蔡凤书、于海广、栾丰实等与美国耶鲁大学等校考古学者合组考察队，进行**日照两城镇地区"区域系统调查"**（Systematic Regional Survey），工作至 1996 年 1 月，历时 16 天。调查范围约为 36 万平方米，取得了初步成果。主要是发现 33 处龙山文化遗址和遗物地点呈等级状分布这一现象，为进一步研究该地区龙山文化的发展和文明中心的形成提供重要的线索。后于 1998—2001 年进行发掘，在三个区域发现龙山文化大批遗迹和遗物，又通过钻探发现三重环壕并在中环壕发现城墙。（《中国考古学年鉴（1996）》第 157 页;《两城镇：1998—2001 年发掘报告》，文物出版社，2016 年）

12 月 中国钱币学会组织编写的《中国钱币大辞典》出版《先秦编》(朱活主编)。继而于 1998 年 9 月出版《秦汉编》(蒋若是主编)。

本年 社科院考古所钱国祥等在汉魏洛阳故城的西北角,进行旨在判明**魏晋时期金墉城**情况的考古发掘。本年和 1997 年对该处的甲、乙、丙三个小城城垣所作发掘,面积共计 500 平方米。根据发掘情况,结合文献记载,判定:南端的丙城建筑年代不晚于魏晋,应是曹魏明帝创建的金墉城;其北的甲、乙二小城则为北魏以后增扩或改建,与魏晋的金墉城无关。(《汉魏洛阳故城金墉城址发掘简报》,《考古》1999 年第 3 期)

本年 社科院考古所陈良伟等对**隋唐洛阳城遗址**继续进行勘察发掘。截至 1998 年,与洛阳市文物队合作,先后发掘西隔城东西两垣、宫城南垣、东隔城东垣、玄武城南垣,以及东城的东西两垣;又发掘玄武城以北的圆璧城南门、东城东垣的**宣仁门**,以及郭城东垣南段的**永通门**。这些发掘,为进一步判明隋唐洛阳宫城及诸小城的平面布局,复原东城的洛北里坊区,寻找东城南端的承福门和北端的含嘉门,以及与宣仁门相对的郭城东垣北段的上东门,都有十分重要的意义。1997—1998 年还发掘了外郭城正南面的**定鼎门遗址**。(《洛阳唐东都圆璧城南门遗址发掘简报》,《考古》2000 年第 5 期;《河南洛阳隋唐城宣仁门遗址的发掘》,《考古》2000 年第 11 期;《隋唐洛阳城永通门遗址发掘简报》,《考古》1997 年第 12 期;《定鼎门遗址发掘报告》,《考古学报》2004 年第 1 期)

1996 年

2 月 四川文物考古所陈祖军等在**华蓥市**双河镇昭勋村附近的山腰,清理发掘南宋抗金名士**安丙及其家属的墓葬**。工作进行至12月。5座墓皆为壁有浮雕图案的券顶石室，其中安丙和夫人李氏二墓最为华丽，均以巨石构筑仿木建的三进房舍，并且由墓门向内浮雕力士、青龙与白虎、侍从与伎乐等形象，又穿插"童子启门"等内容的壁画。两墓前又发现祭台、享堂等建筑遗迹，以及石翁仲。墓内出土三彩陶俑、陶瓷器、玉器、金银币等。安丙墓志5000余字，可与《宋史》本传印证。这是四川地区目前发掘墓主身份最高的宋墓，曾被列入1996年"十大考古新发现"。（陈祖军：《安丙墓发掘的重要收获》，《四川文物》1996年增刊；又陈祖军：《石雕艺术长廊——安丙家族墓地》，见《中国十年百大考古新发现（1990—1999）》下册第777页）

3—4月　南京博物院林留根等在连云港市中云乡西诸朝村南部，着手发掘地处南、北云台山之间冲积平原的藤花落遗址。截至2000年，发掘总面积已达4000平方米。主要发掘收获是发现一座始建于龙山文化早期偏晚阶段的城址。城址有内外两道城墙，外城平面呈圆角长方形，周长1520米，内城发现3处大型夯土台基、30多座不同形制的房址、纵横两条干道，以及与稻作农业有关的水田等遗迹。龙山文化晚期城址彻底废弃后，又叠压大面积的岳石文化遗存。此项发掘，对研究苏北及海岱地区的古代文化、探讨中国古代文明的起源有重要意义。后发掘至2004年。曾被列入2000年"十大考古新发现"。（《江苏连云港藤花落遗址考古发掘纪要》，《东南文化》2001年第1期；《藤花落：连云港市新石器时代遗址考古发掘报告》，科学出版社，2014年）

4月　洛阳市文物队、郑州大学考古专业等单位合作，由叶万松、李德方等发掘孟津县妯娌村新石器时代遗址。工作进行至12月，揭露面积3450平方米。主要遗存的年代与王湾二期文化相当，即从仰韶文化晚期延续到龙山文化初期。居住区发现15座圆形或扁圆形的房基。仓窖区在南，有分布密集的圆形袋状灰坑。更南为墓葬区，清理墓葬 56 座，墓坑、葬具和随葬品存在明显的差别，而以男性居尊。对研究当时的聚落形态与社会组织有重要意义，曾被列入 1996 年"十大考古新发现"。（《孟津县妯娌遗址》，见《黄河小浪底水库文物考古报告集》，黄河水利出版社，1998 年；又叶万松、李德方：《河曲山地的惊人发现——孟津妯娌新石器时代聚落遗址》，见《中国十年百大考古新发现（1990—1999）》上册第 219 页）

　　4 月　浙江文物考古所刘斌等发掘**嘉兴市南河浜新石器时代遗址**。工作进行至 11 月，揭露面积 1000 多平方米。发现崧泽文化的人工堆筑土台 1 座、房基 7 座，以及崧泽和良渚文化的墓葬 96 座、灰坑 26 个，出土各类遗物较为丰富。这是崧泽遗址发掘以后的重要发现，充实了对崧泽文化的认识，对于探讨其与良渚文化的传承关系也有较大的帮助。（《南河浜——崧泽文化遗址发掘报告》，文物出版社，2005 年）

　　4 月　山西省考古所宋建忠等在**垣曲县古城镇**，发掘**宁家坡新石器时代遗址**。截至 1997 年 11 月，揭露面积 4000 余平方米。遗存以庙底沟二期文化为主，清理窖穴、房址、陶窑等遗迹。发现一条壕沟环绕遗址西南和西部，与环绕其他三面的河流形成防御体系。两座庙底沟二期陶窑保存完整，包括火膛、火道、窑室与出烟渗水口、窑门。又发现窑前活动场所、制坯取土坑等，是研究当时制陶工艺的绝好资料。（《垣曲宁家坡陶窑址发掘简报》，《文物》1998 年第 10 期）

　　4 月　山东淄博市文物局、博物馆与桓台县文管所合组考古队，张光明、张连利等参与，在**桓台县田庄镇**附近，发掘**史家村遗址**。截至 1997 年 5 月，先后三次共揭露 1300 平方米。发现龙山文化、岳石文化及殷商等时期的遗迹，其中岳石文化木构架祭祀器物坑最为重要。该坑长 9 米、宽 7 米、深 4 米，内设井字形木框架，分 7 层放置 334 件陶器，以及石器、骨器、刻字卜骨等。这对于研究东夷文化及其与商周文化的关系，具有重要的意义。（《山东桓台县史家遗址岳石文化木构架祭祀器物坑的发掘》，《考古》1997年第 11 期）

4 月　社科院考古所与美国哈佛大学皮保德博物馆合组考古队，为探寻商代最初都城和聚落遗址，在河南**商丘老南关**周围地区，采取物探技术与考古钻探相结合的方法，进行广泛的钻探。中方领队张长寿，队员高立兵、牛世山等，美方人员李永迪等参与其事。通过本年春、秋两季和 1997 年春季的探查，发现一座平面略作扁方形的东周城址，周长近 1.3 万米。经发掘获知，城垣始建部分的夯土可能早至商末周初，因而推断其为周初封微子的宋国都城。这对在该地探寻先商、早商时期遗存，有不可低估的意义。（《豫东考古报告——"中国商丘地区早商文明探索"野外勘察与发掘》，科学出版社，2017 年）

4—5 月　中国历史博物馆航空考古工作小组与洛阳文物管理办公室等单位合作，租用空军运 -5 飞机和进口直升机，对**洛阳和周边地区**的邙山古墓群、隋唐东都城、汉魏故城、偃师商城、二里头遗址、巩县宋陵，以及郑州、安阳等地的部分古代遗址和陵墓，进行**试验性航空摄影考古勘察**。有效飞行逾 40 小时，飞行范围 1000 余平方公里，勘察地点 90 多处，获得大量的图像资料。（《中国历史博物馆考古部纪念文集·考古部二十年工作回顾》第 10 页）

夏季　陕西考古所人员为配合陕京天然气管道工程，与榆林市文管会办公室（文物保护研究所）合作，在陕北毛乌素沙漠南缘地区进行全面调查，参加者有王炜林、邢福来、孙周勇等。8—11 月发掘**神木新华村龙山文化遗址**。1999 年夏季继续发掘。揭露面积共计近 4000 平方米。发现房址 20 多座、灰坑 208 个、陶窑 6 座、成人墓 82 座、儿童瓮棺葬 13 个、祭祀玉器坑 1 个。发掘者认为，该遗址的发现填补了陕北及河套地区新石器晚期至夏代考古学文化序列的缺环。（陕西省考古研究所、榆林市文物保护研究所：《神木新华》，科学出版社，2005 年）

5 月　国家文物局直接领导下，中国历史博物馆与海南文物保护管理办公室、广东文物考古所等单位的水下考古队，由张威任队长，首次进行**西沙群岛远海考察**，行程 850 多海里，走遍西沙全部岛屿和主要礁盘，发现多处古代遗存。1998 年末至 1999 年初再次前往考察，以北礁为主要工作地点，并在华光礁和银屿海域进行调查、试掘，取得丰富的收获。（《中国历史博物馆考古部纪念文集·考古部二十年工作回顾》第 8 页）

5 月　辽宁文物考古所朱达、吕学明等在**凌源县牛河梁第二地点**，对 5 处积石冢中面积最大的 4 号冢进行发掘。工作进行至 11 月，揭露面积 1200 平方米，清理冢内的土坑墓和石棺墓共 10 座。首次发现红山文化陶器和玉器同出现象。（《辽宁牛河梁第二地点四号冢筒形器墓的发掘》，《文物》1997 年第 8 期;《牛河梁——红山文化遗址发掘报告（1983—2003 年度）》3 册，文物出版社，2012 年）

5 月　"九五"期间国家重点科技攻关项目"夏商周断代工程"正式启动。李学勤、仇士华、李伯谦、席泽宗被聘任为首席科学家，并分任专家组正副组长。该项目拟采取人文社会科学与自然科学相结合的方法，兼用考古学和现代科技手段，进行多学科交叉研究。目标是：确定西周共和元年以前和商代后期比较准确的年代，提出商代后期比较详细的年代框架和夏代基本的年代框架。其中考古学方面的专题，将对与夏商周年代有密切关系的考古遗存进行系统研究，建立相对年代序列和分期，为利用现

代化手段测定夏商周绝对年代提供可靠的标本。（《夏商周断代工程
1996—2000 年阶段成果报告·简本》第 1—5 页，世界图书出版公司北京公
司，2000 年；《夏商周断代工程报告》，科学出版社，2022 年）

　　5 月　社科院考古所杜金鹏等在**偃师商城遗址东北隅**进行大
规模发掘。截至 1997 年 4 月，揭露面积 1050 平方米。发现商代
早期的城墙、城壕、道路、排水沟、夯土围墙，以及与铸铜有关
的遗存，取得比较丰富的收获。根据地层关系判明，城墙的营建
年代为偃师商城商文化二期早段。曾发现不晚于二期晚段的车辙
痕迹（轨距 1.2 米），将中国用车的年代提早二三百年。另外，还在
城址西南部钻探发现年代可能更早的小城。（《河南偃师商城东北隅
发掘简报》，《考古》1998 年第 6 期；《河南偃师商城小城发掘简报》，《考古》
1999 年第 2 期）

　　5 月　辽宁文物考古所李新全等在**桓仁县**东北，勘察发掘高
句丽早期的**五女山山城遗址**。本年工作至 10 月，1997—1999 年
继续工作，探明山城的范围、结构和布局，并进行重点发掘。该
山城平面呈靴形，面积约 50 万平方米，基本上利用天然悬崖峭壁
为屏障，仅在山势稍缓处用石材垒墙封堵。城设三门。城内分山
上、山下两部分。山上部分发掘出瞭望台、蓄水池、大型建筑基
址、兵营式建筑群址等遗迹，以及新石器时代晚期、东周、两汉、
魏晋等时期遗存。该山城的发掘，为推定其为高句丽建国之初都
城提供重要依据。曾被列入 1999 年"十大考古新发现"。（李新全：
《高句丽的早期都城——桓仁五女山山城遗址》，见《中国十年百大考古新发
现（1990—1999）》下册第 607 页）

　　5 月　宁夏文物考古所与日本有关单位合组的原州古墓考古
队，在**固原县**西郊，发掘北周建德四年（575 年）入葬的**少师、柱
国大将军田弘墓**。该墓全长 50 多米，墓道有 5 个天井，甬道、主

室、后室和侧室均有彩绘壁画。这是继李贤墓发掘后发现的北周壁画墓中保存最好的一座。所出墓志可与《周书》本传印证。随葬品中的东罗马金币（4 枚）、玻璃器等，是研究中西文化交流的新资料。（罗丰：《北朝、隋唐时期的原州墓葬》，见《原州古墓集成》，文物出版社，1999 年）

6 月　安徽省文物考古所李德文等在**巢湖市**东郊放王岗，发掘一座**西汉中期带墓道的木椁墓**。其葬制规格之高，随葬器物之多，为安徽发掘汉墓中前所未见。木椁分成前后两室，有双扇门扉与墓道相通。内外棺均为长方盒状。出土大量的漆木器、铜器，以及滑石器、陶器、铁兵器和五铢钱等，所出玉印表明墓主名"吕柯"，身份不详。（《中国考古学年鉴（1997）》第 149—150 页）

6 月　山东文物考古所与德国波鸿鲁尔大学史前考古研究室合作，由罗勋章、宋宝泉负责，进行**临淄地区的遥感考古研究**。所用资料，主要是美国国家档案馆收藏的 1928、1938 年日军所摄航片，并参考 1975 年山东省测绘局所摄航片及其绘制的万分之一地形图，经影像判读和田野查证，判定古代遗迹 2889 处，其中古墓葬 2794 座，古城址和居址 95 处。工作进行至 2000 年 2 月。（《中国临淄文物考古遥感影像图集》，山东省地图出版社，2000 年）

7 月　国家文物局支持下，社科院考古所、内蒙古文物考古所和吉林大学考古系合组考古队，由张忠培任队长，朱延平、郭治中、王立新任副队长，开始在**赤峰地区西南部**进行以夏家店下层文化为重点的调查发掘。本年至 1999 年，除曾在大山前遗址进行一定规模的发掘，发现祭祀点和聚落址外，主要在**半支箭河中游一带**进行全面的区域性调查，在 221 平方公里的地域发现 220 处先秦时期遗址，其中大部分属夏商时期的夏家店下层文化，为深入研讨夏家店下层文化的分期、谱系、源流和社会面貌打下了基础。(《半支箭河中游先秦时期遗址》，科学出版社，2002 年；《内蒙古东部（赤峰）区域考古调查阶段性报告》，科学出版社，2003 年)

7 月　内蒙古文物考古所魏坚等在多伦诺尔的**元上都遗址**，勘察发掘位于宫城中心的 **1 号宫殿基址**，工作进行至 9 月。该基址可分为早晚二期。早期基址规模宏大，因叠压在下仅作局部清理，宽约 40 米，全长不明（已知 35 米），基础铺宽大石条并进行加固，出土大量雕刻精细龙纹和花卉的汉白玉构件，发掘者推测其为始建于忽必烈时期的重要建筑。晚期基址规模缩小，石质建筑构件多拆用早期材料，建筑年代应在元代以后。(《中国考古学年鉴（1997）》第 109—110 页；魏坚：《元上都》)

8 月　《文物》月刊编辑部主办的 "史前城址与聚落考古学术研讨会"，在辽宁绥中召开，有关考古单位的 30 余位学者参加。(《"史前城址与聚落考古学术研讨会"综述》，《文物》1996 年第 11 期)

8 月　山西考古所范文谦等在**侯马市**西南的浍河北岸，对**春秋晚期至汉初的虒祁遗址**进行大规模发掘。该遗址总面积约 80 万平方米，由夯土建筑基址、墓地和祭祀遗址组成。截至 2000 年冬，先后发掘 5 次，清理墓葬 1260 余座，包括竖穴墓和洞室墓两类（各占总数的 1/4 和 3/4），出土不同质料遗物 5000 余件，其中春秋晚期和战国早期随葬陶礼器，战国中晚期随葬陶釜和陶罐，葬式均以屈肢为主；祭祀坑 1600 余座，埋葬牛、羊、马三种动物，一般每坑一牲，而以羊为最多，个别坑伴出带墨书文字的玉石器。这些为研究晋都新田废弃前后的文化发展提供了珍贵资料。(《中国考古学年鉴（2001）》第 122—123 页；《山西侯马市虒祁墓地的发掘》，《考古》2002 年第 4 期)

9 月　海南省文物考古研究所在原海南省博物馆考古部的基础上成立。(《海南省文物考古研究所简介》，见《考古》2003 年第 4 期；

又据《文物博物馆事业纪事》第 812 页）

　　9 月　浙江省文物考古所、厦门大学考古专业等单位发掘**余姚市**河姆渡附近的**鲻山遗址**，工作进行至 12 月，揭露 350 平方米，王海明等参与其事。遗存包括河姆渡文化、良渚文化和商周时期的印纹陶文化。主要收获是发现河姆渡文化的连片干栏式建筑遗迹，出土数百件燧石打制的细石器，为河姆渡文化研究提供了新的资料。（《浙江余姚市鲻山遗址发掘简报》，《考古》2001 年第 10 期）

　　9 月　北京市文物所、北京大学考古系、社科院考古所合组考古队，对**房山琉璃河西周燕都遗址**，在近年工作的基础上进行重点发掘。本年工作至 11 月，发掘面积 800 平方米，赵福生、刘绪、柴晓明参与其事。主要收获是揭露两处城墙和护城河，进一步判明城墙使用时间为西周早中期；特别是在一座灰坑出土的数十片卜甲中，发现一片刻有“成周”二字，为琉璃河遗址的分期断代提供新的重要资料。（《琉璃河遗址 1996 年度发掘简报》，《文物》1997 年第 6 期）

　　9 月　河南省文物考古所蔡全法、马俊才等在**新郑市**郑韩故城东城的西南部，对 1993 年发现、同年和 1995 年曾作一定发掘的**郑国祭祀遗址**，作进一步大规模发掘。截至 1998 年 10 月，先后揭露 8000 平方米。清理的遗迹除商周时期的灰坑、两周及其以后时期的墓葬外，主要是春秋时期的青铜礼乐器坑。其中保存完整的是 7 座礼器坑、11 座乐器坑，分别出土组合相同的青铜礼器和编钟，合计共达 348 件（礼器 142 件，编钟 206 件）。此间还清理 45 座殉马坑。发掘者推断其为郑国的社稷遗址。极大地丰富对春秋晚期礼乐制度的认识。曾被列入 1997 年“十大考古新发现”。（《新郑郑国祭祀遗址》3 册，大象出版社，2006 年；又蔡全法、马俊才：《"郑卫之音"重光于世——新郑郑韩故城郑国祭祀遗址》，见《中国十年百大考古新发现（1990—1999）》上册第 391 页）

　9 月　浙江省文物考古所陈元甫等在**绍兴县**兰亭镇木栅村西南的印山之巅，发掘一座**春秋晚期的越国大墓**。该墓规模宏大，地面有高大封土，四周设围护隍壕，墓穴为带宽大长墓道的长方形岩坑，坑口长 46 米，最宽 19 米，深 14 米。墓室用巨大枋木构筑，呈两面坡状，内分前、中、后三室。中室置大型独木棺。由于早期被盗严重，随葬品残存甚少，仅中室出土少量玉石器及漆木器残件。发掘者认为，如此规模的春秋晚期大墓，应为越国王陵。并推断可能就是史书记载的"木客大冢"，墓主为勾践之父允常。曾被列入 1998 年"十大考古新发现"。（《印山越王陵》，文物出版社，2002 年；陈元甫：《越文化考古的重大突破——绍兴印山越国王陵》，见《中国十年百大考古新发现（1990—1999）》上册第 405 页）

　10 月　福建省博物馆欧潭生等在**福州市**北郊新店村，勘察发掘一处**战国晚期至西汉早期城址**。本年工作至 12 月，1997 和 1999 年秋季继续工作。该城址包括内城和外城，始建于战国晚期。内城略作长方形，东西长约 310 米，南北宽约 287 米。外城仅勘明西墙，长达 1030 米。内城以南，发现战国晚期的炼铁炉遗迹。内城中区，发现汉初的建筑基址残迹（长达 34 米以上）。发掘者推断，该城址应是**闽越王都冶城**。至于城址西南 3 公里屏山的大型汉初夯土基址，则为后来营建的宫庙，曾出土"万岁未央"等文字瓦当。（《福建福州市新店古城发掘简报》，《考古》2001 年第 3 期）

　10 月　陕西考古所王炜林等在毛乌素沙漠南缘的**神木县大保当镇**，发掘 24 座**东汉中期墓葬**（其中 13 座为画像石墓），并在该墓地以北 2 公里处发现一座**汉代城址及其周围的汉代墓群**。该城址保存较好，经 1998 年的勘察发掘，判明了城址的基本情况，并再次发掘 2 座汉墓（其中一座为画像石墓）。大保当地处汉朝与匈奴频繁接触的塞外地带，此项发现的意义自不待言。（《神木大保当——汉代城址与墓葬考古报告》，科学出版社，2001 年）

10 月　湖南长沙市文物队宋少华等在**长沙市**中心五一广场东南侧的**走马楼**街建筑工地，清理一座遭到建设破坏的古井。井口直径 3 米许，现存深度 5.6 米。主要出土总计 **10 万枚以上的木质简牍**。经整理，这批简牍所记年号，最早为汉献帝建安二十五年（220 年），最晚为吴孙权嘉禾六年（237 年），属三国时期的吴简。内容则为赋税、户籍以及其他官私文书，涉及政治、经济、军事、文化和社会生活的诸多方面。这对于传世文献甚少的三国时期的历史研究有十分重要的价值。曾被列入 1996 年"十大考古新发现"。（《长沙走马楼三国吴简》的《嘉禾吏民田家莂》上下卷，文物出版社，1999；又宋少华、李鄂权：《中国历史文献的第五次大发现——长沙走马楼三国吴纪年简牍》，《中国十年百大考古新发现（1990—1999）》下册第 571 页）

10 月　山东青州市博物馆王华庆、夏名采、孙新生等在**青州龙兴寺遗址**，清理发掘一处**北朝佛教造像窖藏**。后经钻探判明，该窖藏位于龙兴寺中轴线北端，所出造像以石灰石刻制者为主，少量以汉白玉和花岗岩刻制，以及陶、铁、泥塑和木制。经整理，拼对成型达 400 余尊、粘合成型达 150 余尊，其中单体圆雕居多，贴金彩绘者保存完好。部分带纪年的造像，最早为北魏永安二年（529 年），最晚为北宋天圣四年（1026 年）。这是中国发现数量最多的佛像造像群，是中国佛教艺术研究难得的实物资料。曾被列入 1996 年"十大考古新发现"。（《青州龙兴寺佛教造像窖藏清理简报》，《文物》1998 年第 2 期；孙新生：《佛教艺术的奇葩——青州龙兴寺佛教造像窖藏》，《中国十年百大考古新发现（1990—1999）》下册第 587 页）

11 月　2—4 日，为纪念良渚遗址发现 60 周年，浙江省文物局、文物考古所、博物馆等单位共同举办的"中国·良渚文化国际学术讨论会"在余杭召开，国内外考古学者 110 人参加，会议收到论文 55 篇。（《"中国·良渚文化国际学术讨论会"纪要》，《文物》1997 年第 7 期）

11 月　20 日，国务院公布第四批全国重点文物保护单位，共计 250 处。其中有古遗址 56 处，古墓葬 22 处。（《第四批全国重点文物保护单位中的古遗址和古墓葬》，《文物》1997 年第 4 期）

12 月　科学院古脊椎所与北京市文物所合作，由李超荣、郁金城等参加，发掘**北京王府井**东方广场建筑工地发现的**旧石器时代遗址**。工作进行至 1997 年 8 月，发掘清理面积总计 892 平方米，出土编号标本 1500 多件，其中石制品 1098 件，绝大多数出自下文化层。原料主要是燧石，以石片石器为主，主要器类为刮削器和雕刻器。骨制品包括骨核、骨片和骨器。又发现烧石、烧骨、木炭、灰烬等用火遗迹。据测定，年代为距今 24000 多年。国家首都的中心地区发现如此古老的文化遗址，有其特殊意义。（李超荣等：《北京市王府井东方广场旧石器时代遗址发掘简报》，《考古》2000 年第 9 期）

12 月　湖南文物考古所何介钧等继续发掘**澧县城头山史前城址**。本年末和 1997 年初对西南城墙的发掘，确认其始建时间为大溪文化一期，距今 6000 年，后经大溪文化中期、屈家岭文化早期和中期三次增筑，全部废弃则在石家河文化中期。1997 年冬，又大面积揭露压在早期城墙下面属于汤家岗文化的水稻田，其第一期利用原生土地势成田埂，距今约 6500 年；第二期则人工将田加高，并有人工挖成的水沟和水坑与之相连，成为原始的灌溉系统。水稻田土之中，还发现大量炭化稻谷、稻叶、稻茎及根须。这是世界发现的最早水稻田，对研究水稻栽培的历史有重要意义。曾被列入1997年"十大考古新发现"。(《澧县城头山古城址1997—1998年度发掘简报》，《文物》1999年第6期；又何介钧：《目前中国最早的古城址与世界最早的古稻田——澧县城头山古城址》，《中国十年百大考古新发现（1990—1999）》上册第156页)

本年　宿白著《中国石窟寺研究》《藏传佛教寺院考古》，由文物出版社出版。二书分别是中国石窟寺考古学和西藏历史考古学的奠基之作。

1997 年

1 月　浙江宁波市文物考古所林士民等在**宁波市**内公园路一带，进行**唐宋明州子城遗址**的发掘。工作进行至4月，发掘面积700多平方米。揭露唐代始建、宋代增筑的城墙，唐代的排水沟，以及宋代的大道、花坛和衙署建筑遗迹等。出土遗物有首次发现的唐代波斯物品，又有越窑、长沙窑、龙泉窑产品以及南北方白瓷、磁州窑系彩绘瓷等，进一步证实明州是海上陶瓷之路的重要贸易集散地。(《浙江宁波市唐宋子城遗址》，《考古》2002年第3期)

春季　社科院考古所杜金鹏等在**偃师商城遗址**，进一步勘察1996年新发现的**商代小城**。本年秋季和1998年春季继续工作，先后发掘5个地点，共计870平方米。判明该小城平面呈长方形，南北长约1100米，东西宽约740米，始建于偃师商城商文化一期晚段；后经增宽扩建，将其西墙向北延伸，东墙南段向东北转折，形成内外两道城墙。而内城南部的中轴线又有宫城。偃师商城小城的发现，对于夏商周断代工程中夏商文化分界的研究有重要意义。曾被列入1997年"十大考古新发现"。(《河南偃师商城小城发掘简报》，《考古》1999年第2期；又杜金鹏：《夏商文化的界标——偃师商城

小城》，见《中国十年百大考古新发现（1990—1999）》上册第383页）

春季 根据"夏商周断代工程"中"武王伐纣年代研究"课题之"丰镐遗址的分期与年代测定"专题的需要，社科院考古所徐良高等在丰镐地区已有考古发现与研究的基础上，对**长安县马王村**附近的西周及其前时期文化遗存再次重点发掘。秋季又在**大原村**附近继续发掘。发现多组从先周晚期到西周晚期的系列地层叠压关系，以及一批墓葬、灰坑、房基等遗迹。发掘者依据地层堆积和陶器形制的分析，将周文化重新分为六期，并推断六期所属王世。其中马王村（97SCMT1）的**H18**，为"**文王迁丰至武王伐纣的先周文化晚期**"的典型单位。10月，夏商周断代工程项目办公室在西安召开"先周文化研讨会"，与会学者肯定其从考古学上为划分先周与西周的界限提供了地层依据。（《1997年沣西发掘报告》，《考古学报》2000年第2期；《夏商周断代工程1996—2000年阶段成果报告·简本》第9页，世界图书出版公司，2000年）

3月 河南省文物考古所蔡全法、马俊才等对新郑市**郑韩故城韩宫城遗址**进行发掘。截至12月，揭露3238平方米。主要收获是发现一处**战国时期大型建筑基址**，平面呈长方形，东西约110米，南北约130米，其上有柱础、磉墩、筒瓦、板瓦等，中心部位又有巨大的圭形石碑。该圭形大碑，长3.25米、宽0.45米、厚0.25米，两面磨光，上部带双耳，下部一穿孔，这在考古发掘中尚属首次发现。（《中国考古学年鉴（1998）》第162—163页）

4月 社科院考古所傅宪国等会同广西文物队、南宁市博物馆人员，在**邕宁县蒲庙镇九碗坡村**附近，发掘**顶蛳山史前遗址**。本年工作进行至7月，1998、1999两年的7月至翌年初继续发掘，累计揭露近1200平方米。遗址包含四期文化遗存。其中，第一期为新石器时代早期遗存，距今约1万年左右；第二、三期为新石器时代中期遗存，堆积均以螺壳为主，年代分别在距今 8000 年和距今 7000 年左右，是该遗址的主要遗存。发现两期的墓葬 300 多座，葬式为各种形式的屈肢葬和肢解葬，出土陶器多手制，器形以敞口深腹圜底罐和敛口深腹圜底釜为主，早期多篮纹，晚期多绳纹，工具多为蚌制，被命名为"顶蛳山文化"。第四期为新石器时代晚期，距今约 6000 年左右。这是广西地区第一次进行较大规模发掘的史前遗址，对于构建广西史前文化的基本框架和年代序列有重要意义。曾被列入 1997 年"十大考古新发现"。(《广西邕宁县顶蛳山遗址的发掘》，《考古》1998 年第 11 期；又傅宪国：《广西第一个史前考古学文化——邕宁顶蛳山遗址》，见《中国十年百大考古新发现（1990—1999）》上册第 236 页）

4 月　河南文物考古所方燕明等，根据夏商周断代工程"夏代"年代学研究课题的需要，对**禹州市瓦店龙山文化遗址**作进一步发掘。工作进行至 5 月，揭露面积 180 平方米，并进行广泛的钻探，判明遗址的现存面积为 20 万平方米，包含龙山文化早、中、晚三期遗存，而以龙山文化晚期为主。发现的遗迹、遗物档次较高，有夯土建筑基址和奠基坑，又出土成组的陶质酒器、玉器和卜骨等。发掘者推断，该遗址可能与文献记载中的**夏初都邑阳翟**有关。(《河南禹州市瓦店龙山文化遗址 1997 年的发掘》，《考古》2000 年第 2 期）

4 月　浙江文物考古所王海明等在**遂昌县**三仁乡，发掘**好川村良渚文化晚期至马桥文化阶段的墓地**。工作进行至 6 月，清理墓葬 80 座。墓地依山丘走向布列，墓葬早晚和大小有一定的安排，墓坑内多数有木制葬具，随葬品以陶器为主，早期数量少、组合简单，晚期大型墓陶器和玉石器齐全。经排比，可分为五期七段。这是进一步探讨良渚文化与相邻地区关系的新资料。(《好

川墓地》，文物出版社，2001年）

　　4月　社科院考古所与美国明尼苏达大学科技考古实验室合作进行**安阳洹河流域区域考古调查**，由乌恩、瑞普·拉普（Rapp, G. R.）任双方领队，成员有唐际根、荆志淳等。本年9—11月和1998年春、秋两季继续工作。通过调查，更加准确地掌握洹河流域考古学文化的发展序列，各个时期邑聚的分布情况，以及古地貌与人类活动的关系。特别是在花园庄一带发现大片夯土遗迹，后经考古所安阳队发掘，定名为"洹北商城"。（《洹河流域区域考古研究初步报告》，《考古》1998年第10期）

　　4月　河南文物考古所张志清等在**鹿邑县太清宫镇**进行发掘。截至12月，揭露面积2000平方米，发现**唐、宋、金代的大型建筑基址**，并出土金泰和元年（1201年）《太清宫庙产碑》，该地还立有唐开元十三年（725年）和宋大中祥符七年（1014年）的御碑，表明当时皇帝均以此为老子诞生地亲临祭祀。其间，又于11月在太清宫西，发掘一座**商末周初的中字形大墓**，墓内有13具男女殉，出土较多的青铜器、玉器和陶器，墓主应是周初受命驻守该地的高级贵族。（《鹿邑太清宫长子口墓》，中州古籍出版社，2000年）

　　4月　为配合黄河小浪底水库工程，山西考古所张庆捷等在黄河北岸**平陆、夏县、垣曲三县的淹没区**进行勘查，工作进行至9月。发现40处总长5000余米的**古栈道遗迹**，残存的壁孔、底孔、桥槽等类型繁多、数量丰富，又有东汉、唐、宋、明、清时期的多处题记。这和1955—1957年黄河水库考古队进行的三门峡漕运遗迹勘查，具有同样重要的历史价值。后连同1998—1999年洛阳第二文物队发掘的**汉函谷关仓储遗址**，被列入1998年"十大考古新发现"。（张庆捷、赵瑞民：《黄河古栈道的新发现与初步研究》，《文物》1998年第8期；又朱亮等：《再现古代黄河漕运的场景——小浪底水

库东汉漕运建筑基址及古黄河栈道》,《中国十年百大考古新发现（1990—1999）》下册第 526 页）

5 月　陕西考古所与北京大学考古系合作,发掘**商州市**东南丹江北岸的**东龙山遗址**,杨亚长等参与其事。本年工作进行至 8 月,1998 年 3—6 月继续发掘,共计揭露 1000 平方米。主要收获是发现年代与二里头一、二期文化基本同时,文化面貌有较大差异的丰富遗存,揭露出房址 10 座、灰坑 70 多个、墓葬 37 座等遗迹。二里头三、四期和商代二里冈期的遗存也很丰富,地域性特征则并不明显。这对于丹江上游地区考古学文化的编年及其与中原地区文化关系的研究,都有重要的意义。(《商州东龙山遗址考古获重要成果》,《中国文物报》1998 年 11 月 25 日;《东龙山遗址的年代与文化性质》,《中国文物报》2000 年 8 月 9 日）

5 月　辽宁文物考古所辛岩、李维宁等在**北票市**大板镇,发掘**康家屯夏家店下层文化遗址**。本年工作至 11 月,主要解决城垣结构等问题。1998 年起进一步发掘,以解决城内建筑布局等问题。城址残存面积 1.5 万平方米,平面原呈方形或长方形,发现东南两面城垣、东垣一处门址和部分城壕。城垣用大块青石垒砌,外侧有类似"马面"的突出部分。城内发现以 10 多道石墙分隔的院区,每个院区有一座大型房址和若干中小型房址。这对研究中国北方地区的早期历史文化有重要意义,曾被列入 1998 年"十大考古新发现"。(辛岩、李维宁:《夏家店下层文化城址的首次发掘——北票康家屯城址》,见《中国十年百大考古新发现（1990—1999）》上册第399 页）

5 月　吉林文物考古所金旭东等在**通化市**金厂镇附近,发掘**万发拨子遗址**。这是吉林地区开展考古工作以来揭露面积最大的遗址,截至 1999 年 10 月发掘面积共计 6015 平方米。发现房址

22座、墓葬56座、灰坑160个，以及灰沟、围壕等遗迹。遗存所跨年代较长，包括新石器时代、商周、春秋战国、西汉、魏晋和明代。所作考古分期，特别是相当于春秋战国至魏晋的石椁墓到积石墓的发展序列，将高句丽遗存与本地区的青铜文化联系起来，对东北亚青铜时代和高句丽文化的研究有重要意义。曾被列入1999年"十大考古新发现"。（金旭东等：《高句丽早期遗存及起源研究新证——通化万发拨子遗址》，见《中国十年百大考古新发现（1990—1999）》上册第549页；《通化万发拨子遗址考古发掘报告》，科学出版社，2019年）

夏季　河南文物考古所蔡全法、马俊才等在**新密市**双洎河中上游进行新石器时代遗址调查时，经钻探试掘确认原被定为西周时期"郐国故城"的**古城寨城址**，实为龙山文化城址。后经1998—2000年的大规模发掘，判明该城址平面呈长方形，南、北墙和东墙基本完整，分别长500米和353米，西墙已被河水冲毁。城内东北部揭露一座大型建筑基址，面阔28.4米，进深13.5米，坐西朝东，并有廊庑连接。这是中原地区目前发现面积最大、保存最好的史前城址。曾被列入2000年"十大考古新发现"。（《河南新密市古城寨龙山文化城址发掘简报》，《华夏考古》2002年第2期）

6月　香港特区古物古迹办事处邹兴华等在新界马湾岛，着手发掘**香港东湾仔北史前遗址**。社科院考古所吴耀利应邀前往参加，于9—11月共同进行发掘，总计揭露1400余平方米，发现新石器时代中晚期和青铜时代早期的居住遗迹及20座墓葬。遗存可分三期，其中约当公元前2200至前1500年的第二期最为丰富。这是香港回归祖国后的首次考古发掘，也是香港历年来考古揭露面积最大的发掘，进一步揭示香港与珠江三角洲的密切联系。曾被列入1997年"十大考古新发现"。（《香港马湾岛东湾仔北史前遗址发掘简报》，《考古》1999 年第 6 期；又吴耀利：《华南沿海的早期海洋文明——香港东湾仔北遗址》，《中国十年百大考古新发现（1990—1999）》上册第 243 页）

6 月　根据夏商周断代工程的测年需要，陕西考古所与北京大学考古系合作，由王占奎等进行**武功郑家坡先周时期遗址**的再次发掘。截至 12 月，发掘面积 410 平方米。发现商文化与先周文化共存现象，将遗存划分为二期四段，推断其年代分别相当于殷墟一至四期。（《中国考古学年鉴（1998）》第 229 页）

6 月　30 日，著名考古学家苏秉琦在北京逝世，终年 88 岁。

苏秉琦，河北高阳县人，生于 1909 年 10 月 4 日。1930—1934 年就读于北平师范大学历史系。其间，曾参加党领导下北平学联举办的暑期社会科学讲习班，并曾参与协助退隐泰山的冯玉祥学习社会科学知识。1934 年夏进入北平研究院史学研究会（后改为"所"）的考古组工作，累任至副研究员。1950 年中国科学院考古研究所成立后（1977 年起属中国社会科学院），任考古所副研究员、研究员，兼任汉唐考古研究室主任、学术委员会委员、博士研究生导师等职。长期兼任北京大学历史系考古教研室主任（1952—1982 年）。又任中国考古学会副理事长（1979—1986 年）、理事长（1986—1997 年）等职。主要学术贡献是较早成功地运用类型学方法进行考古研究，1940 年代进行宝鸡斗鸡台发掘的周秦墓葬和瓦鬲的分期；1950 年代进行洛阳东周墓葬断代和仰韶文化一系列问题的研究。晚年为加强考古学科的理论建设，提出"考古学文化的区系类型"等问题。致力于考古教学，为培养考古人才倾注大量心血。论著有《斗鸡台沟东区墓葬》（1948 年）、《洛阳中州路（西工段）》（主编，1959 年）、《苏秉琦考古学论述选集》（1984 年）、《华人·龙的传人·中国人——考古寻根记》（1994 年）和

《中国文明起源新探》（1997 年）等。（《中国大百科全书》第一版《考古学》卷"苏秉琦"条；参看《20 世纪中国知名科学家学术成就概览·考古学卷》"苏秉琦"条）

7 月　中国历史博物馆将 1996 年设立的"航空摄影考古工作小组"改建为遥感与航空摄影考古研究中心。（《中国历史博物馆考古部纪念文集·考古部二十年工作回顾》第 10 页）

7—9 月　山西大学历史文化学院与河北文物研究所及保定市、徐水县文物单位合作，李君等参加，再次发掘**徐水县南庄头遗址**。发掘面积 112 平方米，又清理约 311 平方米。进一步了解遗址的地层堆积情况，发现坑、沟、灶等遗迹，并出土 40 余件陶片、骨器、石制品，及大量动物骨角。历次发掘出土的 50 余件陶片，均质地疏松，烧成温度较低，陶土中多羼石英粒等，器类仅有罐、钵，表现出既具原始的特征，又有一定的发展。发掘者将其与周边若干早期遗址比较，进一步肯定南庄头遗址的早期性质。这对于华北地区旧石器时代向新石器时代过渡、陶器和农业起源等问题的研究，有十分重要的意义。（《1997 年河北徐水南庄头遗址发掘报告》，《考古学报》2010 年第 3 期）

8 月　山东文物考古所佟佩华、兰玉富、刘延常等在**章丘市**龙山镇，发掘**西河新石器时代遗址**。工作进行至 9 月，揭露 1350 平方米。清理距今约 8000 年后李文化的 19 座半地穴式房址，以及灰坑等遗迹。房址保存较好，有方形和不规则形两种，面积一般 30 平方米左右，最大超过 50 平方米。这对于山东地区新石器时代较早阶段文化的研究有重要意义。曾被列入 1997 年"十大考古新发现"。（《山东章丘市西河新石器时代遗址 1997 年的发掘》，《考古》2000 年第 10 期；又兰玉富、刘延常：《山东最早的新石器文化——章丘西河遗址》，见《中国十年百大考古新发现（1990—1999）》上册第 229 页）

9月　江苏南京市博物馆周裕兴等在**高淳县**石臼湖南岸，发掘**薛城新石器时代遗址**。遗址地处苏、浙、皖交汇地带，据发掘者分析，其早期的 2 座房址和 91 个灰坑等居住遗迹，约当马家浜文化中、晚期；中期的 115 座墓葬，约当或稍早于北阴阳营文化二期；晚期则相当于崧泽文化中、晚期。发掘者认为，其中又以中期遗存内容丰富而极具特色，可能代表一种新的文化类型，提出暂名为"薛城类型"。(《江苏高淳县薛城新石器时代遗址发掘简报》，《考古》2000 年第 5 期)

9月　河北文物考古所任亚珊等在**张北县**西北白城子附近，进行**元中都遗址**的勘察发掘。本年工作至 10 月，1999 年 6—11月和 2000 年继续工作。该城址由外城、皇城、宫城三重城垣组成。宫城平面呈长方形，南北长 620 米，东西宽 560 米，有四座门和四个角台。皇城与宫城之间，南面相距 210 米，其余相距120 米。(《中国考古学年鉴(2000)》第 127 页)

10月　四川大学考古专业黄伟、罗二虎等在重庆市辖**云阳县**高阳镇附近，发掘**李家坝遗址**。本次发掘进行至 1998 年 1 月，1998 年 10 月至 1999 年 1 月继续发掘，合计揭露 3000 平方米。主要收获是清理 101 座战国至汉初土坑墓，另外，清理商周至明代的灰坑、战国至南朝的房址等众多遗址。土坑墓分布密集，排列有序，部分墓葬有殉人(或仅殉人头)的现象，随葬品较为丰富，出土大量精美的巴蜀文化青铜兵器，以及颇具特色的陶器。这对于进一步研究巴蜀文化，探讨巴蜀文化与楚文化的关系，都有重要意义。曾被列入 1998 年"十大考古新发现"。(黄伟、罗二虎:《巴蜀文化的瑰宝——云阳李家坝遗址》，见《中国十年百大考古新发现(1990—1999)》上册第 415 页)

10—11月　中国历史博物馆遥感与航空摄影考古中心和内蒙

古文物考古所等单位合作，由杨林、塔拉负责，**在内蒙古东南部地区**进行**航空摄影考古**工作。后于 1998 年 5 月进行地面复查和测量定位，1999 年和 2000 年初进行室内整理。考察重点包括该地区新石器时代、商周和秦汉时期遗址，辽金元时期城址和陵墓，共计 86 处。（《内蒙古东南部航空摄影考古报告》，科学出版社，2002 年）

11 月　20—24 日，夏商周断代工程项目办公室在河南郑州、偃师二地，召开"夏、商前期考古年代学研讨会"。有关考古学者多人出席会议，确认郑州商城和偃师商城的始建年代大体相当或略有早晚，可以作为夏商两代的分界。（《夏商周断代工程 1996—2000 年阶段成果报告·简本》第 9 页）

11 月　社科院考古所与日本奈良国立文化财研究所共同组成中日联合考古队，由刘庆柱、町田章任双方领队，对**汉长安城桂宫**西南部的 **2 号建筑遗址**进行发掘，工作进行至 1998 年 5 月，1998 年 10 月至 1999 年 4 月继续发掘，两次共计揭露 9000 平方米。遗址保存基本完好，是一处完整的宫殿建筑群，包括带四廊的前殿和后殿台基，以及若干附属建筑，有三条通道将前后殿连接，往北还有宫苑建筑基址。发掘者根据其建筑布局与未央宫椒房殿遗址相似，均出土"长生无极"瓦当，推断应是汉武帝为后妃修建的重要宫殿。其后，又于 1999 年秋至 2000 年春发掘 **3 号建筑遗址**，2000 年秋至 2001 年春发掘 **4 号建筑遗址**。（《汉长安城桂宫：1996—2001 年考古发掘报告》，文物出版社，2007 年）

12 月　四川文物考古所孙智彬等在重庆市辖忠县城北，发掘㽏井镇附近的**中坝遗址**。本年和 1998 年、1999 年合计发掘面积 2600 平方米。首次根据地层叠压关系，建立峡江地区从新石器时代晚期至夏商时期的文化发展序列。不同时期的大量房址和灰坑，以及许多墓葬和窑址，具有重要的学术价值。曾被列入 1998 年

"十大考古新发现"。(孙智彬:《重庆库区五千年历史的缩影——忠县中坝遗址》,见《中国十年百大考古新发现(1990—1999)》上册第264页)

本年　陕西考古所焦南峰等对**咸阳北原的汉景帝阳陵陵园**进行大规模的钻探。截至1999年,取得了丰富的收获。帝陵陵园四周均有夯土围墙和三出门阙,已发掘的南门阙面阔131.5米,进深25.5米、17.4米和11米,主副阙台夯筑而成,外施草拌泥和白灰,然后涂朱。帝陵丛葬坑,分布在四出墓道的两侧,共发现81座,主要埋藏骑、步武士俑及六畜等动物俑,已发掘的13号坑出土彩绘动物俑400余件。陪葬墓园在陵园东侧,发现100多座,其中西汉早期的墓园和墓场较大,靠近司马道两侧,墓主身份较高,属陪葬性质;西汉中晚期和东汉时期,墓园变成非陪葬的家族墓地。(《中国考古学年鉴(2000)》第264—270页)

1998 年

1月　严文明著《史前考古论集》由科学出版社出版。该书收集作者1958—1990年关于中国史前考古的40篇论文,其中,《中国史前文化的统一性与多样性》《中国新石器时代聚落形态的考察》《中国稻作农业的起源》等文,最富新意。

1月　西北大学文博学院考古系赵丛苍等,在陕西城固县北**发掘宝山镇附近的商殷时期遗址**。工作进行至1999年5月,发掘面积1720平方米。发现烧烤坑65座、房址6座、墓葬8座以及陶窑等遗迹,出土丰富的各类遗物。2000年继续发掘。这有助于判明城固附近多次出土商代铜器所属文化性质,探讨巴蜀文化与中原地区的关系。(《城固宝山——1998年发掘报告》,文物出版社,2002年)

2月　4—7日,夏商周断代工程项目办公室在山西侯马召开"西周列王年代学考古专题研讨会"，有关学者 50 余人出席。（《夏商周断代工程 1996—2000 年阶段成果报告·简本》第 9 页）

2月 甘肃文物考古所毛瑞林等在**礼县城东永兴乡赵坪村附近，发掘圆顶山春秋中期秦墓**。该地隔西汉水与大堡子山秦公墓地相望。工作进行至 6 月。清理的两座中型墓都有人殉和青铜礼器，其中一座墓旁又埋葬 5 乘车马。发掘者认为，墓主应为秦国的中等贵族。（《礼县圆顶山春秋秦墓》，《文物》2002 年第 2 期；《甘肃礼县圆顶山 98LDM2、2000LDM4 春秋秦墓》，《文物》2005 年第 2 期）

3月 洛阳第二文物队朱亮、史家珍等在黄河南岸的新安县盐东村，对汉代**函谷关附近的仓廪遗址**进行大规模发掘。本年和 1999 年共揭露 17000 余平方米。主体建筑基址南北长 179 米、东西宽 29 米，由宽 5—6 米的外墙和密集的柱础组成，内部又由两道隔墙将其分成三个单元。出土遗物表明，该主体建筑的建造和使用时间为西汉中晚期。此项发掘与 1997 年山西考古所在黄河北岸勘察的古栈道遗迹，曾被列入 1998 年"十大考古新发现"。（《黄河小浪底盐东村汉函谷关仓库建筑遗址发掘简报》，《文物》2000 年第 10 期）

3月 新疆文物考古所张玉忠、再帕尔等在**若羌县境楼兰故城北墓地**，清理一座已被盗掘的汉晋时期墓葬，并追回被盗文物。所出彩绘棺色彩鲜艳，图案为朱雀、玄武、铜钱和花卉等。男尸身穿棉布和绢质衣裤。墓内又出土狮纹栽绒毛毯及漆器等。（《中国考古学年鉴（2000）》第 291—293 页）

4月 邹衡著《夏商周考古学论文集（续集）》，由科学出版社出版。

5月 杭州市文物考古所杜正贤等在**杭州市**上城区凤凰山与九华山之间的狭长溪沟西端，发掘**宋元时期老虎洞官窑遗址**。该地南距南宋皇城不足百米。此次发掘进行至 12 月，1999 年 10 月至 2001 年 3 月再次发掘，总计揭露 2300 多平方米。发现南宋和元代前期的龙窑窑炉、房基和其他制瓷遗迹。元代后期仅出土大量瓷片和窑具。所出南宋瓷器在造型和制作工艺上与北宋汝官窑有明显的继承关系，元代产品的面貌仍然相似。据考证，该窑址应为南宋时期烧制宫廷用瓷的修内司窑。曾被列入 2001 年"十大考古新发现"。(《杭州老虎洞南宋官窑址》,《文物》2002 年第 10 期)

　　6 月　南京市博物馆周裕兴、华国荣等在**南京**东北郊的仙鹤观，发掘**东晋高氏墓地**中高崧等 3 座墓葬，工作进行至 8 月。9—12 月又在北郊的象山，发掘**东晋王氏墓地**的 3 座墓。这 6 座墓为研究东晋世家大族的葬制增添了新的重要资料。各类随葬器物，尤其是高崧家族墓所出成组的玉佩饰、玉具剑和金饰，具有重要的学术价值。曾被列入 1998 年"十大考古新发现"。(《江苏南京仙鹤观东晋墓》,《文物》2001 年第 3 期;《南京象山 8 号、9 号、10 号墓发掘简报》,《文物》2000 年第 7 期;又王志高、王泉:《世家大族的气派——南京仙鹤观、象山东晋贵族墓地》,见《中国十年百大考古新发现(1990—1999)》下册第 600 页)

　　6 月　黑龙江文物考古所与牡丹江文管站等单位合组考古队，由李陈奇、赵虹光领队，在**宁安市**渤海镇持续发掘**渤海上京龙泉府遗址**。本年发掘外城的正北门址，进行至 11 月。1999 年 7—10 月继续发掘。揭露一座由居中台基、两侧门道及其间短墙组成的建筑基址，形制不同于同时期的其他都城城门，也不同于本城址已发掘的其他城门。另一方面发掘宫城中路南起第二座宫殿建筑群，有吉林大学考古系师生参加。该建筑群的正殿，面阔 19 间，进深 4 间，是宫城中轴线上等级最高的宫殿，也是同时期单体建筑最长的宫殿。随后于 2000 年 7—10 月，发掘 3 号和 4 号

殿址。2001 年秋在继续发掘 4 号殿址的同时，又发掘最北面的 5
号殿址。各个殿址，除将主殿台基全面揭露外，还对两侧的廊道、
侧殿等附属建筑基址进行了揭露。（《渤海国上京龙泉府外城正北门址
发掘简报》，《渤海国上京龙泉府宫城第二宫殿遗址发掘简报》，均见《文物》
2000 年第 11 期；《中国考古学年鉴（2001）》第 155—156 页；《中国考古学
年鉴（2002）》第 185—186 页；《黑龙江宁安市渤海国上京龙泉府宫城 4 号
宫殿遗址的发掘》，《考古》2005 年第 9 期）

　　7 月　辽宁文物考古所吕学明等再次进行**凌源县牛河梁遗址
第五地点**的发掘。本年工作至 11 月，揭露面积 1876 平方米。在
此首次发现红山文化积石冢外侧的一段围沟，并且清理积石冢区
的 21 座祭祀坑、4 座土坑墓和 1 座石棺墓等遗迹。（《中国考古学年
鉴（1999）》第 146—147 页；《牛河梁——红山文化遗址发掘报告（1983—
2003 年度）》3 册，文物出版社，2012 年）

　　7 月　陕西考古所与秦始皇兵马俑博物馆合组始皇陵考古队，
由段清波负责，对**秦始皇陵园**持续进行考古钻探。截至 2001 年，
勘探面积共约 60 万平方米。主要发现有：内外城垣东、南、西三
面相对的 6 座门址，以及东、西两面门址之间的"三出阙"，内
城垣内外连绵不断的廊房建筑遗迹，陵园南半部外侧由明井和暗
渠组成的地下排水系统。其间还对陵园东南部内外城垣间的陪葬
坑进行发掘，本年末试掘的 K9801 出土 150 领石质铠甲及石胄，
1999 年 3—4 月发掘的 K9901 出土高 61 厘米的大铜鼎及百对陶
俑，均为前所未有的发现。曾被列入 2001 年"六项考古新发现"。
（《秦始皇帝陵园考古报告（1999）》，科学出版社，2000 年）

　　8 月　5—8 日，北京大学考古文博学院与日本大阪经济法科
大学共同主办的"7—8 世纪东亚地区历史与考古"国际学术讨论
会在北京大学举行。来自中国、日本、朝鲜和韩国的 40 多位学者

参加会议。(《北京大学考古学系五十年（1952—2002）》第 111 页)

8 月　16—19 日，中国殷商文化学会、河北省文物考古学会等单位共同主办的 "'98 河北邢台中国商周文明国际学术研讨会"在河北邢台举行。来自国内外的 106 位学者参加会议。(《'98 河北邢台中国商周文明国际学术研讨会纪要》，《文物》1999 年第 1 期)

8 月　宁夏文物考古所余军等在贺兰山麓**西夏陵区三号陵园**的南部，发掘鹊台、月城之间西侧的碑亭遗址。工作进行至 10 月，揭露面积 900 多平方米。该遗址由下部的方形台基、南侧的踏步、上部的圆形基址三部分组成。圆形基址有内外两圈 46 个柱洞，出土规格超过以往发现的高大雕像石座 3 件、有明显贴金痕迹的西夏文碑刻残块 700 余件，以及大量的建筑材料和各类遗物。(《中国考古学年鉴（1999）》第 306—307 页)

9 月　科学院古脊椎所与安徽文物考古所等单位合作，在**繁昌县西孙村镇癞痢山南坡，发掘人字洞旧石器时代遗址**。韩立刚、郑龙亭等参与，工作进行至 11 月。出土遗物除数十件石制品外，又有十余件骨制品。其中石器以刮削器为主，打片和修理均用锤击法。同出的动物化石以第三纪残留种为多，地质年代属早更新世早期，距今约 200 万年以上。这在长江中下游地区尚属首次发现，对寻找中国境内的早期人类具有十分重要的意义。(金昌柱、韩立刚等：《安徽繁昌县人字洞发现早更新世早期的旧石器》，《人类学学报》18 卷第 1 期，1999 年)

9 月　河南文物考古所宋国定、曾晓敏等在**郑州商城遗址宫殿区**的中心部位进行发掘。截至 1999 年 5 月，发掘面积 2600 多平方米，揭露一组两座保存较好的宫殿基址（分别长 19.4 米和 20.06 米，宽 6.3 米和 7 米）。其中 F2 被二里冈下层二期的灰坑打破，表明这组宫殿废弃的年代不晚于二里冈下层二期。同时，由于被 F1

打破的两座夯土的基槽部分均叠压二里头四期灰坑，这两座夯土基址又被视为夏商文化分界的界标。（《郑州商城宫殿遗址发现夏商界标》，《中国文物报》1999年8月18日）

9月　河南文物考古所袁广阔等在**焦作市**西南，发现并发掘**府城村商代早期城址**。截至1999年6月，发掘面积约1700平方米。城址属二里冈时期，平面呈圆角方形，西墙和北墙保存较好，均长280米左右。城内东北部发现大面积的宫殿基址，有上中下三层，中层的基址规模最大、保存较好，南北长70米，东西宽50米，包括前殿、正殿、北殿和东西配殿。另外，还发现二里头文化和商代白家庄期的灰坑。这是商代早期考古的一项重要发现。曾被列入1999年"十大考古新发现"。（《河南焦作府城遗址发掘报告》，《考古学报》2000年第4期；又袁广阔：《不可多得的商代城址——焦作府城遗址》，见《中国十年百大考古新发现（1990—1999）》上册第423页）

9月　社科院考古所梁中合、胡秉华等对山东**滕州前掌大商周贵族墓地**又一次进行大规模发掘。截至1999年初，发掘主要集中在南区墓地，清理墓葬20座、车马坑2座；另在北区墓地清理墓葬10座。南区并列的M119、M120两墓，出土较多的青铜礼器和玉器，为商王朝与滕这一东土方国的关系提供更多的资料。（《滕州前掌大墓地》2册，文物出版社，2005年）

9月　云南文物考古所杨帆等会同**昆明市**和官渡区博物馆人员，对滇池东岸官渡古镇附近被严重盗掘的**羊甫头滇文化墓地**进行清理发掘，并追缴被盗文物。截至1999年6月，两次发掘面积共达10700平方米，清理滇文化墓葬484座、东汉墓36座，出土各类文物4000余件。其中大量完整的漆木器及装柄兵器、农具和工具，在云南尚属首次发现。这大大丰富滇文化的内涵，提示滇文化融合于汉文化的过程，具有重要价值。曾被列入1999年"十大考古新发现"。(《云南昆明羊甫头墓地发掘简报》，《文物》2001年第4期；又杨帆：《文化融合的见证——昆明羊甫头墓地》，见《中国十年百大考古新发现（1990—1999）》下册第542页)

　　9月　黑龙江文物考古所为开展七星河流域汉魏遗址群考古，由张伟等发掘友谊县当地规模最大的**凤林城址**。这座城址平面呈不规则形，总面积约120万余平方米。现存外城墙周长约6130米，城内又分隔成9个城区。居中心部位的第七城区，平面方形，周长490米，有4个角和4个马面。通过发掘将该城址分为早晚两期，对其文化内涵、房址分布规律有了认识。后联合社科院考古所、中国历史博物馆及市、县两级文管部门，六单位于1999年5—10月进一步开展工作。(《黑龙江友谊县凤林城址1998年发掘简报》，《考古》2000年第11期；《中国考古学年鉴（2000）》第145—146页)

　　9月　浙江文物考古所、北京大学考古文博学院等单位合作，发掘**慈溪市上林湖寺龙口越窑窑址**，权奎山、沈岳明等参与其事。本年工作至12月，1999年同期继续发掘，共计揭露1044平方米。清理龙窑遗迹1座、作坊遗迹1处，出土唐末五代至南宋初期的各类瓷器5万余件（片）和大量窑具标本。这是对越窑中心窑场的又一次大规模发掘，展示越窑制瓷工艺的生产流程及其从唐末五代到两宋时期的演变情况。曾被列入1998年"十大考古新发现"。(《寺龙口越窑址》，文物出版社，2002年；又权奎山、沈岳明：《秘色瓷窑的重大发现——慈溪上林湖寺龙口越窑窑址》，见《中国十年百大考古新发现（1990—1999）》下册第783页)

　　9月　河北文物考古所任亚珊等在**张北县**西北的白城子附近，勘察发掘**元中都遗址**。截至2000年末，发掘面积已逾7000平方米。经勘察，元中都有外城、皇城、宫城三重城垣，平面均呈长方形。宫城南北长 620 米、东西宽 560 米，四角有台，四面有门。皇城与宫城城垣之间，南面相距 210 米，其余三面相距 120 米。外城与皇城城垣之间，南、东、北三面相距分别为 1570 米、1050 米、590 米，西面已无迹无寻。揭露的建筑遗迹，有宫城西南角台、宫城南垣门址，以及宫城中心 1 号台基，均出土大量的建筑材料。其中 1 号台基的工字形宫殿基址，所出汉白玉雕刻栏杆堪称精品。该城址的后期破坏较少，在元代都城考古中有其重要价值。曾被列入 1999 年 "十大考古新发现"。（任亚珊等：《蒙元四都研究的标本——元中都遗址》，见《中国十年百大考古新发现（1990—1999）》下册第 789 页）

　　10 月　安徽文物考古所张敬国主持对**含山县凌家滩遗址**进行第三次发掘。工作进行至 11 月，发掘面积 1400 平方米。连同 1987 年春、秋两季的小规模发掘，合计揭露 1775 平方米，发现祭坛 1 座和墓葬 44 座。祭坛在墓地中心，平面为不规则圆角长方形，面积约 600 平方米，中高周低，可分三层。发掘的中小墓集中分布在祭坛西侧，随葬品以石器为主，玉器和陶器次之；大墓基本在祭坛南侧，随葬品以玉器为主，石器和陶器次之。大墓所出大量精美的各类玉器，一般器件较大，磨制规整。凌家滩的制玉技术成果堪称中国玉器发展史上的第一个高峰，为探讨中国文明的起源提供新的信息。曾被列入 1998 年 "十大考古新发现"。（《安徽含山县凌家滩遗址第三次发掘简报》，《考古》1999 年第 11 期；又张敬国：《巢湖流域文明的曙光——含山凌家滩新石器时代祭坛和墓地》，见《中国十年百大考古新发现（1990—1999）》上册第 250 页）

　　10 月　湖南文物考古所尹检顺等在**澧县**城北涔南乡，对史前时期的**鸡叫城遗址**进行小规模发掘。工作进行至 11 月，揭露面积 190 平方米。城址平面为圆角方形，东西 400 米，南北 370 米，高出周围水田 2—3 米。西墙和北墙保存较好，东墙中段和南墙已毁。遗存可分为早、晚两期，城垣和城壕始建于屈家岭文化中晚期，石家河文化早期进行全面的增筑。该城址与城头山城址相距不过 15 公里，但其规模远大于城头山，并且筑城之前即为大型环壕聚落。这是长江中游新石器时代考古的一次重要新发现。(《澧县鸡叫城古城址试掘简报》，《文物》2002 年第 5 期）

10 月　"夏商周断代工程"为进行"祖乙迁邢"问题的探索，由北京大学考古系李伯谦主持，河北文物所段宏振、社科院考古所牛世山等参加，发掘**邢台市东先贤商代遗址**。本年工作至 12 月，2000 年同期继续发掘，合计揭露 400 多平方米，发现房址、窑址、灰坑等遗迹。据分析，遗存包括五期，后四期可与殷墟文化对比，第一期则早于殷墟一期，而晚于郑州小双桥为代表的阶段。发掘者认为，东先贤一期阶段，是邢台商代遗址群的繁盛时期，与祖乙居邢的年代大体相当。如此则此项发掘的意义自不待言。(《河北邢台市东先贤遗址 1998 年的发掘》，《考古》2003 年第 11 期）

10 月　20—22 日，社科院考古所主办的"殷墟发掘 70 周年学术纪念会"在河南安阳举行，国内外有关学者 130 余人出席会议。(《殷墟发掘 70 周年学术纪念会纪要》，《考古》1999 年第 2 期）

11 月　南京博物院丁金龙等与苏州、昆山的文博人员合作，发掘**昆山市绰墩新石器时代遗址**。本年工作至 12 月，1999 年、2000 年继续发掘，合计发掘面积 1080 平方米。发现马家浜文化、崧泽文化、良渚文化的墓葬 52 座、房址 8 座、灰坑 20 个，出土陶器、石器和玉器等遗物，并在土壤中寻获大量炭化米粒和水稻植物蛋白石。(《江苏昆山绰墩遗址第一至第五次发掘简报》，《东南文化》2003 年增刊 1）

12 月　湖北文物考古所李桃元等在**应城市**西南星光村附近，

发掘**门板湾遗址**。本次发掘进行至1999年初，2000年继续发掘，共计揭露近1000平方米。发现一座**屈家岭文化晚期城址**。该城址位于遗址中心，平面近长方形，南北长约550米，东西宽约400米，城垣用挖壕沟所取之土堆筑而成。城内西垣下发现一座土坯砖砌筑的**大型建筑基址**，由四开间主体房屋、单间附属房屋，以及围墙组成，总面积近400平方米。这是中国目前发现年代最早、保存最好的土坯建筑。（《湖北应城门板湾新石器时代遗址》，见《1999中国重要考古发现》第7—11页，文物出版社，2001年）

12月　由中国历史博物馆水下考古研究中心牵头，海南、广东、青岛、福州等地考古人员参加的西沙水下考古队，首次进行远海水下考古调查发掘。工作进行至1999年1月，行程500余海里。以**西沙群岛的华光礁、银屿、北礁等处**为主要工作地点，发现五代至明清时期的水下遗存13处，出土各类遗物1500余件。这是中国人最早开发南海诸岛的历史见证。（《中国历史博物馆考古部纪念文集·考古部二十年工作回顾》第8—9页）

本年　科学院古脊椎所承担的"国家"九五攀登项目——《早期人类起源及环境研究》启动，旨在寻找200—500万年前的中国古人类、古猿遗存。

本年　安志敏的论文集《东亚考古论集》在香港出版。

1999年

2—3月　社科院考古所、河南文物考古所与三门峡和灵宝的文物单位合作，杨肇清、陈星灿等参加，对传说与轩辕黄帝有密切关系的**灵宝市铸鼎原及其周围地区**进行拉网式考古调查。铸鼎原西侧阳平河和东侧沙河沿岸的近30处新石器时代遗址，以仰韶文化特别是中期庙底沟类型最为繁盛。随后，选择面积最大的

北阳平遗址（90 万平方米）、较大的**西坡遗址**（40 万平方米），分别于本年 11—12 月和 2000 年 10—12 月进行试掘，为进一步开展发掘打下基础。（《河南灵宝铸鼎塬及其周围考古调查报告》,《华夏考古》1999 年第 3 期;《河南灵宝市北阳平遗址调查》,《考古》1999 年第 12 期;《河南灵宝市北阳平遗址试掘简报》,《考古》2001 年第 7 期;《河南灵宝市西坡遗址试掘简报》,《考古》2001 年第 11 期）

　　3 月　社科院考古所杜金鹏、王学荣等再次对**偃师商城宫殿遗址**进行大规模发掘。本年工作至 12 月，2000 年同期继续发掘，共计揭露 1 万平方米。新发现的重要遗迹有：13 处大型建筑基址，其中包括两座宫殿基址和若干附属建筑；一处面积 2800 平方米的**池苑遗址**，以及总长超过 1000 米的水道，池苑和水道均垒砌石块；位于宫殿和池苑之间的祭祀遗址，包括以谷物为主要祭品、以人和牛为牺牲、以猪为主要牺牲三种情形。（《河南偃师商城宫城第八号宫殿建筑基址的发掘》《河南偃师商城宫城池苑遗址》,均见《考古》2006 年第 6 期;《河南偃师商城商代早期王室祭祀遗址》,《考古》2002 年第 7 期）

　　3 月　社科院考古所安家瑶等在**西安唐长安城**明德门遗址东南，发掘**圜丘遗址**。工作进行至 5 月，6—7 月勘探其周围的附属建筑。据文献记载，该圜丘始建于隋，废弃于唐末。坛体为夯土筑成的四层叠起的圆形高台，底层面径 52 米许，顶层面径 20 米许，每层高 2 米左右，周围均匀地分布 12 个陛阶。各层台面、台壁和陛阶，均以拌麦秸的白灰抹饰，外观庄严典雅。这是现存唯一明清两代以前皇帝祭天的礼仪建筑遗址，学术价值不言而喻。（《陕西西安唐长安城圜丘遗址的发掘》,《考古》2000 年第 7 期）

　　3—4 月　南京市博物馆王志高等在**南京市吕家山**，发掘**东晋广平县李氏家族墓地**。三座墓出土砖墓志五方，其中李缉及夫人陈氏、李摹夫人武氏及李摹三方，均葬于"升平元年（357 年）十二月廿二日丙午"，另二方，李摹葬年较晚，其妻何氏无纪年。值得注意的是，李摹墓志已具志盖雏形，刻相背的两个"晋"字，年代早于河南孟县出土北魏永平四年（511 年）司马悦墓志（盖刻"墓志盖"三字）。（《南京吕家山东晋李氏家族墓》，《文物》2000 年第 7 期）

3—4 月　成都市文物考古所陈剑等与四川省文物考古所、博物馆人员合作，**发掘成都市水井街酒坊遗址**。该遗址现为全兴酒厂老窖所在地，发现面积约 1700 平方米，发掘面积近 280 平方米。揭露出明代、清代和近现代的晾堂、酒窖、灶坑、蒸馏器基座等遗迹。这是国内首次发掘的古代酒坊遗址，发现的各类酿酒设备相互配套，完整地展示传统的酒酿造工艺流程。曾被列入1999 年"十大考古新发现"。（《四川成都水井街酒坊遗址发掘简报》，《文物》2000 年第 3 期；又陈剑：《中国白酒第一窖——成都水井街酒坊遗址》，见《中国十年百大考古新发现（1990—1999）》下册第 796 页）

4 月　南京文物研究所贺云翱等在**南京市钟山南麓**，发现六**朝时期祭坛遗址**。后陆续进行两年多的发掘，先后发现南北一线排列的 2 座坛类建筑和 1 座附属建筑的遗存，占地面积约 2 万平方米。其中，2 号坛在北端最高处，平面近方形，依山以石块垒墙填筑而成，上下四层台面，底层面阔 28 米许，顶层面阔约 22 米，总高 7.8 米；1 号坛在正南面稍低处，同样是依山垒墙填筑成四层台面，坛体土石方更大，总高 11.45 米，顶层又用纯净土堆筑前一后三的 4 个覆斗形小台。出土的砖、瓦和瓷器残片，均具东晋晚期至南朝早中期特征。发掘者推断其为刘宋大明三年（459 年）建造的北郊坛遗址。曾被列入 2000 年"十大考古新发现"。（《南京钟山南朝坛类建筑遗存一号坛发掘简报》，《文物》2003 年第 7 期）

5 月　考古学家和博物馆学家傅振伦在北京逝世，终年

93 岁。

　　傅振伦，字维本，河北新河县人，生于 1906 年 9 月 25 日。1929 年毕业于北京大学史学系，师从朱希祖、马衡等先生。1930 年代，任职于北京大学研究所国学门、北平大学女子文理学院、故宫博物院古物馆，曾参与 1930 年燕下都考古团进行的老姆台遗址发掘、整理西北科学考察团所获居延汉简，筹办 1935 年伦敦中国艺术国际展览等项工作。1940 年代，曾任国史馆编辑、北碚修志馆馆长、沈阳博物院筹备委员会专门委员、东北大学历史系主任兼图书馆馆长等职。1949 年以后，先任北京历史博物馆保管部主任，后调至中华书局古代史组工作。1979 年返任中国历史博物馆研究员。曾被推选为中国考古学会理事、名誉理事、中国博物馆学会和中国古陶瓷研究会名誉理事。他在学术上，对中国考古学和博物馆学卓有贡献。主要论著有：《中国方志学通论》（1935 年）、《博物馆学概论》（1957 年）、《〈陶说〉译注》（1984 年）、《中国古陶瓷论丛》（1994 年）等书。（参看《20 世纪中国知名科学家学术成就概览·考古学卷》"傅振伦"条）

　　5 月　安徽文物考古所阚绪杭等在淮北市**濉溪县柳孜镇**，发掘**隋唐大运河遗址**。两处发掘点都在运河故道南侧，工作进行至 11 月，揭露面积 900 平方米。两个发掘点共发现 8 艘唐代木船个体，经脱水处理的 3 艘，2 艘为木板结构，1 艘为独木舟。揭露的一座宋代石筑码头，平面呈长方形，两侧均有夯土护堤，属货运码头。这是隋唐运河建筑遗迹的首次发现，出土的大量唐宋时期各大窑口的瓷器中不乏精品，为研究当时的南北交通提供重要的实物资料。曾被列入 1999 年"十大考古新发现"。（《淮北柳孜——运河遗址发掘报告》，科学出版社，2002 年；《柳孜运河遗址第二次考古发掘报告》3 册，科学出版社，2017 年；又阚绪杭：《运河考古的重大突破——淮

北柳孜隋唐大运河遗址》，见《中国十年百大考古新发现（1990—1999）》下
册第 681 页）

6月　9—14 日，中国文物研究所、河北省文物研究所、河北
省文物考古学会、香港中文大学历史系共同主办的"中国考古学
跨世纪的回顾与前瞻学术研讨会"，在河北易县清西陵举行。来自
海峡两岸暨香港的中国学者以及美、英、日等国学者，共计 80 余
人出席会议。（张忠培、许倬云主编：《中国考古学跨世纪的回顾与前瞻》，
科学出版社，2000 年）

6月　湖南文物考古所郭伟民等在**沅陵县**城关镇，发掘**虎溪
山一号汉墓**。工作进行至 9 月。该墓为斜坡墓道尽头有两耳室的
竖穴土坑墓，木构主墓室和外藏椁基本完好。随葬器物以漆木器
制作最精，多有针刻纹饰，但保存完整的较少。难得的是出土近
千枚竹简，内容包括"日书""美食方"，以及记载当地户籍的
"黄簿"。所出玉印表明墓主为"吴阳"。据考证，**墓主系长沙王吴
臣之子**，高后元年（前 187 年）被封为**沅陵侯**，卒于文帝后元二年
（前 162 年）。这是马王堆汉墓发掘之后，湖南地区发现的又一未经
盗掘的汉代王侯大墓，具有重要的研究价值。曾被列入 1999 年
"十大考古新发现"。（《沅陵虎溪山一号汉墓发掘简报》，《文物》2003 年
第 1 期；又郭伟民：《弥足珍贵的沅陵侯墓——虎溪山 1 号汉墓》，见《中国
十年百大考古新发现（1990—1999）》下册第 534 页）

7月　山东济南市考古所崔大庸等在**章丘市洛庄村**附近，发
掘一座**西汉早期双墓道大墓的陪葬坑**。本年发掘的 10 座陪葬坑都
在主墓室及相连的东墓道南侧，工作进行至 8 月。其中除 5 号坑
出土 90 余件铜器，以及大量的漆器和陶器外，又有仪仗坑、兵器
坑、粮食和肉食坑。发掘者根据所出"吕大官印""吕内史印"封
泥，推断墓主系吕后兄子吕台，他被吕后封为"吕王"，食邑济南

郡。2000 年，又在大墓主墓室北侧及东墓道两侧，发掘 22 座陪葬坑和祭祀坑，除埋藏马车、牛、马、木俑、泥俑者外，最难得的是 14 号乐器坑，出土汉代金石乐器数量之多，前所未见。曾被列入 2000 年 "十大考古新发现"。（《山东章丘市洛庄汉墓陪葬坑的清理》，《考古》2004 年第 8 期）

　　7 月　山西考古所张庆捷等在**太原市**晋祠附近的王郭村南，发掘隋开皇年间入葬的**虞弘夫妇合葬墓**。该墓为带斜坡墓道的砖砌单室墓，早期被盗严重，残存汉白玉庑殿形石椁、八棱石柱、伎乐俑等。据墓志记载，虞弘为西域鱼国人，系来自茹茹国的使臣，后在北齐、北周和隋朝为官。所出石椁的浮雕彩绘图像，具有浓郁的波斯与中亚风格，是研究中西文化交流的重要新资料。曾被列入 1999 年 "十大考古新发现"。（《太原隋虞弘墓》，文物出版社，2005 年；又张庆捷：《中亚古国图像资料的重大发现——太原虞弘墓》，见《中国十年百大考古新发现（1990—1999）》下册第 673 页）

　　7 月　陕西考古所邢福来等在**蒲城县**唐玄宗泰陵附近，发掘**宦官高力士墓**。工作进行至 10 月。该墓全长 52 米，有 4 个天井，6 个壁龛，墓室有彩绘壁画，石质墓门和棺床有线刻，因屡遭盗掘，仅出土彩绘陶俑 200 余件。（《唐高力士墓发掘简报》，《考古与文物》2002 年第 6 期）

　　8 月　20—23 日，中国社会科学院历史研究所、考古研究所、中国殷商文化学会、香港中文大学中国文化研究所、安阳市人民政府等单位共同主办的 "纪念甲骨文发现一百周年国际学术研讨会"，在河南安阳召开。国内外学者 200 多人出席会议。收到论文 80 余篇。（《"纪念甲骨文发现一百周年国际学术研讨会" 纪要》，《文物》1999 年第 12 期）

　　9 月　福建省博物馆与三明市文博单位合组的考古队，在三明市郊万寿岩发掘**两座旧石器时代洞穴遗址**。工作进行至2000年初，发掘面积400平方米，李建军、陈子文等参与其事。其中，灵峰洞属旧石器早期，出土石制品以大中型为主，有石核、石片、刮削器和砍砸器等，属中国南方的砾石石器文化传统，铀系法测定年龄为18.5±1.3万年（或1.1万年）。船帆洞属旧石器晚期，下文化层所出石制品也是大中型居多，并且以石片石器为主，有尖刃器，更首次发现卵石铺地遗存；上文化层则出土粗糙的石制品，以及磨制骨、角。这提供了早期人类在中国东南地区活动的确切证据，并为研究闽台史前文化的渊源关系提供新线索。曾被列入2000年"十大考古新发现"。（《中国考古学年鉴（2001）》第179页）

9月 24—26日，中国史学会、中国考古学会、中国科技史学会共同举办的"夏商周断代工程阶段成果学术报告会"在北京召开，来自全国各地的160余位有关学者出席会议，对《夏商周断代工程1996—1999阶段成果报告·简稿》（征求意见稿）进行广泛的讨论。（《夏商周断代工程1996—2000年阶段成果报告·简本》第11页）

9月 社科院考古所、陕西考古所、北京大学考古系合组的周原考古队，在**扶风云塘村西南和齐镇西北进行发掘**。截至2000年，两地发掘面积共计近5000平方米，王占奎、王巍先后领队，徐天进、徐良高、曹玮等参加。云塘村揭露5座西周晚期的建筑基址，其中1号台基保存较好，平面呈"凹"字形，坐北朝南，面阔22米，进深16.5米，有37个柱础和鹅卵石散水；该台基的南面，又有左右对称的稍小台基及门塾，周围再绕以围墙。齐镇清理西周建筑基址4座，以及一条长40余米的西周早期石子路。这是周原考古中断20余年后的重新开始。（《陕西扶风县云塘、齐镇西周建筑基址1999—2000年度发掘简报》，《考古》2002年第9期）

9 月　为庆祝中华人民共和国成立 50 周年，文物出版社出版《中华人民共和国重大考古发现（1949—1999）》和《新中国考古五十年》二书。前书由宿白主编，张森水、张忠培、邹衡、俞伟超、杨泓、徐苹芳分编。后书由各省、市、自治区考古研究单位撰稿。

10 月　12—16 日，中国科学院、国家文物局、联合国教科文组织共同主办的"1999 年北京国际古人类学学术研讨会暨纪念北京猿人第一个头盖骨发现 70 周年大会"，在北京人民大会堂举行。来自 18 个国家和地区的近 70 位学者出席大会。（《文物博物馆事业纪事》第 891 页）

10 月　社科院考古所梁星彭、李志鹏等对山西**襄汾县陶寺遗址**再次进行大规模发掘，旨在寻找陶寺文化的大型建筑遗存。这是陶寺发掘中断十余年后的重新开始，截至 2000 年春发掘面积 421 平方米，发现 10 座圆角方形房址，其中除一座地面建筑外，其余均为半地穴式建筑。后经 2000 年及 2001 年的钻探发掘，终于发现一座庞大的城址。该城址南北最大距离 2150 米，东西最大距离 1650 米，总面积 200 万平方米以上。城墙的建筑年代大体属于陶寺文化中期。城内又发现多道墙体和若干夯土基址，性质有待判明。这是陶寺遗址发掘的重大突破。该城址是国内目前发现最大的史前城址，表明当时的社会已发展到较高的阶段。（《山西襄汾县陶寺遗址 II 区居住址 1999—2000 年发掘简报》，《考古》2003 年第 3 期；《中国考古学年鉴（2002）》第 137—140 页）

10 月　北京大学考古系与郑州市文物考古所合作，由李伯谦、王文华领队，赵春青等参加，试掘**新密市新砦遗址**。工作进行至 12 月，揭露面积 150 平方米，发现各类灰坑 100 多个，房址 6 座、墓葬 7 座。发掘者根据地层关系和器物形制，将该遗址分为二期三段，认为新砦一期属河南龙山文化晚期，新砦二期介于龙山文化晚期与二里头文化之间。新砦二期是目前所知最具代表性的遗存，对夏文化研究至关重要。2000 年继续发掘 300 余平方米，进一步增进对新砦二期文化及其对探索夏文化意义的认识。（《河南新密市新砦遗址 1999 年试掘简报》，《华夏考古》2000 年第 4 期；《河南省新密市新砦遗址 2000 年发掘简报》，《文物》2004 年第 3 期）

　　10 月　社科院考古所与美国明尼苏达大学合作进行的**安阳市洹河流域区域考古调查**，在洹北花园庄一带进行大面积钻探。截至 12 月下旬，终于判明该地 1998 年发现的大片夯土遗迹，实为一座平面呈方形的夯土城墙基槽，并将其**定名"洹北商城"**。该城址东西长 2100 米，南北长 2200 米，总面积 4.7 平方公里以上。后由考古所安阳队唐际根等持续进行发掘，判明城址的年代介于郑州商城和安阳殷墟之间。这是商殷考古的一项重大突破，至于城址究系是河亶甲所迁"相"，还是盘庚所迁"殷"，则有待于进一步考察。（《洹河流域区域考古研究初步报告》，《考古》1998 年第 10 期；《河南安阳市洹北商城的勘察与试掘》，《考古》2003 年第 5 期）

　　10 月　湖北荆州博物馆陈跃钧等在**潜江市**西南，勘探发掘**龙湾楚宫殿基址群**。工作进行 2000 年，勘探范围 324 万平方米。发现夯土台基 4 组 19 座（一组 7 座，其余各组 4 座），总面积 20 余万平方米。其中重点勘察的放鹰台建筑基址群，1 号宫殿面积 900 平方米，在其东侧揭露一座三层的亭台建筑，发现木构台阶和长廊，排水管道和贝壳路等。龙湾建筑基址群的特点是规模大、等级高，高低错落，布局有秩，呈现离宫别馆的风光。发掘者推测其为春秋晚期楚灵王营建的章华宫。曾被列入 2000 年"十大考古新发现"。（《潜江龙湾：1987—2001 年龙湾遗址考古发掘报告》，文物出版社，2005 年）

11 月　南京博物院陆建芳等与无锡、江阴博物馆人员合作，发掘**江阴高城墩良渚文化墓地**。截至 2000 年 6 月，发掘面积 1400 多平方米，清理良渚文化中晚期的大中型墓葬 14 座。这是良渚文化的又一处大面积高台墓地，以两组 4 座大墓为中心，呈"人"字形序列。由于墓地曾被破坏，墓葬保存不很完整，葬具多为无底箱式木椁内置独木棺，随葬品以玉器为主，陶器和石器次之，凡出土琮、璧、钺等玉礼器者规格较高。曾被列入 1999 年"十大考古新发现"。（《江阴高城墩遗址发掘简报》，《文物》2001 年第 5 期；又陆建芳、唐汉章:《良渚文化的又一中心——江阴高城墩遗址》，见《中国十年百大考古新发现（1990—1999）》上册第 269 页）

11 月　文物考古所张松林等在**郑州市**西北石佛乡，发掘**洼刘村西周早期墓地**。截至 2000 年 4 月，揭露 12 座中型墓、60 多座小型墓和 2 座车马坑。其中 1 号墓出土青铜礼器最多，有鼎、甗、簋、尊、罍、盉、觚等，并且多有简单铭文。这一发现，填补了郑州地区缺乏西周遗存的空白。（《郑州市洼刘村西周早期墓葬（ZGW99M1）发掘简报》，《文物》2001 年第 6 期）

11 月　26 日，中国考古学会第十次年会在四川成都召开，中心议题是"中国西南地区的考古学问题"。来自全国各地的考古学者 100 余人出席会议。收到论文 85 篇。12 月 1 日闭幕。会上选举 81 人组成第四届理事会，并在理事会第一次会议选举 15 人组成常务理事会，由徐苹芳任理事长，俞伟超、张忠培、严文明任副理事长，刘庆柱任秘书长。又推选宿白为名誉理事长，安志敏、安金槐为名誉理事。（《中国文物报》1999 年 12 月 5 日第 1 版）

2000 年

年初　中国历史博物馆考古部、南京博物院考古所及连云港市文博单位合组连云港孔望山考古队，由信立祥、张敏共同领队、王睿、王奇志、骆琳等参加，对**连云港孔望山遗址群**进行大规模的调查发掘。工作进行至2003年，第一步对遗址群作全面调查和重点试掘，第二步进行全面的资料采集。通过两年多的田野工作，确认摩崖造像群、圆雕石刻、杯盘刻石、石承露盘、"龙洞"石室和建筑遗迹是一组早期道教遗存。其中，摩崖造像的主体、圆雕石像和石蟾蜍、"馒头石"碑座均为东汉晚期作品，其余石刻则时代稍晚；"龙洞"石室和建筑遗迹有可能已到东晋。（《连云港孔望山》，文物出版社，2010年）

　　1月　河南文物考古所李素婷等在**郑州小双桥商代遗址**的中心区域进行大规模发掘。工作进行至12月，揭露面积4500平方米。发现一条长度超过55米的夯土墙，2座夯土建筑基址，2座木骨泥墙的小型房址，100多具与奠基或祭祀有关的人骨架，3座出土凌乱人骨的丛葬坑，1处可能为燎祭遗存的有石块铺地的烧土坑，以及几十个灰坑或窖穴。这些遗存，多为该遗址过去发掘所不见，年代仍属商代白家庄期，性质则非同一般。（《中国考古学年鉴（2001）》第199—200页）

　　1月　成都市文物考古队张擎等在**都江堰市**东北的金凤村，对1999年末发现的一处保存完整的**宋代瓷窑遗址**进行大规模发掘。工作进行至5月，发掘面积共9000多平方米。发现的遗迹有：成组分布的32座马蹄形馒头窑及1座斜坡式龙窑，包括炼泥、制坯、晾坯、施釉等工序的10处作坊区，以及6处废品堆积场。出土大量的精美瓷器（片）及窑具。据分析，金凤窑的时代应为南宋至元初，早期以烧制白瓷为主，晚期以烧制黑瓷为主。这项发掘，填补了成都地区宋代瓷窑的空白。（《都江堰市金凤窑址发掘简报》，《文物》2002年第2期）

2月　广东文物考古所古运泉、吴海贵等在**博罗县**境，发掘**横岭山先秦时期墓葬**。工作进行至10月，发掘面积8500多平方米，清理先秦墓葬306座，是广东地区迄今发掘墓葬数量最多的青铜器时代墓群。墓葬分布密集，排列有序，延续时间较长。其中西周春秋时期最多，其次是战国时期，早至商代的仅有几座，为岭南地区西周春秋墓葬的分期断代提供标尺。随葬器物种类齐全，包括青铜礼器、乐器和兵器、铁农具、原始瓷器、陶器和玉石器等，为研究岭南地区这一时期的经济文化及其与中原地区的关系，提供丰富的实物资料。曾被列入2000年"十大考古新发现"。(《中国考古学年鉴(2001)》第238—239页)

2月　山西考古所李永敏等在**侯马市牛村古城东南**浍河北岸台地，将1985年发现、1987年曾作部分发掘的**春秋晚期晋国祭祀遗址**进行彻底揭露。该祭祀遗址面积近500平方米，两次共发掘祭祀坑243座(本次115座)，多数密集分布，排列有序，均为土坑竖穴，口部形制有长方形、圆角长方形和椭圆形三种。其中，大坑多埋有牺牲，以完整的牛为主，羊次之，又出土成形的玉器或较大的玉、石片；中小坑的牺牲以羊为主，出土不成形的玉、石片，并且相当多数为空坑。这是侯马历年发现的春秋祭祀遗址中，唯一全面揭露的一处，获得较为完整的发掘资料。(《晋都新田的祭祀遗址》，《文物世界》2000年第5期)

2月　湖北荆州市博物馆彭浩等在**荆州市，发掘天星观2号楚墓**。该墓东距1978年发掘的天星观1号墓24米，也是带墓道的木椁墓。出土成套的青铜礼器、乐器和车马器(未出兵器)，大量精美的漆木器。发掘者认为该墓墓主应是1号墓主邸阳君的夫人，二墓为并列的异穴合葬墓。(《湖北省荆州市天星观二号墓发掘简报》，《文物》2001年第9期)

2 月　北京文物研究所王鑫等在**北京西郊石景山区老山南麓**，发掘一座**带墓道的大型汉代岩坑墓**。工作进行至 11 月。该墓的木构椁室由外回廊、黄肠题凑和内回廊组成，内置三重套棺。由于早期被盗严重，现存随葬品主要是两件大型漆案及较多的耳杯等漆器残件，以及百余件彩绘陶器。墓葬年代属西汉中期，墓主遗骸经鉴定为年龄 30—32 岁间的女性。发掘者推断该墓应是**某一代燕王王后的陵墓**。（《中国考古学年鉴（2001）》第 104—105 页）

2 月　四川文物考古所钟治等会同三台县文物管理人员，对该县**郪江镇汉晋时期崖墓群**进行全面勘查。截至本年 6 月，在 15 平方公里的范围内发现 51 个崖墓群，共计 1638 座。进行了墓室内勘测的有 1274 座，半数以上为多室墓，墓内雕刻有的是木构建筑形象，有的是石床、石灶和壁笼等生活设施，也有图像和壁画。（《中国考古学年鉴（2001）》第 286—287 页）

春季　河北文物所谢飞、李珺等在**阳原县泥河湾盆地**，对 1992 年发现、1992 年夏至 1993 年秋试掘的**马圈湾遗址**，进行重点勘察，基本认定原发现的文化层（第一文化层）之下尚存在第二、第三两个文化层。后又经 2001 年夏、秋两季小规模发掘，得到确认，并获得一批文化遗物。其中第三文化层是泥河湾地层位最低的文化遗存，发掘者参照小长梁遗址年代和马圈湾遗址古地磁测定，推断其年代应接近或超过距今 200 万年以前。（《中国文物报》2001 年 11 月 2 日）

3 月　山东文物考古所刘延常等勘察**五莲县丹土村史前城址**。春季工作至 5 月，发现大汶口、龙山早期、龙山中期三道城墙。其中，大汶口城平面呈椭圆形，东西 400 余米，南北 300 余米；龙山早期城墙建在大汶口城壕之上，平面也呈椭圆形，东西 450 余米，南北 300 余米，西、北、东三面各有一城门通道；龙山中

期城墙又建在龙山早期城壕之上，大部走向一致，西南部向外突
出，平面呈刀把形，东、北、西和西南各有一城门通道，又有三
处出水口。10—12月，发掘外城西城门通道和西南出水口，以及
部分大汶口文化、龙山文化的房址和墓葬。全年发掘面积 1400 余
平方米。(《中国考古学年鉴（2001）》第 182—184 页)

　　3 月　　湖北文物考古所张昌平等对**随州市孙家坡墓地**进行发
掘时，在墓地西部的 8 号汉墓发现一批竹简和木牍。该墓规模不
大，同出的随葬器物有漆器和木器各 20 余件，又有若干陶器和铜
器。所出竹简主要是原应为一册的"日书"，共 400 枚以上。其
中相当一部分篇目见于云梦睡虎地和天水放马滩秦简，也有一些
篇目和内容不见于各地的发现。另有 60 枚历谱简，内容属同一年
份。4 枚木牍则属"告地策"，纪年为汉景帝后元二年（前 142 年）
(《中国考古学年鉴（2001）》第 223—224 页)

　　3 月　　社科院考古所、南京博物院、扬州市文化局合组的考
古队，在扬州市城东古运河边，发掘**唐宋扬州城东门遗址**。李裕
群、李久海、李则斌等参与其事。工作进行至 12 月。通过本年
的发掘，基本弄清楚唐代至明清时期扬州东门的沿革，特别是揭
露中国年代最早的南宋双瓮城和防御体系，并对运河水道的变
迁进行了考察，判明水道不断东移与城门设计不断外拓的关系。
(《中国考古学年鉴（2001）》第 164—166 页)

　　4 月　　山西考古所刘俊喜、王俊等在**大同市东郊**雁北师院，
即与 70 年代初发掘的司马金龙墓相距不远地方，钻探发现 **11 座
北魏墓葬**。6—9 月进行发掘。其中 5 座砖室墓均为四角攒尖顶，
有的墓道较长。唯一有明确纪年的 5 号墓，石椁雕刻精细，作成
仿木结构的三开间悬山顶单檐殿堂形，前面出廊，廊檐为一斗三
升人字拱。墓主系"幽州刺史敦煌公敦煌郡宋绍祖"，下葬于太和

元年（477 年）。出土甲骑具装、鸡冠帽武士等陶俑 170 多件。这是研究北魏平城时期社会生活的新资料。(《大同市北魏宋绍祖墓发掘简报》,《文物》2001 年第 7 期)

5 月　陕西考古所邢福来等在**西安**北郊龙首原，清理发掘 15 座**西晋至北周时期墓葬**，工作进行至 7 月。其中北周大象元年（579 年）入葬的**安伽墓**，保存完好，葬制独特。墓志表明，安伽系"姑藏昌松人"，其先应属中亚粟特族的安国，官职为同州执掌袄教祭祀的"萨保"及"大都督"。墓门上方的半圆形石门楣，有浮雕彩绘的袄教祭祀图。墓室内置宽大的石榻，其三面围屏的 12 幅浮雕彩绘并贴金图像，反映墓主在中亚和中土的生活情景。墓主尸骨散乱，并有火烧烟熏痕迹，与墓志一起发现于甬道之中。该墓是研究中西文化交流的可贵资料。(《西安发现的北周安伽墓》,《文物》2001 年第 1 期)

5 月　杭州文物考古所杜正贤等在杭州市区河坊街荷花池头，发掘**南宋临安府治遗址**，工作进行至 8 月，揭露面积约 1000 平方米。所见为一组以厅堂为中心，前有庭院，后有天井，周围有厢房和回廊环绕的封闭式建筑群。规模宏大，用材高档，营造十分考究。对照《咸淳临安志》中的"府治总图"，可判定其为临安府治的诵读书院遗址。这是宋代临安城考古的又一突破。曾被列入 2000 年"十大考古新发现"。(《杭州南宋临安府衙署遗址》,《文物》2002 年第 10 期)

6 月　河南文物考古所孙英民、郭木森等，在该所 1987 年以来已对**宝丰县清凉寺汝窑址**进行四次大规模发掘的基础上，又对该窑址北端新近发现出土大量天青釉瓷的汝官窑遗址进行发掘。截至 12 月，发掘面积 500 多平方米，清理二组 15 座窑炉及作坊遗迹，出土大量汝官窑瓷片及模具、窑具等遗物。此项发掘，使居宋代五大名窑之首的汝窑窑口，从地层上判定其烧造年代为北宋晚期，获得深入研究汝官窑制作工艺的丰富资料。曾被列入2000年"十大考古新发现"。(《宝丰清凉寺汝窑址2000年发掘简报》，《文物》2001年第11期)

7月　成都市文物考古所颜劲松等在**成都**市区商业街，发掘一处**战国时期蜀国大型墓葬**。工作进行至翌年1月，发掘面积1500平方米以上。这是一座多棺合葬的土坑竖穴墓，墓坑长宽2030×20米。墓内现存4具大型独木船棺（最大长18.8米，其余长约10米），13具放置殉人和随葬品的独木小棺，大小棺均用楠木制成。墓内出土大量漆器、陶器、竹木器以及少量铜器和兵器。尤其是两具并列的大型船棺，所出精美漆木器和编钟（或编磬）架座，最为引人注目。发掘者认为，该墓应是战国早期蜀国开明王朝上层统治人物，甚至蜀王本人的墓葬。曾被列入2000年"十大考古新发现"。(《成都市商业街船棺、独木棺墓葬发掘简报》，《文物》2002年第11期)

7月　秦始皇陵考古队人员在**秦始皇陵**封土西南角，对**K0006陪葬坑**进行第一次发掘，12月结束。这是少见的未被焚烧的一座陪葬坑，为坑道式土木结构，包括斜坡坑道和前后室，由铺地木、厢板和棚木组成。前室长10.6米、宽4.05米，南侧厢房长3.8米、宽2.9米，出土12件陶俑和陶罐等，并清理出木车遗迹。后堂长20.6米、宽3.8米，出土马骨等遗物。(《秦始皇陵园K0006陪葬坑第一次发掘简报》，《文物》2002年第3期)

7月　辽宁文物考古所傅兴胜等在**北票市**大板镇金岭寺村，发掘一处**魏晋时期大型建筑遗址**。工作进行至11月，发掘面积3900平方米，揭露东西并列的两组建筑。其中，东部一组保存完整，面积1500平方米，包括由外围墙和内隔墙构成并列的五个院落，每个院落中部偏北有一方形夯土台，周围塌落大量瓦砾；西部一组已被河流部分冲毁，形制略有不同。今北票一带是慕容鲜卑建立的**前燕早期活动中心**，此项发掘为探寻当时都邑提供重要的线索。(《中国考古学年鉴（2001）》第143—144页)

7月　28日，中国社会科学院考古研究所成立50周年暨21世纪中国考古学与世界考古学国际学术研讨会在北京开幕，多位国内外著名考古学家、全国各地考古单位与有关大学的学者300余人参加。中共中央政治局委员、中国社会科学院院长李铁映到会致贺并发表讲话，考古研究所所长刘庆柱做了题为《发扬成绩，再创辉煌，迎接21世纪的考古学》的报告。考古所向与会学者赠送了赶印出版的三册本《夏鼐文集》。研讨会以分组讨论和大会专题发言的形式进行，印发中英文论文提要近70篇，既交流了学术信息，又深化了对若干重大学术问题的认识，从而进一步明确新世纪考古学的发展方向。8月1日研讨会结束。闭幕式上颁发了第三届夏鼐考古学研究成果奖：一等奖空缺；二等奖4项：《北宋皇陵》（河南文物考古所）、《南京人化石地点》（南京市博物馆、北大考古系）、《汉长安城未央宫》2册（社科院考古所）、《北魏洛阳永宁寺》（社科院考古所）；三等奖3项：《殷墟的发现与研究》（社科院考古所）、《唐华清宫》（陕西文物局）、《驻马店杨庄》（北大考古系、驻马店文管所）；鼓励奖8项（从略）。(《21世纪中国考古学与世界考古学国际学术研讨会纪要》《中国社会科学院考古研究所夏鼐考古学研究成果奖金2000年评奖结果》，均见《考古》2000年第12期)

7—8月　山西考古所石金鸣、山西大学考古专业宋艳花和吉县文管所阎金铸合组的考古队，对**吉县柿子滩旧石器时代遗址**，继1980年的发现与发掘之后，再次进行规模化考察。先后核查和新发现地点24处，发掘地点20处。其中最重要的收获是在S14

等地点发现露天篝火遗迹为中心的遗存，出土细石器制品 200 件以及人为造成的动物碎骨。推定年代属距今 1.5 万年的旧石器时代偏晚阶段。这对于研讨中国细石器工业的起源、旧石器时代晚期向新石器时代早期的过渡有重要意义。曾被列入 2001 年"十大考古新发现"。(《山西吉县柿子滩旧石器时代遗址 S14 地点》,《考古》2002 年第 4 期)

8 月　南京博物院与无锡、江阴二博物馆合作，发掘**江阴市**要塞镇的**祁头山遗址**。工作进行至 2001 年初，发掘面积 630 平方米。这是一处马家浜文化的大型聚落遗址，清理灰坑 39 个，墓葬 132 座。(《江阴祁头山遗址考古获新突破》,《中国文物报》2001 年 2 月 28 日)

8 月　29 日，中国社会科学院古代文明研究中心成立。该中心以社科院考古所史前考古研究室、夏商周考古研究室和历史所先秦史研究室及世界史所等单位的研究人员为基本力量，采用课题制运作方式，从事古代文明起源和早期发展的研究。由中国社会科学院院长李铁映任名誉顾问，原历史所所长李学勤任主任，历史所所长陈祖武、副所长辛德勇和考古所所长刘庆柱、副所长王巍任副主任。秘书处设考古所，王巍兼任秘书长。

8 月　严文明著《农业发生与文明起源》由科学出版社出版。该书收录作者继《史前考古论集》之后，主要撰写于 20 世纪 90 年代的中国史前考古论文 40 余篇，着重于中国农业发生、文明起源以及有关问题。这对方兴未艾的相关研究有所推进。

9 月　贵州文物考古所梁太鹤等对**赫章县**西的**可乐墓地**，再次进行大规模发掘。截至 10 月，清理**战国晚期至西汉晚期的墓葬**111 座。其中，3 座汉式墓随葬品较丰富，都有 10 件以上；108 座土著墓则随葬品多寡不等，空墓或仅一件器物者占相当比例，有些墓所出成组的兵器和装饰品均具夜郎青铜文化特色。以铜（铁）釜或铜鼓套头或头脚并套的"套头葬"仍有发现，增进对这种奇特葬俗的认识。发掘者认为，可乐一带可能是夜郎"旁小邑"之一，墓群中大量土著墓与少量汉式墓并存，反映其逐步汉化的历史进程。曾被列入2001年"六项考古新发现"和"十大考古新发现"。（《贵州赫章可乐夜郎时期墓葬》，《考古》2002年第7期；《赫章可乐2000年发掘报告》，文物出版社，2008年）

10月　北京大学考古系与山西考古所合组的考古队，在**曲沃县**天马—曲村遗址北赵**西周晋侯墓地**，清理发掘新发现的一组两座大墓及其车马坑。工作进行至2001年1月，孙庆伟、雷兴山等参与其事。两墓并列，M114为晋侯墓，M113为其夫人墓。至此，晋侯墓地先后发掘的晋侯及夫人墓，共计9组19座。发掘者根据两墓的墓葬形制和器物特征推断，这组墓的年代应为西周早中期之际，与原排序列第一组（M9、M13）接近，认为两组墓主分别为晋侯燮父或晋武侯。M114所出方鼎有铭文48字，年代可早至成王时期，作器者叔夨可能是晋国始封之君"唐叔虞"。如此则M114的墓主为第二代晋侯燮父，M9墓主为第三代晋武侯宁族。（《天马—曲村遗址北赵晋侯墓地第六次发掘》，《文物》2001年第8期）

11月　江西文物考古所李荣华、周广明等发掘**鹰潭市角山商代窑址**。该遗址1983年以来即进行发掘，本年工作进行至2001年1月，揭露面积400多平方米。发现龙窑1座（长3.15米、宽1.45米）、半倒焰马蹄形窑4座（直径1—2米）。又发现胶泥储存坑和半地穴式房址。出土各类陶器残件数十万片，以及相当数量的陶拍、陶垫和支座等制陶工具。后继续发掘至2007年。该窑址始烧于商代中期，终烧于商代晚期，生产规模大，废品堆积多，特别是在陶器上发现数以千计的刻划符号，被认为应已具备贸易性质。其中商代中晚期马蹄型窑，距今已有 3400 多年，将中国原始青瓷器的发现提早了一千多年。这为江南地区青铜文化的研究提供了新的资料。（《中国考古学年鉴（2001）》第 179—180 页；《鹰潭角山发现大型商代窑址》，《南方文物》2001 年第 1 期；江西省文物考古研究院、鹰潭市博物馆：《角山窑址：1983—2007 年考古发掘报告》，文物出版社，2017 年）

11 月　香港特别行政区古迹办事处与中山大学岭南考古中心合作，发掘**香港西贡蚝涌新石器时代遗址**。工作进行至翌年 2 月初，发掘面积共约 1000 平方米。发现古稻田遗迹，出土多种磨制和打制的石器。（《中国考古学年鉴（2002）》第 404—405 页）

本年　浙江文物考古所曹锦炎、黎毓馨等在**杭州**西湖南屏山，配合雷峰塔重建工程，于 2—6 月对**雷峰塔遗址**进行第一阶段发掘，12 月—2001 年 7 月进行塔基和地宫发掘，共计揭露近 4000 平方米。雷峰塔的塔基和副阶都基本完整，局部及地宫保存完好，均为五代吴越国末期遗存；重修于南宋及后代的外围遗迹也有所发现，但保存情况较差。遗址出土大量石刻佛经、铭文砖、建筑构件等，地宫则出土内藏金棺的鎏金纯银阿育王塔等诸多佛教文物。曾被列入 2001 年"六项考古新发现"和"十大考古新发现"。（《杭州雷峰塔五代地宫发掘简报》，《文物》2002 年第 5 期）

本年　文物出版社开始出版张文彬为主编、朱启新为执行主编的"20 世纪中国文物考古发现与研究丛书"。截至 2011 年 9 月，先后出版四辑 60 册，其中包括：综述 8 册、考古学文化与地域文化 16 册、专题研究 25 册、重大考古发现 11 册。

玖 中国考古学新的发展时期（上）
（2001—2010 年）

2001 年

1 月 河南文物考古所姜涛、魏兴涛等会同三门峡文物队人员，开始对**三门峡**上村岭虢国墓地以南 2 公里的**李家窑遗址**进行大规模的勘察发掘，终于发现考古学家寻访已久的**虢都上阳城址**。工作进行至本年 5 月。现存城垣平面略作长方形，东西长 1000—1050 米，南北残宽 560—600 米，周绕两道城壕。城内西南部有长宽 300 余米的宫城，周围也有壕沟环绕。又在宫城内发现较大规模的宫殿基址，面积约 478 平方米。（《中国考古学年鉴（2002）》第 258—260 页）

2 月 重庆博物馆与湖北宜昌博物馆合作，发掘**丰都县玉溪坪遗址**，杨华、袁东山等参与。截至 6 月，发掘面积 3000 余平方米。新石器时代堆积有屈家岭文化遗物，又发现与城背溪、皂市下层相似的遗物，是三峡地区年代较早的新石器时代遗存。（《中国考古学年鉴（2002）》第 319—320 页）

2 月 成都文物考古所张擎、朱章义等在**成都**西郊，发掘**金沙村**附近的三个地点。"兰苑"发掘面积最大，为 13000 余平方米，发现大量木（竹）骨泥墙房屋、成排的灰坑及墓葬等，出土少量铜器、玉石器、金器和大批陶器;"梅苑"发掘面积3600余平方米,发现20余处祭祀遗存,出土大量铜器、玉石器、金器和象牙等。另在体育公园,发掘100多平方米。其中,不少遗物与三星堆器物坑所出相近,陶器则与十二桥遗址具相同特征。发掘者认为,遗址的年代约为商代晚期至春秋,有可能是西周时期古蜀国的政治与文化中心。曾被列入2001年"六项考古新发现"和"十大考古新发现"。(《成都金沙遗址的发现与发掘》,《考古》2002年第7期;《成都金沙遗址Ⅰ区"梅苑"地点发掘一期简报》,《文物》2004年第4期)

2月　24—26日,北京大学考古文博学院与日本文化研究中心在北京共同举办"长江流域青铜文化国际学术研讨会",国内外学者近40人参加,会后出版论文集。(高崇文、安田喜宪主编:《长江流域青铜文化研究》,科学出版社,2002年)

3月　山东大学东方考古研究中心与寿光市博物馆合作,由王青等参加,对**寿光市大荒北央西周遗址**进行发掘。工作进行至5月,发掘面积110平方米。发现的遗迹有灰坑、灰沟和白色沉淀物硬面等,出土遗物中有大量内壁附着白色凝结物的陶盔形器残片。后经化学分析,"白色沉淀物"和"白色凝结物"均与制盐有关。这是首次发掘古代制盐遗址,但当时尚未发现用盔形器煎卤成盐的盐灶遗迹。(《山东寿光市大荒北央西周遗址的发掘》,《考古》2005年第12期)

4—5月　湖北文物考古所梁柱等在**钟祥市**长滩镇,发掘明仁宗洪熙帝第九子**梁庄王及后合葬墓**。崖洞内的砖券墓室构筑坚固,虽经盗掘,并未进入墓室。出土5000余件珍贵文物,其中金、银、玉器1400余件,珠宝饰物多达3400余件,数量仅次于明定陵,为明代藩王墓之最。(《梁庄王墓》2册,文物出版社,2007年)

4—5 月　社科院考古所许宏等继续发掘**偃师县二里头遗址**。本年秋季至翌年进行追探，在宫殿区周围发现纵横交错的四条大道；继而于 2003 年春对道路进行解剖性发掘，并发现方正的宫城城墙。现已判明该宫城城墙始建于二里头二、三期之间，面积逾十万平方米，超过偃师商城面积一倍以上。（《河南偃师市二里头遗址宫城及宫殿区外围道路的勘察与发掘》，《考古》2004 年第 11 期）

4 月　社科院考古所王吉怀等对安徽**蒙城尉迟寺遗址**，在 1989—1995 年发掘的基础上开始进行第二阶段的发掘。本年度 4—6 月和 9—10 月在遗址中心偏北部位共揭露 1125 平方米，清理出两排房基，东西向一排 13 间，南北向一排 4 间，每间面积 10—20 平方米不等。（《蒙城尉迟寺》，科学出版社，2001 年；《蒙城尉迟寺（第二部）》，科学出版社，2007 年）

春季　社科院考古所王学荣等在 1998 年至 2000 年秋冬发掘的基础上，继续对**偃师商城北部祭祀区**进行发掘。祭祀区东西绵延 200 米，大体可分为 A、B、C 三个区域，A 区面积近 800 平方米，由若干"祭祀场"和祭祀坑组成；B、C 二区自成一体、规模庞大，B 区总面积近 1100 平方米，C 区总面积约 1200 平方米，布局和形制结构基本一致，平面为长方形，东西并列，四周有夯土围墙。A 区的祭品有人、牛、羊、猪、狗、鱼，及水稻、小麦等粮食。B、C 二区则以猪为主，用量也多；C 区发掘总面积的 1/3，个体数即超过 100 头，估计其全部用猪量应接近 300 头。祭祀遗存的年代跨度与城址的起讫时间一致。曾被列入 2001 年"六项考古新发现"。（《河南偃师商城商代早期王室祭祀遗址》，《考古》2002 年第 7 期）

4 月　河南文物考古所马俊才等在新郑**郑韩故城**西南隅，发掘**春秋时期的大中型墓葬** 5 座和大型车马坑 1 座，11 月结束工作。车马坑清理出装饰华丽的木车 22 乘、马 40 多匹。发掘者因其周围曾发现多座特大型墓葬，推测其应为一代郑伯的陪葬坑。（《中国考古学年鉴（2002）》第 266—268 页）

4 月　吉林文物考古所李东等发掘**集安国内城高句丽城址**，10 月结束工作。9 个地点共揭露 1400 平方米，发现重要遗迹 3 处：宫殿基址，有柱础、回廊及甬路、排水沟等；主街两侧的石砌排水沟；石圹墓及墓上石砌建筑基址。（《中国考古学年鉴（2002）》第 180 页）

5 月　社科院考古所与青海文物考古所合作，叶茂林、王国道等参加，对**民和县喇家村齐家文化遗址**，在上年试掘的基础上继续作较大规模发掘，揭露面积 1500 多平方米。先后清理房址近 20 座、墓葬 2 座、灰坑约 30 个。最主要收获是在其中 3 座房址内发现因灾难致死的 20 具人骨，展现 4000 年前的一幕灾难情景。据分析研究，可能是黄河洪水所致。曾被列入 2001 年"六项考古新发现"和"十大考古新发现"。（《青海民和喇家史前遗址的发掘》，《考古》2002 年第 7 期；《青海民和县喇家遗址 2000 年发掘简报》，《考古》2002 年第 12 期）

5 月　浙江文物考古所人员在**杭州萧山区**，对 1990 年发现并试掘的**跨湖桥新石器时代遗址**，进行第二、三次发掘。共计揭露 1000 余平方米，发现不同于该地区已知新石器文化的遗存，其中有房基等遗迹和稻作农业遗物，并出土保存较好的独木舟。后经 ^{14}C 测定并经校正的年代为公元前 6000 年至前 5400 年。曾被列入 2001 年"十大考古新发现"。发掘者提出"跨湖桥文化"的命名，认为其对探讨长江下游新石器文化渊源有重要意义，考古学界对此尚有异议。（《跨湖桥》，文物出版社，2004 年）

5 月　南京市博物馆王志高等在**南京市**大行宫地区进行**六朝**

建康城的考察。经 2002 年至 2003 年 5 月，发现大量与宫城遗址有关的遗迹和遗物，主要包括城墙、城壕、道路、桥梁、夯土建筑基址、砖构房址，以及砖砌排水设施、砖井等。（《中国考古学年鉴（2004）》第 175—176 页；《南京大行宫地区六朝建康都城考古》，见《2003 中国重要考古发现》第 116—119 页，文物出版社，2004 年）

6 月　25 日，国务院公布第五批全国重点文物保护单位，其中有古遗址 144 处、古墓葬 50 处。（据国家文物局网站）

7 月　5 日，考古学家安金槐在郑州逝世，终年 81 岁。

安金槐，河南省登封市人，生于 1921 年 9 月。1948 年河南大学历史系毕业。1950 年到河南省文物管理委员会工作。1951 年春参加夏鼐主持的豫西地区考古调查，1952 年参加第一届全国考古工作人员训练班学习。1954 年起任河南省文物工作第一队（1958 年起为河南省文物工作队）副队长，主持郑州地区乃至河南全省的考古调查发掘。1981 年河南省文物研究所成立，历任研究员兼所长、名誉所长。社会兼职主要有：第六、七届全国政协委员，中国考古学会第一、二届理事，第三届常务理事、第四届名誉理事，河南考古学会副会长、名誉会长。曾被聘任为郑州大学、河南大学历史系文博专业的客座教授和兼职教授，又被聘任为"夏商周断代工程"专家组成员兼商前期年代学研究课题组组长。主要学术成就是：主持郑州商城遗址的发掘与研究，提出原始瓷器起源于商代说；主持登封王城岗遗址的发掘与研究，为夏商考古作出了重要贡献。又曾主持新郑郑韩故城、密县打虎亭汉代壁画墓等多项重要发掘。主编和参编著作有《郑州二里冈》（1959 年）、《郑州商城：1953—1985 年考古发掘报告》（2001 年）、《登封王城岗与阳城》（1992 年）、《密县打虎亭汉墓》（1993 年）、《中国陶瓷史》的夏商周和春秋部分（1982 年）。（参看《20 世纪中国知名科学家

学术成就概览·考古学卷》"安金槐"条）

　　7月　8日，考古学家和第四纪地质学家贾兰坡在北京逝世，终年93岁。

　　贾兰坡，河北省玉田县人，生于1908年11月25日。1929年北京汇文中学毕业。1931年考入中国地质调查所，为新生代研究室练习生；协助裴文中进行周口店遗址的发掘工作。1935年接替裴文中主持周口店发掘，曾发掘出三具北京猿人头骨化石。新中国成立后，负责恢复周口店发掘，建立和领导周口店的工作站，主持20世纪50年代的几次大规模发掘。其后主持或指导了山西丁村、陕西蓝田、河北泥河湾等一系列旧石器遗址的发掘与研究。他是中国旧石器时代考古的奠基人之一。历任中国科学院古脊椎动物与古人类研究所副研究员、研究员，新生代研究室副主任；又任中国地质学会第四纪地质及冰川专业委员会副主任、中国考古学会第二届理事会副理事长、文化部国家文物委员会委员等职。1980年当选中国科学院学部委员，1994年入选美国国家科学院外籍院士。主要学术贡献是：厘定周口店第1地点的地层序列，奠定华北旧石器文化发展序列的基础，并提出属于早更新世的泥河湾地层才是最早人类脚踏地。又曾提出华北旧石器文化存在两个平行系统的假说，以及中国东北和北美的细石器可能起源于华北等观点，受到国内外同行的重视。代表性著作有《中国猿人》（1950年）、《山西旧石器》（1961年）、《匼河》（1962年）、《中国大陆上的远古居民》（1978年）、《贾兰坡旧石器时代考古论文选》（1984年）等。（《中国大百科全书》第一版《考古学》卷"贾兰坡"条）

　　8月　1—3日，中国社会科学院古代文明研究中心主办的"中国古代文明的起源及早期发展国际学术研讨会"在北京举行。中国社会科学院院长李铁映发来贺信。开幕式上，研究中心主任李学勤、国家文物局局长张文彬、中国科学院院士刘东生、北京大学教授李伯谦、日本学者秋山进午先后讲话，研究中心副主任兼秘书长王巍报告了中心成立以来的情况和今后的设想。国内外多学科学者 120 多人参加会议，分三组从多种学科的角度对中国古代文明的起源与早期发展中的若干重大问题进行为期两天的讨论。这是历年来相同专题学术会议中参会人数最多的一次。（《中国古代文明的起源及早期发展国际学术研讨会纪要》,《考古》2001 年第 12 期；会议详情又见《中国社会科学院古代文明研究中心通讯》第 3 期）

8 月　6—8 日，吉林大学边疆考古研究中心主办的"中国北方长城地带青铜时代考古国际学术研讨会"在长春举行，海峡两岸，以及日、韩、俄国学者 140 余人参加。收到论文 50 余篇。会后出版《中国边疆考古研究》第一辑。（《中国考古学年鉴（2002）》第 417—418 页）

8 月　陕西省考古所段清波等在**秦始皇陵园**，发掘外城墙东北的 **K0007 号陪葬坑**，2003 年 3 月结束。坑体平面为 F 形，总面积约为 978 平方米。发现双层棚木、厢板、立柱、垫木及大量榫卯结构遗迹，出土天鹅、鸿雁、鹤等铜水禽 46 件，原大陶俑 15 件，及小件铜、骨器物。该发掘增进了对秦始皇陵外藏系统的认识。曾被列入 2001 年"六项考古新发现"。（《西安秦始皇陵园的考古新发现》,《考古》2002 年第 7 期；《秦始皇陵园 K0007 陪葬坑发掘简报》,《文物》2005 年第 6 期）

9 月　社科院考古所与日本奈良文化财研究所合作，由安家瑶任中方领队，龚国强等参与，开始进行**唐大明宫太液池遗址**的发掘。截至 2005 年进行 6 次：2001 年 9 月—2002 年 12 月，在太液池西岸遗址的中部和西北部发掘 3 次，了解池岸结构、道路、排水沟、进水渠、房屋建筑等情况；2003 年 2—5 月第 4 次，发掘太液池北岸干栏式建筑及蓬莱岛南岸遗址；2004 年春第 5 次，发掘太液池南岸大型廊院建筑遗迹；2005 年 2—5 月第 6 次，发掘太液池东南岸的池岸、道路、干栏式廊道和水榭建筑。曾被列入 2004 年"六项考古新发现"。(《唐长安城大明宫太液池遗址发掘简报》，《考古》2003 年第 11 期;《唐长安城大明宫太液池遗址考古新收获》，《考古》2003 年第 11 期;《西安唐大明宫太液池南岸遗址发现大型廊院建筑遗存》，《考古》2004 年第 9 期;《西安市唐长安城大明宫太液池遗址》，《考古》2005 年第 7 期;《西安唐长安城大明宫太液池遗址的新发现》，《考古》2005 年第 12 期）

9 月　北京大学考古文博学院与河南文物考古所合作，在**禹州神垕镇**的四个地点发掘**钧窑遗址**，秦大树、赵文军等参加，工作进行至翌年 1 月。其中刘家门延烧的时间最长，开掘有效面积 130 平方米，清理的遗迹有窑炉 4 座、石砌澄泥池 3 座，出土大量可复原瓷器及窑具。根据地层关系和出土器物进行分期研究，对钧窑从兴盛到衰落的演变有了新的认识。曾被列入 2001 年"十大考古新发现"。(《河南省禹州市神垕镇刘家门钧窑遗址发掘简报》，《文物》2003 年第 11 期）

9—10 月　宁夏文物考古所余军等在本年春季工作的基础上，对**贺兰县西夏陵区三号陵园**进行发掘，发掘面积共计 7000 平方米。先后揭露陵城的北、西、南三个门址，献殿遗址，陵塔基址，陵园南入口两个鹊台与四个角台的基址等。(《中国考古学年鉴（2002）》第 396—398 页）

11 月　社科院考古所钱国祥等发掘**洛阳汉魏故城北魏宫城阊阖门遗址**。工作进行至翌年 6 月。发掘面积 8320 平方米，全面揭露城门台基、门前双阙阙台、阙间广场，以及东西两侧院落的一部分。经清理与解剖判明，它们的始建年代均为魏晋时期，总体平面布局和基本规模早已形成。从而确认北魏及北周时期的宫城阊阖门是在曹魏初期营建的洛阳宫阊阖门基础上修补沿用的。这对中国古代都城发展史的研究具有极为重要的意义。曾被列入 2002 年"六项考古新发现"。（《河南洛阳汉魏故城北魏宫城阊阖门遗址》,《考古》2003 年第 7 期）

11 月　南京博物院考古所林留根等发掘**宜兴市骆驼墩史前遗址**。工作进行至翌年 7 月。这是太湖西部地区的一处大型中心聚落，发掘面积 1309 平方米。其马家浜文化的遗迹，主要发现墓葬 52 座、瓮棺 39 座、房址 3 座、祭祀遗迹 4 处等。另有良渚文化等时期遗存。发掘者将本遗址马家浜遗存分为四个阶段，结合其他遗址的发现进行马家浜文化年代与分布的研究，认为该遗存时代较早、文化面貌单纯，代表了太湖西部地区马家浜文化的新类型。曾被列入 2002 年"六项考古新发现"。（《江苏宜兴市骆驼墩新石器时代遗址的发掘》,《考古》2003 年第 7 期）

12 月　广东文物考古所与深圳市文博单位合作，发掘**深圳市屋背岭遗址**，吴海贵、李岩、李海荣等参加，发掘面积 1400 平方米，翌年 4 月结束。清理的 87 座土坑竖穴墓中，年代较早的 81 座，分别随葬三五件陶器和少量石器。由于这是在邻近香港地区发掘规模较大的早期遗址，所出陶器又见于经 ^{14}C 测定年代相当于夏商时期的香港、珠海若干遗址，有其重要意义。曾被列入 2001 年"十大考古新发现"。（《深圳屋背岭遗址发掘报告》,《考古学报》2004 年第 3 期）

本年　成都文物考古所人员在岷江上游地区调查，发现新石器地点 82 处。对其中**茂县营盘山遗址**进行试掘，揭露面积近 200 平方米，发现房址 3 座、灰坑 26 座，出土的陶器和石器颇具地方特色。（《中国考古学年鉴（2002）》第 358—360 页）

本年　河南文物考古所袁广阔、曾晓敏等于1986年以来，特别是2001年，进行**郑州商城外郭城**的勘察与试掘。截至2002年，完成了南墙和西墙的钻探与试掘，北墙的钻探和东墙的调查，确认其为城墙、护城河及东部大面积湖水包围的外郭城。大部分外郭城墙仅存基槽部分，各段城墙的基槽形制、夯筑方法、包含陶片，都是一致的，表明营建于同一时期，与内城城墙同属二里冈下层。（《郑州商城外郭城的调查与试掘》，《考古》2004年第3期）

本年　咸阳文物考古所人员对西汉十一陵中**咸阳地区的八座帝陵**，即汉高祖长陵、景帝阳陵、武帝茂陵、昭帝平陵、元帝渭陵、成帝延陵、哀帝义陵、平帝康陵，进行钻探与调查，进一步弄清楚这些帝陵、后陵，及陪葬墓、陵邑遗址的分布情况。（《西汉帝陵钻探调查报告》，文物出版社，2010年）

本年　杭州文物考古所人员在**杭州**吴庄，发掘**南宋宁宗恭圣仁烈皇后住宅遗址**，揭露面积1800平方米。主体建筑包括正房、后房、东西两厢、庭院和夹道等遗迹。出土建筑构件、瓷器和铜钱等。由于建筑群的规模宏大、设施考究，地理位置又与《咸淳临安志》中南宋皇城图、京城图上的恭圣仁烈皇后宅相符，因而断定其性质。曾被列入2001年"十大考古新发现"。（《中国考古学年鉴（2002）》第215—216页）

2002年

　　1月　17日，中国社会科学院考古研究所、考古杂志社举办"中国考古新发现学术报告会·2001"，评选的考古新发现有青海民和喇家史前遗址、河南偃师商城商代早期王室祭祀遗址、四川成都金沙遗址、西安秦始皇陵陵园、贵州赫章可乐夜郎时期墓葬、浙江杭州雷峰塔地宫六项。作为考古成果交流与宣传平台，该活动从此每年1月中旬或稍晚在北京举行①。(《"中国考古新发现学术报告会·2001"在北京举行》,《考古》2002年第7期)

3—4月　河南平顶山市文物局所属人员李元芝等,在**叶县旧县乡常庄村**发掘一座**春秋墓葬**。该墓为没有墓道的土坑竖穴墓,墓口长8.7米,宽6.2米,曾被严重盗掘。残存遗物中,有束腰平底升鼎、方甗、簠、簋、方壶、鉴、浴缶（盖）等青铜礼器,又有甬钟、钮钟、编镈和编磬等乐器,以及兵器、车马器和玉佩饰。发掘者根据出土墓葬形制和出土特征,特别是铜戈有"许公宁之用戈"等铭文,推断墓主为春秋中期的许灵公。(《河南叶县旧县四号春秋墓发掘简报》,《文物》2007年第9期)

3月　贵州文物考古所张元在**普安县青山镇**,发掘**铜鼓山战国、秦汉遗址铸铜作坊遗迹**,工作进行至5月。揭露面积约880平方米,发现居住面、柱洞、火塘等遗迹,出土兵器、生产工具、生活用具和装饰品等铜器,用于铸造的陶模范及坩埚等,以及大量的陶片。所出陶戈模的形制和纹饰,与赫章可乐出土者同类,表明其为夜郎民族的遗存,是夜郎文化研究的重要资料。(《中国考古学年鉴（2003）》第339页)

3月　山东文物考古所何德亮等在**日照市西**,发掘**海曲西汉至魏晋墓地**,工作进行至6月。墓地包括四个发掘区,其中三个区有封土堆,共计清理墓葬92座,木椁墓保存较好。出土各类文物1000余件,漆木器多达400余件,为华北地区少见。曾被列入2002年"十大考古新发现"。(《中国考古学年鉴（2003）》第218页)

3月　四川大学考古学系白彬等在重庆市**云阳县**,发掘**李家**

① 此项活动2005年定名"中国社会科学院考古学论坛",由中国社会科学院主办,考古研究所和考古杂志社承办。以下将入选项目简称"六项考古新发现",不再记录举行学术报告会情况。

坝东周及以后时期遗址，工作进行至 12 月。本年度发掘一万余平方米，遗址的核心和主体部位接近发掘完毕，揭露战国房址 9 座、汉六朝房址 29 座。（《中国考古学年鉴（2003）》第 288—290 页）

4 月 湖南文物考古所柴焕波等在湘西**龙山县**，发掘**里耶战国秦汉时期城址**，工作进行至 11 月。发掘面积 5500 平方米，基本弄清楚城址的大体布局，城墙、城壕和各种遗迹的关系。最重要的收获是在战国至秦代的 1 号井中，发现 3.6 万枚秦代简牍，总计 10 余万字，数量远远超过以往出土秦简的总和。简牍的内容属官署档案性质，涉及社会生活的许多方面，提及 20 多个地名，纪年则从秦王政二十五年（前 222 年）至秦二世二年（前 208 年），具有极高的史料价值。曾被列入 2002 年"六项考古新发现"和"十大考古新发现"。（《湖南龙山里耶战国—秦代古城一号井发掘简报》，《文物》2003 年第 1 期）

5 月 辽宁文物考古所朱达等为配合牛河梁考古报告的编写，在**凌源市**凌北镇城子山（**牛河梁遗址第 16 地点**）进行发掘，工作进行至 10 月。发掘 1400 平方米，揭露红山文化墓葬 3 座，夏家店下层文化房址 8 座、灰坑 75 个、墓葬 1 座。翌年 5—11 月发掘 1738 平方米，揭露红山文化墓葬 9 座，夏家店下层文化灰坑 21 个。主要收获是将红山文化墓葬区分为四期：没有随葬品的土坑墓、随葬早期筒形器的土坑墓、南北向随葬玉器的封石石板（石块）墓、东西向随葬玉猪龙等器的封石石棺墓；并且搞清楚2002M4 中心大墓与 1979M2 大墓的平面布局和早晚关系。为夏家店下层文化的研究，提供了新的资料。曾被列入 2003 年"十大考古新发现"。（《牛河梁——红山文化遗址发掘报告（1983—2003 年度）》3 册，文物出版社，2012 年）

5 月 河南文物考古所郭木森等再次发掘**宝丰县清凉寺汝窑**

遗址，工作进行至 7 月。发掘面积 150 平方米，揭露的 4 座窑炉包括平面马蹄形和椭圆形两种，均属北方典型的半倒焰式。出土宋代御用汝窑瓷器 150 余件，为宋代汝窑瓷器的分期断代提供了重要资料。(《中国考古学年鉴（2003）》第 240—241 页)

5 月　黑龙江文物考古所赵评春等在阿城刘秀屯，发掘**金上京故城东郊的朝日殿遗址**，工作进行至 11 月。基址包括正殿与两侧挟屋、露台、后殿，以及回廊等，整体建筑面积约 4600 余平方米，是目前所见规模最大的郊祀遗址，曾被列入 2002 年"十大考古新发现"。(《中国考古学年鉴（2003）》第 155—156 页)

5 月　内蒙古文物考古所与乌盟文博单位合作，陈永志、张红星等参与，发掘**察哈尔右前旗元集宁路城址**，工作进行至 11 月，发掘 6200 余平方米。揭露城址中部道路两旁的房址 16 组、灰坑 350 个，出土多窑口瓷器近 2000 件，而以定、钧、磁州三系为多，铜钱 3000 余枚，另有陶、铜、铁等器。曾被列入 2003 年"十大考古新发现"。(《中国考古学年鉴（2003）》第 141 页)

6 月　北京文物所黄秀纯、宋大川等对**大房山麓**的**金代陵寝**，继该所 2001 年春曾作全面调查之后，进一步勘察发掘。主陵区的平面布局采用历代帝王陵寝的传统做法，以神道为中心轴，两侧对称排列，包括石桥、神道、东西台址各二、东西大殿各一、陵墙、排水系统，以及明末拆毁金陵时所建压胜关帝庙，清初修缮所建小宝顶与半圆形宝城，收集了大量砖、石建筑构件。又发掘可能是金太祖阿骨打陵的墓葬，出土石椁、木棺及金丝凤冠等随葬品。(《北京房山区金陵遗址的调查与发掘》，《考古》2004 年第 2 期)

7 月　江西文物考古所樊昌生等发掘**进贤县李渡元代烧酒作坊遗址**，工作进行至 11 月。发掘面积 300 平方米，揭露水井、炉灶、晾堂、酒窖、蒸馏设施、墙基、水沟、路面等遗迹，分别属于元明清不同时期。出土遗物中有丰富的陶瓷饮酒器具、竹木酿酒工具等。这是继成都水井坊之后发现的又一处古代烧酒作坊遗址，为研究中国白酒酿造工艺的起源与发展提供了珍贵的实物资料，曾被列入 2002 年"六项考古新发现"和"十大考古新发现"。(《江西进贤县李渡烧酒作坊遗址的发掘》,《考古》2003 年第 7 期)

　　7 月　河北文物所李珺等在**阳原县**泥河湾，发掘**马圈沟旧石器时代早期遗址**，工作进行至 10 月。揭露面积 155 平方米，所掘三个文化层都有与人类活动有关的天然石块和砾石，但第一文化层石制品较少，经过加工修理的标本不多，另二文化层则石制品较多。发掘者推测该遗址的年代为距今 200 万年左右。(《中国考古学年鉴（2003）》第 121 页)

　　7 月　洛阳文物队俞凉亘等在**洛阳市**东周王城遗址东城墙内，发掘**东周大墓和车马坑**。工作进行至翌年 3 月，发掘面积 800 平方米，揭露的 208 座墓中有甲字形大墓 2 座。最大的收获是 18 座车马坑和马坑中，有一座残存车 25 乘、马 70 匹，多为一车一马、二或四马，更有前所未见驾六者。(《中国考古学年鉴（2004）》第 253—255 页)

　　9 月　湖北文物考古所王红星等在**枣阳市**吴店镇，发掘**九连墩战国楚墓**，工作进行至 12 月。当地共有 9 座大中型墓冢，发掘其中两座有墓道的大墓，及附葬的大型车马坑。两墓的形制相同，均为分隔五间的木构椁室中置双层套棺。随葬青铜、漆木等类器物各五六百件，其中都有成套的礼器、兵器、车马器，但都没有铭文。又都出土乐器（2 号墓有编钟、编磬、鼓、瑟、笙、篪；1 号墓无编磬和篪而增琴）。2 号墓另有千余枚竹简。车马坑则 1 号墓埋车 33 乘，2 号墓 7 乘。发掘者推测墓主应是楚大夫级人物。该墓对研究楚国礼乐、车舆制度有重要意义，曾被列入 2002 年"六项考古新

发现"。(《湖北枣阳市九连墩楚墓》,《考古》2003 年第 7 期)

9 月　湖北省文物局等单位发掘**巴东**的**旧县坪遗址**,最重要的遗存属于六朝至宋时期,工作进行至 12 月。在 2 万平方米的发掘面积中,揭露保存较好的六朝城墙、城门、道路、房址,隋唐县衙、仓库和石板路面,宋代官府和居民区。其中唐宋时期建筑的构筑,应系按照整体规划、一次施工完成,以高台立柱、木构梁架的衙署为中心,左侧为干栏式建筑为主的居民区,右侧为文化设施和仓储区。曾被列入 2002 年"十大考古新发现"。(《中国考古学年鉴(2003)》第 256—257 页)

10—11 月　科学院古脊椎所与浙江文物考古所合作,由徐新民等在**安吉、长兴**两县进行为期一个月的旧石器调查。发现旧石器地点 31 处(安吉 13,长兴 18),并对安吉县溪龙乡的上马坎地点进行试掘,共计发现石制品 333 件,其中出自地层者 48 件。这填补了浙江省旧石器考古的空白。(《中国考古学年鉴(2003)》第 178—179 页)

10 月　广西文物工作队谢光茂等在**百色市**东笋村,发掘**革新桥新石器时代遗址**。工作进行至 12 月,发掘面积 1600 平方米。在遗址的东南部发现石器加工场遗迹,面积约 500 平方米。制造场内有许多相对集中的部分,每个部分至少有一个石砧,以石砧为中心散布许多砾石、断块和碎片,有的周围有砺石和石锤,有的还有石斧和石锛的成品或半成品。发掘者推测遗址应属新石器时代中晚期,确切年代有待测定。如此规模的新石器制造场尚属前所未见,曾被列入 2002 年"十大考古新发现"。(《广西百色市革新桥新石器时代遗址》,《考古》2003 年第 12 期)

11 月　南京博物院考古所陆建芳等在**泗阳县**三庄乡,发掘大青墩**西汉泗水王冢**。该冢封土底径约 90 米、残高约 8.5 米。墓坑近正方形，长宽 18.5 米，墓道在南。木椁由主墓室及南、东、西等外藏椁组成；主墓室又分为东、西二室，分葬男性墓主和夫人。外藏椁，有的出土木俑，有的出土木质院落模型，有的出土铜、漆、陶质器物。发掘者根据南外藏椁盖板有"泗水王冢"烙印，推断墓主为第四或第五代泗水王。(《中国考古学年鉴(2003)》第 176—177 页)

12 月　山西考古所与太原市文物考古所合作，张庆捷、渠传福、常一民等参与，在**太原市迎泽区王家峰村**，发掘**北齐太尉、武安王徐显秀墓**。地面现存封土高 5.2 米，由墓道、过洞、天井、砖砌甬道和墓室组成。墓道、甬道和墓室的壁画保存甚好，彼此有机地结合，构成完整的家居生活和出行仪仗画面。石门则有浮雕加彩绘。壁画人物衣着上的联珠纹图案、石门门额上的神鸟形象，以及随葬品中镶嵌宝石的金戒指，具有明显的西域文化风格。这正是当时太原地区与西域交往频繁的写照。曾被列入 2002 年"十大考古新发现"。(《太原北齐徐显秀墓发掘简报》，《文物》2003 年第 10 期)

本年　社科院考古所与山西省考古所合作，对山西**襄汾县的陶寺遗址**作进一步勘察，何驽、严志斌等参加工作。确认 1999—2001 年遗址中心区域发现的城址，有北、东、南三面城墙，营建于陶寺文化中期，南北最大距离 2150 米，东西最大距离 1650 米，复原总面积 280 万平方米，是中国目前发现最大的史前城址。后在大城东北部发现陶寺文化早期的中型城址，面积约 56 万平方米；大城东南角发现陶寺文化中期的小型城址，面积约 10 万平方米。许多学者认为，陶寺城址应是当时重要的都邑性遗址。(《中国考古学年鉴(2002)》第 137—140 页；《山西襄汾陶寺城址 2002 年发掘报告》，《考古学报》2005 年第 3 期)

本年　社科院考古所唐际根等自 2001 年 9 月至本年，在**安阳**"殷墟"范围之外的花园庄一带勘察发掘，确认"**洹北商城**"遗址，对其城内部分进行系统钻探和重点发掘。洹北商城的平面略作长方形，面积约 4.7 平方公里，中轴线南段为宫殿区，钻探发现 30 余处夯土基址，其中最大的 1 号基址，东西长约 173 米，南北宽 85—91.5 米，揭露区域的西部，发现主殿、配殿、廊庑等遗迹。城内的早晚两期文化遗存，年代均早于原"殷墟文化"的第一期。虽然对其始建年代和性质尚待进一步研讨，但无疑是商殷考古的重大突破。曾被列入 2002 年"六项考古新发现"。（《河南安阳市洹北商城的勘察与试掘》,《考古》2003 年第 5 期）

本年　陕西考古所人员刘瑞俊等自 2000 年 10 月至本年 6 月，在**高陵县**马家湾乡持续进行**汉阳陵陵邑遗址**的发掘。发掘总面积 10000 平方米，发现建筑遗址 11 处、墓葬 334 座、道路 5500 余米。出土的大量各类遗物中，有 600 余枚汉代不同时期的封泥，而以"阳陵令印"最多。发掘者认为发掘地点应为阳陵陵邑的核心地带。（《中国考古学年鉴（2003）》第 349—350 页）

本年　社科院考古所朱岩石等在河北**临漳县邺南城遗址**，发掘南城墙外的**东魏北齐佛寺塔基遗址**。塔基基槽为正方形，边长约 45 米，深约 6 米，近底部用卵石和夯土交替构筑。地上塔心实体边长约 30 米，夯土上残存柱础石、承础石和础石坑，可据以复原塔心实体的柱网结构。这是我国发现惟一的东魏北齐佛寺方塔遗迹，塔基中刹柱础石和砖函的发现，填补了汉唐考古的一项空白。曾被列入 2002 年"十大考古新发现"。（《河北临漳县邺城遗址东魏北齐佛寺塔基的发现与发掘》,《考古》2003 年第 10 期）

本年　吉林文物考古所与延边自治州文博单位合作，2000 年开始至本年，在**和龙市**西古城发掘**渤海中京显德府城址**。外城周长 2700 米，内城周长 1000 米。揭露三组建筑基址，三组既相对独立，又有廊道连接成一个整体，有完善的排水设施。出土的建筑材料中，板瓦和筒瓦上戳印、刻划文字符号（发现上百种），六瓣莲纹瓦当，具有鲜明的特色。曾被列入 2002 年"十大考古新发现"。（《中国考古学年鉴（2003）》第 149 页）

本年　宁波文物考古所人员于 2001 年 3 月至本年，发掘**元庆元路永丰库遗址**（工作延续至 2003 年 3 月结束）。该遗址属大型衙署仓储性质。发掘面积 3500 多平方米，揭露两座大型建筑基址及相连的甬道、庭院、水井、排水设施等遗迹。出土宋元明时期大多数名窑的大量陶瓷产品，完整和可复原者多达 500 余件。并且发现唐代波斯釉陶片。又出土唐宋钱币、晚唐私印和元代残碑。曾被列入 2002 年"十大考古新发现"。（《中国考古学年鉴（2003）》第 185—186 页）

2003 年

1 月　陕西省考古所与宝鸡市的考古人员合作，由王占奎领队，刘怀君、刘军社等参加，清理**眉县杨家村**农民取土发现的西周青铜器窖藏。出土 27 件青铜器，均有铭文。其中除一件盉年代稍早外，其余均属西周晚期。尤其难得的是，逨盘 372 字，记载西周列王世系及器主家族史事；四十二年逨鼎 280 字（2 件）和四十三年逨鼎 316 字（10 件），"年、月、月相、干支"四要素俱全，这对于西周铜器断代、年历和史事研究，具有极为重要的意义。曾被列入 2003 年"十大考古新发现"。（《陕西眉县杨家村西周青铜器窖藏发掘简报》，《文物》2003 年第 6 期）

1—3 月　成都市文物考古所陈剑等在**大邑县晋原镇**，继续上年 12 月以来对位于高台地上的**盐店、高山两座史前城址**的发掘。

盐店古城发掘 700 平方米，南北长约 750 米、东西宽近 500 米，是成都平原目前发现古城中规模仅次于新津宝墩古城的一座。现存城墙并不甚高，底部两侧系斜坡堆筑，中部则为平行夯筑而成，较少使用卵石。城内出土陶器的风格与宝墩古城相似，被认为是宝墩文化的早期阶段。另外又在高山乡古城村，发现一座年代相当而规模稍小的古城。（《中国考古学年鉴（2004）》第 353—354 页）

　　3 月　郑州文物考古所王文华等曾于 2002 年第四季度，在**荥阳广武镇发掘大师姑二里头文化城址**，本年上半年对该城址，特别是延伸至隔河相望的杨寨村南地部分，进行了重点钻探。城址为东西长、南北窄的不规则扁方形，目前发现四面城墙的地段，复原周长约 2900 米。截至本年 6 月，发掘面积 540 平方米。城址内部发现同时期的房基、墓葬和灰坑，出土残水管等遗物。这是第一次确认二里头文化时期城址，外侧又发现继续沿用的早商时期环壕。曾被列入 2003 年"十大考古新发现"。（《河南荥阳大师姑遗址 2002 年度发掘简报》，《文物》2004 年第 11 期；《中国考古学年鉴（2004）》第 246—247 页）

　　3 月　浙江省文物考古所赵晔等在**余杭县**良渚遗址群南侧，发掘**卞家山遗址**。工作进行至 6 月，揭露面积 855 平方米。除发现良渚文化的墓地和居址外，又在临水的淤土中发现大型木构遗存，包括呈曲尺形分布的 140 余根木桩，淤积层中数以万计的陶片（很多陶片刻有纹饰或符号）、数量很多的木器，以及大量动物和有机物残骸。发掘者推测其为一处水边埠头。（《中国考古学年鉴（2004）》第 181—182 页）

　　3 月　山东大学东方考古研究中心与山东文物考古所、济南考古所合作，由方辉主持在**济南市大辛庄遗址**东南部作进一步发掘。截至 6 月，发掘面积 600 余平方米，揭露墓葬 30 余座、房址

10 座、灰坑近 300 个。重要收获是，第一次在殷墟以外地点发掘出土商代的甲骨文。共计 4 片卜甲，其中一片可识别刻辞 33 字，被认为既与殷墟甲骨文同一系统，又有自身特点。其他方面也有新的进展。曾被列入 2003 年"六项考古新发现"。(《济南大辛庄遗址出土商代甲骨文》,《考古》2003 年第 6 期;《济南市大辛庄商代居址与墓葬》,《考古》2004 年第 7 期)

　　3 月　北京大学考古文博学院与社科院考古所、陕西考古所合组的周原考古队，由徐天进主持、徐良高等参加，发掘**扶风县庄李村遗址**。工作进行至 5 月，发掘面积约 350 平方米，重要发现是 23 个灰坑出土大量与铸铜有关的遗物，其中有陶模、陶范、炉壁、铜块、铜渣、红烧土等，数量最多的是车马器陶模和陶范，但也有少量鼎和其他容器的模或范。过去周原尚未发现铸铜的遗迹，新出土这些遗物具有十分重要的意义。曾被列入 2003 年"十大考古新发现"。(《陕西周原遗址发现西周墓葬与铸铜遗址》,《考古》2004 年第 1 期)

　　3 月　山西省考古所张庆捷等与大同市文博单位及山西大学考古系合作，在**大同市**北操场城街中心，发掘一处**北魏皇家建筑遗址**，8 月结束工作。基址平面呈长方形，坐北朝南，东西长 44.4 米，南北宽 31.8 米。南侧有东西两条斜坡踏道，各宽 4 米许。北侧中部一条踏道宽 3.6 米。出土遗物主要是建筑构件，各种瓦片近万件，最大的板瓦长 81 厘米、宽 73 厘米，最大的筒瓦长 72 厘米，又有"大代万岁""皇□□岁""万岁富贵""传祚无穷"等文字瓦当。(《大同操场城北魏建筑遗址发掘报告》,《考古学报》2005 年第 4 期)

　　3 月　内蒙古文物考古所塔拉与**通辽市**人员合作，发掘**吐尔基山辽代墓葬**，5 月结束工作。这座石室墓由墓道、甬道、墓室和左右耳室组成，墓室壁画已脱落，葬具则为施彩绘的木棺和棺床。随葬品除装裹女性墓主的丝织衣物和金银首饰外，主要有鎏金铜乐器与乐舞牌饰，錾花银器皿和贴金银花漆器，以及华丽的马具，许多器物的纹饰具唐代风格。这是辽代贵族墓葬的重大发现。曾被列入 2003 年"六项考古新发现"和"十大考古新发现"。(《内蒙古通辽市吐尔基山辽代墓葬》，《考古》2004 年第 7 期)

3 月 广州文物考古所冯永驱等开始在**广州市**新造镇小谷围岛（大学城）持续进行古墓的发掘。最重要的收获是本年 6—8 月揭露**五代十国南汉二陵**，即兄刘隐的"烈宗德陵"和弟刘岩的"高祖康陵"。二陵均为有墓道的砖石结构，由前后二室组成。德陵规模稍小，随葬品主要有形制相仿的青瓷罐及陶罐 272 件。康陵则在墓穴上建有圆坛和亭阁，墓穴因经严重盗掘，完整的随葬品极少，仅有多种陶制水果模型，及陶瓷、玻璃器皿残片，但碑形哀册保存完整，全文 1062 字。曾被列入 2004 年"十大考古新发现"。(《广州南汉德陵、康陵发掘简报》，《文物》2006 年第 7 期)

4 月 上海市文管会考古部周丽娟等对**松江广富林遗址**进行再次发掘，发掘面积 402 平方米。工作进行至 7 月，又从 10 月继续进行至翌年 1 月，主要收获是找到广富林遗存叠压良渚文化晚期的层位关系，丰富了对良渚文化衰落之际来自豫鲁皖地区这种遗存的认识。同时，又新发现 4 座良渚文化墓葬，其中一座成年男性墓，是 90 年代以来在当地发掘的第一座良渚晚期墓葬。这为研讨环太湖地区新石器时代晚期的文化格局和文明发展进程提供了新的资料。(《中国考古学年鉴（2004）》第 169—170 页)

4 月 23—25 日，中国社会科学院古代文明研究中心与湖北文物考古所、湖北省博物馆，在武汉共同举办"长江中游地区文明进程学术研讨会"。有关单位考古学者 25 人出席会议。收到论文或论文提要 25 篇。会议讨论的热点是长江中游地区文明化进程的特点和阶段、聚落和城址的形态等问题。(《"长江中游地区文明进程学术研讨会"纪要》,《考古》2004 年第 3 期;《中国社会科学院古代文明研究中心通讯》第 6 期第 1—4 页)

4—5 月　国家博物馆考古部佟伟华等对**垣曲商城遗址宫殿区**,在 1989 年、1996 年和 2001 年已发掘其西南角和北半部的基础上,进行南部区域的全面发掘。发掘面积 1300 余平方米,判明宫城平面呈长方形,南北长约 88 米,东西宽约 50 米,找到宫城西墙南段、北墙中段和南墙部分地段。宫城内有南北两进院落,已揭露的 2 号宫殿基址在南面,东西长 33.3 米,南北宽 11.7 米,发现 22 个柱础坑。宫殿基址的始建年代与城址一致,为二里冈下层,废弃于二里冈上层。(《中国考古学年鉴(2004)》第 126 页)

4 月　浙江省文物考古所陈元甫在**东阳市六石镇派园**,发掘一座**大型土墩木椁墓**,6 月结束工作。封土墩长径 36 米、短径 26 米、高 4 米。石块垒砌的墓室及甬道、墓道,通长 17.82 米,墓内再建木结构葬具。随葬品中不见商周土墩墓常见的印纹硬陶和原始瓷器物,而全为玉器。发掘者认为墓主应是春秋时期越国贵族。(《中国考古学年鉴(2004)》第 187—188 页)

4 月　社科院考古所刘振东等,对西安北郊**汉长安城东北部**的楼阁台一带进行钻探,7 月结束工作。发现东西并列的两个小城,及城内的主要道路和部分建筑基址,经试掘推断其为**十六国至北朝时期的东西宫城遗址**。东宫为太子宫,西宫为皇宫。西宫内的楼阁台遗址应是前后秦时期太极前殿、北周时期露(路)寝的旧址,两阙之间或即露(路)门的所在。后于 2009 年 10—11 月,对东、西两宫城之间隔墙上的宫城门进行发掘。(《西安市十六国至北朝时期长安城宫城遗址的钻探与试掘》,《考古》2008 年第 9 期)

5 月　2—3 日，北京大学考古文博学院为庆祝北大考古专业成立 50 周年，举办"温故知新——面向中国考古学的未来"国际学术研讨会。以校友为主的与会代表 150 多人出席会议。收到论文 70 多篇。会议回顾历史，总结经验，对中国考古学的重大问题进行研讨，以期将中国考古学研究推向更加崭新的发展阶段。（《中国考古学年鉴（2003）》第 372 页）

5 月　山东文物考古所郑同修、冯沂等在**临沂市洗砚池**"**王羲之故居**"台地，发掘两座西晋大型砖室墓。其中，M1 为双室并列券顶墓，出土 3 具未成年尸骨和大量随葬器物，最为精美的有青瓷胡人骑狮水注、铜仙人骑狮灯座以及金银玉制首饰，若干漆器有朱书"太康七年""太康八年"等字铭文。M2 则为带甬道的单室券顶夫妇合葬墓，但被盗扰。这是西晋考古的重要发现，曾被列入 2003 年"十大考古新发现"。（《山东临沂洗砚池晋墓》,《文物》2005 年第 7 期;《临沂洗砚池晋墓》, 文物出版社，2016 年）

5 月　河北省文物所人员对**内丘县邢窑遗址**，进行规模最大的一次发掘，8 月结束工作。发掘面积 1224 平方米，取得丰富的收获。清理的 175 个灰坑中，最大的 H104 长 5 米，出土较多瓷器和窑具，瓷器中有多件"盈""官"字款残片；H32 则出土较多素烧佛龛、佛像、武士俑和模型明器。（《中国考古学年鉴（2004）》第 119 页）

5 月　山东文物考古所王守功等在**章丘县**危山北坡，进行**汉代济南王陵区**的勘探发掘，工作进行至 7 月。基本弄清楚陵区的布局，揭露一些西汉时期的陶窑和中小型墓。3 座烧制车马俑的陶窑，包括火膛、窑室、烟道及操作间，出土陶俑残片（有的存彩绘）及少量模具；7 座中小型墓中 3 座稍大，有的积炭，残存玉印、玛瑙饰品等。曾被列入 2003 年"十大考古新发现"。（《中国考

古学年鉴（2004）》第232—233页）

　　6月　社科院考古所王仁湘和云南省文物考古所戴宗品为领队，成都市、临沧市和耿马、孟连二县人员参加的联合考古队，对**耿马傣族佤族自治县境的石佛洞史前遗址**，在本年4月云南省博物馆文物队邱宣充、阚勇等已作试掘的基础上进行发掘。8月结束工作。发掘面积800平方米，在洞穴内发现房基、灰坑和墓葬，房基有圆形和方形两种；出土造型独特、纹饰多样的陶器，加工精细的磨制石器，并有炭化稻谷。显示了该地区早期先民的活动情景。（《耿马石佛洞》，文物出版社，2010年）

　　6月　西安市文物考古所杨军凯等在**西安市**北郊井上村，发掘一座**北周时期石椁墓**，10月结束工作。石椁南壁的题刻文字表明，墓主为入中原的粟特贵族，系曾"授凉州萨保"的"史国人"，大象元年（579年）卒，二年（580年）与妻康氏合葬。该墓由墓道、天井、过洞、甬道和墓室组成，歇山顶式石椁四壁的浮雕纹饰，内容为兼具祆教和汉文化两种因素丧葬礼俗等画面。这是丝绸之路中西文化交流方面又一可贵的重要发现。曾被列入2003年"六项考古新发现"。（《西安市北周史君石椁墓》，《考古》2004年第7期）

　　7月　陕西考古所张天恩等在**佳县石摞摞山**勘察，截至10月揭露面积900平方米，发现总面积逾10万平方米的**龙山文化遗址**。城址建于临河的山峁上，山顶的内城已被严重破坏，仅发掘出西南角一段城墙，估计面积3000平方米；外城呈不规则圆角方形，系依黄土断崖用石块砌筑，周长约1000米，面积近6万平方米。通过发掘判明，城址的营建年代约当庙底沟二期文化的晚期或略晚。发掘中清理了18座房基、80多个灰坑及陶窑等遗迹。这是目前发现唯一庙底沟二期文化城址，对研究当时的社会性质

有重要价值。(《中国考古学年鉴（2004）》第370—371页;《陕西佳县石
摞摞山龙山时代城址》,见《2003中国重要考古发现》第40—43页)

　　7月　辽宁文物考古所田立坤等在**朝阳市**老城区进行发掘。
11月结束工作,中心发掘区发掘3600平方米,**揭露辽和隋唐时
代叠压的城门遗址**(都发现城门墩台和门道),应为隋唐营州和辽代
兴中府的内城城门,可能是在三燕龙城宫城的基础上续建的。北
塔北部的发掘区,揭露一座大型夯土台基,应为北魏"思燕浮图"
北部的佛殿。北塔东部的发掘区,揭露北魏"思燕浮图"东部围
墙的一部分,及叠压其下的三燕时期夯土基址。曾被列入2004年
"考古大十新发现"。(《中国考古学年鉴（2004）》第157—158页)

　　7月　河南文物考古所刘海旺等在**内黄县三杨庄**北,发掘因
洪水泛滥而淹没的**汉代庭院遗址**。共发现四处,本年下半年发掘
其中第一、二两处。第一处发掘面积400余平方米,发现院落基
础、房基、瓦屋顶、夯土墙、拌泥池、未使用的瓦摞及建筑废弃
物堆积等。第二处发掘1000余平方米,发现两进院落,有南向
大门、厢房、正房、廊道、圆形大水池等,房内有大柱础,出土
多件石臼、石磨和石磙,以及铁制器皿和陶器碎片等。曾被列入
2003年"六项考古新发现"。后于2005—2006年发掘第三、四两
处,又被列入2005年"十大考古新发现"。(《河南内黄县三杨庄汉代
庭院遗址》,《考古》2004年第7期;《河南内黄三杨庄汉代聚落遗址第二处
庭院发掘简报》,《华夏考古》2010年第3期)

　　7月　23—25日,中国社会科学院古代文明研究中心与上海
博物馆在上海共同举办"长江下游地区文明化进程学术研讨会"。
有关单位的学者33人出席会议。收到论文26篇,围绕长江下游
新石器时代文化的年代和谱系、玉器的产地与制作工艺及流通、
聚落形态、社会生产与经济形态、环境考古等问题,特别是长江

下游文明的兴衰和今后研究的思路与方法，展开了热烈的讨论。（《中国考古学年鉴（2003）》第373页；《中国社会科学院古代文明研究中心通讯》第4期第2—5页）

7月 29—31日，河南省文物考古所为庆祝成立50周年，举办"华夏文明的形成与发展"学术研讨会。来自中国内地和香港地区及美、英、日、韩等国的学者130余人出席会议，20多位学者作了大会发言。（《中国考古学年鉴（2003）》第373页）

7—8月 内蒙古文物考古所郭治中等在1995年以来考察的基础上，对**赤峰市**西南猴头沟乡的**缸瓦窑遗址**进行第五次发掘。5个地点共发掘140平方米，揭露的3座瓷窑与前几年所见形制雷同，均为北方辽金时期习见的马蹄形窑，出土器物仍以粗白瓷和黑釉瓷为主，为碗、盘、盆、罐等日用器皿，时代多属金代，辽代遗物少见，未见元代遗存。从而增进了对该窑址的认识。（《中国考古学年鉴（2004）》第144—145页）

8月 社科院考古所刘国祥等对内蒙古**敖汉旗**东部的**兴隆沟遗址**，继2001年试掘和2002年发掘之后，再次进行发掘。确认遗址的第一地点为兴隆洼文化中期大型聚落，探明聚落的规模和布局，清理一批房址、居室葬和灰坑；第二地点为红山文化晚期小型环壕聚落；第三地点为夏家店下层文化小型环壕聚落。从而为西辽河流域文明化进程的研究，填补了研究资料上的某些空白，具有明显的推进意义。曾被列入2003年"六项考古新发现"。（《内蒙古赤峰市兴隆沟聚落遗址2002—2003年的发掘》，《考古》2004年第7期）

10月 25—29日，中国社会科学院古代文明研究中心与山东大学东方考古研究中心、山东省文物考古所共同举办的"中国东方地区古代社会文明化进程国际学术研讨会"在济南召开。国内有关单位及德、美、加、日、韩等国的学者 80 余人出席会议。收到论文 72 篇，内容主要涉及公元前 2000 年前后大范围的文化变迁、海岱地区文明化进程的宏观认识、中国东部地区在文明进程中的地位、大汶口文化礼制在文明形成中的作用，以及山东、河南等地的若干考古新发现。（《中国东方地区古代社会文明化进程国际学术研讨会纪要》，《考古》2004 年第 12 期；《中国社会科学院古代文明研究中心通讯》第 7 期第 1—7 页）

10—12 月 社科院考古所王吉怀等对**蒙城县尉迟寺遗址**进行第二阶段的第四次发掘。发掘面积 1000 平方米，为研究皖北地区大汶口文化聚落形态提供完整的资料。遗址中心有丰富的红烧土堆积，建筑遗迹较复杂，揭露一排四间和一排三间的房基，居住面平整而坚硬。发掘的两座成人墓中，有一座随葬 23 件精美陶器，是历年发掘中随葬品最丰富的大汶口墓葬，墓主应具较高的身份。龙山文化层，首次发现四间一排的红烧土房址；出土器物中造型奇特的七足镂孔器，亦为前所未见。（《安徽蒙城县尉迟寺遗址 2003 年发掘简报》，《考古》2005 年第 10 期）

10—11 月 社科院考古所董新林等与内蒙古文物考古所塔拉等合作，着手考察位于内蒙古**巴林左旗的辽祖陵**，2004 年 10—11 月继续进行。该陵为辽太祖耶律阿保机及皇后的葬地。通过陵园内山岭和沟谷的踏查，及半埋石翁仲的发掘，初步判定祖陵正穴前神道的位置。经四周山峰的踏查，发现近 30 处封堵豁口或建于山脊的石墙，形成密闭的陵园范围。确认陵园入口"黑龙门"、陵园内 4 座陵墓和 5 处大型建筑基址的位置，发现陵园分为内外陵区的迹象及若干陪葬墓。另外，又在黑龙门外东、西两侧，发现多处建筑基址。（《内蒙古巴林左旗辽代祖陵陵园遗址》，《考古》2009 年第 7 期）

10月　北大考古文博学院、江西文物考古所、景德镇陶瓷考古所合作组成考古队，由刘新园主持，对**景德镇市**珠山地区的**明清御窑遗址**，继 2002 年 10 月至 2003 年 1 月的发掘之后，再次进行发掘。工作进行至 12 月，发掘面积 788 平方米，发现多道明代初期以废匣钵片及废窑砖砌成的墙，一组六座楔形红砖砌成的葫芦形窑炉，出土明代早中期有年款的各种器类的瓷器。为研讨明代早中期御窑的范围、烧成技术、产品特征提供了丰富的资料，曾被列入 2003 年 "十大考古新发现"。后又于 2004 年 9 月至 2005 年 1 月继续进行发掘。曾被列入 2004 年 "六项考古新发现"。（刘新园、权奎山、樊昌生：《江西景德镇珠山明清御窑遗址考古发掘获重大成果》，《中国古陶瓷研究》第 10 辑，紫禁城出版社，2004 年；《江西景德镇市明清御窑遗址 2004 年的发掘》，《考古》2005 年第 7 期；《江西景德镇明清御窑遗址发掘简报》，《文物》2007 年第 5 期）

12月　5 日，考古学家俞伟超在广州逝世，终年 70 岁。

俞伟超，祖籍江苏江阴，1933 年 1 月 4 日生于上海。1950—1954 年就读于北京大学，先入博物馆专修科，1952 年转入历史系考古专业，并参加第一届考古工作人员训练班。1954 年分配至中国科学院考古研究所，参加长安丰镐地区和黄河三门峡水库的田野考古，曾主持三门峡漕运遗迹勘察、刘家渠汉唐墓葬发掘等项工作。1957 年返回北京大学考古专业，师从苏秉琦攻读副博士研究生，后留学执教，累任至教授和校学术委员会委员。长时间讲授战国秦汉考古，又致力于考古学理论与方法、田野考古学、西北青铜时代考古等方面。主持和指导的田野考古实习，主要有北京昌平雪山遗址，山东临淄齐故城遗址，湖北盘龙城、楚纪南城遗址、当阳赵家湖墓地、陕西周原遗址，青海大通上孙家寨墓地等项重要发掘。1985 年调中国历史博物馆，历任副馆长、馆长，致力于中国通史陈列改陈，及水下考古、航空考古的开展。社会兼职曾任中国考古学会理事、常务理事、副理事长和名誉理事，国家文物局考古专家组成员。晚年又任"夏商周断代工程"专家组成员、三峡工程库区文物保护规划组组长、三峡文物保护顾问组组长等职。著作主要有：《三门峡漕运遗迹》（科学出版社，1959 年）、《战国秦汉考古》（北大讲义，1981 年）、《先秦两汉考古学论集》（文物出版社，1985 年）、《考古类型学的理论与实践》（主编，文物出版社，1989 年）、《中国青铜器全集·秦汉卷》（文物出版社，1998 年）、《古史的考古学探索》（文物出版社，2002 年）。

12 月 中国社会科学考古研究所集体编著的《中国考古学》多卷本，开始出版《夏商卷》（杨锡璋、高炜主编，中国社会科学出版社，2003 年 12 月）。随后，陆续出版《两周卷》（张长寿、殷玮璋主编，2004 年 12 月）、《新石器时代卷》（任式楠、吴耀利主编，2010 年 7月）、《秦汉卷》（刘庆柱、白云翔主编，2010 年 7 月）、《三国两晋南北朝卷》（杨泓、朱岩石主编，2018 年 10 月）。《旧石器时代卷》《隋唐五代卷》《宋辽金元明卷》尚未出版。

本年 社科院考古所赵春青等与郑州市文物考古所合作，对**新密市新砦遗址**在 2002 年发掘的基础上继续进行发掘。确认其为周绕城壕和外壕的大型城址，平面基本呈方形，面积约 70 万平方米，始建于龙山文化晚期之末，废弃于二里头文化早期。南面以河为天然屏障，东、北两面利用自然冲沟，西墙则挖沟填土夯筑而成。城址中心圈起约 6 万平方米范围的内壕，其中发现东西长 50 多米、南北宽 14 米许的浅穴式大型建筑基址。这座河南境内面积最大的龙山文化晚期和新砦期城址的发现，对于探索夏文化问题具有十分重要的意义。（《河南新密市新砦遗址 2002 年发掘简报》《河南新密市新砦遗址东城墙发掘简报》《河南新密市新砦遗址浅

穴式大型建筑基址的发掘》,均见《考古》2009 年第 2 期）

本年 社科院考古所何驽等会同山西考古所人员,在**襄汾陶寺遗址**中期小城墓地以南"祭祀区",钻探发现一座年代为中期的**大型建筑基址**（ⅡFJT1）。面积约 1400 平方米,揭露其东南部约三分之一强面积。已揭露部分,平面呈大半圆形,朝向东南方,有三道圆弧形夯土墙和三层台基,第三道夯土墙与生土台芯之间又有一道间缝的夯土柱。总体结构甚为复杂,发掘者推断或与**天文观测**有关,有待进一步考察和研究。曾被列入 2003 年"六项考古新发现"。(《山西襄汾县陶寺城址祭祀区大型建筑基址 2003 年发掘简报》,《考古》2004 年第 7 期)

本年 新疆文物考古所伊弟利斯·阿不都热苏勒等在罗布泊地区孔雀河下游荒漠,对早年中瑞西北科学考察团曾作考察的**若羌县小河墓地**在 2002 年底调查试掘的基础上,于本年 12 月至 2004 年 3 月开始进行全面发掘。后又于 2004 年 9 月至 2005 年 3 月,与吉林大学边疆考古中心合作发掘。先后共发掘墓葬 167 座,出土文物数以千计。均为单人葬,死者身穿皮毛衣物,据鉴定在大的类型上属欧罗巴人种;木棺多截取完整的胡杨木制成弧形侧板,再加竖向前后档板,盖为横向小木板,再覆牛皮。棺前竖立区分性别的"男根""女阴"木柱,有的墓还在更前端竖立高大的粗木桩作为明显的标志。另发现早于已发掘墓的两组祭祀遗迹,均为 6 根木柱围成的圆圈。发掘者推断这种具有独特面貌的史前文化,与当地原始宗教和巫术有关,年代约为公元前 1650 年至前 1450 年之间。曾被列入 2004 年"十大考古新发现"。(《2002 年小河墓地考古调查与发掘报告》,见《边疆考古研究》第 3 辑,科学出版社,2004 年;《新疆罗布泊小河墓地 2003 年发掘简报》,《文物》2007 年第 10 期)

本年 陕西考古所张建林等发掘**礼泉县唐昭陵北司马门遗址**。

通过发掘获知其为一组完整的南北向建筑群，由北向南依次列有三出阙一对、列戟廊址一对、北围墙外小型建筑 4 座、庑殿式门址，及北围墙、砖砌排水沟等。西侧还有原放置"六骏"和十四蕃君长石雕的阶梯状长廊等建筑遗迹。这是首次发掘唐代帝陵陵园中的建筑群，具有重要的意义。曾被列入 2003 年"十大考古新发现"。（《陕西礼泉唐太宗昭陵北司马门遗址》，《2003 中国重要考古发现》第 140—146 页）

本年　河北文物所张春长等对**张北县元中都遗址**，在 1998 年以来全面勘察的基础上进行重点发掘。现已基本廓清了元中都外郭城、皇城与宫城的位置、范围及三重环套。外郭城平面呈正方形，周长 11800 米，城内建筑遗迹甚少。皇城和宫城位于外城中部偏北处，平面均为纵长方形，皇城周长 3400 余米，宫城周长 2300 余米。皇城和宫城的四面城墙，除皇城西墙不详外，都有一座城门。皇城、宫城南门及宫城北部的 1 号殿址曾作发掘，出土汉白玉螭首、琉璃瓦件、阿拉伯幻方等。（《2003 年度元中都皇城南门的发掘》，《文物》2007 年第 1 期；《元中都 1998—2003 年发掘报告》2 册，文物出版社，2012 年）

2004 年

2 月　山西考古所谢尧亭等在**新绛县孝陵村**，开始发掘**庙底沟二期文化大型窑址群**。截至 4 月，在 700 多平方米范围内，揭露 6 组 43 座陶窑，以及房址、工作坑等遗迹。所揭露的均属斜穴窑，一种火膛横向，位于窑室底部，主火道以双火道为主，也有少数单火道者；另一种火膛竖向，位于较大窑室的前下方。这批陶窑除第二组两座所出遗物相当于陶寺时期外，其余各组均属庙底沟二期文化。如此数量较多、分布密集的史前窑址，尚属前

所未见，重要意义自不待言。（《中国考古学年鉴（2005）》第137—139页）

2—4月 上海博物馆周丽娟等再次发掘**青浦崧泽遗址**，11—12月继续发掘，发掘面积共407平方米。揭露马家浜文化的房址3座、灰坑25个、墓葬17座、"燎祭"遗迹1处，进一步加深对马家浜文化的认识。（《中国考古学年鉴（2005）》第164—165页）

2—5月 洛阳第二文物队朱亮、严辉等为开展"洛阳邙山陵墓群考古调查与勘测"项目，对位于孟津县朝阳乡官庄村的**北魏孝文帝长陵**进行大面积调查与钻探。调查面积30余万平方米，确认了长陵陵园范围，平面近方形，东西443米，南北390米，四面都有夯土垣墙，垣墙外有壕沟，但垣墙的保存情况较差，西垣和南垣中部尚存门址遗迹；布局基本清楚，孝文帝大冢在陵园中轴线偏北处，封土最大直径103米，文昭皇后小冢在大冢西北，封土直径42米，大冢和小冢的东南都发现规模不大的建筑基址，应与祭祀有关。（《北魏孝文帝长陵的调查和钻探》，《文物》2005年第7期）

2月 浙江文物考古所与宁波市文物考古所合作，由孙国平、黄渭金等参与，**发掘余姚市田螺山河姆渡文化遗址**，工作进行至7月。根据地层关系将遗存分为三个阶段：早期有保存良好的河姆渡文化一期偏晚或二期偏早的木构建筑遗迹，曾发现可能是临近河湖的小"码头"或河埠头、独木桥类设施，并出土完好的木桨；中期属河姆渡文化二期，发现密集的小土坑和分布不规则的带不同层次垫板的柱坑；晚期文化层暴露很少，距水稻田仅0.3米，遗址主要是分布不规律的石块、红烧土块和零星灰坑等，反映距今6000年前后海平面快速上升的突变情形。发掘出土的完整文物近千件，出土密度可能超过河姆渡遗址，有的器物是以前不曾出土或较少发现的。该遗址的发掘有助于进一步认识河姆渡文化的发展过程。(《中国考古学年鉴（2005）》第 178—180 页）

2 月 广州文物考古所丁巍等，在**广州市**内发掘**猫儿岗南越国"人"字顶大墓**，2005 年 3 月结束工作。这是继绍兴越王陵、武夷山越国王室墓之后，第三次发掘这种形制大墓，这也是目前发现最大的南越国木椁墓。墓室由墓道、甬道和"人"字顶主室组成，主室长近 7 米、宽 3.74 米。因早年遭到盗掘，墓内除有黑漆棺的盖板和底板外，仅存陶、漆、木、皮等质器物残迹，其中髹漆皮甲 700 余片应可复原。(《中国考古学年鉴（2006）》第 323—324 页）

3 月 18 日，考古学家石璋如在台北逝世，终年 103 岁。

石璋如，河南偃师人，生于 1902 年 1 月 28 日。1931 年就读河南大学历史系期间，开始参加中央研究院历史语言研究所进行的殷墟发掘。1932 年河南大学毕业后，正式进入历史语言研究所为研究生，继而累任至研究员。1949 年随史语所去台湾。1952—1959 年兼任台湾大学考古人类学系教授，1978 年当选"中央研究院"第十二届院士，1979—1983 年任史语所考古学组主任。学术上的主要贡献是：1931—1937 年间，参与史语所的历次殷墟发掘，终生致力于殷墟发掘资料的整理与研究；抗日战争期间，在西南和西北地区进行考古调查与发掘；去台湾后，进行十多处遗址的调查或发掘，为台湾考古的重新发展奠定了基础。著有"小屯发掘报告"之《殷虚建筑遗存》(1959 年)、《北组墓葬》(1970 年)、《中组墓葬》(1972 年)、《南组墓葬附北组墓葬补遗》(1974 年)、《乙区基址上下的墓葬》(1976 年)、《丙区墓葬》(1980 年)、《甲骨坑层》(1985 年，1992 年)，"侯家庄发掘报告"之《小墓分述》(2001 年)，及《敦煌窟形》(1996 年)、《大马璘》(合著，1987

年）等。（据《20 世纪中国知名科学家学术成就概览·考古学卷》"石璋如"条）

3 月　陕西考古所与宝鸡市、凤翔县文博单位合作，田亚岐等参与，在**凤翔县**城西南的长青镇汧河东岸发现并发掘**西汉时期大型码头仓储遗址**，工作进行至 8 月。该建筑基址的平面呈长方形，现存面积 7200 平方米，有隔墙将其分成三个单元。其中北单元已遭破坏，中单元和南单元保存尚好。完成发掘的中单元南北长 72 米、东西宽 33 米，周边夯土墙基被通风道分割为 18 块，中部低下半米许的夯土地面，纵横有序地排列 602 个小型柱础石，以立柱支撑地板，其间又有两行共 18 个支撑屋顶的较大柱础石。发掘出土的遗物中，有较多王莽时期的货泉、大泉五十、大布黄千等钱币，还有少数五铢，表明遗址的年代应延至西汉晚期。发掘者根据发掘中曾见及炭化谷物，早年该地曾出土"百万石仓"瓦当，该地又邻近著名的秦汉时期蕲年宫遗址，推测它是"当时专为'蕲年宫'而建"的一处仓储建筑。曾被列入 2004 年"六项考古新发现"。（《陕西凤翔县长青西汉汧河码头仓储建筑遗址》，《考古》2005 年第 7 期）

4 月　社科院考古所、河南文物考古所与三门峡和灵宝的文物单位组成的联合考古队，由陈星灿主持，在**灵宝市西坡遗址**的中心部位，继 2001 年发掘仰韶文化中期面积 204 平方米的 F105 房址之后，在相距 50 米处又发掘面积更大的 F106 房址。参与其事的有李新伟、马萧林、杨海清等，7 月结束工作。房址为半地穴式，东、西两壁宽 14 米许，南壁长近 16 米，墙壁夯土筑成，保存高度 40—80 厘米，内侧为表面涂朱的草拌泥；室内面积 240 平方米，多层草拌泥构成居住面，表面同样涂朱；居住面上有分布匀称的 4 个柱洞（其一存有础石），周围墙体之内又有共计 41 个壁柱。两座房址的相继发现，进一步凸显西坡遗址在该地区仰韶文化聚落群中的重要地位。（《河南灵宝西坡遗址 105 号仰韶文化房址》，《文物》2003 年第 8 期；《河南灵宝市西坡遗址发现一座仰韶文化中期特大房址》，《考古》2005 年第 3 期）

4 月　辽宁文物考古所田立坤在**朝阳**老城区，发现并发掘十六国时期三燕至北魏的**龙城宫城南门遗址**，从而确定三燕龙城的所在位置，发掘进行至 11 月。前燕和后燕时期门址均为三个门道，北魏时期沿用原中间门道，而将东、西两门道的南部堵死留作他用。唐代和辽代则在原有基础上废弃重建。曾被列入 2004 年"十大考古新发现"。（《中国考古学年鉴（2005）》第 160—162 页）

4 月　23—24 日，中国社会科学院古代文明研究中心与四川省和成都市文物考古所共同举办的"长江上游地区文明化进程学术研讨会"在成都召开，国内有关单位的学者约 40 人出席。收到论文或论文提要 25 篇，内容涉及成都平原的史前城址、川西北地区的新石器文化、三星堆的文化因素分析、金沙铜器与三峡铜器的研究、峡江地区新石器文化的谱系、巴文化的源流、早期蜀文明与夏商文明的关系等问题。（《中国考古学年鉴（2005）》第 393—394 页；《中国社会科学院古代文明研究中心通讯》第 8 期第 3—7 页）

4 月　陕西考古研究所刘瑞俊等在**旬邑县**赤道乡，发掘**下魏洛龙山文化遗址**。截至 8 月，发掘面积 1500 平方米，揭露房址 16 座、窑址 15 座、灰坑 90 多个。大部分房址保存良好，应为窑洞式建筑，由主室、外间和院落组成；室内多为长方形，生土墙壁抹草拌泥，有的再敷白灰面形成墙裙；主室地面系垫土夯实后烘烤，个别加草拌泥和白灰面。窑址包括火膛在窑室下和在窑室前两种。有的灰坑发现炭化粟粒。出土陶器属龙山文化早期和晚期，许多器物具有齐家文化特征。（《陕西旬邑下魏洛遗址发掘简报》，

《文物》2006 年第 9 期）

　　4 月　长沙市文物考古所何旭红等在**长沙市东牌楼**北侧，发掘一批**西汉以来古井**，工作进行至 6 月。J7 号水井出土 426 枚东汉纪年简牍（有字简 218 枚），内容包括公私信函、法律文书、簿籍、符箓、木刺、封检等，其中纪年简所见年号有建宁、熹平、光和、中平，均属东汉末灵帝时期。（《长沙东牌楼 7 号古井（J7）发掘简报》，《文物》2005 年第 12 期）

　　6 月　湖北文物考古所武仙竹等在**郧西县香口镇**，发掘**黄龙洞古人类遗址**，工作进行至 12 月。发现 5 枚晚期智人牙齿化石，文化遗物有砍砸器、刮削器等石制品及骨制品。其铀系法测年数据为距今 9.4 万年左右，是目前所知东亚地区年代最早的晚期智人遗址。（《中国考古学年鉴（2005）》第 265—266 页）

　　7 月　西藏文化局、博物馆与四川大学考古系合作，由夏格旺堆等参与，在**噶尔县**门士乡进行考古调查，发现果廓垄、曲松果、泽本等**石器地点**，各处都采集数百件石制品，包括细石器技术产品和非细石器技术产品。泽本还发现几处石块垒砌的建筑遗迹。（《中国考古学年鉴（2005）》第 343—345 页）

　　7 月　浙江文物考古所王宁远等自 2002 年以来，在**海盐县**百步镇发掘**仙坛庙新石器时代遗址**，本月结束工作。遗址中心为人工堆筑的土墩，发掘面积 2400 平方米，发现崧泽文化早、晚两期土台建筑遗迹，崧泽文化和良渚文化不同阶段的墓葬 166 座，以及祭祀遗迹。发掘者认为，这是环太湖地区始建年代最早的人工堆筑的土墩遗址。（《中国考古学年鉴（2005）》第 184—185 页）

　　8 月　杭州市文物保护管理所杜正贤等于 2003 年 12 月至本月，在**杭州**严官巷发掘**南宋御街遗址**。发掘面积 1200 余平方米，揭露南宋时期的御街路面、桥墩基础、道路、殿址、围墙、河道、石砌水闸，及元代石板路等遗迹。这是中国封建时代城市由封闭式里坊转变为开放式街巷的例证。曾被列入 2004 年"十大考古新发现"。(《中国考古学年鉴（2006）》第 88—89 页）

8 月　黑龙江文物考古所**郭立新**等在**宁安县渤海上京龙泉府遗址**，发掘第 50 号宫殿基址。截至 10 月，揭露面积 7300 平方米。殿址坐北朝南，面阔 26.5 米，进深 17.5 米，柱础东西 8 列，南北 5 排（中排正中减柱 4 个）。主殿两侧各有一廊道与亭台相连，东侧为直廊，西侧为曲廊。出土大量板瓦、筒瓦和琉璃脊瓦。(《中国考古学年鉴（2005）》第 163—164 页）

8 月　四川文物考古所**陈德安**与德阳市文物考古研究所人员合作，对**绵竹市**棋盘街的**"天益老号"酒坊遗址**，在 2003 年 4—6 月小规模勘探、发掘的基础上，进行第二期考古发掘。截至 11 月，两次发掘面积共计 800 平方米，清理出包括水井、酒窖、炉灶、晾堂、蒸馏设施等与白酒酿造工艺密切相关的遗迹，出土陶器、瓷器、石器、银器、钱币等遗物 200 余件。酒坊遗址的发掘，展现了剑南春酒文化的独特生产工艺和历史风貌，为了解川西地区白酒酿造工艺及其演变发展提供了珍贵的实物资料，曾被列入 2004 年"十大考古新发现"。(《四川省绵竹剑南春酒坊遗址群发掘简报》，《四川文物》2004 年第 11 期；《四川绵竹剑南春"天益老号"酒坊遗址发掘取得重要收获》，《中国文物报》2015 年 1 月 12 日）

9 月　17—20 日，中国社会科学院古代文明研究中心与郑州大学共同举办的"中原地区文明化进程学术研讨会"在郑州召开，国内有关单位学者 72 人出席会议。收到论文或论文提要 35 篇，内容涉及文明的概念、文明起源的模式、文明形成的过程、中原地区在文明化进程中的作用，以及文化谱系、聚落形态、生态环境等问题。(《中国考古学年鉴（2005）》第 396—397 页；《中国社会科学

院古代文明研究中心通讯》第 9 期第 3—9 页）

　　10 月　科学院古脊椎所冯兴无等在**丹江口水库区**，即湖北郧西、丹江口、十堰与河南淅川，进行古人类和旧石器地点的调查，新发现 35 处**旧石器地点**。连同 1994 年调查发现的 51 处旧石器地点，共计 86 处。其中，属于旧石器时代早期的 31 处、中期的 50 处、晚期的 5 处。（《中国考古学年鉴（2005）》第 267—268 页）

　　10 月　浙江文物考古所蒋乐平等在**浦江县黄宅镇**，对**上山新石器时代遗址**（2001 年曾作发掘，经 ^{14}C 测定校正的年代数据为距今 11000—9000 年）作检验性再发掘，工作进行至 2005 年 1 月。出土的遗物，以圆石球、不规则扁方体石磨棒、较大的石磨盘，及红衣掺炭陶器为基本特征。最大收获是采用浮选法收集到栽培稻遗存，又发现木构建筑遗迹。（《中国考古学年鉴（2005）》第 177—178 页）

　　10 月　浙江文物考古所徐新民自 2003 年以来，发掘**平湖市庄桥坟良渚文化遗址**，本月结束工作。发掘面积 2000 平方米，揭露良渚文化土台 3 座、灰坑等遗迹近百处，清理良渚文化中晚期墓葬 236 座。出土于灰坑的一把带木质犁底的组合式分体石犁，显示了良渚文化犁耕农业的发达程度。而其墓地，是目前所知良渚文化遗址中规模最大的一处，重要意义自不待言。曾被列入 2004 年"六项考古新发现"。（《浙江平湖市庄桥坟良渚文化遗址及墓地》,《考古》2005 年第 7 期）

　　10 月　社科院考古所董新林等，对内蒙古**巴林左旗辽祖陵陵园**进行踏查和钻探，工作进行至 11 月。在祖陵东南方宽阔的平缓地带，钻探发现布局呈"凹"字形的大型陵寝建筑基址，地面散见覆盆状柱础、方砖地面及建筑构件等。同时，测绘了陵园内重要遗迹现象的大比例尺分布图。（《中国考古学年鉴（2005）》第 154—

155 页）

10 月　辽宁文物考古所李龙彬等，对 1974 年曾作发掘的**法
库县叶茂台辽代墓地**，再次进行抢救性发掘，11 月结束工作。所
掘是一座砖石混筑的多室壁画墓，墓道壁画已漫漶不清，尚存甬
道两侧分别手托大鸟、松鼠的人物，及墓门顶部的飞鸟、门吏等
图像。主室平面呈八角形，穹窿顶，左右两耳室则为长方形。随
葬的铜、铁、瓷、玉等质器物，因遭严重盗掘而损毁，但个别瓷
器的样式为首次发现。又出土有契丹文小字墓志的残块和碎片。
这次发掘补充了该墓地的资料，有其重要意义。（《中国考古学年鉴
（2005）》第 159—160 页）

10 月　社科院考古所刘振东等在西安市**汉长安城遗址**，发掘
长乐宫内的**"凌室"基址**，及 4 座附属性建筑基址。截至 12 月，
发掘面积 1369 平方米，主体建筑 F1 平面呈长方形，东西 27 米，
南北 6.7 米，四面都有宽厚的夯土墙，最厚的南墙达 5.5 米。室
内地面铺砖，南北两侧向中部倾斜，并有 19 条小沟通向正中的东
西向排水沟，排水沟东端又与东墙下的管道连接。（《汉长安城长乐
宫发现凌室遗址》，《考古》2005 年第 9 期）

10 月　甘肃文物考古所与国家博物馆、北京大学考古文博
学院等单位合作，由侯红伟、刘文科、陈国科等参加，在**礼县鸾
亭山顶发掘汉代大型祭祀遗址**，工作进行至 12 月。遗址面积约
2000 平方米，包括上部的圆坛和下部的平台两部分。圆坛有夯
土围墙，缺口在西南部，围墙内侧发现柱洞，可能原本有回廊一
类建筑。平台上有两个埋葬许多兽骨的祭祀坑。出土遗物有大量
"长乐未央"瓦当及筒瓦、板瓦，11 组用于祭祀的玉器，每组均
为圭、璧、玉人三种。山腰还有东西对称的两个夯土台，与山顶
组合成完整的祭祀建筑群。（《中国考古学年鉴（2005）》第 369 页）

10 月 贵州文物考古所与四川大学考古系合作,由张合荣等在**威宁县**中水镇发掘**鸡公山、营盘山等史前遗址**,工作进行至 2005 年 1 月。鸡公山发掘 3000 平方米,揭露房址 7 座、灰坑 315 个、墓葬 19 座,出土完整和可复原陶器、石器千余件,玉器和铜器很少。据 ^{14}C 测定约为距今 3500—2700 年,相当于中原地区的商周时期。发掘者根据出土陶器的地域特征明显,组合关系固定,建议命名为"鸡公山文化"。营盘山发掘 150 平方米,仅有陶器碎片,下层陶器的特征与鸡公山基本相同,上层则有所变化。曾被列入 2005 年"十大考古新发现"。(《中国考古学年鉴(2006)》第 373—376 页)

11 月 洛阳市文物队徐昭峰等在**洛阳**市区洛河与涧河交汇处的**瞿家屯村**东南,即 1959—1960 年科学院考古所经钻探与试掘发现**大面积夯土基址的地区**,配合基建工程进行发掘。截至 2005 年 12 月,总发掘面积约 7000 平方米。发现 4 道夯土墙、5 座不尽完整的夯土台基,以及明渠、暗渠、池苑、排水管道等遗迹。发掘者根据出土遗物推断,这一带建筑遗存的年代不早于战国早期,延续使用至西汉初期,从而进一步认定其为东周王城的大型宫室建筑。(《洛阳瞿家屯东周大型夯土建筑基址发掘简报》,《文物》2007 年第 9 期;参看《洛阳发掘报告:1955—1960 年洛阳涧滨考古发掘资料》第 138—140 页,北京燕山出版社,1989 年)

本年 湖南文物考古所向桃初,会同长沙市和宁乡县文物单位人员,从上年 11 月起对 2001 年发现的**宁乡县炭河里西周遗址**发掘至本年 4 月,继而又于本年 11 月至翌年 4 月再次发掘,合计发掘面积 3100 平方米。揭露两座大型土台基址(分别有柱坑 25 个和 36 个),都不完整,应属宫殿性质。发现残长 200 余米的城墙及三条壕沟。又在城外发掘西周墓葬 7 座,出土具商末周初风格的鼎、卣、爵等铜器残片及玉器。这是首次在长江以南发现的西周城址，地处湘江流域铜器群分布的中心地带，具有重要的意义。曾被列入 2004 年"十大考古新发现"。（《湖南宁乡炭河里西周城址与墓葬发掘简报》,《文物》2006 年第 6 期）

本年　河北文物所段宏振等在**易县北福地新石器时代遗址**,完成了 2003 年以来的发掘。总发掘面积 1200 余平方米，包含两个时期的新石器遗存。早晚期遗存均有半地穴房址和灰坑。出土的早期遗存中，石器有耜、磨盘、磨棒、斧、锛及相当数量的细石器，陶器有灰褐色夹砂和云母陶胎的盂和支脚等，刻划或压印几何形纹饰，并发现大量人面雕刻。这是目前河北平原仅晚于徐水南庄头遗址的早期新石器遗存。曾被列入 2004 年"六项考古新发现"和"十大考古新发现"。（《河北易县北福地史前遗址的发掘》,《考古》2005 年第 7 期）

本年　山西省考古所薛新明等在 2003 年秋季发掘的基础上，继续发掘**芮城县清凉寺庙底沟二期文化墓地**。截至本年底，共清理墓葬 262 座，可分为前后三个阶段，第一阶段为遍布发掘区的小型墓，第三阶段也是小型墓，仅零星发现几座；第二阶段则为 20 多座排列有序的大型墓，面积约 3—5 平方米，多数有小孩殉葬，最多 4 具。由于早年的盗扰，仅三分之一墓的随葬品尚存，M79 现存数量最多，有璧、钺、三孔刀等玉石器 15 件，及陶盆、陶罐、鳄鱼骨板等。这是前所未见的庙底沟二期文化遗存，曾被列入 2004 年"十大考古新发现"。（《山西芮城清凉寺新石器时代墓地》,《文物》2006 年第 3 期）

本年　社科院考古所许宏等在**偃师县二里头遗址**,继 2003 年的发现之后，于本年 2 至 5 月和 10、11 月，对宫城及外围道路进行勘察与发掘。发掘面积 2700 平方米，基本搞清楚宫城城墙的范围、结构和年代。二里头宫城方正规矩，面积逾 10 万平方米，大体兴建于二里头三期，建筑基址排列有序，主干道路纵横交错，是我国最早一处经缜密规划、严整布局的大型都邑遗址。曾被列入 2004 年"六项考古新发现"和"十大考古新发现"。(《河南偃师市二里头遗址中心区的考古新发现》，《考古》2005 年第 7 期）

本年 南京博物院考古所张敏等与无锡锡山区文管会合作，在**无锡市**东郊鸿山镇，继续发掘**丘承墩**等战国时期的**越国贵族墓**。该发掘开始于 2003 年 3 月，主要在 2004 年进行，至 2005 年 6 月结束。先后发掘 7 座，可分为特大型、大型、中型、小型四个等级。其中特大型一座（D Ⅶ），地面原有长 68.2 米、宽 40.6 米的封土，墓坑残长 56.7 米，由墓道、墓室和后室组成。出土随葬器物的突出特色，是 581 件成套礼乐器全部是仿铜的青瓷器，另有 400 多件陶器及玉器，但未发现文字材料。这是越国考古资料的重大发现，曾被列入 2004 年"十大考古新发现"。(《无锡鸿山越国贵族墓发掘简报》，《文物》2006 年第 1 期；《鸿山越墓发掘报告》，文物出版社，2007 年）

本年 社科院考古所李毓芳等与西安文物考古所人员合作，继续对西安市西郊的**秦阿房宫前殿遗址**进行勘探发掘。该工作从 2002 年 10 月开始，经 2003 年至 2004 年 12 月结束。钻探面积 35 万平方米，试掘和发掘面积 3000 平方米，基本搞清楚阿房宫前殿遗址的范围及其包含遗迹的分布情况。其夯土台基东西长 1270 米，南北宽 426 米，高出秦代地面最多 12 米。台基之上没有发现秦代的建筑堆积，从而证实《史记》的记载，秦始皇时期并未将阿房宫最终建成。(《阿房宫前殿遗址的考古勘探与发掘》，《考古学报》2005 年第 2 期）

2005 年

1 月　福建博物院与闽越王城博物馆合作，由杨琮、林繁德等在**浦城县管九村**，发掘 5 个地点的 33 座**土墩墓**。截至 12 月，共计清理 47 座墓葬，其中一墩二墓者 1 座、一墩多墓者 1 座，其余均为一墩一墓。发掘者将这批墓葬分为三期，并根据 ^{14}C 测年数据推测，一期约当夏商时期，二期约当西周时期，三期约当春秋时期。这是福建地区首次发现并发掘的土墩墓，填补了商周考古和土墩墓考古的空白，曾被列入 2006 年"六项考古新发现"和"十大考古新发现"。（《福建浦城县管九村土墩墓群》，《考古》2007 年第 7 期）

3 月　浙江文物考古所丁品等在**湖州市**（原吴兴县），对 1950 年代作过两次发掘的**钱山漾良渚文化遗址**进行第三次发掘，工作进行至 6 月。判明这是一处经先民长时间反复营建形成的台型遗址。下层发现的 5 座良渚文化房址中，有一座（F3）面积 290 平方米分隔为 8 室的大型地面建筑。上层马桥文化遗存也发现房址。2008 年又进行第四次发掘。（《钱山漾——第三、四次发掘报告》2 册，文物出版社，2014 年）

3 月　湖南文物考古所贺刚等在**洪江市**（原黔阳县）安江镇，继 1991 和 2004 年两次发掘之后，对**高庙新石器时代遗址**进行第三次发掘。截至 9 月，累计发掘面积 1700 平方米。揭示的该遗址下部堆积，文化内涵丰富，特征有别于周边同时期的考古学文化，于是提出新的"高庙文化"命名；而上层堆积则可以与大溪文化、屈家岭文化相衔接，从而将湘西新石器文化的发展序列初步勾划出来。更重要的收获是，揭露前所未见的大型祭祀场所，面积约 1000 平方米，包括主祭祀地、大量祭祀坑、相关房址与窖穴，出土大量具神灵崇拜纹饰的祭祀用精美陶器，对中国史前考古研究具有极为重要的意义。曾被列入 2005 年"六项考古新发现"和"十大考古新发现"。（《湖南洪江市高庙新石器时代遗址》，《考古》2006年第 7 期；《洪江高庙》，科学出版社，2022 年）

3 月 浙江文物考古所与嵊州市文管处合作，由王海明等发掘**嵊州市小黄山新石器时代遗址**。本年发掘延续至 12 月，2006年全年至 2007 年 1 月继续发掘。遗址面积 10 万平方米以上，累计发掘 3200 平方米。发现房基、灰坑、墓葬等大量遗迹，出土陶器、石器 2000 多件。发掘者根据地层关系和器物形态，将遗存分为连续发展的三期，早期内涵丰富，特征鲜明，发现多座挖坑立柱的房址，中期为跨湖桥文化，晚期与河姆渡文化相似；据 ^{14}C 测年数据，早期距今 9000 年左右，晚期距今 7500 年左右，是目前发现长江下游年代最早、规模最大的聚落遗址。曾被列入 2005 年"十大考古新发现"。（《中国考古学年鉴（2006）》第 201—202 页；《中国考古学年鉴（2007）》第 213—215 页）

4 月 南京博物院考古所林留根等与镇江、常州博物馆人员合作，对**句容、金坛**的 40 座**周代土墩墓**进行发掘，工作进行至 9月。其中，除因遭破坏而情况不详者外，一墩一墓者 3 座，一墩多墓呈向心布局者 28 座，共计在 40 座墩中清理墓葬 233 座；墩内又有数量不等的祭祀器物群（坑），共计清理 229 个。另外还在9 座土墩发现形式不同的丧葬建筑遗存，共清理 14 座。出土各类遗物 3800 余件。通过本次发掘，对土墩墓的结构和营造过程，取得了新的认识。曾被列入 2005 年"六项考古新发现"和"十大考古新发现"。（《江苏句容及金坛市周代土墩墓》，《考古》2006 年第 7 期）

4 月 陕西考古所孙秉君等在**韩城梁带村**，发掘**西周晚期至春秋的芮国墓地**，工作进行至 12 月。揭露 4 座未经盗扰的斜坡墓道大墓，以及一座车马坑。发现保存完整的棺饰和仪仗，出土大量成套的青铜礼乐器和玉佩，其中有"芮公"所作器、多件"芮太子"所作器，是研究两周时期礼制的丰富资料。后于 2007 年再次发掘，又有重要收获。曾被列入 2005 年"十大考古新发现"。（《陕西韩城梁带村遗址 M27 发掘简报》，《考古与文物》2007 年第 6 期；《陕西韩城梁带村遗址 M26 发掘简报》，《文物》2008 年第 1 期；《梁带村芮国墓地——2007 年度发掘报告》，文物出版社，2010 年；《金玉华年——陕西韩城出土周代芮国文物珍品》，上海书画出版社，2012 年）

4 月　辽宁文物考古所田立坤在**朝阳市**城区，继续进行**三燕时期龙城遗址**的勘察发掘，工作进行至 12 月。在三年工作的基础上，本年揭露龙城的北门（亦即宫城北门）和东门、外城和宫城东北角，及宫城东南角，城内的大型高台建筑、道路、排水系统及冶炼遗址。（《中国考古学年鉴（2006）》第 164—166 页）

5 月　科学院古脊椎所与山东文物考古所合作，王守功等参与，在**沂源县**张家坡镇附近，对 60 年代曾作考察的**扁扁洞遗址**进行发掘。发现后李文化时期的石磨盘、石磨棒和陶器等遗物。^{14}C 测定的年代数据较早，有益于原始农业起源的研讨。（《中国考古学年鉴（2006）》第 239—240 页）

5 月　云南文物考古所何金龙等自 2004 年 11 月至 2005 年 5 月，对**大理市**七里桥乡的**南诏国都太和城遗址**进行发掘。揭露面积 1100 平方米。取得的主要收获，一是了解到城墙山上和山下色彩的差别，是由于所用材料不同；二是弄清楚太和城作为都城仅40 年即迁都，可能有避让洪水和泥石流的因素。（《中国考古学年鉴（2006）》第 385—386 页）

5 月　社科院考古所巫新华等继 2002—2004 年 7—8 月的发掘之后，继续在新疆**于田县**发掘**流水村**（现名**喀什塔什**）**青铜时**

代墓地，至 7 月结束。四年共发掘墓葬 52 座，清理面积 4000 平方米。墓葬的形制，"封土"多数为中间填以沙土的石围，少数直接用卵石堆起，墓室为土坑竖穴。绝大多数系多人二次合葬，单人葬和双人葬较少。墓坑内常随葬家畜头骨和四蹄，以山羊为主，个别规格高者用马。随葬器物中，罐、钵等陶器，刀、镞、马具和饰物等铜制品，都与新疆已有的考古发现不同，有其显著的特征。发掘者推断该墓地的年代应在公元前一千纪前后，已经得到 ^{14}C 测年数据的支持；认为墓葬形制和葬俗与巴基斯坦北部犍陀罗地区的一种古代文化接近，某些陶器的形制与乌孜别克斯坦发现的楚斯特文化有相近之处，尚需对其文化属性作进一步探讨，而出土人骨也有待于体质人类学研究。无论如何，这是目前所知昆仑山北麓年代最早的古代文化，是新疆地区的重要考古发现。曾被列入 2005 年"六项考古新发现"。(《新疆于田县流水青铜时代墓地》，《考古》2006 年第 7 期)

　　6 月　河南文物考古所李占扬等，对**许昌市灵井旧石器时代遗址**进行发掘，至 11 月发掘 90 平方米，出土一批以石英岩为原料的大型石器、以脉石英为原料的小型石器。后又于 2006 年 3—12 月再次发掘，发掘面积 218 平方米，出土石制品 5690 件、骨器 100 多件、可鉴定动物化石数百件。发掘者判断遗址地层的动物群年代为晚更新世早期，距今约 10 万年左右，属旧石器时代中、晚期。2007 年的发掘，又发现一具较完整的人类头骨化石。曾被列入 2007 年"十大考古新发现"。(《许昌灵井遗址 2005 年出土石制品的初步研究》，《人类学学报》2007 年第 2 期；《许昌灵井旧石器遗址埋藏学观察》，《华夏考古》2007 年第 4 期；《许昌灵井旧石器时代遗址 2006 年发掘报告》，《考古学报》2010 年第 1 期)

　　6 月　吉林文物考古所与延边朝鲜族自治州及和龙市文博单

位组成联合考古队，由李强领队，朴润武等参加，继 2004 年 7—
11 月之后，在**和龙市**龙海村发掘**渤海王室墓葬**，进行至 11 月。
两个年度共发掘墓葬 14 座，其中大型石室墓 5 座、中型石室墓 4
座、大型砖室墓 2 座、大型砖室塔墓 1 座（与 1980—1981 年发掘的
渤海贞孝公主墓形制相同）。有两座大型石室墓分别出土渤海第三代
文王孝懿皇后和第九代简王顺穆皇后的墓志，有的墓又出土三彩
陶俑等物。另有 M13、M14 为异穴合葬同一封土的大墓，封土作
成平面呈长方形有柱网的夯土台基，分别出土金冠饰、金托玉带、
金钏、金钗、鎏金嵌银铜镜等贵重品。这次发掘，进一步表明龙
海墓区是渤海王室的墓地。（《吉林和龙市龙海渤海王室墓葬发掘简报》，
《考古》2009 年第 6 期）

　　6 月　河南文物考古所魏兴涛等自 2004 年 7 月至本月，发掘
平顶山市蒲城店遗址。发掘面积 6200 平方米，发现龙山文化晚期
和二里头文化早期城址各一座。龙山文化城址在东北部，大致呈
长方形，占地 4.1 万平方米，现存东、西、南三面城墙，由主体
墙和两面护坡组成，并有城壕，城内发现房址、陶窑、窖穴及圆
形建筑基址等。二里头文化城址在西南部，亦呈长方形，占地 5.2
万平方米，城墙保存完好，城内发现大面积夯土遗迹。该遗址西
部还发现分布集中、排列有序的二里头文化房址，有单间至六间
多种形式。（《中国考古学年鉴（2006）》第 269—270 页）

　　6 月　内蒙古文物考古所郭治中等在**赤峰市**松山区初头朗镇，
发掘**三座店夏家店下层文化石城址**。工作进行至 2006 年 11 月，
发掘面积 9000 多平方米，揭露面积为 1 万平方米大城的大部分，
及近旁共存面积 1600 平方米小城的全部，清理各类房址 65 座，
窖穴和灰坑 49 个，以及城墙、马面等遗迹，出土较多特征明确的
重要遗物。由此基本上弄清楚这种石城址的结构、布局、时代和

文化性质。曾被列入 2006 年"六项考古新发现"和"十大考古新发现"。(《内蒙古赤峰市三座店夏家店下层文化石城遗址》,《考古》2007年第 7 期)

7 月　河南文物考古所与鹤壁市文物队等单位合作,**在鹤壁市大赉店镇**(原属浚县),**发掘刘庄新石器时代遗址**,赵新平等参加工作。工作进行至 12 月,发掘面积共计 7700 平方米。下层遗存为仰韶文化大司空类型聚落,发现房址、窖穴、灰沟等,布局初见端倪。上层遗存为先商时期的"下七垣文化"墓地,在东、西两大区清理墓葬 338 座,对夏商之际考古与历史的研究有重要意义。曾被列入 2005 年"十大考古新发现"。(《河南鹤壁市刘庄遗址下七垣文化墓地发掘简报》,《华夏考古》2007年第 3 期)

7 月　山西考古所宋建忠等自 2004 年 12 月至本月在**绛县横水镇**发掘两座**西周中期大墓**,出土大量成套的青铜礼乐器和玉器。许多青铜器的铭文中有"倗伯"二字,因而推定该墓为不见于史籍的倗伯及夫人的异穴合葬墓。倗伯夫人墓发现大面积棺饰(荒帷)痕迹,其保存良好情况前所未见,是研究西周礼制难得的实物资料。曾被列入 2005 年"六项考古新发现"和"十大考古新发现"。(《山西绛县横水西周墓发掘简报》,《文物》2006年第 8 期)

7 月　山西大同考古所刘俊喜等在**大同市东郊**,发掘**沙岭村北魏墓地**,清理其中 12 座墓。M7 砖室墓壁画保存完整,并出土纪年文字漆画。墓主系其子官至侍中、主客尚书、领太子少保、平西大将军的破多罗太夫人,卒于北魏太武帝太延元年(435 年)。墓室四壁和甬道壁画总面积 24 平方米,场面宏大壮观,有夫妇并坐、车马出行等丰富多彩内容,是研究北魏早期上层统治人物生活起居、丧葬礼仪和文化艺术的形象化资料。而漆画中的墨书铭记,现存 70 余字,则是北魏建都平城时期年代最早的文字记录。

这在大同已发掘的北魏墓葬中尚属仅见。曾被列入 2005 年"十大
考古新发现"。(《山西大同沙岭北魏壁画墓发掘简报》,《文物》2006 年第
10 期)

8 月　北大考古文博学院赵朝洪等与北京文物所人员合作,
继 2001 年、2003 年两次发掘之后,第三次发掘**北京市**门头沟的
东胡林遗址,工作至 11 月。发掘面积 80 余平方米,除获得较丰
富的石、陶、骨、蚌器物,再次清理一座"东胡林人"墓葬外,
又从地层上发现时代更早的文化堆积,从而进一步丰富"东胡林
人"及其文化的研究资料。后经测定并校正的年代大致在距今
10000 年前后。曾被列入 2005 年"六项考古新发现"。(《北京市门
头沟区东胡林史前遗址》,《考古》2006 年第 7 期)

9 月　社科院考古所何岁利等在**西安市**城区,发掘**唐大明宫**
正南面的**丹凤门遗址**。工作进行至 2006 年 1 月,发掘面积 7525
平方米。门址系用黄土夯筑而成,由东、西两侧墩台、5 个门道、
4 道隔墙,以及东、西两侧的城墙和马道组成。门址东起第二门
道以西的大部分,保存状况较好,墩台和马道边缘发现部分包砖
遗迹。而东起第二门道之东半部以东各部分,则因近代破坏严重,
仅存最底部的夯土基础。这次发掘揭示丹凤门确为文献记载的五
门道形制,从而纠正了 40 年前考古钻探的误判。曾被列入 2005
年"六项考古新发现"。(《西安市唐长安城大明宫丹凤门遗址的发掘》,
《考古》2006 年第 7 期)

9 月　辽宁文物考古所李新全等在**新宾县**永陵镇,对二道河
右岸的**汉代至高句丽时期城址**进行勘察发掘,11 月结束,发掘面
积 1500 平方米。城址平面呈长方形,东西宽 136 米,南北残长
166 米;北墙已被河水冲毁,未发现城门遗迹。根据城墙的土色土
质、夯筑方法和包含物判断,系分三次筑成。汉代地层尚未发现

大型建筑基址，高句丽时期地层发现室内有火炕的房址 2 座，晚期遗存则有辽金时期似属庙宇的建筑基址。发掘者认为，这项发掘有助于探寻高句丽县治和玄菟郡二迁郡治的地理位置。(《中国考古学年鉴（2006）》第 161—163 页）

10 月　18—20 日，社科院考古所与偃师市人民政府主办的"中国·二里头遗址与二里头文化国际学术研讨会"在偃师召开。海峡两岸暨香港，及日本、韩国、美国的学者 70 余人参加会议。收到论文 50 多篇，探讨了二里头遗址、二里头文化及相关学术问题。(《"中国·二里头遗址与二里头文化国际学术研讨会"纪要》,《考古》2006 年第 9 期）

10 月　26 日，考古学家安志敏在北京逝世，终年 82 岁。

安志敏，山东烟台人，生于 1924 年 4 月 5 日。1948 年毕业于中国大学史学系。后为燕京大学历史系兼任助教，协助裴文中进行史前考古教学；再入北京大学文科研究所史学部，为考古组研究生。1950 年 10 月进入中国科学院考古研究所，师从梁思永为助理员，1956 年晋升副研究员，1978 年晋升研究员。历任黄河水库考古工作队副队长，考古所史前考古研究室主任、副所长，中国社会科学院研究生院考古系主任等职，兼任中国考古学会第一、二、三届理事会常务理事，第四届名誉理事，中国史学会理事，文化部国家文物委员会委员等职。1986 年被推选为德意志考古研究院通讯院士。学术上的突出贡献是对中国新石器时代，特别是中原地区新石器文化进行了开拓性的全面探讨。主持庙底沟遗址的发掘，确认仰韶文化向龙山文化过渡的地层，提出"庙底沟二期文化"的命名；区分仰韶文化的庙底沟类型和半坡类型，龙山文化的"典型龙山文化""河南龙山文化"和"陕西龙山文化"类型，推进了仰韶文化和龙山文化内涵、谱系与关系的深入研究。又面向全国，在肯定各地主要区域存在久远的史前文化，并因交流而融合的基础上，强调中原史前文化对周围地区的辐射和影响作用。主要著作有《庙底沟与三里桥》（合著，1959 年）、《中国新石器时代考古论集》（1982 年）、《东亚考古论集》（1998 年）。（《中国大百科全书》第一版《考古学》卷"安志敏"条；参看《20 世纪中国知名科学家学术成就概览·考古学卷》"安志敏"条）

　　10 月　山东大学东方考古研究中心与美国芝加哥自然历史博物馆合作，由方辉任中方主持人，开展日照地区系统区域调查第 11 年度的工作，12 月结束。调查总面积累计达到 1100 平方公里，本年度调查面积 150 万平方公里，是历年调查面积最大的年份之一，发现并系统记录了史前至汉代的遗物分布点 200 多处。其中最重要的收获，一是在尧王城遗址西南和东南部发现两处二级聚落（六甲庄和西林子头），及围绕它们的更低级聚落群；二是在岚山区徐家村发现面积最大、堆积最丰富的大汶口文化早期遗址。（《中国考古学年鉴（2006）》第 240—241 页）

　　10 月　福建博物院郑辉等在浦城县仙阳镇的猫耳弄山，发掘年代相当于中原商周时期窑址。至 12 月清理的 9 座陶窑中，有椭圆形窑 6 座、圆形窑 1 座、长条形窑 2 座。椭圆形窑和圆形窑的底部平坦，后部未发现烟囱等设施，火膛位于窑炉前端，属升焰窑。长条形窑则属平焰窑，底部稍有坡度，尾部未发现挡火墙，是有一定原始性的早期龙窑类型。这为研究我国南方早期窑炉的历史发展提供了实物资料，曾被列入 2005 年"十大考古新发现"。（《中国考古学年鉴（2006）》第 225—226 页）

　　11 月　7—11 日，吉林大学中国边疆考古研究中心与四川大学、西藏大学中国藏学研究所共同举办的"中国边疆考古学术讨论会"在成都举行。中国内地和香港的学者 120 人出席会议，收到论文或论文提要 50 多篇。(《中国边疆考古的新视野——中国边疆考古学术讨论会纪要》,《考古》2006 年第 10 期)

11 月　23—25 日,中国社会科学院古代文明研究中心与河南博物院、河南文物考古所共同举办的"文明探源——考古与历史的整合"学术研讨会在郑州召开,来自 14 省市的 80 余位学者出席会议。收到论文或论文提要 50 多篇,内容涉及中原地区文明化进程及各种文明化现象与特点,中原地区与周边地区的文化交流及对文明起源的作用,中国文明起源的模式、机制和动力,古史传说中有关五帝时代史迹的探索与认识等方面,并对中原地区有关遗址的考古新发现作了介绍。(《中国考古学年鉴(2006)》第 428 页;《中国社会科学院古代文明研究中心通讯》第 11 期第 1—6 页)

冬季　社科院考古所李毓芳、刘振东等于 2001 春至 2005 年底,对**汉长安城长乐宫遗址**进行有计划的全面钻探、试掘和重点发掘。大部分地段作过钻探,发掘则集中在遗址西北部,除 1978 年先已发掘 1 号建筑基址外,2002—2004 年陆续发掘 2—5 号建筑基址,而 2005 年冬发掘的 6 号建筑基址规模最大。主殿东西长 120 多米、南北宽 50 米以上,应是长乐宫内最重要的前殿遗址。揭露出的遗迹有主殿台基东缘和北缘的一部分、铺砖廊道、地下通道、给水排水设施、附属建筑、庭院、北边院墙等。(《西汉长乐宫遗址的发现与初步研究》,《考古》2006 年第 10 期)

12 月　27 日,考古学家邹衡在北京逝世,终年 78 岁。

邹衡,原名绍权,湖南澧县人,生于 1927 年 1 月 30 日。1952 年毕业于北京大学历史系本科。1955 年研究生毕业后,一度在兰州大学历史系任教。1956 年调回北京大学历史系,接替郭宝钧主讲"商周考古"课程,负责筹办北大考古专业独立进行田野考古实习,曾领导和参与多项考古实习。1979 年晋升副教授，1983年晋升教授，曾兼任中国考古学会第一、二届理事，第三、四届常务理事，中国殷商文化研究会副会长等职。学术上的主要贡献是，最早进行商文化和殷墟文化的分期研究，论定二里冈文化是早商文化，提出二里头文化为夏文化；探讨先周文化，推定西周封国燕、晋早期都城。其论著汇编为《夏商周考古学论文集》（1980年）、续集（1998年）、再续集（2001年），又主编《天马—曲村（1980—1989）》（2000年）。（《20世纪中国知名科学家学术成就概览·考古学卷》"邹衡"条）

2006年

2月　海南文物考古所郝思德等在陵水县南湾半岛，发掘**石贡新石器时代遗址**。工作进行至3月，发掘面积200平方米，出土的磨制石器以石锛为多，打制石器有砍砸器等；陶器以夹粗砂褐陶为多，流行罐、釜一类圜底器，又有素面磨光的钵、盆等。被认为是海南地区较重要的遗址。（《中国考古学年鉴（2007）》第388—389页）

2月　深圳市文物考古所李海荣等在**深圳市**龙岗区，发掘**咸头岭新石器时代遗址**，工作进行至4月。发现的遗迹有大面积红烧土面及灶。出土的陶器有夹砂陶和泥质陶，后者中有大量白陶、彩陶和少量磨光黑陶。发掘者认为该遗址是一处中心性聚落遗址，可能受到湘西地区高庙等文化的影响。曾被列入2006年"六项考古新发现"和"十大考古新发现"。（《广东深圳市咸头岭新石器时代遗址》，《考古》2007年第7期）

3月　云南文物考古所吉学平等在云南**富源县**大河乡，发掘**癩石山旧石器时代洞穴遗址**，工作至5月。实际发掘面积74平方米，发现人类牙齿化石1件、石制品1400多件、动物化石

150 多件，以及人工垫石路面。据测定，年代为距今 4 万年左右，属旧石器时代中期。曾被列入 2006 年"十大考古新发现"。（《中国考古学年鉴（2007）》第 433 页）

　　3 月　社科院考古所与河南文物考古所及三门峡、灵宝文物考古单位合作，由陈星灿主持，李新伟、马萧林等参加，对**灵宝西坡仰韶文化庙底沟类型遗址**持续发掘，工作进行至 5 月。继2000—2004 年四次发掘遗址中的房址，2004 年冬钻探判明南北壕沟和墓葬区的位置之后，曾于 2005 年第五次发掘 1360 平方米，确认北壕沟的走向，揭露 22 座墓葬；本年为第六次，发掘1600 平方米，揭露 12 座墓葬。现已揭露的墓葬中有两座规模宏大，墓室及脚坑上盖板并覆盖编织物，墓坑局部或全部以较厚的草拌泥封填。这种现象反映了社会关系的复杂化，在同时期墓葬中罕见。曾被列入 2006 年"十大考古新发现"。（《中国考古学年鉴（2006）》第 267—269 页；《中国考古学年鉴（2007）》第 280 页）

　　3 月　河北文物研究所雷建红等对**易县、徐水**境内的**燕国南长城**进行勘察发掘，工作至 8 月。这道燕国南长城，大体沿瀑河北岸断崖营建，走向随地形曲折。易县段发掘 2200 平方米，墙基宽 4 米，徐水段发掘 600 多平方米，墙基宽 8—9 米。两段长城均为下挖一定深度，再用版筑法，轻夯与重夯相间层层夯筑而成，夯层间有铺草痕迹，夯具为束夯和棍夯两种。（《中国考古学年鉴（2007）》第 153—154 页）

　　3 月　长沙市文物考古所何旭红等在**望城县**星城镇，发掘风篷岭西汉岩坑木椁墓，工作进行至 10 月。该墓的上部已遭破坏，墓坑周围的"题凑"基本完整，椁室分隔左、中、右三列和前、中、后三行共 9 室，中室置两层套棺。墓主的金缕玉衣存余少许玉衣片。随葬器物除 9 件陶罐外，有 28 件铜器、61 件漆木器，及玉器、水晶珠、金饼和五铢钱。有的漆耳杯书写"长沙王后家杯"等字样，表明墓主为某代长沙王王后。（《湖南望城风篷岭汉墓发掘简报》，《文物》2007 年第 12 期）

3 月　安徽文物考古所杨立新等在六安市三十铺镇双墩村，对西汉六安国王陵墓区进行勘察发掘，工作进行至 2007 年 1 月。墓区有并列的双冢 4 组 8 座，俗称"八大墩"。作过发掘的 1 号墓冢最大，底径 55 米，高 10 米，墓坑深 10 米，由前后墓道、墓室和外藏椁组成，全长 45 米。墓室的"黄肠题凑"保存完整，木构椁室之内有石、木二层套棺，箱形木棺的黑漆表面有红色云朵纹彩绘及鎏金铜饰。外藏椁在"题凑"周围，平面呈"凹"字形，分隔 15 间。该墓虽早年被盗，仍出土漆木器、铜器、玉器等 500余件。发掘者根据随葬品中有"六安飤丞"封泥和"共府"铭文铜壶，推测墓主可能是六安国第一代共王刘庆，与之并列的 2 号墓为王后，其他三组双冢则为后三代六安王。曾被列入 2006 年"十大考古新发现"。（《中国考古学年鉴（2007）》第 238—239 页）

4 月　新疆文物考古所阮秋荣等在吐鲁番市三堡乡，发掘高昌故城的西门和大佛寺遗址，工作分别进行至 6 月和 7 月。西门一带发掘面积 1500 平方米，两侧及瓮城城墙保存尚好，但城门遗迹已毁灭殆尽，仅在瓮城西北角找到少量痕迹，表明瓮城位于故城西北角；地面遗物很少，多属高昌回鹘时期。大佛寺遗址位于故城西南隅，是保存较好的重要遗迹，面积约 8000 平方米，本年清理了西部排房 20 组开间，为僧侣修行、居住等处所。（《中国考古学年鉴（2007）》第 482—483 页）

5 月　陕西考古所与西藏考古研究室合作，张建林、田有前等参与，继续 2005 年以来对萨迦县的古代遗址的调查发掘。本年工作至 10 月。2005 年曾发掘北寺的得确颇章遗址、南寺的羊马墙及护城河。本年5—10月发掘北寺塔群Ⅱ区的部分早期佛塔、早期建筑乌孜大殿，以及北寺附近的其他建筑遗迹。（《中国考古学年鉴（2006）》第387—388页；《中国考古学年鉴（2007）》第445—447页）

　　5月　25日，国务院公布第六批全国重点文物保护单位名单，其中有古遗址221处，古墓葬79处。（据国家文物局网站；参看王巍主编：《中国考古学大辞典》第811—821页）

　　6月　26—28日，中国社会科学院古代文明研究中心与辽宁文物考古所、辽宁大学历史文化学院共同举办的"辽河流域文明化进程学术研讨会"在大连召开，有关学者38人出席会议。收到论文19篇，内容涉及辽河流域的新石器文化及其谱系、文明进程的阶段及其特点、辽河流域与周边地区的文化交流及其对文明起源的作用，以及聚落形态、宗教祭祀、红山玉器等问题。（《中国社会科学院古代文明研究中心通讯》第12期第3—12页）

　　6月　西北大学考古研究中心与新疆文物考古所合作，由张玉忠、王建新先后任领队，对巴里坤东黑沟遗址进行发掘，9月结束。后又于2007年6—9月继续发掘。在遗址东南部的Ⅳ区，揭露作为遗址中心的石筑高台1座，系土石混筑平面近圆角方形的覆斗式高丘，主要遗迹为两个时期大的使用面，都发现石头垒砌的火塘、填埋羊骨的灰坑、大量石磨盘，以及高领罐、单耳杯等同型陶器。首次发现石围方形居址4座，发掘前周边隐约看到石围墙。又发掘中小型墓葬12座，地面均有石筑封堆，既发现墓主遗骸及其随葬明器，又发现被肢解的人牲及随葬实用器。发掘者认为，这是一处年代相当于西汉前期具有代表性的游牧民族聚落遗址，墓葬中墓主的随葬器物并非哈密地区的传统器形，应代表一种新出现的外来文化，而墓葬人牲的随葬器物和石筑高台、石围居址发现的器物则属土著文化，反映了一种征服者与被征服者的关系，值得重视。曾被列入 2007 年"十大考古新发现"。
（《新疆巴里坤县东黑沟遗址 2006—2007 年发掘简报》，参看王建新、席琳：
《东天山地区早期游牧文化聚落考古研究》，均见《考古》2009 年第 1 期）

7 月　10—15 日，吉林大学边疆考古研究中心、吉林文物考古所、中国科学院古脊椎所共同举办的"2006 年吉林大学考古（国际）学术论坛——东亚旧石器"会议在长春举行，来自国内有关科研单位和大学以及俄罗斯、日本、韩国的学者 50 余人出席。收到论文近 30 篇。（《中国考古学年鉴（2007）》第 489—490 页）

7 月　河南文物考古所张志清等在**永城市**芒砀山主峰，发现并发掘一处**汉代大型礼制建筑基址**。基址残存平面近方形的石砌台基，南北长 33.5 米，东西宽 31.5 米；周边用规整的条石累砌成高度不低于 4 米的墙，中间为天然岩体，上部以土石充填后夯平。石墙四周有夯土地面，发现方形柱础石和直径约 43 厘米的柱痕，以及瓦片堆积。发掘者认为，这处大型建筑基址可能是一座四周有回廊、中间为墩台、上部建有屋顶（或露天）的祭坛建筑。该建筑基址地处整个梁国陵墓区的中心部位，四周各个山头分布多座梁王陵墓及其陵寝建筑，这对于研究西汉时期的陵寝和祭祀制度具有十分重要的意义。曾被列入 2006 年"六项考古新发现"。
（《河南永城市芒砀山汉代礼制建筑基址》，《考古》2007 年第 7 期）

7 月　河南文物考古所贾连敏等在**荥阳市**广武镇，发掘**小胡村**的 58 座**中小型晚商墓葬**，工作至 9 月。其中殉狗的墓较多，一般每墓一只，规模大的墓数只。35 座墓有随葬品，青铜礼器组合主要是鼎、簋、觚、爵，或有卣无簋，或卣、簋均无，或仅有觚、爵，其中 20 多件有"舌"字铭文。另有兵器、车马器和玉石器。墓葬年代集中于殷墟三、四期，丰富了郑州地区的商代文化序列。
（《中国考古学年鉴（2007）》第 295—296 页）

7 月　上海博物馆考古部宋建等，在 2002 年以来小范围清理的基础上，对**上海市**内普陀区志丹苑小区的**元代水闸遗址**进行全面发掘，工作进行至 12 月。遗址总面积 1500 平方米，东西长 42 米，西北进水口宽 32 米，东南出水口宽 33 米。全面发掘揭露了水闸主体的石质闸门、闸墙、底石、夯土层，以及大量木桩、木梁、衬石枋、闸板、挡水板等。有的木桩和地钉上存留文字和八思巴文戳记。全套工程建筑保存完好，基础牢固，工艺考究，是中国古代水利工程和海事工程的重要遗存。曾被列入 2006 年"十大考古新发现"。(《上海市普陀区志丹苑元代水闸遗址发掘简报》,《文物》2007 年第 4 期)

8 月　7—9 日，山东大学东方考古研究中心主办的"2006 年商文明国际学术研讨会"在济南、威海两地举行，来自海峡两岸暨香港，以及美国、日本、韩国、俄罗斯的学者 50 余人出席。收到论文 43 篇。(《"2006 年商文明国际学术研讨会"纪要》,《考古》2007 年第 5 期)

8 月　甘肃文物考古所王辉等在**张家川**回族自治县木河乡，对被盗的**马家塬战国墓地**进行发掘。截至 12 月，清理集墓道、车坑、墓室于一体的墓葬 3 座 (M1—M3)，其中 M1 和 M3 都是墓室置 1 车、车坑置 4 车，车辆均以错金银、金银花、镂孔铜花和髹漆装饰，极为豪华。发掘者根据墓葬形制和出土遗物既有秦文化特征，又有当地土著——西戎文化因素，推断其为战国晚期秦人统治下某支戎人首领的墓地。曾被列入 2006 年"十大考古新发现"。2007—2008 年又对墓地进行了钻探，并继续发掘 8 座墓和 1 座祭祀坑，加深了对墓地布局和文化内涵的认识。(《2006 年度甘肃张家川回族自治县马家塬战国墓地发掘简报》,《文物》2008 年第 9 期;《张家川马家塬战国墓地 2007—2008 年发掘简报》,《文物》2009 年第 10 期)

9 月　甘肃文物考古所与北京大学考古文博学院、国家博物馆考古部、陕西考古所、西北大学考古文博学院组成早期秦文化考古联合课题组，由赵化成、王辉任领队，对礼县以东的**大堡子山东周遗址**进行大规模的调查、钻探与发掘，工作进行至 12 月。本年调查与钻探面积 150 万平方米，发现一座总面积约 25 万平方米的城址，在城址内发掘面积约 3000 平方米，揭露一座**大型建筑基址**，长 103 米，宽 16.4 米。发掘的**祭祀遗迹**，有一座乐器坑和 4 个人祭坑；乐器坑应属 1992—1993 年被盗掘的秦公大墓，彼此相距较近，出土镈钟 3 件、甬钟 8 件和石磬 10 件，其中镈钟有铭文 20 余字。曾被列入 2006 年"六项考古新发现"和"十大考古新发现"。(《甘肃礼县大堡子山早期秦文化遗址》，《考古》2007 年第 7 期；《2006 年甘肃礼县大堡子山 21 号建筑基址发掘简报》《2006 年甘肃礼县大堡子山祭祀遗迹发掘简报》《2006 年甘肃礼县大堡子山东周墓葬发掘简报》，均见《文物》2008 年第 11 期)

9 月　广东文物考古所崔勇等在**佛山市**高明区，发掘**古椰贝丘遗址**，工作进行至 2007 年 1 月，发掘面积超过 1000 平方米。清理出柱洞、灰坑、路面等遗迹。出土的遗物，包括釜、圈足盘、腰沿钵等陶器，有肩石锛等石器，以及骨蚌器和木器。另有动物骨骼、瓜果类和稻谷等遗存。发掘者认为，遗址可分为早晚衔接、连续发展的四段，在岭南先秦文化序列中处于石峡文化与年代相当于商代的遗存之间，是研究岭南史前文化和稻作起源的重要资料。曾被列入 2006 年"十大考古新发现"。(《中国考古学年鉴（2007）》第 361—362 页)

9 月　山东省石刻艺术博物馆与德国海德堡学术院合作，由王永波任领队，重点考查著名的泰山经石峪及其周边的题刻，这是从 2004 年起开展的对山东省境内佛教刻经全面系统田野调查工作的一部分。内容包括刻文调查、记录与摄影、采访当地群众、地理测绘等方面，以制作经石峪二维平面地图和三维立体模型，取得了很好的成绩。(《山东泰山经石峪摩崖刻经及周边题刻的考察》，《考古》2009年第1期)

　　9月　为配合"南水北调"工程，社科院考古所朱岩石等受河北省文物局委托，在**磁县县城南发掘东魏皇族元祜墓**。2007年7月结束工作。该墓保存尚完整，因墓室顶部早年坍塌，致墓内壁画仅存残迹，但知东、西两壁分别绘青龙、白虎形象，这在北朝壁画墓中并不多见。出土彩绘陶俑144件，艺术风格和制作技法与北魏都城洛阳有密切的联系，印证了北魏分裂为东魏、西魏过程中技术传承的史实。据出土墓志记载，墓主元祜系"世祖太武皇帝之曾孙"，卒葬时间明确；而葬于"皇宗陵内"一语，更指明了东魏皇宗陵的茔域所在。这对北朝墓葬的研究有重要意义。曾被列入2007年"六项考古新发现"，并连同安阳固岸东魏墓一起被列入2007年"十大考古新发现"。(《河北磁县北朝墓群发现东魏皇族元祜墓》，《考古》2007年第11期)

　　10月　山西考古所吉琨璋等，自2005年8月至本月，在**曲沃县史村镇，发掘羊舌村晋侯墓地**。墓地北部有二三组大墓，发掘其中一组，系两座并列的"中"字形积石积炭大墓，总长分别为48米余(M1)和近40米(M2)，是目前山西地区发现最大的两周时期墓葬。因早年曾遭严重盗掘，随葬器物中青铜礼器无存，现存有部分玉佩饰等物。二墓右侧钻探发现附葬的大型车马坑。南墓道上发现并清理227座祭祀坑，深浅不等，发现人牲10具，马牲甚多，又有牛、羊、狗牲。墓地南部分布着中、小型墓，中型墓多附葬有车马坑。发掘者根据墓葬的年代和两周之际晋国嫡庶争斗的历史背景，推想M1墓主可能是庶族获胜后被

毁墓的晋文侯。（《山西曲沃羊舌晋侯墓地发掘简报》，《文物》2009 年第
1 期）

10 月 15—17 日，山西省文物局等单位主办，山西省考古
所承办的"纪念西阴遗址发掘八十周年学术研讨会"在山西夏
县举行，国内外学者 40 余人出席。（《中国考古学年鉴（2007）》第
494 页）

10 月 28—30 日，社科院考古所、陕西省考古所、西安市
文物考古所共同举办的"汉长安城与汉文化——纪念汉长安城考
古五十周年国际学术研讨会"在西安举行，来自全国各地和美国、
日本、韩国的学者 80 余人出席。收到论文 50 余篇。（《"汉长安城
与汉文化——纪念汉长安城考古五十周年国际学术研讨会"纪要》，《考古》
2007 年第 6 期）

10 月 为配合"南水北调"中线工程，河南文物考古所马
俊才等，开始发掘**新郑市胡庄东周时期墓地**。墓地处于郑韩故城
西面，至 2008 年 12 月，共发掘 12000 平方米，清理墓葬 320 余
座。其中有春秋时期中小型墓 35 座、战国时期中小型墓 276 座。
最重要的发现，还是战国末年一组并列的韩王夫妇异穴合葬墓。
王墓在西，后墓在东，均为墓坑两端都有墓道的"中"字型大墓，
墓上都有"中"字型瓦顶建筑和封土，墓坑的木构椁室内置双层
套棺。两墓曾遭严重盗掘，后墓尤甚。王墓清理出不成套的青铜
鼎、高柄豆、钮钟、铃等，以及兵器、车马器和玉器等。后墓残
存的器物上，发现"王后""王后宫""太后"等刻铭，确定无疑
地表明其为一组韩国王陵，为东周列国陵墓制度的研究增添可靠
的新资料。被列入 2008 年"十大考古新发现"。（《河南新郑胡庄韩
王陵考古发现概述》，《华夏考古》2009 年第 3 期）

11 月 9—11 日，浙江文物考古所主办的"纪念良渚遗址发

现七十周年学术研讨会"在杭州举行，来自海峡两岸暨香港的科研单位和大学，以及日本、美国的学者 60 余人出席。(《纪念良渚遗址发现七十周年学术研讨会文集》，《浙江省文物考古研究所学刊》第 8辑，科学出版社，2006 年;《中国考古学年鉴（2007）》第 496 页）

11 月　13—15 日，中国社会科学院古代文明研究中心与安徽文物考古所共同举办的"江淮地区文明化进程学术研讨会"在合肥召开，来自国内各地和美国的学者 120 余人出席。收到论文或提要 40 余篇，内容涉及江淮地区新石器时代文化谱系、原始农业经济形态的特点、原始手工业及其工艺技术、江淮地区文明化进程的特点、江淮地区与周边地区的文化交流及其对文明起源的作用等问题。(《中国考古学年鉴（2007）》第 497 页;《中国社会科学院古代文明研究中心通讯》第 13 期第 1—8 页）

11 月　陕西扶风县五郡西村的农民在修渠时发现西周青铜器窖藏，宝鸡市考古所刘军社等前往清理。出土鼎、簋、尊、甬钟、斗、矛和马器，共 26 件（组），其中簋、尊各 2 件和甬钟 1 件有铭文。两件同铭的五年琱生尊 113 字，可与传世青铜器中的两件琱生簋联读，反映西周厉王时期一场关于仆庸土田分配的史事，具有重要的史料价值。(《陕西扶风五郡西村西周青铜器窖藏发掘简报》，《文物》2007 年第 8 期）

11—12 月　陕西考古所张建林等在唐代乾陵、顺陵陵园遗址进行钻探与试掘。乾陵陵园，钻探了宫城和下宫遗址，并对宫城西门和北门进行清理，发现门外石狮等石刻基座。顺陵陵园，对神道南端东西对峙的乳阙进行试掘，了解其规模与形制，又在南门外发掘清理 4 对石刻基座，发现若干石刻，基本搞清楚石刻配置情况。(《中国考古学年鉴（2007）》第 464—465 页）

12 月　5—7 日，上海博物馆举办"丝绸之路古国钱币暨丝路文化国际学术研讨会"，来自国内有关单位及法、英、美国的学者近 60 人出席会议，收到论文近 40 篇。(《"丝绸之路古国钱币暨丝路文化国际学术研讨会"纪要》，《文物》2007 年第 4 期）

本年 社科院考古所与陕西考古所合作，由王小庆、尹申平参加，开展旧石器时代晚期遗址的考古工作。在 2003—2004 年调查的基础上，曾于 2005 年 9—11 月对**宜川县龙王辿遗址**第一地点进行发掘，本年 5—7 月及 9—11 月继续发掘。发现的遗迹，主要有 20 余处烧土遗迹、多处石制品集中分布区等。出土的两万余件石制品中，除少量打制石器外，主要有精致的细石器及细石核、细石叶，又有数量不多的磨制石铲和石磨盘。发掘者认为，该地遗存的绝对年代应为距今 2 万—1.5 万年，对于黄河中游地区旧石器时代向新石器时代过渡的研究有重要意义。曾被列入 2006 年"六项考古新发现"和"十大考古新发现"。(《陕西宜川县龙王辿旧石器时代遗址》，《考古》2007 年第 7 期）

本年 山西考古所马昇等在离石市**柳林县**，发掘**高红村商代遗址**。2004 年曾发掘 2000 余平方米，确认其为李家崖文化遗址。钻探发现平面形状各异的 20 座夯土基址，揭露位于中部、面积最大的 M7（长约 50 米，宽约 12 米），以及 M8、M22 等基址。2005—2006 年继续发掘，发掘面积 350 平方米，发现并揭露 M26 夯土基址及其院落，基址长 11.85 米、宽 5 米，分隔成各自独立的两间，室内地面坚硬，显系经过加工，反映其建筑技术臻于成熟。曾被列入 2006 年"十大考古新发现"。(《中国考古学年鉴（2005）》第 142—143 页;《中国考古学年鉴（2006）》第 149—150 页）

2007 年

1 月 30 日，"中华文明探源工程（第一阶段）成果报告会"

在北京举行。社科院考古所所长王巍作为项目主要负责人，首先报告该项目的总体研究状况。相关课题和子课题负责人分别报告承担课题的研究成果，其中包括：中国文明起源研究的历程（朱乃诚）；国外文明起源研究理论与实践的情况（陈淳）；公元前2500至前1500年中原地区考古学文化谱系分期的精确碳十四年代测定（赵辉、吴小红等）；新砦、二里头等中原地区都邑性遗址碳十四年代研究的进展（张雪莲）；公元前2500至前1500年中原地区聚落形态所反映的社会结构：灵宝西坡（陈星灿）、襄汾陶寺（何驽）、登封王城岗（方燕明）、新密新砦（赵春青）、偃师二里头（许宏）；生态环境背景、经济形态等方面的研究。（《"第六届中国社会科学院考古学论坛"纪要》二、"中华文明探源工程（第一阶段）成果报告会"，《考古》2007年第7期）

　　1月　江西文物考古所徐长青等在**靖安县**水口乡发掘**李洲坳东周墓葬**，工作进行至10月。这是一座大型土坑竖穴墓，地面有直径30米以上、高约12米的封土。墓坑南北长14.5米，东西宽11米许，深约4米，坑底铺垫和坑壁涂抹以青膏泥，斜坡墓道在墓坑东壁的南侧。墓坑内有木棺47具，其中墓主的双层套棺体积较大，头端有金饰，位于墓坑东南部墓道进口处；另46具棺较小，排列在墓坑北部和西南部。经鉴定，现存22具小棺遗骸，可判别性别的均为女性，年龄15—25岁。所有棺内均有随葬品，出土青铜器、玉器、漆器、原始瓷器，以及丝麻织品和竹木器等。发掘者根据出土器物中有越式鼎2件，及时代明确的原始瓷器，推断墓葬年代为春秋中晚期，墓主应是高级贵族，其余46具死者则是人殉。曾被列入2007年"六项考古新发现"和"十大考古新发现"。（《江西靖安县李洲坳东周墓葬》，《考古》2008年第7期）

　　2月　社科院考古所石自社等再次发掘**隋唐洛阳城**正南面的

定鼎门遗址，以进一步摸清定鼎门的历史沿革和建筑布局，工作进行至 12 月。通过发掘获知，这是一座以城门楼为主体，一门三道，两侧辅以朵楼，中间以城垣相连接的庞大建筑。从隋、唐、五代至北宋，历经多次大规模重建和局部修葺，建筑结构和平面布局并无重大变化。外郭城并没有传统意义的城壕，城垣也不宽大，隋代仅宽 2.2 米，唐代仅宽 3 米，即防御性不强。定鼎门内的天街宽 120 米，门外大道宽 147 米，气势异常恢宏。（《中国考古学年鉴（2008）》297—299 页）

4 月　南京博物院考古所会同徐州博物馆及邳州博物馆人员，由林留根领队，周润垦等参加，于 2006 年 3 月以来至本月，对**邳州市梁王城遗址**进行第三次发掘。发掘面积 2100 平方米，主要收获有三：一、揭露大汶口文化晚期的制陶工棚遗迹，及陶窑 2 座；二、揭露西周墓葬 29 座，及马、牛等兽坑；三、在梁王城的核心部位，发现东周时期面积 300 平方米的夯土台基。（《邳州梁王城遗址 2006—2007 年考古发掘收获》，《东南文化》2008 年第 2 期）

4 月　四川文物考古所刘化石、刘志岩等在**汉源县**大树镇，对 2006 年曾作发掘的**麦坪新石器时代遗址**再次进行发掘，工作进行至 12 月。累计发掘面积 2600 多平方米，揭露房址 30 多座、灰坑 100 多个、墓葬 8 座等遗迹。遗址上部商周时期堆积包含两种文化因素，一种属于蜀文化，典型器物与广汉三星堆、成都十二桥基本一致；另一种为新发现的遗存。下部则是新石器时代中心聚落性遗址。房址的形制主要有两类，较早时期为木骨泥墙式地面建筑，后出现干栏式建筑，并逐渐取而代之。墓葬则在新石器时代地层，发现当地常见于战国至汉代的石棺葬，为其年代最早者。也有一些土坑墓。出土遗物，从几种陶罐到半月形穿孔石刀，既具与周边若干史前遗址一定的相似性，又有明显的特征，有助于研讨大渡河流域史前文化的面貌，及其与周边地区的文化关系，发掘者提出命名为"麦坪文化"。^{14}C 测定年代为距今 4500—2500 年。曾被列入 2007 年"六项考古新发现"。后又于 2008 年春发掘 700 多平方米，新发现的遗迹、遗物不多。（《四川汉源县麦坪新石器时代遗址 2007 年的发掘》，《考古》2008 年第 7 期；《四川汉源县麦坪遗址 2008 年发掘简报》，《考古》2011 年第 9 期）

4 月 广东文物考古所与交通部广州打捞局合作，由魏峻等在阳江海域，将 1989 年以来国家博物馆水下考古研究中心已作多次勘探和试掘的**"南海Ⅰ号"宋代沉船**，用沉箱装载整体打捞出水，运回室内清理，工作进行至 12 月。该所崔勇等又于本年 6—8 月在汕头南澳三点金海域，对**"南海Ⅱ号"沉船**进行前期调查，采集青花大盘为主的瓷器和酱黄釉四系罐为主的陶器，共约 800 件。（《中国考古学年鉴（2008）》336—338 页）

5 月 江西文物考古所与**吉安县博物馆**合作，由张文江、李育远等于 2006 年以来，对**吉州窑遗址**进行全面调查与勘探。在摸清遗址的分布范围和各个区域功能的基础上，选择 8 个地点进行试掘。截至 2007 年 5 月，发掘面积 410 余平方米，揭露龙窑遗迹 2 座、马蹄窑遗迹 1 处、灰坑 11 个、路面遗迹 7 处，出土大量瓷器和窑具标本。获知吉州窑是一处古代瓷窑和聚落相混的综合性遗址，包含隋唐五代至宋元时期，乃至明代的窑业堆积、作坊遗迹，以及古永和镇的街道、建筑遗迹等。增进了对吉州窑瓷业烧造发展历史的了解，为吉州窑瓷器的分期断代提供了基础。（《中国考古学年鉴（2008）》236—239 页）

6 月 洛阳第二文物队以朱亮、史家珍为领队的对**洛阳邙山陵墓群**的勘查工作，基本完成预定任务。该项工作自 2003 年启动以来，先后进行四次，其中第四次于 2006 年 7 月至 2007 年 6 月进行。通过勘查，初步判明邙山墓冢的数量、年代及其分布规律。共计有墓冢 972 座（其中现存墓冢 339 座、夷平墓冢 600 座、已发掘墓冢 33 座），绝大多数应属东汉、北魏时期，其他时期的数量较少。现存墓冢的年代根据封土包含物和钻探情况作了初步判断，夷平墓冢的年代则难以全部确定。这为今后的文物保护和考古研究打下了基础。其间，另对洛河南岸偃师县境的**东汉帝陵及陪葬墓地**进行勘查，并对**白草坡的陵园遗址**和**阁楼陪葬墓园**进行了发掘，发掘面积 4500 平方米。曾被列入 2007 年"十大考古新发现"。（《洛阳邙山陵墓群的文物普查》《偃师白草坡东汉帝陵陵园遗址》《偃师阁楼东汉陪葬墓园》，均见《文物》2007 年第 10 期）

8 月 为配合"南水北调"工程，河南文物考古所潘伟斌等自 2000 年以来至本月，在**安阳市固岸墓地**发掘北朝晚期平民墓葬。其中 II 区 51 号东魏墓墓主的身份稍高，出土陶明器和俑 45 件，其中有仓、灶、井、厕、牛车及文武吏、男女侍从，又有东魏私钱"永安五铢"。曾连同磁县东魏元祜墓被列入 2007 年"十大考古新发现"。（《河南安阳市固岸墓地 II 区 51 号东魏墓》，《考古》2008 年第 5 期）

8 月 新疆文物考古所于志勇在**库车县友谊路**，发掘**晋十六国时期墓葬**，工作进行至 9 月。共清理砖室墓 7 座，出土莲瓣纹陶罐、灯盏、铁镜、骨骰，及"半两""五铢"等钱币。小型竖穴墓 3 座，出土龟兹小"五铢"等。砖室墓的形制与河西地区的晋墓相近。发掘者认为，墓主可能是深受汉晋文化影响的龟兹贵族，抑或就是居住在龟兹地区的汉地吏民、屯戍军吏或河西移民，对研讨当时中原王朝与西域城邦间的关系，有重要的学术价值。曾被列入 2007 年"十大考古新发现"。（《中国考古学年鉴（2008）》418—419 页）

8 月 社科院考古所与内蒙古文物考古所正式组成辽祖陵联合考古队，由二研究所所长王巍、塔拉共同任队长，董新林任领队，着手进行**巴林左旗辽代祖陵**的田野考古工作。对祖陵陵园南入口黑龙门东侧的龟趺山建筑基址进行发掘，9 月结束，发掘面积 232.5 平方米。基址平面呈长方形，东西长 13.53 米，南北宽 9.83 米，面阔、进深均为三间。基址中央筑有外部包砖的长方形基座，其上置大型石龟趺碑座。出土契丹大字和汉字的碑文残片，以及大量不同规格的瓦件。碑文的片断内容可与《辽史·太祖本纪》印证，表明这处建筑基址为辽太祖阿保机的纪功碑楼。(《内蒙古巴林左旗辽代祖陵龟趺山建筑基址》,《考古》2011 年第 8 期)

9 月 河南文物考古所与北京大学考古文博学院合作，方燕明等参与，再次发掘**禹州市瓦店龙山文化遗址**。截至 2008 年 1 月，发掘面积 464 平方米，最大收获是发现龙山文化晚期的大型壕沟和大型建筑基址。已探明的壕沟宽 22 米，西南转角两段全长约 1500 米，围成面积约 40 万平方米，是否有城墙尚待探寻。大型建筑基址平面似呈"回"字形，揭露宽 5 米的局部，系用纯净黄土筑成，发现人牲奠基遗迹及若干柱洞，表明其等级较高。为中华文明探源的研究增添了新的资料。(《中国考古学年鉴（2008）》第 272—273 页)

10 月 湖南文物考古所尹检顺对**安乡县汤家岗遗址**，继 1978、1990 年两次发掘之后，进行第三次深入勘探与发掘。截至 12 月，已确认遗址的分布范围，现存面积约为 3 万平方米。在遗址的东南和东北边缘发掘 140 平方米，发现距今约 6000 年的壕沟，沟内所出陶器表明，其形成年代不晚于大溪一期；壕沟内侧发现人工堆筑成的低矮土围，似可视为环壕聚落向后期城壕聚落过渡的雏形。同样为中华文明探源的研究增添新资料。(《中国考古

学年鉴（2008）》第 320—321 页）

11 月 浙江文物考古研究所刘斌等于 2006 年 6 月至本月，对**杭州市西北郊的良渚遗址群**进行勘探与发掘。发现围绕宏大的莫角山遗址和反山贵族墓地等重要遗迹，分布以自然山丘雉山和凤山为两转角的大型城址。城址平面呈圆角长方形，南北长 1800—1900 米，东西宽 1500—1700 米，城内面积 290 万平方米左右。四面城墙共发掘 2700 余平方米，获知其底部多宽 40—60 米，普遍铺垫石块为基础，其上再用较纯净的黄色黏土堆筑。这是我国目前发现同时期最大的城址，将莫角山为中心的良渚文化遗址群有机地联合起来，为重新认识良渚文化的社会发展情况，及其在中国文明起源进程中的重要地位，提供了全新的资料。曾被列入 2007 年"六项考古新发现"和"十大考古新发现"。（《杭州市余杭区良渚古城遗址 2006—2007 年的发掘》，《考古》2008 年第 7 期；《良渚古城综合研究报告》，文物出版社，2019 年）

本年 为配合"南水北调"中线工程，湖北省文物局委派武汉大学考古与博物馆学系，由王然领队，曾于 2005 年 3—7 月和 2006 年 10 月—本年 2 月两次发掘**郧县辽瓦店子东周遗址**，发掘面积合计 4450 平方米，共揭露灰坑 293 个，及水井、陶窑等遗存。根据地层关系和陶器序列，将遗存分为三期：两周之际至春秋早期、春秋晚期至战国早期、战国中晚期。本年 3—10 月，湖北省文物考古所周国平等对辽瓦店子遗址再次进行发掘，面积达 2100 平方米，除东周时期堆积外，又发现二里头时期堆积。遗址地处楚文化起源的核心地带，总体面貌属于楚文化范畴，东周文化层下又有夏商时期和新石器时代遗存，这对研讨楚文化的起源与发展有重要意义。曾被列入 2007 年"十大考古新发现"。（《湖北郧县辽瓦店子遗址东周遗存的发掘》，《考古》2008 年第 4 期；《中国考古

学年鉴（2008）》第 308—309 页）

本年 为配合"南水北调"中线工程，山东大学考古队王青等对河南**博爱县的西金城龙山文化城址**，继 2006 年的发掘之后，分别于夏季和冬季进行两次工作。发掘 200 平方米，确认龙山城墙与壕沟的构筑方式；钻探 100 万平方米，了解城址的轮廓和城外遗迹情况。城址平面呈圆角长方形，周长近 2000 米。地层关系表明，其营建和使用年代应为河南龙山文化中晚期前后。城内发现密集的居住遗迹，看到长 10 米以上的大房址，城外发现沼泽地带和小片居住堆积，并浮选出粟、黍、小麦、水稻、大豆等炭化粮食。联系河南中西部地区若干处龙山城址的发现，该城址对中原地区文明起源的研究有重要意义。（《中国考古学年鉴（2008）》第 270—272 页）

本年 为配合"南水北调"中线工程，郑州文物考古所张松林等于 2006 年以来在**新郑市唐户遗址**，发掘该遗址的裴李岗文化遗存，截至本年，发掘 4380 平方米。先后发现房址 63 座（单间 60 座，双间 3 座）、灰坑 204 个、排水沟 4 条、壕沟 1 条。唐户遗址的裴李岗文化遗存面积达 30 万平方米，是目前发现面积最大的裴李岗文化聚落遗址。遗址文化堆积较厚，发现的房址具有反复建造的特征，对于裴李岗文化及其社会经济形态的深入研究有重要意义。曾被列入 2007 年"十大考古新发现"。（《河南新郑市唐户遗址裴李岗文化遗存发掘简报》，《考古》2008 年第 5 期）

本年 河南文物考古所李素婷等，继续发掘**荥阳市关帝庙商代晚期遗址**。该发掘开始于 2006 年 7 月，至 2008 年 2 月结束。发掘面积 18500 余平方米，揭露半地穴单室房址 22 座、升焰陶窑 20 座、水井 32 座、小型土坑竖穴墓 228 座、祭祀坑 17 座、灰坑 1470 个、灰沟 9 条。发掘者根据陶窑和房址的分布特点，认为这似乎是一个以小型家庭为单元的作坊性质为主的聚落；各种遗迹之间并无打破关系，显示聚落具有明确的规划。这对于研究商代晚期的聚落形态、手工业状况等，有着重要的意义。曾被列入2007年"六项考古新发现"和"十大考古新发现"。（《河南荥阳市关帝庙遗址商代晚期遗存发掘简报》，《考古》2008年第7期）

本年　根据"中华文明探源工程"相关课题的安排，社科院考古所何驽等会同山西考古所人员，于2005年以来在**襄汾县陶寺遗址**的大城东北部进行发掘。截至本年，发掘面积总计1917.4平方米，主要收获是初步确定一处陶寺文化中期大型建筑基址（IFJT3）的范围，以及基址上主体殿堂的柱网遗迹。基址平面呈正方形，边长约为100米，面积1万余平方米，由夯土小板块错缝填充而成。主体殿堂遗迹仅存柱网结构，大致处于基址中部偏北位置，发现柱洞三排18个，间距多为3米、最宽5米，柱洞直径多为0.5米、最大0.8米。这确证了陶寺城址存在宫殿建筑。又在基址的发掘中发现含砷铜盆残片、朱书"文"陶扁壶残片，具有重大的意义。（《山西襄汾县陶寺城址发现陶寺文化中期大型夯土建筑基址》，《考古》2008年第3期）

2008年

1月　云南文物考古所闵锐等对**剑川县海门口遗址**，继1957年、1978年两次发掘之后，进行第三次发掘，工作进行至5月。发掘面积1395平方米，揭露的遗迹包括两座"干栏式"房址、火堆等，发现木桩柱和横木4000余根；出土各类遗物3000余件，其中有18件铜器及铸铜石范。通过这次发掘，确认遗址的总面积5万平方米、中心区面积2万平方米，是目前我国发现最大的"干栏式"建筑遗址；地层堆积可分为三期，第一期属新石器时代，年代为距今 5300—3900 年，第二、三期属铜器时代，分别距今 3800—3200 年和 3100—2500 年，是云贵高原最早的青铜时代遗址。曾被列入 2008 年"六项考古新发现"和"十大考古新发现"。(《云南剑川县海门口遗址》,《考古》2009 年第 7 期)

　　2 月　社科院考古所夏商周考古研究室与考古科技实验研究中心人员，由岳洪彬领队，岳占伟协助，袁靖、刘建国等参加，在**安阳市刘家庄**北地进行第二次发掘，工作进行至 12 月。第一次发掘在 2006 年，曾发掘 3000 平方米，此次发掘 4000 余平方米。主要收获有：(1)多条有车辙的道路，南北向并列二条，并与东西向一条相交会，铺设年代为殷墟初期或稍晚，下限不晚于殷墟四期偏晚阶段。三条道路普遍宽 10 米以上，最宽处达 20 余米，路面以砂石和碎陶片铺设，硬度较高。北端与大灰沟南缘相距不远，应是殷墟宗庙区以南的主干大道。(2)房址和巨型灰土坑，近百座房址主要集中在三条大道的两侧，或围绕在巨型灰土坑周边。绝大部分房址为地面夯土建筑，一般面积为 30—100 平方米，少数 150 平方米，保存状况大多不好。三处巨型灰土坑，最大的达 3000 平方米，较小的也在 400 平方米以上。原本是取土坑，后修整为蓄水池，局部边缘有夯土护坡，放置景观石，并铺设石子路面，应是小型池苑类遗迹。这都是殷墟发掘以来前所未有的发现。另外，还清理 30 余口水井和众多祭祀坑等。曾被列入 2008 年"六项考古新发现"。(《河南安阳市殷墟刘家庄北地 2008 年发掘简报》,《考古》2009 年第 7 期)

　　3 月　湖北文物考古所刘辉等在**孝感市**朋兴乡，发掘**叶家庙屈家岭文化晚期城址**，工作至 8 月。城址的规模较大，平面呈较规整的长方形，面积约 30.8 万平方米；北部城垣和南部城垣的一部分保存较好，底部宽 30 余米，最高处 5 米左右；城垣外发现比较完整的环城壕沟。城内东南隅，揭露圆形和方形房基各 2 座等居住遗迹。又在城西发现大片墓地，清理墓葬 28 座、瓮棺葬 49 座。另外，在城址附近的杨家嘴、何家埠二地发现同时期的聚落遗址。(《中国考古学年鉴（2009）》第 290—292 页）

3 月　山东大学考古系与山东文物考古所、东营市历史博物馆合作，由王青领队，对**东营市南河崖西周煮盐遗址**进行发掘，工作至 6 月。本年发掘面积 915.3 平方米，揭露遗迹 50 多个，其中包括卤水坑、刮卤摊场、盐灶、淋卤或储卤坑、房址、灰坑等。所出时代特征明确的鬲、豆、簋等陶器表明，遗存的年代属西周中期前后。发掘者根据其基本不见一般遗址常见的石器等农业生产工具，又发现几座"盐灶"并出土较多用于煮盐的盔形器，推断此处为一煮盐遗址。(《山东东营市南河崖西周煮盐遗址》，《考古》2010 年第 3 期）

4 月　山东文物考古所与北京大学考古文博学院合作，由王守功领队，李水城、燕生东等参加，对**寿光市双王城一带的商周时期盐业遗址群**，在 2003—2007 年多次考查的基础上作进一步发掘，工作进行至 12 月。本年全面揭露 014A 制盐作坊遗址，并发掘 07、SS8 二遗址，发掘面积共计 5000 平方米，发现一批与制盐有关的遗迹，其中有坑井、各类坑池、大型盐灶、储卤坑、灶棚、盐工居住区等，为研究商周时期制盐的工艺流程提供详细资料。曾被列入 2008 年"十大考古新发现"。(《山东寿光市双王城盐业遗址 2008 年的发掘》，《考古》2010 年第 3 期）

5 月　9—11 日，北京市文物局主办、北京文物研究所等单位协办的"汉代文明国际学术研讨会"在北京举行。中国内地和香港，以及日本、韩国、美国的学者 120 余人出席。会议围绕"汉代文明""汉代历史与文化""幽燕地区汉代文明""大葆台汉墓

相关问题"进行了研讨。(《"汉代文明国际学术研讨会"纪要》,《考古》2008年第11期)

5月　河南文物考古所聂凡等,对20世纪60年代曾作相当规模发掘的**淅川县龙山岗**(旧称"黄楝树")**遗址**,重新进行大规模发掘。截至2011年末,四年发掘面积共计9814平方米。这次的主要发现是仰韶文化晚期遗存,有前所未见的防洪堤防,房址72座(32座为圆形,其余多为长方形双间),灰坑77个,及祭祀坑等遗迹。屈家岭文化有房址29座、灰坑162个。石家河文化这次未发现房址,仅有灰坑79个。王湾三期文化有灰坑170个。这是河南西南隅毗邻汉水中游的新石器时代遗址,学术价值自不待言。(《中国考古学年鉴(2012)》第284—286页)

6月　3—5日,由社科院考古所和社科院国际合作局共同举办的"第四届东亚考古学大会"在北京举行,包括中国在内的25个国家和地区的200余位学者出席。会议设置23个专题组和5个综合组,进行了广泛的研讨。这是东亚考古学会成立以来与会学者最多的一次。(《第四届东亚考古学大会综述》,《考古》2009年第2期)

6月　郑州文物考古研究院张松林等,自2005年5月至本月,在**荥阳市娘娘寨两周城址**进行考察与发掘。钻探发现面积为100多万平方米的外城,始建于春秋时期,战国时期扩建。内城平面呈长方形,城垣现高4米,始建于西周晚期,揭露出城门、夯土基址、房址、陶窑、水井等遗迹。发掘19座西周墓葬,均为小型竖穴墓,随葬鬲、豆、罐等陶器,年代为西周早期至晚期。这是郑州地区发现的第一座两周时期城址。曾被列入2008年"十大考古新发现"。(《河南荥阳娘娘寨城址西周墓葬发掘简报》,《文物》2009年第9期)

6月　南京博物院考古所张敏等与无锡市第三次全国文物普

查办公室人员，自 2007 年初至本月，对地处无锡、常州二市交界处的**吴国阖闾城遗址**进行勘察。阖闾城包括大城和东、西小城，筑城年代为春秋晚期。两座小城位于大城西北部，面积约 50 万平方米，发现陆门和水门 4 座；大城的面积约 2.94 平方公里，是小城面积的 6 倍，根据物探也应有水门。西小城的南区，发现 4 座大型高台建筑遗迹；北区也发现一座大型高台建筑遗迹。这对于研究春秋时期的吴国历史和中国都城发展史，都有重要的意义。曾被列入 2008 年"十大考古新发现"。（《中国考古学年鉴（2009）》第 188—189 页）

7 月　18—20 日，北京大学震旦古代文明研究中心、河南省和郑州市文物考古所共同主办的"早期夏文化学术讨论会"在郑州举行。国内有关科研单位及美国哈佛大学的学者 90 余人出席。（《中国考古学年鉴（2009）》第 477 页）

7 月　社科院考古所、内蒙古文物考古所辽祖陵联合考古队，由董新林领队主持，发掘巴林左旗辽祖陵陵园内的一号陪葬墓、甲组建筑基址，及陵园外的龟趺山建筑基址，工作进行至 9 月。一号陪葬墓位于外陵区西侧，凿山而建，由墓道、甬道，前中后室和两耳室组成，曾遭严重盗掘，残存的随葬物品中有鎏金器物和墓志残片，但无法获知墓主为何人。甲组建筑基址在祖陵玄宫东南，由三个单体建筑组成，发掘其中两座，西侧的体量较大，出土雕花覆盆式柱础、鸱吻残片等，显示其规格较高，推测属于与祖陵祭祀有关的陵寝建筑基址。龟趺山建筑基址地处祖陵通往奉陵邑祖州城必经的路上，由柱网布局推断，应为重檐庑殿顶土木结构建筑；巨大的石龟趺在建筑基址中央，发现契丹大字和汉字双语石碑残片，推测应为"辽太祖纪功碑"。曾被列入 2008 年"六项考古新发现"。（《内蒙古巴林左旗辽代祖陵陵园遗址》，《考古》

（2009 年第 7 期）

　　7 月　甘肃文物考古所、西北大学考古研究中心合作，由毛瑞林领队，钱耀鹏等参加，对**临潭县磨沟村齐家文化墓地**进行发掘。截至 11 月，发掘面积 1700 余平方米，揭露 16 排 346 座齐家文化墓葬，分布密集，不乏叠压关系。其中竖穴偏室墓约占70%，无偏室竖穴墓较少，而偏室墓又以单偏室居多（主要是左偏室），双偏室墓较少，还有少量三偏或多偏室墓，偏室者又多为合葬墓。随葬的陶器和石、骨、铜器，置放在偏室或另设的壁龛中。该墓地发现的合葬现象，既普遍又复杂，一般 2—9 人，又以 3—5 人为多，不少是成人与儿童合葬，有一次葬、二次和多次葬及殉葬等现象。墓地反映的当时社会情况，有待于深入研究。曾被列入 2008 年"六项考古新发现"和"十大考古新发现"。（《甘肃临潭县磨沟齐家文化墓地》，《考古》2009 年第 7 期；《甘肃临潭磨沟齐家文化墓地发掘简报》，《文物》2009 年第 10 期）

　　8 月　2—3 日，国家社科基金重大委托项目《新疆通史》编委会在乌鲁木齐召开"新疆史前考古学术研讨会"，来自国内高等学校、科研院所的有关学者 30 余人出席。（《"新疆史前考古学术研讨会"纪要》，《文物》2008 年第 12 期）

　　8 月　28 日，社科院考古所、吉林大学、四川大学、中山大学的有关考古学者，共同在长春举办"边疆民族考古与民族考古学论坛·2008"，主要讨论新疆、西藏、内蒙古和东北地区的最新考古发现与研究。（《中国考古学年鉴（2009）》第 477 页）

　　8 月　安徽文物考古所与蚌埠市博物馆合作，由阚绪杭领队，于 2006 年末至本月，发掘**蚌埠双墩村一号春秋墓**。墓葬形制甚特殊，地面有直径 60 米、高 9 米的封土，封土底部有范围基本一致的圆璧形纯白土垫层，其下为直径 20.2 米、深 7.5 米的圆形竖穴墓坑，墓坑东侧有一条台阶式短墓道，共14级，墓道两壁和底部用白泥抹平，墓主棺椁置于墓坑中央，东、西、北三侧横置殉葬棺各3具，南侧横置殉葬棺一具及随葬椁一具。出土的随葬器物有青铜钮钟9件，鼎两种5件，簠4件，豆、罍、勺各2件，瓶、盂、盘、匜各1件，以及兵器和车马器等，又有玉器和陶器。发掘者根据钮钟、簠和戟的铭文中有"童丽君柏"等字，推断墓主应是名叫"柏"的钟离国君。钟离是春秋时期淮河中游的重要方国，文献记载甚少，该发掘学术价值自不待言。曾被列入2008年"六项考古新发现"和"十大考古新发现"。(《安徽蚌埠市双墩一号春秋墓葬》，《考古》2009年第7期；《春秋钟离君柏墓发掘报告》，《考古学报》2013年第2期)

8月　南京市博物馆祁海宁等于2007年9月以来至本月，发掘位于**南京城南中华门外的明代大报恩寺遗址**。在遗址北区发掘1200平方米，确认了大殿遗迹，并清理观音殿和法堂，特别是发掘北宋长干寺真身塔塔基。北宋塔基位于大殿之后，始建于大中祥符四年（1011年），平面呈正八角形，外围四层，中心地宫则为圆形，系就山体垂直下挖而成。地宫下部瘗埋"金陵长干寺真身塔藏舍利石函"，石函内以金棺、银椁、七宝阿育王塔及铁函套装，恭奉东晋长干寺传承下来的10颗"佛祖真身舍利"、"佛顶真骨"等圣物，以及诸多供养器物。后继续进行发掘的收尾工作。这项发掘，全面地揭示明代大报恩寺北区主要建筑的位置、规模和格局，有助于恢复这座皇家寺院的原貌。曾被列入2010年"十大考古新发现"。(《中国考古学年鉴（2009）》第192页)

9月　7—9日，社科院考古所与内蒙古自治区文化厅暨鄂尔多斯市党政机关共同举办的"鄂尔多斯青铜器国际学术研讨会"在鄂尔多斯市召开。国内有关省区考古单位和部分高校的代表，德、法、俄、蒙、韩、日的学者，共计70余人出席。会议围绕"鄂尔多斯青铜器""北方青铜器时代和早期铜器时代文化""北方草原青铜文化与中原青铜文化的关系""欧亚草原丝绸之路"等专题展开讨论。(《中国考古学年鉴（2009）》第478页)

9月 北京大学考古文博学院与陕西考古研究院合作，徐天进、雷兴山等参加，对**岐山县周公庙遗址**进行发掘。截至12月，发掘面积总计2000平方米。在**庙王村地点**（Ⅲ A1区），清理商周时期的灰坑等遗迹近百座，以及龙山时代的房址、陶窑、灰坑等遗迹近60座。其中最重要的发现是客省庄二期文化的院落，由两孔窑洞、一个天井和通道组成，窑洞壁和地面涂抹草拌泥与白灰面，窑洞口有壁炉式灶。在**祝家巷地点**（Ⅲ A2），发掘一条西周时期的壕沟，出土卜甲7651片（685片有字），辨识刻辞1600字，字数超过以往发现西周甲骨文字的总和，提及的人名有王季、文王、王、周公、毕公、召公等，重要地名有"周""新邑""商"等。在**折树棱地点**（Ⅳ A2），清理西周早中期的中小型墓73座、殉马坑2座、房址2座等。曾被列入2008年"十大考古新发现"。(《中国考古学年鉴（2009）》第422页)

10月 22—26日，中国考古学会第十一次年会暨第五届会员代表大会在北京召开，中心议题是"改革开放三十年来的中国考古学"。来自全国各省、市、自治区的120名代表和30多位列席学者出席会议，收到论文80多篇。会员代表选举产生第五届理事会，张忠培为理事长，王巍、童明康、赵辉为副理事长，陈星灿为秘书长；又推举徐苹芳、黄景略、严文明、王仲殊、谢辰生、石兴邦、何介钧、张柏、傅熹年、麦英豪、佟柱臣、张长寿为名誉理事。(《中国考古学年鉴（2009）》第468—473页)

10月 27—30日，社科院考古所科技考古中心与江西万年县政府共同举办的"栽培稻与稻作农业的起源国际学术研讨会"在江西万年县举行，来自国内外的 50 多位有关学者出席。会议围绕三个议题进行了讨论：稻作农业的起源与传播——理论与实践；考古出土稻谷遗存的鉴定标准；DNA 分析与栽培稻起源。(《中国考古学年鉴（2009）》第 480—481 页）

10 月　29 日，陕西省考古研究院举行建院 50 年纪念活动，来自国内外的 500 多位人员出席庆典仪式。其间，曾举办"考古学与文化遗产保护"等三个学术论坛。(《中国考古学年鉴（2009）》第 480 页）

10 月　30—31 日，社科院考古所与安阳市人民政府、河南省文物局共同举办的"殷墟考古发掘 80 周年纪念活动暨考古与文化遗产论坛"在安阳举行。来自国内外的 200 余位代表出席。(《中国考古学年鉴（2009）》第 481 页）

10 月　贵州文物考古所张改课、张兴龙等，对**贞丰县孔明坟新石器时代遗址**，在 2007 年发掘的基础上继续发掘，工作进行至 2009 年 1 月。主要收获是发现较为丰富的石器制作场遗迹，面积超过 500 平方米，有许多石料堆和废料坑，以大块石砧为中心的加工点，以及结构简陋的临时性围栏式房址。如此规模的石器制作场颇为罕见，对我国新石器加工技术的研究有重要意义。(《中国考古学年鉴（2009）》第 402—403 页）

10 月　成都文物考古所谢涛等自 2007 年 10 月至本月，发掘**成都市江南馆街北侧唐宋时代街坊遗址**。发掘面积 4800 平方米，清理出唐宋时代的纵横交错的铺砖大道 4 条、泥土路面的支路 4 条、房址 22 座、地下大小排水道 16 条；明清时代的道路 1 条、房址 8 座、水井 3 口。其中，唐宋时代的主次街道、房址，及配套的排水系统，是这次发掘的重大发现。曾被列入 2008 年"十大

考古新发现"。(《中国考古学年鉴（2009）》第389页）

10 月　宁夏文物考古所孙昌盛等在**银川市西夏王陵区**，自2007年7月至本月，对六号陵的地面遗迹进行清理发掘，发掘面积近1万平方米。发现的遗迹包括角台4、阙台2、碑亭2，及月城、陵城和防洪墙。获知西夏陵在基本制度上与唐宋陵一脉相承，但许多方面有独特的民族特征；而每座帝陵又有自身的特征，六号陵的门址、角台、阙台、碑亭和献殿，在形制上与三号陵有很大区别，表面装饰也不完全相同。(《中国考古学年鉴（2009）》第452—453页）

10 月　湖南文物考古所尹检顺等发掘**湘阴县青山新石器时代遗址**。截至12月，发掘面积355平方米，揭露的遗迹包括房址、灰坑、黄土台、围栅和墓葬。房址建在人工堆筑的黄土台上，成排分布，其中稍完整的一座为长方形，面积近50平方米，残存基槽和少量柱洞，黄土台的范围尚不清楚，其北侧发现一段长约13米的围栅。出土遗物丰富，根据陶器特征分析，遗址的年代大约相当于大溪文化中晚期，但其文化性质较复杂，既有湘江中下游当地的文化因素，又有西北方大溪文化的强烈影响，以及东北方江汉平原的文化因素。(《中国考古学年鉴（2009）》第342—343页）

10 月　社科院考古所唐际根、何毓灵等在**安阳市洹北商城遗址**，发掘宫殿区2号基址。截至12月，发掘面积1800平方米，揭露了该基址北部主殿的大部分、南庑门道以东和东庑南部，以及西庑北部。2号基址与1号基址比较，规模较小，总面积5992平方米（1号基址为1.6万平方米）；平面亦呈"回"字型，东、南、西三面为廊庑建筑，北部正中为主殿，主殿两侧有"耳庑"。发掘者根据地层关系判断，2号基址使用和废弃的年代，与1号基址同属中商三期，有可能是一组建筑的不同部分。(《河

南安阳市洹北商城宫殿区二号基址发掘简报》，《考古》2010年第1期）

10月 云南文物考古所蒋志龙等会同当地文物单位人员，对**澄江县金莲山墓地**，继2006年抢救性发掘和2007年勘探之后，进行第二次发掘。工作进行至2009年4月，清理墓葬266座，属典型的石寨山文化，年代约当春秋至东汉初期。大部分墓直接在基岩上开凿，未发现葬具，有单人葬与合葬，最具特色的葬俗是将多具个体层层叠葬，用填土间隔。随葬品以青铜器为主，包括生产工具、生活用具和武器。又初次发现器形较小的锄、铲等明器。墓地附近还第一次发现祭祀的遗迹。《中国考古学年鉴（2010）》第406—407页）

10月 山东文物考古所郑同修、高明奎等，发掘**高青县陈庄村西周早中期城址**。至2010年2月，历时17个月，发掘面积近9000平方米，确认其为一处西周早中期城址。城址平面近方形，长宽各180余米，面积不足4万平方米，四周有壕沟环绕。城内发现多处破坏严重的夯土和房基，水井和道路，以及1000多座灰坑（平面呈椭圆形和不规则形者居多）；又发现墓葬14座、车马坑1座（三车）、马坑5座；其中6座墓葬为出土青铜器的贵族墓，M18随葬的9件青铜器中7件有铭文，系名叫"丰启"的贵族为"厥祖齐公"所作器。这是山东地区年代最早的西周城址，并且与齐国有关。曾被列入2009年"六项考古新发现"和"十大考古新发现"。（《山东高青县陈庄西周遗址》，《考古》2010年第8期；《山东高青县陈庄西周遗存发掘简报》，《考古》2011年第2期）

12月 4—6日，社科院考古所和广州市文化局主办的"西汉南越国考古与汉文化国际学术研讨会"在广州召开。海峡两岸暨香港的学者100多人，以及来自日本、韩国、越南、法国、德国的学者14人出席会议。收到论文80余篇。（《"西汉南越国考古与汉

文化国际学术研讨会"纪要》,《考古》2009年第6期)

本年 陕西考古研究院王炜林等于2004年以来,发掘**高陵县杨官寨新石器时代遗址**,本年所作发掘最为显著,五年发掘面积共计17278平方米,揭露房址49座、陶窑26座、水井5口、灰坑896个、壕沟9条,及墓葬45座、瓮棺葬32座等。基本摸清该遗址的范围和时代,遗址大体分为南北两区:北区主要分布庙底沟文化遗存,发现周长1945米的环壕,西部有一门址;南区主要分布半坡四期文化遗存,重要收获是发现成排的房址、陶窑和储藏陶器的窖穴,可能是陶器作坊区。这对于丰富庙底沟文化和半坡四期文化的田野考古资料,加深对关中地区仰韶文化的认识,有重要的意义。曾被列入2008年"六项考古新发现"和"十大考古新发现"。(《陕西高陵县杨官寨新石器时代遗址》,《考古》2009年第7期)

2009年

2月 陕西考古院张在明等会同延安市和富县文物单位人员,对富县**桦沟口秦直道遗址**进行调查发掘,5月结束。发掘面积1200平方米,揭露50余米长的直道遗迹,有车辙印重叠的路面,又有厚5米的夯土护坡。直道狭窄处两侧清理的建筑基址中,最大者面积200余平方米,应是当时的关卡遗迹。曾被列入2009年"十大考古新发现"。(《中国考古学年鉴(2010)》第428—429页)

2月 陕西考古院李举纲等在西安南郊韦曲夏殿村,发掘**蒙元时期刘黑马及其家族墓地**,5月结束。刘黑马为元太宗窝阔台所立汉军三万户之首,卒于元世祖忽必烈中统二年(1261年),即国号改称大元以前。墓地等级较高,排列有序,形制完整,随葬品丰富。发掘的12座墓中4座有墓志,内容可与《元史》等历史文献的记载勘证。该发掘为蒙元时期历史文化的研究提供重要的资料。(《西安南郊大朝刘黑马墓发掘简报》,《考古与文物》2015年第4期;《元代刘黑马家族墓发掘报告》, 文物出版社, 2018年)

2月　河北文物所张晓峥等在**磁县讲武镇刘庄村西**, 发掘北**齐皇族高孝绪壁画墓**, 8月结束。该墓现存封土高近6米, 地下由墓道、甬道、墓室组成, 墓道两壁绘基本对称的人物仪仗出行图, 保存较为完整。出土彩绘陶俑、青瓷罐、步摇金饰片、金币等。该墓的发现, 廓清了北齐皇宗陵域的大致范围, 对磁县北朝陵墓的研究有重要意义。(《中国考古学年鉴(2010)》第155页)

2月　河南文物考古所韩朝会等发掘**淇县宋庄东周墓地**, 2010年5月结束。墓葬排列有序, 清理的17座东周墓中, 有7座"甲"字形墓。墓底有椁室、边箱、人殉和腰坑, 随葬的青铜礼器为列鼎(多则7件、少则3件)、敦、豆、壶、盘、匜, 及编钟、编磬等。大中型墓出土青铜器共计260余件(套), 另有陶器、玉器等。这是过去不知的一处东周贵族墓地。(《中国考古学年鉴(2011)》第319页)

3月　南京博物院周润垦等会同**张家港市**文博单位人员, 在2008年8—11月发掘的基础上, 继续发掘金港镇**东山村新石器时代遗址**, 工作持续至2010年2月。发掘总面积2300多平方米, 主要收获是发掘10多座马家浜文化墓葬, 并在马家浜文化地层中漂洗出炭化稻米遗存; 揭露一处崧泽文化时期的聚落遗址和墓地, 特别是首次发现崧泽文化早中期的高等级大墓(9座)。曾被列入2009年"六项考古新发现"和"十大考古新发现"。(《江苏张家港市东山村新石器时代遗址》,《考古》2010年第8期;《张家港东山村新石器时代遗址发掘报告》,《考古学报》2015年第1期)

3月　上海博物馆考古部人员在**松江区广富林遗址**东部再次

进行发掘。截至 7 月，发掘面积 5700 平方米。发现不同时期的遗迹和遗物。主要收获是发现崧泽文化向良渚文化过渡阶段的遗存，有半地穴式地灶和垃圾坑；良渚文化晚期墓地的 11 座墓葬，主要分布在一个土台上，并有用狗祭祀现象；而广富林文化早、晚期遗存尤为丰富，为进一步研讨广富林文化及其与周边地区古文化的关系，提供了重要资料。(《中国考古学年鉴（2010）》第 210—211 页）

3 月　洛阳文物二队严辉等，在邙山地区发掘一批东汉、魏晋、北朝等时期墓葬。其中朱仓 M722 和 M707 **两座东汉晚期帝陵**，发掘至 2010 年 9 月，均为"甲"字形明券大墓，有庞大的封土，周围有大面积建筑遗存，出土建筑材料、生活用具等，器物形制多与其他东汉遗址和墓葬有所不同，发掘者推测墓主为汉顺帝和冲帝。孟津大汉冢西侧的**曹魏大墓**（ZM44），2009 年 5 月至 2010 年 5 月发掘，亦为"甲"字形砖券多室墓，由墓道、甬道、前室和耳室、南北侧室、后室组成，出土甚少的遗物中有"曹休"的铜印，表明墓主为曹操族子，其在曹丕驾崩时与司马懿等同为受遗诏辅政的重臣。(《洛阳孟津朱仓东汉帝陵陵园遗址》《洛阳孟津大汉冢曹魏贵族墓》,《文物》2011 年第 9 期）

4 月　安徽文物考古所贾庆元等在固镇县濠城镇，继续对**"楚汉垓下之战"遗址**进行勘探和与发掘，10 月结束。经 2007、2008 年以来至本年的工作，确认城址的规模，平面呈圆角长方形，包括城垣和护城河，总面积近 20 万平方米。城垣下层属大汶口文化晚期，上层属秦汉时期。城内揭露的遗迹，大汶口文化晚期有排房、陶窑、灰坑、墓葬等，房址的红烧土含大量稻谷；秦汉时期有夯土基址、道路、排水沟以及水井等。史前时期城垣的发现，是淮河流域文明起源研究的一大收获。曾被列入 2009 年

"十大考古新发现"。(《中国考古学年鉴（2008）》第226—227页;《中国考古学年鉴（2010）》第249—250页)

　　4月　西北大学文博学院段清波等与陕西考古院人员，在榆林、延安、渭南三市的16个县（区），进行**早期长城遗迹**的考察，共调查战国、秦、汉、隋等时代长城将近1700公里，工作进行至11月。其中，榆林市榆阳、神木、横山、靖边、定边五县（区）新发现隋长城约500公里，大部分地段系因袭秦昭襄王时期长城（200余公里）并被明长城沿用;汉故塞长城则在秦昭王长城基础上进行修补而成。另外，又在富县、黄陵、宜君等县发现战国魏长城。(《中国考古学年鉴（2010）》第433—434页)

　　4月　内蒙古文物考古所曹建恩等在**赤峰市**文钟镇，发掘二**道井子夏家店下层文化聚落遗址**。截至11月，发掘面积5200平方米。主要收获是发现平面大体呈椭圆形的环壕及其内侧堆筑的城墙，环壕南北长约190米、东西宽约140米，城内发现由房址、窖穴、院墙组成的4个完整院落。揭露房址149座，绝大多数是土坯垒砌的圆形地面建筑，直径4—5米左右。这是目前发现房址最多的夏家店下层文化聚落。曾被列入2009年"六项考古新发现"和"十大考古新发现"。(《内蒙古赤峰市二道井子遗址的发掘》，《考古》2010年第8期)

　　4月　陕西考古院田亚岐等在**凤翔县**雍城遗址，对**秦公陵园**进行勘探。基本了解6号陵园的兆沟、中兆的布局走向和门址结构，并在中兆沟的外侧继续发现中小型墓，至12月数量增至700余座，又对其中2座中小型墓及附葬的3座车马坑进行了发掘。详细钻探1号陵园，重新确认的基本情况与6号陵园一致，在中兆沟的外侧新发现中小型墓300余座。通过对两座陵园的勘探与发掘，进一步认识陵园兆沟内遗迹的情况，除历代享国秦公的

"中"字形和"甲"字形大墓，其他则为陪葬的中小型墓、车马坑和祭祀坑。(《中国考古学年鉴（2010）》第429页)

4月　陕西考古院焦南峰等会同咸阳市文物考古所人员，对**西汉帝陵**再次进行勘察发掘。至12月，先后勘探并测绘了汉惠帝安陵、元帝渭陵、哀帝义陵，都发现围墙、建筑基址、陪葬墓和外藏坑。又曾发掘汉武帝茂陵陵园内的两座外藏坑。曾被列入2009年"十大考古新发现"。(《中国考古学年鉴（2010）》第434—435页)

5月　社科院考古所与日本奈良文化财研究所合作，由钱国祥负责，自2008年4月至本月，**在洛阳汉魏故城发掘北魏宫城的2号建筑基址**，并发现周边的道路和沟渠遗迹。这是一座三门道殿堂式门址，夯土台基东西长44.5米，南北宽24米，除不设双阙外，其布局结构、规模大小均与阊阖门相似。该门址位于阊阖门与太极殿之间的北魏宫城主要建筑轴线上，因而学术价值极为重要。(《河南洛阳市汉魏故城新发现北魏宫城二号建筑遗址》，《考古》2009年第5期)

7月　社科院考古所傅宪国、梁中合、王吉怀等，应香港古物古迹办事处的邀请，自2008年11月至本月，前往**香港新界**，发掘屯门南部的**扫管笏遗址**。发掘面积总计4000平方米，揭露相当于商至西周时期、相当于东周时期，以及汉代的遗存。包括三个阶段的活动面、24座灶址、4座房址、6座墓葬。(《香港屯门扫管笏遗址发掘简报》，《考古》2010年第7期)

7月　辽宁文物考古所华玉冰等在**阜新市**旧庙镇**代海营子**，发掘一处**青铜时代墓地**。发掘面积3350平方米，揭露62座长方形竖穴墓。墓葬排列有序，大部分头向为北偏东，除两座夫妻合葬外均为单人葬，其中又有两座有墓道。该墓地处于夏家店下层文化和高台山文化的交汇地，既具有墓坑之外设器物坑或器物台、陶器多有红色陶衣并扣置等高台山文化特点，又出土典型的夏家店下层文化陶鬲，有助于研究两种文化之间的关系。（《中国考古学年鉴（2010）》第 191—192 页）

7 月 山东文物考古院与北大考古文博学院、济南考古所合组考古队，由赵化成领队，发掘**东平陵城遗址的铸造区**。2012 年秋又由杨哲峰领队，进行第二次发掘。发掘面积合计 900 多平方米，先后揭露战国晚期至东汉早中期的保存情况各异的熔铁炉10 座（本年 4 座，2012 年 6 座。前者炉基为双圈结构，后者有反复使用迹象），以及房基、藏铁坑、石灰坑、烘范窑、储泥坑、水井等遗迹，出土遗物也多与铸铁有关，属于以输入原材料加工铁器的铸造作坊遗址。这为研究当时铁器生产和铁官制度提供了重要资料。（《济南市章丘区东平陵城遗址铸造区 2009 年发掘简报》，《考古》2019 年第11 期；《济南市章丘区东平陵城遗址铸造区 2012 年发掘简报》，《考古》2020年第 12 期）

7 月 四川文物考古研究院陈卫东等在**茂县城关**，发掘战国至东汉时期的**石棺葬墓地**。清理 54 座墓，均为长方形石棺，得以明确了解其营造方式，葬式以仰身直肢为主，又有二次葬与火葬。随葬品有陶器和青铜兵器，本地文化因素较多，又有少量巴蜀文化因素，几种文化因素并存。这是岷江上游地区目前发掘最大的石棺葬墓地，对该地区石棺葬文化的进一步研究有重要意义。（《中国考古学年鉴（2010）》第 365—366 页）

8 月 11—15 日，中国考古学会第十二次年会在哈尔滨举行。中心议题是"东北地区考古"和"考古学文化区系类型的理论与实践"。与会代表 109 人。收到论文 80 多篇。会上对我国文化遗产保护方面存在的问题表示极大的关注，讨论通过了《关于加大对盗掘古墓等犯罪活动打击力度的呼吁书》《关于加大对行政违法、破坏文物案件查处力度的呼吁书》。(《中国考古学年鉴（2010）》第 477—484 页）

8 月 20—25 日，为加强"丝绸之路"学术研究、推进"丝绸之路"申报联合国世界文化遗产进程而召开的"丝绸之路国际学术研讨会"在银川举行。联合国教科文组织驻北京办事处、国家文物局的官员，海峡两岸的中国学者，以及来自日本、德国、英国、俄罗斯、法国的学者，近百人参加会议。收到论文近 50 篇。会上就"考古学与丝绸之路""丝绸之路上的历史与宗教、语言的研究"以及相关问题的研究，进行了交流与研讨。(《宁夏2009 年丝绸之路国际学术研讨会综述》,《考古》2010 年第 3 期）

8 月 北京大学考古文博学院王幼平与郑州文物考古研究院人员合作，在**新密市**发掘**李家沟石器时代遗址**。至 12 月，发掘面积将近 30 平方米，发现从旧石器晚期向新石器时代过渡的信息，^{14}C 加速器测年数据为距今 10500—8600 年左右。曾被列入 2009年"十大考古新发现"。(《中国考古学年鉴（2010）》第 284—285 页）

9 月 南京博物院李则斌等在**盱眙县大云山汉墓区**，进行全面勘探与抢救性发掘，揭露出较完整的**西汉江都王陵园**，至 2011年 12 月结束。陵园平面近正方形，边长 490 米，四面筑有陵墙。陵园内，东南部有两座覆盖同一封土的主墓（M1 和 M2），墓坑均为有南北墓道的"中"字形，前者墓室结构为"黄肠题凑"，后者是周围设边箱的木椁，都发现镶玉内棺和金缕玉衣残片；两墓虽经严重盗扰，仍出土大量陶、铜、金银、玉、漆木器物，M1所出多达 8000 余件（套），有许多重要遗物。另有位于西南部的M3，墓坑亦为"中"字形，但因已遭严重盗掘及焚毁，情况完全不明。车马坑和兵器坑各 2 座，陪葬墓 11 座，也有不少重要发现。根据葬制等级高，特别是发现"江都宦者"铭文铜器和"江都饮长"封泥，以及纪年铭文铜器，确认大云山墓地是西汉第一代江都王刘非的陵园。曾被列入 2011 年"六项考古新发现"和"十大考古新发现"。（《江苏盱眙县大云山汉墓》，《考古》2012 年第 7 期；《江苏盱眙县大云山西汉江都王陵一号墓》及《江苏盱眙县大云山西汉江都王陵东区陪葬墓》，《考古》2013 年第 10 期；《江苏盱眙大云山江都王陵二号墓发掘简报》，《文物》2013 年第 1 期）

9 月　河北文物研究所与北京大学考古文博学院合作，由秦大树领队，发掘曲阳县涧磁岭、北镇村、涧磁西、燕川村四个地点的宋金元时期定窑遗址。截至 12 月，发掘面积总计 796 平方米，清理各类遗迹 94 处，包括窑炉 11 座、作坊 12 处、房基 3 座、灰坑 45 个，出土数以吨计的瓷器和窑具，其中完整和可复原的标本达数千件，发现一些重要的纪年材料。取得的主要收获是：通过中晚唐到元代地层的清理，为全面了解定窑的生产历史和工艺发展，提供了翔实的资料；判定定窑的创烧时间为中晚唐时期，早不过中唐；元代的生产规模仍非常大，但产品质量下降，与宋金时期的精美定瓷已相差甚远。出土一批反映各个时期贡御情况的有款器物，是研究定窑贡御瓷器生产官作体制的重要资料。曾被列入 2009 年"十大考古新发现"。（《中国考古学年鉴（2010）》第 155—156 页；《河北曲阳县涧磁岭定窑遗址 A 区发掘简报》，《考古》2014 年第 2 期）

10 月　19—23 日，科学院古脊椎所、中国第四纪科学研究会等单位主办的"纪念北京猿人第一头盖骨发现 80 周年国际古人类学学术研讨会暨第一届亚洲第四纪研究学术大会"在北京召开，会议的主题是"人类演化与环境变迁"。来自 20 多个国家和地区的近 300 位学者参加，分别就"人类起源与进化""古人类行为与

文化""亚洲地质环境演变与人类活动"三个专题进行讨论。(《中国考古学年鉴(2010)》第 489 页)

10 月　江西文物考古所萧发标,对**高安市华林**风景名胜区周岭村的**宋元明时期造纸作坊遗址**进行发掘,进行至 12 月。2007年 9—10 月曾对此处作过发掘,发现的遗迹有 4 处敲打粉碎竹段的水碓、20 处沤竹麻池,以及蒸煮竹麻遗留的大片烧土、晒料与拌灰的工作台等。本年清理福纸庙的 1 处作坊遗址,及周岭村和西溪村的各 7 座水碓遗址。这是首次发现并发掘古代造纸作坊遗址,多数遗迹属于明代,下层尚存宋、元时代残迹。曾被列入2009 年"六项考古新发现"和"十大考古新发现"。(《江西高安市华林造纸作坊遗址发掘简报》,《考古》2010 年第 8 期)

11 月　17—20 日,国家文物局和中国考古学会主办,河南省文物局和河南文物考古学会承办的"南水北调中线工程考古发现与研究学术研讨会"在郑州举行。有关省市文物局、考古文博机构、高等学校考古院系的代表 80 余人出席会议。围绕"南水北调中线工程考古发现与研究""考古立项与多学科综合研究"等问题进行了充分研讨。(《"南水北调中线工程考古发现与研究学术研讨会"纪要》,《华夏考古》2010 年第 3 期)

11 月　20—22 日,北京大学中国考古学研究中心等单位主办的"汉唐西域考古:尼雅、丹丹乌里克遗址国际学术研讨会"在北京举行。国内若干省区及日本、德国的 60 多位学者参加会议。会上就"尼雅、丹丹乌里克遗址出土文物研究""西域古代历史、语言文字、宗教和人类学研究""汉唐西域与丝绸之路研究"以及今后新疆考古工作的规划等问题,展开了热烈的讨论。(《中国考古学年鉴(2010)》第 490 页)

12 月　浙江文物考古所楼航等,基本结束在**杭州余杭区玉架**

山良渚文化环壕聚落遗址的发掘。该工作开始于 2008 年 10 月。遗址面积近 2.5 万平方米，发掘面积 7700 平方米。环壕内发现大型堆筑土台及可能为祭祀场所的"沙土面"遗迹、居址 4 座、灰坑 8 个、墓葬 160 座。其中一座规格较高的墓葬，第一次发掘出土刻符玉璧。环壕外部的"水稻田"遗迹，经钻探面积约达 1 万平方米以上。如此结构完整的环壕聚落遗址，在长江下游的新石器时代考古中尚属首次发现，是研究良渚文化小型聚落的重要资料。（《中国考古学年鉴（2010）》第 233 页）

　　12 月　14、15 日，社科院考古所与浙江省和嘉兴市文物单位共同主办的"马家浜文化国际学术研讨会"在浙江嘉兴举行。来自全国 21 个考古研究机构和高等院校，日本、美国、澳大利亚、保加利亚、韩国的学者，以及联合国教科文组织驻北京办事处官员，共 60 余人出席。收到论文 30 多篇。这是关于马家窑文化专题规模最大的一次讨论会，围绕近十年来马家浜文化遗存的发现，马家浜文化的分期和区域特征，马家浜文化的聚落和墓地、稻田和农业及自然环境等问题，进行了讨论。（《中国考古学年鉴（2010）》第 491—492 页）

　　12 月　28—30 日，社科院考古所与郑州文物考古研究院共同主办的"中国聚落考古的理论与实践——纪念新砦遗址发掘 30 周年学术研讨会"在河南新密市召开。来自全国 20 多个考古文物单位及日本驹泽大学等单位的 80 余位学者参加。会上围绕中国聚落考古与新砦遗址的有关学术问题进行了讨论，内容涉及中国新石器时代和夏商周时期聚落考古，以及聚落考古理论与方法的相关问题。（《中国考古学年鉴（2010）》第 493 页；《中国社会科学院古代文明研究中心通讯》第 19 期第 1—5 页）

　　本年　河南文物考古所潘伟斌等自 2008 年末以来，发掘**安**

阳县西高穴村的两座东汉末期大墓。其中 2 号墓为有斜坡墓道的砖砌、券顶多室墓，前后室都有左、右两个侧室，地面均铺青石。后室及其侧室发现木棺，及男性头骨一、女性人骨二具。墓室发掘进行至 2010 年 9 月基本结束。该墓曾遭严重盗掘，发掘者根据残存的随葬品中有带"魏武王常所用"等字石牌，主张这就是曹操所葬高陵。但有些学者认为论据不足，持保留态度。2011年 3—5 月又作补充发掘。曾被列入 2009 年"六项考古新发现"和"十大考古新发现"。(《河南安阳市西高穴曹操高陵》，《考古》2010年第 8 期；河南文物考古研究院：《曹操高陵》，中国社会科学出版社，2016年。关于墓主是否曹操的不同看法，参看中国社会科学院考古研究所编著《中国考古学·三国两晋南北朝卷》第 105—106 页，中国社会科学出版社，2018 年)

2010 年

2 月 9 日，中国社会科学院主办、社科院考古所承办的"夏鼐先生百年诞辰纪念座谈会"在北京举行。社科院常务副院长王伟光，国家文物局局长单霁翔到会并讲话，参加会议的有社科院有关部门和历史学科各研究所负责人，北京有关科研单位和高等学校的学者，以及夏鼐家乡温州市文博单位的代表，共计 100 多人。会前，与会人员观看了夏鼐生平的文献纪录片；会后，参观了夏鼐文库和纪念陈列，并获赠《夏鼐先生纪念文集——纪念夏鼐先生诞辰一百周年》。(《夏鼐先生百年诞辰纪念座谈会纪要》，《考古》2010 年第 5 期)

2 月 河南文物考古所与北大考古文博学院，于 2007 年秋至本月，共同对禹州瓦店遗址进行第三次发掘，发掘面积 1597 平方米。发现王湾三期文化晚期环壕，壕内面积达 40 余万平方米。揭露面积近上千平方米的大型建筑基址、祭祀坑和十多处奠基人骨架。发掘者根据遗址规模和重要遗迹，推测瓦店遗址有可能与夏初禹、启时代的阳翟、钧台有关。（《2008中国重要考古发现》第34—37页，文物出版社，2009年；《2010中国重要考古发现》第33—36页，文物出版社，2011年）

2月　为配合"南水北调"中线工程，社科院考古所朱岩石等于2009年10月至本月，在**河北赞皇县西高村**发掘北朝赵郡李氏家族墓地。墓葬分东西两排，自北向南依尊卑顺序排列，见于报道的砖室墓有北魏李仲胤夫妇墓，土洞墓有北魏李翼夫妇墓。（《河北赞皇西高北朝家族墓地考古发掘与收获》，《中国文物报》2011年3月25日；《河北赞皇县北魏李仲胤夫妇墓发掘简报》，《考古》2015年第8期；《河北赞皇县北魏李翼夫妇墓》，《考古》2015年第12期）

3月　社科院考古所赵海涛、许宏等在**偃师二里头遗址**宫殿区东北隅，发掘一处总面积约2200平方米的巨型坑，12月结束。坑近圆角长方形，东西约66米，南北约33米；深度一般超过4米，最深6.7米，周围铺垫料礓石块。巨型坑内发现二里头文化第一至四期的连续堆积。经采取探沟方式发掘，曾在30余平方米范围，发现四具摆放整齐的完整幼猪骨骼、一座夯打坚硬的小型房址、一处铺垫陶片的道路及路面等，推断其应为二里头宫殿区的祭祀场所。（《河南偃师市二里头遗址宫殿区1号巨型坑的勘探与发掘》，《考古》2015年第12期）

3月　山东大学考古系与山东文物考古所、济南市考古所合作，由方辉主持，**发掘济南大辛庄商代遗址**。截至12月，发掘面积2000平方米。清理墓葬136座，年代属商代前期晚段和商代后期，前者如M139出土青铜器14件，后者如M225出土青铜器16件、M256出土青铜器31件，均精美厚重，为山东地区同时期发掘中罕见。又揭露年代约属殷墟早期的大型建筑基址。曾被列入 2010 年"十大考古新发现"。(《中国考古学年鉴(2011)》第 286—287 页;《济南大辛庄遗址 139 号商代墓葬》,《考古》2010 年第 10 期)

3 月 安徽文物考古所朔知等发掘**铜陵县师姑墩青铜时代遗址**。截至 8 月,发掘面积近 1300 平方米,早期堆积相当于夏商时期,晚期堆积属西周、春秋。发现的遗迹有房址 2 座、灰坑 10 个等,及大量柱洞和少量木头、石块堆积。出土大量与青铜冶铸相关的遗物,包括铜矿石、粘铜炉壁残块、支座、陶石铸范和小件成品等。(《中国考古学年鉴(2011)》第 243—244 页;《铜陵师姑墩——夏商周遗址考古发掘与研究》,文物出版社,2020 年)

3 月 浙江文物考古所郑建明等会同湖州市及德清县博物馆人员,在**东苕溪中游地区**进行商代原始瓷窑址群的调查发掘,工作至 11 月。德清龙山片区发现商代窑址 10 多处,基本与春秋战国时期窑址重叠,产品以印纹硬陶为主,有少量豆类等原始瓷器。湖州青山片区发现商代窑址 20 多处,一类窑址如龙山片区,产品以印纹硬陶为主;另一类窑址几乎纯烧原始瓷器。曾在后一类中的南山窑址发掘 800 平方米,揭露窑炉 3 条及灰坑、贮料坑等遗迹,与春秋战国时期的原始瓷龙窑相比,其窑炉更具原始性,尚处于起始阶段。出土的原始瓷器又可进行分期。这为研讨中国瓷器的起源和殷墟等地出土原始瓷的产地,提供了可靠的重要依据。曾被列入 2010 年"六项考古新发现"。(《浙江东苕溪中游商代原始瓷窑址群》,《考古》2011 年第 7 期)

3 月 湖南文物考古所与社科院考古所等众多单位合作,由张兴国具体负责,利用数字考古设备与技术,全程跟踪采集各类原始数据,对**长沙铜官窑遗址**进行勘探与发掘,工作至 12 月。获取类型全面的考古标本,揭露一批与制瓷工艺流程有关的遗迹,并基本掌握铜官窑炉的构造特征。此外，发现石渚湖南面窑区，确认 76 处窑址。(《中国考古学年鉴（2011）》第 371—372 页）

4 月 社科院考古所王吉怀等与蚌埠市博物馆合作，在**蚌埠市西郊涂山南麓**，对**禹会村龙山文化晚期遗址**作第五次发掘，至 6 月结束。2006 年曾作试掘，自 2007 年起连续五年进行发掘，发掘面积共计 8000 余平方米。主要收获是揭露一条总长 35 米、最宽 6 米、深 0.8 米的祭祀沟；一处面积 2500 平方米、平面呈 "T" 字形的大型祭坛；其上有可用以竖立旌旗的成排 35 个柱洞，以及 80 米长、3 米宽的通道和简易工棚等遗迹。出土有用于祭祀的大型陶器，及显现同时期不同文化特点的器物。^{14}C 测定年代为距今 4300—4100 年，是中华文明探源工程中关键时期的一处关键性遗址，具有特别重要的意义。(《安徽蚌埠市禹会龙山文化遗址祭祀台基发掘简报》,《考古》2013 年第 1 期;《蚌埠禹会村》, 科学出版社, 2013 年)

4 月 广东省文物考古研究所、广东省博物馆与国家水下文化遗产保护中心合作，由崔勇任领队，对南澳县云澳镇的**"南澳 I 号"明代沉船**进行发掘，工作进行至 7 月。本年度共发现 17 道隔舱板和 16 个舱位，出水各类遗物 11200 多件，其中瓷器占 95%，达 10600 多件。其中以漳州窑青花瓷为大宗，基本上属于明末产品。曾被列入 2010 年 "六项考古新发现" 和 "十大考古新发现"。(《广东汕头市 "南澳 I 号" 明代沉船》,《考古》2011 年第 7 期)

4 月 为开展澳门大三巴世界遗产核心区及周边地区整体规划研究，社科院考古所受澳门特别行政区政府文化局委托，由朱岩石任总领队，刘振东、钱国祥先后任执行领队，对**澳门圣保禄学院遗址**的相关部分进行为期八个月的发掘，2012 年 5 月结束，发掘面积 910 平方米。这是内地与澳门第一次合作进行考古发掘。

（《澳门圣保禄学院遗址 2010—2012 年发掘报告》，《考古学报》2019 年第 4 期）

4 月 湖南文物考古所会同湘西自治州和永顺县文物单位，在 1995—1998 年三次调查发掘的基础上，由柴焕波任领队，再次对永顺县**明代老司城遗址**进行勘查发掘，工作至 12 月。经历年勘查发掘，基本弄清了城址各功能区的分布情况，宫殿区和衙署区在城址中心，周围分布有街道区、土司家族墓地、宗教区、苑墅区。宫殿区依山而建，平面略呈椭圆形，城墙和发掘的几处建筑遗迹约建于明代早期。衙署区和苑墅区的许多建筑也大多建于明代。土司家族墓，年代最早的为明代中期。这是研究中国土司制度及中原王朝与西南少数民族关系的重要考古资料。曾被列入 2010 年"六项考古新发现"和"十大考古新发现"。（《湖南永顺县老司城遗址》，《考古》2011 年第 7 期；《老司城遗址考古发掘报告》2 册，科学出版社，2017 年）

5 月 山西考古所与临汾市、翼城县文物单位组成联合考古队，由谢尧亭任领队，于 2009 年 5 月至本月，对**翼城县大河口西周墓地**进行大规模发掘。发掘面积 15000 余平方米，发现 579 座墓葬、24 座车马坑，有许多葬礼方面的重要现象，出土大量青铜器、玉器及漆木器等随葬器物。其中 M1017、M2002 和 M1 三墓出土的器物最为丰富。诸多铜器铭文表明其为文献失载的霸国墓地。作器者有一代国君"霸伯"、其妻"霸姬"、其弟"霸仲"，以及"芮公""郾侯旨"等。所出霸伯盂、霸姬盘，铭文多至一百余字，是研究西周历史和政治制度的重要新史料。曾被列入 2010 年"六项考古新发现"和"十大考古新发现"。（《山西翼城县大河口西周墓地》，《考古》2011 年第 7 期；《山西翼城大河口西周墓地 1017 号墓发掘》，《考古学报》2018 年第 1 期；《山西翼城大河口西周墓地 2002 号墓发

掘》，《考古学报》2018 年第 2 期；《山西翼城大河口西周墓地 1 号墓发掘》，
《考古学报》2020 年第 2 期）

5—6 月　陕西考古院张建林等对**咸阳城西三畤原上的隋文帝
泰陵**进行勘查。陵园垣墙平面呈长方形，东西宽 592.7 米，南北
长 628.9 米；四面各有一门，南门门址保存较完整，门外有一对门
阙；垣墙四周有围沟环绕。陵园中部偏东筑有覆斗状封土，底部
长宽 150 米许，覆盖墓道。钻探发现两条墓道，相距 23.8 米，均
为 7 天井、7 过洞，西侧的全长 78.7 米，而东侧的稍短。勘查者
认为，这表明隋文帝杨坚与独孤皇后确为"同茔而异穴"。同时，
还判明了隋文帝祠的位置和基本情况。（《中国考古学年鉴（2011）》
第 481 页）

6 月　陕西考古院杨亚长等自 2009 年 8 月至本月，在**蓝田县
华胥镇**发掘**新街新石器时代遗址**。主要遗存属仰韶文化晚期和龙山
文化早期，揭露房址 3 座、陶窑 9 座、灰坑 401 个、灰沟 33 条等
遗迹。仰韶晚期的 F3 为圆角方形地面建筑，室内面积长宽 8 米左
右，有大片白灰面，又有应作奠基的埋驴坑。出土的仰韶陶器中有
羊形和鸟形陶器，及圆雕人像、熊头与鸟头等艺术品。大量玉制品
和制玉工具的出土，表现了仰韶时期对蓝田玉的开发利用。仰韶晚
期"板砖"和龙山早期"条形砖"的出现，则是中国早期建筑材料
的实证。（《中国考古学年鉴（2011）》第 449—450 页）

6 月　吉林文物考古所赵海龙等，在**和龙市**崇善镇图们江畔
的大洞村，发掘一处**旧石器时代晚期旷野遗址**，工作进行至 8 月。
地表散见大量以黑曜石为原料的石制品，分布范围 100 万平方米。
发掘面积 50 平方米，地表土下即为旧石器时代晚期文化层，出土
石砧、细石核、细石叶、雕刻器、刮削器及断片共 1030 件。文化
层底部还发现少量红烧土块和炭屑，以及有烧灼痕迹的兽骨残块。

（《中国考古学年鉴（2011）》第 196—197 页）

6 月　内蒙古文物考古所塔拉等会同当地文博单位人员，发掘**扎鲁特旗南宝力皋吐新石器时代墓地**，工作进行至 11 月。南、北两区共计清理墓葬 203 座，均为土坑竖穴墓，其中有 4 座双人合葬、1 座三人合葬。葬式多为单人直肢葬，极少侧身或仰身。出土陶器、玉石器等各类随葬品 600 余件。发掘者认为具有明显的自身特色，但也包含某些小河沿文化的因素，对构建东北地区史前文化的框架有重要意义。曾被列入 2007 年"六项考古新发现"。（《内蒙古扎鲁特旗南宝力皋吐新石器时代墓地》，《考古》2008 年第 7 期）

7 月　中国社会科学院考古研究所举行成立 60 周年庆祝活动。27 日召开庆祝大会，社科院常务副院长王伟光、国家文物局局长单霁翔到会并致辞，考古研究所所长王巍作了题为《继往开来，再创辉煌》的报告，社科院兄弟单位、地方考古文博单位、设有考古文博专业的高校的代表，考古研究所离退休人员和青年科研人员的代表先后讲话。28—30 日举行题为"考古学的过去、现在和未来——中国与世界"的国际学术研讨会，来自美、日、加、韩、英、澳、俄、越、蒙、墨等国，以及海峡两岸暨香港的学者共 100 多人参加。收到论文 60 多篇。会上就考古学理论与方法、史前考古、夏商周考古、秦汉至元明时期考古、科技考古及外国考古等方面进行分组讨论。29 日，又在首都博物馆举办"考古中华——中国社会科学院考古研究所成立六十周年成果展"。（《中国社会科学院考古研究所成立 60 周年庆祝活动综述》，《考古》2010 年第 12 期）

7 月　四川文物考古所陈苇等在**简阳市**简城镇，发掘**龙垭旧石器时代遗址**。截至 9 月，发掘面积 87 平方米。出土石制品 700

余件，大部分选用材质较好的石英砂岩砾石打制，另有少量花岗岩、燧石、泥质砂岩等，制作技术以锤击法为主，少量采用砸击法，体现南方砾石工业的传统特征。主要有砍砸器、锛形器、刮削器、尖状器、石球、石核、石片等，少量石器的把握部位经过修整，并出现钻孔技术。同出的多种动物化石属东方剑齿象—大熊猫动物群，年代应属旧石器时代晚期。（《中国考古学年鉴（2011）》第407—408页）

7月　社科院考古所与内蒙古文物考古所联合考古队，由塔拉、董新林等参加，发掘**巴林左旗辽祖陵**的1号门址，即《辽史》记载的黑龙门，10月结束。该门址由两个墩台分隔成三个门道，东西两端连接包砌石块的高大夯土陵墙。又发掘位于1号陪葬墓东南的4号建筑基址，应是该墓前的献殿性建筑基址。（《内蒙古巴林左旗辽代祖陵陵园黑龙门址和四号建筑基址》，《考古》2011年第1期）

8月　陕西考古院王炜林等，发掘**白水县下河西村新石器时代遗址**。截至11月，发掘面积1100平方米，发现仰韶文化中晚期的两座大型房址，平面均为五角形，形制与华县泉护村F201、灵宝西坡F106相近。残存面积，一座230平方米、一座120平方米，均为白灰地面。（《中国考古学年鉴（2011）》第449页）

9月　郑州文物考古研究院顾万发等发掘**新郑市望京楼遗址**，发现二里头文化城址和商代二里冈时期城址，工作进行至2011年4月。揭露二里冈时期城址已知3座城门中东城墙的两座城门（D1、D2）。主城墙内外有护墙坡，城墙外侧有护城河，而D1城门内缩，平面呈"凹"字形，应为瓮城的雏形。门道两侧有内含多根暗柱的窄墙，以支撑上部横梁。大体摸清城内的布局情况，发现两纵两横交错成"井"形的道路，一处大型夯土建筑基址等遗迹。曾被列入2010年"十大考古新发现"。（《河南新郑望京楼二

里岗文化城址东一城门发掘简报》,《文物》2012年第9期)

10月　浙江文物考古所方向明等在**桐庐县瑶琳镇,发掘方家洲新石器时代玉石器加工场**,发掘面积750平方米。发掘区域内,除揭露与加工石器有关的石片堆、砾石断块堆外,还出土石锤、磨石、石砧及废弃石片等大量有关遗物。石材主要有石英岩和石英砂岩、流纹岩和少量凝灰岩。石器成品和半成品主要是体形修长的石锛,有少量的石斧、石刀、石铖残件,发现反映玉玦制作流程的标本。这是长江流域第一次发掘新石器时代玉石器加工场,遗址的年代相当于浙北地区马家浜文化至崧泽文化阶段。(《中国考古学年鉴(2011)》第220—222页)

10月　山东文物考古所崔圣宽为领队,会同菏泽市、定陶县文物人员,**在定陶县灵圣湖墓地**中,发掘一座大型西汉晚期墓,工作延续至2012年。封土遗痕现存直径约100米,据云早年高七八米。墓坑坐西朝东,长宽28米左右,有长20余米的墓道。椁室为大型木构"黄肠题凑"建筑,由前、中、后三室及其侧室、门道、回廊、外藏室和题凑墙组成,估计共用木材2200余立方以上。中墓室存有已被拆散的彩绘木棺。椁室周围用青砖封护,顶部用砖1.3万块。这是目前山东地区规模最大的木椁墓,也是全国目前规格最高、保存最好的"黄肠题凑"墓。但因随葬器物无存,缺乏推定墓主人的证据。发掘者根据墓葬形制属诸侯王等级,结合有关文献资料,猜测墓主为汉哀帝之母丁姬。曾被列入2011年"六项考古新发现"和2012年"十大考古新发现"。(《山东定陶县灵圣湖汉墓》,《考古》2012年第7期)

11月　25—26日,中国考古学会第十三次年会在武汉召开,年会的中心议题是"三峡考古发现与研究暨纪念夏鼐先生诞辰一百周年"。与会代表120余人。收到论文62篇,其中三分之二论文涉及三峡地区考古发掘收获与文物保护工作情况，以及峡江地区古文化与城镇发展的研究成果。(《中国考古学年鉴（2011）》第526—427 页）

12 月　陕西考古研究院张蕴等与西安市文物保护考古所人员合作，于 2008 年 6 月开始，完整发掘**蓝田县五里头村北宋吕氏家族墓地**，并勘探其家庙遗址，本月基本结束田野工作，扫尾进行至 2011 年 1 月。墓地东、北、西三面都有兆沟，南面则有三进院落的家庙。清理的 20 座成人墓和 9 座婴幼儿墓均为竖穴墓道、平顶或拱顶土洞墓室，但婴幼儿墓的墓室窄小而低矮。各墓多有砖、石墓志，共出土 24 合。墓志清楚地表明墓葬的排列顺序，南起祖、子、孙辈排成三列，孙辈中有吕大忠、大防、大钧、大临。其中《考古图》作者吕大临墓早年被盗，未见墓志，但出土载其官职和字号的遗物，因而仍得肯定。该墓地的发掘，对于研究北宋世家大族的埋葬礼俗，具有不可多得的重要意义。曾被列入2009 年"六项考古新发现"和 2010 年"十大考古新发现"。(《陕西蓝田县五里头北宋吕氏家族墓地》,《考古》2010 年第 8 期;《蓝田吕氏家族墓园》4 册, 文物出版社, 2018 年)

秋季　为探寻春秋时代吴国的都城遗址，社科院考古所与苏州考古所合组考古队，由徐良高、张照根任领队，在**苏州市西南部木渎镇、胥口镇一带**的山间盆地进行调查发掘。前曾于 2009 年 11—12 月，完成约 25 平方公里范围的调查和主要地表遗迹的记录工作，本年秋季则在多处地点进行发掘，其中与古城址有关的是：五峰村附近的北城墙（总长 1150 米）和城壕遗迹，新峰村附近的南城墙（总长 560 米）和水门遗迹，盆地东部和西部应与东、西城墙有关的遗迹，以及合丰村附近的小城址（450×500 平方米）。城墙的南北直线距离 6145 米，根据地层堆积和出土遗物判断，其营建和使用年代为春秋晚期。曾被列入 2010 年"六项考古新发现"和"十大考古新发现"。(《江苏苏州市木渎春秋城址》,《考古》2011 年第 7 期)

本年　陕西省考古研究院张仲立、丁岩等在对 2008 年 10 月以来发掘的**西安南郊凤栖原西汉家族墓园**进行资料整合的基础上,进一步确认墓地为张安世家族墓园,并继续发掘墓园中的陪葬墓和丛葬坑。墓园四面以壕沟为界,中部有一座大型"甲"字形墓(M1),三个耳室,曾出土多枚"卫将长史"封泥,据考证墓主应为汉宣帝时重臣、被封富平侯的大司马卫将军张安世。其东南部另有一座中型"甲"字形墓(M2),墓主则为张安世的夫人。两墓东侧都发现享堂建筑基址。曾被列入 2010 年"十大考古新发现"。2011 年再对 M1 和 M2 的墓室进行发掘,揭露木构椁室和木棺,出土保存完好的彩绘及金银扣漆器。(《中国考古学年鉴(2010)》第 435—436 页;《中国考古学年鉴(2011)》第 472—473 页;《中国考古学年鉴(2012)》第 415 页)

本年　社科院考古所与吐鲁番研究院、龟兹石窟研究院合组考古队,由李裕群任领队,在**鄯善县**对清末民初时期屡遭外国探险家骚扰的**吐峪沟石窟群和佛寺遗址**,于春、秋两季进行调查和保护性发掘。工作开始时发现原有洞窟编号与实际情况有较大出入,于是先对整个区域的洞窟临时编号进行清理,取得对洞窟形制和组合关系的明晰认识,再进行重新编号。沟东区北部石窟群,清理发掘洞窟 56 处,包括礼拜窟、禅窟、僧房窟,及配套生活设施,另有紧邻断崖的石窟残迹 4 处,已知洞窟共计 60 处左右。沟西区北部洞窟群,除作重点调查外,新发现一处石窟组群,有中心柱窟、禅窟和僧房窟。另在沟东区南部,抢救性发掘一处回鹘时期佛寺遗址的佛堂和生活设施。通过这些工作,获得了关于吐

峪沟石窟营造年代、形制布局、洞窟组合等方面的新信息。还获
得数量很多的多种文字文书和印刷品。曾被列入 2010 年"六项考
古新发现"和"十大考古新发现"。（《新疆鄯善县吐峪沟石窟寺遗址》
《考古》2011 年第 7 期;《新疆鄯善县吐峪沟东区北侧石窟发掘简报》《新疆
鄯善县吐峪沟西区北侧石窟发掘简报》, 均见《考古》2012 年第 1 期)

　　本年　甘肃文物考古所、社科院考古所, 及北京科技大学、
西北大学的有关单位, 由陈国科等参与, 发掘**张掖西城驿所谓
"黑水国"史前遗址**。遗址位于黑河流域中游, 至 2013 年, 三
年发掘总面积 1350 平方米, 发现遗迹 531 个单位, 包括房址 90
座、独立墙体 19 段、灰坑 357 个、灰沟 19 条、灶坑 12 个、墓
葬 19 座等。房址包括半地穴式房屋、地面立柱建筑与土坯房屋三
种; 出土遗物包括陶器、石器、玉器、骨器、小件铜器、冶铜遗
物, 以及大麦、小麦、小米等炭化作物。初步认为该遗址可划分
为三个时期, 即马厂文化晚期遗存、包含过渡形态的遗存、四坝
文化遗存。曾被列入 2013 年"六项考古新发现"。（《甘肃张掖市西
城驿遗址》,《考古》2014 年第 7 期)

拾　中国考古学新的发展时期（下）
（2011—2020 年）

2011 年

2 月　湖北省文物考古所黄凤春等在**随州叶家山，**发掘**西周早期的曾侯墓地，**随州市博物馆协助进行，6 月结束。发掘墓葬 65 座和马坑 1 座，出土各类随葬器物 700 多件（套），许多铜器铭文有"曾""侯""曾侯"等字，年代属西周早期，是研究西周和曾国历史的重要资料。较大型的四墓出土成套的青铜礼器，其中 M65 墓主系"曾侯谏"，与之并列的 M2 墓主为其"媿"姓夫人；另一组 M27 和 M28，墓主为无名的另一位曾侯及其夫人。经调查，附近还发现与墓地相应的城址及聚落群。后被列入 2011 年"六项考古新发现"和"十大考古新发现"。(《湖北随州市叶家山西周墓地》,《考古》2012 年第 7 期;《随州叶家山——西周早期曾国墓地》,文物出版社,2013 年)

2 月　四川文物考古研究院万娇等与宜宾市博物院合作，在**宜宾县喜捷镇槽坊头，**发掘一处**明代酿酒作坊遗址**。遗址位于岷江南岸的二级阶地，面积约 3000 平方米，发掘进行至 4 月。发现房址、窖池、晾堂等遗迹。这是川东南地区发现年代最早、保存最好的酿酒作坊遗址。(《四川宜宾喜捷槽坊头明代白酒作坊遗址发掘简

报》,《文物》2013 年第 9 期)

　　3 月　浙江省文物考古所楼航等在**杭州余杭区**,继续发掘玉**架山良渚文化聚落和墓地**。对该地的钻探和发掘开始于 2008 年 10 月,本年 3—8 月进行。先后发现 4 座相邻的近方形环壕聚落,清理建筑遗迹、灰坑等,以及墓葬 130 多座。其中少数墓等级较高,所出玉器也很精美。土台和环壕挖土堆筑而成。土台上,清理墓葬 304 座,有 20 座等级较高,出土玉石器主要有琮、璧、璜、冠状梳背、镯、管珠及钺等,因而这批墓葬被认为是该聚落的中心墓地。后被列入 2011 年"十大考古新发现"。(《中国考古学年鉴(2012)》第 228 页)

　　3 月　四川文物考古所李万涛等,与宜宾市和屏山县文博单位合作,对**屏山田坝村的石柱地遗址**,在 2010 年发掘Ⅰ、Ⅲ区共 4000 平方米的基础上,再次进行发掘。工作进行至 11 月,发掘Ⅰ区 6000 平方米。清理的新石器时代遗迹有少量房址和灰坑;商周时期遗迹有房址、灰坑、墓葬等 150 多个;战国秦汉遗迹也有 150 多个,其中墓葬 70 余座,多属战国晚期至东汉。后被列入 2011 年"十大考古新发现"。(《中国考古学年鉴(2012)》第 367—368 页)

　　3 月　为配合京杭大运河工程,山东省文物考古所人员在**阳谷县**发掘东岸的**七级码头**,工作进行至 4 月。码头始建年代不详,清乾隆年间重修,由 17 级台阶慢道及顶部平台组成,连接部分古街。同时,在汶上县南旺段发掘**分水枢纽遗址**,工作至 6 月。该分水枢纽元代开始营建,明清时期修缮。包括南岸大堤、邢通斗门、石驳岸、海漫石、石砌分水口、砖石堤岸、石筑码头等。后被列入 2011 年"十大考古新发现"。(《中国考古学年鉴(2012)》第 280—282 页)

4月　陕西考古研究院田亚岐等与当地考古单位合组雍城考古队，重新开展**雍城遗址**内道路系统的考查。全年发现遗迹点30余处，根据确认的路土追踪路径，进而发掘清理。判明过去认定的雍城时期道路实为西汉时期的大道，另有属于东周和唐宋的遗迹，确认对雍城道路系统尚需进一步考查。（《中国考古学年鉴（2012）》第406—407页）

4月　内蒙古鄂尔多斯青铜器博物馆与科学院古脊椎所等单位合作，由王志浩、侯亚梅主持，对2010年发现的**乌兰木伦旧石器时代遗址**进行发掘。第1地点累计发掘66平方米，第2地点试掘一条探沟。工作进行至9月。其中第1地点的初步测年数据为距今7万年—3万年，属旧石器时代中期。两地点共出土石制品2800多件，有多组可以拼合。这是继1922年法国学者桑志华发现萨拉乌苏及水洞沟遗址之后，鄂尔多斯地区的又一重大发现。曾被列入2011年"六项考古新发现"。（《内蒙古鄂尔多斯市乌兰木伦旧石器时代中期遗址》,《考古》2012年第7期）

4月　陕西考古院、科学院古脊椎所、南京大学等单位合作，由王社江主持，在**洛南县**城关镇中心村附近，发掘**张豁口旧石器地点**，工作进行至10月。地点位于南洛河及其南部支流县河之间的第二级阶地顶部，发掘面积170平方米，发现原位埋藏的包括旧石器时代早期阿舍利类型的手斧、手镐、石球等在内的数十件石制品。（《中国考古学年鉴（2012）》第402—403页）

4月　北京大学考古文博学院王幼平等与郑州文物考古院合作，对**郑州樱桃沟景区**的**老奶奶庙旧石器时代遗址**进行发掘，工作进行至8月，揭露面积50平方米，发现多层叠压、连续分布的居住面，并有用火痕迹，出土3000多件石制品。后被列入2011年"十大考古新发现"。（《中国考古学年鉴（2012）》第283—284页）

4月　福建博物院范雪春等自 2009 年至本月，在**漳平市象湖镇对奇和洞史前遗址**进行三次小规模发掘，揭露面积约 96 平方米。文化堆积连续，可分为三期，发现卵石铺活动地面、灰坑、火塘、房址等遗迹，出土大量石制品、骨制品和陶片，并有 3 个人类颅骨和大量哺乳动物化石。发掘者根据 ^{14}C 测年数据推断，三期遗存分别属于旧石器时代向新石器时代过渡时期、新石器时代早期和中期。这是近年来我国东南地区史前考古的突破。后被列入 2011 年"十大考古新发现"。(《福建漳平市奇和洞史前遗址发掘简报》，《考古》2013 年第 5 期）

4月　陕西考古院邵晶等在**黄陵县**寨头河村，发掘被认为**族属为戎人的战国时期墓葬 90 座**和方坑 3 座，12 月结束工作。墓葬均为东西向竖穴，以仰身直肢葬为主，少数为屈肢葬、二次葬和解体葬。随葬品中常见牛、羊、马头，置于壁龛内，陶器既有甘青系统的大口罐和铲足鬲，又有中原系统的豆、罐；另有铜、铁、骨、玉石等器物。(《中国考古学年鉴（2012）》第 409 页）

4月　山西考古所吕金才、冀保金等在**大同云冈石窟**窟顶以东，对一处**北魏至辽金的佛寺遗址**，在 2008 年发掘的基础上继续发掘，本年进行至 10 月。发现的主要遗迹有：塔基一座，方形夯土塔心应是北魏遗迹，外围八角形石砌建于辽金时期；辽金铸造工场遗迹，有地穴式井台和 30 座熔铁炉；另外，还发现水井 1 座、灰坑 354 座。出土遗物主要是辽金时期的陶器、瓷器、瓦当和佛像残块等。后被列入 2011 年"十大考古新发现"。2012 年再作发掘。(《中国考古学年鉴（2012）》第 154—155 页;《云冈石窟山顶佛教寺院遗址发掘报告》，文物出版社，2021 年）

4月　内蒙古文物考古所杨星宇等，对**正蓝旗元上都遗址**进行勘察发掘。工作进行至 6 月，揭露面积 300 平方米，先后摸清皇城正面明德门和宫城正面御天门的结构；又判明宫城内居中大安阁的平面形制为"凸"字形，并非正方形。（《中国考古学年鉴（2012）》第171—172页）

4月　内蒙古文物考古所与吉林大学边疆考古研究中心合作，由吉平、朱永刚主持，在**通辽市科左中旗**，对**哈民忙哈新石器时代遗址**扩大发掘，工作进行至11月。清理房址29座、灰坑10个、墓葬3座、环壕1条，出土陶器、石器、骨角蚌器、玉器1000余件。这是我国北纬43度以北地区首次发现保存完整的史前聚落遗址，年代大体与红山文化晚期相当，有其重要意义。曾被列入2011年"六项考古新发现"和"十大考古新发现"。（《内蒙古科左中旗哈民忙哈新石器时代遗址2011年的发掘》，《考古》2012年第7期）

5月　22日，考古学家徐苹芳在北京逝世，终年80岁。

徐苹芳，山东招远人，生于1930年10月。1950年起就读于燕京大学历史系，1952年转至北京大学，因病休延至1955年毕业。学生时代受教于老一辈史学家邓之诚等。毕业后，曾任南开大学历史系助教，充当郑天挺的助手。1956年转入中国科学院考古研究所后，曾去清华大学建筑系进修；在夏鼐、陈梦家的领导下，从事居延汉简等项整理研究工作，合著成《居延汉简甲乙编》（中华书局，1980年）。1964年起，致力于中国历史时期考古，特别是古代城市发掘与研究。曾长期主持古今重合的元大都城址的勘查发掘，弄清元大都的城垣、街道、里坊、衙署、民居及河湖水系情况；又曾主持进行金中都、唐宋扬州城、南宋临安城的田野考古。1988—1993年任中国社会科学院考古研究所所长，1999—2008年任中国考古学会第三、四届理事长。曾任全国政协第七、八届委员。又曾任全国哲学社会科学考古学科规划小组组长、北京大学考古文博学院兼职教授与博士生导师、全国古籍整理出版规划小组成员、国家文物局考古专家组成员等职。著有《徐苹芳文集》（包括《中国历史考古学论集》《中国城市考古学论集》《丝绸之路考古论集》《明清北京城图》《考古剩语》，上海古籍出版社，2012—2019年）、《元大都》4册（合著，文物出版社，待刊）等书。（参看《20世纪中国知名科学家学术成就概览·考古学卷》"徐苹芳"条）

　　6月　内蒙古文物考古所张红星等在察哈尔右前旗，再次勘察发掘**元代集宁路城址**。工作进行至11月，揭露面积18000余平方米，发现其西北部墙垣、衙署区和大型建筑台基、多处成排成组的房址、窖藏、烤炉、灰坑、道路等遗迹；出土大量多窑口瓷器（有定、钧、龙泉、景德镇、磁州及建窑系）。对研究集宁路城的建筑时间和规模有重要意义。（《中国考古学年鉴（2012）》第172—173页）

　　7月　社科院考古所与内蒙古考古所合作，由董新林主持，在**巴林左旗**林东镇发掘**辽上京皇城西侧的乾德门遗址**，工作进行至10月。遗址由城门和马蹄形瓮城组成。通过发掘了解到，该门址只有一个门道，与汉唐都城至少三道不同。再是该门址经过三次营建：第一、二次都在辽代，第一次营建门道是在石柱础上置木地栿，上插排叉柱，做法与汉长安城门相似；第二次则木地栿上有卯口，与辽祖陵黑龙门一致；第三次营建于金代，体量缩小而门道变窄。皇城东、西、北三面的城壕，也得到确认。后又于2015—2016年发掘宫城的东、南、西门遗址。（《中国考古学年鉴（2012）》第168—170页）

　　8月　辽宁省文物考古所华玉冰等发掘**建昌县东大杖子战国墓地**，工作至12月。2000至2005年曾抢救性发掘42座墓，出土燕式青铜礼器、兵器和车马器，以及金柄青铜短剑等。本年进

行系统勘探，至 12 月除新发现 90 余座墓外，发掘属战国晚期的
40 号墓，上口 9×8 平方米，四层台阶，有斜坡墓道。木椁内置
双层套棺，棺椁之间随葬仿铜陶礼器，多施彩绘，有鼎、豆、壶、
盘等，以及大量石饰品。二层台上又置马、牛、羊、猪、狗头骨，
总计 74 个个体。这表明当时该地已属燕文化范围，又具有北方文
化的特点。后被列入 2011 年"十大考古新发现"。（《中国考古学年
鉴（2012）》第 179—180 页）

　　8 月　西藏自治区文物保护研究所和中国藏学研究中心西藏
文化博物馆夏格旺堆等，对日喀则地区定结县恰姆石窟群，重点
进行较为系统的调查。石窟群可分为三区，由南向北分别是 Ⅰ 区
29 窟、Ⅱ 区 35 窟、Ⅲ 区 41 窟，共计 105 窟。其中 Ⅰ 区有三个
重要洞窟的泥塑具有独特的艺术风格，据 ^{14}C 测年数据推定，年
代至迟为 11 世纪，其开窟年代不排除早至 9—10 世纪。该石窟
群的发现扩大了西藏乃至中国石窟的分布空间，对于西藏早期佛
教艺术和佛教发展的研究有重要意义。曾被列入 2011 年"六项
考古新发现"。（《西藏定结县恰姆石窟》，《考古》2012 年第 7 期）

　　9 月　北大考古文博学院与河南文物考古所合作，由秦大树、
赵文军等发掘禹州闵庄钧窑遗址。至 12 月，发掘面积 540 平方
米，发现窑炉 7 座、作坊址 3 座，及灰坑、水井等遗迹。其中 3
号窑为半地穴式馒头窑，与其他砖建窑炉有所不同。C 区一个不
大区域内，同一地层发现两大两小 4 座结构不同的窑炉，表明一
个窑主承烧不同的器物，体现商品经济的特点。地层表明，该窑
址创始于北宋末期至金代前期，历经金元时期，延烧至明代初年。
（《中国考古学年鉴（2012）》第 305 页）

　　10 月　社科院考古所与河北文物所合组邺城考古队，由何利
群、沈丽华等在 2010 年勘探试掘的基础上，对临漳县邺南城朱明

门外**赵彭城村北朝佛寺遗址**进行发掘。发掘面积总计 2600 平方米，地点为遗址的东南部院落。在偏北部发现东西长 36 米许、南北宽 23 米许的大型殿堂基址，其中部和东、西、北部边缘分布 6 行 7 列 37 个柱洞痕迹，殿堂两端则通过连廊式建筑与四周廊房连接。这反映了北魏时期以塔为中心的前塔后殿单院式布局，向隋唐以后普遍出现的以佛殿为中心的多院多殿式布局的过渡。曾被列入 2012 年"六项考古新发现"。(《河北临漳县邺城遗址赵彭城北朝佛寺 2010—2011 年的发掘》，《考古》2013 年第 12 期)

11 月 陕西考古院、甘肃文物考古所、国家博物馆与北京大学、西北大学二校考古文博学院合组早期秦文化课题组，由赵化成主持开展发掘和研究工作，2010 年 9 月至本月，在**清水县李崖遗址**进行考古钻探与发掘。遗址位于樊河西岸与牛头河交汇处的台地上，总面积 100 万平方米以上。二级台地西南部有一座古城，俗称"白土崖古城"，在此发掘约 1000 平方米，确认为北魏古城，应是清水郡城。主要发现夯土墙基、方形建筑、灰坑等。一级台地东北部发掘面积约 500 平方米，揭露西周时期的灰坑 20 座、竖穴土坑墓 15 座，葬俗与礼县的发现一致。文献记载秦人先祖非子的封邑在清水一带，李崖遗址提供了新的线索。(《中国考古学年鉴（2012）》第 422—423 页)

11 月 6—8 日，"仰韶遗址发现 90 周年纪念大会暨国际学术研讨会"在河南渑池县召开。研讨会由中国社会科学院、国家文物局、河南省人民政府主办，来自国内有关单位以及瑞典、德国和韩国的学者 100 多人参加。(《仰韶和她的时代——仰韶遗址发现 90 周年国际学术研讨会在河南渑池召开》，《考古》2011 年第 12 期)

11 月 社科院考古所与日本奈良文化财研究所联合考古队，由钱国祥等参与，于 2010 年 10 月至本月发掘**北魏洛阳宫城 5 号**

基址，实际发掘面积 1964 平方米。发掘区南北长 60 米、东西宽
30 米，揭露宫城的部分南墙（残长 19 米）、西墙（残长 51.5 米），及
西南角建筑基址。基址平面呈 L 形，夯筑规模在不同时期均向墙
体外侧和内侧凸出，当时可能有重要设施。另外还发现给排水设
施，包括砖砌的 1 个水池和 4 条水渠。同时，又在对西墙进行解
剖过程中，发现曹魏至西晋时期的宫墙西墙、汉晋时期的大型河
渠、北魏时期的排水暗渠，以及北魏和北周时期的路面等。（《河
南洛阳市汉魏故城发现北魏宫城五号建筑遗址》，《考古》2012 年第 1 期；
《河南洛阳市汉魏故城魏晋时期宫城西墙与河渠遗迹》，《考古》2013 年第
5 期）

　　11 月　徐光冀主编《中国出土壁画全集》10 册，由科学出版
社出版。宿白担任该书总顾问。

　　11 月　22—24 日，中国考古学会第十四次年会暨庆祝宿白先
生九十华诞学术研讨会在浙江嘉兴举行。中心议题是"长江下游
考古学研究和其他考古学问题"。与会代表 130 人，收到论文 98
篇。浙江省文物考古所为这次年会的召开，在嘉兴博物馆举办了
"发现历史——浙江新世纪考古成果展"，并出版展览图录。（《中
国考古学年鉴（2012）》第 438 页）

　　12 月　3 日，考古学家佟柱臣在北京逝世，终年 91 岁。

　　佟柱臣生于 1920 年 3 月 20 日，辽宁省黑山县人。伪满时
期，1942 年毕业于吉林高等师范学校历史地理系。后在凌源县中
学和赤峰师范学校任教。业余从事田野考古，卓有贡献，曾调查
今吉林省骚达沟、西团山史前遗址和龙潭山高句丽山城、今辽宁
省牛河梁等新石器时代和青铜时代遗址，今内蒙古东八家石城址
和燕国北长城遗迹；又随日本小山富士夫、黑田源次率领的考察
团，参与发掘赤峰缸瓦窑遗址。新中国成立后，调入北京历史博

物馆，曾任陈列部和考古部副主任，兼任东北博物馆名誉研究员；参加文化部文物局组织的东北考古发掘团，进行西团山石棺墓的发掘。又参与"中国通史陈列"原始社会部分的设计与布展工作。中国历史博物馆建成后，调往文化部筹设的文化学院。1961年调入中国科学院考古研究所，历任副研究员、研究员、第一研究室副主任、学术委员会委员等职，当选为中国考古学会第一、二届理事会理事。晚年从事新石器使用痕迹的工艺学研究，著为《中国新石器研究》（巴蜀书社，1998年）。又著《中国东北地区和新石器时代考古论集》（文物出版社，1989年）等书。（《20世纪中国知名科学家学术成就概览·考古学卷》"佟柱臣"条）

本年 春、秋两季，国家博物馆田野考古中心与山西省、运城市考古单位合作，对**绛县横水镇周家庄遗址**，在2007年勘查与试掘的基础上进行大规模发掘，工作延续至2012年春季。遗址总面积500余万平方米，兼有仰韶、庙底沟二期至汉代不同时期的遗存。其中龙山文化分布最广、堆积最厚，达450万平方米。发掘面积2000余平方米，发现龙山文化陶寺类型的大型环壕聚落，揭露房址、陶窑、灰坑及墓地等。其中墓葬已发掘289座，分布在不同区域，其中较大型者41座。（《山西绛县周家庄遗址2007—2012年勘查与发掘简报》《山西绛县周家庄遗址居址与墓地2007—2012年的发掘》，均见《考古》2015年第5期）

2012 年

1月 社科院考古所朱岩石等在河北**临漳县邺城遗址**，发掘北吴庄佛教造像瘗埋坑。瘗埋坑位于东魏北齐邺南城的内城东墙外，即推测的邺南城东外郭城内，前曾发现汉白玉佛像残块的北吴庄村漳河河滩。抢救性发掘进行16天。坑上覆盖4米多厚的流

沙层，开挖在当时的地面以下，平面呈不规则方形，边长约 3.3
米，深约 1.5 米。出土各类佛教造像 2895 件，淤土中还有大量佛
像、砖瓦碎块及陶瓷碎片。其中，纪年造像多属东魏、北齐，个
别为北魏、北周和隋唐，大多数造像表面残存贴金和彩绘。这为
研究当时的灭佛运动和佛像瘗埋情况提供线索。曾被列入 2012 年
"六项考古新发现"。(《河北邺城遗址赵彭城北朝佛寺与北吴庄佛教造像
埋藏坑》,《考古》2013 年第 7 期)

　　2 月　山东文物考古所与临沂市、沂水县文博单位合作，郝
导华等多人参加，发掘**沂水纪王崮春秋时期大墓**，工作至 7 月结
束。该墓形制特殊，保存较好，是山东地区的重要考古发现。墓
室与车马坑共建于一座岩坑之中，岩坑南北长 40 米、东西宽 13
米；墓室在南，并有向东的斜坡墓道，车马坑在北。椁室中有三
层套棺，棺左右及后部各殉一人，两侧又各有一个器物箱。随葬
品，棺内有琮、璜、玦、觿、戈、玉佩及玉人等玉器；南器物箱
有鼎、鬲、敦等铜器，陶罐和漆器；北器物箱有鼎、甗、壶、罍、
盂、盘、匜等铜器，编钟、编磬、錞于、木瑟等乐器，及剑、戈
等。车马坑则清理出 4 辆车、7 匹马。曾被列入 2012 年"六项考
古新发现"和 2013 年"十大考古新发现"。(《山东沂水县纪王崮春秋
墓》,《考古》2013 年第 7 期)

　　2 月　上海博物馆与复旦大学、南京大学、山东大学和宁波
文物考古所合组考古队，黄翔等参与，发掘**松江区广富林遗址**的
东南边缘地带，8 月结束工作。发掘面积 14190 平方米，发现的
重要遗迹有崧泽文化黄土台、良渚文化墓葬、广富林文化房址等。
F12 是一座保存较好的双间地面房屋，东西长约 13 米，南北宽约
4 米，发现基槽、墙体、散水、门道、灶坑、活动面等。出土遗
物中有多件玉石琮、完整的青铜尊、铸铜石范等。(《中国考古学年

鉴（2013）》第192—193页）

3月　四川文物考古院刘志岩等，与宜宾市和屏山县文博单位合作，在金沙江北岸发掘**屏山骆家沟汉代遗址**，9月结束工作。遗址分布范围的核心区约50000平方米，包括居住区、手工业区和墓葬区。发掘6530平方米，清理房址8座、灰坑82个、灰沟34条、窑址18座、墓葬13座等遗迹。出土建筑构件、陶器、铜铁兵器、印章、钱币等。推测其年代为西汉中晚期到东汉时期。（《中国考古学年鉴（2013）》第394—395页）

4月　山东文物考古所吕凯、魏成敏等在**临淄齐国故城宫城**的东北部，钻探发现面积一万平方米以上的战国夯土基址，对其中心部位的10号宫殿基址进行发掘，揭露面积2000平方米，工作进行至7月。基址平面呈长方形，东西118米，南北87.5米，上部已遭破坏，堆积大量经焚烧的夯土墙体和建筑构件，发现较多铜铺首及一扇彩绘木门，应是田齐的重要宫殿遗存。（《中国考古学年鉴（2013）》第260—261页）

4月　贵州文物考古所李飞等与遵义市有关单位合作，在**遵义老城西北的龙岩山巅海龙囤**，发掘宋明时期的羁縻土司**"播州杨氏"城堡遗址**，工作延续至2013年初。1999年秋曾对该囤及其周边进行较系统的调查，判明环囤有全长6000米的石墙，了解了囤内外的各种遗迹情况，并进行了试掘。这次对囤顶中央偏西的"新王宫"进行重点发掘，揭露1812平方米。了解到"新王宫"是一组四周有封闭城墙，以中央踏道为中轴线的宏大建筑群，因山取势，有五层台基，又分三路，发现房屋、道路、池沼、排水沟、灶台等遗迹，出土建筑构件、碑刻、瓷器等物，始建年代不早于明代。对附近采石场和窑址的调查表明，其建筑材料系就近取得。囤顶中部的"老王宫"，试掘未发现围墙，始建年代

尚难确定，使用下限与"新王宫"一致。该发掘为探讨宋明时代
中原王朝对少数民族地区的统治提供了新的材料，曾被列入 2012
年"六项考古新发现"和"十大考古新发现"。（《贵州遵义市海龙囤
遗址》，《考古》2013 年第 7 期；《海龙囤》，科学出版社，2022 年）

　　5 月　洛阳市文物考古所司马国红等在**栾川县**，发掘**孙家洞
旧石器时代遗址**，工作进行至 9 月结束。发现有明确地层的标本
9000 余件，包括 6 颗人类牙齿化石、大量动物化石和石制品。经
有关专家讨论认为，年代可能与北京猿人相当，人类化石属直立
人阶段，可以称为"栾川人"。曾被列入 2012 年"十大考古新发
现"。（《中国考古学年鉴（2013）》第 269—270 页）

　　5 月　河北省文物所胡强等与邢台市、内丘县文管单位合作，
发掘**内丘西关邢窑遗址**，工作进行至 12 月。发掘面积 1200 平
方米，清理北朝至唐代窑炉 11 座、灰坑 140 座、灰沟 6 条、水
井 34 眼等遗迹。邢窑是我国古代以烧制白瓷而著名的窑场之一，
"南青北白"中的"北白"即指此。这次发掘的窑炉，是邢窑已发
现窑炉中年代最早的几组，并且窑门、窑壁、烟囱等大部分留存，
是研究邢窑早期烧瓷工艺的重要资料。曾被列入 2012 年"十大考
古新发现"。（《中国考古学年鉴（2013）》第 159—160 页）

　　5 月　21—22 日，社科院古代文明研究中心与北大考古文博
学院、南京博物院主办的中国文明起源与形成学术研讨会在张家
港市召开，百余位专家学者参加会议。（《中国考古学年鉴（2013）》
第 485—486 页）

　　6 月　社科院考古所丛德新、贾笑冰等在新疆博尔塔拉蒙古
族自治州，大面积发掘**温泉县阿敦乔鲁遗址和墓地**，工作与自治
州和温泉县文博单位合作进行，9 月结束。共发掘出 3 座相连的
房址和 9 座墓葬，全部发掘面积近 1500 平方米，出土一批陶器、

石器及铜器小件、包金铜耳环等珍贵遗物。这是近年来新疆发现的重要青铜时代遗存，填补了新疆西天山地区和青铜时代早期考古的空白，为探索欧亚草原地带古代社会的发展提供了重要的实物资料。曾被列入 2012 年"六项考古新发现"和"十大考古新发现"。(《新疆温泉县阿敦乔鲁遗址与墓地》，《考古》2013 年第 7 期)

7 月　社科院考古所董新林等与内蒙古文物考古所合作，在巴林左旗林东镇东南，发掘**辽上京皇城西山坡佛寺遗址**，工作进行至 10 月。这是一处始建于辽代的佛教寺院，位置重要，规模宏大。台基平面呈六角形，每边长约 20 米，由夯土、包砖、散水、月台、踏道组成，台基之上存有柱础、墙体、白灰墙皮、成排石条、砖铺地面等遗迹。出土大量泥塑佛教造像，面部刻画写实，有的全身彩绘贴金。这为研究辽代考古、历史、佛教和建筑等方面，提供重要的实物资料。曾被列入 2012 年"十大考古新发现"。(《内蒙古巴林左旗辽上京皇城西山坡佛寺遗址考古获重大发现》，《考古》2013 年第 1 期)

8 月　28 日，山西省考古研究所在太原举行成立 60 周年庆典大会，国内外学者 300 余人前往参加。会外还举办纪念特展和学术论坛。(《中国考古学年鉴（2013）》第 487—488 页)

8 月　湖北文物考古所黄凤春等与随州市博物馆人员，在**随州文峰塔**建筑工地进行抢救性发掘，2013 年 1 月结束工作。发现**东周时期曾国墓葬**，共计土坑墓 54 座、车马坑 2 座、马坑 1 座。其中长度 5 米以上大墓 7 座，最大的 M18 平面为"亚"字形，并有阶梯墓道，墓口长宽 16 米左右，深 9 米，棺在椁室中部，周围四个边箱，东边箱未遭盗掘，出土成套铜礼器 70 余件。M18 旁附葬坑出土两件大铜缶，一件有"曾侯丙"铭文。其他中型墓和小型墓也往往出土不多的铜礼器。车马坑一座驾 4 马、一座驾

2 马。出土的近百件铜礼器，有铭文者甚多，主要有"曾""曾子""曾公子"及"曾大司马""随大司马"等，表明绝大多数墓葬属于曾国。而铜器的形制和纹饰具楚器特点，年代应为战国中晚期的楚灭曾以后。这对研究曾国历史和曾与随关系都有重要价值。曾被列入 2013 年"六项考古新发现"和"十大考古新发现"。（《湖北随州市文峰塔东周墓地》，《考古》2014 年第 7 期）

9 月　四川省文物考古院与阿坝藏族羌族自治州、金川县文物单位合作，陈苇等参与，2011 年 9 月至本月发掘**金川刘家寨新石器时代遗址**。发掘面积 3500 余平方米，清理灰坑 298 个、房址 16 座、窑址 26 座、墓葬 2 座等遗迹，出土各类遗物 6000 余件。房址被石护坡分成三排，早期结构主要是柱洞式和木骨墙式，晚期则多石墙。遗物中石器以磨制为主，也有较多打制细石器，还有少量稍经加工的大型石器；陶器的质地、器类和纹饰，显示与马家窑文化相同的特点。据云"年代大致为仰韶时代晚期"。这是近年四川新发现的重要新石器时代遗址，其内涵丰富程度超过川西北地区已发掘的同时期遗址，为深入研究马家窑文化的地方类型和分布区域提供了重要实物资料。曾被列入 2012 年"十大考古新发现"。（《中国考古学年鉴（2013）》第 370—371 页）

9 月　山东文物考古所刘延常等对**曲阜鲁国故城宫殿区**，即中轴线周公庙建筑群基址进行勘探发掘。工作在 2011 年末勘探的基础上进行，至本年 12 月，共计勘探 12 万平方米，发掘 1725 平方米。现已确认东周时期的城墙、城门和壕沟，城内范围东西最长约 460 米、南北最宽约 260 米。发现东周和汉代为主的夯土基址等遗迹 101 处，规模较大，分布尤有规律，其中 38 号大型建筑基址暴露部分东西约 55.5 米、南北约 11.5 米。西周晚期则多为面积不大的不规则坑状堆积。（《中国考古学年鉴（2013）》第 258—260 页）

　　9月　吴镇烽以一己之力编成《商周青铜器铭文暨图像集成》，由上海古籍出版社出版。该书以社科院考古所编《殷周金文集成》为基础，更换个别善拓，增收较多新获金文拓本（其中未曾刊布者值得注意）。特别是收录《集成》等书未能收录的大量铜器图像，使之更加完备。全书35册，收录器铭16704件。后又于2016年7月出版《续编》4册，收录器铭1511件；2020年8月出版《三编》4册，收录器铭1772件。这是目前收录金文资料最多的大部头书。

　　11月　22、23日，中国考古学会第十五次年会在石家庄召开，中心议题是"环渤海考古学研究及其他考古学问题"。与会代表210人。收到论文或论文提要139篇。原则通过《关于加强学风建设的倡议书》。(《中国考古学年鉴（2013）》第484页)

　　12月　南京博物院林留根等在江苏**泗洪县**，结束自2010年起连续三年对**顺山集新石器时代遗址**的发掘。遗址位于泗洪县城西北梅花镇，发掘面积达2750平方米。清理出包括92座墓葬在内的一批重要遗迹，是近年来淮河中下游地区新石器时代中期偏早阶段考古的突破，为厘清该区域史前文化谱系、探索中国东部地区的文化交流与融合提供了新的材料。曾被列入2012年"六项考古新发现"和"十大考古新发现"。(《江苏泗洪县顺山集新石器时代遗址》，《考古》2013年第7期)

　　本年　陕西省考古院王炜林、孙周勇等，在历年来多人调查的基础上，与榆林市和神木县文物部门合作，对**神木石峁城址**复查并进行重点发掘。城址位于高家堡镇，系黄土高原与沙漠过渡地带，2011年区域系统调查时确认，平面为不规则弧形，城内面积在400万平方米以上；城墙保存基本完整，大致可以闭合；由"皇城台"、内城和外城三层组成。外城东门石墙阴洼地点的

发掘，发现墩台和埋置人牲的奠基坑；城内两个地点的发掘，都
发现房址、窑址、墓葬等遗迹。地层关系和出土陶器表明，城址
的建造时间为龙山文化晚期至夏时期。这是目前国内所见规模最
大的这个时期城址，对于探讨中国早期文明的形成有重要意义。
曾被列入 2012 年"六项考古新发现"和"十大考古新发现"。
（《陕西神木县石峁遗址》，《考古》2013 年第 7 期；《陕西神木县石峁遗址
后阳湾、呼家洼地点试掘简报》，《考古》2015 年第 5 期）

本年　重庆市文化遗产研究院袁东山等在本市渝中区，发掘
老鼓楼衙署遗址，春、秋两季发掘面积共 3840 平方米。衙署遗
址规模宏大，历经宋元、明代、清至民国三个时期，遗存十分丰
富。已清理房址、水沟、水井、道路等各类遗迹共计 261 个单位，
出土了一批保存较好的陶瓷器、钱币等文物 9000 余件（套），标
本数万件。这是重庆市已发现等级最高、价值极大的建筑遗存，
见证了重庆定名以来近千年的变迁，填补了重庆城市考古的重
大空白。曾被列入 2012 年"十大考古新发现"。（《中国考古学年鉴
（2013）》第 368—369 页）

2013 年

1 月　28 日，社科院考古所召开"2012 年度中国聚落考古新
进展"专家座谈会，十多个单位的 30 多位专家参加。会上，回顾
了 2012 年的进展情况，着重讨论三星堆遗址、石峁城址、凌家滩
遗址、城河城址的新近发现，并由考古所聚落考古中心与南京大
学历史系的代表签订"古代聚落兴衰演化与环境的关系研究"合
作协议。（《中国社会科学院古代文明研究中心通讯》第 24 期第 1—4 页）

3 月　5 日，国务院以国发（2013）13 号文，公布第七批全国
重点文物保护单位名单，其中有古遗址 519 处、古墓葬 186 处。

（据国家文物局网站；参看王巍总主编：《中国考古学大辞典》附录二"全国重点文物保护单位名录"，第824—848页）

3月　南京博物院与扬州、苏州二市文物考古所合作，束家平等参与，对**扬州曹庄**建筑工地发现的砖室墓进行抢救性发掘，工作至11月。先后判明并列二墓，西侧M1为**隋炀帝墓**，东侧M2应为**萧后墓**。隋炀帝墓出土墓志，随葬铜、陶、漆、玉器物180余件，其中有十三环蹀躞金玉带。萧后墓随葬器物600余件（套），其中有编钟、编磬和陶俑。两墓发现情况与文献记载基本吻合。曾被列入2013年"六项考古新发现"和"十大考古新发现"。（《江苏扬州市曹庄隋炀帝墓》，《考古》2014年第7期）

3月　江西文物考古所张文江等与乐平市文物单位，及厦门、南开、西北大学的历史、考古学院，为探讨景德镇早期的陶瓷发展，发掘**乐平南窑村唐代窑址**，工作进行至11月。三个区域共发掘面积1013.5平方米，揭露龙窑2座、灰坑10个、灰沟1条、道路1条等遗迹，出土窑具和瓷片标本达数十吨。这处窑址是全国少有保存完好、规模宏大的唐代青瓷窑址，堆积最厚超过5米。发现的一条长达78.8米的龙窑遗迹下压另一龙窑，在窑床中段使用方形减火坑，尤为独特。这次发掘丰富了景德镇陶瓷文化的内涵，为研究唐代制瓷工艺和青瓷发展历史提供了重要资料。曾被列入2013年"十大考古新发现"。（《中国考古学年鉴（2014）》第276—277页）

4月　湖南文物考古所张兴国等与**益阳市**文管处人员，发掘**兔子山战国秦汉时期遗址**，工作进行至12月。发掘面积1000平方米，揭露遗存有房屋9处、灰坑56个、水井16口。最大的发现是其中11口水井出土数量不等的简牍共计1.3万枚，其中J3数量最多，计8000余枚，J6次之，1000余枚，基本保持成捆状

态。经初步整理，年代为战国、两汉至三国孙吴时期，内容属益
阳县衙文书档案。这是继马王堆汉简和里耶秦简之后湖南省的又
一重大考古发现，是战国、秦汉和三国时期研究的重要文字资料。
曾被列入 2013 年"十大考古新发现"。(《中国考古学年鉴（2014）》
第 352—353 页)

4 月　四川文物考古院王婷等与石渠县人员组成联合考古队，
对**石渠县境内的早期吐蕃时代石刻**进行调查。发现三处吐蕃时期
石刻群，总计石刻 17 幅，保存良好，题材丰富，内容包括五方
佛、大日如来像、菩萨像、度母像、古藏文题记等，属吐蕃时期
的典型题材。其中，须巴神山石刻群规模最大、分布最密，发现
14 幅，两处提到"赞普赤松德赞父子"及"由卓玛勒贡书写"，
表明其始凿的准确年代为赤松德赞在位时期（730—797 年），是研
究吐蕃佛教与图像的重要资料，为唐蕃古道走向、文成公主进
藏路线的考证提供新的线索。曾被列入 2013 年"十大考古新发
现"。(《中国考古学年鉴（2014）》第 392—393 页)

6 月　陕西考古院暨宝鸡市考古所组成的考古队，由刘军社、
王占奎等参加，对石鼓镇石嘴头村发现的西周墓葬进行抢救性发
掘。M1 和 M2 现场已破坏，M3 为 4.3×3.6 平方米的土坑竖穴
墓。出土西周早期青铜礼器及车马器、玉器甚多，其中 M3 所出
青铜礼器达 31 件，并且出有罕见的禁 2 件，另有高领袋足鬲同
出。铜器的形制、纹饰与过去斗鸡台和纸坊头、竹园沟出土者多
相一致。曾被列入 2013 年"十大考古新发现"。(《陕西宝鸡石鼓山
西周墓葬发掘简报》,《文物》2013 年第 2 期)

6 月　26—29 日，科学院古脊椎所与宁夏文化厅主办的"水
洞沟遗址发现 90 周年纪念大会暨国际学术研讨会"在银川市举
行。国外 11 个国家 29 个高校和研究机构的学者，国内 28 所相关

研究机构和 14 所高校的学者，共计 134 人参加会议。(《中国考古学年鉴（2014）》第 508 页)

6 月 27—28 日，社科院考古所与河南省、三门峡市有关单位共同举办的纪念庙底沟遗址发现 60 周年暨首届中国史前彩陶学术研讨会在三门峡市举行。国内有关单位的代表 60 余人参加会议。收到论文或提要 30 余篇。(《中国考古学年鉴（2014）》第 509 页)

7 月 社科院考古所与陕西考古院、西安市文保单位合作，刘瑞等参与，在 2012 年调查的基础上，对**汉长安城北和东北发现渭桥遗址**进行发掘，截至此时共计 3 组 7 座。见于较详报道的，厨城门 4 号桥最早，大体属战国晚期；厨城门 1 号桥经过西汉及东汉至魏晋两次修建；洛城门桥为西汉晚期至东汉早期所建；厨城门 3 号桥则为唐代所建，年代最晚。出土遗物主要是木桩、石构件、建筑材料和陶瓷器碎片等。这里的发现，对渭河变迁的研究有重要价值。曾被列入 2013 年"六项考古新发现"和"十大考古新发现"。(《西安市汉长安城北渭桥遗址》,《考古》2014 年第 7 期)

7 月 24—25 日，由中华文明探源工程执行项目专家组、陕西考古院等主办的"中华文明探源工程石峁遗址研讨会"在神木县举行，有关考古文博单位的近 50 名专家学者参加。会议充分肯定石峁遗址调查发掘取得的丰硕成果和使用的技术手段。(《中国考古学年鉴（2014）》第 509—510 页)

8 月 洛阳文物考古院王咸秋等，自 2012 年 6 月以来至本月，在**新安县**东的峡谷中，调查发掘**汉函谷关遗址**。截至此时了解到，这是一座东西狭长的小城邑，东墙与南北山上的夯土墙连成关卡。发掘面积 3325 平方米，揭露关城东墙长 44.8 米，夯土台基 2 座（一座部分石砌），发现南墙长 150 米；发掘东汉时期的建筑遗址，发现 4 处夯土基址和零星柱础石；揭露两条古道路，长

360 或 370 余米，一条从西汉建关沿用至现代，一条年代属建关前，被关城东墙阻断而废弃。出土遗物以陶制建筑材料为主，板瓦最多，筒瓦次之，又有陶瓷器、铜器、铁器和钱币。这是首次进行汉代关隘遗址的发掘与研究，具有重要的学术价值。曾被列入 2013 年"十大考古新发现"。（《中国考古学年鉴（2014）》第 321—322 页）

8 月　成都市文物考古所谢涛等在**成都天回镇**，自 2012 年 7 月以来至本月，发掘**老官山西汉木椁墓**。发掘的四座墓葬均为长方形土坑墓，M1 和 M3 有墓道，棺椁均用木材以榫卯结构拼合，内外髹漆。各墓均随葬陶、漆、木、铜、铁、玉石器物，M1—3 各 100 余件，M4 为 40 余件。最突出的发现是，M1 出土公私文书和巫术类木牍 50 支、竹木制提花织机模型 4 部；M3 出土医术竹简书 8 部、漆木经穴人俑 1 具。这在中国科技史研究上具有难得一见的重大意义。曾被列入 2013 年"六项考古新发现"和"十大考古新发现"。（《成都市天回镇老官山汉墓》，《考古》2014 年第 7 期）

8 月　23—25 日，中国社会科学院和上海市人民政府联合主办的首届"世界考古论坛"在上海中华艺术宫举行，来自近 40 个国家的 200 多位知名学者（其中外国学者 100 人左右）参加。本届主题是"古代文明的比较研究"。入选的全球范围内十项重大田野考古项中，有"石峁：公元前两千纪中国北方石城"；入选的九项重大考古研究成果中，有"中国西南晚更新世—全新世过渡时期古老型人类的发现""中华文明探源工程研究"。大会在进行每个项目的学术汇报之后，又进行了"古代文明的比较考古学"主题讲演、公众考古讲座和圆桌会议。（《中国考古学年鉴（2014）》第 510 页）

8—9 月　陕西考古研究院李明等在咸阳渭城区北杜镇邓村

北，发掘唐昭容**上官婉儿墓**。该墓全长 36.5 米，有 5 个天井、5 个过洞和 4 个璧龛，出土墓志 982 字、陶俑 150 余件。(《中国考古学年鉴（2014）》第 448 页；李明、耿庆刚：《〈唐昭容上官氏墓志〉笺释——兼谈唐昭容上官氏墓相关问题》，《考古与文物》2013 年第 6 期）

10 月　24—27 日，中国考古学会第十六次年会暨第六届会员代表大会在西安举行，中心议题是"全球视野下的古代中国——以周秦汉唐为中心"，与会考古界人士 200 多人。收到论文 170 余篇。会议选举 126 人组成的中国考古学会第六届理事会，理事会产生 19 人组成的常务理事会，王巍任理事长，童明康、赵辉、李季任副理事长，陈星灿任秘书长。(《中国考古学年鉴（2014）》第 507 页）

10 月　28 日，社科院考古所与河南省文物局等单位联合主办的"夏商都邑考古暨纪念偃师商城发现 30 周年国际学术研讨会"在偃师举行。来自中国内地和香港，及日本、美国的学者百余人参会，就夏商考古研究史、中原早期国家文明的结构与形成过程、夏商都邑布局与夏商文化分界等问题展开研讨。(研讨会论文集《夏商都邑与文化》一，中国社会科学出版社，2014 年）

12 月　21、22 日，社科院古代文明研究中心与安徽省文化厅、蚌埠市人民政府共同召开"禹会村遗址与淮河流域文明研讨会"，严文明、李伯谦、王巍等 60 多位专家学者参加，充分肯定禹会村考古发现的重要意义，认为"与文献记载的禹会诸侯事件密切相关"。(《中国考古学年鉴（2014）》第 514 页）

本年　秦始皇帝陵博物馆曹玮等，近年在西安**临潼**对**秦始皇帝陵园**进行勘探发掘。整体遗址按两个层次进行分区，建立考古地理信息系统。历年来勘探的遗存包括：墙垣长 630 米，道路系统，门阙 9 座，外藏坑近 200 座，附葬墓 6 处（有若干"甲"字形墓、"中"字形墓和许多中小墓），祭祀建筑（北侧和西侧内外城间多座）。截至本年进行四项发掘：（1）东南部内外城墙间的 K9901，总面积 900 平方米，为置陶俑的陪葬坑；（2）内城北部西区的建筑群，长 692 米、宽 228 米，有大型夯土台基，及相连的 10 排院落式建筑；（3）内城东部附葬的 10 座有墓道洞室从葬墓；（4）一号兵马俑坑的中段西部发掘 200 平方米，清理陶俑 55 件。这些勘探发掘，对深入了解秦始皇陵的整体布局、研究当时的陵寝制度有重要帮助。曾被列入 2013 年"六项考古新发现"。（《西安市秦始皇帝陵》，《考古》2014 年第 7 期）

2013—2014 年　社科院考古所仝涛等在西藏阿里地区，发掘**噶尔县故如甲木墓地和札达县曲踏墓地**。两个墓地相距 200 公里，文化面貌上有共同因素。故如甲木墓地，曾于 2012 年清理 4 座墓，此次新发掘 7 座墓，均为竖穴下以石块垒砌墓室；曲踏墓地的两个地点发掘 8 座，则为有墓道的洞室墓。两地出土的陶器有一定的共性。经测定，甲木和曲踏 I 区 ^{14}C 年代数据为距今 2000—1800 年，曲踏 II 区为距今 2250 ± 25 年和 2150 ± 25 年，相互承接。由此可以看到两千多年前阿里地区象泉河上游古代"象雄国"核心地带的文化发展状况。曾被列入 2014 年"六项考古新发现"和"十大考古新发现"。（《西藏阿里地区故如甲木墓地和曲踏墓地》，《考古》2015 年第 7 期）

2013—2014 年　山西省考古所张庆捷等在**忻州九原岗**发掘一座**北朝时期壁画墓**。墓葬形制为带斜坡墓道的单室砖墓，墓园围墙和封土已遭破坏；墓道口宽 3.5 米、长 31.5 米，坡度 15 度，两壁四层台阶，北端深 6.47 米，连接砖、坯垒砌的门墙和墓门；单间墓室平面呈弧边方形，穹庐顶，边长 5.85 米，高 9.3 米，用条砖砌成，西部有包砖的土坯棺床。墓道两壁有较大面积壁画，题材和内容相近，第一层主要表现流云中的奇禽异兽和神灵仙人，第二层有马匹贸易和围猎，第三和第四层为出行和回归图景；甬道两壁和墓室四壁的壁画因盗掘破坏，除墓室顶部星象图外，其余大部分无存。遗物主要有陶瓷器和陶俑碎片。发掘者根据墓葬形制和规格推断，该墓的年代为东魏至北齐早期，墓主应是统治集团身份显赫、权倾天下的重要人物。曾被列入 2014 年"六项考古新发现"。（《山西忻州市九原岗北朝壁画墓》，《考古》2015 年第 7 期）

2014 年

1 月　云南文物考古所何金龙等，自 2013 年 10 月以来至本月，在**宁蒗县干坝子**发掘**战国西汉时期墓地**。发掘面积 1000 平方米，清理墓葬 128 座，多为中小型长方形竖穴土坑墓。其中 M109 木质葬具保存完好，为双层井干式榫卯结构，出土铜、铜铁合制、金、陶、玉石、藤等类器物千余件（套）。完全铁质的仅有一件矛。金镯、钏和珠饰，总重量近 500 克。藤编者有臂甲和腿甲。该墓地属《史记·西南夷列传》中徙、笮都的区域，所知墓葬上万座，是值得注意的又一青铜文化遗存。（《中国考古学年鉴（2015）》第 316 页）

2 月　江西文物考古所及**吉安市**文博单位，与中国人民大学、南开大学等有关单位合作，张文江等参与，对**茅庵岭、东昌路吉州窑址**进行发掘。截至 2015 年 1 月，发掘面积 1350 平方米。揭露的两座龙窑，上下叠压，结构清晰完整，由火膛、窑床、窑墙、窑门、窑尾组成。窑前工作室保留较好，深达 3.8 米，为国内窑址发掘所罕见。窑炉具有窑床宽大、火膛狭小、坡度斜陡的特点，长 60 多米，最宽 5.15 米。出土大量的窑具和各色瓷器标本，可见其烧制量巨大和烧造技术高超。（《中国考古学年鉴（2015）》第

193—194 页）

3 月　第一部大型中国考古学辞典《中国考古学大辞典》，由上海辞书出版社出版。总主编王巍，副总主编白云翔、陈星灿，社科院考古所等单位中青年考古学者 130 余人参与撰稿。内容包括概论、史前、夏商周、秦汉至元明清、遗址与文物保护、科技考古六个分编，收词 5000 余条，共计 176 万字。

4 月　广东文物考古所与北京大学考古文博学院，及云浮、罗定二市和郁南县文博单位合作，刘锁强等人参与，发掘**郁南县磨刀山遗址**和**南江流域旧石器地点群**，工作进行至 8 月。磨刀山发现石制品近 400 件，大部分出于下文化层，属于中更新世偏早阶段，即旧石器时代早期。石器具有中国南方砾石工业的一般特征，与长江流域有明显差异，修理得较为简单粗糙，以单面硬锤修理为主，少量手斧两面加工，砍砸器数量为多。2012 年以来开展的南江流域旧石器考古调查，已发现 66 个地点，集中在东北部的四级至二级台地，通过本年勘探和试掘，确认了出土层位。这填补了岭南地区旧石器时代早期文化的空白。曾被列入 2014 年"十大考古新发现"。(《中国考古学年鉴（2015）》第 265—266 页）

4 月　北京市文物所与北京科技大学冶金与材料史研究所等单位合作，刘乃涛等参与，发掘**延庆大庄科辽代矿冶遗址群**，工作进行至 11 月。地处燕山山脉腹地，发现采矿遗迹 5 处，冶炼遗迹 4 处，居住和作坊遗址 3 处。其中水泉沟居住和作坊遗址发掘的 Y3 冶铁竖炉，横断面近圆形，由炉腹、炉腰、炉门、出铁口、出渣口、鼓风口、前后工作面组成，是中国发现保存最完好的古代冶铁炉。这对于正确认识中国古代冶铁高炉的结构，研究辽代冶金工艺技术，都是不可多得的宝贵资料。曾被列入 2014 年"十大考古新发现"。(《中国考古学年鉴（2015）》第 81—82 页）

5 月　浙江文物考古所人员在**绍兴市上虞区**（原县），调查发掘**禁山早期越窑遗址**，工作进行至 10 月。新发现窑址 60 多处，基本集中在东汉时期。如此则本地区共确认窑址近 200 处，其中东汉窑址近 90 处，三国两晋窑址 60 余处，为研究青瓷的起源过程提供丰富资料。本年度发掘 800 平方米，揭露保存较好的三条龙窑，其中 Y2 的结构最完整，为大部分建于地下的半地穴三段式，对认识龙窑的早期特点有重要意义。出土了大量高质量青瓷产品和窑具，有保证高质量的单体间隔。曾被列入 2014 年"十大考古新发现"。（《中国考古学年鉴（2015）》第 161—162 页）

6 月　洛阳市文物考古院和社科院考古所合作，赵晓军等参与，在**隋唐东都洛阳宫城核心部分**九洲池南，发掘瑶光殿遗址。工作至 12 月，发掘总面积 2500 平方米。瑶光殿区为一组三座建筑，均坐北朝南；中殿基址长 28 米，宽 18 米，其四周发现柱础坑和部分散水，东西殿基址面积稍小，左右对称，基本在同一条直线上。出土大量的瓦件等遗物。同时，还发现宫城的西墙及两个马面。（《中国考古学年鉴（2015）》第 242 页）

7 月　云南文物考古所闵锐等，发掘**祥云县大波那墓地**，工作进行至 12 月初，发掘面积约 1000 平方米。西区在过去发现木椁铜棺墓的大波那村东，为居住址，发现干栏式房址 1 座、灰坑 8 座、灰沟 7 条等遗迹，出土石器、铜镞、石范残片等。东区为墓地，清理土坑墓葬 25 座。其中，墓坑长度大于 6 米的大型墓 6 座，都有木椁和木棺；中型墓 11 座，部分有木棺；小型墓 8 座，大多数没有棺。随葬陶器多在墓坑上部，为夹砂灰褐、灰黑或红褐色陶；所出铜器多在棺内底部，包括锄、卷经杆、梭口刀等生产工具，剑、矛、斧、钺、镞等兵器，以及杖首、铃、镯等；锡器纹饰精细而少见，铁器仅见残片。大波那墓地是目前滇西地区战国至西汉时期规模最大、规格最高的墓地，在当地青铜文化的发展上居于重要的地位。曾被列入 2014 年"六项考古新发现"和"十大考古新发现"。（《云南祥云县大波那墓地》，《考古》2015 年第7 期）

　　7 月　社科院考古所、内蒙古文物考古所等合组联合考古队，刘国祥等参与，在**陈巴尔虎旗**呼和诺尔镇（原完工镇），对**岗嘎墓地**进行系统钻探和发掘，工作进行至 10 月。在墓地东侧发掘 680平方米，清理土坑竖穴墓 16 座。除 1 座外都有木质葬具，下葬时棺外包裹桦树皮或兽皮；葬式多为仰身或侧身屈肢，单人葬为主，只有一座是成年女性与未成年男性合葬。随葬品丰富，生活用具主要有陶罐、陶壶和桦树皮罐；装饰品主要有玉饰、玛瑙珠、玻璃珠，及铜或银饰物；骑射用具有桦皮箭囊、木弓、木鞍、铁马衔和马镫等。岗嘎墓地的年代约为公元 8—10 世纪，它的发掘有助于建立呼伦贝尔草原的考古学文化序列，对于探寻蒙古族的族源有重要价值。曾被列入 2014 年"六项考古新发现"。（《内蒙古陈巴尔虎旗岗嘎墓地》，《考古》2015 年第 7 期）

　　8 月　内蒙古文物考古所宋国栋等在锡林郭勒盟**正镶白旗**，发掘**伊和淖尔墓群**中的 3 座墓葬，工作进行至 12 月。其中 2 座规格较高，均为带斜坡墓道的洞室墓，出土耳环、指环、项圈、腰带等金器，以及陶器、漆器、皮制品等。墓地位于北魏六镇和北魏长城之北，为研究北魏时期北部边疆的历史文化提供了实物资料。曾被列入 2014 年"十大考古新发现"。（《中国考古学年鉴（2015）》第 118—119 页）

　　10 月　25—26 日，社科院考古所主办的"纪念二里头遗址发现 55 周年学术研讨会"暨"考古报告《二里头（1999—2006）》首发式"在北京举行。海峡两岸暨香港，以及日本、美国的专家

学者百余人参加。收到论文 60 余篇。（研讨会论文集《夏商都邑与文化》二，中国社会科学出版社，2014 年）

　　10—11 月　社科院古代文明研究中心于 10 月 28—29 日与河南省文物考古单位合作，在濮阳举办"濮阳与华夏文明"学术研讨会；10 月 30 日—11 月 1 日与山东省文物考古单位合作，在济南举办"早期城址：聚落与社会——区域政体的形成"学术研讨会。均有数十位学者参加会议。（《中国考古学年鉴（2015）》第 377 页）

　　11 月　贵州文物考古所周必素、赵小帆等在**遵义市**新蒲区，自 2013 年 4 月以来至本月，在全面勘探的基础上发掘**播州杨氏土司墓地**。近两年来揭露了 3 座保存完好的土司墓，墓主为杨氏第二十一世即明初第一代土司杨铿夫妇、明末第二十九世杨烈夫妇，及南宋末第十四世杨价夫妇。墓园格局清楚，墓主身份明确。除杨价墓为大型土坑木椁墓外，另二座均用泥灰岩石板构筑墓室，有墓碑、翁仲，或有墓志。杨价墓出土金银器皿、饰件、金鞘金柄铁刀，以及髹漆、包银皮甲胄等精美文物。同时，还调查了墓地附近相关的土司遗存。这些工作，对研究宋末至明末西南地区土司制度的演变有重要意义。曾被列入 2014 年"六项考古新发现"和"十大考古新发现"。（《贵州遵义市新蒲播州杨氏土司墓地》，《考古》2015 年第 7 期）

　　11 月　湖北文物考古所方勤、胡刚等，在**枣阳郭家庙**南岗（曹门湾墓区），发掘**西周晚期至春秋早期的曾国墓葬**，工作进行至 2015 年 1 月。发掘墓葬共计 29 座，出土青铜、陶、玉、金、银、漆木、皮革各种文物 1003 件（套）。其中，M1 位于岗地最高处，以往该地曾出土"曾侯羊白秉戈"，陪葬以大型车坑、马坑为中心的中小型墓，墓主无疑是曾国国君。这是一座有斜坡墓道的岩坑墓，长 11 米，宽 8.5 米，木构椁室未分隔，双层棺和随葬品摆放于一定部位。出土礼乐器中有带架钟、磬、建鼓及木瑟等，又有金玉器、漆木器、车马器和弋射用具，还出土年代最早的人工制墨。车坑葬车 28 辆，结构清楚。22 座中型墓所出青铜器，铭文有为"曾子某"者。郭家庙墓地与文峰塔、擂鼓墩二墓地构成年代序列，使研究曾国历史的资料更加完整而丰富。曾被列入 2014 年"十大考古新发现"。(《中国考古学年鉴（2015）》第 246—247 页)

12 月　北京大学考古文博学院与郑州市文物考古院合作，武志江等参与，自 2012 年 10 月以来至本月，发掘**郑州高新区东赵遗址**。发掘面积共计 6000 平方米，勘探面积达 70 万平方米。发现大、中、小三座城址：大城横长方形，面积 60 万平方米，年代为战国时期；中城基本为梯形，面积 7.2 万平方米，始建于二里头二期，废弃于二里头四期；小城平面为正方形，每边长 150 米，面积 2.2 万平方米，始建于新砦期。重要揭露有：二里头城南墙基槽下用孩童奠基遗存，二里头二期未成年人骨架、猪骨架、乌龟壳、石铲的埋葬坑，集中近 20 块卜骨的埋藏坑；二里冈时期的商代有回廊的大型建筑基址。还清理年代跨新砦期至西周的近 500 个灰坑等遗迹。这是嵩山以北地区夏商周时期的重要遗址。曾被列入 2014 年"十大考古新发现"。(《中国考古学年鉴（2015）》第 220—221 页)

本年　洛阳市和河南省文物考古院王炬、刘海旺等，为配合中国大运河"申遗"工作，自 2011 年以来至本年，进行**隋代黎阳仓和回洛仓遗址**的调查、勘探与发掘。黎阳仓位于浚县城关镇大伾山北麓，平面近长方形，周长约 1100 米，城内发现一处漕运沟渠遗迹和长 40 米、宽 25 米的夯土台基，又发现储粮仓窖 84 个，大多口径 10 米左右，最深约 7 米，大致 7 排，每排 10 个左右。发掘 3000 平方米，清理仓窖 3 座，系用以储藏带壳粟、黍类谷物。回洛仓位于隋唐洛阳城东北部马坡村西邙山南麓，平面亦近长方形，面积几倍于黎阳仓，已确定仓窖 220 座，推测总数达 700 座左右。发掘 4800 平方米，清理仓窖 4 座。这些发掘，全面揭示了我国古代特大型国家粮仓的面貌，以及粮食储存的技术水准。曾被列入 2014 年"十大考古新发现"。(《中国考古学年鉴（2015)》第 240—242 页)

本年 甘肃省文物考古所赵建龙、陈国科等在**肃北县**，对 2013 年前发现并发掘的**马鬃山玉矿遗址**，继续进行调查发掘。主要在径保尔草场发掘 1000 平方米，清理遗迹单位 44 处，发现房址 21 座，及石料堆、灰坑、灰沟等。房址以半地穴式为主，有单间和套间两种结构，分为多组，每组 1—5 组。房址外设门道，室内有灶和土台，或有储藏坑。出土遗物主要有玉料、砺石、石锤等石器，汉代和骟马文化陶片，以及小件铜器、铁器等。据推断，该遗址年代为战国至汉代，可能存在四坝文化遗存。又新发现寒窑子草场遗址，发现矿坑 6 个、斜井 1 处、石料堆 2 处。这为了解古代对玉矿的开采情况提供了资料。曾被列入 2014 年"六项考古新发现"。(《甘肃肃北县马鬃山玉矿遗址》,《考古》2015 年第 7 期)

2015 年

2 月 云南文物考古所刘建辉会同玉溪市和江川县文物单位人员，自 2014 年 10 月以来至本月，发掘抚仙湖南岸的**江川县甘棠箐旧石器遗址**。发掘面积 50 平方米，发现一处用火遗迹，出土石制品两万多件（包括废品）。其中石器 192 件、半成品 1300 多件，以小型为主，绝大多数用锤击法加工，刮削器最多，又有尖状器、雕刻器等，特征与华北早期小型石器传统相似，而与南方以大型砾石石器为主不同。又出土 20 多件骨角器及早期罕见的木制品。所出哺乳动物化石与元谋动物群相似，地质年代可能属早更新世。该遗址应是云南发现的又一旧石器时代早期遗址。曾被列入 2015 年"十大考古新发现"。(《中国考古学年鉴（2016）》第 391 页）

4 月 5—8 日，由文化遗产与中国考古学研究国际中心、北京大学考古文博学院、伦敦大学考古学院共同主办的"早期文明的对话：世界主要文明起源中心的比较"国际学术研讨会在北京大学举行。来自北大考古文博学院、社科院考古所、英国伦敦大学、美国密歇根大学、日本东京大学，以及全国各高校、各省市考古机构的近 300 位代表参加会议，以两河流域、古埃及、印度河流域、中国、玛雅五个早期文明的起源与早期发展为主题进行专题讨论。(《中国考古学年鉴（2016）》第 452 页）

6 月 内蒙古文物考古所盖志勇等，会同锡林郭勒盟和多伦县文物单位人员，在**铁公泡子村**发掘**两座辽代贵族墓葬**，其中 M2 墓主为辽圣宗贵妃，工作进行至 12 月。该墓有斜坡墓道，仿木构墓门和穹隆顶墓室均用砖砌。虽然近期曾被盗掘，仍出土大量珍贵文物。其中，金花银高翘镂花冠、金花银凤纹镂花高靿靴、包金龙纹玉带銙最为华丽。出土的大宗瓷器，以定窑白瓷和越窑青瓷为主，间有影青瓷，口、足多包金饰，又加金、银盖。还出土伊斯兰玻璃器 4 件，是草原丝绸之路的物证。墓志一盒，盖书"故贵妃萧氏玄堂志铭"。该墓为研究辽代历史提供了重要实物资料。曾被列入 2015 年"十大考古新发现"。(《中国考古学年鉴（2016）》第 205—206 页）

7 月 社科院考古所与内蒙古文物考古所合组辽上京考古队，在 2013—2015 年勘察的基础上，由董新林任领队，开展对**巴林左旗辽上京宫城部分**的考古发掘。本年发掘东门遗址至 10 月，

2016 年 6—10 月发掘南门遗址，后发掘西门遗址。未曾发现北门遗迹。2019 年 6—10 月又发掘宫城中北部和西北部的大型建筑基址。基本了解辽上京宫城的状况。（《内蒙古巴林左旗辽上京遗址的考古新发现》，《考古》2017 年第 1 期；《内蒙古巴林左旗辽上京宫城东门遗址发掘简报》，《考古》2017 年第 6 期；宫城西门未见报道；《内蒙古巴林左旗辽上京宫城建筑基址 2019 年发掘简报》，《考古》2020 年第 8 期）

9 月 24 日，考古学家王仲殊在北京逝世，终年 90 岁。

王仲殊，浙江宁波人，生于 1925 年 10 月 15 日。1950 年毕业于北京大学历史系，随即进入中国科学院考古研究所（1977 年后属中国社会科学院），累任至研究员。曾于 1950—1952 年，在夏鼐的率领下，参加辉县考古发掘、河南西部考古调查、长沙近郊发掘。后曾开拓汉长安城址发掘（1956—1957 年），主持渤海上京龙泉府城址发掘（1964 年）。"文革"期间，参与满城汉墓发掘（1968 年）。主持成都明代蜀世子墓发掘（1970 年）。曾任考古研究所副所长（1978—1982 年）、所长（1982—1988 年），兼任中国考古学会第一、二届理事会秘书长（1979—1988 年）等职。又任第七、八届全国政协委员。主要从事汉代考古研究，并致力于日本历史与考古学，特别是三角缘神兽镜和中日古代都城制度关系的研究。著作集合出版为《王仲殊文集》四册（社会科学文献出版社，2014 年）。（《中国考古学年鉴（2016）》第 521—523 页；参看王巍主编：《20 世纪中国知名科学家学术成就概览·考古学卷》第 418—428 页）

12 月 南京博物院林留根为领队，于 2011 年 10 月至本月，在江苏**兴化**、**东台**二市交界处，对**蒋庄良渚文化遗址**西区进行发掘。参加者还有泰州、徐州、淮安博物馆人员，以及山东大学和南京师范大学的硕士研究生。总发掘面积 3500 平方米，清理良渚文化墓葬 284 座、房址 8 座、灰坑 100 余座，及水井、灰沟等，出土各类遗物近 1200 件。墓地在遗址东北部，界限明确，北侧尚未完全发掘，分布密集，关系复杂。随葬玉璧、玉琮的高等级墓集中于墓地南部，并且排列有序，低等级墓则主要分布于墓地中北部。二次葬普遍，多数墓葬发现多个头骨有多种外力损伤现象，表明当时聚落间可能存在暴力冲突。随葬陶器的常见组合为鼎、双鼻壶和罐或豆。这是长江以北首次发现并发掘的良渚文化遗址，有其特点，对于构建江淮东部地区的文化谱系，研究良渚文化与江北文化遗存及大汶口文化的关系，都有重要的意义。曾被列入 2015 年"六项考古新发现"和"十大考古新发现"。（《江苏兴化、东台市蒋庄遗址良渚文化遗存》,《考古》2016 年第 7 期）

　　12 月　社科院考古所与海南省博物馆合作，傅宪国等参与，在 2012—2014 年调查的基础上，对海南东南部沿海地区的新石器时代遗存进行发掘。发掘的遗址有**三亚英墩、陵水莲子湾**和**桥山**三处，发掘面积共计 1150 平方米。地层关系及文化内涵表明，以英墩、桥山二遗址为支点，可以初步建立海南东南部沿海地区史前文化编年序列，即英墩遗存→莲子湾遗存→桥山遗存。根据周边地区相关遗存推断，年代分别为距今约 6000—5500 年、约 5000 年、约 3500—3000 年。其间虽有一定的缺环，尚待进一步研究，对于华南地区乃至南太平洋地区的史前研究仍有重要意义。曾被列入 2015 年"六项考古新发现"和"十大考古新发现"。（《海南东南部沿海地区新石器时代遗存》,《考古》2016 年第 7 期）

　　12 月　14—17 日，中国社会科学院和上海市人民政府联合主办第二届"世界考古论坛"在上海大学举行，本届主题是"文化交流与文化多样性的考古学研究"。会上颁发的世界重大田野考古发现奖 10 项中包括中国贵州、湖南、湖北三省文物考古研究所的"中国西南土司遗址考古调查和发现：帝国扩张及其与边疆的动态关系"和中国台湾"中研院历史语言研究所"的"抢救性考古发掘揭示台湾 5000 年历史";重大考古研究成果奖 11 项中有中国社会科学院考古研究所赵志军与英国剑桥大学、美国圣路易斯华盛顿大学合作的"黍和粟的起源与传播"。会议授予英国剑桥大学教授科林·伦福儒（Renfrew, Colin）勋爵首个终身成就奖。（据社科院考古所学术档案）

12 月　19—20 日，中国考古学会、北大考古文博学院、湖北文物考古所联合主办的"纪念石家河遗址发掘 60 周年学术研讨会"在天门市举行。30 多个考古研究机构和 10 多个高校考古院系的专家学者 120 多人参加会议。宣读论文 34 篇。（《中国考古学年鉴（2016）》第 460 页;《纪念石家河遗址考古发掘 60 年学术研讨会论文集》，科学出版社，2019 年）

本年　浙江文物考古所王宁远等在**杭州余杭区**瓶窑镇，对**良渚古城西、北两面的水利系统**进行调查与发掘。共有堤坝 11 条，分为山前长堤、谷口高坝、平原低坝三类。山前的塘山长堤，全长约 5000 米，是其中最大单体，曾多次发掘，有确切地层证实其为良渚时期遗迹。这次联合山东大学、南京大学对未曾发掘的 10 条水坝中的三个地点进行发掘，面积达 490 平方米，获得良渚灰坑打破坝体的地层关系，并了解坝体的结构和堆筑情况。从 11 条坝体采集的 12 个 ^{14}C 标本，测定的年代数据校正值，全部落在距今 5100—4700 年，属良渚文化早中期。由此确认良渚古城周围的水利系统是中国现存最早的水利工程，对中国文明探源工程的研究具有标志性意义。曾被列入 2015 年"十大考古新发现"。（《中国考古学年鉴（2016）》第 246—248 页）

本年　陕西考古院、北京大学考古文博学院、社科院考古所联合考古队，由雷兴山、王占奎领队，徐良高等参加，从 2014

年 9 月开始，主要在本年对**宝鸡周原遗址**进行新一轮的田野工作。完成 300 多万平方米的普探工作，大致摸清遗存分布情况，进而钻探其中 110 万平方米。并且在**凤雏村以南**，发掘 3 号和 4 号夯土基址、4 座墓葬、车马坑，及水网系统等遗迹。其中最重要的 3 号基址，与 1976 年发掘的基址相距 40 米，主要部分平面呈回字形，包括主殿和东西侧殿、庭院和门塾，总面积 2810 平方米，有柱础坑，始建于西周早期，中期前后遭火灾，晚期废弃。发掘的两处 20 多座中小型墓中，多数墓底有腰坑和殉狗，最大的 M11 出土西周早中期铜器 21 件，多件有赏赐铭文，发掘者认为墓主是供职于周的殷遗民。曾被列入 2015 年"六项考古新发现"和"十大考古新发现"。（《陕西宝鸡市周原遗址 2014—2015 年的勘探与发掘》，《考古》2016 年第 7 期）

本年　湖北省文物考古所方勤等与荆门市、京山县博物馆人员合作，对 1966 年因出土一批有铭铜器而闻名的**苏家垄曾国墓地**进行发掘。截至 2017 年，清理西周晚期至春秋早期的墓葬 101 座、车马坑 2 座，出土成套青铜礼器 500 余件，其中多件有"曾伯桼"的长篇铭文。继而于 2018 年 8 月至 2019 年 9 月，与北京大学考古文博学院等单位合作，对北距墓地约 900 米、主要年代为春秋中期或前后的**苏家垄矿冶遗址**进行发掘。由熊北生领队，分三区共揭露 1450 平方米，发现遗迹有灰坑 43 个、灰沟 2 条、水井 7 眼、房址 1 座、炼铜炉 2 座、窑址 1 座。出土遗物丰富，尤以铜矿石、炼渣、铜锭、鼓风管等有关冶炼者引人注目。为研究西周以来经营南方、"金道锡行"的矿料来源提供重要实物资料。后被列入 2017 年"六项考古新发现"。（方勤等：《湖北京山苏家垄遗址考古收获》，《江汉考古》2017 年第 6 期；《湖北京山苏家垄遗址 2018 年考古发掘简报》，《江汉考古》2019 年第 6 期）

　　本年　江西文物考古所与南昌市文博单位人员合作，在许多单位支持下，由徐长青、杨军负责和领导，信立祥等为顾问，对**南昌墩墩山** 2011 年发现的**西汉海昏侯刘贺墓**，在已完成墓园钻探和封土、填土发掘的基础上，进行主墓椁室内的发掘与清理。墓园占地 4.6 万平方米，有主墓 2 座、陪葬墓 7 座、车马坑 1 座，现仅发掘刘贺墓。刘贺系汉武帝孙，原为第二代昌邑王，昭帝死后无嗣被立，因其"行淫乱"而被废黜，宣帝时复封为海昏侯。刘贺墓与未掘的夫人墓并列于山顶，共用一组大型享堂基址，墓室坐北向南，前有墓道，口部 400 平方米，主椁室居中，双层套棺在其东北部，周围相隔过道，北、东、西侧有分类置放随葬器物的回廊状藏椁，南侧有甬道和车马库。出土青铜器皿、漆木竹器均约 3000 件（套），玉器、金器、陶瓷器均约 500 件（套），公文性木牍约 200 版，典籍类竹简 5000 支，多为极具历史价值的珍贵文物。曾被列入 2015 年"六项考古新发现"和"十大考古新发现"。（《南昌市西汉海昏侯墓》，《考古》2016 年第 7 期）

　　本年　社科院考古所钱国祥等在**洛阳汉魏故城宫城**，于 2013 年 11 月以后至本年，对**太极殿建筑群**进行大规模发掘。该建筑群为北魏宫城的正殿，呈太极殿与东堂、西堂三殿并列的格局，通过在主体台基及周边遗迹开掘共计 14 条探沟。解剖获知，第一期殿基主体夯土建造年代当为曹魏时期，第二期外侧补筑夯土为北魏时期，第三期周边增修夯土当属北朝晚期的北周时期。"太极东堂"遗址发掘约 2700 平方米，揭露了遗址的全貌，东西面阔 48 米，南北进深 21 米，台基顶面的建筑状况因晚期破坏已无存，东堂以北尚有复杂的其他建筑遗存。主殿以西，又发现与东堂等距离对称的"太极西堂"殿基，尚待发掘。另外，还在太极殿宫院西南部进行发掘。发掘情况印证了历史文献的记载，进一步明确太极殿确为曹魏时期始建，北魏重修沿用，北周改建而未成。曾被列入2015年"六项考古新发现"和"十大考古新发现"。（《中国考古学年鉴（2015）》第236—240页；《河南洛阳市汉魏故城太极殿遗址的发掘》，《考古》2016年第7期）

本年　国家文物局水下文化遗产保护中心周春水等，在丹东市大鹿岛附近海域，经过三个年度四次水下调查，找到并发掘甲午海战中被日本侵略军击沉的致远舰（"丹东一号"）。该舰年代甚晚，并不属于中国考古学的研究范畴，但这次发掘在采用综合性多种现代探测技术方面有很大的提高，为水下考古提供参考。曾被列入2015年"六项考古新发现"和"十大考古新发现"。（《辽宁"丹东一号"清代沉船》，《考古》2016年第7期）

2016年

2月　湖北省文物考古所与北京大学考古文博学院合作，由孟华平负责，发掘天门市石家河遗址，在其核心区域3平方公里范围进行系统钻探，并对若干缺口在2015年发掘的基础上作补充发掘，工作至2017年1月。核心区域存在多重人工筑成的大型城壕，新发现的谭家岭古城位于遗址中心，城内面积17万平方米，加上城壕达26万平方米，用较纯净黄土堆筑，南邻天然河道，另三面筑有城壕，城垣高出底部4—5米。2015年的发掘判定其形成年代不晚于屈家岭文化早期，废弃于屈家岭文化晚期。又在石家河古城外的西部和北部，发现两条人工堆筑的墙体。补充发掘表明，石家河古城的始建年代不早于屈家岭文化早期，作为通道的缺口至少在当时已存在，但在石家河文化晚期废弃。另外，还发掘石家河文化晚期至后石家河文化时期烧制红陶杯为主的窑场、制作石器的小型加工场，以及大型建筑基址。这些为更加全面地认识石家河古城，研讨长江中游地区文明化进程，提供更多的资料。曾被列入 2016 年"六项考古新发现"和"十大考古新发现"。（《湖北天门市石家河遗址 2014—2016 年的勘探与发掘》，《考古》2017 年第 7 期；《中国考古学年鉴（2017）》第 151—152 页）

3 月　山西考古所王晓毅等在河津市北吕梁山南麓，发掘**固镇三个地点的宋金时代瓷窑址**，工作进行至 9 月。这是山西地区首次发掘瓷窑遗址，清理制瓷坊 4 处、窑炉 4 座、水井 1 眼，出土完整及可复原瓷器 1326 件，瓷片和窑具标本多达 6 吨。在窑场的布局上，每处作坊对应一二座窑炉，是典型的小手工业作坊。作坊多作窑洞式，2 号作坊为地窖式窑洞。窑炉均为半倒焰式馒头窑，北宋 1 座、金代 3 座，结构上因烧造产品的不同，在通风口设置、窑床形制等方面存在差别。出土瓷器以粗、细白瓷为大宗，又有黑酱釉瓷和低温三彩釉陶；装饰技法有剔花填黑彩、白地画黑花、珍珠地划花和印花，题材以诗词和花草为主。金代瓷枕装饰多样。这次发掘填补了窑址分布在地区上的空白，明确了一批瓷器的窑口，对中国古代制瓷工艺史研究有重要意义。曾被列入 2016 年"十大考古新发现"。（《中国考古学年鉴（2017）》第 161—162 页）

4 月　陕西考古院、国家博物馆与宝鸡市、凤翔县博物馆等单位合作，由田亚岐负责，发掘**凤翔雍山血池秦汉祭祀遗址**，工作进行至 12 月。该遗址在雍城遗址西北 12 公里，位于山梁和小山头上，通过大量田野工作，发现各类遗迹 3200 余处。本年度发掘夯土台和祭祀坑。夯土台作圜丘形，基座直径 23.5 米，通高 5.2 米，台上可能原有小型建筑；周绕圜形"壝"（围沟）和"三垓"（阶地），发现不少秦汉建筑基址和建筑构件，应为皇帝斋宫和其他设施；祭祀坑数量很多，埋车马、牲畜等物。这处遗址是继甘肃礼县"西畤"相关遗址之后，发现的时代最早、规模最大的祭祀遗址，发掘者推断，应是文献所载秦"雍畤"及汉高祖在其基础上设立的"北畤"，是秦汉时期祭祀天地及黑帝的最高等级场所，有其重要的学术价值。曾被列入 2016 年"十大考古新发现"。（《2016 中国重要考古发现》第 88—91 页，文物出版社，2017 年）

　　5 月　21—23 日，中国考古学会在郑州召开首届"中国考古学大会"。这是中国考古学会自 1979 年成立以来规模最大并首次邀请外宾参加的盛会。与会正式代表 385 人、列席代表 337 人，共计 722 人；包括全国科研院所、高等学校和十多个国家的考古学者，以及特邀、列席人士。中国社会科学院院长王伟光、国家文物局局长刘玉珠到会致辞。会议的主题是"面向未来的中国考古学、面向世界的中国考古学"。会上，九旬高龄的宿白获首个"终身成就奖"，21 个项目获"田野考古奖"，11 个项目获考古研究成果"金鼎奖"。学术讨论主要由中国考古学会的 13 个专业委员会分别组织进行。与会中国学者还就中国考古学的发展方向交换意见，形成"郑州共识"。（《中国考古学年鉴（2017）》第 525—526 页）

　　5 月　宁夏文物考古所与科学院古脊椎所合作，彭菲等参与，在青铜峡市贺兰山山前盆地，发掘鸽子山遗址，工作至 8 月。该遗址自 2013 年以来即已开始调查，2014 年、2015 年曾发掘 150 平方米，发现多个不同时代的文化堆积，出土细石叶产品、磨盘残段等遗物，并发现多处炭屑和烧石、烧骨，测定的年代范围为距今 12000—5000 年间。本年 5—8 月又发掘 180 平方米。三年共出土石制品近 7000 件、动物化石 500 余件，其中有原地埋藏的磨盘、磨棒、双面器和尖状器，数十件用鸵鸟蛋壳制作的串珠。发现三个不同时代的文化堆积，结构性火塘和临时建筑遗迹。该发掘对于探讨旧石器时代向新石器时代过渡有重要意义。曾被列入 2016 年"十大考古新发现"。(《2016 中国重要考古发现》第 2—5 页)

5 月　陕西考古院孙周勇等在**神木县石峁城址**，发掘**皇城台遗址**，工作进行至 12 月。遗址位于内城偏西中部，与外城东门址方向一致，发掘了门址和护墙。门址规模宏大、结构复杂、保存良好，主要组成部分包括广场、外瓮城、墩台、内瓮城等。石砌护墙也高大恢宏，墙外弃置堆积中出土龙山文化陶器、筒瓦残块，少量彩陶片、骨器和玉石器。更有铜器和石范出自门址。这些考古发现，是深入认识城址性质迈出的坚实一步。曾被列入 2016 年"六项考古新发现"。(《陕西神木县石峁城址皇城台地点》,《考古》2017 年第 7 期)

7 月　新疆文物考古所阮秋荣等，在 2015 年 6 月以来发掘的基础上，对**尼勒克县吉仁台沟口遗址**作第二次发掘，工作进行至 10 月。两年发掘面积共 2500 余平方米，清理的遗迹，第一期有房址 7 座（大型 3，小型 4），第二期有房址 13 座（均小型）及墓葬 8 座。大型房址面积 100—400 平方米，平面呈长方形，属半地穴木框架结构，中部有石砌火塘。小型房址面积多 20—60 平方米，个别不足 10 平方米，半地穴或地面起建，中部有石灶。有的房址发现煤炭、煤灰和木炭。墓葬较小，有土坑墓和石棺墓。出土夹砂灰陶为主的陶器、陶范、石磨盘、石杵、石铲、铜刀、铜镜等。这里的发现填补了该地区青铜时代聚落考古的空白，^{14}C 测定年代数据为距今 3600 年，是研究西天山青铜时代及其与欧亚草原的关系的重要资料，所出陶范是中国最早的铸铜遗物。曾被列入 2016 年"六项考古新发现"。(《新疆尼勒克县吉仁台沟口遗址》,《考古》2017 年第 7 期)

7月　18—19日，由四川文物考古院、三星堆博物馆、社科院考古所等单位共同主办的"三星堆与世界上古文明暨纪念三星堆祭祀坑发现三十周年国际学术研讨会"在广汉市举行。来自海峡两岸暨香港，以及美国的专家学者，共约150人参加会议，收到论文近40篇。（《中国考古学年鉴（2017）》第530页）

7月　湖南文物考古所与北京大学考古文博学院、中国科学院自然科学史所等单位合作，由莫林恒负责，调查**桂阳县的14处大型炼锌遗址**，并对其中明清时期的桐木岭矿冶遗址进行发掘，揭露一批保存完整、规模宏大的冶炼锌及多种金属的遗迹，出土一系列冶炼遗物，工作进行至12月。遗址面积11万平方米，中心部位有一炼渣堆成的山体平台，揭露发现的一个焙烧单元和两个冶炼单元呈"品"字形分布。焙烧单元包括6个焙烧台，分别有4或8个一侧开通风口的圆柱形焙烧炉；冶炼单元以槽形炉为主体，分布储料坑、和泥坑、搅拌坑，及原料堆、精炼灶等遗迹，出土各种冶炼工具、煤饼和炉渣。据分析推断，这是一处炼锌为主、兼炼铅、可能又炼铜和银的多种金属冶炼遗址。作坊出土的陶瓷器和钱币表明，遗址开始于明末清初，废弃于清代中期。这对于研究中国古代冶炼技术的发展有重要意义。曾被列入2016年"十大考古新发现"。（《中国考古学年鉴（2017）》第162—164页）

8月　洛阳市文物考古院严辉等在**寇店镇西朱村**，发掘三座**曹魏时期大型砖室墓**，工作进行至12月。M1、2、3都有斜坡墓道，墓圹全长分别为52米、59米、近43米，规模较大。其中M1已被严重盗掘，有前、后二室，前室尚存壁画残迹，出土各类遗物，数量不少，据所出200多个刻铭石牌获知随葬品原包括衣衾、器用、食物、丧葬用具和杂项，应为女性用品。发掘者根据墓葬年代和葬制推断，M2可能是曹魏明帝高平陵，M1墓主可能是异穴合葬的明元郭皇后，最小的 M3 则为另一后妃墓。曾被列入 2016 年"六项考古新发现"。(《河南洛阳市西朱村曹魏墓葬》，《考古》2017 年第 7 期)

　　8 月　社科院考古所与贵州文物考古所合作，由陈星灿负责，傅宪国、张兴龙等参加，在贵安新区马场镇（原属**平坝县**），对**牛坡洞洞穴遗址**进行第五个季度的发掘，工作进行至 11 月。遗址由 A、B、C 三个洞穴组成，其中以 A 洞的文化堆积最丰富。发现灰坑 6 个、用火遗迹 10 余处、墓葬 7 座、活动面 2 处。发现大量遗物，有各种类型石制品近 10 万件、磨制石器 40 余种、骨器约 100 件、陶片 200 余件。文化堆积可分为五个时期，从更新世末期到全新世中期，即从旧石器时代晚期到春秋战国时期。遗物从以体形大的打制石器为主，到以技术特征明显的细小打制石器为主，再到出现磨制石器和夹砂陶器，构成史前文化的发展序列。曾被列入 2016 年"六项考古新发现"和"十大考古新发现"。(《贵州贵安新区牛坡洞遗址》，《考古》2017 年第 7 期；《中国考古学年鉴（2017）》第 150—151 页)

　　8 月　16—19 日，由陕西省文物局、榆林市人民政府主办，陕西考古研究院等单位承办的"早期石城和文明化进程——中国陕西神木石峁遗址国际学术研讨会"在神木举行。与会专家学者共计近 150 人，分别来自社科院考古所、国家博物馆、各省市科研院所和台北故宫博物院，以及北京大学、香港中文大学、英国牛津大学、美国斯坦福大学和国内外其他高校。(《中国考古学年鉴（2017）》第 530—531 页)

　　11—12 月　福建博物院暨泉州市博物馆，由羊泽林负责，发掘**永春县苦寨坑原始青瓷窑址**。发掘面积 350 平方米，共发现 9 座条形龙窑遗迹，第一期 5 座，第二期 4 座；为保存晚期窑炉，部分早期遗迹未全部揭露。根据炭标本的测定数据，第一期年代为公元前 18 世纪晚期至 16 世纪中期，窑炉较短，一般长约 3 米，产品印纹硬陶占比 2/3，原始青瓷尚少，多器表施薄釉；第二期年代为公元前 16 世纪末至 14 世纪晚期，窑炉加长至 3 米以上或 4 米多，原始青瓷占比上升至约 1/3，部分内壁和圈足亦施釉，印纹硬陶占比降低至约 1/2。这是目前发现年代最早的青瓷窑址，对于探讨我国瓷器的起源有重大意义。曾被列入 2016 年"十大考古新发现"。(《中国考古学年鉴（2017）》第 152—154 页）

本年　辽宁文物考古所樊增珑等在**朝阳市龙城区**，完成 2014 年以来对**半拉山红山文化墓地**的发掘。除清理 78 座墓葬外，又清理祭祀遗迹，早期共有祭祀坑 29 个，晚期则有祭坛和建筑基址各 1 座。祭坛位于最高处，由人工堆积的土冢和石砌墙体组成，平面近方形，长宽 16 米许，外侧有陶筒形器等祭品群。建筑址在祭坛西部，平面为圆角长方形，有排列有序的 7 个柱洞与夯打活动面。祭祀坑为形状不一的土坑，出土石人头像、陶塑人像和玉器等。这是牛河梁以外红山文化的又一重要遗址，种种特征与牛河梁积石冢一致，是研究红山文化和探讨中华文明起源问题的新资料。曾被列入 2016 年"六项考古新发现"。(《辽宁朝阳市半拉山红山文化墓地的发掘》，《考古》2017 年第 2 期；《辽宁朝阳市半拉山红山文化墓地》，《考古》2017 年第 7 期）

本年　北京市文物研究所为配合北京城市副中心建设，由孙勐、白岩等组织千余名人员，在**通州区潞城镇**进行考古勘察与发掘。共计勘探 122 万平方米，发掘 4 万多平方米，确定了汉代路县故城的位置、范围、形制与结构的基本情况，并在城址周边发掘战国至汉魏的墓葬 1146 座。曾被列入 2016 年"十大考古新发现"。(《中国考古学年鉴（2017）》第 155—156 页）

本年　浙江文物考古所与慈溪市文管会合作，从 2015 年 10 月开始，郑建明等参加，**在慈溪上林湖中部西岸发掘后司岙唐五代秘色瓷窑址**，工作经 2016 年全年进行至 2017 年 1 月。地点在上林湖越窑遗址中最核心的窑址，发掘面积 1100 平方米，揭露包括龙窑炉、房址、贮泥池、釉料缸等在内的丰富作坊遗迹，出土大量包括秘色瓷在内的晚唐五代时期越窑青瓷精品。在发掘方法上有许多创新，对揭露的作坊遗迹进行了三维化全记录。基本厘清秘色瓷的产地、发展历程、产品种类和烧造工艺，在中国制瓷历史的研究上取得了突破。曾被列入 2016 年"十大考古新发现"。(《中国考古学年鉴 (2017)》第 156—158 页)

本年　上海博物馆陈杰、王建文等在**青浦区，发掘宋元明时期的青龙镇遗址**。据文献记载，青龙镇曾是唐宋时期的对外贸易港口，2010 年以来历经勘探与发掘，共发掘面积 4000 余平方米。发现的建筑基址中，有唐宋时期的砖砌房屋，更重要的是始建于北宋的"隆平寺塔"塔基及地宫，这在当时不仅是佛塔，更是来港航船的地标。隆平寺塔保留有塔基的关键部分，为复原建筑提供依据，其地宫瘗藏弥足珍贵的佛教文物。青龙镇遗址历年出土数十万瓷片，可复原者多达 6000 余件，大多数来自南方窑口，而且与朝鲜半岛和日本出土瓷器的组合相似，是青龙镇作为海上丝绸之路重要港口的重要物证。曾被列入 2016 年"十大考古新发现"。(《中国考古学年鉴 (2017)》第 158—161 页)

2017 年

1 月　四川文物考古院刘志岩等在眉山市彭山区，进行**岷江口沉银遗址**的发掘。这是国内规模最大的内水考古项目。出水文物包括属于张献忠大西政权的金封册，"西王赏功"金币、银币和

"大顺通宝"铜币，铭刻"大西"国号和年号的银锭等。此外还有属于明代藩王府的金银封册、金银印章，以及戒指、耳环、发簪等各类金银首饰，铁刀、铁剑、铁矛和铁箭镞等兵器。曾被列入2017年"十大考古新发现"。（《中国考古学年鉴（2018）》第148—149页）

6月　宁夏文物考古所马强等在**彭阳县，发掘姚河塬西周遗址**。遗迹包含晚商、西周、东周三个时期，以西周遗迹为主。遗址分居址区、作坊区和墓葬区。居址区内发现有西周早期城址，包含水网、路网、壕沟、大型夯土基址，又发现铸铜作坊和制陶作坊遗址。墓葬区有带斜坡墓道、殉人和殉牲的大墓，钻探出墓葬、马坑、车马坑、祭祀坑共50余座。出土的重要遗物，有象牙制品、玉凤等，其中灰坑及墓葬出土卜骨和卜甲计7块，有文字的2块，总计发现文字50余字。该遗址的众多发现，弥补了文献记载的不足，证明西周王朝对西部疆域的管理也是"分封诸侯，藩屏王室"模式。后被列入2017年"十大考古新发现"。（《中国考古学年鉴（2018）》第140—142页）

6月　新疆文物考古所与北大考古文博学院合作，于建军、何嘉宁等参加，继续发掘**吉木乃县通天洞遗址**。该遗址2015年曾作详细调查，2016年开始正式发掘。本年发掘工作至9月结束。这是新疆境内发现的第一个旧石器时代洞穴遗址，完整保存着从旧石器时代到3500年前古人类居住的遗存。旧石器文化层中出土的石制品种类十分丰富，显示出较明显的旧大陆西侧旧石器时代中期文化特征，在国内同时期遗址中十分独特，另遗址中发现了国内较早的小麦，但种属等问题尚需进一步研究。在早期铁器和青铜时代地层中发现遗物包括陶器、铜器、铁器、石磨盘等，陶片显示出类似于欧亚草原青铜时代阿凡纳谢沃和切木尔切克文化以及阿勒泰地区早期铁器时代文化的特征。在 T0505 探方内还发现围绕洞口的可能是石围墙的遗迹。曾被列入 2017 年"六项考古发现"和"十大考古新发现"。(《中国考古学年鉴(2018)》第 135—137 页;《新疆吉木乃县通天洞遗址》,《考古》2018 年第 7 期)

8 月 江西文物考古所胡胜等在**鹰潭市**,进行**龙虎山大上清宫遗址**的勘探发掘,工作至 12 月。已揭露出大上清宫核心区域中轴线以东 5000 平方米范围,建筑基址有龙虎门、玉皇殿、后土殿、三清阁、三官殿、五岳殿、天皇殿、文昌殿、明清碑亭、东厢房等,周边环绕砖砌院墙。通过与文献记载的相互考证,推断主体殿宇基址的建筑年代为明代。大上清宫遗址出土大量宋至清的瓦当、滴水、脊兽、石栏杆等建筑材料和货币、陶瓷器等生活用具,为探究大上清宫的历史沿革、建造艺术提供了具有重要价值的资料,同时也为研究道教发展史和道教考古提供了珍贵的第一手实物资料。曾被列入 2017 年"十大考古新发现"。(《中国考古学年鉴(2018)》第 146—147 页)

9 月 社科院考古所、陕西考古院和北大考古文博学院合组的考古队,由宋江宁领队,徐良高、雷兴山、王占奎等参加,于 2016 年 4 月至本月,发掘**周原遗址凤雏甲组基址**东的 6—10 号基址和北城墙。发掘面积 3000 平方米,判定各基址的年代、形制结构和相互关系。保存情况较差,多为台式建筑,除 F8 平面形状不明外,F6 号基址为倒"凹"字形,F7、F9 为长方形,F10 为"回"字形。据推断,整体废弃于西周晚期,F6 年代最早,它与 F8 应在商周之际,而 F8 以外的四座基址,都叠压着年代更早的夯土,表明在这个区域以内有存在先周晚期大型基址的可能性。(《陕西宝鸡市周原遗址凤雏六号至十号基址发掘简报》,《考古》2020 年第 8 期)

12 月　河北省文物研究所与中国社科院考古所、石家庄市和行唐县文物单位人员合作，由张春长负责，完成自 2016 年 3 月以来对**行唐县故郡东周遗址**的发掘，累计发掘面积 8000 平方米。方形城址，边长约 400 米，试掘南垣，仅见壕沟一段。发掘墓葬 37 座，除 9 座为土坑墓外，其余 28 座均为积石墓，依墓型大小而墓底、四周和顶部积厚度不同的卵石，M53 用卵石砌出五个墓室，最厚至 1 米余。7 座车马坑与几座较大的墓对应，其中 6 座又在其东侧另附殉牲坑。出土青铜礼器、兵器和车马器。曾被列入 2017 年"六项考古新发现"。（《河北行唐县故郡东周遗址》，《考古》2018 年第 7 期）

12 月　8—11 日，中国社会科学院和上海市人民政府联合主办的第三届"世界考古论坛"在上海大学举行。来自世界的各考古机构、有关高等院校的上百名专家、学者参加会议。本届主题是"水与古代文明"。与会代表围绕水资源、水管理与古代文明发展之间纵横交错的关系，进行跨文化与比较研究的探讨。会上颁发了重大田野考古发现奖和重大考古研究成果奖。会外举行中国考古新发现讲座，2015—2016 年良渚古城水利系统发掘受到良好评价，西汉海昏侯墓发掘引起极大兴趣。（据社科院考古所学术档案）

本年　陕西考古院杨利平等，发掘**高陵县杨官寨遗址**。共发现史前墓葬 343 座，分布十分密集，排列有序，无叠压打破关系，方向均为东西向，应经过严格规划。墓葬形制主要有洞室墓和竖穴土坑墓两类，仅在少量墓葬中发现有尖底瓶、彩陶盆、彩陶壶、夹砂罐、陶钵、陶杯等日用陶器，还有陶环、石环、石串珠、骨簪、骨环、蚌壳等装饰品。根据随葬陶器及 ^{14}C 测年数据，初步判断该批墓葬年代为庙底沟类型时期，是首次确认的庙底沟类型大型成人墓地，为研究杨官寨遗址布局、庙底沟类型聚落形态及社会组织状况等积累了珍贵的材料。曾被列入 2017 年"十大考古新发现"。(《中国考古学年鉴（2018）》第 139—140 页)

本年　山东大学考古学与博物馆学系王芬等，于 2016 年至本年夏季，发掘济南市**章丘区焦家遗址**。这是海岱地区已发现年代最早的城址。夯土城墙、壕沟、一大批高等级墓葬、大量玉器、白陶等的发现，昭示着该遗址是鲁北古济水流域大汶口文化中晚期的一处中心性聚落。空间上排列有序的房址材料，填补了鲁中北地区大汶口文化中晚期阶段居住形态研究的空白。墓葬材料极为丰富，大型墓葬棺椁俱全，随葬品常见玉钺、玉镯、陶高柄杯、白陶器和彩陶等。在大墓附近还发现近 20 多座陶器或动物祭祀坑。曾被列入 2017 年"六项考古新发现"和"十大考古新发现"。(《济南市章丘区焦家新石器时代遗址》，《考古》2018 年第 7 期；《济南市章丘区焦家遗址 2016—2017 年聚落调查与发掘简报》《济南市章丘区焦家遗址 2016—2017 年大型墓葬发掘简报》，《考古》2019 年第 12 期)

本年　社科院考古所傅宪国等与福建博物院范雪春等组成的联合考古队，于 2012 年至本年，进行**明溪县南山洞穴遗址**的发掘。重点发掘第 3、4 号洞和山顶区域，发掘面积 450 平方米。根据地层关系和文化内涵分为五期：第一至四期属新石器时代，^{14}C 测年数据为距今 5800—4300 年；第五期属青铜时代，大体相当于中原的商周时期。发现新石器时代活动面、火塘、灰坑等遗迹，出土陶器、石制品、骨角器、动植物遗存等；并在山顶发现蓄水池 2 座和墓葬 3 座。该遗址文化面貌特殊，填补了闽西北地区新石器时代中晚期至青铜时代的缺环。所出陶器形制以圜底釜为主，前曾发现相似遗存，炭化农作物中有水稻、粟、黍、大麦、大豆，反映当时的农业情况。曾被列入 2017 年"六项考古新发现"。

（《福建明溪县南山遗址》，《考古》2018年第7期）

本年　河南文物考古院马俊才等于2016年以来至本年，在新郑市发掘**郑韩故城北门遗址和郑公大墓车马坑**。这是第一次发掘郑韩故城北门遗址，全面揭露了城门的构造、16条春秋至明清时期道路的走向，印证了史书中对郑国"渠门"的记载，还首次发现东周时期的瓮城城墙。3号车马坑是继郑公大墓的重要发现。坑内残存48辆拆散的木车，马骨至少124匹，数量之多在东周考古发现中实属罕见。特别是饰有青铜和骨器构件的彩席顶棚、舆长约2.2米的大型安车，为研究周代车制、葬俗等内容，提供了重要的学术依据。曾被列入2017年"十大考古新发现"。（《中国考古学年鉴（2018）》第142—143页）

本年　社科院考古所刘瑞等与西安市文物考古所合作，发掘**秦汉时期栎阳城遗址**。其中3号古城，试掘中出土大量筒瓦，弧形板瓦，素面、动物纹、云纹瓦当等建筑材料，并拼对出槽型板瓦、巨型筒瓦、巨型瓦当。据文献记载及出土遗物，其年代上限不早于战国中期，与文献所载秦献公、孝公建都栎阳时间吻合，为战国秦都栎阳，是商鞅变法发生之地。从栎阳考古发现看，不仅该城址发现的半地下建筑、浴室、壁炉等设施，空心砖踏步、巨型筒瓦、瓦当等遗物，是迄今为止在秦考古发掘中的最早发现，而且相当多的秦汉建筑制度均起始于此。曾被列入2017年"十大考古新发现"。（《中国考古学年鉴（2018）》第143—144页）

本年　洛阳市文物考古院王咸秋等，对**东汉帝陵陵园**进行考古调查与发掘，工作进行至12月。本次主要对朱仓M722东汉陵园遗址、白草坡村东汉陵园遗址进行考古发掘，确认了东汉陵的内、外陵园制度，内陵园以帝后合葬墓为中心，周边有垣墙或道路环绕。外陵园以大面积夯土建筑基址为主，集中分布在内陵园的东北侧。首次发现陵园道路和疑似阙台遗迹。帝后陵的封土平面为圆形,南部有长斜坡墓道的痕迹。文献中记载的"石殿""钟虡""寝殿""园省""园寺吏舍"等陵园诸要素与考古发现初步对应。曾被列入 2017 年"十大考古新发现"。(《中国考古学年鉴(2018)》第 144—146 页)

本年 吉林文物考古所与吉林大学边疆考古中心合作,赵俊杰等参与,2014 年起至本年,在**安图县宝马城**勘探发掘**金代长白山神庙遗址**。本年发掘 562 平方米,结束工作。宝马城遗址是近年来辽金考古的重要发现,也是边疆考古与北方民族考古的重大突破,共出土各类遗物逾 5000 件,其中 2016 年出土的"癸丑"(1193 年)纪年玉册确证其为金代皇家修建的长白山神庙故址。该遗址的发掘,是中原以外首次发现国家山祭遗存,对了解宋金时期岳镇海渎祠庙的格局,以及探索金代礼仪制度的发展具有十分重要的价值,对研究金王朝的边疆经略、探索我国统一多民族国家的形成与发展也有重要意义。曾被列入 2017 年"六项考古新发现"和"十大考古新发现"。(《吉林安图县金代长白山神庙遗址》,《考古》2018 年第 7 期)

2018 年

1 月 山西考古所白曙璋等,结束 2017 年 8 月以来对**闻喜酒务头商代墓地**进行的抢救性发掘。发现 5 座有斜坡墓道的大墓、7 座中小型墓和 6 座车马坑,多被严重盗掘。保存完整的 M1 出土随葬品 130 余件,绝大多数是成套青铜礼器和兵器,又有 7 件陶罐和 1 件骨管。另 4 座大墓,有的出土兽面胄饰、戈、矛、镞和玉器,甚至发现殉人和殉牲,有的仅有陶器或碎片。发掘的一座车马坑,埋一车二马一人。这是一处商代晚期高等级方国贵族墓地，铜器铭文表明属于过去不知所在的"匿"氏族，具有重要的学术意义。曾被列入2018年"十大考古新发现"。（《中国考古学年鉴（2019）》第151—153页）

2月 1日，考古学家宿白在北京逝世，终年96岁。

宿白，字季庚，辽宁省沈阳市人，生于1922年8月3日。1944年北京大学史学系毕业。1948年北京大学文科研究所肄业，任职该所考古学研究室。1952年起执教于北京大学历史系考古专业，兼任考古教研室副主任，主持日常工作。1978年晋升教授。1979年任中国社会科学院考古研究所学术委员，当选中国考古学会常务理事。1983年任北京大学考古系首任系主任兼校学术委员，并任文化部国家文物委员会委员。2000年任中国考古学会名誉理事长。他曾主持1951年河南禹县白沙水库区宋墓发掘、1957年河北邯郸涧沟等遗址发掘和响堂山石窟考查，后又主持敦煌、龙门、云冈、克孜尔等石窟考古实习，进行考查与研究。1959年参加西藏文物调查。主要贡献是，运用考古类型学方法，对魏晋至隋唐墓葬进行分区分期研究，为揭示当时墓葬制度和社会生活的变化，奠定了基础；结合文献记载，进行这个时期都城遗址的系统研究，对其发展演变提出创见；在佛教考古，特别是石窟寺考古研究方面，尤有开拓之功。主要著作有《白沙宋墓》《中国石窟寺研究》《藏传佛教寺院考古》《魏晋南北朝唐宋考古文稿辑丛》等。（《中国大百科全书》第一版《考古学》卷"宿白"条；《中国考古学年鉴（2019）》第575—577页）

2月 17日，中国考古学会第六届常务理事会，根据现阶段工作的需要，对2013年以来成立的16个专业委员会的人员结构进行了完善和调整，并发表公告宣布委员会名单如下：

中国考古学会旧石器考古专业委员会

中国考古学会新石器考古专业委员会

中国考古学会夏商考古专业委员会

中国考古学会两周考古专业委员会

中国考古学会秦汉考古专业委员会

中国考古学会三国至隋唐考古专业委员会

中国考古学会宋辽金元明清考古专业委员会

中国考古学会文化遗产保护专业委员会

中国考古学会动物考古专业委员会

中国考古学会植物考古专业委员会

中国考古学会人类骨骼考古专业委员会

中国考古学会新兴技术考古专业委员会

中国考古学会公共考古指导专业委员会

中国考古学会丝绸之路考古专业委员会

中国考古学会环境考古专业委员会

中国考古学会古代城市考古专业委员会（据中国考古学会秘书处档案）

3月 社科院考古所与湖北文物考古所及荆门市、沙洋县文博单位合作，由彭小军领队，在**沙洋城河屈家岭文化城址**北侧，发掘**王家塝墓地**。截至 2019 年 1 月，发掘墓葬 112 座、陶器坑 3 个。其中，面积接近或超过 10 平方米的大型墓，发现 7 座、已掘 6 座（5 座两室合葬、1 座三室合葬），分布在墓地的四个不同区域，部分区域有中小型墓围绕大墓的情形。随葬品丰富，包括陶器、玉石钺、象牙器、竹编器、漆器、猪下颌骨等，最多的达 60 余件。这是目前发现规模最大、保存最完整的屈家岭文化墓地，极大地增进对屈家岭文化葬俗和社会结构的认识。曾被列入 2018 年

"六项考古新发现"和"十大考古新发现"。（《湖北沙洋县城河新石器时代遗址王家塕墓地》，《考古》2019 年第 7 期）

4 月 重庆文化遗产研究院袁东山等自 2017 年 8 月至本月，在**合川范家堰发掘钓鱼城南宋衙署遗址**。该遗址位于钓鱼城中心，是公元 1243 年南宋四川制置使余玠抗元所徙合州州治所在地，保存相当完整。这次是第四次发掘，揭露面积 3000 平方米，新发现各类遗迹 59 处，又补充清理前三次发掘的遗迹 46 处。遗址包括公廨区和园林区，前者主要有一组四进院落的中轴线建筑群；后者则有门屋、景亭、台榭、截洪沟、涵洞等。为研究我国宋代城市与衙署建筑、古代园林及宋蒙（元）战争史等提供了珍贵的实物遗存。曾被列入 2018 年"十大考古新发现"。2019 年 6—12 月又曾进行发掘。（《中国考古学年鉴（2019）》第 158—159 页；《中国考古学年鉴（2020）》第 406—407 页；《钓鱼城遗址考古报告集》，科学出版社，2021 年）

4 月 9—11 日，北京大学考古文博学院和伦敦大学学院考古学院共同举办的"'帝国重现：古罗马与汉代中国文明'研讨会"在北京大学举行。会上，中外学者就"货币、贸易与经济""帝国、都市化与手工业产品的转型""物化的帝国意识""中心与边缘：帝国整合及其局限性"等议题，进行演讲与互动。（《中国考古学年鉴（2019）》第 490 页）

5 月 12、13 日，由国家文物局、陕西省人民政府主办的"考古视野下的'丝绸之路'国际论坛"在西安市举行。来自哈萨克斯坦、吉尔吉斯斯坦等国的 15 位学者，国内各高校和科研机构的 260 余位专家学者出席，就考古新发现和最新研究成果进行交流。（《中国考古学年鉴（2019）》第 490 页）

6 月 8—11 日，"第八届东亚考古学会会议"在南京大学召开。会议代表来自中国、日本、韩国、蒙古、俄罗斯、菲律宾、越南、泰国等国家，共计 400 余人。收到论文 250 余篇，主要讨论了各国考古发现和研究成果，涉及的内容包括农业起源、奢侈品生产、游牧民族、丝绸之路等。(《中国考古学年鉴（2019）》第 491 页)

8 月　4—5 日，北京大学考古文博学院与伦敦大学学院考古系共同举办的"'稻的植物考古学——前沿与反思'国际学术研讨会"在北京大学举行。来自英国伦敦大学学院、日本九州大学及国内 20 余所高校及科研单位的代表参加了会议。围绕当前研究中的前沿问题，就"稻的遗传学研究""稻的驯化实证""稻的生态多样性""稻的驯化模式""稻的传播与稻粟（黍）混作"等主题，进行主题发言和深入讨论。(《中国考古学年鉴（2019）》第 492 页)

9 月　14—17 日，中国社会科学院主办的"早期都邑文明的发现研究与保护暨陶寺四十年发掘与研究国际论坛"在临汾举行。来自国内外部分高校及科研院所等单位的专家学者百余人参加会议。围绕陶寺文化研究、早期都邑文明、大遗址保护与传承等问题进行讨论。(《中国考古学年鉴（2019）》第 493 页)

9 月　19—21 日，由山东省考古学会主办的"'从大汶口到城子崖——新石器时代晚期的黄河下游'学术研讨会"在济南市章丘区举行。来自社科院考古所、北京大学等 9 所国内高校及 16 个科研机构的 120 余名学者参加。发言内容主要包括：大汶口—城子崖遗址的新发现；运用动植物遗存、墓葬和聚落调查资料对大汶口—龙山文化经济生活、环境状况等方面的研究；与河南、晋南、辽东、长江中下游、淮河流域龙山时代诸考古学文化的比较研究；大汶口—龙山文化与周边地区的文化交流和影响。(《中国考古学年鉴（2019）》第 494 页)

10月 13—14日，社科院考古所与河南省文物局等单位主办的"殷墟科学发掘九十周年纪念大会暨殷墟发展与考古论坛"在安阳举行。来自海内外的200余位学者围绕殷墟的发掘、相关考古研究和文化遗产的保护等问题进行讨论。(《中国考古学年鉴（2019）》第495页)

10月 19—20日，"陕西省考古研究院成立60周年纪念暨秦汉考古与秦汉文明学术研讨会"在陕西省西安市召开。来自国内外秦汉考古方面的专家学者及陕西文物系统工作者等共300余人参加开幕式。会议共四个主题，分别为"都城与城市""聚落与遗物""帝陵诸侯王陵列侯墓"以及"墓葬·墓仪·文化"。(《中国考古学年鉴（2019）》第496页)

10月 22—24日，中国考古学会和社科院考古所主办的"第二届中国考古学大会"在四川成都举行。主题是"古代文化交流的考古学研究"。会上，向年逾九旬有五的石兴邦先生颁发终身成就奖，还颁发了其他几种奖项。会议期间，由中国考古学会下属16个专业指导委员会分别进行学术讨论。(《中国考古学年鉴（2020）》第496页)

11月 《中国考古学年鉴（2017）》出版，从本年起，新增"赴外考古"栏目，体现了中国考古学界走出去的盛况。其中有：2005年起，内蒙古文物考古所赴蒙古人民共和国合作发掘；2005年起，四川文物考古院和陕西考古院赴越南合作发掘；2011年起，社科院考古所、西北大学分别赴乌兹别克斯坦合作发掘；2014年起，南京大学赴俄罗斯阿尔泰地区合作发掘，云南文物考古所赴老挝合作发掘；2015年起，西北大学赴塔吉克斯坦合作发掘，黑龙江大学赴俄罗斯阿穆尔地区合作发掘；2016年起，南京大学、中山大学分别赴伊朗合作发掘；2017年起，陕西考古院赴吉尔吉斯斯坦、哈萨克斯坦合作发掘，西北大学赴乌兹别克斯坦合作发掘，重庆文化遗产研究院赴俄罗斯西伯利亚合作发掘，河南文物考古院赴肯尼亚、蒙古人民共和国合作发掘。（未载的还有：2012年湖南文物考古所赴孟加拉国合作发掘，2015年起社科院考古所赴洪都拉斯合作发掘，2018年起上海博物馆赴斯里兰卡合作发掘。）

12月　河北文物所与张家口市文物考古所合作，由黄信负责，于2017年5月至本月，发掘**张家口太子城金代行宫城址**。城址平面呈长方形，东西宽350米，南北长400米。发掘面积总计12900平方米，先后揭露城址南门、九号建筑基址、三号院落、一号和二号院落南院、西院落、城址东南角等6处遗址。其中南门、九号基址、三号院落呈现前朝后寝格局，为城址的中轴线。出土遗物主要是建筑构件和陶瓷器。这是发掘面积最大、仅次于金代都城的高等级重要城址。根据历史文献推定，应是金章宗时期营建的泰和宫，具有重要学术意义。曾被列入2018年"六项考古新发现"和"十大考古新发现"。（《河北张家口市太子城金代城址》，《考古》2019年第7期）

12月　李伯谦主编《中国出土青铜器全集》，由科学出版社、龙门书局联合出版。全书20册，按省、市、自治区分编，收青铜器5000余件。

本年　2016年以来至本年，广东文物考古所与北大考古文博学院合作，发掘**英德市青塘遗址**，刘锁强、王幼平等参加。在黄门岩1—4号洞穴发掘面积共54平方米，其中2号洞发掘30平方米。还对周边洞穴进行调查。出土属于一具年轻女性个体的不同部位化石，类型丰富的打制石器、早期陶器、骨角蚌器，以及动物骨骼。连续的地层关系与文化序列，为研究华南乃至东南亚旧石器至新石器的过渡提供重要资料。动物化石显示的地质年代，从晚更新世晚期至全新世初期；加速器质谱仪测定的 ^{14}C 年代则为距今约 2.5 万—1 万年。该遗址曾被列入 2018 年 "六项考古新发现" 和 "十大考古新发现"。（《广东英德市青塘遗址》，《考古》2019 年第 7 期）

本年　2016 年以来至本年，陕西考古院与延安市文物所，及西北大学文化遗产学院合作，由马明志领队，发掘**延安芦山峁新石器时代遗址**。钻探确认至少四座大型夯土台基。本年主要发掘面积最大的大营盘梁地点（16000 平方米），为长方形大型夯土台基，发掘面积 4000 平方米。上部有宋金、商周和龙山文化晚期堆积，下部则为庙底沟二期文化晚期遗存，以及坐落顶部的三个坐北朝南院落，周边几乎未见其他遗迹。一号院占台基的北半部，前后两进院分别有三间和四间北房，东西厢房则连接；一号院南墙外并列二、三号院，面积分别为 400 和 600 平方米，都只有北房三间。另外，还在若干山坡地点勘探出 300 多座成排分布的房址，均为较小的窑洞。出土遗物除陶器等外，一号院发现相当数量的筒瓦、板瓦，及玉器奠基现象。^{14}C 年代数据约为公元前 2300 年至前 2200 年。这处前所未见的中国年代最早的高等级建筑群遗址，是研究中国文明起源和 "早期国家" 形成的重要资料。曾被列入 2018 年 "六项考古新发现" 和 "十大考古新发现"。（《陕西延安市芦山峁新石器时代遗址》，《考古》2019 年第 7 期）

本年　南京博物院与苏州市、张家港市文博单位合作，周润垦、车亚风等参与，发掘**张家港黄泗浦遗址**。该遗址历经 2008—2013 年和 2017 年的四次发掘，揭示了南朝、隋唐、宋、明清河道，发现了河道内大量的砖瓦瓷片堆积和栈桥遗迹，提出了黄泗浦河为唐宋时期江南地区入江的主干水道之一，江苏张家港黄泗浦遗址曾是繁华的港口，在江南地区有着重要历史地位的新认识。

黄泗浦遗址还发现了唐宋时期的寺院遗存，发掘者认为可能与鉴真和尚第六次东渡的地点有关。这是长江下游港口型遗址的重要发现，为中外文化交流、海陆交通路线及海岸线变迁等课题的研究提供了新资料。曾被列入 2018 年"十大考古新发现"。(《中国考古学年鉴（2019）》第 154—156 页）

本年　新疆文物考古所与中国人民大学考古文博系合作，由阮秋荣、关巴等参与，发掘**尼勒克县吉仁台沟口遗址**。该遗址规模宏大、布局复杂，由居址区和高台遗存共同构成，历经 2015—2018 年调查发掘，取得了重要收获。根据近 400 平方米的大型单体房址和石筑高台遗存，发掘者推断其为伊犁河谷青铜时代晚期的中心之一，为建立伊犁河流域的史前文化序列提供了宝贵资料。遗址发现丰富的与铁冶炼相关的遗存，是新疆唯一有冶金证据的史前遗址，对中国新疆乃至中亚冶金考古有重要意义；又发现迄今为止世界上最早使用燃煤的证据，将人类使用燃煤的历史上推千余年。出土的动植物遗存为揭示生业方式转变和早期农作物的东西交流提供了新视角。曾被列入 2018 年"十大考古新发现"。(《中国考古学年鉴（2019）》第 150—151 页）

本年　2017 年和本年，陕西考古院与渭南市、澄城县文博单位合作，由种建荣负责，发掘**澄城县刘家洼东周芮国遗址**。经勘查，遗址东西约 2000 米，南北约 1500 米，总面积近 300 万平方米；包括城址、夯土基址、一般居址、高级墓地和中小型墓地等。发掘的一百多座墓葬中，东Ⅰ区三座中字形大墓虽被严重盗扰，仍有丰富收获，M1 残存的 240 多件随葬品中有编钟、编磬、铜簋、玉戈、铜柄铁矛、彩绘木俑等；M2、M3 都出土芮公铜鼎（前者有列鼎 7 件）。中型墓葬则出土铜翣或其配件。另外，墓地还曾出土其他有关"芮"铭文铜器。种种情况表明，这是继韩城梁带村之后发现的又一处春秋时期芮国都城所在地，重要意义自不待言。曾被列入2018年"六项考古新发现"和"十大考古新发现"。（《陕西澄城县刘家洼东周芮国遗址》，《考古》2019年第7期）

本年　四川省文物考古院人员，于2014年至本年，发掘**渠县城坝遗址**，陈卫东、周科华、高大伦先后负责，累计发掘面积4000平方米。2017—2018年郭家台城址西南部的发掘，揭露出城门、城壕、城墙、街道、大型基址、水井、窖穴，以及城外靠近渠江的"津关"等遗迹。城墙的始筑年代为西汉，东汉时期大规模增修，出土瓦当有"宕渠"二字表明其为宕渠县治所在地。"津关"的堆积从西汉延续到魏晋。水井和窖穴出土的木简牍（包括爰书、簿籍、识字课本等）有若干西汉晚期年号。发掘的44座墓葬均属西汉时期。曾被列入2018年"六项考古新发现"。（《四川渠县城坝遗址》，《考古》2019年第7期）

本年　黑龙江省文物考古所自2013年以来，由张伟领队，进行**齐齐哈尔洪河遗址**的发掘，以界定过去不够明确的昂昂溪文化内涵、性质与年代。截至2019年，先后五次共发掘4200余平方米，以本年至2019年的发掘收获最大。揭露多个时期的遗迹，其中新石器时代包括环壕3条、房址27座、墓葬9座，另有夏商、两周及更晚时期遗迹。通过发掘认识到昂昂溪文化的聚落形态，一侧以嫩江为天然屏障，另一侧则为环壕。大型房址的发掘表明，当时已兼营农业，过着定居生活，并不是流动性大的渔猎经济。农作物遗存黍的数量较大，也发现有粟。^{14}C测定的树轮校正年代为距今4500—4000年。后被列入2019年"六项考古新发现"。（《黑龙江齐齐哈尔市洪河遗址》，《考古》2020年第7期）

本年　山东省文物考古研究院与枣庄市及滕州市文物局合作，在滕州界河镇发掘**西孟庄龙山文化遗址**，工作进行至2019年。参

加工作的有高明奎、梅圆圆等。遗址距庄里西龙山文化城址约 12
公里，揭露面积共 2500 平方米。发现主要属龙山早、中期的遗
迹，有围墙、环沟、房址、灰坑、墓葬、窑址，以及大量柱洞，
分布、组合较有规律。这是前所未见的一处较完整的小型聚落，
学术意义十分明显。后被列入 2019 年"六项考古新发现"。(《山
东滕州市西孟庄龙山文化遗址》,《考古》2020 年第 7 期)

2019 年

3 月　6—8 日，社科院考古所和敦煌研究院主办的"城市考
古与敦煌学研究学术研讨会"在敦煌莫高窟召开，来自社科院与
敦煌研究院考古研究所等单位的 30 多位考古专家学者参加。与会
学者对汉长安城、汉魏洛阳城、邺城、辽上京等遗址的考古新发
现与研究情况作了介绍。会后，与会代表到瓜州锁阳城遗址进行
踏察，对锁阳城遗址初步发掘提出了指导性意见。(《中国考古学年
鉴（2021）》第 527 页)

4 月　27—28 日，由中国考古学会主办、武汉大学历史学院
承办的"中国考古学理论与方法学术研讨会"在武汉大学举办。
来自社科院考古所、北京大学考古文博学院等高校考古院系及部
分省级考古院所的学者近 50 人出席了会议。与会专家就考古学理
论、田野考古技术，科技考古，石器、陶器等遗物的研究方法，
农业起源、早期国家等不同性质课题特定的研究方法，考古学文
化概念、考古学文化与族属的关系，考古资料与文献结合等问题，
提出了见解。(《中国考古学年鉴（2020）》第 528 页)

7 月　10—11 日，由社科院考古所、中国考古学会新石器时
代专业委员会、甘肃文物考古所等单位联合主办的"早期文化交
流：路径与社会学术研讨会"在临洮县召开。来自全国各地科研

院所和高等院校的考古学者及部分海外学者近 70 人参加。研讨会围绕早期文化交流的内容与路径、区域间早期文化交流及其影响、早期中国与周边的世界等议题展开讨论。（《中国考古学年鉴（2020）》第 529 页）

8 月　28—29 日，由中国历史研究院、中国考古学会主办，河南省和郑州市文物考古院等单位协办的"第二届中国考古·郑州论坛"在郑州举行。来自全国各省市考古文博单位及高等院校的专家学者共 400 余人参加，论坛的主题是"新中国考古学 70 年"，考古学会各专业委员会围绕这一主题展开研讨，各位专家学者梳理了 70 年来各专业学术发展的历史脉络、主要成就、重要发现与研究成果、目前的重点课题、存在问题和发展方向。（《中国考古学年鉴（2020）》第 531 页）

8 月　30—31 日，由中国考古学会夏商、两周专业委员会，山东考古学会主办，江苏、河南、安徽文物考古研究院所协办的"苏鲁豫皖地区商周时期考古学文化学术研讨会"在滕州召开。来自各地相关研究机构及苏鲁豫皖四省共计 50 余个单位的 130 多位代表参加会议。收到论文或摘要共 84 篇，内容主要涉及苏鲁豫皖四省区域近年来商周时期考古新发现，徐淮地区商周时期文化交流，苏鲁豫皖地区区域文化因素分析及商周时期专题研究。（《中国考古学年鉴（2020）》第 531 页）

9 月　社科院考古所何毓灵等，继续发掘**安阳洹北商城铸铜作坊遗址**。该遗址位于洹北商城中部偏北，对其发掘始于 2015 年 6 月，本年是第五次发掘，工作至 12 月结束，发掘面积共计 4700 多平方米，先后揭露的重要遗迹有：料礓石夯土基址，东西长 25.5 米，南北最宽 18.5 米，现存 9 个柱洞，有人祭坑；熔铜与浇铸场所，发现熔炉底部、红烧土面，以及铜、锡、铅等金属含量很高的活动面；灰坑近 700 个，包括窖藏坑、祭祀坑和垃圾坑，许多坑有大量与铸铜、制骨相关的遗物，又有人牲、牛祭、羊祭坑；墓葬 90 余座，排列有序，随葬品除常见的陶器外，有陶范、磨石、铜刀、陶管等，墓主应为工匠。种种情况有待深入研究，对于研讨洹北商城布局和商代中期铸铜技术有重要意义。(《河南安阳市洹北商城铸铜作坊遗址 2015—2019 年发掘简报》,《考古》2020 年第 10 期)

10 月 7 日，国务院 2019 国发 22 号文公布第八批全国重点文物保护单位名单，其中有古遗址 167 处，古墓葬 30 处。(据国家文物局网站)

10 月 20—22 日，由中国人民大学历史学院和北方民族考古研究所主办，北京文物研究所、中国考古学会宋辽金元明清委员会协办的"蒙古、贝加尔西伯利亚与中国北方古代文化研究国际学术研讨会"在中国人民大学举行。会议邀请了来自俄罗斯、蒙古及国内主要考古教学与科研机构的 60 余位学者参会。会议共设两个研讨会场，围绕"发现与研究""宗教与艺术""文化与技术""互动与交流"四个主题进行学术讨论。(《中国考古学年鉴（2020）》第 533 页)

10 月 24—25 日，"考古发现与海上丝绸之路国际学术研讨会"在上海博物馆举行。来自菲律宾、印度尼西亚、斯里兰卡、印度的外籍专家，以及来自北京大学等国内高校、研究机构的专家学者，共 40 余位参加会议。会上围绕"港口与沉船的考古新发现""航线、贸易与海洋文化""共商海上丝绸之路考古的协调机制"等议题，通过国内外海上丝绸之路相关考古成果的展示，进行了学术交流。(《中国考古学年鉴（2020）》第 533 页)

11 月 国家博物馆、山西考古院、运城文保所共同组队，由戴向明负责，自2018年3月起发掘**绛县西吴壁遗址**，本月结束。遗址地处中条山北，包含多个时期遗存，其中二里头和二里冈时期遗存面积约40万平方米。发掘的冶铜遗存又集中在其东部，有内、外两重环壕，壕内面积分别为1.2万和6万平方米。二里头时期遗迹包括房址、灰坑、灰沟、木炭窑等。出土铜炼渣、残炉壁、鼓风管等遗物。二里冈时期除这类遗迹、遗物外，确认两座残存底部的冶铜炉，一座炉下发现埋有人骨的奠基坑。出土两个时期东下冯类型陶器，锤、杵、砧等敲砸石器，有的沾染铜锈。又出土少量残断的陶、石范，所铸为小型工具。^{14}C测年为公元前1600余年至公元前1200余年，主体在夏晚期和早商时期。检测表明冶金产品为红铜，所用铜料为未经焙烧的富硫氧化矿石。这里首次揭示出已知时代最早、规模最大、专业化水平最高的夏商冶铜遗址，弥补从开采到铸造之间缺失的冶炼环节的考古资料，填补了中国冶金考古的重要空白。曾被列入2019年"六项考古新发现"和"十大考古新发现"。（《山西绛县西吴壁遗址2018—2019年发掘简报》，《考古》2020年第7期）

11月　湖北文物考古所与北大考古文博学院、随州市博物馆合组考古队，由郭长江负责，自2018年3月以来至本月，发掘**随州市枣树林春秋曾国墓地**。该墓地与发现曾侯𢓊、𡥉、丙铜器的文峰塔墓地，同属义地岗墓群，共计发掘86座墓葬及车坑、马坑。其中，5座有墓道的大墓在墓地中间，分为三组，墓主分别为曾公求与夫人［芈］渔、曾侯宝与夫人芈加及曾侯得，出土成套青铜礼乐器，由于曾遭盗掘，器物组合不全。大墓共计有编钟（镈）88件、编磬60件。中小型墓则分布在大墓外围。墓地出土铜器共2000余件，铭文总计近6000字，是研究当时史事的重要文字资料。铜器形制和纹饰显示，墓地的年代属于春秋中期，这恰好弥补了这些年来发掘的叶家山、文峰塔、郭家庙、苏家垄，以至擂鼓墩曾国墓葬系列中的一大空白，从而形成完整的考古学序列，对两周考古研究的重要意义自不待言。曾被列入 2019 年"六项考古新发现"和"十大考古新发现"。(《湖北随州市枣树林春秋曾国贵族墓地》，《考古》2020 年第 7 期；《湖北随州枣树林墓地 81 与 110 号墓发掘》，《考古学报》2021 年第 1 期)

11 月　张弛、陈星灿、邓振华编《区域、社会与中国文明起源：国家科技支撑计划课题"中华文明起源过程中区域聚落与居民研究"成果集》一书由科学出版社出版。内容包括 21 个子课题的调查、发掘和研究的阶段性成果，其中涉及的地点和区域有：甘肃武威西城驿、临潭陈旗磨沟；青海民和喇家；河南灵宝西坡、新密新砦、禹州瓦店、邓州八里岗；山西绛县周家庄；陕西高陵杨官寨、神木石峁；山东章丘城子崖及周边区域；四川新津宝墩、广汉三星堆；湖北天门石家河；湖南澧阳平原；江西清江筑卫城；安徽含山凌家滩、蚌埠禹会村；上海青浦福泉山、江苏张家港东山村；内蒙古扎鲁特旗南宝力皋吐、通辽哈民忙哈。(《〈区域、社会与中国文明起源：国家科技支撑计划课题"中华文明起源过程中区域聚落与居民研究"成果集〉简介》，《考古》2019 年第 12 期)

12 月　2—8 日，"纪念北京猿人第一头盖骨发现 90 周年国际古人类学学术研讨会"在科学院古脊椎所举行。会议以"远古人类的迁徙与交流及环境背景"为主题，就人类的起源和直立人在欧亚大陆扩散的化石与文化证据及年代框架，现代人起源与扩散问题的化石研究、考古学探索和 DNA 分析诸领域的研究进展与问题展开讨论，安排了 70 余场次报告。国内外专家学者近 200 人参加会议，提交论文摘要 54 篇。(《中国考古学年鉴（2020）》第 535—536 页)

12 月　14—16 日，中国社会科学院和上海市政府联合主办的第四届"世界考古论坛"在上海大学开幕。本届主题是"城市化与全球化的考古学视野——人类的共同未来"，来自 20 多个国家和地区的 400 余位专家学者围绕主题，通过跨文化比较研究进行探讨，以推进各国学者间的交流和合作。会上，颁发重大田野考古发现奖 10 项，其中有中国江西文物考古研究所的"地下奢华：西汉海昏侯墓的考古发掘"；重要考古研究成果奖 9 项，没有中国获奖项目；美国科学院院士、美国人文与科学院院士、亚利桑那州立大学讲席教授白简恩（Buikstra, Jane Ellen）被授予终身成就奖，以表彰她在创建当代生物考古学方面作出的卓越贡献。（百度百科网站资料）

本年　陕西考古院与中国科学院古脊椎所等单位合作，由王社江负责，继续发掘**南郑区疥疙洞遗址**。该团队自 2017 年以来在汉中盆地开展洞穴调查，2018 年和本年对发现的南郑区疥疙洞遗址进行发掘。旧石器时代堆积可分三组，经测定年代为距今约 10 万年至 3—1.5 万年。各期石制品面貌基本一致，均属小石片石器工业系统，呈现一脉相承的特点。其重大的学术价值是，丰富了中国这段时间的考古资料，不仅出土有距今 3 万年左右的现代人化石，而且发现共生关系明确的丰富小石片工业系统石器，为中国乃至东亚地区早期现代人演化自本土古人群的学说，提供了重要证据；对研究早期人类洞穴和旷野阶地两种类型的居址形态和生计方式，也有重要价值。曾被列入 2019 年"十大考古新发现"。（《中国考古学年鉴（2020）》第 179—181 页）

本年　黑龙江文物考古所会同饶河县文管所，由李有骞负责，发掘**饶河小南山遗址**。该遗址位于乌苏里江左岸，总面积 40 余万平方米。该遗址发现于 1958 年。2015 年以来持续发掘，揭露面积 1600 平方米。发现五个时期文化遗存：第一期距今约 17000—13000 年，发现 5000 余件打制石器和早期陶片。第二期距今约 9200—8600 年，发现 50 余座土坑竖穴墓，随葬陶、石、玉器。第三期距今约 4700—4500 年，发现 10 余座半地穴房址，发掘 1 座，出土陶器特征与俄罗斯沃兹涅谢诺夫卡文化相同，在我国境内属首次发现。第四期和第五期约属于西周中期和西汉时期，发现半地穴房址 20 余座，发掘 3 座，出土陶器从未见于我国境内，俄罗斯境内也仅有个别线索。突出的发现是曾发掘出土玉器 120 余件（连同收集品超过 200 件）。该遗址的发掘，对于构建黑龙江下游乃至滨海地区考古学文化序列，研讨当地先民在中国古代文明发展中的作用，有重要意义。曾被列入 2019 年"十大考古新发现"。(《中国考古学年鉴（2020）》第 181—182 页)

本年　河南文物考古院与北大考古文博学院合组考古队，由秦岭、曹艳鹏负责，结束自 2014 年开始的对**淮阳平粮台龙山文化城址**的勘查与发掘。进一步确认城址平面呈正方形，占地总面积约 5 万平方米，城内使用面积约 3.4 万平方米；外侧有城壕；南、北、西三面各有一城门（东面因晚期破坏城门无存），大致居中。城内中轴线发现宽约 6—7 米的南北向干道，两端对应城门。南城门内早期道路上发现轨距 0.8 米的车辙痕迹和单轮印痕，年代早于二里头的发现。南北大道两侧揭露出东西向平地起建土坯排房，前后间距 15 米左右，每排三四组多间，长 60 余米，门均朝南，单间面积较一致，布局相当规整。排房和道路外缘发现纵横分布的排水沟，有的地方又发现陶水管，并有一定的坡度。这座城址的发现，对于中原地区文明起源与早期发展研究有划时代的意义。曾被列入 2019 年"十大考古新发现"。(《中国考古学年鉴（2020）》第 184—185 页；《河南周口市淮阳平粮台遗址龙山文化遗存的发掘》，《考

古》2022年第1期）

本年 陕西考古院会同榆林市暨神木市有关单位，由孙周勇负责，自2018年9月以来至本年，发掘**神木石峁城址皇城台大台基**。皇城台位于城址中部偏西核心地方，临崖南西北三面包砌石墙，另一面以大道与东南方的内城城门相接，气势恢宏。本年度确认皇城台护墙的位置和走向，至本年底揭露台顶东半部大台基东南角和南护墙。大台基边长约130米，分布夯土墙基、石砌房址等。南护墙外，还有一道夹墙。出土遗物主要是石峁文化晚期陶器。值得注意的是墙面和散存石块中，发现70件雕刻图像纹饰，有人面、射马、对牛、对虎、蛇、蟾蜍及卷云、几何图案等。这处龙山时代晚期的超大型中心聚落，具有区域中心和早期宫城的性质，是研讨中华文明起源与早期发展问题的重大突破。曾被列入2019年"六项考古新发现"和"十大考古新发现"。（《陕西神木市石峁遗址皇城台大台基遗迹》，《考古》2020年第7期）

本年 甘肃文物考古所联合多家单位，由陈国科负责，发掘**敦煌旱峡玉矿遗址**。该遗址位于敦煌市东南约68公里的三危山后山，东西约3000米、南北约1000米，面积约3平方公里。发掘面积300平方米，清理房址、矿坑、岗哨等12处，其中地面石砌房址1座、半地穴式房址5座。早期为西城驿文化和齐家文化遗存，^{14}C测年为距今4000至3700年，晚期为骟马文化遗存。出土遗物，陶器主要为生活用器，石器多为采矿、选料工具石锤、砺石，也有少量的石刀、纺轮，铜器和铁器不多；玉料多为山料，有少量戈壁料，其中黄白玉和青玉比较常见，主要矿物为透闪石，含量高的达95%以上。曾被列入2019年"十大考古新发现"。（《中国考古学年鉴（2020）》第186—187页）

本年 新疆文物考古研究所田小红等，自2014年以来，对

奇台县石城子遗址进行系统的考古勘探和发掘。遗址地处天山山脉北麓。与奇台、吉木萨尔等绿洲相连，包括城址、手工业作坊和墓地。经过六年的勘探和发掘，确认城址的形制、布局和区别。平面大致呈长方形，南北长 380 米、东西宽 280 米。城墙夯筑，西北角和东北角各有角楼 1 座，北墙有马面 2 座。西墙中部城门 1 座，外有护城壕。城内西北部筑子城，东西长 200 米、南北宽 100 米。揭露土坯垒砌或夯筑的房址 37 间。出土遗物以建筑材料为主，筒瓦、板瓦较大，瓦当多饰云纹或几何纹。生活器物及兵器较少，钱币为五铢钱。窑址类手工业作坊和墓地都在城址西。石城子是新疆迄今发现唯一年代可靠、形制基本完整的汉代城址，对新疆考古研究具有断代标尺意义。参照文献记载，基本确定石城子为东汉耿恭驻守的"疏勒城"旧址。这里与高昌故城附近"高昌壁"的考古发现，实证了两汉时期设立西域都护后有效管辖西域军政事务的历史，雄辩地证明新疆自古就是中国领土不可分割的一部分。曾被列入 2019 年"十大考古新发现"。(《新疆奇台县石城子遗址 2018 年发掘简报》，《考古》2020 年第 12 期;《中国考古学年鉴（2020）》第 189—191 页）

本年 社科院考古所与青海海西州、乌兰县有关单位合作，由仝涛负责，于 2018 年至本年，发掘**乌兰县泉沟吐蕃时期壁画墓**。该墓为带墓道的多室墓，墓圹平面大致为方形，墓口长 13 米、宽 11.3 米、深 9.9 米。前室砖砌，后室和两侧室木构。墓顶封木后再堆石。前室和后室都有壁画，但剥落严重。前室绘仪卫图及狩猎、宴饮、舞乐等，顶部绘飞禽走兽等。后室绘进献、宴饮、汉式建筑、山水花卉等，顶部绘日月星辰、祥龙飞鹤等。后室发现彩绘漆棺残块，应为夫妻双棺。随葬品存丝织物残片、嵌绿松石金银带饰及其他残件。另在墓壁暗格发现木箱，内置珍珠冕旒鎏金银王冠、镶嵌绿松石金杯，风格融唐、蕃和中亚于一体。如此豪华大墓在青藏高原尚属首次发现，^{14}C测年为公元8世纪，墓主应是吐蕃高等级人物。当地处于柴达木盆地北缘，扼丝绸之路要冲，对研讨唐蕃之间及丝绸之路上的文化交流有重要意义。曾被列入2019年"六项考古新发现"和"十大考古新发现"。(《青海乌兰县泉沟一号墓发掘简报》，《考古》2020年第8期）

本年 广东文物考古所与国家文物局水下文化遗产保护中心合作，由孙键、崔勇负责，清理**"南海Ⅰ号"南宋沉船**。该沉船发现于1987年，2007年整体打捞出水，后进行室内清理，属于我国三大船型的"福船"类型，是宋代造船史上不可多得的标本。清理出的文物种类丰富，主要有瓷器、铜铁器、金银器、漆木器、钱币、朱砂、动植物残骸等。截至本年，共提取文物近18万件（套），其中瓷器约16万件（套），几乎囊括了当时南方主要窑口与瓷器种类，大部分产自赣、闽、浙三省，为南宋南方瓷器研究提供了一大批年代明确的标准器。浓郁异域风格的金饰品和剔犀、剔红漆器等更加值得考究。发现的铜钱中最晚年号为南宋早期孝宗的"淳熙元宝"，另据相关金页、银铤及瓷器推测，该沉船应属南宋中晚期，再现了南宋海上贸易活动的繁荣景象。曾被列入2019年"十大考古新发现"。(《中国考古学年鉴（2020）》第192—194页；《南海Ⅰ号沉船考古报告之二：2014—2015年发掘》2册，文物出版社，2018年）

2020年

8月 浙江文物考古所与宁波暨余姚文博单位合作，由孙国平负责，自2019年9月起发掘**余姚井头山遗址**，至本月结束。该遗址邻近河姆渡，是河姆渡遗址发现近50年来，浙江沿海发现的又一处重要新石器时代遗址，文化堆积埋藏深，距现地表5—10米。发掘出土露天烧火坑、食物储藏处理坑、生活器具加工制作区、滩涂木构围栏等遗迹。出土器物有以夹砂陶为主的陶器残片数万，修复釜、敞口盆、圈足盘、碗、小杯、深腹罐、支脚、陶拍等器30余件；石器较少，骨器较多。首次出土用大型牡蛎壳加工磨制的耜、铲等器。木器上百件，有桨、矛、器柄、尖头棍棒等。自然遗存则有胶结牡蛎壳的礁石、各类海洋贝壳、动物骨骸等。这是我国沿海埋藏最深、年代最早的贝丘遗址，也是浙江和长三角地区首个贝丘遗址，为研究全新世早中期中国沿海环境变迁与人类活动关系提供独特案例。曾被列入2020年"六项考古新发现"和"十大考古新发现"。（《中国考古学年鉴（2021）》第171页；《浙江余姚市井头山新石器时代遗址》，《考古》2021年第7期）

　　9月　28日下午，中共中央政治局以我国考古最新发现及其意义为题举行第二十三次集体学习。中共中央总书记习近平在主持学习时强调，当今中国正经历广泛而深刻的社会变革，也正进行着坚持和发展中国特色社会主义的伟大实践创新。我们的实践创新必须建立在历史发展规律之上，必须行进在历史正确方向之上。要高度重视考古工作，努力建设中国特色、中国风格、中国气派的考古学，更好认识源远流长、博大精深的中华文明，为弘扬中华优秀传统文化、增强文化自信提供坚强支撑。中国社会科学院考古研究所所长、中华文明探源工程和"考古中国"重大项目专家陈星灿就这个问题进行了讲解，提出了意见和建议。党和国家最高领导人对当前的考古工作直接发出明确指示，这是前所未有的令人鼓舞情况，在全国考古工作者中引起了极大的反响。中国考古学研究的未来无疑将更加美好。（报道见《人民日报》2020年9月29日第1版，讲话全文刊载《求是》2020年第23期）

11 月　湖北文物考古所与北大考古文博学院等单位合作，由胡刚负责，于 2019 年 5 月至本月，**发掘武汉黄陂郭元嘴（咀）遗址**。发掘面积 1120 平方米，文化堆积包括商代早期、商末周初、西周至春秋三个时段。其中包涵最丰富的是第一时段，主要发现铸铜遗迹。揭露长 48 米、宽 28 米的工棚性建筑台基一处，四周有大小不等的柱洞，附近有大型灰沟和灰坑。台基上发现与铸铜有关的遗迹，包括烧土面、白灰面、炉基，出土铜块、铜渣、坩埚和陶范碎块、木炭、小件铜器（斧、镞、削刀、鱼钩、匕等），以及陶器和石器。遗存情况表明，此处至少包含精炼粗铜、熔炼合金和块范浇铸三类冶金生产活动。^{14}C 测年数据为公元前 1418 年至前 1264 年。这是长江中游地区发现年代最早的铸铜遗址，对于研讨当地青铜文化的发展及其与中原地区的关系有重要意义。曾被列入 2020 年"六项考古新发现"。（《中国考古学年鉴（2021）》第 378 页；《武汉市黄陂区鲁台山郭元咀遗址商代遗存》，《考古》2021 年第 7 期）

本年　郑州文物考古院与社科院考古所等单位合作，由顾万发负责，自 2013 年以来发掘**巩义市双槐树遗址**，本年内结束。该遗址位于伊洛河与黄河交汇处，东西长约 1500 米，南北宽约 780 米，现存面积达 117 万平方米。发现仰韶文化中晚期阶段的大型环壕、有围墙的大型中心居址、布局清晰的院落，以及墓地。环壕三重，周长分别为 1000 米、1500 米、1600 米，内壕和中壕始建于遗址二期，即相当于庙底沟类型晚期，外壕则始建于遗址三期。中心居址在内壕北部，南侧有两道围墙，形成半月形地面，面积 1.8 万平方米，内部发现成排的房址。围墙之南发现两个面积各 1000 多平方米的院落，及一座面积 700 平方米的夯土基址。院落内还有面积稍小的建筑基址。四处墓地确知有成排墓葬 1700 多座，并发现 3 处夯土祭坛。双槐树遗址是河洛地区距今 5300 年前后经精心设计的都邑性遗址，与周边诸多遗址形成聚落群。这是研讨中原地区文明起源与形成问题的重大突破性成果。曾被列入 2020 年"六项考古新发现"和"十大考古新发现"。（《中国考古学年鉴（2021）》第 174 页；《河南巩义市双槐树新石器时代遗址》，《考古》2021 年第 7 期）

　　本年　贵州文物考古所与四川大学历史文化学院等单位合作，由张兴龙负责，自 2016 年以来发掘**贵安新区招果洞遗址**，遗址堆积厚约 8 米，至本年末，发现火塘 51 个，大多属于旧石器晚期，是我国发现用火遗存最丰富的旧石器遗址之一。除晚期堆积外，第一期早段距今 4.5—3.7 万年，出土石制品、磨制骨器，不少动物骨骼有火烧痕迹。中段和晚段距今 3.7—1.2 万年，打制石制品剧增，在早于 1.2 万年的地层发现一件通体磨光石器，刃部沾有赭石粉末，是我国发现最早的磨制石器之一。第二期距今 1.2—0.9 万年，出土大量石制品、磨制骨器和动物骨骼。第三期为新石器时代中晚期，发现火塘 11 个，出土大量打制石制品和少量砺石，另出土磨制石锛、夹砂陶片。这些发现，为研究我国西南地区早期穴居人群的生活状况提供了重要资料。曾被列入 2020 年"十大考古新发现"。（《中国考古学年鉴（2021）》第 171 页）

　　本年　河南文物考古院与北大考古文博学院、周口文物考古所合作，由曹艳鹏负责，发掘**淮阳时庄遗址**，本年内结束。该遗址总面积约 10 万平方米，钻探和发掘表明南部是一处年代相当于"夏代"早期的仓城。面积约 5600 平方米的垫筑台地外围，有宽 30 米许浅沟。其中已发掘的一半范围内，发现了 29 座形制不一的仓储遗迹，分为两类：一类为地上建筑，13 座，平面呈圆形，用土坯垒砌高出地面的立柱，铺木板作为仓底，再以土坯、藤席等材料围成仓壁，上部封顶。建筑面积最大的有 21.6 平方米，一

般为 8—14 平方米。另一类为地面建筑，共 16 座，是以土坯直接
垒砌墙体，平面形状有两种：圆形 7 座，面积 5 平方米左右；近方
形 9 座，面积约 9—12 平方米。建筑遗存的形制，明显有别于当
地同时期的居住排房。废弃堆积底部检测出的植硅体组合较为单
一，主要来自粟、黍类作物的颖壳和用作建筑材料的芦竹类、茅
草类；浮选碳化大植物遗存的鉴定结果同样如此。考古发掘表明，
遗址经历了从早期兼具仓储和居住功能，到中期用作功能专一的
仓城，再到晚期被废弃的过程。出土陶器的特征大致属于"新砦
期"阶段。系列 ^{14}C 测年数据显示，绝对年代为公元前 2000 年至
前 1700 年左右，相当于夏代早期纪年。这是我国目前发现年代最
早的仓城，为研究中国古代早期国家的粮食储备、统一管理和可
能存在的贡赋制度等提供了绝佳的实物资料。曾被列入 2020 年
"十大考古新发现"。(《中国考古学年鉴（2021）》第 176 页）

本年　宁夏文物考古所与彭阳县文物人员合作，由马强负责，
自 2017 以来发掘**姚河塬西周遗址**，本年内结束。历年来，探明
一处西周早期城址，发现城墙、壕沟、宫殿区、铸铜作坊区、墓
葬区等遗迹。曾对城墙、墓葬区和铸铜作坊区进行发掘。发掘墓
葬 38 座，时代跨整个西周时期，均遭严重盗掘。其中，"甲"字
形大墓和竖穴大墓各 2 座。一座大墓有殉人。最大一墓二层台及
椁顶，放置拆卸的车，出土青铜车器，另有骨梳、玉璧、刻字卜
骨等。中型墓有殉狗腰坑，随葬鼎、觯等青铜器，原始瓷器、动
物形玉雕、象牙器、骨器等。小墓随葬陶鬲、罐等。本年 3 月至
2021 年 1 月在铸铜作坊区发掘 600 平方米。发现熔炉、水渠、灰
坑、掺加料堆积，出土陶范、坩埚残块、铜渣等铸铜遗物。这些
对进一步了解西周时期对西北的开发有很大帮助。曾被列入 2020
年"六项考古新发现"。(《中国考古学年鉴（2021）》第 516 页;《宁夏彭

阳县姚河塬西周遗址》，《考古》2021 年第 8 期；《宁夏彭阳姚河塬遗址 I 象限北墓地 M4 西周组墓葬发掘报告》，《考古学报》2021 年第 4 期、2022 年第 1 期；《宁夏彭阳县姚河塬遗址铸铜作坊区 2017—2018 年发掘简报》，《考古》2020 年第 10 期）

本年 甘肃文物考古所与南京大学历史学院合作，发掘**宁县石家和遇村两周聚落遗址**。遗址总面积 76 万平方米，发现于 20 世纪后期。2016 年首次发掘东周墓葬；2018 年清理 12 座墓，发现青铜礼器、玉器和成对的铜甗等。2019 年揭露出"墙柳""棺束""棺架"等遗迹，并发现面积不少于 20 万平方米的东周时期城址。本年主要围绕城址壕沟、高等级基址和居住区开展工作。高等级基址位于城址东北部，发现 9 座、清理 3 座，最大单体面积超过 200 平方米，均为高台建筑，夯土基址周围有柱础或柱洞。位于城址西北部的平民居住区，有半地穴式房址和平面夯筑房址，及蓄水池、窖穴等，出土陶器、石器、骨器等。动物遗存，家养动物占绝大多数。植物遗存经浮选，以小麦、大麦和粟、黍为主。该遗址的发掘，建立西周至春秋时期的考古学文化序列。本年发掘的高等级基址和匹配的墓葬，属于春秋早期，即城址的兴盛期。（《中国考古学年鉴（2021）》第 505 页；《中国文物报》2020 年 9 月 4 日 8 版）

本年 洛阳市文物考古研究院自 2013 年以来，由吴业恒负责，发掘**伊川县徐阳墓地**，本年内结束。发现墓葬 500 余座，分四个区域：大中型贵族墓主要分布于 A、C 区，平民墓主要分布于 B、D 区。A、B、C 三个区域，共清理东周时期墓葬 132 座、车马坑 4 座、祭祀遗存 7 处。其中，大型墓（20m² 以上）5 座、中型墓 12 座、小型墓（10m² 以下）84 座。大中型墓的西北有车马坑或殉牲坑。17A 区 M15 的朽棺存在髹漆彩绘痕迹，墓底发现 5 具殉葬者遗体和大量贝币。随葬器物以铜器为主，主要有编钟、编磬、车马器、玉器、铜合页、铜镞等。小型墓随葬遗物或置于壁龛，或置于棺内外。4座车马坑，葬车1—7辆，马2—18匹，以及大量马、牛、羊头蹄。中小型墓也有殉牲现象。这种情形与春秋时期西北地区戎人葬俗相同，其间应存在渊源关系。徐阳墓地的地理位置和时间跨度，与"秦、晋迁陆浑之戎于伊川"的陆浑戎相吻合，墓地西部发现一处应为陆浑县治的两汉城址。当地为陆浑戎迁伊川后的聚居地，发掘的东周时期陆浑戎遗存，对于研究中国文明发展中的民族融合有重要意义。曾被列入2020年"十大考古新发现"。（《中国考古学年鉴（2021）》第177页；《河南伊川徐阳东周墓地西区2013—2015年发掘》，《考古学报》2020年第4期；《河南伊川徐阳墓地2020年度考古发掘》，《大众考古》2020年第10期）

本年 西藏文物保护所自2017年以来，由何伟负责，发掘**札达县桑达隆果墓地**，本年内结束。墓地在阿里地区，地处喜马拉雅山西段北麓，东西长2000余米、南北宽500余米，属山地半荒漠地带。墓葬分为两大类：石丘墓1座，用大石块砌筑成竖穴方形墓室，底部铺设细沙石；土洞墓52座，包括单室有、无墓道，单室双墓道和双室无墓道四种。葬具分石板、草编器、木板和木棺四种。葬式分单人、双人、多人一次葬及二次葬四种，系不同姿态的屈肢，部分尸骨缠裹纺织物。出土器物丰富，有陶、铜、铁、石、金等器，及草编器、纺织物等。陶器既有实用器又有明器。有一座墓发现木盘、木案，草编器内盛青稞、动物骨等，反映了当时的饮食情况。该墓地是目前所见西藏西部最系统的早期墓葬资料，体现了以札达县为中心，来自周围及中原地区考古学文化的传播痕迹。出土木俑是青藏高原的首次发现，特征与新疆吐鲁番一带墓葬所出相同。带柄铜镜与新疆伊犁一带墓葬所出形制类似。三座墓出土的 6 件金、银面饰，与邻近若干墓地及印度、尼泊尔北部出土的，形制相同或相近。经 ^{14}C 测定，墓地的年代为公元前 366 年至前 668 年。曾被列入 2020 年"十大考古新发现"。(《中国考古学年鉴（2021）》第 179 页)

本年 徐州市博物馆（徐州文物考古所）自 2014 年以来，由耿建军负责，重新发掘**徐州土山** 2 号汉墓，本年内结束。该墓地位于徐州市区云龙山北麓博物馆院内，1 号墓暴露于 1969 年，出土鎏金兽形铜盒砚等物，1970 年夏南京博物院人员曾进行部分清理。2 号墓发现于 1977 年，南京博物院亦曾进行部分清理。《水经注》记载和民间传说，均讹传徐州土山为亚父（项羽谋士范增）冢。圆形封土高约 16 米，底部直径近百米。2 号墓为其主墓，规模宏大，结构复杂，连同墓道南北全长 36 米，由石墙甬道、前室、后室、回廊和砖砌耳室构成。楔形砖券封顶，前、后室三层，甬道和回廊两层。墓室之上又有四层封石。墓室外有一周黄肠石墙。该墓共用石料 4200 多块，近 1000 立方米，大部分形制规整、打磨精细，石材上的官工姓名超过 180 人。后室石砌棺床上并列两具漆木套棺，出土银缕玉衣和鎏金铜缕玉衣残片，结合人骨鉴定结果，确定为夫妻合葬。东回廊另有一具女性单棺。随葬品有陶器、玉石器、铜铁器等物 350 余件。其中 17 道石棋盘和围棋子，单棺出土的金叶、珍珠等步摇饰件，都很难得。据研究，2 号汉墓的年代为东汉早中期，墓主以光武帝子楚王刘英的可能性最大。通过它的发掘，确认了东汉时期诸侯王与王后并穴合葬、棺椁、葬服等制度。封土内所出 4500 余方西汉封泥，对研究汉代职官制度、楚国历史地理有重要价值。曾被列入 2020 年"十大考古新发现"。(《中国考古学年鉴（2021）》第 180 页)

本年 西安文物考古院自 2019 年以来，由王艳鹏负责，发掘**西安市南郊少陵原十六国时期高等级大墓**，共有三座，本年内结束。焦村 M25 和中兆村 M100 二墓较大，结构基本一致，均长80 米余、深 10 米余，由墓道、两个过洞、两个天井、甬道、前室、中室（或东侧室）、后室组成。前者墓道和三室都有壁画，残块可见仪仗图、题记、人物图。后者则仅天井下有壁画，内容为单体建筑等。后者的墓道下部两侧又设四个壁龛。二墓墓道上方，各有三处楼阁状或单层土雕建筑，并施彩绘。焦村 M26 稍小，长不到 70 米，盗扰严重。焦村 M25 出土器物有陶罐、陶扁壶、九盘连枝灯，以及陶仓、灶、井、陶马、武士等陶俑，共计 68 件。这三座两室以上的大墓，规模巨大、形制特殊，应是十六国时期的高等级墓葬，对研究中国古代陵墓制度及民族融合有重大价值。曾被列入 2020 年"十大考古新发现"。（《中国考古学年鉴（2021）》第 182 页）

本年　社科院考古所与青海文物考古所合作，由韩建华负责，自 2018 年以来发掘**都兰热水墓群 2018 血渭一号墓**，至本年内结束。该墓群发现于 1982 年，年代属 6—8 世纪，地处北朝至隋唐丝绸之路青海道上的中转站。2018 年确定遗迹的大致范围，清理出部分墓园的茔墙等。2019 年勘探了解墓葬的结构与规模，并在 2018 年发掘基础上扩大发掘，总发掘面积达 1564 平方米。2020 年主要清理墓圹及墓室，同时进行区域调查。该墓地上的墓园建筑，平面呈方形，由茔墙、祭祀建筑、封土和回廊组成。地下部分由东向台阶状墓道（内含殉马坑）、照墙、甬道、墓门、墓圹组成。墓圹包含四层台阶及殉牲坑、三层台。主墓室为木石结构，包括一个棺室和四个侧室，平面均为长方形。棺室东西长 6.8 米、宽 4.25 米，有壁画（已剥落）和棺床，木棺施彩绘与贴金，发现两具人骨。墓内各部位被盗扰严重。出土器物：方形银印一枚，边长 1.8 厘米，上有骆驼图像和古藏文，经释读，藏文原意为"外甥阿柴王之印"。铜器有容器、铠甲片、各构件上的铜饰等；铁器有甲胄；金器有金质胡瓶、镶嵌绿松石的金象、錾指金杯、金链子、金带饰、金箔等。漆器有漆盘、甲片等。木器以马鞍、小型斗栱模型为主。玉石器有装饰用的玛瑙、琉璃珠、水晶和大量的黑白石片等。根据墓室出土金器、丝织物等判断，结合出土棚木的年轮测定，墓葬年代在公元 744 年，属吐蕃统治时期。墓主应是吐谷浑王。曾被列入 2020 年"六项考古新发现"和"十大考古新发现"。（《中国考古学年鉴（2021）》第 183 页；《青海都兰县热水墓群 2018 血渭一号墓》，《考古》2021 年第 8 期）

本年 内蒙古文物考古所人员自 2014 年以来，调查发掘**武川县坝顶北魏祭天遗址**，至本年内结束。遗址位于阴山山脉中段大青山蜈蚣坝的坝顶，海拔 1660 米，面积约 1 万平方米，在其中部和东南部发掘 1300 平方米。远望如圆形大土包，自内而外，由祭坛、内环壕、内垓、外垓、外环壕组成。遗址中心的祭坛外环绕一周圜形夯筑土墙（壝埒），内径 15.5 米，外径 32.5 米。土墙底宽 8.5 米，内侧有成排房屋数间。中间为略呈方形露天场所，边长约 6.5 米，有木柱围绕。东南部设置长约 8 米的门道，两壁残存已炭化的 20 余根壁柱。另测算内垓、外垓、外环壕的内外径尺寸，整个遗址占地面积 7620 平方米。出土遗物主要有北魏时期的陶器、砖瓦和祭祀用马、羊骨骼。发掘者根据《魏书》的有关记载考证，认定其为北魏阴山皇家祭天遗址，可能始建于太武帝拓跋焘时期，具有重要的历史意义。（《中国考古学年鉴（2021）》第 247 页；《中国文物报》2020 年 12 月 4 日 8 版）

本年 新疆文物考古所人员自 2019 年起，发掘**尉犁县克亚克库都克唐代烽燧遗址**，至本年内结束。发掘面积 600 平方米。

遗址建于大型红柳沙堆上，包括烽燧本体和居住房屋。烽燧在沙堆东部，立面呈梯形，底边长 9.4 米，残高约 5.6 米，周围由三层或四层土坯夹一层芦苇、中央再夹胡杨立木垒砌而成。沙堆西部筑有房屋三间，内壁残存草拌泥和白灰墙皮，并有炕和灶。近旁清理的 5 处灰堆出土各类遗物中，有纸文书和木牍 780 余件（组），内容涉及军事、政治、经济、文化等方面，而以军事管理方面居多。这填补了历史文献关于唐代安西四镇中焉耆镇下防御体系记载的空白，有其重要价值。曾被列入 2020 年"六项考古新发现"。（《中国考古学年鉴（2020）》第 501 页；《新疆尉犁县克亚克库都克唐代烽燧遗址》，《考古》2021 年第 8 期）

本年　浙江文物考古所联合台州黄岩区博物馆、北大考古文博学院等单位，对**黄岩沙埠北宋中晚期窑址群**进行发掘，至本年内结束。竹家岭、凤凰山两地揭露出规模庞大的龙窑各一座，其中竹家岭窑炉保存最完好、结构最清晰，斜长 72.32 米，由火门、火膛、窑室、窑门、排烟室及窑床两侧柱础和护墙组成。窑炉前中后部的坡度和宽度都不同，坡度逐渐加大，宽度则前段较窄、中段加宽、后略窄，最后与前段相仿。废品堆积区的地层可构建北宋中期至南宋早期的年代序列。当地处于越窑与龙泉窑制瓷技术衔接、过渡的地带，也是研讨越窑技术南传和龙泉窑技术渊源的重要地区，两个窑址的发掘及年代序列的建立，学术价值无须赘言。（《中国考古学年鉴（2021）》第 300 页）

本年　吉林文物考古所自 2013 年以来，由安文荣负责，发掘**图们市磨盘村东夏山城遗址**，至本年内结束。连续 8 年，累计发掘面积 6405 平方米，出土各类遗物 5000 余件。根据城内采集到的"南京路勾当公事之印"等带文字遗物，学界普遍认为该城晚期应为金元之际割据政权东夏国南京城故址。城址平面呈阔叶状，周长 4549 米。晚期遗存在城内广泛分布，通过调查，共发现各类遗迹近 500 处，特别是西区遗迹密集，是城内的重点区域。中区至少有 11 座形制相同的大型建筑，对其中 5 座进行了发掘，均为密集础石型建筑。以 1 号基址为例，平面呈长方形，坐南朝北，有五排柱础，均经人工修整。出土大量瓦当、板瓦、筒瓦等建筑构件、铁器和铜钱。4 号基址地表可见厚近半米的炭化粮食堆积。2 号基址出土阳文"监支纳印"铜印，钮侧刻"天泰四年五月造"。结合推测，中区建筑群应为东夏国官方仓储机构所在。西区建筑群整体坐西朝东，确认 8 处。经发掘的 20 号基址，长 14.2 米、宽 8.2 米，础石 5 排、3 列，内有火炕，青砖墁地，出土高等级建筑构件，应为官署或宫殿区。4 处院落中 1 号院落位于东区北侧，院内有大型建筑基址，坐南朝北，台基东、西、北三面以青砖包砌。面阔五间，进深三间，青砖墁地。前有月台，出土鸱吻、兽面瓦当等，应为祭祀或纪念性建筑。小型房址为方形半地穴式，边长 4—5 米，内设火炕，出土遗物较少，应为戍卒或平民居址。该遗址曾被列入 2020 年"十大考古新发现"。(《中国考古学年鉴（2021）》第 185 页;《吉林图们市磨盘村山城遗址 2019 年调查与发掘》,《考古》2023 年第 1 期）

主要参考文献

张政烺:《中国考古学史讲义》,见《张政烺文集·古史讲义》,中华书局,2012 年。

夏鼐主编:《中国大百科全书·考古学》,《中国考古简史》条及附录《中国考古学年表》,中国大百科全书出版社,1986 年。

王巍总主编:《中国考古学大辞典》,附录一《中国考古学大事记1899—2012》,上海辞书出版社,2014 年。

钱伟长总主编、王巍本卷主编:《20 世纪中国知名科学家学术成就概览·考古学卷》,及附录《20 世纪中国考古学大事记》,科学出版社,2015 年。

中国考古学会:《中国考古学年鉴》,1994—2013 由文物出版社出版,2014—2021 由中国社会科学出版社出版。

国家文物局编:《中华人民共和国文物博物馆事业纪事(1949—1999)》,文物出版社,2002 年。

国家文物局、中国考古学会、中国文物报社编:《中国十年百大考古新发现(1990—1999)》上下册,文物出版社,2002 年。

俞旦初:《二十世纪初年西方近代考古学思想在中国的介绍和影响》,《考古与文物》1983 年第 4 期。

水野清一:《东亚考古学の发达》,日本京都大八洲出版株式会社,

1948 年。

贺昌群：《近年西北考古的成绩》，《燕京学报》第 12 期（1932 年），
　　又见《贺昌群史学论著选》，中国社会科学出版社，1985 年。

彼得·霍普科克：《丝绸路上的外国魔鬼》，甘肃人民出版社，
　　1983 年。

杨建新、马曼丽：《外国考察家在我国西北》，河南人民出版社，
　　1983 年。

B. B. 包诺索夫：《北满考古学史》，见《黑龙江考古民族资料译文
　　集》第 1 辑，北方文物杂志社，1991 年。

三宅俊成著、李莲译：《中国东北地区考古学概说》，日本千叶东
　　北亚细亚古文化研究所，1989 年。

贾兰坡、黄慰文：《周口店发掘记》，天津科学技术出版社，
　　1994 年。

《北京大学考古学系五十年（1952—2002）》，北京大学考古学系，
　　2002 年。

《中国社会科学院考古研究所概览（1950—2000）》，社科院考古所，
　　2000 年

《中国社会科学院考古研究所 1950—2010 历程·大事记》，社科
　　院考古所，2010 年。

石璋如：《"中研院"历史语言研究所考古年表》，台北史语所，
　　1952 年。

《历史语言研究所七十年大事记》，台北史语所，1998 年。

韩起（张光直）：《台湾省原始社会考古概述》，《考古》1979 年第
　　3 期。

臧振华：《台湾考古研究概述》，《文博》1998 年第 4 期。

《夏鼐日记》10卷，华东师范大学出版社，2011年。

高星、侯亚梅主编：《中国科学院古脊椎动物与古人类研究所20
世纪旧石器时代考古学研究》，文物出版社，2002年。

中国社会科学院考古研究所：《中国考古学·新石器时代卷》，中
国社会科学出版社，2010年。

中国社会科学院考古研究所：《中国考古学·夏商卷》，中国社会
科学出版社，2003年。

中国社会科学院考古研究所：《中国考古学·两周卷》，中国社会
科学出版社，2004年。

中国社会科学院考古研究所：《中国考古学·秦汉卷》，中国社会
科学出版社，2010年。

中国社会科学院考古研究所：《中国考古学·三国两晋南北朝卷》，
中国社会科学出版社，2018年。

中国社会科学院考古研究所：《中国考古学中碳十四年代数据集
（1965—1991）》，文物出版社，1992年。及1991年以后《考古》
《文物》发表的《放射性碳素测定年代报告》（或《碳十四年代测
定报告》）。

人名索引

贾兰坡　63, 69, 79, 86, 117,
122, 125, 126, 128, 134,
136, 145, 146, 149, 162,
188, 194, 195, 200, 246,
252, 275, 296, 304, 307,
321, 359, 484

贾庆元　562

贾连敏　535

贾忠敏　285

贾洲杰　240, 296

贾振国　271

贾峨　128, 265, 397

贾笑冰　595

夏名采　438

夏含夷（Shaughnessy, E. L.）
423

夏格旺堆　514, 589

夏鼐　79, 101, 110, 111, 112,
113, 114, 124, 125, 126,
127, 130, 132, 133, 134,
136, 138, 140, 148, 150,
152, 153, 156, 158, 159,
164, 167, 173, 179, 185,
193, 197, 199, 202, 205,
208, 214, 226, 238, 248,
261, 263, 275, 276, 304,

305, 307, 310, 315, 317,
318, 326, 328, 339, 411,
475, 483, 570, 578, 587,
614

原田淑人　46, 51, 58, 70, 89,
96, 99, 102, 106

顾万发　577, 653

顾廷龙　76

顾炎武　8

顾振权　72

顾铁符　105, 275, 304, 307

顾烜　3

顾颉刚　114

柴晓明　436

柴焕波　490, 574

党华　137

钱大昕　9

钱坫　9

钱国祥　275, 428, 486, 564,
573, 590, 618

钱临照　377

钱锋　302, 349, 351, 371

钱耀鹏　554

铃木义孝　94

倪婉　400

徐广德　274, 334

考古发现地名一览 *

* 地名下划有横线者，都是为纪念中国考古百年而举行的第三次全国考古大会上宣布的"百年百大考古发现"项目。

---

① "百大发现"中的"安阳殷墟遗址"项目，含"洹北商城"和"后冈遗址"。

两周时期

先周文化的探索与研究

周原遗址

---

① "百大发现"中，"晋国遗址"和"晋侯墓地"合为一项。

---

① "百大发现"中，"广州南越王陵"与"南越官署"合为一项。

东汉时期

汉魏洛阳城

东汉帝陵和诸侯王墓

边疆地区

高句丽

新　疆

① “百大发现”中，“南宋临安城址”与“南宋官窑”合为一项。

佛教遗迹

石窟寺

编后记

本书的编撰，经历较长时日。肇始于1984年遵照夏鼐先生之命，在为《中国大百科全书》第一版《考古学》卷撰写"中国考古学简史"长条的同时，编写卷末的"中国考古学大事年表"。这是第一次以田野考古为中心，兼及其他有关史事，进行初步的全面梳理。文稿写成后（年代下限断至1984年），提交1985年5月中旬为《考古学》卷定稿召开的编委会扩大会议审核，得到与会多位专家的充分肯定；但会上对什么是"大事"曾有不同意见，夏鼐先生决定删去"大事"二字，命名为"中国考古学年表"。会后，夏鼐先生和宿白先生嘱咐我，及早以该稿为基础，增多条目，加详内容，注明资料来源，单独出版。《考古学》卷出书后，我因忙于负责主持的编纂《殷周金文集成》等项工作，暂时未暇及此。意想不到的是，某熟知的出版社在与台湾某出版公司合作出版一部考古文物图籍时，贸然将这个年表一字不差地全文移植，却未注明资料来源。

1990年代初，华南的一家出版社约请时任中国社科院考古所所长的徐苹芳先生，主编一部关于20世纪中国考古学成就的通览性著作。其中，卷末的"20世纪中国考古学年表"部分由我承担，下限从1984年延至1990年。后来，由于一些章节迟迟没有完稿，该书也就未能编成出版。1994年，我曾以"中国考古学史研究"课题的名义，申请国家社会科学基金资助项目，原计划"年表"部分1995年底完成、"专著"部分1997年底完成。后因接受"夏商周断代工程"中"西周青铜器分期研究"专题的研究任务，经申请延期至1998年底完成。2000年4月项目鉴定通过时，完成的内容是"以编年的形式为主，概述和专论为辅，虚实结合地阐述中国考古学的发展历程"，其中年表部分的下限延至1999年。鉴定意见希望"进一步做好后期修改工作，尽早定稿交付出版"。前此于20世纪80年代末和90年代初，承顾廷龙老前辈厚爱，在年近九旬高龄时，两次惠予题写本书书名。

进入2000年以后，我因全力投入夏鼐先生论著资料的整理与编辑工作，将本书的修改定稿工作再次搁置。其间，曾将年表修订稿的电子本，提交王巍主编《20世纪中国知名科学家学术成就概览·考古学卷》的编辑人员，供编写《20世纪中国考古学大事记》参考。二十年来，我先后主编出版了《夏鼐日记》（十卷）、《夏鼐文集》（三册本和五册本）以及《夏鼐先生纪念文集——纪念夏鼐先生诞辰一百周年》等书。继而撰写《夏鼐传稿》。2019年9月《夏鼐传稿》交付出版后有了余暇，猛然想起考古年表尚未完成，有负于夏鼐等先生的嘱托。于是花费一年半的时间，奋力在旧稿的基础上，一面补齐其中的资料来源，一面补写随后年份的内容，终因年事已高，精力不济，未能详查2000年以后的重要发现和事件，勉强将编年部分的下限先延续至2010年，再仓促增补至2020年。最后几年，未能详查考古期刊，主要限制于历年评定的"考古新发现"项目。内容详略的掌握，则略古而详今。至于卷前《中国考古学的发展历程概述》一文，是将旧稿（见于拙著《考古学史与商周铜器研究》一书，社会科学文献出版社，2017年）的上篇稍作修改增补而成。本书的书名，经进一步考虑并接受中华书局方面的意见，改为《中国考古学编年史》。顾廷龙先生题写的书名原为"中国考古学年表"和"中国考古学史年表"，现由顾颉刚与顾廷龙合著《尚书文字合编》书名题签中，移植"编"字合成。

以田野调查发掘为基础的现代考古学，从 20 世纪 20 年代在中国诞生，到现在已经一百年了。本人深知中国考古学史研究的至关重要，高兴地看到近年来不少年青学者关注这方面研究，时不我待，在不久的将来一定会有人写出完整的中国考古学史。我已无力再做这方面工作，谨以此不像样的资料汇编，表达对最崇敬的恩师夏鼐先生、宿白先生，以及顾廷龙先生的无限怀念，也表示对年青同道们的抛砖引玉之意。

在此还应提到，本书在编写过程曾得到许多朋友的帮助，特别是近一年多增订、定稿阶段，台北中研院史语所的臧振华先生告知某些日本学者早年在台活动情况，陈昭容女士补齐日文考古著作的出版信息；帮助核对资料的有湖南大学岳麓书院的王兴先生和南京师范大学文物与博物馆学系的裴世东同学，他们也提供了许多待核对的考古文献；中国社科院考古所的汤超、杨清越女士，随时查明许多资料，而庞小霞女士更提供尚待出书的《中国考古学年鉴》近年若干电子本。最后的审读和编排，则承中华书局俞国林先生关照，特别是责任编辑李碧玉女士花费很多辛劳，孜孜不倦地逐条核校原始资料，润色文字，多所指正，使本书更臻完善。我一并向他们致谢！

王世民

2021 年 2 月 15 日写就，2023 年 10 月 8 日四校毕。

时年八十有八。

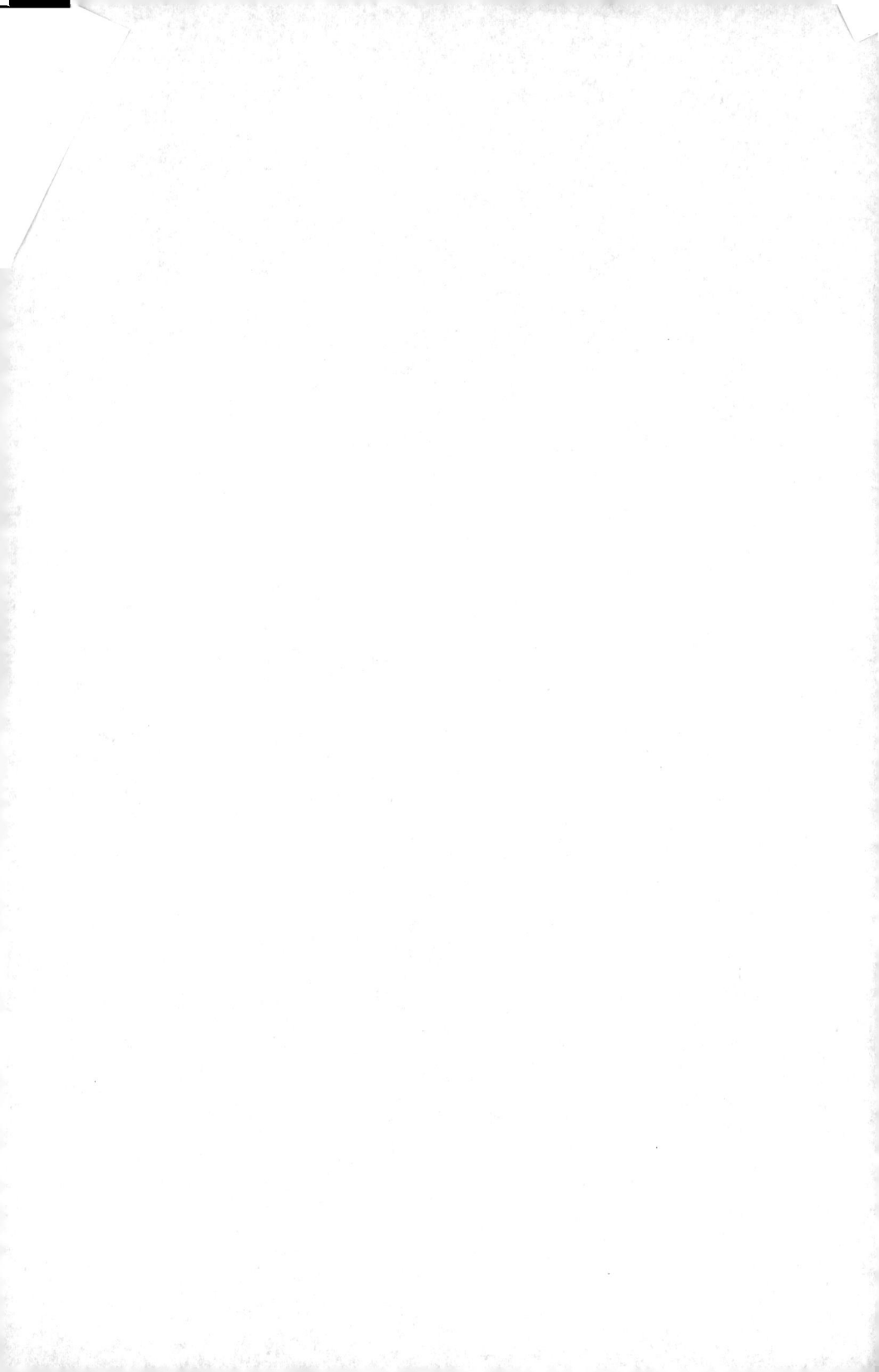